吉首大学民族学研究文库

◎主编 罗康隆
◎学术顾问 杨庭硕

吴秋林文集

·第四卷·

◎居都——一个仡佬族文化社区的叙述
◎美神的眼睛——高坡苗族『背牌』文化诠释
◎梭嘎苗人文化研究——一个独特的苗族社区文化
◎众神之域——贵州当代民族民间信仰文化调查与研究

中央民族大学出版社
China Minzu University Press

吴秋林 著

WUQIULINWENJI

图书在版编目（CIP）数据

吴秋林文集. 第四卷/吴秋林著. —北京：中央民族大学出版社，2018.12

（吉首大学民族学研究文库）

ISBN 978-7-5660-1615-7

Ⅰ. ①吴…　Ⅱ. ①吴…　Ⅲ. ①人类学—文集
Ⅳ. ①Z427 ②Q98-53

中国版本图书馆 CIP 数据核字（2018）第 290288 号

吴秋林文集. 第四卷

作　　者　吴秋林
责任编辑　舒　松
责任校对　杜星宇　肖俊俊　赵　静
封面设计　布拉格
出 版 者　中央民族大学出版社
　　　　　北京市海淀区中关村南大街 27 号　邮编:100081
　　　　　电话:68472815(发行部)　传真:68932751(发行部)
　　　　　　　68932218(总编室)　　　　68932447(办公室)
发 行 者　全国各地新华书店
印 刷 厂　北京建宏印刷有限公司
开　　本　787×1092(毫米)　1/16　印张: 36
字　　数　800 千字
版　　次　2018 年 12 月第 1 版　2018 年 12 月第 1 次印刷
书　　号　ISBN 978-7-5660-1615-7
定　　价　168.00 元

目　录

居都——一个仡佬族文化社区的叙述

美神的眼睛——高坡苗族“背牌”文化诠释

梭嘎苗人文化研究——一个独特的苗族社区文化

众神之域——贵州当代民族民间信仰文化调查与研究

吴秋林文集

第四卷

居　都

——一个仡佬族文化社区的叙述

导 言

把居都作为一个文化人类学的研究考察对象，似乎有两个方面的意义：一是对某一个特定地域文化的观照；二是对贵州土地上古老民族之一的仡佬族文化的范例的剖析。然而实际上的意义并非仅此而已。如此近距离的、深入的、力求完备的文化人类学考察，对某一个“文化细胞”的探究和分析，本身就有一定的意义。另外，对贵州民族文化现象从理论上方法上的描述和论述努力，也是其中重要的方面。

此书的论述和叙述，基本是围绕着这些内容来进行的。

多重的背景是论述居都的重要方面。通过它们，我们才能把居都的意义凸现出来。居都的概况、地理环境、人文生态等，相关着现代居都的生存；她的早期历史的推想和判断，又决定着今天居都人的族源、族属，以及人种的来源和人的性质、概况，还有将同时展现那个时代民族文化的生动背景。

探究她的信仰和描述其信仰中的种种民族文化的机制，寻找她与遥远的历史文化的关联，亦很有意义。居都的仡佬族在民族节日的表述中，以“祭山、祭树”为大，以“杀牛吃新”为大。他们的这些祭祀与其他地方的仡佬族的祭祀有许多相同之处，也有许多不同之处；“相同”之处当显示他们共同的源流，“相异”的地方则有地域的、宗属的、分支的、迁徙的，以及古代分工上的诸多因素。在居都，我们还看到分氏族（现表现为分姓氏）祭祀的行为。统一的社区性的祭祀活动在这里并不存在，让人们认同的东西只是祭祀的日期和方式，并且每一个姓氏的祭祀细节都被这一姓氏的人看重。这似乎是更为古老的事象表现，它显示了事象的古老和来源的久远。同时，也显示了居都仡佬族人共同体构成的复杂性。

在居都，一般意义上的祖先崇拜系统不存在，鬼神的崇拜系统也不存在。现行的一般理解上应该存在的崇拜现象，与居都崇拜现象相比，两者的距离太远。我们长期以来一直对民族文化的认识，与实际有相当的差距。在居都，他们称呼我们呼之为山神（应该是我们自行理解的）的东西叫“坡头”；他们以灶为大，呼灶为“灶老者”，并不称为“灶神”。

居都的仡佬族也像汉族一样过春节，但却不知道“守岁”为何物；过春节也具一定的外形，但一点也不难看出，他们情感上似乎更看重自己民族的“年”，他们称之为“小年”。“小年，也许并不是他们对自己这个民族节日的称呼，而是相对汉族的春节而来的称呼。

他们的丧俗和婚俗多少年来一直受到汉族丧俗和婚俗的影响，方式、方法都有许多改变，但一些古老的观念却一直保持着，如新郎新娘不拜堂，不对拜，只在灶边对“灶老者”拜拜就行了；丧葬上有蛋卜穴地、上山不丢买路钱等习俗。

居都的婚姻的内部结构事象也很惊人。一贯至今的族内婚（这里的“族内婚”指的是民族内部的族别婚姻，更准确地讲是中国20世纪50年代“民族识别”后的族别婚姻，与“血族婚姻”有很大区别），稍有改变的近亲婚，这是居都婚姻结构的主调，溯源而上的历史已很难估量，但现今存在的形态应该很古老。

居都的语言一直在流失和保存之间斗争着，至今还保存着相对独立完整的有特色的母语，并且是现今生活中的第一母语，或者说跟汉语这一语言形成两个并存的母语（见第五章关于“双母语”的注释）。他们在村内外“自己人”面前都是说自己的母语——仡佬语，在与外界交流时又用的是自己的第二母语——汉语。他们的思维首先受第一母语的影响，然后也受汉语的影响。这里包括思想内容和行为方式两方面的影响。

他们的仡佬语言的存在与他们的婚姻密切相关，语言为他们提供了婚姻的联系和基础，而族内婚几乎又是居都至今完整地保存着自己的母语的一个至关重要的因素。

居都是仡佬族范畴内的事象，但居都并不是仡佬族本身；它与仡佬族有着深刻的联系，但在表现上又与其他地区有较大的区别。仡佬族之于居都有什么意义？居都之于仡佬族又有什么意义呢？居都在地域上正好处于历史上的牂牁江流域，此流域人们普遍认为是历史上赫赫有名的夜郎国的中心地带。从现今的考察看，居都并没能从地理历史或历史地理上承袭点什么下来。但仡佬人是夜郎人的后裔，至少是重要后裔之一，又是为历史所承认的。从某种意义上而言，居都的文化已不能完整地表现她原有文化的全部信息，许多重要的文化要素已经消失，已经为其他的文化要素所替代。很明显，居都的文化已有较强的不完整性，是一种文化“残片”式的存在。那么，在居都与地理历史似联系非联系的状况中，这一文化“残片”是从什么地方和在什么情况下“漂”到此处，又如何保存至今的呢？

居都的文化存在在平淡中有神秘，在不以为然的对视中，它却睁着那双来自悠远历史的眼睛。

就总体上而言，居都的文化事象具有多重的边缘文化的性质，她在一次又一次的文化整合中几乎都处在一种文化的边缘与另一种文化的边缘的结合中。比如现今的居都文化，是一种经过整合的仡佬族的边缘性质的文化，可她现又处于与汉族的文化边缘的接合部。

从文化潮流的角度而言，一定环境中的主导文化的意义已经丧失，但居都人独具风貌的文化仍然存在，她能带给我们许多东西。人类文化作为一个整体而言，她似乎没有一个“值”的概念（因为“值”的本身也是一种人们建立在“物”的功利上的概念文化表现），但作为生活在某种文化形态中的人本身，他却有来自“物”的，即物质生活的质量和精神生活质量方面的“值”的判断，而文化的存在实在又从许多方面决定了上述东西。另外，一个在“物”的质量上和精神的质量上已趋于完整和精致的民族，对某种过去东西的回首又是必然的。因为他们明白，只有明白、正确地叙述过去，她的进步才是可能的。

第一章 居都

第一节 生境概况

“居都”是一个地名。这地方很小，如果人类文化是一个巨大的整体，那它不过是一个小小的细胞而已。但它一旦从人类文化的历史大背景中走来，就能赋予我们人类文化的一般的和某些特定的意义。居都实际上也是如此走进我的视野的，并且希望通过我的努力和同人们的帮助，让居都也如此走进贵州的、中国的乃至世界的人们的视野。

从地理上说，居都这个小村子位于贵州省西部六枝特区境内。在六枝特区，它又位于六枝的西部，在六枝特区与水城特区交界处的崇山峻岭中。这是一个不到100户人家的自然村寨，但这个自然村寨又是一个行政村①的称属。作为行政村的居都，还包括旧寨、岭岗、松林、居都垭口、坡头等自然村落。居都作为一个中国山区的行政村，它有200多户人家，近1000人口，像许多贵州山区的村寨一样，贫瘠的不多的土地就分布在这些村落的陡坡上。这里的山地非常陡峭，是贵州高原与云南高原接触过渡中的部分。由于挤压，这里的地表比贵州高原的其他地方都褶皱得厉害，使这里的山坡基本上都呈V形。在这样的山坡上，耕地被弄成小条小条的梯地，从坡脚一直到坡顶。居都的居民像其他许多地方的居民一样，就是依靠这些坡地和坡脚溪流边的少许山田，维持他们的基本生存的。

在这样的山坡上，“之”字形的羊肠小道成为山上和山下的通道。我到居都不久，有一天在山坡上行走时，带路的一个居都老头夸奖我，说我走路还“挪还”。我最初对“挪还”的夸奖百思不得其解。好长时间以后我才明白，在这样的山路上行走，下坡时你不能脚尖朝前，而要把脚的外侧或内侧横过来，一点一点地往下移动。

① 中国的自然村和行政村都有自己特定的概念。自然村是人们于自然状态中，十户、二十户相聚而居，就可称为某某村寨。而行政村是政府为了行政管理上的需要，结合自然村落的分布、土地面积、人口，以及文化联系等方面的因素，把某一片的几个自然村归为一个行政村，并选择一个有“中心”意义的村名为此行政村的称谓，居都也就是这样的情况。

如果这种移动准确迅速，那么居都人就会说你“挪还”。在这样的山间，山沟底一般是一条小溪，溪边稍平展的地方多被开垦成了山田，再往上，就是梯地、坡地。在山上有石头的地方，如果完全是一片片的岩石，那这些地方就是灌木、杂草，间而有几棵从石缝里挣扎着生长了数百年或上千年的古树，苍老而委顿。如果这里有石头也有土壤，那这些石头间的土壤也会被山民开垦，成为贵州山区独有的土地——石旮旯地。这种土地最大的可种百十棵玉米苗，小的只能种一棵玉米苗。

在这里，还有一些多为沙石的山坡，多少年来在沙石的缝里靠风化的一点点“石泥”和“植物的尸体”，生长着一些草和小灌木。这样的山坡，成了山民们的牧场，而这样的牧场，只有山里土生土长的山羊和黄牛能于此生存。你如果不相信，那你去亲眼看看，那一头头黄牛如何“挪还”走过山间的羊肠小道，如何一步一步挪过悬崖上的小径，如何把不小的身体拉直，又如何收拢，以对付一个个深沟、大坎、土堆、石磴，你就会为这“生命的舞蹈”而赞叹了。

这里的山上是有树的，以前也曾是漫山遍野的大树林，树林中凡青葱茂盛者，这里的人就称为“箐”。后来，由于工业建设，由于人口增加，还有人为的毁坏，树林渐渐消失，现只剩下不多的一些小树林，东一处，西一处地在回忆往昔的繁茂。往昔，这里的人大概只耕种山间的梯田和某些稍平展的台地；而现在，连种一棵玉米的石旮旯地也不会放过了。

就在这样的山间，如果半山腰上出现一个较大的台地，一般来说，也就会出现一个自然村寨。居都就是这样的一个村寨。这也许与贵州许多山里人生存的地方没有太大的区别，但每一个这样的人们的生存地和生存空间，我相信都有其自身的理由和历史。这在作为一种文化“残片”式存在的居都就更是如此。

第二节　调查

1949 年，以共产党为领导的中华人民共和国成立，除了一系列的政治和历史方面的意义之外，在文化历史上，他还在两个最重要的方面具有极深远的意义：一是把“男女平等”的字眼写进宪法，在全国范围内实行男女平等；二是各民族平等友好相处，共同发展。第一个方面不是此处的话题。第二个方面在某些地方，良好的愿望与实际的情况在过去和现在都有一定的差距，但各民族之间的平等友好相处，则是中国历史上从未出现过的现实存在。在这样的历史背景下，1953 年举行了全国性的人口普查。在这次普查中，贵州的仡佬族人口统计有 11667 人。这些仡佬族人口申报，当时多来自贵州西部的两个地区：安顺、毕节。据说，当时这两个地方申报的仡佬族人口是全省仡佬族人口的 90%。据调查，六枝、安顺、平坝等地的仡佬族老人说他们当时申报为“古老族”，后经一些专家认定为仡佬族。据以上情况不难看出，在 1953 年时，仡佬族人主要是由安顺、毕节等地的“古老族”（仡佬族）人构成的，是他们构成了当时在中国人口较少的少数民族之一。现今中国的仡佬族人口大约有47万，在贵州约有45万人。45万人与1953年的11667人相比，是一个意味深长的变化。这里有一个关于贵州仡佬族人口在全国四次人口普查中数字变化的情况：1953年第一次人口普查时为11667人；1964年第二次人口普查时为26235人；1982年第三次人口普查时为51521人；1990年第四次人口普查时为430519人（按10%的人口自然增长率，估计1995年贵州的仡佬族人口为45万人左右）。从这里不难看出，1982年的51521人是1953年的11667人的自然增长数字，而1990年的人口数就不是自然增长，而是一种机械增长的数字。这种机械增长来自“民族识别”，即从其他民族中识别出了原来应是仡佬族的人口。这种“识别”在贵州是从1984年开始的，仅在务川、道真、石阡、正安四个县，一次识别就使仡佬族人口增加了24万人，再加上其他地区的识别和几年来的人口自然增长，就使贵州的仡佬族人口达到45万。

罗列这些数字，表面上看与这个小小的文化细胞性质的居都似乎没有什么直接的联系；但实际上居都与这样的民族人口大背景有着深刻的关联，并有一种特定的意义。因为1953年全国人口普查出的11667人中，居都的数百人口，是其中最宝贵、最为特殊的一部分。这一时期，六枝（当时称为郎岱县，隶属安顺地区）申报为仡佬族的约有2000人，并在当时的申报中，基本上都申报的是“古老族”（后经专家认定为仡佬族），而称“古老族”情绪最直接和最强烈的当数居都人（这一事象我们在后面的论述中将展开）。不仅如此，它的意义还在于，在绝大多数的仡佬族地区和仡佬族人都丧失自己的语言的时候，她至今还保持着自己的语言。如今的六枝特区总计有仡佬族人口8000多人，也只有以居都为中心的几个村寨相对保持着自己的语言。其中完整地保持着仡佬语言，并且仍在完整使用的是居都。另外，1953年最直接最不隐讳申报自己族属的这一万多人，还有更深一层的历史文化意义。这就是：他们基本上属于北盘江（古称牂牁江）流域内的居民，多有一份历史地域文化心理上的遗传影响。北盘江流域，特别是北盘江的上游地区，不管是“大夜郎”时期还是“小夜郎”时期（另外一说称“广义夜郎”和“狭义夜郎”），都是现今人们普遍认为的中心区域或腹地。1953年申报的这一万多“古老族”（仡佬族）人，也就是以这一地区为中心分布的。现今的仡佬族，不管是最初的“申报群”，还是后来的“识别群”，都自认为和人们普遍认为是贵州最古老的百濮民族最直接的后裔，或最直接的后裔之一。也许，这些细若游丝般的联系对现在的仡佬民族并没有什么切实的意义，某些相关的争论也是一种虚妄，但于此的人类文化解读和阐释却也要从这里走去。实际上我也是如此走向居都的。在我作为一个渴望解读和研究居都的学者走向居都前，并不知道居都在文化人类学方面会具有什么意义，只能在过去和遥远，以及相关的事象中寻找它的支点，但最终的一切答案，只能在现实的居都中寻求。

我是在1995年的1月“突然”地闯进居都的，说“突然”一点也不过分。1995年的1月30日，是中国农历年的年节——春节，是中国人最重要的传统节日。只有有“毛病”的人才会在这样的时候，闯到这贫瘠寒冷和陌生的地方来。实际上，居都人也是这样看我的。然而，经过一段时间的辛劳，居都的文化事象也居然能一一展现在我的面前。

在居都住下之前，我到过居都两次，那时居都也就走进了我的视野。居都不通公路，虽然它附近就有铁路和省际公路通过，但它在交通上是闭塞的。我在距居都最近的一个公路点上下车，也要步行两个多小时才能到达居都；同样，在最近的一个火车站下车，也要步行两个多小时才能到达居都。按行政区划，到了一个叫居都垭口的地方就到达了居都行政村的地盘，可这里距居都村还有好几公里，要越过两道山脊，才能下到坐落在一个山腰台地上的居都村。居都所在的这座山叫马脑壳山，居都村就处在山的“肚子”上，往山后的左边走是一个叫“坡头”的自然村寨，往右边走就是居都垭口；前面的左首边是陡峭的乱石坡，直下到深深的马脑壳河，然后又是V形的陡峭的石坡。在石坡的一个台地上，又筑着一个与居都隔河遥遥相对的彝族村寨；前面右首向下倾斜，下完了一个沙土构成的陡坡后，从山沟上来，上面形成一道与居都相望的起伏的山梁，梁上有三个自然村寨，即松林、岭岗、旧寨。在这三个自然村寨的背后，又是一座高耸入云不通鸟道的大山。在马脑壳山的后面，是一座高大无比、云封雾绕的大山，人们叫它花赖大山。这座大山方圆数十里，把居都的整个东北面，用百丈高的悬崖挡得严严实实的，而在居都的西南面，又是一条深深的大沟。整个居都就这样被四周的大山和深沟环绕着，只有一条小路歪歪斜斜地从花赖大山边绕过来，进是它，出也是它。这只是我们面对的现状，如果回溯到数十年前原始森林和原始次生林还封住整个山区的时候，这样的地理环境更叫人称绝。正是这样相对闭塞的地理环境，保存了某些这个民族在其他地方难以保存的东西。正因为如此，我从地理上走进居都时可以用得上“发现”这个字眼。在现在，居都的山前山后出于历史的人口的种种原因，原有的森林基本消失了，山区的隐蔽性大大减弱。但尽管如此，当我第一次在山脊上接近居都时，并不知道我的脚下就有一个叫居都的村寨。这种情形如果在数十年前森林茂密的时期，更是如此。那时，整个的居都全掩蔽在一片树林和竹林中，只有进了寨子，听见狗吠声才知道此处有人烟存在。

同样，我从文化人类学上走进居都时，也可以用得上“发现”这个字眼。因为当你走进居都村寨，这里并没有作为一个民族外在的常有的表现，如有别于其他民族的服饰，相应的音乐、舞蹈，以及一些特异的风俗。只有一些与其他汉民族村寨无多大相异之处的一般景象。可是，一旦你透过一般的表面现象，你又会看到这似乎平淡无奇、毫无特殊之处的表面现象下，像地理环境掩蔽居都一样，掩蔽着居都和居都人众多的、系列的文化事象，并拥有多个方面深刻的意义。1948年，德国的一个叫作鲍克兰的女文化人类学家，就只身一人到过居都附近。可她只远远地观察了这个村寨，并在另外一个村寨附近，向别村的村民打听过居都。但她只是看见了居都，却没能“发现”它。我最初从外象观察这个村寨时，心情不会比鲍克兰更好，收获也不会比鲍克兰更多。我之所以说“发现”，是因为我最终还是走进了居都。

这大致是地理生态环境对居都的意义，它与其他的民族，特别是山区的民族一样，许多方面受到地理生态环境的深刻影响。可以说，没有这样的地理生态，就不会有作为地理上的村寨居都，更不会有作为文化体的居都。这方面我们在后面的章节中还要详述。

我进入居都之后，实地的调查是从居都这个自然村开始的。这个自然村约有90户人家，人口近400人，基本上都是仡佬族（这是官方称呼，他们至今仍自称“古老族”），只有数户的男方或女方为汉族，而纯粹的汉族人户和其他民族人户一家也没有。房屋建筑多为长方形、人字顶的木、竹、石结构的草房，瓦房有数栋，但多是最近几年才盖起来的。土地情况如前所述。耕作方式是原始的人力和畜力，粮食收成不丰。副业是竹编织，这是绝大多数居都人家都要和都能从事的一项副业，年年每家都能于此上有一定收入，但收入并不丰盈。民族文化的事象变化很大，表层文化的事象尤为如此。服饰全部汉化，一些风俗发生了较大转移，表面上的风情已经极其淡化。但语言还相对完整，基本的性格和气质还相对顽强地存在。一些较为原始的文化遗留还能搜集一些，如一种灌木纤维织成的传统的土布、乡土特色浓郁的背扇等。它的婚俗和丧俗虽已有一些变化（特别是现今，几乎一如汉式的婚俗和丧俗），但大多数的古老事象还在。“祭山”和“吃新”等，在整个民族的观念中还具有重要的地位，对古老的回忆他们基本完全模糊，但植根于他们文化遗传中的信息却很鲜明。

对居都的调查应该说是“全方位”的，也可以说是对一个“文化生命体”的全面观照。在立足居都这一自然村寨的同时，也把视野投向它周围的仡佬族村寨，故而在论述居都时，大致是一个“大居都”的概念，即以居都为中心，包括周围的数个自然村寨，拥有1300多人的仡佬族文化共同体。实际上，他们在不久以前，确实为一个共同的整体，是后来的行政划分才使他们相对地分属于不同的行政村。

第三节　历史探寻

居都[①]是仡佬族的一个较典型的村寨。仡佬族自然有自己很古老的历史，但它与居都人的历史又不是一个概念。它的历史是一个一定区域文化共同体形成、发展、演变的历史，表述它，才能在一定程度上奠定研究居都文化的基础。

“居都”是这个村的名称，是什么人和以什么方式赋予它的，现今没有人能完全说清。外人的一般看法说这是仡佬语的汉语译音，问及村民，他们均不以为如此，因为仡佬语的“鸡”的音为“革”。后来，又有一种说法；说居都所在的这座山像只鸡，村子正好坐落在鸡的肚子上，所以称为“居都”，取意村子处在鸡肚子上。这个说法符合汉族人取名要包含一定意义和意象的习惯，但居都人又普遍不承认此村名是出于什么原因由某汉人“望山生义”而取的。他们对此村又有一个真正、完全的仡佬语称呼，叫“楼善”，而这个“楼善”的称呼在他们说来并没有什么确切的象征和含义。他们自称这只是一个“声音”，只是一个地方随意的名字而已。在居都人为他

① 大居都的认定是以文化共同体为基础的，指的是前面所说的作为行政村的居都，另外再加上附近属于另一个行政村倮那的200多仡佬族人。

们的子女取名字上，也有许多例证可以证实居都人的这种习惯和行为。这种行为可称为名称的非意象化、非寓意化，是居都人仡佬语言思维深层的无意识的某种结构的“露头”。它表明，居都人表现在语言行为中的许多东西，与汉语中的语言行为是很不相同的。

居都人还以为他们的村名是很早以前就如此称呼的，这倒是事实。就在村子的后山上，我们查访到一座杨姓的墓碑，上面就有居都地名出现年代的证据。碑上有这样的字样：“大清道光庚子年十二月二十八日立　　正月二十五日在于居堵寨　告”。道光庚子年（1840 年）距今已有 150 多年了。这说明在道光年间或此前，此地就已经成寨，并有了与现在相同的寨名了。但“居堵”和“居都”还有一定的区别，“居”字相同，而后一个字就有差异了。这“堵”字的音与“肚”的音要更近似一些，而“都”与“肚”的音却有一定的差别。按标准的汉语音的读法，把“肚”读成“堵”更符合实际情况。故从这些情况看，我以为居都这个村名，大概包含了这样一些关于居都村早期或中期历史的信息：

一是最初取此名的很有可能是操汉语的汉族人，而且此人在居都最初的一批立寨者中有相当的影响。当然也有可能取此名者与当初的直接立寨者无太直接的关联，只是因为某种原因和方式，参与了居都名字的命名，但这个人也一定是个操汉语的汉人或与汉语有很直接关联的其他什么人。二是最初的状况如果如上述前者，那么，最初来此立寨的迁徙者一定就有某种构成形式。这在后面我还将论及。三是居都这一名字最初也有某种来自操仡佬语人的定名参与和后来的广泛认同。

当然，“居都”这一名称的出现也许比以上关于居都名称最初出现的猜想还要复杂，也可能比我们想象得要简单，但它都与居都的历史相关联。

在居都的名字上，“居都”和“楼善”是相对应的东西，官方和所有的“外人”都知道“居都”这个名字，“地方”的名册和“外人”都这样称呼它、记录它。“楼善”也是居都的称呼，但它只为居都人和附近的族人和“自己人”知晓和使用，“外人”和官方是极少知道的。从这一情况看，“居都”好像是一个来自外面的汉人（外人）对此地的汉语称呼，而“楼善”则是居都人自己的仡佬语称呼，前者是他称，后者是自称。如果真是如此，那许多问题就不言而喻了。但居都人却不是这样看的。他们普遍认为：居都也是他们自己对此地的称呼，绝不是他人所为，更不是在原有“楼善”名字的基础上取的他称。他们自己对这两个名字的解释是：居都是我们自己叫和让外人叫的，而“楼善”是为了防止“外人”了解他们说话的真实内容、含义时才用的名字。这可能是对的，但“楼善”此名还有一个功能，即同族同种的认同标识，说居都大家都能说，你我可以是同族，也可以是不同族，但如果一说出“楼善”或“楼善人”，那么，这种标识就发着光出现了，两个仡佬人就会心领神会地相视而笑。另外，居都是居都人自己的村名，但毕竟是他们的第二母语——汉语的称呼，出于语言发生和自我保存的机制，仡佬语也得对居都有一个称呼，这就是“楼善”。至于居都和楼善的村名最早起始于何时，两个名字谁先谁后，这些都不得而知。现在，也没有谁有能力知晓这一切。

在山区，人文的历史记述非常贫乏。直接记录地方历史的是县志。在富裕和交流广泛的书面文化较发达的地区，县志是绝不可缺少的东西，可这在贫穷闭塞书面文化不发达的山区就大不一样了。县志在这样的地方某种程度上是可有可无的东西，故而可能在有的地方有县志，有的地方就没有；有县志的地方也可能记述了某些年代的历史，而有的年代就没有记述。就算是有县志并有记述，也是很狭窄和表面的。这是针对一个县而言的，具体到某个村，其人文历史记述的"贫瘠"就可想而知了。因此，要在这样的人文历史记述中，搜寻到关于居都的只言片语是根本不可能的。探寻居都村的历史记述当然还有另外一条路子，那就是"家谱"。家谱是中国汉族人一种特有的人文历史记述方式。在汉文化四处"扩张"，造成广泛影响的时候，许多原来没有"家谱"概念的其他民族，在接受汉文化影响的同时，也以自己的方式，接受了汉文化的家谱。据现在世的一些居都老人叙述，居都人在不久以前也有家谱这一类东西，虽不是每个姓氏都有，但有的姓氏人家有则是肯定的。但是，这个村 50 年间曾连续几次遭受毁灭性的火灾，许多事物包括家谱早已"灰飞烟灭"了。

现在，居都历史的探寻，就只剩下一条极小的极模糊的若隐若现的"小路"可走了，这就是现存于人们记忆中的迁徙和现今的姓氏或氏族的内部构成情况分析。这样，居都的历史在某种程度上，首先要与各氏族来到居都的迁徙历史相关联了。

在居都[①]（指自然村寨的居都），一共有李、沙、黄、杨、石、周、罗、朱、苏、高、张等 11 姓人家。周姓在居都只有一户，男的周友学，仡佬族，时年 31 岁；女的沙庭兰，时年 27 岁，为前几年上门招亲的人户。张姓在居都也只有一户，男的叫张顺全，是水城的汉族，时年 41 岁，女的叫李明凤，时年 40 岁。张顺全是 1973 年到此上门招亲而进入居都的。

其他各姓大都是中华人民共和国成立前或更早的时间迁来或者常住此地的。有较明确的进入居都的时间的有以下几姓。

罗姓在居都有两户。

[个例 1]

罗焕文（时年 55 岁）、罗焕发（时年 53 岁）是两兄弟，在居都已娶仡佬族的女人生子成家，成为居都仡佬族的一部分了。

他们自述父母 1948 年因为在水城县的毕德受到某种灾难（可能是仇杀或者失去土地等）的逼迫，在那里已经无法生存，才逃到这里避难的。他们的父母都是汉族，来到居都的主要原因是罗家的姑姑嫁到了居都的沙家，与沙家是姻亲，故来投亲避难。后来，罗家与李才会家达成关于姻亲方面的协议，即罗焕文他们的姐姐嫁给李家，李家借房给罗家居住，从而使罗家在居都落了脚，一直到中华人民共和国成立后好几年，罗家才建好了自己的房子。来到居都那一年，罗焕文 9 岁，罗焕发？岁。

石姓在居都有两户，大概是父亲那一辈从保那（距居都五公里处的一个仡佬族

① 在把握居都仡佬族文化共同体时，一般都是针对"大居都"而言的，但具体调查的点和相关的统计数字则是针对自然村寨的居都而言的。

村寨）搬来的。

苏姓在居都有四户，但他们到居都也不过五辈人，约100年前到此地。

［个例2］

苏姓的四户人家以苏发清为最长，时年63岁。他自述说：他们家原是新窑骂支（在六枝境内）的仡佬族，在苏发清曾祖父的那一辈时，曾祖父带着一个儿子到居都来落了脚。离开新窑骂支的原因是兵乱。到居都后，其祖父生下了苏发清的父亲，至此是三代单传，到苏发清这一辈时，才有了苏发清、苏发亮两兄弟。苏发清、苏发亮又有了自己的后代。至此，苏家在居都已延续了五代人。为何选择居都避兵乱，回答是居都都是本族人，另外居都这个地方外人一般不知道也进不来。

朱姓在居都有两户，分别是时年31岁的朱高明和时年29岁的朱登祥。由于父亲早死，他们对家族的历史记忆早已消失。他们只记得有曾祖父、爷爷，并一直都是单传，到了父亲这一辈时，才有了两兄弟，但均已早死。可见，朱姓的迁入也不过百年，迁来居都的主要原因，也是朱家有姑妈嫁到了居都。

高姓在居都有六户。这六户中有两个宗属，一是高德昌家族的五户；二是高学文一户。后者明确地知道是1960年才来到居都的，其父中华人民共和国成立前在倮那居住过很长一段时间。前五户自述他们不知道是从哪个年代迁入的，但根据他们苏姓与李姓的亲戚关系，年代不会很早，也不会太晚。

杨姓在居都有五户。问及他们祖上是什么时候到居都来的，都说不太清楚，好像在有意回避什么。但居都人对中华人民共和国成立前和更远时间的居都历史有一种说法："李家的武，杨家的富"，似乎他们的祖先在很早以前曾是此地的富户，再有后山杨家道光年间的坟墓，应该说杨姓人家至少是清中期或更早一些的时期就在居都了。

黄姓在居都有六户，进入居都的年代不明，但肯定不会太久远，他们也没有自以为来得很久的观念。

沙姓在居都有11户，是仅次于李姓的大户姓，但这11户沙姓又分两个部分，有一部分明确地知道是在前五辈人时，从六枝平桥搬来的。据知，很久以前，平桥一带的沙家是一个仡佬族大姓，人丁很旺，现今的岩脚（六枝境内）的哪度村还有沙家的家谱。这部分人家有九户。另两户为沙明学和沙正洪家，是中华人民共和国成立前从倮那搬来的，是倮那的沙家，与平桥来的沙家又不一样。

李姓在居都有46户，分三个宗属：一个是以李发胜为长房主事人的宗属；一个是以李明德为长房主事人的宗属；一个是以李天禄为长房主事人的宗属。三个宗属分别有28户、8户、10户。

李明德宗属的人在自述中也承认他们大约是在六代人之前从岩脚的左坝搬来的，可这宗属的李家人却并不愿叙述他们的迁徙历史，好像不愿口头上承认在进入居都的时间上比李发胜宗属来得要晚的客观现实。但坡头上居住的与他们有血亲关系的另一支李姓人家的自述，却从侧面证实了他们的进入时间。

［个例3］

李庭荣的小儿子李才有自述。他时年75岁。

李庭荣在辈分上是李明德的爷爷。在他年轻时，由于在岩脚左坝受人欺压，失去了田地，就通过李明德的亲爷爷辈的亲戚关系，迁到了距居都不远处的坡头落了脚。李庭荣夫妻到坡头后，生下了李才学、李才旺、李才有三子；三子又传下了李广发等九兄弟，李广发、李广明等几兄弟又已生子，一共已有四代人了。在他们来到坡头的时候，李明德他们的祖父早已从左坝来到居都很久了。

李庭荣一家到坡头距今有百余年的时间，而先期到来的李明德他们，时间也不会比他们早很多。

李天禄宗属进入居都的时间不太清楚。他们与李发胜宗属有一定的亲戚关系，但很多事象又表明他们与李发胜宗属有许多区别，并不是一个宗属或宗属下的分支。因为他们是可以开亲的两个截然不同的宗属。他们进入居都的时间也不会晚。因为在居都的居民中，有一个时期（大致是清代）对他们有一种政治性质的编制，叫“排”，约10户一排，因而其时有“上排李”和“下排李”的叫法。“上排李”就是现在的李发胜宗属，“下排李”就是现在的李天禄宗属。

至于李发胜宗属，他们在寨上的人数最多、最盛，也自以为来此地最早。但他们的族人还不能自述这宗属人的来源，以及迁徙过程和历史，也没有什么过硬的家族进入居都时间的历史证据。不过，他们的家系最清楚，往上数，可以数到李发胜父亲李成章以上的好几代人。同时，我们又在松林的后山，访查到一为“李成拳”的道光丙申年的坟墓，坟主李成拳与李发胜的父亲是同一字辈的兄弟。

以上是我们根据所能得到的材料的推测，并不希望能有确切的时间年代，但对这一问题，居都的李发旺还有他自己的说法。

李发旺时年65岁，是一位热心关注本民族历史文化的人。他搜集了许多关于民族文化的情况，虽有些偏颇，但亦有许多较珍贵的东西。他说：“苏家是从黑塘的水头寨（六枝境内）搬来的；沙家是从六枝的平桥搬来的；高家是从六枝歪头坡搬来的；朱家是从岩脚左坝搬来的；黄家、李明德家也是从岩脚左坝搬来的；石家是从倮那搬来的；只有杨家和李家（应该包括李发胜宗属和李天禄宗属）是最初立寨时就来的。”

李发旺所说的其他的人姓迁徙到居都前的大致地点不会有什么差错，但他能记得如此清楚的言下之意也就是：“这些姓的人家进入居都的时间不长，也就不过百年前后的事情。”可他所说的李、杨两姓是立寨时就来到此地的，那么，这个立寨的最初时间又是什么时候呢？这恐怕连李发旺自己也说不准确。

这是我从内部对居都历史的探寻。同时，我在它的四周地区的访查中也注意到了这方面相关的事象。

在居都西面的一个山坡上，遥遥相对有一个彝族村寨，村寨的名字叫社勒。在这里，我访查了此寨两所最古老的坟墓，年代都为清乾隆年间，它们在年代上都比居都能识别出年代的坟墓要早。故从此看，可能社勒的立寨时间比居都要早，但这也只是一种可能。

那么，居都的最核心的部分是什么时候进入居都的，并以什么样的形式构成现在的文化格局和居都的社区、人口、语言、组织现状的？我以为这还得从贵州的整个历史背景上来再寻找。因为作为这块土地上的居都，虽然小，但它表现的文化事象肯定又与某些历史有一定的关联。

在历史上，濮人变为僚和濮僚，再变为葛佬、仡佬，有一系列的重大的历史变故，都直接影响这个土著民族的生存方式和发展趋向，都多多少少地让这支民族发生种种变异。另外，某些大的历史事件，还直接形成对某些支系、宗属、种群的干涉力量，影响他们的流动、迁徙、分布和内在的结构形式。话说回来，如果说居都的存在与某些古老的历史有直接的联系，那是不切实际的；但说它与发生在明代的许多历史事件相关联，则是很确实的。甚至可以说，居都在某种程度上就是它们的产物。现在的居都及其他少数民族生存的状态和方式，与发生在明代的两大事件相关：一是明代屯堡制度的推行；二是在明洪武十五年（1382）至成化十四年（1478）近100年间的四次仡佬族人与官军的战争。

在明代，统治者在贵州全境推行全面的“改土归流”政策，与之相应的就是官家在贵州沿交通要道设立军事屯堡。明代先后在贵州设屯堡30卫。据（嘉靖）《贵州通志》上记载的入黔军户测算，前后约有100万的屯军和随军人口进入贵州，并且在“天启以后，卫所渐驰，屯军大量逃散。”故在万历二十五年（1597）查存仅有2.6万人了。从明洪武元年（1368）到万历二十五年（1597），前后200多年，明代入黔的军士几乎逃尽。

仡佬族人与官军在明洪武年间至成化年间的四次大规模的战争，记载于《贵州图经新志》等史籍中。在《贵州图经新志》中，这四次战争是这样记载的：①

一、洪武十五年（1382），明朝大军经贵州往征云南，西堡（即今安顺普定一带）仡佬族15000余人聚攻普安卫所城。指挥使司顾城坚守不出，待围城松弛时，方突击解围。

二、洪武二十八年（1395）阿傍领导西堡仡佬族人与官军激战，战绩辉煌，击毙官军37000余人，西堡人死5300余人，3700余石稻谷被掠走。

三、天顺四年（1460），西堡仡佬族人复聚众攻焚屯堡，明朝调集云、贵、川三省官军35000人及水西土兵20000人前往镇压。战争前后打了三个多月，仡佬族千余人战死，首领楚德彪被俘，许多村寨被焚毁。

四、十八年后，明成化十四年（1478）西堡仡佬族万余人再次举行武装斗争，分道攻击官军，致使道路梗塞，朝廷又以贵州、湖广兵合军夹击，战争持续了半年，首领坚娄、附五遇难。余部由阿毛、果诏带领遁入山洞，另一部由卜著、纪复带领据守白崖。官军堵洞燃烧毒药，扇烟入洞，将洞内人全数闷死；并募敢死士兵夜半趁浓雾偷袭白崖成功。战争中，仡佬族人死2200余人，130余人被俘，700余名老幼被掠

① 历史文献记载见于《贵州图经新志》，《贵州古代民族关系史》于此进行了归纳整理，这里使用了其部分文字。《贵州古代民族关系史》，侯绍庄等著，贵州民族出版社1991年版。

走，数千件兵器及牛羊遭抢夺，578座村庄遭烧毁。

明朝在贵州的屯军筑堡，给贵州带来的影响是多方面的，如政治的、军事的，以及文化的等，但相关于居都的是屯军在后期的大量逃散。在屯堡卫的中后期，政治、军事、民族的对立相对松弛下来，从外地来到贵州，又根本不可能回去的军士们，寻求自己的生存出路就成了他们的主题。方式可以是多样的，但“逃逸”却是最彻底的，特别是得到当地民族协助、认同融和式的逃逸最为理想。因为只有这样才不会招致官军的追捕和山民的阻击。我以为，正是这种“逃逸”，给居都的形成带来了重要的影响。从地理形势上看，居都这样的地方是“逃逸”再好不过的地方了。实际上，居都仡佬族文化中的一定量汉文化事象也显现了这样的历史情形。当然，这里面有诸方面的因素存在，表现是复杂的，后面我还要详述。

另一个对居都有巨大影响的原因是仡佬族人与官军的四次战争。《贵州图经新志》载：“西堡长官司部落皆仡佬。”在洪武年间至成化年间发生的四次战争，可以说仡佬族人是动用了他们最后的“家底”，进行了最后一次以民族为名的战争（从这以后，他们再也没有举行过类似的战争了。咸丰四年［1854］，安顺鸡场仡佬族农民曾毓华领导的武装抗粮斗争已不是一次纯粹的仡佬族的民族战争了，而是同苗族、布依族、汉族等共同对抗官军的斗争。并且战争的性质也不同，前者是为了争取民族的生存空间，后者则是为了简单的抗粮）。在这样的战争结果后面，自然也就是这个民族文化体的支离、破碎和群体的溃散。居都可能就是这其中的“果实”之一。这里有几个事实几乎不用争辩：一是居都的地理位置正好处在西堡长官司地盘的边缘；二是有理由和相应的证据表明，成化年间的那场悲剧的最后场面也在居都附近的某个地方；三是现今生活在距居都数十公里远的“喇叭苗”，据说就是当年那场战争的胜利者的后裔。他们的母亲是仡佬人，父亲是来自湖广的苗人，他们的文化至今仍表现着这一双重性质。

正是这样的历史事件的大撞击，使诸多必然的和偶然的因素汇集到居都，把许多不完整的东西又融合起来，并生成了新的东西，得到保存和复制许多旧有文化的机会。应该说，像居都这样的点的存在，在当时肯定不会少，但像居都这样获得一定生存机制的并不多见。

那么，居都人最初是以什么方式进入居都的呢？最早进入居都的又是些什么样的人呢？我以为，最初的居都人应该是以李发胜宗属的李姓和杨姓为主的群体，也许还可能有李天禄宗属的李姓。因为居都附近的有据可依的坟墓有三座，一座是李姓的（属李发胜宗属），一座是杨姓，一座是沙姓。这三座坟墓都是道光年间的墓葬，至今至少有150年的时间。李姓和杨姓的坟墓都没有什么疑问，至今仍有他们的后人料理这些坟墓；可居都的沙姓却说那座沙姓的坟墓不是寨上沙姓的坟墓，而是其他地方的沙姓人家埋在这里的，与他们没有什么关系。故而，现今的沙姓绝不可能是居都最早的居民之一。

这些坟墓墓碑上所反映的年代并不是很久远，但许多居都人却认为，这几所修饰得不错的坟墓并不是居都最早的墓葬，而那些乱石堆垒的坟墓，才是真正的古老的坟墓。这种说法也许有道理，可它难以得到证实。

对于“居都人”进入居都的时间，我以为大约在明中叶或明末。进入的方式现在已经不可能有明确的依据来比较确切和肯定地叙述它了，但据现今的一些客观存在和历史记述，以及一些间接性的资料，仍然能有一定设想性的东西存在。在这样的情形下，我以为推想中的进入方式有四种：

第一种是杨姓的数口之家与李姓的数家有主仆关系，由于某一种原因分封在此地居住。杨姓是从军贵州的有功军士或军官，汉族，而李姓是配属的或奖给杨姓的仆属，为仡佬族（古老族），或因为战败，或因为臣服，愿为“编户”纳粮。理由有：杨家在此地是公认的首富人家（杨家很早以前在某一变故中藏下的银子，在现在的居都仍是诱人的寻宝话题）①，原先所拥有的土地广阔，不但居都，就连其他一些村子的农户都曾是杨家的佃农。另外，杨姓中有人明确地表示，他们的祖上是从“江西来的”，而当年在贵州作为屯军军士的，有很大一部分是江西籍的人。还有，现今居都这个文化共同体中，明显含有汉族和仡佬族的文化成分。当然，这也有可能是居都形成后，与汉文化交流影响的结果，但它在最初的组合中就有两个民族文化成分的可能性也是存在的。

第二种方式是李姓和杨姓数人，本是逃散的屯军、汉族，因不能忍受屯堡中军官的欺压，在某一次战争中又有一定的人口俘获（如仡佬族的妇女、儿童和降服的仡佬族男人等），就相约逃至居都，开辟一片新天地，成为它最早的居民。理由是按照明代的制度，逃亡或倒流回乡的军户必须捕拘回卫，而卫所的日子又十分艰难。在这样的情况下，俘获某族的人口后，就逃逸到新的地点，开始自己新的生活。为躲避追捕，他们又易服随俗，自称为某族人，并同时又在把自己的文化揉进当地的那个民族之后，全面地继承或认同了他们所依存的那个民族的文化。

第三种方式是李、杨等姓本是战争中逃出避难的真正的仡佬族人。他们从西堡地盘逃到边缘上的居都后，又接受了大定（水西）的“编户”，得到水西彝族土司的庇护，为自己种群的生存和民族文化的保存找到了机会和条件，使他们得以把可能保留的文化保持至今。这一方式的理由是，我在调查中得知，现今的居都虽属六枝，但在很久以前，曾有向大定彝族土司纳粮的历史。另外，居都对面山寨社勒的历史，也能间接证明居都的这一历史的存在。社勒是彝族，他们自述是很早以前从威宁一带迁来的，并且是用绳子绑来的，大约是某一主子带来的一群奴属。他们从彝族的中心地带迁来，到达社勒一线，大概就是大定（水西）彝族的边缘，而居都在这样的位置上，向彝族土司归属，是再正常不过的事情了。至于居都文化中的汉文化因素，除了历史的原因以及后来的文化交流影响外，恐怕还有为了掩饰自己的族属的原因。在道真等地的仡佬族中，就有这样的例证。他们在那“民族恐怖”的年代里，对外尽量掩其服饰，说汉话，并对外宣称是“江西来的”，以表明是汉裔，要不就有被迫害的危

① 闲聊中，叫沙庭文的村长就向我讲述了他数年前寻宝的经历。他说他曾打开一个普通的不起眼的石墙，发现了一个洞口，从洞口进入山中溶洞很远，但他只见到了一些坛子的碎片，其中的银子早已有人捷足先登拿走了。

险。在这种掩饰中，汉文化的“浸染”就是很自然的事情了。

第四种方式是某姓为仡佬族，在一定场合的交往中，会知了逃散的屯军，在一种互相利用或依托的关系中，相约定居于居都，平等地融和了相互的文化，成为现在的居都。理由是在明清两朝，汉族以这种方式避入少数民族地区并自称为少数民族的例子比比皆是。这些汉人进入少数民族村寨，当地的少数民族为其生存无疑是提供了掩护。他们要在村寨中生存下来，自然得依托于当地的民族兄弟。这样的进入，文化上是会有一些影响的，但不会影响当地原有的文化形态，只会是丰富。在居都，它的语言、祭祀就是相对完整的。

以上这四种方式只是一个粗线条的概括，并不能包含当时历史条件下所可能发生的一切形式，或许历史的机遇相当机巧和意外，并不在我们想象的一般形式中运行。也许一个什么想不到的意外，一个非常简单的理由，居都就产生了，并且在融合了一定的汉族文化后，又把仡佬族人的大部分文化，在另外一种历史条件下保存至今。

这是一段被掩盖了的历史，在没有任何其他可能的情况下，也只能这样试探着来叙述它了。当然，也不能说这种叙述没有一点根据，居都后来的其他各姓氏的加入，在一定程度上就能作为这种推测性叙述的间接证明。另外，历史的背景和条件对历史事象的发生，也有一定的规定性，这在居都也不例外。

不管是以上四种方式，还是另外的“意外”，居都的出现总得依存于某一种“进入”。这，大家和我都希望有一个具体的回答，可这是不现实的。我们得到的最实在的东西是，不管是哪一种方式，它几百年间形成了现在的居都。

第四节　居都

居都是一个历史大变故的产物。这种变故实际上造成了又一次民族文化新的整合，使居都的仡佬族人已不是原来某地的仡佬族人，而是居都的仡佬族人了。这里有一段对明代屯军逃散后族属分类的文字，对我们很有启发：“逃军走投无路，只好潜入少数民族地区，一部分以同乡关系结合而为所谓‘南京人’，另一部分则与少数民族广泛通婚，形成‘汉父夷母’或‘夷父汉母’，故贵州各民族中都有‘其先来自江西’之说。未逃离者仍世代屯种，定居而成土著，如安顺、平坝一带的‘屯堡人’便属此类。”①

这段文字中所述的情况，基本上与贵州的民族历史的实际情况相符。它虽然没有与居都的情形直接相关的描述，但“汉父夷母”等事象也包含了居都的状况。因此我以为，最初的居都人不管是以上述的什么方式来到居都的，都有一个共同的目的：“躲”，或者寻求新的生存和自由发展的天地。在这些人中，一定包含了两种人：一

① 见侯绍庄等著：《贵州古代民族关系史》第349页，贵州民族出版社1991年版。

是汉族人，且这些汉族人又多半是屯军中的逃散军士；二是仡佬人，且这些仡佬人又一定因为战争和民族压迫，为了保祖留种而来的。在最初的这两种人的组合上，不管以什么样的方式，人数上仡佬人一定占了绝对的优势。另外，男女的族别优势上也是仡佬族的女人多于汉族的女人，或者说这一组合中根本没有汉族妇女。为什么如此说呢？对此我们可以从居都的文化事象中得到解释。

居都的仡佬族的祭祀是得到了相对完整保存的，如祭山、祭树、杀牛吃新、过小年等。这些活动自古以来无疑都是男人的“专利”，非男人莫属。在这些方面，仡佬族有许多严格的规定，其中之一就是不让妇女参加祭祀活动，甚至看都不能看。这样，就把妇女完全排斥在祭祀类活动之外，在文化的参与上她们也没份儿。由此可见，此事象的文化传承是有性别选择的。因而，如果此族发生什么重大变故，男人们大都死亡，而妇女被掠。这批被掠去的民族妇女，无论她们有多么强烈的民族意识，也不可能在外族人中把自己民族的祭祀类的文化恢复起来，尽管得到其他民族的容忍乃至支持，也是如此。当然，“属于男人”的文化如果真的要在新的文化共同体中得到承认，也还得有三个方面的条件；一是自己人数上的优势；二是共同体中其他民族的认同，三是共同体中的其他民族成员的祭祀类文化事象的缺陷，以及在新的环境中寻求新的心灵依托的内在动因。我以为，居都的仡佬人最初是取得了这种优势和条件的，我所推想的四种进入居都的方式，每一种都能如此。

就一个民族的文化事象而言，似乎服装、语言在根本上属于女人，这两方面在居都都有表现。“男耕女织”大致是中国土地上属于农耕文化的各民族的共同的理想境界。“耕”在居都自然也是男人的事，这里毋庸赘言，而“织”，居都的妇女于此表现得很古老和直接。数十年前，居都的妇女还能用一种叫“水麻柳”的小灌木树皮的纤维，织成一种漂亮的布，并拥有好几种花纹的编织法。编织的工具之简陋又叫人难以置信。这样的织布机实际上就只是一个简单得不能再简单的框架，可以说是中国大陆上最古老的一种织布机，比后来传入的汉族人用的有一个长方形木架的织布机还要古老。为区别它们，仡佬人把前一种自己的织布机称为“矮机”，意为要坐在地上或凳子上才能织布；把后一种传入的织布机称为“平机”，意为放平或平着身子就能织布。

织成了布，居都的妇女们又会按照几千年一直流传下来的样子做自己的衣服，并在衣服上缀上她们母亲、她们奶奶、奶奶的祖先都要缀的装饰。不管是她的作为征服者的汉族丈夫，或者还是因为相爱等什么原因结合的异族丈夫，都不会在意她们的这些举动，或者根本不理解她们的这些无意识的行为在民族文化传承上的意义。这样一代人、又一代人的过去，这个民族在服饰上表现的文化也就保存了下来。还由于妇女是这一方面文化的当然传承人，来自丈夫那个族别的服饰文化传承自然也就失去了机会，最多，只能作为另一种有关联的服饰，对女方民族的服饰文化发生一定的影响。

故而我以为，一个民族的服饰文化，特别是在拥有一种内在的审美文化内涵时，即使这个民族的男人全部消亡，种族在世界上被抹去时，这个民族的服饰文化也会由他们的妇女在其他民族中全部保存或部分保存下来。

现今，居都的民族服饰已全部消失；男女均早着汉装，但上述的历史还相去不远，而且他们服饰的消亡是另外的原因促成的。原因之一是土布的工艺太古老，生产太费时，太艰难，成本太高，质量也不太好。原因之二是外族主要是汉族相对便宜和质量较好、较耐用、美观的布匹的大量涌入成为可能。原因之三是这种文化需要与外族的交流作为一种生存条件时，它本身就要调整自己的文化结构，接受什么东西，舍弃什么东西，而相对不方便不简约的服饰就可能被相对方便的汉装所替代。另外，在特殊的年代里，居都的仡佬人用汉装掩饰自己的民族身份也可能是原因之一。

一个民族的语言之于妇女也是如此。由于传统和众所周知的原因，一个民族的妇女是最后一个学会外民族语言的人。在拥有外民族语言环境的情况下，男人为了交际是最先的学习者，儿童是因为习性为第二个学习者，妇女在传统中都没有上述的需求和状况，自然是最后一个学习外民族语言的人。因而，在具有两种以上语言的交汇中，妇女一生中的大部分时间都是在自己民族的母语中思维、生活过来的。她们在语言上的灵活性和可塑性弱于男人，但在语言的保守性上又比男人顽固许多倍。这在居都有一个例子：一位中华人民共和国成立前就嫁到居都的汉族妇女，现已近70岁了，她在居都已生活了那么多年，仍然不会说仡佬话，只听得懂。原因很简单，她认为此话不好听，不愿意讲。从心理而来的一个简单的动因，就使她成为居都那个年龄段中唯一不会说仡佬话的人。这个例子反过来，我以为仡佬族的妇女也会如此。她教育孩子的母语，只能是她那个民族的语言。另外，在这样的山区，流落于此的其他族人，也不能是他那个民族核心文化的承载者，不会有那么高的民族自信心和觉悟，自然也不会太注意语言对民族文化心理素质的影响。何况，以男人为中心的世界，也会忽略妇女们的那个角落。如此一代又一代人过去，再配合一定的语言交流社区的形成和存在，这个民族的语言又会奇迹般地留存下来。我敢说居都的语言也是由于仡佬族的妇女或主要是仡佬族的妇女在最初群体中的作用而保留下来的。由此可见，在最初进入居都的群体中，妇女就基本上是仡佬族的妇女了。再说，个别的汉族妇女的母语，没有对居都的民族母语产生什么大的影响。

可以说，不管是以什么方式，也不管最初的动机如何，最初进入居都的是一个以仡佬族人为主体的，并有汉族人加入的群体。居都的文化是由他们民族文化的模式来整合的，当然也有汉族文化的影响。

关于在起始中的居都仡佬人的诸文化事象和仡佬人构成状况，已经有所表述了，同时汉族在起始中的情况也应该有所叙述。我以为于此可以从居都的村名说起。从前面关于居都名字的论述我们可以断定，它与最初进入居都的汉族人有关，即居都这个名字是一个汉族人的行为。那么，以常识推论一下，能为一个新到的地方取名的人，会在这个群体中处于什么样的地位呢？其实，居都这个村名按意义上来说并不很雅。可见最初进入居都并给此地带来名字的这个人的汉文化程度并不高。这里，有两个方面的事例可为此作证，一是某一处道光年间墓碑上的一个错别字；二是居都村所有仡佬族人的汉文名字的贫乏。前者把居都的“都”写成了“堵”，后者则同样几个名字，在各姓间重复使用，变动很小。这说明什么呢？说明最初到居都的那个汉文化承载者，虽有一定的地位，但文化程度并不高，与行伍中粗识文字的武夫的形象差不多。他们一定是屯军中的人。一般的迁徙人家，还真不容易来到和找到居都这样的地方，并有能力在此生存下来。

另外，从墓葬、服饰来看，特别是居都的墓葬受汉文化影响较大。在道真、务川的仡佬族，1970 年前后还有石板棺葬和石棺葬，但居都在清末就通行了汉式的木棺土葬，只在墓葬中保留了脚朝山上、不丢买路钱的习俗。现今，居都在丧葬方面已经很乱，丧失了许多东西。如此的丧葬中汉文化的影响，与推想中的汉族人的存在表现是相符的，即屯军中的汉族人，在与仡佬族文化的交融中，其他类别的文化他们可以“移风易俗”，但在丧葬这一最后的关口上，他们是要做“最后表现”的。这也是文化表现中的常情，同时也为其他民族所理解。还有，这些屯军中的汉族人，对礼仪性的比较高级的文化规范和内容不一定熟悉，但对丧葬是不会陌生的，因为这是任何一个阶层的人都能接触和面对的。

这就是我们依据现今许多文化事象所推论、描述的居都最初的群体构成。按推想，他们可能是现今的李发胜宗属，可能还有李天禄宗属，以及杨姓人家的祖先。但是，这里有一个事象存疑，即居都寨中还有一棵硕大无朋的倒鸡毛树。现在的居都人说这是棵“神”树，掉下的树枝都不能捡回家来烧，平时没有人敢动这棵树，如果谁动了此树的哪怕一根树枝，就会全身生疮，无药可治。只有用一只公鸡祭祀了大树之后，取一点树皮磨成粉吃了才会痊愈。据居都人自述，无意中动了此树的树枝，惹得一身痒疮的有好几例。居都人是最喜欢祭树的人群，每家大致都有所要祭祀的大树。按理，寨中的这棵大树应该是有人家祭祀的，可实际上并非如此。它恰恰没有人家祭祀。居都人说，这棵树原来是有人家祭祀的，现在为什么没有，不清楚。这棵树的树龄据林业部门的人员推算，大概有 900 年。在仡佬人中，对树的崇拜是普遍的，并有“立寨为年”的习俗传说，即他们如果在一个新的地方立寨，就会种树为凭，以纪念立寨创业，并预测吉凶祸福。有的还在树下埋一只坛子，装上新水，每年祭祀完毕就开坛视水之盈缩，看当年的雨、旱和水火之灾。这些，我在居都的访查中没见任何记录，只在附近有些传说，但树下的坛子事象，在居都附近的仡佬村寨中还能看到。

话说回来，如果此大树在居都真有人祭祀过，真在居都表演过另外的人文历史，那我现在推论中的居都人，就不是此地最早的主人了。他们或许存在过，或许没有，但如果存在过，也与居都人有一定的联系，尽管这种联系不太紧密。但是，不管这个问题的答案是肯定的还是否定的，它对现今的居都文化事象所构成的影响都不是很大的。

最初的居都人群体就这样在居都形成，但他们还不完全是现在结构的居都人。他们在经历了数十年上百年的发展之后，又加进了许多其他仡佬族群体的成员，以及这些成员带来的仡佬族的文化成分，逐渐形成了一个以仡佬族文化为主体的新的文化共同体。这时，它就包含了居都附近的松林、岭岗、旧寨等一些地方，形成了以居都为中心的“大居都”① 文化区域，并在周围的一定范围内，产生了一定的文化认同效应和向心力。这个不大的共同体的形成，可以说是明朝以来仡佬文化溃散后残片文化的一种复苏或复制，它的存在是有成效的：明末以来，‘它都一直在不断地吸收仡佬族的新的成员，前面叙述的各个姓氏人家的迁徙就是这样的表现。这些迁徙的仡佬族人家，到居都来安居不管情况和方式如何，有两点是相同的，一是在原住地受排挤乃至迫害；二是种族的回归。有的人家原住地的水土条件也许比居都好许多倍，但居都才有他们种族的家和根。这些人家的到来，在语言上丰富了自己民族的母语，在习俗上又带来了各姓氏分支的新内容，增强了居都的民族凝聚力和“纯化倾向”，构成了现在的居都人。他们在迁徙上多少年来几乎没有接受过任何一家外族人（1948 年接受的那户汉族是个例外，而且是有条件的），好像也没有拒绝过任何一家本族人。他们在一个仡佬族的大的事象上是统一的，但文化等方面的表现又丰富多彩。

归结起来，现在的居都人是由以下的人构成的（指的是居都自然村寨中的）：

李姓有 46 户，分别有李发胜、李明德、李天禄三个宗属，是居都人户的 1/2。三个宗属姓氏一样，但没有什么血缘关系，可以开亲；沙姓 11 户，其中有两户从倮那搬来，是倮那沙家，与沙庭文宗属的沙家不同；杨姓 5 户；黄姓 6 户；高姓 6 户；朱姓、石姓各 2 户，苏姓 4 户；周姓 1 户；“汉父仡母”的罗姓 2 户、张姓 1 户，但他们的子女已成为仡佬族了。

① 说以行政村为主要范围的“大居都”并不单是行政归属的原因，从历史上讲，居都周围的村落相对居都是有很大文化关联的，有母—子关联，即某寨人口增多时就要分寨而居，这就有文化的中心归属，可谓他们为母寨和子寨，居都就如是。

第二章 祭祀·信仰

第一节 祭祀——祭山、祭树

一个民族文化的核心部分应该是它的祭祀，因为该民族群体的许多方面都能在祭祀中得到较为充分的表现。同时，它也是一个民族共同体成员相互认同的最重要的一个方面。民族的节日、丧俗、婚俗、语言等在一定程度上可以相互影响，可以借用、改造、参与，可以容忍许多变化、差异。可是，如果所信仰和崇敬的东西不同一，即不是这个种属的；那么，这个认同就很可能不成立。在很大的程度上，其他的东西是可以学习，可以“拿来”并使用的，可在祭祀上则不行。可以说，祭祀除了具有多种功能外，“种属象征”当是其中最重要的一个功能。由此，我们对居都这一小文化区域的考察，基点也是从这里开始的。

居都人的祭祀活动，主要有三月三（中国的农历，下同）的祭山、祭树，八月的杀牛吃新，还有冬月的过小年等。冬月的过小年名义上是节日，但现今的节日氛围已大减，而祭祀的因素多还保持着，或者说因为祭祀的内涵才在一定程度上保持了这个节日。以上的三个方面就是居都人主要的祭祀活动。他们在丧葬、婚嫁的仪式上还有一定的祭祀内容。这些合起来，就构成居都人祭祀的全部内容。

居都的祭祀活动如果按一年的时间先后计，一年中最早的当是三月三的祭山、祭树。在居都，基本上都是仡佬族人，依据仡佬族人的传统文化，三月三的祭祀是他们的根本。按常规，或者说通常地对自然民族或准自然民族的这类活动的描述，那么，“三月三”应该是这一活动的近乎恒定的时间。到这一天，这个寨子会有一个“寨老”式的人物出来，把全寨的可以参加祭祀活动的人带领到某个相关的地方，举行成百上千年前就已经如此举行的某些仪式。就如安东尼·华莱士所分出的四种“崇拜”程式中的“萨满崇拜”那样。[①] 可是，这在居都的实际情况中完全不是这么回

① 见《宗教：人类学观点》纽约：兰多姆出版社 1966 年版。

事，也就是说，居都的仡佬人在此事象上，有完全不同寻常的表现。首先，居都于此的时间不定，不像其他地方的仡佬族人那样，把举行此项活动的时间定在每年的三月三。他们大概的时间是三月，但要根据十二生肖场天的运转，① 选择第一个什么场天，如李发胜宗属的时间是“三月的第一个虎场天”。其他姓氏的人家也会有自己的时间，但选择三月的第一个虎场天的姓氏和人家占绝对的优势。时间上居都人与其他地方的仡佬族不一样，同时他们内部各姓氏之间举行祭祀活动的时间也是有差异的。在居都，祭祀还不是统一举行的，即没有一个“萨满”式的人来统属此事，而是由各姓氏的长房主事人各行其是。祭祀的内容和方式大致相同，但各姓氏间也还是有一定差异的。由于是“各行其是”，每个姓氏在居都附近的山上都有自己的祭祀对象——树或者石（有的姓氏还有好几处这样的地方）。

那种以村社组成的社团，共同的祭祀某山、某树、某石的情况在这里是不存在的，但是，居都各姓氏的祭祀，肯定又是在相同的观念下进行的。居都在祭祀中的这种表现，可能有数种因素包含，其中，一一探究很困难，但居都祭祀的来源是多方面的则很明显。

于此状况中的居都的祭山、祭树，就显得异常丰富多彩，并肯定于此有更多的文化人类学研究上的内容和意义。

李发胜宗属的祭山、祭树的过程是这样的。

[个例4]

此个例的叙述者是李发旺，男，时年65岁，是李发胜（长房主事人）的同辈兄弟。

李发胜宗属的李家人户都用的是以下的规矩、日期，祭祀的地方也是同一的，要举行祭山、祭树活动时，都由李发胜带领全姓宗属的人一起进行。

祭山、祭树的日期是农历三月的第一个虎场天，具体运用要看当年的农历与山区场期排列交合的情况，或者是农历三月的初几，或者是农历的三月十几不定。这种祭祀活动前后要三天，第一天要祭一个地方，第二天给死去的祖先挂纸，第三天祭另外一个地方。

第一天祭的是一个叫“小神箐”的地方，或者说是李发胜宗属祭祀的比较小或次要一些的地方。这里同样有一些山石和树，具体的位置也就在数棵树中比较大一些的那棵树脚下。此次的祭祀用品是一只白色的公鸡、九个饭团，还有泡木枝以及白酒等。购公鸡的费用是姓氏中的人共同凑的，饭团、泡木枝、白酒由长房主事人准备。

这一次祭祀上山的时间一般是中午，山区的时间概念不很准确，在太阳上升到差不多的高度时，长房主事人觉得到时候了，就招呼人拿着该拿的东西，带领李发胜宗属的人上山。此次上山一般要求一户人家去一个男人，成年妇女不能去，男孩女孩都可以去。这次上山祭山、祭树，要求是每户都去一个男人，大多数都会去，也有不去

① 场天，即集日。贵州山区的农村很早就以十二生肖来轮流计算集日的循环。一定的区域内有数个农村集市，在某种约定中，十二生肖的集日就在此区域内循环。同样，相邻的区域中也有这样的循环系统。

的，不去的也没有什么处罚的规定，要求并不是很严格的。

到了祭祀的地方，长房主事人先用泡木枝在一棵树下（每年都在这棵树下，此树一般都是青杠树、香樟树、冬青树等树木，是这片树林中比较茂盛和常绿的较大的树）搭一个小棚子，形状如山间守青的人字形窝棚，只不过很小。此象征为祖先的住处。搭好棚子，摆上饭团，长房主事人就把那只白公鸡提在手上，用仡佬话念请祖先来享用。说话的大意是：今天时间到了三月，我们大家来献鸡给祖先，请祖先享用吧！还说：我们的祖先来到陆地时，最先是住在树上的，我们现在树下祭祀祖先，望祖先保佑我们，等等。说完后，就杀鸡，把血滴在树下或洒在树干上。杀完鸡，由长房主事人向大树磕三个头。杀死的鸡用开水烫下鸡毛，弄干净，就放到早已烧好水的锅里，稍稍煮一下，成型后就从锅里拿出来，整只鸡就放在树下供起来，鸡旁边放一碗酒、一碗饭。长房主事人这时在一旁用马勺（一种长柄的小木勺）舀饭、舀酒，轻轻倒洒在地，并掐鸡肝，一点一点地丢在地上，他边做动作嘴上边说：请祖先来享用饭、酒、鸡等。这个过程就是祭祀中的最重要的内容——供献，居都人统称为："信（献）饭"。

供献仪式完毕后，到山上去的人就把鸡回锅再煮熟，就着鸡肉喝点酒后，大家就四散回家了。这样，第一天的祭祀就算完成了。

第二天，李发胜宗属的各家各户分头上山，到自己的已故老人的坟前，放上一碗酒、一碗饭、一碗肉，各家各户的当家男人也是用马勺一勺饭、一勺酒地向自己的祖先"信（献）饭"。有时，有的人家还在坟上挂上"清"，① 因为不管是轮到什么样的虎场天，时间上大致也是在清明节前后，这方面也受汉族习俗的影响。

第三天，才轮到正式的祭山、祭树。这一天李发胜宗属祭祀的地方叫"大神箐"，它在"小神箐"的附近，形式上都差不多，但此处的山石、树木都要大一些，多一些。这天早上，长房主事人要早早地寻找到一种叫"耗子刺"的植物和一些泡木枝，并把它们做成碎木花，另外，还得准备30根金竹。用来供的粑粑也得由长房主事人操办。粑粑捏成一公一母的两条龙，公的装上角，同时还得准备一个鸡蛋、一只童子鸡。

做完这一切，长房主事人就要行祭祀前的看鸡卦的事了。长房主事人拿着一只鸡（这只鸡应该是长房主事人准备的鸡），心里祈念当日行祭之事，以及当年的吉凶祸福诸愿。念祈之后，长房主事人在家里用手把鸡捏死，以后把死鸡从门里丢到门外。外面早已等待的其他同宗人，立即把鸡的腿骨剔出来，看骨上面的眼洞，这眼洞他们称为"筹"，以预示当年的吉凶。鸡腿骨上的"筹"如何，有许多讲究，但不管筹如何，似乎并不影响这一天的祭祀安排。

看完鸡卦，并由长房主事人门外的人把此鸡煮来吃了，并同时吃了中午饭后，长房主事人就开始一家一户地"转灶"了。转灶由长房主事人领着，一个人抬着那对龙粑粑跟着。每家一只凑来祭祀用的鸡（不论公母）用一个笼子装好，由两个小孩

① 贵州山区挂在坟上的一种祭奠物。它是白色的棉纸，用工具打上对称的波浪线，撕开，用红纸系住中腰部，一端系在一根棍子上，棍子插在土坟顶部。

抬着跟在身后。到每户人家时，此家的全部人口都得站在灶前。长房主事人来到灶边，说："时间到了，我们来祭祀祖先。"边说边用手撒一些耗子刺、泡木枝做成的木花，并献上一些酒，最后带着一行人围着灶转一转。如有的家灶在墙角，转不成圈，也得把所要用祭的东西在灶前过一遍。此家转完，又是下一家，同样也得如此程序来一遍，直到把本宗属的人户全部转完。

转完灶，全宗属的所有男人就得抬着鸡笼、水酒、祭祀用的其他物品，跟随长房主事人来到那个叫"大神箐"的地方。这时候，所有在寨子里的本宗属的男人都会参加祭祀，一般没有不参祭的男人。到了大神箐，人们先用那30棵金竹绑扎成一个不小的人字形窝棚，高三米多，宽、长都近一米，并在棚里放一个另外编好的竹炕笆。这个炕笆是仿照他们每家每户灶头顶部吊着烘东西的那种炕笆编的，只不过小一点。放好炕笆，把那一对龙粑粑放在炕笆上，再把转灶用剩的碎木花倒在树脚。这个棚自然是搭在树脚的。做完这一切，长房主事人就开始念请祖先了。所念请的内容与第一天在小神箐处念的一样，也是用仡佬话念的，随即把一只公鸡和一只母鸡杀了，把血滴在粑粑龙上以及树脚、树身上。接着，把这两只鸡烫好，弄干净，并稍稍煮一下，成型了就取出来放在炕笆上，再加上酒、饭、鸡肝，长房主事人又用马勺舀饭、舀酒，用手掐鸡肝，把鸡、饭、酒等历数，给祖先"信（献）饭"。如前面一样供献一番，然后大家就把剩下的鸡全部在那里杀死，烫干净，掏出鸡杂来"打平伙"（即大家把鸡杂在那里煮来下酒），而鸡肉则由各家各户带回去自己处理。以鸡杂下酒时，进入了娱乐的时间，年轻人有兴趣还可以唱歌、吹木叶等。最后，参加祭祀的人就陆续回家，这天的祭祀活动也就结束了。

整个祭祀活动，在请祖、转灶等严肃时刻，都说的是仡佬话。李发胜宗属的祭祀现场不禁止说汉话，但同样禁止成年妇女参加祭祀活动。

另外，听说上面祭的神箐实际是李发胜宗属的大神箐和中神箐，他们一共有三个神箐，分大、中、小。除了上面的两个神箐外，他们村子附近还有一个小神箐。这个小神箐不祭祀，或不正规祭祀，而是这宗属的大人、小孩、老人、妇女，有个什么小病小灾、头痛脑热的，要杀鸡祈愿，求祖先保佑时，就到这个小神箐去。

从个例4中不难看出，李发胜宗属的祭山、祭树相对是比较完备的。从居都人的口碑中也反映出李发胜宗属的人家祭山、祭树最经常、最热闹、最认真。

除了李发胜宗属外，李明德宗属的祭山、祭树事象，在居都也是有影响的。他们宗属的祭山、祭树情况是这样的。

［个例5］

讲述人叫李才有，男，时年75岁，是李明德他们的长辈，差不多是他这一代人的仅存者了。

这个宗属的人家祭山、祭树，是由长房主事人领头。他们的长房主事人是李明德。

祭山、祭树的日期是农历三月的第一个虎场天，每年或许是三月的初几，或许是三月的十几。祭祀的地方在坡头垭口处的一片树林里，所祭之树是一棵高高的冬青树。祭祀用的鸡由每户人家出一只，而长房主事人则负责准备酒、饭、竹子、鸡蛋、泡木枝，以及盐茶五谷等。

这一天，也就是农历三月的第一个虎场天，这一宗属的人家的男人一起来到树下。先用四棵竹子剖开，一棵四匹，一共剖成十六匹，用剖开的竹子做成一个棚棚，再做一个炕笆，放在棚棚里，炕笆上再放上盐茶五谷，并把一只鸡蛋放在上面。然后，用一截泡木枝砍成牛角样，并一剖为二，把这个东西往地上一丢就是打卦了。这卦一般说法是：此泡木枝卦如一正一反，就表示不好不吉；如果是两正、两反就是好卦、吉卦。这打卦好坏也不影响祭祀活动的进程。

打完卦，长房主事人拿起一只公鸡、一只母鸡，嘴里用仡佬话念请祖先来享用的词语。过去他们念的内容是很多的，但现今念的内容少了，只表明请了祖先就行了。念的时候，要围绕着树逆时针方向转三转，便把鸡杀了，鸡血滴在树脚，并扯些鸡毛粘上血，粘在树上。然后把这两只鸡用开水烫干净，稍煮一下，成型后就整鸡供在棚棚里的炕笆上，同时放一碗酒、一碗饭。其余的鸡随即全部杀了，烫好，煮来大家聚餐一顿。吃饭前，得用马勺舀饭、舀酒，用手掐鸡肝向祖先“信（献）饭”，之后，大家才能吃饭喝酒。聚餐用的饭和酒一般是由长房主事人家提供。

吃喝完毕，各户回到家里，还得用山上带回来的鸡肝、饭、酒，在灶边给祖先“信（献）饭”。

在山土祭祀时，不禁止讲汉话，只是成年妇女不到现场。

居都的李天禄宗属只有10户人家，是李姓人家中最小的一支。他们自称不祭山，不祭树，只过小年和过吃新节，并把李发胜他们称为“上排李”，言下之意是说他们的李家是“下排李”。因此，这一支人家的祭祀活动事象，在祭山、祭树中没有表现。至于为何如此，原因还不清楚。李天禄宗属的人户自己也说不清楚。

杨姓人家的祭山、祭树，时间、方式与李发胜宗属相同，但是，所祭的山和树不一样。杨家也有自己的山和树。在不久前还有树木的时候，杨姓人家也是每年都祭自己的山和树的，但后来树被别人砍掉以后，杨家的祭祀就慢慢地停止了。现今，杨姓的人家对祭山、祭树观念已相对很淡了，至于个中形式、规矩，只说大致与李发胜宗属相似，具体情形已很难描述了。

黄姓人家是祭山、祭树的，并拥有自己的山和树，树是一棵很大很老的冬青树，形式和规矩与其他有同有异，可惜现今已很少见了。

高姓人家祭山、祭树，有自己姓氏的树。

石姓人家祭山、祭树，也有自己姓氏的树。以前是祭祀的，但现今人口少，同时也不知道自己姓氏的树在哪里，故现也就没有祭祀了。

苏姓人家祭山、祭树，树是一棵冬青树，在居都后山的箐林中。他们每年按一般祭山、祭树的规矩，以苏姓人家上山祭祀。但苏姓人家在居都人户不多，祭祀的规模不会太大。

张、罗二姓为“汉父仡母”的人家，已不会祭山、祭树了。由于他们进入居都的时间不太长，也没有自己姓氏的树。

周姓一户，不但不会祭山、祭树，连小年也不会过。

沙姓的沙庭文宗属原来是祭山、祭树的，也有自己家的山和树。中华人民共和国成立后，此宗属的沙姓人家就不祭山，不祭树了，并且一直如此至今，再也没有恢复。据沙医文宗属的人户自述，他们家上山祭祀有自己的祭法和规矩，但这些都随着父亲的去世而失传了。因为父亲没有按祖上的规矩，把这一套仪式传给下一代的长房主事人。

沙姓的沙明学宗属是倮那的沙家，他们的祭山、祭树的情况是这样的。

[个例6]

讲述者叫沙高应，男，时年75岁，为沙明学宗属的寨老（原倮那寨的）之后人。

沙明学宗属祭山、祭树的时间是农历的三月，所祭的山、树不在居都村周围，而是在不远处的倮那村。在那里，他们要祭的树有两棵，一棵在后山垭口，是冬青树；一棵在村的后坎上，好像也是冬青树。现今这两棵树早已不见多年，很久以前被人砍倒了，现只剩下树边的两块巨石。他们姓氏的祭祀活动在1966年开始的“文化大革命”中受到冲击，作为牛鬼蛇神、封建迷信被横扫。之后，祭祀活动就停止了，一直到现在都没有恢复，但他们的长房主事人还在，祭祀的方法，规矩也还在。“文化大革命”前的祭祀情况还很清晰。

祭祀过程是这样的：在三月的第一个虎场天，先由家族中的一户人家（不是长房主事人），领头到垭口处的那棵冬青树脚，用一只白公鸡、一升米酒，在树下用仡佬话请“坡头”（坡头就是“外人”认为的“山神”，但这里绝不是山神，就是“坡头”，并有它自己的独特的内涵，这在吃新节中表现得最充分），请祖先，请天地来享用祭品，然后就杀鸡，把鸡血淋在树脚，杀死的鸡在附近就地煮熟，再加上米酒，由前去的男人聚而餐之，这次祭祀活动就算完毕了。这段祭祀是整个祭祀活动的一部分，由沙姓人家每年轮流负责举行，轮到谁，鸡、酒等费用就由他负责承担了。这一天去的当然也都是男人，但要求不是太严格，不去的也不会受到责备。

到了农历三月的第一个蛇场天，新一轮的或较为正式的祭山、祭树则在村后坎的那棵大树下举行。这次举行的祭祀由沙姓的长房主事人主持。每户人家要出一只鸡，公，母鸡均可，出两斤大米；长房主事人家一定要出一只公鸡。大家凑的米用于打粑粑，同时还得由长房主事人操持着准备滑竹三十六棵、大金竹一棵，还有一定的饭、酒等。蛇场天到来，三十六棵滑竹就做成两个扇子状的东西，一扇有18双，一扇有19双，并在扇柄处用竹子做一个竹篱笆。做好“扇子”后，把它绑在树上，扇尖朝上，扇柄在下；扇尖处是两排口朝天的小竹筒，扇柄处是一个放祭品的竹篱笆。另外，那棵大金竹的杆上也被砍18道口，一边九道口，九道口朝下，九道口朝上，砍好后也绑在树上，并扯下长房主事人家的公鸡身上的鸡毛，插在18个刀口上。

做好这一切，祭祀活动就开始了。长房主事人拿着他自己家的那只公鸡，沙姓人家所有能到场的男人都肃穆于现场。长房主事人一边作揖，一边口中用仡佬话请“坡头”、祖先、天地来享用祭品。如此重复请三次之后，就开始杀鸡了。最先杀的是长房主事人的那只公鸡，把鸡血滴在“扇子”的竹筒里。接着，再把幺房家的鸡杀了，鸡血仍滴在竹筒里，随后，各家各户的鸡就可以随意杀了，血也同样滴在竹筒里。

杀完鸡，把鸡洗烫干净后，又要把长房主事人家的那只鸡稍煮一下，成型后整鸡贡在“扇子”下面的竹篱笆上，作为敬献的物品。这时，长房主事人先领头磕头，随后是幺房磕头，再后就是所有的人磕头，年轻人一般都要磕，但老年人身体不便也不强求。

做完这些，一家拿出半只鸡在树下煮熟，所有的人会餐喝酒。吃喝完毕，各自带着剩下的半只鸡回家，让在家的妇女煮了吃。在家里，要在灶边用酒、饭等，向祖先再‘信（献）饭”一次。至此，沙姓人家的祭山、祭树活动完毕。

在以上的祭山、祭树中，日期、方式和意义上区别不是很大，是一种相同中的差异，但居都朱姓人家的祭山、祭树却与众不同，差别较大。

[个例7]

讲述人叫朱登祥，男，时年25岁，是朱姓的长房长子。

朱姓人家在居都不多，只有几户，他们的祭山、祭树的日期为农历十月的第一个蛇场天和第一个鼠场天。朱姓有两处山和树，分别在蛇场天和鼠场天来祭祀它们。

他们没有长房主事人的说法，但有类似的主持人。

祭祀用品是红公鸡一只、白公鸡一只、猪头一个、金竹数棵，还有粑粑、酒等。

蛇场天的祭祀是这样的，主持人与全朱姓的男人到那棵树下，用一棵九竹节的金竹做梁，一边用7棵金竹，一边用6棵金竹，搭成一个棚棚，用刀把棚两边的金竹都砍上些口子，一边棚的刀口朝上，一边棚的刀口朝下，把公鸡身上的鸡毛插在刀口上。又削五个竹筒，筒口朝天放在棚棚里，在棚里还放上36个小粑粑。做好这一切，主持人就开始念请祖先来享用祭品，并祈愿家族风调雨顺、子孙发达等。然后把那只红公鸡杀了（这天规定得杀红公鸡），鸡血淋在五个竹筒和36个粑粑上。这样，蛇场天的祭祀就算完毕了。棚棚放在树下，36个粑粑和杀死的红公鸡带回来，公鸡自己吃掉，粑粑散给众人吃（即尽可能散给更多的人吃）。

到了鼠场天，这样的祭祀活动要在另一处山和树那里重复一次，只是这天用的公鸡是白公鸡，并且还增加了一个猪头，而且祭祀比前一次的要认真，严肃和隆重。相比较而言，前次是初祭，而后一次才是正式的祭祀。这次祭祀的公鸡、猪头也是带回家来吃，粑粑仍然散给人们吃掉。这天的祭祀活动完毕，朱姓人家的祭祀就全部结束。

他们为何要如此祭祀的理由是：老祖先从天上下来时是十月，下来时身是人身，头是蛇头，所以要祭十月的蛇场、鼠场两天。

这一个例表现的文化事象是很特别的，但我以为仍具有很大的真实性。此家的人丁不旺，家运也不好，叙述人朱登祥五岁时死了父亲，长大成人的过程是很艰难的。按理，如此的家庭际遇，该家的祭祀应该是失传而消失，但朱登祥的父亲死时似乎早有准备，早就把此事委托给了朱登祥的姑父，并拜托他在朱登祥成人后，把这一切再教传给朱登祥。这家人的祭祀传承如此曲折，说明朱家人对他们的祭祀是非常看重的。这样，它们的真实性相对是可靠和可信的。

对居都三月的祭祀活动，我能采录的就大致如此。但在我之前，已有人对此做了一定的采录。他的记述，对我们也有一定的参照作用和价值。

[个例8]①

采录者为六枝特区文化馆的老文化人叶正乾，男，时年67岁。采录是十余年前进行的，当时的讲述者为：李明昌、李少清、李发旺、高兴合、高成能、程少先、程继方、宋国彬等十人。流传地区为六枝特区及邻近县的披袍仡佬住地。

该文的题目为《三月节》，是作为民俗故事来采录的，正文如下：

在春暖花开的农历三月的第一个虎场天（此处有注，认为虎是盘古王），是披袍仡佬的祭山节。紧接着的龙场天又是祭树节。连续两个群众性的集体祭祀活动，形成了披袍仡佬每年的三月节。

披袍仡佬一年只过三大节，每节都是起落三天，不同的是连续过或间断过：除三月的这两个祭祀日是间断过而外，吃新节和过年都是各连续过三天。

祭山和祭树，披袍仡佬把它排列在先，因为山和树对披袍的贡献很大。传说，盘古王开天辟地时是站在山顶上把天地劈开的。从此，天地才分日夜，日夜才分四季。盘古王生得虎面人身，力大无穷，虎豹豺狼见了都跑得远远的。后来，古老先人又躺在山的怀里——住在岩洞头，受到了保护，所以，祭山时要选在虎场天，要追述盘古王的功绩。而祭树呢？相传古老先人从天上来到地上，首先是住在大树上。古老先人说，如果没有大树居住，早就被豺狼虎豹在夜里悄悄吃光了。同时又传：大马桑树因为常常让古老先人通过它上天去找玉皇而受罚，可见树对古老先人的生存所做的牺牲也是很大的。因此后人凡是第一次到某个地方定居的第一家人，或是做客，必须首先栽一棵树或选一棵树来作纪念。至于必须在龙场天祭树，则是为了纪念金角老龙而定的。传说古老先人从天上下来的第一个夜晚，就是金角老龙领上树去住的。所以后人栽或祭祀树时，总是选倒毛鸡②树，因为倒毛鸡树的皮很像龙鳞；如果选不着倒毛鸡树，也必须选一棵有古藤垂挂的大树。现在居都一带的祭祀树都是几百年甚至千年以上的倒毛鸡树。

“披袍”是只敬天地和祖宗，不信菩萨和鬼神的民族，但不知何时把这祭山祭树的祀典神化了，后人就说成祭山神、祭树神。

“披袍”过节都是选在虎、龙、蛇场天，各节日主要是祭盘古王和祖先，以及来

① 见《叶正乾诗文集》，六盘水市文联编印。下面文中出现的叶先生的文字出处亦同。
② 疑为“倒鸡毛树”，原文如此。

帮助开荒种粮的金角和沙达；但后人并不将他们摆在首位先祭，而首先得到敬献的却是灶公，灶公真是“龛上的粑粑，逢节就先摆起”的受献者。可是披袍仡佬至今都不喜欢他，因为他对“披袍”没有过什么好处。灶公为人不正派，死贪口福……可是披袍又有什么办法呢！“不怕官，只怕管”，他是玉皇派来假管火而真监视的王呀！为了不受他的诬枉，披袍只好曲意先献了。所以三月节的虎、龙场天清早，就得先杀鸡敬献灶王府君，然后再祭山、祭树。

祭山的仪式：中午，公众到山上选定盘古王的模拟岩石像前，杀一只白公鸡淋遍石像，用民族语指名请盘古王和四大主山受献。献后，将鸡肉、猪肉煮成一锅，大家酒醉饭饱而归。这是李、程、石、沙、杨、王、朱、刘等姓通用的祭山仪式。唯高、程、李、杨四姓中的一部分，祭山仪式和日期与上述不同：他们是用三月的第一个蛇场天。这天之前即龙场天，公众以一千三升糯米舂面，将面先捏成盘古王和沙达的模拟像。像大到每个蒸满一个大饭甑，然后再按户用全部米面捏成每户一个圆粑蒸熟。在蛇场天中午，一面将米面粑供献（形式同上），一面将一只白公鸡、一只白母鸡宰血淋岩石，指名敬献。接着，各户再杀一只鸡如法敬献。然后，集体分桌吃掉祭品；各户的鸡可拿回家再吃。

祭树：“披袍的节，祭树为大。”祭祀时由寨老（有的大树是邻近几寨合祭，公推年龄最大、德高望重的长者）打着红伞，首先将公众买的一只红公鸡、一只母鸡，宰血围树淋一圈，同时用民族语言请金角受献，并说一些对大树感恩戴德的话。然后每户再将一只红公鸡宰血淋树一圈。献后，大家“打平伙”。不同者，其中高姓要在树下把全部供品吃完，并要漱口洗手回家，而其他姓则不必这样。但共同点是不拿大树周围的一柴一草。

从以上我们不难看出，居都在祭山、祭树上表现的东西绝不是单一的，它的来源的广泛性和复杂性远远超过了我们的想象。肯定，在以后的分析叙论中，会有许多有意义的东西出现。

在居都的各姓中，除了“汉父仡母”的那两姓外，大都是要祭山、祭树的。可是，拥有10户人家的李天禄宗属却是一个例外。他们声称不祭山也不祭树。原因不清楚。推论中大致有两种可能：一是原来会祭的，但后来由于什么原因中断而失传，比如掌握此宗属祭祀方法、知识的长房主事人的突然死亡或变化等；二是在最初进入居都的时候，李天禄宗属本来就没有祭山、祭树的传统，比如是“汉父仡母”的情形，汉地的相关祭祀由于他们本人在家乡的地位原因，没有带来，而新的非我族类的祭祀文化又难以接受等。这方面，也与我们在前面篇章中所叙述的东西相吻合。

张、罗，可能还有周，是现代的“汉父仡母”事象，不会祭山、祭树不足为奇。他们约有4户人家。

沙姓的沙庭文宗属9户，也由于原长房主事人信仰改变，中断了传统的祭祀活动，退出了祭山、祭树事象。

石姓人两户，也由于一种不留意的失误，退出了祭山、祭树的事象。

杨姓人家五户，由于祭祀树被砍，慢慢地也退出了祭山、祭树的事象。

以上李（天禄宗属）、张、罗、周、沙（沙庭文宗属）、石、杨七姓30多户人家现今已退出了祭山、祭树的事象，约占居都总户数的1/3。

黄姓6户、高姓6户、朱姓2户、李发胜宗属28户、苏姓4户、李明德宗属8户（如加上坡头的十几户李明德宗属本家，应为20余户，但这些人户因没有进入居都自然村的统计，故略）、沙明学宗属2户，总计有56户，占居都总户数的2/3。这是居都祭山、祭树的人口现状，但从历史上来看，祭山、祭树是居都最普遍存在着的文化现象。如果李天禄宗属不会祭山、祭树不是生来如此，那么，居都历史上的祭山、祭树人口几近百分之百。现今，虽然祭山、祭树的人口降到了2/3，但它的祭山、祭树的文化主体仍是存在的，比之其他许多地方，变化仍是相对小的。

在过去不久的这方面采录工作中，我注意到苏姓、黄姓、高姓等人家的祭山、祭树事象中的自述情况与村里其他人家区别不大，故他们的祭山、祭树过程就没有采录，实际采录了李发胜宗属、李明德宗属、沙明学宗属、朱姓，以及叶正乾老人等五个祭山、祭树的过程。下面，为了叙述方便，分列为A祭、B祭、C祭、D祭、E祭。这几个姓氏的祭山、祭树的记述，已足以表明居都祭山、祭树这一事象来源的广泛性和复杂性了。现分别论述如下：

A祭是居都最有影响的氏族祭山、祭树活动。应该承认，A祭的行为在某种意义上来说，对居都的此事象是有一定示范作用的，或者说它应该是一种标准和范本。可惜，这样的情形没能在居都出现，即便有一些参照性的示范作用也是很弱的。在实际的情况中，没有此祭祀事象的姓氏，宁可不祭祀，一般也不愿投入A祭或其他祭祀中来“淹没”自己；而有此祭祀事象的姓氏，即使自己的人丁单薄，祭祀冷清，也不愿投入A祭或其他祭祀中以求“热闹”和“隆重”。其祭祀顽强地按自己姓氏的“祖宗规矩”办事，不祭祀也就作罢，怎么也不愿屈从于别人。

A祭中及其他祭中出现的“长房主事人”是一个值得探究的事象，“他”的存在表明了一个什么样的内容呢？我在贵州观察到的部落或民族文化性质的祭祀一般有两种形式：一是以某氏族为单位的祭祀，它的参加人员严格地限制在自己的同一种姓中；二是以一定的地域为单位的祭祀，这样的祭祀就包容了处在这一区域的所有成员，它有可能是同一种姓的区域，也可能是多种姓的区域，不管如何，区域内的成员都是这种祭祀的当然参加者。从形式上看，前一种形式应当更为古老，而后一种形式似乎应该是从第一种形式中发展而来的。故A祭中的“长房主事人”的事象可能很古老。如果A祭人的祖先在祭祀的组织形式上还处于原生的自然状况，没有进入过“区域祭祀”的形式，那么它就真的是一种古老的遗存。可惜这种“古老”在实际情况中很可能打折扣，比如A祭人的祖先在古代已经进入过“区域祭祀”的状态，但后来又因为某种历史的原因，这种“区域祭祀”中断，A祭人的祖先又处于某种孤立分散的状况中，不得不又回到从前的状态，而这种“历史错位”又被很真实地流传了下来。这样，长房主事人就肯定不是“原生自然态”的东西了。这是从各种姓氏祭祀的大致相似性而言的，但以此推论的“历史错位”原因很可能在另外的情形中就站不住脚。比如，如果这场以姓氏为单位的祭祀活动是他们自古以来的传统，那又怎么办呢？即过去历史中的仡佬人虽然同处一个区域，但祭山、祭树却从来没有统一过，从来都是在同一个大山中的不同的大石、大树下洒起同样的祭祀之血，这又怎么解释呢？这方面的真实性也是有许多证据的。各姓氏顽强地坚持自己的规矩和方式就是最有力的证据。因为如果这一切不是来自远古，它就不会拥有如此的文化的原始力量；再如果它进入过“区域祭祀”的统一纯化的历史过程，那么它们相互间是应该有一定趋同表现的，可是这方面表现是极少的。可以说，各姓氏的祭山、祭树活动，不是在不同的方式中寻求趋同的东西，而是在相同的东西上寻求不同的表现。如果上述的后一种是历史的真实，那分姓氏的祭祀活动就不是一种“历史错位”后的东西，而是它本来的原生自然态的东西。当然，出现这样的分姓氏以长房主事人为“头领”的祭祀活动，也不能排除各氏族在很复杂的历史状况中，以祭祀的独立寻求所谓氏族内部地位的可能性，但这总体土与氏族祭祀的历史发展阶段性描述也并不矛盾。以长房主事人为领导的氏族祭祀，其长房主事人在实际中还是一种标志。如李发胜宗属与另两个李姓宗属因长房主事人不同，所祭的山和树不同。他们虽都姓李，但却可以开亲。

在居都的“长房主事人”事象中，我们还应注意：因为有了长房主事人，居都等仡佬族村寨中就没有“寨老”的事象；即使有，也是寨中某一大姓人家的长房主事人的“扩展”。他虽然在现实情况中执行某些区域性质的寨老言行和职能，但他决不是本来意义上的寨老。可以说，“长房主事人”只是氏族祭祀阶段的事象，而“寨老”才是区域祭祀的产物，这里表明的阶段性也是明确的。

A祭人的祭山、祭树的活动为前后三天，各天都有自己的安排和意义。第一天祭的是一棵比较次要的或次一级的树。不过，这个“次”并不是A祭人所喜欢的词。他们在祭山、祭树的事象上，“次”的观念他们是不会用的。他们只承认什么时候祭，而不会有相互联系起来的“次”和“主”的概念。故而应该承认这“次”只是我们外来人为了便于叙述的东西。这一天的祭品主要有一只公鸡、九个饭团。用公鸡祭祀几乎是许多山区民族的共同点，意义也不难明了。杀鸡，从某种意义上来说，与杀牛、杀猪、杀羊、杀马等的性质是一样的，都可以称为“血牲”，都是利用这些家牲、家禽的血来表达一定的意义。只不过有一点可以肯定，大牲畜的“血牲”出现一定比小型的家禽“血牲”要早一些。据我们现今所知，公猪“血牲”应该是公鸡“血牲”的前身，但由于经济的、公鸡本身的旺盛的交配能力，还有方便及其他一些原因，公鸡渐渐取代了公猪。这些，在居都祭祀活动的表现中，形影仍是清晰的。由此而来的公鸡血祭的寓意，也就是“生殖力”，希望、祈愿通过此形式，把公鸡一样的旺盛的生命力注入他们的生存空间，使大地里的种子（记住，他们举行祭祀的时间都是生命复苏的孟春三月）受到那种神秘力量的影响，或者说是为了让“种子”受到某种“精力”的感染，产生出发达旺盛的后代，如此庄稼也就能丰收了。扩散开来，人也能接受这种“传导”，使人丁兴旺起来。不过，祭祀中的这些祈愿又与居都人祖先的纪念性意愿混合在一起，有了“讨好”祖先，崇尚祖先的意味和成分。在这里，也有乞求“祖先保佑”的祈语，但与纯粹的祖先崇拜和祖先崇拜系统有本质上的区别。在祖先崇拜那里，“灵力”是祖先自身具有的，某种“力”的传导是可以直接的，不用取自某种源泉，故祖先的传说和事迹就是有意味的。而这里的对祖先的祈愿，是在纪念他的同时，希望他能协助或至少不妨碍这种“力”的传播。在纯粹的祖先崇拜和鬼神崇拜“侵入”这种祭山、祭树的地区，祭祀中会有一定的“祖先保佑”和“鬼神保佑”的祈语出现，但基本是为了讨好他们，不要妨碍这些过程的正确执行，祭祀崇拜的对象不是他们。居都的祭祀这种“侵入”很少。

A 祭中的第一天用的是一只白公鸡，这事象也有其自身的意义，于后将叙及。

A 祭中的祭品，还有九个饭团，这与 A 祭人及整个仡佬族人的民族起始传说有关，后面将论及。至于祭品中的白酒，可能是纯粹取悦效用的东西。因为人们认为白酒是粮中渗出的精华，是很好的东西，祖先一定也喜爱。另外，可能还有增加庆典气氛以及实际食用等方面的意义。

A 祭的第二天是到各家各户老人坟前给老人“信（献）饭”。这有把头天的“祭祀精神”具体传达的意义，也是相同中求异、求具体的表现。这些天正是汉族及其他民族的“清明节”，受汉族的影响，有些仡佬族的祖坟上也出现了“清”。这是可以理解的。在山区少数民族中，不同民族对相同事象的不同规矩，只要不相互矛盾，他们就会有“多一份保佑更好”的想法，从而把异民族的东西拿过来，为他所用。在民族杂居的地方，就有这样的事例。在他认为本民族的“巫师”敌不过他认为的那个“邪”时，就会把外族的“神汉”请来，共同“镇压”。有时候，两个或多个民族这方面的事象会同台表演。故而，我以为，这“清”也是这样的东西。还有，汉族清明节的影响日益加深，也能成为他们此类习俗中的成分。

第三天 A 祭才显出了它的最重要的面目，也就是我们这些“外人”所认为的正式祭祀才出现。在此事象中，有泡木枝和耗子刺的碎木花，这是在转灶和祭祀中用的，最直接的解释是：在灶边撒碎木花是给灶老者设障碍，让灶老者不能从灶中走出来，上天去告人们的状，因为难免祭祀中有做得不是的地方。在人们的想象中，耗子刺和泡木枝的刺是会扎进灶老者的脚底板的。这是直接的实在的说法，引申一下，也就有避邪驱邪的功效和意义了。要不，转灶剩下的碎木花也就不会专门倒在祭祀中的那棵树下了。

这一天的祭品中，有两条粑粑龙。这个事象在居都的传说中说是“金角老龙”在他们古老先人来到地上时，曾帮助过古老先人开荒种地，有功劳，故而他们的后代要纪念它。这个说法我以为仅仅是一个传说而已，至于为何在他们的祭山、祭树中出现龙的形象，原因一时还不清楚，但有外来事象加入的可能性，因为龙的形象在仡佬族的祭祀中出现的情况是极少的。“鸡蛋”这一事象我在采录中没有得到明确的解释，但我以为它的存在有两个方面的可能原因：一是“蛋卜”的实际功用，如何“卜”被遗失了，而鸡蛋却留了下来；二是直接对生命的观照，因为自然人的眼光中，鸡蛋对生命的蕴含是奇妙无比的，他们相信它会拥有他们所企望和渴求的力量。

在 A 祭中，有打鸡卦的事象。打鸡卦并不是某个民族和种群特有的，在整个的南方一带，鸡卦从古至今都是很盛行的东西。A 祭人的群体也在这一范围内，故而他们在祭山，祭树中打鸡卦是很正常的事情。但A祭中此事象有一样东西被强调了，这就是“童子鸡”。这里面似乎含有初始、纯洁等方面的意义，但真正的意义如何，被采录人也没法明确回答。有一点可以肯定，此鸡卦重于其他鸡卦，因为它是更严肃、更认真的。

“转灶”这个事象很有意味。这一事象在其他祭中是没有的，在其他地方的仡佬族祭祀中也没有。它好像并不完全是本民族的东西，而是吸收改造了其他民族的东西而形成的。“转灶”与其他各民族祭祀中的“扫寨”活动很相似，意义也基本相似，但过程和内涵有些区别，明显是一种受影响而生成的结果。这些，对A祭的形成很有参照意义，在后来的对比论述中要展开。

在B祭中，一般的祭祀事象是普遍存在的，不必赘言。它独特的事象是“盐茶五谷”和泡木枝削成的牛角状的卦片。盐茶五谷可能与仡佬族人的分属有关，或者与B祭人以日常用品祭祀祖先有关。用泡木枝削卦片来打卦不足为奇，其他地方也有出现，但削成牛角状一定就加入了B祭人特有的意象和象征了。另外，B祭中的绕树逆时针转三圈的举动在其他祭中亦少见，它也可能有自己较古老的隐喻。可是，B祭人现今已说不清为何要如此了。

C祭在事象中独自保持了喊“坡头”、喊“天地”的内容，这也许更接近他们祭祀此树的目的。因为“山坡”在他们遥远的历史中意象是十分鲜明的。C祭中祭的两棵树，方式与A祭完全不一样，于是都由长房主事人主持，第一处祭树是各户人家轮流领头主持的，这可能更接近此祭祀的真正含义。

D祭的日期和解释的理由很特殊，可以探寻的很多，可以说它包含了更为独特但可能更真实的远古事实。

E祭的采录是多人讲述后的结果，故而记录者综合和以“我”为角度的解释的东西要多一些，并且他在文中关照了其他方面的相关事象，故而有超限的包容，但作为参照资料是很有价值的。把前四种祭祀对比起来看，在“长房主事人的事象上，A、B、C三祭都是相同的，而D祭却不明朗。A祭和C祭的第一个（我们认为是较次要）的祭祀活动，在主持人上又有一定的区别，A祭是由长房主事人为之，而C祭是由沙姓这一宗属的各家各户轮流主持祭祀。这个事实说明，第一天或第一次的祭祀除了另外的一些我们一时还无法明确知晓的意义外，它有一种确定个什么东西，说明个什么东西的意义。这就是祭祀的本身的预告和传报。可以说这是一个预备类的信号，告知以后的时间里要进入一种状况，为了庄重和肃穆，为了不遗漏被祭祀的人和祭祀者本身，还有应该出现的各个事象。这是简单祭祀的发展表现，从简单到复杂，从缺陷到完备，从单一功能到多功能包容，从一次祭祀到两次或多次祭祀……从这里我们看到居都人祭山、祭树的历史感。这样一来，那C祭的第一天的祭祀由各家各户轮流主持，似乎更接近祭祀的本来意义。如此A祭的由长房主事人主持第一天的祭祀可能就是一种错位，因为长房主事人的事象确立应该是在第三天的主要的隆重的祭祀活动中。至于这种错位是怎么形成的，那就不得而知了。在这方面，B祭的祭祀过程记录只有一次祭祀，因而没有如A祭与C祭的对比。但我以为B祭在原先应该是有两次以上祭祀的，祭祀地也是应该有两处的，但它在祭祀的历史传承中，某个时候丢失和省略了原有的过程，留下现今的样子。这方面，我访查过许多地方的多民族的祭山、祭树活动，两次以上的祭祀过程是较为普遍的现象。故而，在大的地域文化环境中，B 祭的原始面貌应该是没有例外的。

在所有祭祀活动中，祭祀对象是一个非常重要的事理。在居都的祭山、祭树中，A、B、C、D 和 E 祭的直接对象和目的点都是树。这个现象很值得深思。“树”是这一系列祭祀活动的中心，这个民族的人可以在地点、方式、时间上有自己的不同的认识和表达，但树的选择是唯一的。在居都人的传说和神话中，他们祖先的出现都与树有关，如“祖先最早是顺着一棵树，从天上下到地上的。”“祖先最初是住在树上的。”“祖先最早吃的都是树上的鲜果”等。也就是说，这个民族最早的生存和发展都与树息息相关，故而在后来的祭祀中以“树”为对象是很正常的。伴随着祭树的另一个内容是祭山，但几乎所有的祭祀都把祭山、祭树作为一个相同的事象来对待，并没有把它们分开来举行。在基本的意义上，祭树就是祭山，祭山就是祭树，是不可分割的。那为什么在叙述中又有“祭山”和“祭树”的两个词语呢？这得从另外的相似的他民族事象上说起。在另外一些民族的祭祀中，真正的祭山事象是存在的，即有把某山作为完整的祭祀对象来看待的民族祭祀活动。这个山在他们的心中就是一个形象，没有什么另外的替代物和具象表现。山就是他们祭祀对象本身，这样的“祭山”是在这座山的任何一个方位都可以举行祭祀活动的。人们拜的就是山，而决不是别的。如汉族历朝历代的祭山，以及其他一些民族的祭山就是这样的例子。关于祭山的“原始文本”就这样传给了所有受汉文化影响的人。他们在很大程度上只理解“汉式祭山”，而不理解另外的所谓的祭山。在他们力图理解居都人这一类祭祀活动时用了“祭山”一词，而奉行居都人这一类祭祀活动的人们也无法说清他们的祭祀时，也只好寻求了“祭山”这个有相似性的词语。但他们同时也觉得不能说明本来的意义，于是又用了“祭树”一词相连。这样一来，一种无法完全理解和一种无法完全表达的情景交汇在一起，就形成了现在的“祭山”“祭树”的说法。其实，居都人表现的祭祀不是我们理解的一般意义的祭树和祭山，祭树不光是为了祭树，它包容了祭山的内容和意象，通过祭树表现的祭山又不是我们所理解的一般意义的祭山。应该说，这是他们自己的祭山和祭树，是一体的不可分割的事象，像 E 祭的记录中，把它们分为祭山、拜树两个东西来叙述是不对的。

我以为，应该这样来理解这一切。即这些祭祀人的祖先是世居于此的土著，在他们的观念中，山对他们是意象鲜明的有意义的，但从来都不是直接的具体的。在万山并立的群山中，你把一种意象具体到某一座山上是不可能的。有两种因素打破了他们如其他民族那么明确崇敬某山的可能性，一是原始森林的遮掩，在森林中生活的人，现实环境不会让他们直接地不断地接受来自某山的“影像”和“气息”，不会在心理上产生关联和压力。他们可能知道某大山的存在，但永远不具体。二是带有很大迁徙性的狩猎和植物采集性质的生活状况，也不会很具体地一直关联在某一座山上，即使山间的农耕出现，生息的命运感觉也没能与某具体的山相关联。这也许就是居都人祭祀中祭山的含混性的自然人文历史背景。故而，他们要祭山，就得有一个具象的东西，一般就选择一处茂盛的森林为具象，他们称这样的地方为“箐”，故有时也把这样的祭祀称为“祭箐”。进而，一大片的“箐”也得有一个具象的东西，这也就是箐中最大、最老，并且常青不衰的大树，祭祀活动也就在这样的树下举行，故最终称为祭树。树是长在箐中的，箐又是长在山体上的，祭了树也就祭了箐，祭了箐也就祭了山了。这在以上的各个祭祀中实际也是这样表现的。这样表现，也是非常符合自然状态中人的思维具象化的方式的。在他们看来，像其他民族那样已经有很大抽象意义的山是不存在的，山要具体到一片箐林，箐林要具体到一棵树。有时候，即使如此他们仍觉得山的形象不具体，还得寻找树后的某块大石头来作为山的具象。在居都和其他地方的祭祀地中，大树旁常常伴有大石的形象出现在祭祀中，也就是这个原因使然。

这些，是现存的普遍流行的所谓祭山概念难以完全理解和解释的。

另外，居都人的这样的祭山、祭树还有更深一层次上的意义，这就是直接的生命和生殖的表象意义。这是我们一般意义上的祭山中所没有或不那么明确的。在祭祀的历史中，这些祭祀人如果在有条件的时候，他们选择山会选择一个森林最茂盛、最葱笼、最有活力的山；而从中选择箐时，又会选择最有活力的箐，进而选择树时，又会从青桐、冬青、香樟三类树中选择最大、最老、长得最茂盛、最具生机的树作为他们的祭祀对象。这其中的意义几乎在全球的各自然民族中都是相同的，即生机和生命力的象征，并祈愿通过一定的祭祀把活力渗透给崇敬它的人。在A、B、C、D、E等祭中，树都是以上列举的三种树，这也是贵州山区表现这种象征最一般的树了。为何要选择它们呢？原因很简单，冬青和香樟树都是这山区最常见的常青不败的树木，而且冬青的花和香樟木本身都有一种迷人的香气；至于青冈树（也就是橡树），它虽落叶，但它的籽实却一直是某种旺盛生命力的象征，全球普遍如是。

可以说，在祭祀对象上，以上几种祭祀都完整地保存了这一来自遥远古代的信息。

在祭祀的日期上，A、B、C及E祭都没有什么差异，都在农历三月的第一个虎场天开始，只有D祭的日期不一样，是农历十月的蛇场天和鼠场天。日期在三月的意义我在前面已有论述，这也应该是北半球许多民族这一类祭祀的一般规律了。可正因为如此，D祭的祭祀日期才拥有更特殊的意义。在仡佬族先民时期，汉族的古籍已有明确记载，称他们是“以十月为岁首”。这个历算的意义和根据现在已无从说起了，但它把一年的秋收后的时日作为一年的岁首，更符合完全淹没在大自然中的自然民族的想象力和自然个性。故我以为，D祭完全与此相关，如此在事象上当然比以上所有的祭祀都要古老。大胆一点说，D祭似乎更应该是仡佬族先民最早的祭祀形态。至于A、B、C、E祭的祭祀日期为何如此，我以为这也能够解释。在D祭中，祭祀的最初的主要动因是祖先的到来起始，纪念性的成分是主要的，祭祀人祈愿性的动机是后来附加的。随着此祭祀的发展，“祖”的观念淡化（有迁徙、外民族文化的影响，以及时间的推移等因素），祈愿性的东西越来越多，而时期仍然是初冬的十月。这就使愿望与自然的背景相矛盾。这时候，再加上其他民族在孟春三月时节的表现影响，就使这个重要的祭祀发生了历史的位移，加入了大多数民族同一的表现中。这样，祈愿性的心理压力得到有效的释放，但富于个性的民族纪念性时日却消失在新的祭祀过程中。不过，这个消失不是消亡，而是转移。仡佬族过“小年”，也就是对“十月为岁首”时日的民族记忆。话又说回来，于此可能还有另外的解释，即三月的祭祀也本是自然存在的，但最初的祭祀内涵可能很单一，很多东西是后来推演归纳的结果，其中就包括最早蕴含于“十月岁首”中的许多内容。

于此，我是看重D祭日期上的特殊性的。但我同时也承认，这种日期上的与众不同的差异，也有可能是朱姓人家自己把三月的祭祀与十月的“岁首”包容在一起的想象，并没有那么多古老的意象。也许是的，但于此朱姓人家是不应该过小年的，但他们在过小年中也没有例外。另外，我从居都边沿地带的一些文化考察中得知，仡佬族的朱姓人家，在附近的地区内曾经是很有声望的，至今仍保留了许多古老的文化遗留。因此，我们从异说中还是能回到我原来的见解上的。

这方面，在祭品中我们还能找到证据。在这些祭祀中，主要的祭品是鸡、粑粑、饭团、酒等。酒的意义已有论述，这在各个祭祀中都没有遗失。饭团只在A祭中出现，我以为在其他的各个祭祀中也应该存在，但被他们省略或忽略了。粑粑的事象在B祭、C祭中都未出现，是被省略或丢失了，而A祭中用粑粑成型为两条龙。但我觉得这两条龙的意象在A祭中并不古老，而是融合其他民族事象的结果，对祭祀的普遍意义并不很大。D祭中的粑粑成了30个，而且是为散给尽可能多的人吃的。为何如此，其具体的意义还不太清楚。

鸡是祭品中最重要的东西之一，所有的祭祀中都用了公鸡。在A、C、D、E祭中，白公鸡都得到了强调，为什么呢？目前也没有明确的解释。仡佬族认为其祖先是从天上下来的，这就足以说明他们对于天空的想象和重视程度。那么天上白色的云或云的白色就会有一种自然中升发的象征意义，即这一种群原始的尚白情感。说到尚白情感，这里可多说几句，云南的白族是尚白的，可他们的族源现就有一种较为肯定的说法，即来自于百濮的原始种群。而众所周知，仡佬族的族源也是从百濮那里而来的。从这个角度而言，居都人在祭山、祭树中强调白公鸡，意义是很明了的，只不过，这种联系相对微弱得多。

在祭品中，据居都人自述，在原先经济条件好的时候，祭祀中是要用猪伪，但现在只有鸡了。可是，在D祭中还出现了一个猪头，这是其他祭祀中都没有的。在条件好的时候用整头猪，在条件不允许时，也要用猪头代替，以保持一定的名义。在大家都只存在鸡祭品时，D祭中还能出现一个猪头，这足以证明D祭在古老事象传承上是“顽固”的。

总的说来，在鸡这个祭品上，所有的祭祀中都完整地保留了传承，这一点也说明鸡祭品普遍的祭祀意义。而另外的一些如盐茶五谷鸡蛋等祭品，不是没出现者的遗失，就是出现者的其他原因的附加。

搭棚行祭，是祭祀中的重要环节，这在所有的祭祀中都得到了遵守，但各有自己的意味和特色。A祭的棚大，炕笆是吊在或挂在棚中的；B祭的棚小一些，也有一个放祭品的篱笆；C祭搭的是两个扇状物，但也能认为是棚的变形，扇的下面也有放祭品的篱笆；D祭也搭了一个棚，并讲究棚头的砍刀口，与C祭一样也要进行插鸡毛的事理。于此不难看出，祭祀人的祖先最初的“棚居”生活的时间之长，影响之深；不管“棚”怎么个变化，但搭棚的基本事象是进入了最基本的传承的。

洒血、献饭、用马勺、鸡肝等事象在以上几个祭祀中都是如此表现的，但他们基本都要把在山上表演的那一套程序，在家里的灶边重新表演一次。这是为什么呢？我以为一是祭祀的具象化或具体化，即山上祭祀纪念的是众人的祖先，当然也包含了每个人的祖先，“精力的传导”也为了每一个人，但这不具体，故各家各户得回去“具体”一下。二是“以灶为大”的观念影响，害怕“灶”上天去打小报告，故而把祭祀的事在灶边重新表演一次。三是统一的祭祀不包括成年的妇女，但对祖先的祭祀和其他祈愿却包含了全种群的人口，故而回到家里灶边的祭祀活动，可能是对妇女的一种补偿，因为在家里的祭祀是允许妇女参加的。由此我以为，如在A祭中没有回家在灶边祭祀的事象是一种遗失或一种转移，它只注重了上述三个原因中的第二个，用“转灶”来代替这一过程。

鸡血的事象也是普遍的，是一种激活生命力的表现。世界上每个民族的文化机制中，都有“活血”的机制，杀鸡、杀羊、杀猪、杀牛、杀马，乃至杀人的性质都是同一的。在人类的文化中，人们既需要文明的雅致，也同时需要血的活力和冲动，这为众多的文明发展史实所证实，只不过这“血”的表现在各个历史阶段不同而已。居都祭祀中的“血”，我以为也要放到这样的大背景中来认识。

至于用马勺“信（献）饭”（不用铁的），原因是祖先时代只有马勺类的木瓢，以为用其他瓢祖先会不认识，所以，会不接受的。这也许是后人的一种远古怀想，但也不无道理，很自然。

在A祭中出现的“转灶”事象，这完全是一种“二合一”的东西。居都的大多数人家都不在祭山、祭树中转灶，而A祭人家就转灶，这明显是从其他民族学来的，不过其他民族在此上面的表现内涵是防火灾及其他灾祸，故每年施行“扫寨”。A祭人家把它接过来，结合了“以灶为大”的实际，进行转灶，意在驱邪避灾，实际的意象是较含混的。

还有在A祭中出现的鸡卦和B祭中出现的泡木枝削的牛角片卦，可能并不是祭祀的必备过程，但这两种卦实为一定地域文化中最常见的事象，在什么样的场合中出现，随意性是很大的。

总的而言，居都的祭山、祭树是以氏族为单位进行的，不是一种区域性的统一祭祀活动。这种状况本身就是很古老的遗存，即使如前所述是后来变化形成的也是如此。这方面前面已有一定的论述，但这种以氏族为单位的祭祀对他们的民族具有些什么样的意义，产生什么样的影响，以后还将论及。这些祭祀大致都体现了一定的基本的共同性，表现了许多方面的内容，但就某种意义而言，这些祭祀都是残片式的。它们都在各姓氏的传承中或多或少遗失了不少的东西，并同时又带来了它与其他民族文化交流借鉴的事象和痕迹。故而，相对居都的其他的文化事象而言，祭山、祭树的基本框架还在，损失的基本的东西少，但就此，也表现了居都文化的残片性质。奇怪的是，来自四面八方的各姓氏的祭山、祭树虽然都是不完整的，却仍然不存在相互交流完善的可能性。

第二节 祭祀——杀牛吃新

“杀牛吃新”是居都人的一个与祭山、祭树同等重要的节日和祭祀活动。与祭山、祭树相比，它也有多样性，并有一定的区域规范要求，但仍不能由某一种既定的方式和过程来统属一定区域的“杀牛吃新”。故而，“杀牛吃新”在居都有时是一个区域的共同行动，但多数时候又会成为以氏族为单位的活动。在“杀牛吃新”上，它的方式和来源也许不显得复杂，但各姓氏间的差异还是存在的。对这个祭祀性的节日，我有一些采录，但均不如叶正乾先生很早就记录的东西完整和详备。

[个例9]

叶正乾先生的情况见个例8。下面的文字是叶正乾先生十年前采录的，并综合了他的亲身经历，因为他年轻时长期在仡佬族聚居的地区工作。文中记录的讲述者有：程继方、程少先、宋国彬、李明昌、李少清、李发旺、高兴合、高成能等；流传地区；六枝特区及附近县的披袍居住区。①

原文如下：吃新节是贵州仡佬族原始社会遗俗的祭祖祀典。它是三大节中的第二个节日。它的内容比过年祭祖丰富，比祭山、祭树的清规戒律更加严肃认真。

吃新节要过三天，由于仡佬族分九支，各支有各支的节仪，这里只介绍披袍仡佬的吃新节。

1. 吃新节的起源

传说，开荒拍草，挖田种粮是盘古王教会的，吃新也是他在谷子成熟的第一年，为了庆祝丰收而兴起的。以后，当人们看见一年一度成熟的谷子，想起将要进口的新米饭就想到了盘古王的恩情，想到开荒拍草的祖先，所以要过吃新节，把他们摆在前头敬献以表示报答。同时，为了纪念和表彰金角老龙供水种田，沙达捕捉田鼠有功，也把他们同吃过山药、毛稗、草籽的祖先一并敬献。

“披袍”的先人把吃新节定在虎、龙、蛇场天，主要是纪念天地、盘古王和金角、沙达。这叫“七月吃龙，八月吃蛇”。就是说，每个吃新节都从七月或八月的第一个虎场天开始（有注为：虎代表盘古王，盘古王又是仡佬族来到地上的始祖），谷子早熟，公众于七月的第一个龙场天吃完，如果闰月就在八月的第一个蛇场天吃完。因为闰月沙达还要多出一个月的力气去捉田鼠和山老耗，不能不等着他；同时，闰月

① 此个例的采录地点是居都，但关照了其他仡佬族村寨“杀牛吃新”的情况。流传地区原文如此，是一种推而广之的说法。披袍仡佬是仡佬族分支中的一支，居都人也自称为披袍。

了也要新谷成熟才能吃。

2. 捋谷吃新

吃新节前，首先是割谷，并要捋一些小米、毛稗、草籽掺谷舂米。在这里要提到的是夜郎王教古老先人捋谷吃新。传说，很古很古以前吃新，全是在自己的田里割谷。到夜郎王的时候，因开荒拍草的田被其他民族买去或其他民族来联寨同耕，人烟多而开荒拍草的田少（吃新的田粮只限于仡佬族祖先开荒拍草的田，其他民族开荒拍草的田粮不能作吃新用），就由夜郎王将割谷吃新改为捋谷吃新。

捋谷的时间不在节日之内。捋谷多少，按吃新人数两天需要的用粮数量而定。一般在吃新的前三天捋好新谷。

捋谷开始时，男女盛装出寨，女的在前，男的在后，鱼贯而行。进了田坝，男的去远处，女的在近处；女的先从"田娘"（田娘就是第一块开荒拍草的田）周围的稻田开始，但不能捋田娘里的新谷。因为田娘是古老古代的老母亲领着在当地开荒拍草的第一块田。母为大，开的田娘也为大，凡是为大的都要尊重。除此，只要是仡佬族"开荒拍草"或明朝时"开耕报粮"所开垦的田，不管是什么族的什么人所有，吃新捋谷时都可以站在田埂上顺着田边伸手去捋一圈。传说，"这是夜郎王敕封过的，任何民族都无异议"。从古到今，凡逢"披袍"吃新捋谷时，他族不但不表示异议，还兴高采烈地去欣赏"披袍"妇女姑娘们盛装捋谷的那富有舞蹈节奏的优美身姿。

3. 吃新节的第一天

捋够新谷，虎场天就男女分工办过节祭祀的粮和肉。女的舂碓，男的杀牛。舂谷子时，簸出的碎米在节日中不能喂鸡鸭，筛出的糠在节中也不能喂猪，就连淘米水也要等到过完节才能喂牲口；凡是献品，人也不能先尝，就是用鼻子先闻一闻也是不恭敬的。清早，男的首先在家杀只红公鸡敬灶王爷，接着把牛牵进宰牛场；这宰牛场古老古代就筑在三岔河边。即使没有江河，也必须筑在三岔溪沟边的三岔点，传说，这也是敕封过的。杀牛前先将牛绑在木桩上，然后对着天用民族语礼请天地、祖宗和"四大山"，对四大山又必须先请"优各卓玛有"（即老王山，北盘江上的一座大山峰），再请"阿发行浪"（即扎营坡）尸……请完再杀牛。牛皮、牛肉整理完了，用生牛肉敬献天地、祖宗（祖宗即以盘古王为代表）。

4. 吃新节的第二天

兔场天凌晨，鸡不叫狗不咬，雀鸟还静睡的时候，妇女就去挑井水来和 13 种草药一起泡米蒸饭。男人把各个部位的牛肉牛杂切一部分来煮熟；饭菜做好后，公众一起敬献天地、祖宗。然后再按人数分开，围成一桌一桌地蹲着吃。吃罢，又将所余的牛肉、牛杂全部按人口分给各户，但牛心牛肝哪怕很少，也要每户平均分一丁点拿回家去煮来敬献各自的祖宗。

5. 吃新节的最后一天

龙场天或蛇场天，各户将按人头分得的口粮和生牛肉、牛杂煮好，先献天地、祖宗，再献金角和沙达。献毕，全家人再吃。献，是供的一种方式，它很古老，与供不同。献，不用桌凳、筷匙、杯碗，只用个大簸箕翻匍在地，将做好的饭菜就锅和甑放于上，用玛石（马勺）舀出，用手抓献。献时，请一次天地献一次，请一次祖先献一次；请一次，抓一次献品丢于地，故名曰献。请完了应请的，也就算献完了。传说，古老先人没有用过筷子和碗吃饭，所以献的时候也只许用手抓。

过吃新节的后两天，男女青年均着盛装在外唱歌游玩，谈情说爱。有的老壮也吹唢呐，互对酒令，唱歌娱乐。整个披袍仡佬的村村寨寨，山山水水，都洋溢着歌声笑声。

叶老先生的文字按严格的田野采录的要求，可能不十分规范，也有该详不详，该略不略的问题。由于局限于当时的情况，以及以民俗故事为记述的角度，他无法完全符合于我们今天的要求，但作为资料已是很珍贵的了。在他的文字中，说明性的东西和祭祀的根由说得很详细，但对我们最需要的具体的过程和用品的准确记录却有不少的忽略。不过，它还是保存了许多东西，随着讲述它的老人的去世，这些文字显得更加重要。另外，老先生的这些文字中就体现了一种综合，是在一定流传地区内的事象，但实际上这是以居都为中心而取得的。

以下的各个关于吃新节的个例，也许不怎么详备，主要是在相似中注重了它们的差异，因为个例 9 中已经可以代表许多同一的东西了。

［个例 10］

讲述者李发旺，男，时年 65 岁。其余情况见个例 4。

吃新节的起源是这样的：说是祖先得到了狗尾巴上带来的种子后，开荒拍草，开田下种，长出了谷草，但到秋天都不会成熟，只好求告上天。天帝说，要杀牛祭天，杀马祭地，庄稼才会成熟。这就成了农历八月的杀牛吃新节日的起源。据说是当年杀牛、杀马供献的果然谷子成熟丰收了，而没有供献的就不见其庄稼成熟。

一般是农历八月的第一个虎场天开始吃新，也有农历七月吃新的。过吃新节的头一天是杀牛。这牛一般是居都村的各家各户凑钱买的，杀了后分到各家各户，牛肉是平分的，牛内脏中牛心也是平分的。杀牛时要不要念请祖先、天地，他讲述时并没有提到，追问中他说要念请的，但似乎杀牛时的祭祀已经淡化，好像只是为了供应居都的各家各户在吃新中祭祀所用的牛肉、牛心，才杀这个牛的。

捋谷，去远去近，去哪块田捋谷，一般不受限制。中华人民共和国成立前他们还出去很远的地方捋谷子，中华人民共和国成立后就不去了。在捋谷时，捋哪家的谷子，田主人都不得有异议，没有异议就只在田边捋一点或捋一转，如有异议，就下到田里去捋个够，还说有异议的人家不懂规矩，会受到人们责备。但是，这种情况一般不会出现，当地的山里人都知道这个风俗，并且还有“让仡佬人捋谷吃新的田，会得到赐福，第二年的庄稼长得好”的说法。在捋谷事象上，讲述人没有讲具体在什么时间捋谷，但目前的捋谷时间大概在第二天。不过，这种捋谷已不是原有的捋谷内容了，大致变成了一种象征性的举动。这在访查中得到证实，吃的米也不一定是当年的新米，往往是上年的米上放有一把今年捋谷而来的米代表一下就行了。

第三天是吃新节最重要的一天，吃新节的主要内容在这一天各家各户都要进行。

这天清晨，长房主事人（具体应指的是李发胜宗属的长房主事人）要起个大早，上山去寻找九种东西，说他们的祖先最初吃的就是这些东西。这九种东西是；红刺猛果（一种带刺灌木的红色果实，有黄豆大小，仡佬语称为“玛脚不落”）、旱稻（山地中生长的稻谷，可能最初为野生，仡佬语称为“割肉”）、羊猫（水稻谷的一种，红壳白米，是仡佬人历史上最早的稻谷品种，仡佬语亦称为“羊猫”）、草籽（山中的草籽很多，仡佬人有食用草籽的历史，可能是可食用的那种草籽）、饭米谷（为一般的稻谷，大概是后来引进的谷种之一，并成为稻谷中的主要品种，仡佬语称为“葛急”，此稻有公母之分，公谷仡佬语称为“保急”，母谷称为“玛米急”）、齐头蒜（一种野菜，仡佬语称为“葛郎厄数木”）、玛约密楼（一种草，可以食用，没有对应的汉语名称）、小米（就是一般小米，仡佬语称为“葛才”）、米投毕勒（指一种虫，即生在一种叫“米投毕勒”小树丛下的一种虫，可以吃，也没有对应的汉语名称）。这些东西按规矩都要长房主事人为他那一宗属和姓氏的人家准备好，但实际上都没能做到，往往是一般的东西，如羊猫、小米、饭米谷等由人户自己准备了，而另外的一些确实要来自山上的东西，如草籽、草、虫子、野菜等，就得由长房主事人采集好，分送给宗属的各家各户。这些东西都是吃新节祭品的重要部分，准备得越充分越好。

这一天清晨，各家都要早早地到水井里提新水煮新米饭，但只是象征性地提一点就行了，并不实在地挑新水来煮新米饭。各家淘米煮好上甑蒸好，就不能自己抬下来了，要按规矩等长房主事人来献饭后，由长房主事人抬下来。

这时，各家都要为献饭准备一个木盆，把煮好的、准备好的东西，包括牛肉、牛心以及那9种东西中自己家里有的都准备好，等着长房主事人来为这家人操作献饭。即每宗属或姓氏人家的吃新节献饭，都是长房主事人的事情，他要一家接一家地为每一家人操持这一天的献饭。此家献饭过程完毕，这家人可以吃饭，而长房主事人要接着到下一家去，一直到主持完成宗属或姓氏的献饭，他的任务才算完成。故这天献饭一般从长房主事人家开始，即他自己把自家的饭献了，才去别的家。主持别家的献饭时一般没有长幼辈分的顺序，而是按住房的远近挨着来。各宗属、姓氏绝不会请别姓的长房主事人来主持此事，并且一定要自己宗属或姓氏的长房主事人前来抬甑子、主持献饭。如果人家多，长房主事人很长时间不能来，这家人也得一直等着，蒸饭的甑子不能动，火也不能灭，人也不能吃饭。

待长房主事人到来后，这家人要把木盆放在灶边，把上面所说的9种东西放在盆里，实际上不是每家都找得齐这些东西，故有几样就行。这些东西放好后，再加上牛肉、牛心，一家人全部站在灶边，长房主事人就用马勺献饭、献牛肉，掐牛心敬祖，边献边念念有词，请祖先来享用，请他们保佑风调雨顺。献完饭，长房主事人把灶上的饭甑子抬下来，一家人就可以吃晚饭了。

全宗属和姓氏的人家都由长房主事人主持献完饭后，大家实际上的“吃新”就开始了，吃完这一顿饭，整个的杀牛吃新节才算完全结束了。

此个例的讲述者在讲述中省略了许多情节，因为前一个个例中的主要情节，也有此个例讲述者李发旺的参与，比如“杀牛”的情节比前一个例就省略得太多，故这两个个例应该参照起来考虑。另外，两个个例相同的地方，说法也有差异，应该是采录者理解上的问题。

这一个例的讲述者是李发胜宗属的李发旺，故个例中的过程主要讲的是李发胜宗属的杀牛吃新的过程；他们这一宗属人户最多，在居都的杀牛吃新中有一定的代表性。其他一些姓氏人家的杀牛吃新与他们也有很多相似之处，讲述者自己也承认，大多数人家差不多，但也有些人家的杀牛吃新与此有不少差别。以下这一个例就表现了这个差别。

[个例 11]

讲述者叫沙高应，男，时年 75 岁。

农历八月的虎场天杀牛。兔场天、龙场天、蛇场天都可以吃新。

杀牛吃新也是以姓氏为单位进行的，沙高应就是居都和倮那沙家的长房主事人。

一般用于祭祀的牛是由本姓氏的各家各户凑钱买的。如果某一姓氏的人户多，就由该姓氏凑钱买一头牛来单独祭祀；如该姓氏的人户少，单独买不起一头牛，就由村寨里的几个姓氏联合起来凑钱共同买一头牛来祭祀。不管以什么形式买牛，每年都得有人户带头承办这件事情。在祭祀用牛时，买牛者要出一升米（约两公斤）做的水酒请大家喝，然后按规矩他就可以得到牛头和牛脚。

虎场天的杀牛由长房主事人主持。如果是几个姓氏联合杀的牛，那么就推选人户最多的那一姓的长房主事人主持此事。杀牛时，各相关人户的男人一般都要到场。预备好后，长房主事人就用仡佬族语言请祖和“坡头”了。主事人这样说，“古老前人，开荒拍草，今天杀牛给你。”“请阿里布（山坡的名字，仡佬语名字，下同）、阿荣岩、阿读郎、阿读常、阿尤惹、阿读革、阿改沟、赵一尸鸽若、黑先若鸽若，请九个坡头来接牛血喽。我们‘亏不勒阿’（一年一回祭），请坡头保佑我们庄稼好，各坡头前十五里、后十五里、横十五里、竖十五里不能让豹子、野猫进寨来。”以上所说的九个山坡大致分布在村寨的前后左右，几乎包括了村寨附近所有重要的山坡，呼这些山坡为“坡头”，有山坡的头领之意。

祷告完这一切，就可以杀牛了。

杀完牛，就地煮一部分，除妇女外，全族的大人小孩聚餐一顿。然后，剩下的牛肉就按户分了带回各家，牛心也是按户分，一户也不能少。下午时，每家还得泡一升米左右的羊猫米，煮好上甑，再准备牛肉等东西，等长房主事人来主持献饭。长房主事人什么时候主持献完饭，抬下锅里的甑子，这家人才能吃饭。长房主事人要一户一户把宗属、姓氏的人家献饭搞完，才算了事。

这天献饭时，抬下甑子，用一碗牛肉、一碗饭，放在木盆里，木盆也自然放在灶边，一家人也得在灶边肃立。长房主事人开始用仡佬族语言请祖前，得先把“灶老者”请到，请祖的过程中自然也要说一些祈愿性的话。请完说完，用半截燃烧的柴火，在盆边绕三转，叫打个火引，算是请接祖先来享用敬献的一切了。

到兔场天，各家各户就自己献饭了。这天，大家可以去捋谷子，一般在村寨的四周捋，任何人都不会有异议，还希望人们去捋，捋了来年庄稼长得好。

龙场天的吃新就要注重得多。这一天，捋来的新谷已做成了新米饭，上甑蒸好了。这一天的献饭要去找六样野东西，分别为：玛要不郎（一种无刺的灌木果实，红色。名称为仡佬语音，下同）、厄龙巴撬（一种白蒿枝，野菜）、阿墨独白（一种会黏衣裤的草籽）、蔼才（小米，疑为野生）、割肉（旱稻，疑为野生）、盐巴石一块（村后有一块大岩石，每到祭祀时，每户人家都要从这块大石上敲下一块来作为贡献的盐巴石用，年年如此）。这天的献饭也要由长房主事人来主持、抬甑子，但寻找六样野东西却是各家各户的事。

献饭时，先把一个木盆放在灶边，盆内放点水，用那块盐巴石在火里烧烫，后放进木盆里，盆里有响声和冒烟气以为“接引”的意思，即接引祖先的到来，然后把牛肉、牛心及野东西等放进木盆，又用半截带烟的木柴在盆上逆时针方向绕三圈，就开始请祖了。请祖后才请灶老者，然后又请“雷不到”（天地），边请边说些祈愿性的话语，边用马勺舀饭，用手掐牛心敬献给祖先。

做完这一切，一家人就可以吃饭了。

蛇场天也是吃新节中的时日，每顿也都要献饭，但各家献各家的，简单多了。

以上是关于杀牛吃新的有关材料，为了叙述的方便，亦称为A、B，C三类，三类情况没有根本的区别，只是有些方法、时间，以及说法和认识稍有不同罢了。

在关于杀牛吃新的起源上，只有A个例和B个例提到，C个例实际也是有说法的，但大致相似，故采录中就省略了。A个例中说人们杀牛吃新是“纪念”祖先云云，B个例的说法是讨好、祈求天地；或者说A、B两个例各自侧重了这两种说法。我以为，前一种说法在杀牛吃新的祭祀中有很充分的表现；但是，后一种说法又最接近杀牛吃新祭祀的最自然的目的。因为从这个祭祀中我们不难看到，这完全是古代先民在自然环境中最常见的和最自然的一种人文表现。这在C个例牛表现得最为彻底。用牺牲的血，唤起天地的怜悯，祈愿风调雨顺、五谷丰收，是各自然民族都存在过的祭祀表达，所以我以为，居都人的杀牛吃新，最根本的原因应该是B个例所说的，至于说“纪念”也是其中的重要成分。在这里，我们还应注意，居都的杀牛吃新的祭祀，似乎有两个相互关联的部分：一是杀牛的敬献，二是在灶边的献饭。可能前者的“讨好祈求”是主要的，后者的“纪念”是主要的，至于它们组合构成的情况和意义，后面将展开论述。

A个例中的“披袍”的说法，我以为现今这种牵涉仡佬族历史分属的人文事象，已经没有多少意义了。且不说整个的仡佬族的分支体系如何，就是追寻各种分属称呼的混乱和随意性，我们就得持很谨慎的态度。另外，仡佬族人的体系和结构早就在历史上分崩离析，各种结构的“碎片”也在各种情况和条件下发生了很大的变化，已不能体现过去的意义了。

关于“捋谷”，各个个例都有些说法，以A个例详备一些，它几乎是历史地再现和综合了许多东西而对“捋谷”进行描述的。它所描述的东西，存在过或存在着，但在现实中的发生是零散、一般化和象征性的，也就是此事象“淡化”得很多了。可以说，不管捋谷的理由和背景如何，现实中的居都仡佬族这一事象已经跟环境或人文的生态关系“协调”起来了。

捋谷的说法可以有许多不同，但都从根本上体现了这样一点，即；仡佬族人是这块土地的最早的土著居民，对他们现今生活的这块土地，具有某种优先权，并且这种优先权被历史用“捋谷吃新”的形式表达并固定下来了。实际上，“吃新”是众多以农耕为主的民族共同的东西，绝大多数农耕民族都会在这一季节里有一定的仪式，如贵州境内的其他少数民族过吃新节的就很多。但是，仡佬族的吃新却与众不同，他们的捋谷吃新，比一般的吃新有更深厚的内容，有更多的历史沉重感，或者有更多的历史文化的维系。也许仡佬族先民在“吃新”上最早与各自然民族并没有什么本质上的区别。但后来随着外族人的“进入”（我说的进入是多种方式的，如战争征服、自然殖民、武装殖民、自然迁徙、购买土地、同耕等），土地不断丧失，无可奈何又不甘心，但又不得不承认现实，故从民族文化的心理上得寻找一个新的、能安慰自己、又能为“进入者”所接受的东西。于是，“捋谷”也就渐渐产生，并得到所有人的共识。这种“共识”是具有一定的自然权威性的，A个例中所说的捋谷是夜郎王敕封过的就是这种无形事理的有形借托。当然，这种“捋谷”也还有一些实际的功能，如希望子孙后代以此记住自己民族的历史，并在“捋谷”的事象行进中，培育自己民族的新的文化支点。在这里，仡佬族几乎大大改变了自己吃新的文化内涵，新增了特别的内容，构成了我们现在所见的“捋谷吃新”。但是，问题的另一面还不能忽视，即仡佬族先民自身有了这种内在的文化机制性质的动机，还得考虑环境—人文环境，即能不能得到其他相关民族和群体的认同、共识或者说忍受。这个问题无疑是历史解决了的，而且解决得很好，以至形成了“捋谷会使来年的庄稼长得更好”的观念。这种“解决”好像有些费解，其实这是很自然的现象，它与自然民族的文化心理构成有关。自然状态中的自然民族，一般都相信有灵的存在。他们在杀死了某些人、某个人，夺取了别人的某种利益，为了自己而伤害了什么人时，他们虽然成功了、胜利了，但内心里却深深地担心，害怕被害者和失败者的灵不放过他们，寻他们报复。他们还认为，灵是不能用刀剑杀死的，或者认为灵是杀不死的，不可征服的。只能抚慰或哄骗，让它放弃报复，这样他们才能得到最终的安宁。于是，也就有了向被自己杀害、损害的人的灵，行安慰的举动，以期达到使这灵放弃报复的想法的目的，让他们平安和顺利。历史上的仡佬族先民，就常常是这样的被损害者。他们在自己受损的同时，也给同处的民族造成巨大的心理压力。在这样的情况下，一旦被损害者自己主动提出或表现出某种“自我安慰”的举动和办法时，他们得到了“释放”心理压力的机会，能有不认同的道理吗？况且，“捋谷”的举动，在再怎么狠心的捋谷人手中，也都只能是象征性的，并不能造成什么实际的利益损失。另外，还有约定俗成的捋谷的自我约束，即只定了沿田埂捋谷，田主不表示异议，捋谷者也就没有理由下到田中去捋他的谷子。再何况还有祈求来年丰收的心理对应呢！

现今居都的“捋谷”也是在这样的大背景中生存的，但现在大都实际上只剩下象征意义的东西了。这跟几十年来的历史大为相关。中华人民共和国成立前，土地是私人的，捋谷还具有一定的实际内容，各家各户出动的捋谷人员，一般还是要捋够一家人吃新节所需的谷子，这就要求人们去得远一些，并且要穿上一定的体现民族标志的民族服装。如果结队而行，还得有某种告知方式，如敲锣等。到中华人民共和国成立后，这种行动还保持了一段时间，但很快就受到各种因素的抑制，渐渐地有很实际内容的捋谷就不多见了。在人民公社大集体的时候，人们还没有多少完全利己的念头；包产到户后，这种捋谷就完完全全是一种象征性的了。比如，居都人到了吃新节，一般就到附近某一块早熟的稻田，捋几穗谷子当一下代表就行了。实际的新米饭也做，但都是用镰刀割下的自家田里的谷子做成的。

在杀牛的事象上，B个例于此省略了，故应以A个例和C个例为准。在A个例和C个例中，都体现了这样两个方面的事象：一是杀牛请祖先、坡头、天地；二是关照了对灶老者的祭祀。在请坡头（A个例中为请山）上，A个例、C个例与B个例是很不一样的。B个例虽然省略了杀牛的情节，少了请山、天地的条件，但这些也应像A个例和C个例那样，在适当的时机，如祭祀献饭请祖时出现，可是B个例没有。这种请坡头或山以及天地的行为，是他们的与地域环境的对话，同样也有祈求它们保佑的意义。这有些像汉族人祈求土地菩萨一样，但有趣的是，他们祈求的是山，可见“山”对这个民族有多么深的印象和意义。从这里不难看出，他们这一种群的人，是真正的山之子。他们从先民那里传承的山的东西，就如汉民族从古代一直把土地菩萨传承下来一样重要。于此我们能看到，山、坡头的观念是真正的土著的，而土地菩萨一类的概念是真正的外来的。前者的文化积淀环境是山，没有比山更重要的外在因素了；后者的文化积淀是广大无际的土地，也同样没有比土地更重要的外在因素了。这方面，居都的祭山、祭树中已有重要的表现，到这里，这种表现更明了更直接了。

在请山、坡头、天地中，我还以为“坡头”这个对山的称呼很有独到的意义。在一般的这样的事象中，人们都习惯称呼它们为“山神”，但A个例中直接称为“四大山”，C个例中称为“坡头”，其中一点神的观念都没有。直接称为“山”好像缺了点什么。如果是一般的山意义，那他们用不着指明哪几座大山了。他们觉得此山还要多点什么，这就是“坡头”的意义。坡头不是神，但有“头”的意蕴。他们请山也就要请“是头的山”。故而我以为，坡头应该是他们最正确的词义。他们没有山神，但崇敬的又不是一般的山，而是山的头领——坡头，过去在许多研究中把“坡头”呼为“山神”的做法是错误的，是汉族神意识框架的生搬硬套。

“坡头”一词还没有走向神化的发展阶段，也可见“坡头”一词背后的文化形态的原始程度，它的历史纵向回溯一定很深远。

对请山、坡头的数字，还能有一定意义。在A个例和C个例中，A个例请的是“四大山”，而C个例请的是九个坡头。这里面很有些意味。我以为A个例的四大山大致是一种对现实环境和方位的随想，更为古老的切实意义少；而C个例中的九个坡头却拥有较为深远的内涵。九个饭团是一种标志，而九个坡头更接近仡佬族九个分支的传说。在某种程度上，仡佬族的“九”就如苗族的“十二”一样。

对“灶老者”的关照，在A个例中是用杀鸡敬灶来体现的，而C个例中则是下晚回到各家在灶边祭祀来体现的。在杀牛吃新中敬灶，我以为正确的是后一种方式。因为在仡佬族人或者直接说在居都人的观念中，他们时时事事有灶，但内心里并不尊重它，所以A个例中的杀鸡敬灶可能有误。另外，在杀牛吃新的正规程序中，既有“杀牛敬天”，也有“杀马祭地”，而现在一般的常规则是以鸡代马，故我以为A个例中杀的鸡大概是杀给地的，而不是杀给灶老者的。当然，这“杀牛敬天、杀马祭地”的说法中，可能后一个“杀马祭地”并不是此文化形态的最初始的成分，可这也不影响以上的判断。

对灶老者的称呼上也体现了“坡头”称呼所蕴含的意义，但它的文化内涵比坡头要多了许多，这是后面的论题了。

至于在三岔河处杀牛的做法，是依据传说也好，还是依据其他什么重大或不重大的理由也好，可能最原本的还是“方便”两字，一是三岔河处地势宽阔，二是水方便。在古代，自然性状很重的人们是很注意这种地理环境的，并很有把这些东西“人文化”的能力。对“三岔河处杀牛”的意义的追寻，就是这种“人文化”能力的表现。

三个个例都有杀牛吃新最终在灶边献饭的事象，都有一只木盆，有饭、牛肉、牛心，还有山上的各种野生植物（A个例中没有直接的野生植物记录，但所说的13种草药就肯定是这样的东西，可能采录理解有误）。在灶边献饭一般说法是为了让灶老者做个“证人”，但实际的内在文化构建比这要复杂得多。木盆、野生植物和马勺都是一种原始意象的“指示”。按居都人的一般解释，用木盆是因为祖先们最早的只有木盆，用野生植物表明祖先开荒拍草时就是吃这些东西生活过来的。这些东西不管多少，都是同一的含义，后人们不能忘记这一切，尤其是吃到新米时更不能忘记。不要忘记具体来讲就是“古老前人”的历史和先人们的创业精神。至于用马勺，是说那时只有马勺这种小木瓢，祖先只知道使用它；用手抓，也是表明那时还没有筷子这一用具。在这些基础上，C个例中又加进了用燃烧的木柴绕烟作“接引”的事象，可能这是一种外来的附加，不是它原本的东西。因为在居都相关的活动中，香火一类的东西是极少出现的。

以上的这一切，除了上述一般的解释外，它还能让我们窥视到他们的原始先民是怎样在原始的植物采集中走过来的影子，也可以说这里有许多他们先民在原始植物采集时期的文化信息。

最后还有一个事象应该叙述，即杀牛之后的“安牛头”。以上的几个个例中都未采录这样的文字，原因是随着年代的久远，“杀牛”事象意义的淡化，似乎落入了因为吃新需要用牛肉、牛心才杀牛的境地，把重要的“安牛头”事象也给遗忘了。如果按原有的完整的程序，杀牛之后还有“安牛头”的过程和方式。我在居都的另一个姓氏人家中得到了这样的例证。在居都，许多人对杀牛事象的意义已经有所淡漠。由于经济等原因，已不是经常性地杀牛吃新，故而“安牛头”为大多数人家淡忘，但这一事象仍在李明德宗属的杀牛吃新规矩中保留着。当李明德宗属杀完牛后，他们是这样“安牛头”的：“负责买牛的一般是两户人家，他们在牛被杀了后，两家人各得半个牛头、两只牛脚，并同时取两串肉，两根牛肋骨，分别送到轮到下年负责买牛的人家，这两家人就得负责收拢钱，到市场上去购买下一年要用的牛……这样，牛头就算安好了。”

至于在献饭中的牛心被像祭山、祭树中的鸡肝一样地认真强调，它的功能和意义应该与鸡肝是同一性质的。

在杀牛吃新事象上，总的来说，它仍是为了来年丰收的祈愿性的并同时具有纪念意义的祭祀活动。它可以分为两个部分，第一个部分是杀牛；第二个部分是吃新，前一个部分多为了祈愿，后一个部分主要是纪念性质的。第一个部分最初的形态中大致有杀牛和杀马两个小部分，杀马后来被杀鸡代替，也就因之而退到了非常次要的地位。杀牛的目的与众多的其他民族的相同的行为没有更多的区别，大都是通过某种牺牲，把某种力量传达给大地和种子，以求促进粮食的丰收和保佑人畜的平安顺利。C个例就是最典型的例子，九个坡头、天地、祖先们来把献牺的牛血接走，就要担负祈愿中的许多任务了，甚而包括不让豹子、野猫进寨这一类不大的事。在这里，人们的祈愿普遍是安抚讨好的性质。这个部分应该说是这个节日最重要的部分，可如今此事象在居都已被大大削弱了，甚而有许多的年轻后代，已经不知道杀牛的意义了。

吃新具有纪念意义，同时还有节日庆典的性质，但这些庆典都安排在“献饭”之时。几乎每一家献饭都希望通过纪念和缅怀祖先的活动，向本民族的每一个成员进行明确的文化渗透，或者叫“濡化”。当然，实际状况中可能是祈愿祖先保佑和表明我们有好吃的东西没有忘记祖先，以及回忆先民的艰难的岁月和开创基业的功绩等。这些东西相混，使得吃新的机制表现是复杂的。

很明显，居都的杀牛吃新是由前后两个部分组成的，粗看它们几乎是一个完整的共同来自久远的东西，但它们的组合痕迹是明显的。在这两个部分中，吃新无疑是最古老的事象，它似乎存在于“杀牛”之前，而“杀牛”似乎是稍后的事情。这我们可先从与杀牛相对的杀马事象中来看。杀马可以很确定是外民族的相类事象，它大致来自彝族。处于贵州西北部的彝族，曾是贵州少数民族中最崇尚马的民族，他们与马的历史和故事最多。居都就在彝族势力东部边缘上，居都的同类祭祀受他们的影响是很自然的事情。这种影响的摇摆不定、力量微弱也是很自然的事情。这在居都这类祭祀中的情况我们已经看到了。杀牛的事象我以为应是居都人的先民在某一历史时期自我发育的，但它不如吃新献饭敬祖那样，具有深远的影响力。杀牛是在后来的岁月中与吃新组合的，故这样的组合是松散的。从居都的祭祀中不难看出，杀牛如何人们会忘记，而吃新如何则是人们不会忘记的。

在居都的杀牛吃新中，基本上仍是以姓氏为单位而举行的，长房主事人仍是祭祀中的主角。杀牛，这时已有了一些区域性质，但牛一杀完，整个节日的祭祀活动又完整地归属于长房主事人。这说明，杀牛吃新虽然具有了一定区域性，但总的变化不大。我以为这与“杀牛吃新”的本来意义有些错位。因为相比较而言，杀牛吃新的区域性应该更明显、更重要一些，但它仍以姓氏的形式表现了。为什么呢？是跟民族的本原的心理素质有关呢？还是与广泛的多地域来源的姓氏有关？还是居都现今的种群组合缺乏文化的区域性的组合能力？可能这多种因素都有。在这个文化事象上应该是最具有区域倾向的，即便是多来源的影响也有重新组合的可能，可惜实际中没有。

杀牛吃新在居都是几乎人人都要参与的事象。我在居都调查发现，居都有人不过小年，有人不祭山、不祭树，但没有不过吃新节的。这事象应该从它的节日庆典性质中得到解释，或者说由于多重因素，使杀牛吃新成为居都人的最重要的祭祀活动和节日活动。

第三节　祭祀——过“小年”“大年”

过小年是居都人又一个带有节日性质的祭祀活动。从表面上看，它的节日性状要重一些，但实际上仍是居都人祭祀的延续，这是由它的整个过程中所表现的内容而定的。过小年也就是过居都人自己的年节。之所以称为“小年”，是为了与汉族人的春节相区别，为此把春节称为大年，把自己的“春节”称为小年。居都人每年要过春节——大年，同时也要过自己的年节——小年，并且把小年中的有的事象意义看得很重，大大超过他们对大年的兴趣，故有“小年为大”的说法。正因为如此，这个小年节日中的祭祀部分就受到某种程度的放大，成为民族认同方式和认同感，以及精神寄托的一部分。在居都，不是所有的人都过小年，也不是所有过小年的人都在同一天过小年。这之中也反映了各姓氏在过小年上的多样性。但是，这个每年都在一户户人家举行的小年年节，其所要举行的事象又大致是一致的。

这里有叶老先生记录的材料，基本上说明了它的全过程。

[个例12]①

叶先生的情况如前；讲述人：披袍支系的高兴合、宋国彬、高成能、程少先、程继方、李明昌、李少清、李发旺等。

披袍仡佬过年分“大年”和“小年”。其实，“小年”才是他们的大年，而那“大年”是和汉族一起过的。

披袍仡佬过年的来源，传说有三；虽说同是一个支系，过法一致，时间却各方不同。如山藏水至白水河一带的仡佬族是过腊月二十七到二十九。传说，因当年老王派兵打仗，规定三天出征，为了全家过个团圆年，就提前到腊月二十七开始过三天年；送走出征的亲人后，接着又过三天“大年”。后来，出征的人一去不回，就把这个时间作为怀念他们的日子，召他们回来过年。这样，“小年”“大年”接着过就是六天。月亮河、古豚水一带的大多数披袍仡佬过年的时间是冬月初的第一个虎场天。传说，

① 此个例的采录地点，也是以居都为中心的。

过年是庆祝盘古王开天辟地成功，忆念古老先人第一次到地上来，辛劳种田得到丰收；为了庆祝祖先们的成就和准备来年再丰收，因此，就把这几天的庆祝时间叫过年。

有小部分“披袍”过小年的时间与以上不同。传说过年的时间是以“开荒辟草”的祖先到达一周年的对日为准，也是过三天。就是说，假若开荒拍草的祖先是冬月十七到达，那么每年就从冬月十七开始过年。总之，过年都是为了敬献祖先。准备过年的东西，全是祖先从天上初到地上时吃过、用过的东西。如准备过年要用的青桐条、金丝茅草、山药、牙猪肉（有注：古老先人以母为大，为了尊重母系，所以过年不杀母猪或草猪。牙猪是没有阉过的公猪，但不叫公猪叫牙猪；草猪即没有生过崽的阉割过的母猪）、糯米和糯米面，等等。

过年的第一天早晨，首先用糯米打成粑粑，将粑粑捏两个比茶罐大的祖先模拟像，然后再捏八对圆形的小粑粑。传说，仡佬族分九支，这八对小粑粑就代表给那八支的三天长献（长献的粑粑是绝对不给外人吃的，就是一般的粑粑，过年时有外人来，也是“只准吃，不准包”的）。然后杀牙猪（绝对不允许杀母猪或草猪，也不允许叫公猪），把猪整好，切巴掌大的四片猪肉（切肉要按从头到尾的顺序为倒正，绝不允许从尾部往头部切，更不能横切），用四根青桐条将肉片正正地各穿一片；再将黑山药分倒正切四片，用四棵米草芯或花角藤各将山药片正正地穿起，按每样分挂在灶顶上的大炕笆四角，这就是给自己的祖先的长献。

献饭，三天都一样的仪式。献品，主要的菜是黑山药炒牙猪肉和九块四方形的猪肉墩墩，每块三四两重；其他，做多少样都行，这只给人吃，不作献品。饭，用手捏九个饭团，每个饭团上面插三匹金丝茅草，用来判断第二年庄稼的好坏；茅草插上饭后，慢慢蔫去，如叶子勾头，说明第二年谷子好，穗头重，如果茅草依然是笔直笔直的，就说明第二年谷子不好。用小簸箕甯在板凳上，摆着这些献品，然后关上门，吹熄灯（传说古老先人当时没有穿衣裤，如果不吹灯，他们怕见后人就不肯来受献），再用马勺（一种木制小瓢）装着黑山药炒的牙猪肉，用民族语言指名请曾祖父母、祖父母、父母来受献（献分三献、五献，三献，即请三辈；五献，即请五辈，五辈以上至先根先底就不指名请了）。每献一位，就将马勺中的菜撒到地上，同时用手掐每块肉墩的肉和每个饭团的饭丢到地上。献的顺序是酒、饭菜；请是从本身的上三辈或上五辈开始。

在过年的三天时间里，青少年男女最喜欢打“磨磨秋”“滚龙秋”和打秋千，踢毽子，斗“鸡儿棒”以及唱歌；成年人喜欢喝酒，吹唢呐，唱酒令……；没有婚配的青年都喜欢上山对歌，谈情说爱。把这“小年”过完，“大年”就随便弄点吃的，主要是让青年人快乐快乐就行了。

个例中所说的关于“小年”的起源应该是此事象的重要方面。第一种说法是可能的，因为现今居都也有人家是如此过的。但这种小年的起源时间上溯不会太远，应该是较晚近发生的事情。因为从这种说法本身不难看到，过这种小年的人原先是过大年的，而且可能还没有小年的说法，是因为所述之事出现才形成了与大年对应的小年。由此而观，这种小年起源说可能是站不住脚的。因为一开始就只过大年的人群是不是仡佬族，这就很可疑了。也许这种腊月二十七过小年的做法有另外的原因。

至于第二种说法，说过小年的意义是"庆祝"。有这样的因素，但应该不是主要的。为什么呢？因为"杀牛吃新"中的庆典性质已经很够了。实际上，"杀牛吃新"的活动隆重盛大热烈与否，完全是当年庄稼收成情况的晴雨表。平常年景的"杀牛吃新"是平常的；如果是丰收年景，那么"杀牛吃新"也就是盛大隆重热烈的；再如果是灾年，隆重、盛大也有可能，但就不会热烈，而是被一种忧愁的情绪所替代。可以说，"杀牛吃新"已经把一年中最应该、最主要的庆祝内容给包容了，所以说如此的动因已经消失。因而把过小年的起源完全归于一种"庆祝"动因是不妥的。

第三种说法有一些"立寨为年"的味道，即"开荒拍草"的起始纪念。我以为"纪念"因素是大大存在的，但不一定是"周年"，应该综合起来看它们。

这个"结"的解，我以为还应该从他们祖先"十月岁首"的历史文化事象中寻求解答。在遥远的历史中，十月的观念进入他们先民的生活中的时候，我以为最初他们并没有什么年的概念，而纯粹就是一种自然的崇拜祭祀活动的日子。居都朱姓的十月的祭山、祭树就是这样的遗存例证。在十月祭的事象发生变化和转移，或者说受到汉文化的渗透时，他们当中的极少部分人就要思考这一问题，寻找能对应表示民族特征和差异的文化象征事物，其结果就是"小年"的出现。通俗点说，他们原来在十月前后的"岁首"节日中，并没有"年"的概念。在汉族的"年"进入他们文化的时候，他们才发现自身也有一个相似的东西，综合了多方面的因素，与之相对应的"小年"就出现了。从这个意义上讲，"小年"一定是汉族人的大年进入他们先民文化时才发生的。这实际上是一种本土文化受到外来文化"进入"，又没有完全相应的文化事象相对应时的"本能反应"。这种例子，在人类文化中是常见的。这样，小年最初出现时可能并不是现在的日期，很有可能是农历的十月，或十一月初的某一天。如此，后两种起源说法在日期上是很接近的。这里，"十月岁首"不也就是一年的结束和新的一年的开始吗？现今的过小年的日期一般是冬月，也就是农历十一月。在十一月的某一天里或某几天里，可能就是最初过小年的日子，是居都人先民辞旧迎新的重大日子。我们看到，居都人和其他仡佬人在这些日子上大多是概数，就某某标识的前后几天，没有年年恒定的日期。这种现象源于久远。在他们先民那里，进行任何一个祭祀活动或节庆活动都没有一个严格一律的日子，大都是游动在某个时间之内，因而他们的小年的祭祀日子在某月内变化不定是很正常的。这说明，游动不定的节日、祭祀日子是一定文化形态上的产物。它至少没有经过节日和祭祀日的严格规范和统一的文化发展阶段。以此来推断此文化历史上大的一统性的文化融合或整合可能是没有发生过的。那么，规模巨大的部落统一战争也是很少的，部落联盟及另外的更高级的社会组织是否出现过，也是很有疑问的。这些还将在另章中展开论述。

以上的小年日子是就十月前后的日子而言，但居都人的过小年还有过其他日子的情况，它们自然也有它们的意义。

至于过小年的程序，不管每种过小年的日期如何，最严格、最详备的程序和内容应该如个例 12 中所表述的。我在居都的采录工作中，所采录的这方面的情况，都不如个例 12 所述的那么详备。在个例 12 中，除了有其他祭祀都有的粑粑外，它注重了两样在其他祭祀中都没有的或不注重的东西，这就是牙猪肉和野山药。这两样东西居都人的一般解释是：他们古老前人那个时代不晓得阉猪，所吃的都是公猪和母猪肉，没有现在的阉猪的说法；而野山药则是因为刚开始“开荒拍草”时，山上的野山药很多、很大，祖先许多时候都是用它们充饥过来的。这野山药分“白山药”和“黑山药”，是一种块根植物，较有营养，是古代山区先民最经常采集的一种食物。我年轻时亦采集和食用过这种食物，味如芋头。现今，野山药仍是山民的蔬菜之一。不用说，这就是古代遥远的一种生活方式的原始印象，或者说这里注重的是一种狩猎和采集的原始生活景象的描述和想象，而祭山、祭树和杀牛吃新则注重的是对原始农耕生活景象的描述和想象。后者在现在是山区生活的主要方面，前者早已变得遥远和次要了，但现在看来仍是有意义的。确实，在贵州这样的山区，半个世纪前这里还野猪成群，野山药在山野各处都有。如此说来，它们在过小年的祭品中受到强调，也是生态环境对文化影响的一种结果，也是人类文化的正常现象之一。当然，这其中的牙猪肉也还有如其他祭祀中的公鸡一样的意义。在个例 12 中强调了牙猪，实际上是一种没有做过“父亲”的公猪，说公猪一般都指交配后的牙猪的意思。为何要如此意会呢？不也就是生命精力的意义吗！不过，这层含义在这里不是主要的，祈愿有，但祈愿来年丰收的意蕴早在“杀牛吃新”时就充分表达了。从这里，我们不难看到，过小年中的祭祀，与前面的两种祭祀是相互联系的，是一种有内在关联的有机整体。

在个例 12 中，把茅草插在饭团上的事象，有占卜的性质，意义如鸡卦，但它表现自然而直接。于此，我以为它还有一层含义，即对“杀牛吃新”效果的测试。个例 12 的记录是详备的，但它仍漏掉了一个事象，即第二天主人要注意炕笆上落下了什么东西，如果落下了阳尘，那么来年的喂猪顺利；落下谷子，谷子长得好；落下苞谷，苞谷长得好……以此来预测来年重点应种什么，不应种什么。这一事象是我到居都很久，情感与居都人融合之后，人们才告知我的，要不，在采录中是不会讲这些的。因为各家炕笆上落了什么，一般不会宣昭于人。这个事象的意义与在饭团上插金丝茅草事象性质是一样的，但后者的预测是单一的。

个例 12 中的献饭表现的意义与其他事象中的献饭表现是相同的，表明它们是一个同一的整体。这又说明三个祭祀间也是相互联系的，在维护一个共同的目的时，又各有侧重。那么，把各个祭祀间的一些东西联系或关联起来看，说过小年中的往饭团上插金丝茅草，是对“杀牛吃新”中的来年丰收祈愿的测试，也就是很自然的事情了。在此事象上，杀牛吃新中表明了来年丰收的祈愿，但究竟如何，人们心里是没有底的，也是急于早早知道的。但不久就举行的过小年的祭祀中，正好就提供了这样的机会。另外，这金丝茅草饭团既是一种占卜，同时也有施行巫术的成分，是一种比拟的巫术，探寻占卜结果是一，把一种祈愿通过此方式加强一下，让它有利于稻谷的生长，也是必要的。

个例 12 的记录是基本完备的，甚而还有“多余”，即个例后面记录的东西，严格而言，是一种附加性质的东西，有无皆可。

以上关于过小年的记录材料是基本准确的，但现今居都的实际情况已有了一定的变化。它首先表现在过小年并不是像“杀牛吃新”那样，是一个完全的全区域成员都参与的统一行动，而是有的人家过，有的人家不过；有的人家过的是这个日子，有的人家过的又是另外一个日子。

在居都，现已纯粹不过小年的人有：苏姓3户，黄姓6户，罗姓2户，张姓、周姓各一户，李明德宗属8户，共计21户。原来兴过小年，后来没有过的高姓6户。过小年的有李发胜宗属的28户，这28户人家过小年的日期是冬月的第一个虎场天。李天禄宗属的10户人家也兴过小年，日期是冬月的鸡场天，一般比李发胜宗属要晚几天。据此宗属的人自述，李天禄宗属人家中华人民共和国成立前还有一定的族田，族田每年的收入，就用于过小年等事。另外的杨姓5户人家过小年，日期为农历冬月的第一个鸡场天。沙明学宗属2户会过小年，日期为农历腊月二十八。石姓2户过小年，日期是大年三十的头一天。沙庭文宗属9户过小年，日期是腊月大年的头一天。朱姓2户过小年，日期是大年小年一起过。会过小年的总计有58户。

在居都，为什么这21户不会过小年，他们自己也说不清楚。我以为可能有两种情况，一是由于种种原因遗忘了自己姓氏门宗过小年的办法；二是由于有大年的存在，内心里自动放弃了对小年的关照。高姓6户人家早已不会过小年了，但历史上高姓是会过小年的，据这一姓中最老的老人高德昌自述：他们高家原来是过小年的，日期是农历的腊月间，但不过的原因和具体时间他不清楚。

在过小年的人户中，在日期上大致有四种：一是农历冬月的第一个虎场天；二是农历冬月的第一个鸡场天，三是农历腊月的二十八；四是大年的头一天。从日期上来说，这四种过小年的日期在个例12中都有记录，并且都能与过小年的起源说法相对应。纪念性起源说，日期大致在农历的冬月；因出征提前过年说，日期是过大年前的三天。前一种说法已有相应的论述，后一种说法也有所涉及，但并没有深入。于此，我以为“出征提前过年”的说法并不确定，也许这种过小年的日期是另外的原因促成的。也许在时间的流逝中，认同感和自信心下降，或者是民族自我意识的淡化，使得一部分人产生了何苦过大年又过小年呢，不如弄到一起，前后几天过方便些。从理论上讲，这是文化向心的位移。这样一来，大年前的腊月间末尾的那几天正好是最理想的日子，这是一种对自身年节认识的淡化，或者说长期的大年、小年，使其产生了年的归类的内趋力。这些，可以说都是不理解这样的节日在自己民族文化构建中的重要意义。当然，情况可能是复杂的，一些机械性的因素也能起一定作用，但这都能归到大年的文化向心力。朱姓人家的自述就能说明这个问题。他们说：他们原来过小年是什么时候，因为5岁时死了父亲，不知道了，长大后过小年就与大年一起过了。过大年的时候，他们过大年，但同时又把献牙猪肉、野山药，灶边献饭等事象也放到这期间来进行。沙庭文宗属人家也有这样的自述，他们说他们原来也不是在腊月间过小年的，但为了方便也把小年移到大年之前来过了。

这也说明了不过小年的两个方面情形：一是原有的这个文化事象在时间长河中流

失了；二是由于原先进入居都的时候他们就没有带来过小年的习俗。两者谁重谁轻，是难以准确下定论的。这也表明，年节这个因对应关系而出现的文化事象，虽然民族的认同感很强，但不是重要到唯一的程度，故而在整个的种群文化受到全面淡化的前提下，它的淡化也是难免的。

在个例12中，最后有这样的文字："把这'小年'过完，'大年'就随便地弄点吃的，主要是让青年人快乐快乐就行了。"这种说法与实际有一定的距离。居都人在任何时候都强调小年为大，以表示他们民族的某种情绪和感情，但实际上的春节——大年，在现实中是受到相应重视的。

这一年春节我是在居都度过的，印象是：家家都买了肉，大都打了粑粑，一部分人家贴了春联，吃晚饭还有在灶边按民族的规矩敬祖献饭的，但一般的汉族春节应有的习惯表现很少，"守岁"的习俗居然也没有，夜间10点不到，整个居都全笼罩在一片黑暗之中，无声无息。

我为他们没有"守岁"的习俗十分惊讶，我问房东沙庭文（他曾外出工作过约10年的时间）："你们不兴守岁？"

他十分奇怪地反问我："什么是守岁？"

我无言以对。

许多时间后我仍惊异于这样的现象：居都人好像从表面上接受和理解了汉族人的春节——大年，可是这来自异族的文化体却有永远不为他们理解的东西。

第四节　意义

我们较为系统地考察了居都人的祭祀，追索了居都人表现于此的信仰，以及其他相关的方面，这当然要最后归结到它存在的意义上来，即居都人于此的一系列的文化表现是为了什么，说明了什么？同时还有他们这一切的根本性质。

在祭山、祭树、杀牛吃新和过小年这四个时间上是连续的完全属于民族的活动中，几乎都表现了同一的色彩，即最远古历史的自然状态。居都人的信仰，也就建立在这样的基础上。他们在祭山、祭树中把牺牲的血洒在"树"的具象上，在杀牛吃新中把牛的血奉献给坡头，在过小年时把牙猪的力量进行某种传导；好像每一个事象都很具体，都有信仰的最形象、最生动的对象；好像他们在崇拜山、箐林、树、坡头，等等。但是，实际上这都是表面化的东西。在现实生活中这一类东西并没有明显的地位和影响。当然，一些树为具象时，就形成了某些禁忌，受到保护。比如不得砍伐，甚至不能动它的枯枝，它周围的草木，但这都不具备偶像或准偶像或半偶像的性质。还有，这些树之所以受到保护，还不是因为它本身，而是因为它代表了什么，象征了什么。如果它这种象征、代表的功能一消失，它很快就会被别的同类代替，自己又得回到普通的树的地位。由此可见，这种自然形态的祭祀，它崇拜的是一种力量。

生殖力量或生命力，是人类在自己的人文历史上的第一个探索，是人类的第一个哲学命题的思考。这，几乎又是一个永恒的主题。在人类思维深入到很远的边缘的现在，我们似乎仍在探索这一命题，并有许多方面一直停留在那里，不能前进。可以说居都人的信仰是一种自然形态的生命力崇拜，它本质上不崇拜什么具象的东西，而崇拜的是一种生命的力量，故而它表现的阶段性状很初始，事象很古老，也因此于现在有很高的研究价值。

一个人类种群，或者一群可以称为氏族、民族的人，都要相应地建立起自己的一定的信仰，以获得群体的文化认同的可能性，以形成“群”的内聚力。可以不夸张地说，哪个种群的这种“群”的内聚力机制建造得最完善，那哪个种群在世界上的“人文竞争”中存活和发展的可能性就最大。进而还能断定，一个种群的命运，大都是它自己的最初的这种构造所决定的。而这些，任何种群都得从这个最初的阶段开始，从他们所处的那个最自然的环境状态中开始。居都人先民所创造的就是这样的东西。他们在遥远的时候，来自自然的；最惊奇的最有撼动力的就是自然的生殖力量，以及这一力量的无穷变化和无穷的魅力。于是，渴望这种力量在一定的情况下顺从人的意愿转移到某个需要的方面，使人从中得到实利。这就是自然的生命力崇拜①，也是人类信仰的第一崇拜，而后来的图腾崇拜、偶像崇拜等都是这一崇拜的发展，或者说是更文化了的抽象了的崇拜，因为它再怎么样“质朴”都有了某种类的归纳。

居都人的崇拜就是如此古老的事象，但它却传承了下来。这样的传承在贵州山区其他民族也有众多的表现，但居都人的遗存要多一些，并更为质朴一些。

居都人的这一崇拜的性质，还可以在其有关敬献祖先的事象中得以证实。居都人在所有的祭祀和庆典性质的活动中，都没有忘记对祖先的侍奉。他们在每一次的活动中，都极力地小心地唯祖先是好。在祭山、祭树中搭竹棚，尽力再现祖先过去的生活情景；使用马勺、木盆、泡木枝等，是尽力地恢复当时用具；选用牙猪肉、野山药、野生植物等想象的远古时代祖先们所食用的食物；形式上还注意了鸡肝、牛心的表达；还同时注意到祖先远古各支系的因素，不要厚此薄彼；另外还顾及祖先可能没有穿衣服的细节，祭祀时把灯吹灭……可以说极尽其能事。这表现了什么呢？纪念和缅怀?！还有对“开荒拍草、古老前人”形象的叙述?！当中自然有祈愿“祖先保佑”的含义，表现一定的“讨好”或崇敬，有祖先崇拜的意义，但它却不是一般理解上的祖先崇拜。这种崇敬没有偶像的定位和描述，更没有祖先的崇拜系统的罗列。这样的由一系列的“献饭”表现的对祖先的崇敬，与其说是对祖先的崇拜，不如说是与祖先的某种方式的“对话”。

从观察和体验以及个例分析，居都人的崇拜的基点是布满于世界的生命力量。只有依托于此，他们群体的生存才有可能和有意义。在所有的祭祀中，对树、对山、对祖先所行诸事实际上都是围绕着此基点来进行的。这样的崇拜发展阶段不高，可居都人的自然生命力崇拜更甚之处是于此竟还没有建立什么体系之类的东西。在这里表现

① 关于居都祭祀中的自然生命力崇拜，应该是非常有意义的宗教发生学和原始宗教史上的论题。这里可以有重大的宗教文化理论展开，但可惜不是此书的论题。

的只是一个笼而统之的生殖力量，并没有什么分化，没有主和次的关系，比如雄性力量和雌性力量的分别，也没有分支的事象，比如总的象征什么，而下面的具象构成种类等。当然，现实中也有些事例表现了一定的倾向，比如祭祀中不准妇女上山参与，牺牲一定是雄性的；箐林有大、有小的分属，但似乎总的东西太含混了。这种不分化的自然生命力崇拜，又是此阶段的最自然状态。也许人们要说，说居都的祭祀不分化是说不过去的，它不准妇女上山参与祭祀，用牺牲强调雄性，崇拜具象上也注重雄性的象征力量等，明确地说，当中已明显地显现出了父权的影像和雄性的权威。也许是的，当中体现的父权和雄性权威，确实反映了父系社会结构的内容，确实父系文化事理的出现要晚于母系文化事理的出现，但我以为继承到父系文化事理时的原始生命生殖力崇拜，也并没有因父系文化事理的存在而分化呀！只不过是在自然生殖力量的崇拜中强调了雄性而已。在以母系文化事理为主的时代，雌性力量得到强调；到以父系文化事理为主的时代，雄性力量得到强调。但他们和她们谁有力量打开那生殖的谜团呢？实际上，生殖力的混沌、不分化但强大有力，才是自然状态中的人们着迷崇拜的根本动因。从这个意义而言，以此来理解分化不分化是没有多大意义的，它们阶段性的某些形式，是改变不了它的本原性的。

在居都祭祀中表现的这种本原性的东西是基础，是最强的，但同时也是最易淡化的东西。它在有强大的外力逼迫之下，比如征服、屠杀、武力压制等情况下，它是最强的。可以说，这一族人只要剩下一个男人，他就会把这一套仪式和信念延续到天荒地老的时候，并且压根儿不会去想到改变它和放弃它。居都的这些事象就现实地说明了这一点。我们所能面对的这一切，实际上也是在一个大的文化背景下，这一文化在居都的某种意义上的复苏。这是强大外力下的结果，但如撤去这一切外在力，只有任意的平淡的一种状况，肯定地说，原先顽固有力强大的它，又会在“淡化”中飞速地消失。居都在这方面的现实变化也同样说明了这一点。

这种信仰是如此古老的一种形态，但为何又能经过如此漫长的时间传到现在呢？在历史长河中，它没有获得向信仰的更高层次发展的可能吗？应该说这种可能是存在的，并且是多次，可惜它仍是现在的性状。在我们不否认生态对它的外在影响的情况下，我以为关键的是他们文化的内在因素。我们无法描述遥远古代的事象，但现在的现实表现仍可以反映昨天的影响。因为现今世界存在的事物，尤其是文化事物没有一样是凭空的。我们注意到，居都的三大祭祀活动，几乎全是以姓氏为单位举行的，这种姓氏又不完全是汉族人家庭宗族的翻版。这些山区的民族最初大多都是没有姓氏的，而是受了汉族的影响和“编户”的影响，才逐渐有了姓氏，因而，他们并不十分理解姓氏的意义和重要性。这里有一个例子可以说明这个问题。在居都附近的一个叫倮那的仡佬族村寨，村里有一个姓王的仡佬族，他在某一天突然就改了自己的姓，由王改为姓洪，动因是他家老是不顺利、人丁不旺（可能是王与“亡”谐音）。他这样改了，村里的人也自然而然地接受了，并不感到意外和惊讶。这样说改就改，在汉族人中是不可想象的。这说明他们不理解也不看重这本来就不属于自己民族事象的东西。他们应用姓氏，一是生存的需要，二是以姓氏来分别他们血缘及其他也是很方便的。以姓氏来划分祭祀的群，也是他们为了方便而实行的。

话说回来，以姓氏为单位来分属各个祭祀的群，是原始的祭祀群落状况的现今反映。它表明，名称的改变并没改变他们祭祀形式的性质。这说明了什么问题呢？说明他们可能从最初就没有把一种最基础的信仰向高层次发展的文化动因推演。从前是各个生存于一个共同环境中的群体，把自己得到的同一种生命力的感觉基本相同地表达在同一类事物上，但他们都没有归类、人文化、抽象化的想法。是不是他们自然到了无法找到事物相互间联系的能力呢？或也许把生命和精力倾注在各种事物具体鲜明、生动表达的数量上了呢？不得而知！可惜现在仍是按姓氏分别地表达了他们同一的东西，在区域性祭祀这一点上就是一步也迈不开，或者说他们想都没有想过要迈这一步。

于此，我以为在人类文化的历史上，我们要有深沉的启示！

话应转到另外的话题，也就是与居都人信仰有关的另一些事象，如“灶老者”，还有对鬼怪精灵的寻找，等等。

“我们没有家神，只有灶老者。”这是居都人的自述。起初我并没有明白它的深意，后来我才明白他们最害怕和最恐惧的对象是谁。

我在居都的田野作业和田野访查中，在进行其他方面工作的同时，我都在留心寻找一个东西，即居都人最恐惧、最害怕的那个东西。最初我以为他们害怕他们崇信的那种生殖力量，但又找不到这种力量可以具体地打击他们的形式。他们的祭祀和信仰只是希望那种无所不在的力量传导到他们希望传导到的地方，使庄稼丰收，人丁兴旺，没有什么因为他们自订或他订的规范被违反，而受到惩罚的事象。在这些事象中，只有个例 4 中的“转灶”还有些这方面的意味，但这个事象的民族心理根基值得怀疑。可以说，祭祀使他们充满激情和希望，但他们并不恐惧。

后来，我又把这种寻找放到鬼怪精灵的寻找上。我在村外的三岔路口看到了随处可见的“指路牌”，但这是明显受汉族文化影响的事例，即便如此也谈不上什么恐惧和害怕。在村里，也看到有个别人家请汉族的神汉、神婆为小孩“解身上”的，但这也不可能构成居都人普遍害怕和恐惧的事理。还有村里有一棵大树据说有灵，烧了它的树枝会生疮不治，但就此一例，并有很大的传说成分，构不成吓人的“树怪”形象。总归起来，某一种让整个的居都人都害怕和恐惧的东西，在一般最应该有的地方都没有。在整个居都，鬼怪精灵的观念、气氛等基本上都没有。

那居都有没有这样的东西呢？肯定有，因为一个有哪怕最基础信仰的种群，在他们的信念中都要有一个令他们普遍害怕和恐惧的东西，否则他们的信仰是不可能构建的，哪怕是最简单、最低级的信仰也是如此。

那让普遍的居都人都害怕、恐惧，或者说他们都不敢轻视的东西是什么呢？是灶！是人人家里都有的不起眼的灶。他们不呼它为“神”，而像呼山坡为“坡头”一样，呼它为“灶老者”。这个意义与“坡头”的意义性质是一样的。故而，我们以前呼它为“灶神”是一种错误的叫法，性质也如我们过去呼“坡头”为“山神”一样。居都人害怕灶老者，但并没有把它奉为神，也没有把任何东西奉为神。

那么，居都人为什么会害怕这个家伙呢？为此，居都人有一个关于灶老者的传说，对这一问题做了自己的解释。这就是叶正乾先生记录的《灶神①的耳朵为什么聋》。

仡佬族的祖先是不信神不信鬼，不信教不供菩萨的，但是，现在我们除敬天地外还供着一位可笑的聋灶神。讲起来还是一个很有趣味的故事呢！

自从我们祖先第三次上天找玉皇讲理要过好生活，他派灶神来“帮’’我们“看家、管理火”以后，我们仡佬族不但放不下原来的心，而且更加头痛了。这灶神名义上虽是来帮我们看家管理火的，而实际上却是玉皇派他来监督我们、管理我们的。自灶神跟着我们祖先到家以后，他每天不到田地里劳动，只睡在灶上吃敬供；我们有什么困难他也不管，做了．多少好事他也不说，只要抓住一丁半点小“毛病”就上天去给玉皇做耸人听闻的汇报。玉皇这个人，他高高地住在天宫，不管灶神向他说真道假、涂粗描细，一律不加调查，全凭灶神报告；他完全相信灶神的说白道黑，动辄就派雷公来劈，火神来烧，风伯来刮，雷师来打。我们的祖先从来就不肯给神仙菩萨烧香磕头，他们还会手下留情吗？这一来，真是搞得我们仡佬吃不好，睡不香。

实在是没有办法了！人到走投无路的时候是会变的。我们的祖先能上天的时候，对玉皇都没有下跪磕过头；这回呀，不管是结婚、过年都要给灶神烧香化钱，磕头跪拜，献酒献肉对老辈子说；“不怕官，只怕管……”别的民族对灶神只三献，我们仡佬就供四献吧（仡佬族供灶神不用碗筷，是用手掐肉放在马勺里，跪拜一次，祈求一次，祷告一次，再站起来将马勺绕四方奉献，如此反复四次）！尽管如此，灶神还是见软吃软，特别是对待妇女，稍有不如意处就去栽赃诬告，使她们不断遭受雷劈。

有一个媳妇，天天提心吊胆地怕灶神诬告她。她除每天细心办事外，总要在吃饭之前偷偷供老天一次，乞求保佑。久而久之，老天被她感动了。他想：“灶神这家伙实在太胡作非为，应该向玉皇讲讲。”恰恰就在第二天上午，这个媳妇的婆婆没有去做活路。饭熟了，她要照常敬献老天，又害怕婆婆怀疑她偷嘴，先吃白米饭。她为了不让婆婆怀疑，就急慌慌地舀饭供，这一慌可出了大祸，她弄撒了几颗饭粒落到水缸底。灶神早知道她在求天保佑，一直在找她的岔子，这回算是抓住她的辮子了，赶忙起早，鸡叫就上了天向玉皇报告：“这个媳妇抛撒五谷六米，不是一回了，现在水缸头还丢得有半缸的白米饭！”玉皇大怒，立即叫雷公来劈。这时，老天对玉皇说：“现在下界怨气冲天，弄得我心神不宁，你是玉皇，办什么事都要慎重一些才好；还是叫雷公先了解一下，搞清大小曲直，不要冤枉好人。”玉皇说：“雷神，老天讲得公道，今天你去要好好地处理这件事。”

老天赶忙给这个媳妇托梦说：“今天午时三刻雷神要来劈你了；你为供献我才撒在水缸底的那几颗饭，快捞起来用油炒了吃掉，然后你拣几小颗亮米石丢到缸底，你就平安无事了。”

这媳妇惊醒过来，一切都照老天指教的做，她刚将找来的几颗亮米石丢进缸底，

① 原文如此。此也可作为“外人”对这类事物自以为是的称呼的一个例子。

马上天昏地暗，雷神就进了家。灶神指着这个媳妇说：“就是她，一贯抛撒五谷，欺天灭地。糟蹋粮食的就是她。”雷公没有举起神斧就砍，他从缸底捞起亮米石。看了又看，轻轻地自言自语：“这不像是饭嘛！这……”灶神催促说：“劈吧！劈吧！不像饭又像什么呢，难道你听老天一说就想包庇她！”雷公擦了擦眼睛再细细地看，他一会把头偏起由左边看，一会又偏起头由右边看，越看越不像是饭。这时，灶神生气了，他要起刁来对雷神说：“午时三刻已过，你还不劈，真要包庇她！好，我和你到玉皇面前打官司去！”此刻，雷公也急了，忙说：“屋里太黑，一时看不清楚，让我再试试看！”他将几颗亮米石一起丢进嘴里使劲一咬，“咯嘣”一声，他的门牙都被梗缺了，痛得他眼泪花花直冒。雷神怒火三丈，一转身就左右开弓，狠狠地扇了灶神两耳光。这时灶神还丈二烟杆摸不着斗斗，雷公从嘴里吐出亮米石连血带水地甩在灶神的脸上，说：“从今后，只准你每年腊月二十三上天一次，不要再天天去瞎报告了。”

那两耳光真打得扎实哩，灶神的耳朵就是这样被打聋的。从此，两口子想开个玩笑，说几句恩爱话，灶神听不见，也不再去告玉皇说：“仡佬在亵渎灶神了……”但是，耳朵被打聋的灶神，眼睛还是看得到的，为了每年让他上天不再瞎报告，诬枉人，所以二十三要祭灶，祈祷他上天“好的多多讲，歹的避瞒藏。”

灶神在平素得不到好的吃喝了，二十三日晚他一夜不睡，拼命地吃饱喝足，昏昏沉沉上天，就是要想讲点什么屁话也忘记了。再说，他的耳朵是被雷神打聋的，要多说瞎话难免再吃亏，所以，心里总还是有些惧怕。

在这一则传说中，虽不乏后人的加工，有许许多多的枝蔓，但关于灶老者的事理是有现实生活根据的，确实在许多场合中，人们可以不尊重它，但害怕它和在乎它。当然，居都人害怕灶老者的内涵并不是传说能说明的，它肯定还有更深层次的东西，比如对火、对火塘的关照和担忧。因为在古代没有其他保护的条件下，火塘对于人来说，某种程度上比生命还重要，尤其是在严寒的冬天更是如此。试想，遥远古代的密林中，燃烧着的火塘一旦失去光和热，将会是什么样的场景，不就像灶老者上天引来雷神的战斧一样让人感到害怕和忧虑吗？不过，从野外的火堆到房舍中的火塘，以及由三块石头的锅桩到泥石混成的大灶，它们的变化是怎样经历的？怎么会从中发育出一个种群的人都普遍害怕和恐惧的“灶老者”，并成为居都人信仰的一个媒介的呢？把一种对火塘的恐惧发展成一种普遍的恐惧对象，在人们对火塘文化的了解中几乎还没有先例。在一些民族的文化中有“灶神”，但那是他们神系统中的像门神一样的小神，也完全不能与“灶老者”相比。

灶老者的事象是比较特殊的，它的内在意义还值得进一步地深入探讨。

第三章 生与死

第一节 婚礼上的生之方式

人在世界上生存有没有最终目的，恐怕是所有的人都不能完全解答的问题，但人的生存却是现实的，生存的方式也是真实的和必需的。人生存就必须要有方式，而这方式要源于各个人的种群。各个种群在一定的生态环境中，又根据一定的规律和法则选择和形成了自己的方式。因此，各个原始的种群由于生态环境的不同，所形成和产生的方式又有许多的不同和差异，并形成了现今人的生存方式的丰富和多姿多彩的局面。当然，这种方式的形成、发生又与人的种类遗传相关。人类遗传所产生的不同的生物素质，也能参与这个发育、发生的过程，并能在相同的生态环境中发育、发生出不同的方式。

在世界上，人不能回答许多问题，但任何一种文化形态中的人都得寻找、具有一定的生之方式。居都人也不例外。

居都人的文化虽然现今已经穿上了有许多近现代意义的外衣，但它来自远古的生之方式还是存在的，难以完全改变的。在生之方式的通俗理解中，简单而言：就是活，或怎么活！居都人的活着已是事实，这是生物学上的事实，但怎么活就是文化了。前者不是我们探讨的话题，那是体质人类学的范畴，后者才是本书所要叙述的。居都人的生存方式是一个整体性的过程，可分许多阶段。各阶段又有各自的意义，要叙述这全过程是困难的，但它有几个点可以提供纲要性的把握。它的婚礼就是其最重要的一个点。另外，还有丧礼也有同等的意义。当然这方面还有“出生礼仪”“成年礼仪”，它们与“婚礼”和“丧礼”共同构成全世界都看重的“生命关节礼”。但婚礼和丧礼几乎是两扇门，推开它们，展现的就是一个人或一群人生存方式的主要方面。从这个意义上讲，人的生存方式可概括为两个方面：一是生之方式——婚礼；二是死之方式——丧礼。有了这两个方面，人的生存意义就能较为完整地表达了。在这一节里，所论述的也就是居都人的以婚礼为切入点的生之方式。这是人的生存方式的第一个方面。

在展开居都人的婚礼论述之前，我们还得面对一个方面，即这个切入点之前的部分，要简述一下居都儿童的生活和他们的空间存在，即居都人“生”的前奏部分的状况和意义。

由于婚姻的结果，一个居都人的后代就会诞生。我这里强调婚姻的结果是有意义的，即居都人婴儿的诞生绝大多数都是因为婚姻，而不是因为其他原因的生殖，比如私通、婚前性行为等。它表明，私生子或其他非婚子女，在居都是基本不存在的。可以说，就即便有过分的性行为，最终也是通过婚姻来实行他们的生育的。

婴儿诞生后，孩子的哺育，产妇的休养等，在我的观察和采录中没有发现特别的事象和禁忌。这时候应该有的出生礼仪也不被看重和没有普遍出现，只有少数的人家为孩子举办“满月酒”，但这似乎也不是仡佬族本身的出生礼仪。另外，这“满月酒”与其说是为了孩子，不如说是为了母亲。除了这以外，居都人在婴儿的生育上，几乎没有什么民族文化上的更多关注。

青春期的居都男女应该说在民族的文化发育事象上要得到一定的关注，比如情歌、歌会、坐坡、赶表一类的活动……但居都的青春期男女好像并没有得到过这些东西。居都的许多节日和文化活动中，很少给青年提供这样的机会和场合。这方面也许在过去有，但现在没有。观察中见到去赶乡集，就是这些男女最兴奋的事了，故而他们和相关的人，这时只能在一种平淡沉寂的表面生活中，以最大的热情关注每一对男女的事情。这时，只有“那一种神秘”激奋着所有相关的人了。

这样，男青年也许到了 16 岁，也许是 23 岁，要看家庭的经济情况和其他一些因素，男方的父母就得为儿子说亲了……

从说亲到结婚，在居都是这样表现的。

［个例 13］

讲述人，李发旺，男，时年 65 岁。

最先得请一个媒人，上门去说亲。这个亲一般都是老人看中哪家女儿，并掂量一下自己的家庭和儿子的条件，然后才决定是否求这门亲事。当然，其中也有征求儿子的意见的情况，现今还有男女青年相好上了才告知父母去说亲的。

请媒人说亲，第一次媒人上女方家时空着手，不带礼物。到了女方家媒人一般也不是直接提说亲之事，而是绕着弯子讲，但女方家一听就明白了。第一次女方家无论如何都是不会同意的，这是规矩和惯例，怕的是别人认为姑娘不值钱，看轻了人。这样媒人还得跑二回，情形也是一样的，不带东西，不直截了当地说明。对待媒人，女方家有“头回不打狗，二回不装烟”的礼数。第二次媒人去女方家时，如果女方家说：慢慢的，她要吃哪家的饭要看结有缘分不得。这样的话一说，此事就有希望了，叫女方家“松口”了；如果仍然没有这样的话，此事就危险了，叫没得“松口”。

第三次媒人去的时候，就要带上男方家的礼物了，叫不要“空嘴说空话”。此次去了也不会就此直接谈婚事，而是闲聊，到最后女方家才会说：“东西你拿回去，放姑娘到你家不知她愿意否。"

媒人说："东西懒得提回去，放不放酒也吃了。"然后媒人说些求情的话，自己找碗来倒酒给姑娘的父母喝。这时女方家父母会说；"把你无法，我吃了你的酒，糊到我的口，这小点面子拿给你去做了。"这就表示女方已经同意这门亲事了。

在媒人来来回回走动期间，女方家如对男方情况不熟悉，就会多方打听考察此男方家的情况和男青年的情况。

到此，媒人回来告知亲事说成了。这样，两家就开始往来，成为内亲了。这一段时间一般要一年左右。下一步就是请女方家的人吃"鸡酒"正式订亲了。

吃鸡酒择日而行，用一只公鸡，一只母鸡，并带上足够的酒。酒的多少看女方家族的人多少而定，人多多带，人少少带，但一定要让女方家族中的人喝够。还要带一些布料，作为送给姑娘的礼物。做鸡酒是到女方家里去做，由男方家去4—6个男人，到那里把鸡杀了，煮好，然后由女方家请家族中的全部成人前来吃"鸡酒"。如果这时女方家的族人如数前来，那就不会有什么问题了。如果女方家族中的人，特别是有声望的老人不来吃鸡酒，那说明家族中有人不愿意这门亲事，还要认真做通工作才行。

吃完鸡酒，得留一副鸡腿骨看鸡卦。鸡卦由女方家用一根红线拴起，叫媒人带回男方家，让男方家也看看鸡卦。看鸡卦的目的是看看这对未来的夫妻之间有什么吉凶之兆没有。在鸡卦上，一般是一筹、三筹不好，二筹、四筹百般顺意。但此时的鸡卦吉凶与否并不能影响此门亲的成败了。

在一年或半年之后，选择一定的日子，请媒人去说什么时候结婚了。这时女方家就会开口要衣服和"奶母钱"了。衣服有要10套的，也有要20套的，但一般男方都要减数给，如要20套就给15套，如要10套就给8套，但不能少于8套。在衣服的花色上，要多少青色，要多少蓝花色等，都有一定的要求。"奶母钱"是给女儿母亲的，至少名义上是给母亲的。奶母钱在用薄钱（小毛钱）时是120个；用银子时是一两二钱，用大洋时是12块，用人民币时是24块。另外，还有100斤酒和100斤猪肉是定数，多则不限。

男方准备好以上东西和钱物后，又请媒人去女方家报信，说好具体什么时候来接亲。接亲时在男女双方家里都要办席请客。

男方到女方家接亲时，得请好两个"客头"（也称歌郎）随行，另请男女各2人，共4人拿礼物，加上媒人、男青年（新郎）共计8人。

到了女方家，女方家也请了两个"客头"在等候他们，进门前要对唱酒令歌。

女方客头唱；"早不来晚不来，黑了黑尽你才来，黑了黑尽你来到，和麻[①]癞你怪不得。"

男方客头唱："早不行，黑了黑尽我才行，黑了黑尽我来到，事情很多我不得行。"

---

① 是一种生长在村边寨旁的植物，生有很细很尖利的白色毛刺，沾上就痒痛难止，但不伤骨肉。

这是开头的开场白，随后是即兴的酒令歌，一问一答，有盘问诘难的性质，但都唱得很有情趣。这样前后约有10分钟，最后女方客头唱道，“和麻恶，和麻生在篱笆脚，闲场闲下无用处，客来到下它会恶。”

男方客头唱道：“和麻恶，和麻生在篱笆脚，要把和麻拿让开，等客回来敬公婆。”

这样，接亲的人就可以进屋了。在对歌时，女方家的妇女会用和麻戏之。

进屋，点完带来的礼物，主客也就休息了。

第二天，由女方家准备一匹马，由男方的小兄弟牵着，女方家的两个人扶新娘，一般是嫂子、姐妹来扶，出了大门，由男方家的姐夫和妹夫来扶她上马。女方家有送亲的，一般是8个姑娘或6个姑娘来送亲。

骑马到男方家后，男方家先放一只木马在门口，让新娘骑在木马上，请家族中的老人或寨上的老人杀一只公鸡来扫，意思是她从新路新地方来，杀一只公鸡，把不吉利的东西扫出去，主要也就是为了夫妻白头到老，把各种“关碍”扫出去。杀完鸡，口中念念有词之后，就让新娘子从木马上下来。整个过程都没有什么放爆竹以及吹吹打打的事情。

女方的陪嫁物品中，有一个柜子，一个箱子，但这全是娘舅家送的，不能由父母自己制作。

新娘下马进家后，由男方的两个妇女扶着，一对新人在灶边给灶老者作个揖，主要仪式也就完了。

送亲的人就这样在男方家住上三天，到三天后的晚上，男方家从堂屋拉一个大长桌子，请送亲的人吃宵夜、对歌，主要由男方客头和女方客头对阵。内容很多，大致是开天辟地，从古到今，以及讲酒是什么人造的等事物。如果双方势均力敌，越唱越起劲，就可以唱到天亮。

到第四天早上，送亲的人该回去了，有“三日吃酒四日回”的说法。

吃了早饭后，又得拉开长桌子，再唱一些酒令歌，尔后，送亲人就要回去了。这时男方家要由两个男孩子拿着三块猪肉，一起送亲人回去。

男方家还要按一定的规矩打发送亲的每个人，用毛钱时每人三至五个毛钱，用银子时每人一小点银子，用大洋时每人半块大洋，用人民币时每人一块二角。

居都的婚俗大致状况就如上述，至于结亲的过程，表现又是多种多样的，有的这个方面的事象多一点，有的那个方面的事象少一点，都要根据当时的情况而定。居都的婚俗大的方面没有离开它民族的婚俗框架，但在许多方面亦有它自身的表现，并且明显受到当地其他民族的影响。比如婚俗中的吃鸡酒就不仅在当地的仡佬族中有，在当地的一些苗族分支中也有这样的事象。虽然他们的吃法不一样，但是为了“定亲”则是相同的。在居都的婚俗中，“新娘骑马”也是受彝族影响的结果。对此，省内的一些民族文化学方面的专家早有论述①，并把六枝的仡佬族婚俗上的这一现象作为一

① 见翁家烈著：《仡佬族》，民族出版社1992年版。

个议题进行了评述。

居都人的婚姻一般是很严格的一夫一妻制，并且很少发生婚后的动荡和变异。因此，在他们婚姻习俗的最初阶段，一般都是慎之又慎的。在这种背景下出现的推三阻四，就再正常不过了。在结亲中的这种表现，明里是自重，是怕人家说“有女怕嫁不出，一说就成，”让人笑话，但暗里则是“妻难易夫，夫亦难易妻”的客观现实。如果不慎重，那这张婚床上就布满一世的荆棘。这个事实在我调查居都人的婚姻结构时又得到证实。居都从中华人民共和国成立前到现在，只有几例丧偶的婚变，而离婚再婚者一例也没有；有一例逃婚的，那还是人贩子的“作为”。这方面，在整个说亲中的长时间访查和时间间隔，也说明了这个问题，大有“不嫁则已，一嫁而终”的意味。

在个例 13 中，居都人于说亲里表现的观念和生活的机智与情趣，在一些细节里表现得很生动，表现了他们对这一生之方式的组织能力。这一扇门的打开，竟以媒人为中介，把前后左右的一些生活事理串联了起来。可以说，这婚俗的每一个细节都包含了他们过去历史早已确定了的文化。在这一系列的表现中，文化是随处可见的，但在有些事象上，似乎它的文化内涵在这里打了结，比如‘吃鸡酒”“要奶母钱”“骑马出嫁”“骑木马扫关碍”，等等。

我们知道，吃鸡酒并不是仅居都仡佬人的事象，但它的表现完全不同于其他的相同事象，并且在它当中遗存的文化内涵，很值得我们注意。居都的吃鸡酒中文化的遗存是什么呢？我以为，这是某种很隐蔽的族群婚姻观念的不自觉表现，即认为成年的女性某种意义上是部落或群体的财产，把她按现今的方式嫁出去，有一定意义的损失，而损失的弥补方式就是象征性地吃吃“鸡酒”，安抚一下旧有的观念和过去了的事理。现今这种族群婚姻的历史形式，相互关系、背景都不存在了，但不自觉地把自己群体中的女人看成是婚姻关系中的一个组成部分的观念却残存下来，才有请族人吃鸡酒的习俗动因。它的另一个遗存是“联盟”认定的旧有含义的某种程度的再现。在古代的自然民族中，联盟的最有效的联系链条就是联姻；并且，一个氏族和种群中的某一个体的婚姻关系都具有这一群体与那一群体“联姻—联盟”的性质。但是，某一个体的行为被转化为群体行为时，要有一个一定的认定形式，让两个群体的人们确认两者之间的关系，以便在今后的时日中，拥有一定的权利，并承担一定的义务。比如战争，如果某一群体受到攻击时，另一联姻关系的群体就有义务通过一定的方式进行支援。故而，可以说，说亲请女方族人吃鸡酒也就是这样的认定形式中的一种。族人吃了鸡酒，一定意义上就得到整个女方氏族的承认，拥有了一定意义的权利和义务。不过，个例 13 中表现的这方面的东西只是一些片段，或某种表面的形式，原有的深刻严肃的内容很少了。进而代替它的是，女方女儿在族中长大，得到氏族中人的关怀和照顾，现在要出嫁了，当然要表示感激和谢意，所以也就请吃鸡酒吧！即使是族人中有不同意者，现也不能决断婚姻，只是再做做工作而已。

在吃鸡酒的事象中，这两个遗存的存在应该是事实，但这两个遗存哪一个分量重一些、多一些，以及它们间有什么关联就不得而知了。

女方向男方家要奶母钱也是一个有意义的事象。个例表明，“奶母钱”是一切礼数之外单独的、指名给母亲的，以表明对母亲的敬意和谢意。我以为这一事象的发生时间不会太古老，但可以说是对妇女不能上山参加祭祀等“损害”的一种补偿和平衡，是它自身文化机制一种代偿的结果。这方面，我们还能从奶母钱数目的自身得证实。奶母钱一般是12这个数，这种数量的钱，与实际的哺育价值是不能相比的，明显是一种象征，是一种文化心理上的付出。另外，12这个数也有意味，即“年”的含义，也是对母亲养育之恩的一种敬意表达。但是，我认为12这个数进入居都人文化的特定表达时间也不久，因为他们对12这个数的感觉，远不如其他民族那么强烈。

骑马出嫁事象如前所述，是受彝族的影响而来的，这也许是没有什么疑虑的，但居都人的原本的出嫁行程中的形式是什么呢？在遵义的道真、务川等地受汉族文化影响较大的地方，仡佬人的姑娘出嫁已坐上了轿子。另外，其他地方的仡佬族姑娘出嫁形式也受当地其他民族形式的影响。这说明什么问题呢？是不是他们的婚姻文化中姑娘出嫁形式没有得到相应的发展，以至让相近民族的形式轻易进入，也许是的。不久前我目睹了某一相对偏僻的村寨里一对仡佬青年的婚礼，其姑娘出嫁的过程就十分简单，没有马，也没有轿，伴娘和新娘自然而然地就从娘家来到夫家。从这一观察看，我以为居都人原来的姑娘出嫁形式是简单的，并没有今天那么复杂，也反映了他们婚姻的朴直和坚实。

新娘到夫家后，骑在木马上用鸡血扫关碍事象也是引人注目的。新娘一到门口，立即得骑在木马上，似乎在进入某种状况，然后是寨中老人杀一只公鸡，念念有词……这情形有如驱妖扫邪的某种法事，但个例中却只说是“扫”去有碍夫妻白头到老的种种“关碍”，这又与用公鸡行此事的基本性态很不相符。可以说，这样做对新娘是很不尊重的，是其他民族文化事理中很少出现的。这种情况即便有时出现，情形也很特殊，并且应得到女方家的认可。为什么会在居都人的婚俗中出现这样的事象呢？我以为首先这一事象最初不是居都人的，是在某一种历史动因中引进的；其次是居都人对这一事象并不完全理解，或者按自己的理解应用了它的外壳。这样的事象根本上是驱妖扫邪，但居都人从观念上并没有什么妖呀邪呀的东西，概念上并不能把它们与居都人的现实生活联系起来，于是就有了“关碍”和扫除关碍是为了白头到老的不相称的解释，这距“扫灾驱祸”的基本内容是相去甚远的。

在个例中，我们还看到新人不拜堂，不拜父母，也不拜天地，只拜揖一下灶老者的场景。不拜堂是因为他们家无神堂，因为没有家神堂，拜天地、拜父母也就无所依托，故同样也不拜了。拜灶老者是因为前面章节所述的原因，不必重复；不拜父母也可以说是因为他们没有祖先崇拜系统；不拜天地是因为天地并不是他们恐惧的对象。

应该承认，上述的是比较传统的居都人的婚俗，现今现实中虽然大部分还存在着，但也有了一些相应的改变，比如现今的“媒妁之言”常常是与“男女相好”结合起来进行的。经济上的表现也大多据实而行，没有完全的定数。传统的婚姻方式与简化了的一般的婚姻方式并存，各人家都根据自己的实际情况而言。还有彻底的自由婚姻在居都人的情绪中没有特别的表现，有存在，但几乎不影响总体的构建。

第二节 角色

居都的婚床在对每一双男女铺开之后，生之方式的规定性也就要约束他们一辈子了。人们面对婚床，就要进入某种角色了。

在这张婚床上，男女两个角色最先面临的一个问题就是贞洁。说性的贞洁，在一定的意义上基本只针对女人而言，因为男人的生理特点根本不存在检查贞洁与否的可能性。对这个问题，由于性别的关系，我不可能深入地与居都的妇女讨论有关性和贞洁的话题，故这个关于贞洁上的见解，实际上只是男人角度上的见解。

我曾与居都的一个男人（恕略去他的名字）很小心地展开过这一话题。我说："如果两个人结婚了，在床上发现女人已经有过男人，你们的反应是什么呢？"

他也很小心地回答说："当然不行，要去打架！"

我又问："如果女的不说是谁呢？"

他答："要叫她说嘛，说了是谁去与他打一顿，然后叫他赔钱。"

我问："女的咬死牙不说怎么办呢？"

他答："那就算了，心里不舒服，会好久不理这女人。"

我问："会不会把女人送回娘家不要，或者大吵大闹呢？"

他答；"不会的喽，媳妇娶进来就是自己的了，闹也不会闹的，生一段时间的气就算了，最多是男人对女人不好。"

我问："会不会因此而打女人呢？"

他答："有哪样打场，一般不打的。"

这最后一个回答在居都是可以观察到的，我在居都不短的时间里，打架斗殴的事还没有见过。他们待人上不热情，很平淡，但他们绝对不凶狠，这种性情也反映在他们对于女性贞洁的态度上。当然，由于居都人没有像附近其他民族那样的婚前开放的两性交往，故而这个所谓的"贞洁"问题很多时候是不会出现的。一旦出现，居都人也不会因此而大动干戈，他们会很冷淡地把它处理了。在以上的对话中不难看出，如果谁遇上了如此问题，一般不会出现其他人中最易出现的三种反应：一是一点也没有把姑娘退回娘家的说法，而有的地方的人则会把新娘送回娘家，不但索退财礼，还要羞辱娘家的人。二是没有什么太激烈的举动，而另外的种群中的人多数会怒不可遏，做出各种激烈的举动。三是并不打女人，把怨气出在女人身上。这在许多种人则是相反的，他们如遇此事，就打女人以出自己心头怨气。在这方面，我还有一个感觉，即居都人对贞洁这一观念，有没有从尊严或社会规范等较高的文化认识上的思想基础，值得怀疑，或者说，这些都有，那形成这种状态肯定还有其他的原因，但究竟如何，一时还无法得知。在居都，我所接触的周围的一些少数民族，关于贞洁方面就有他们自己不同的看法，在“郎哥”“情妹”阶段是富于生活情趣比较自由的，但他们也有自己强烈的贞洁意识，只不过这是在婚后的表现，即双方结婚了，就得把婚前的“性游戏”结束，转入另一种社会角色——夫和妻（而不是原来的郎哥、情妹）中去。这种角色中的所谓的“贞洁”观念也是实在的重要的，但这已经不是原本意义上的所谓“贞洁”了。

在居都先民的时代，有没有过这样的民族文化经历呢？贞洁毕竟是一个高度社会规范化和文化化了的观念。它在所有的处于自然状态中的种群中都不会是一个严格的字眼，根本达不到“乱伦”那样的严格程度，故而，居都先民的经历如何，今天不好断言。有，或者没有，或者是经过战争，民族主体分崩离析，以及其他民族文化成分的进入，这样的民族性习俗、观念发生了演变，那么，居都人对所谓婚床上的贞洁的“平淡”，也是可以理解的。情况也许真是如此，他们婚床上的贞洁可能在很多时候是被漠然的婆婆和喜昏了头的丈夫给完全忽略了。

居都人对婚床上的贞洁是“平淡”的，但对婚后的女人的贞洁却又表现了另外一种截然不同的态度。这里仍继续前面的问题。

我问，“如果在结婚后，女人被别人奸了怎么办？”

他答：“不行呕，要杀！”

他几乎是第一次在此问题上激动起来。他又接着说；“现在碰到这样的事情，是先交政府关起来，政府不管了，自己就让他不死也脱层皮。”

维护和计较婚后女人的贞洁，居都人也是这样的。这也更进一步证实了以上的论述，不过，这婚后的“贞洁”的维护在很大程度上已不是什么纯洁意义上的东西了，而是某种所有权被侵犯了。

居都人婚床的第一个白天和夜晚就如此过去了。到第二天，一轮新的太阳升起，这人生的角色转换就彻底完成了。他们，昨天还是另一种称呼上的人物，而今天就成了夫和妻。从此，这个种群或民族社会中的最小的两个细胞合二为一，组成其中最微小的一种结构，社会的，文化的、生物的，还应有精神的。

居都人丈夫和妻子的角色一确立，也就像人的复位一样进入居都人为自己创造的一种旧有的轨道，参与社会或群体的运行。

这个丈夫出现后，今后人生道路上要做的主要是这么几件事；一是在父母的帮助下尽快独立出来，像树分枝一样，分长成另一棵相对独立的“树”；二是生儿育女，为他们这一种群的生物学上的延续和文化学、民族学上的延续尽自己的义务，三是又为儿子的说亲和女儿的出嫁重复过去的故事。在这第一件事理上，丈夫的角色表现最强烈，他将作为这一新构建的主体，承担它框架的建设。这其中最主要的也就是土地的获得。一种方式是从母体的“家”中分裂一部分土地出来，作为新分“枝”的土地基础，另一种方式就是向已经很荒芜的山上前进，垦荒，取得新的土地。如此，他们才能为自己寻求到在族内或地域内的新的生存空间，这种情况或者说民族人口种群的发展壮大，在现今的居都状况是很糟糕的。我在居都对某些家庭的土地状况的调查中发现，这种细胞分裂式的人口壮大方式，在居都有限的空间内已经很困难了。有的家庭最初只从“包产到户”中取得三个人口的土地，但现今此土地已经又分裂成三份或四份，供三组或四组人口使用了。另外，荒山的开垦已近极限，故而，新分户要么分不了，要么一开始就陷入基本生产资料的缺乏而导致极度的贫困。我在居都的一户人家看到这样的例子，此户的当家人并不老，只有50多岁，但他家里却同时存在着四个19—30岁之间的大儿子，无一婚配，无法从一般的男女转化为丈夫和妻子的角色。

在有幸有了生存空间——土地的人中，随之而来的就是另一个迫切的问题：房子。如果一个儿子成为丈夫后，不能尽快地建立起自己的单独的房子来，那他的角色转换就是不完善的，或者说还不能成为一个真正丈夫的角色。在房子的问题上，前辈已有的房产继承是一个来源，但这样的情况不可能落在所有儿子的身上，一个家庭中最多只有与父母长住的那个儿子能有这样的机会。如果没有继承房产的可能，那就要立足于自己建设一座房子了。在房子的建设上，这个丈夫在居都普遍的只有从土地一年又一年的收益中来积累建房的资金和物资，有时还能从传统的手工艺产品——竹制品上积累大部分资金，还有畜牧生产上也能有一些收获。但是，现实中的这些收获从严格的意义上来说，除正常的消耗外，所剩无几。这建房的积累在很大的程度上是以牺牲一家人的健康为代价的。这可用四个字来表述：“节衣缩食”。

房子在父母及亲朋的帮助下建好后，可能这时膝下的子女已经成群，沉重的家庭负担又接踵而来。这时除了丈夫的角色要时时“表演”外，他还有另外一个角色的担子越来越重，这就是父亲。到了这时候，作为种族延续上的生物学上的文化学上的意义，他可能算完成了，但他还要想办法把这接力棒传到下一代手中，这就是得为儿女的婚事操心……

在与男人相对应的女人方面，同样也存在角色转换上的意义，她也几乎同时与男人一起，从一个普通意义上的女人，成了妻子。这时，在与丈夫相对应的地位上，她也有她自己的表现。女人成为妻子之后，生儿育女上她是能取得主导地位的，但多数时候，她都是以一个丈夫的“助手”来出现的。居都人的妇女地位在观念上是不高的，但在实际生活中并没有受到歧视，多数时候都以一个艰难生活的共同承担者的姿态，与丈夫并肩而行。丈夫欺负妻子，虐待女儿，遗弃女婴的事情在居都很少发生。

对种群的延续，生物学上的意义是丈夫和妻子共同完成的，但妻子似乎比丈夫承担了更大的痛苦和艰难。在社会文化学意义上的延续，也可以说是丈夫和妻子共同的作品。一个民族文化的主体也就在祭祀、节日等一系列的活动上，它的传承是依靠一种集体无意识的渗透完成的，而经常表现这“互渗律”或“濡化”的就是父亲，是他带领自己的儿子慢慢地走进民族文化的共同体中，成为新的一员。这方面，也许有作为母亲的她参与，但她于此的主要贡献不在这里，而在于她对孩子从小开始的民族的语言训练，是母亲，最早、最完整地把这个民族精神文化的这一重要部分交给了下一代。下一代从中得到的不但是这个民族凝结在语言中的基本知识，还有行为方式、思维方式等。

这也许就是居都人生之方式的简历。

在居都，由于这些只是一个民族文化一种"残片"式的存在，它的许多的作为民族文化群体的应该存在的事象已经消失，有意识的、群团的、社区规模的活动相对地少，所以，它的文化传承更大的程度上只是一家一户进行的，也因此让居都的生之角色显得很平淡，没起伏、昂扬的新奇感觉。

平淡地走过来的居都人，终了又要推开另一道门。

第三节　丧礼上的死之方式

居都人的生的个体走到一种生物学上的尽头的时候，他也就得死了。但人这种动物加文化的东西，在死的时候，也要完成一种仪式，把人的文化上的意义有所交待。在正常的情况下和人的一般观念中，谁也不想让自己没有"交待"就死亡，人生来继承了某种形态的文化，他也就有完成自己文化上的"死亡"的权利。因此，人们把没有"交待"的死亡看成"非正常的死亡"，即认为不是完整的死亡，具体而言就是跌崖、枪伤、暴病而死等。这方面，各种不同的文化形态有自己不同的区别和要求。从这里出发，人们在努力完成生物学意义上的一切的时候，他还得努力完成文化意义上的一切。死本来从纯生物生命的意义上而言，是没有什么区别的，但人们却不这样认为，他们的死要分成"好死""死""坏死"三个等级，并同时还有不少特殊意义上的死。在中国古代汉语中关于叙述皇帝之死的众多字眼中，就不难看到这些所谓特殊意义上的死。因此我以为，人在进入生物学上的晚年时，就都在"找死"，即寻找自己在文化学意义上的死。有时候，这种意愿强烈迸发时，大有恨不得"早死"的感觉，或者将死之时故意弄些曲曲折折的故事，或死后竭尽铺张之能事，让一般的人难以理解。但如果人们知道这层人的文化的底蕴，也就不会为此惊异了。

居都尽管贫困不堪，但他们还在生时也要寻找这种死，比如为自己准备棺木，制一些寿衣，备办一些相应的物品……准备死的来临。人生于什么文化形态中，也要死于什么样的文化形态中，要不就不是"死得其所"了。居都人也是这样，在他们的死中，也非常强调民族自身的特有的文化事象和内容。但是，居都由于多种文化因素的交合，以及历史变故等原因，在丧葬上已经丧失了许多本民族的传统，有了很大的改变。可以说，这方面它文化的丧失量，仅次于他们的服饰。庆幸的是，在他们的丧葬里，还有一些记忆没有消失，还能有一些东西展示他们原有的面貌。

现今所能记录的居都人的丧葬过程，只能简单地叙述如下。

[个例 14]

讲述人，李发旺，男，时年65岁。

埋葬老人之前，先要寻找大地。寻找穴地原来是用鸡蛋卜地的，现在大都没有了。用鸡蛋来卜地情形如下；家里的长子出外，看好一个合适的地方，比如山间树木长得好的地方，地形好的地方等。看好了地方，就把一枚鸡蛋从空中丢出去，口中说："老人，你如果喜欢那个地方，就让鸡蛋在那里破吧！如果不喜欢，就用你的衣襟把鸡蛋接住，不要让鸡蛋破了。"如果鸡蛋破了，那地点就定下来了；如真的不破，就得另外寻找新的穴地。传说中说某某人家为老人如此卜穴地，也真有鸡蛋掉在石头上不破的。

死去的老人一般停在堂屋里，不设灵堂不焚香，不烧纸，不放鞭炮，有能力的人家可以杀牛办席。杀牛时先把牛缰绳放在死人手里，说："给你老人家杀头牛。"这件事情由家里的长子来完成。然后就是杀牛。杀牛时有的人家还请人跳"隔者过"(仡佬语)。这是一种为死者跳的舞蹈，道具为一根竹竿，一头系上一个铃铛，一人一根，一组最少为6人，多则不限，一般为8人。跳时上下翻动，铛竿主要在脚上敲击翻动，同时还有一个人在一旁打鼓，形成节奏。汉人称此为"跳脚舞"。一般杀牛前开始跳，杀牛倒地后就可以停止，一般要一个多小时。

还要寨上懂规矩的人来念一些开路词，指明老人与祖先汇合的地方。然后用"木刻"来看好"日子"，到了"日子"，就可以抬老人上山了，上山时不撒买路钱。

山上的墓穴旧时多为石板棺和石头棺，是先砌好的，把人放进去，埋上土也就完事了。

这就是居都人叙述的他们从前，或者说不久前的丧葬习俗，但现在已经改变了许多，使用棺木已是很普遍的事了，石板棺及石板墓已绝少。实际上的丧葬中，香火、纸烛虽不是每人都必是如此，但在丧葬中用这些东西已有一定普遍性了。墓穴为汉式长方形土坑等也是寻常事理；跳"隔者过"的事还有人会跳，但实际应用得极少，而引进汉族先生的事象多一些。这里只有一样事理没有改变，就是不管如何葬老人。上山都不丢买路钱。另外，人们说仡佬族葬死去的人，在山上的"向山"是脚朝山顶，与汉族人的"向山"正好相反，被称为"倒仡佬"。这一事象在居都的表现如何？由于没有实地深入考察，一时不得而知，就此事象询问居都的老年人，他们也不置可否。

蛋卜的事象在居都已经完全不存在了，但它肯定是居都不久前存在过的东西。有一个事例可以证明此事的确切性。在居都附近属水城县的一个仡佬族居住地，不久前还有蛋卜事象的记录。记录中的他们的蛋卜是这样的：

> 水城仡佬族老人病故要依死者年龄用不同祭物。60岁以上，用石斧祭，60岁以下用铜刀祭，墓地选择采用蛋卜。办法是做一木球，在木球上掏一孔，孔内放鸡蛋一枚，长孝子一手握木球，一手持木棍，用木棍敲棺七下，自左至右绕棺三圈，其余孝男孝女各捏草一把，孝女还盘坐地上恸哭。绕棺完毕，长孝子往坡上抛木球，任其滚动，以蛋破处定为墓地，挖坑埋棺垒坟。

此记录出自民族出版社1992年出版的"民族知识丛书"中的《仡佬族》一书，

记录中所说的“水城仡佬族”，就是指与六枝交界处的仡佬族，水城的仡佬族也只有此地形成聚居。记录的原始材料的采录约在10年前，是作者本人亲临田野的结果，故而是很可靠的。

从这则记录中我们看到，在居都附近的水城仡佬族；十数年或数十年前蛋卜的事象还存在着。由此推证，居都人的此事象消失的时间不会太久。我们把两者对比而言，也能有所证明。对比两者，可以说它们是一个片区的同一事象的两种不同的表现，也许水城的蛋卜更接近实际、更有实际操作性，而居都的蛋卜记述则明显是流逝中的记忆了。”

在蛋卜中，还有一个东西引人注目，即在蛋卜的过程中有一种说法，鸡蛋破裂之处为穴地而不避任何人的属地。不管是哪个民族哪家人的地，不管好坏，只要鸡蛋在那儿破了，仡佬人就有权利在那里掘地埋坟，土地的主人不管心里做何感想，都不得有所异议。这个习俗与“捋谷吃新”“上山不撒买路钱”的性质是一样的。但我只听有这样的自述，没有机会考察它的现实性。因为这种事象的文化冲突和利益冲突程度比“捋谷吃新”等事象要强烈得多，实际应用也要困难得多。不管实际状况如何，于此而显现的事象的民族性是很强的。蛋卜是一种南方民族中都普遍存在或存在过的现象，但仡佬族人就此发展了它的民族意义。

“隔者过”应该是一个较为古老的事象，据说相邻的彝族也有这样的东西，他们称为“跳脚舞”。因此有人认为居都一带这一事象的表现是受了彝族跳脚舞的影响而来的。这种观点也许有它自己的立足点，比如“隔者过”中的道具——系铃的竹竿，实际上就是马鞭的形式化（这在一般舞台上也是这样表现的），而此是尚马的彝族自然而然的文化产物。以如此的方式来送别死去的人，也可以说是彝族最应该的方式了。从这里，跳脚舞不就是一种模仿骑马或马上游戏的舞蹈吗？如此来理解彝族的“跳脚舞”我以为是接近真实的。但相应的“隔者过”呢？我以为“隔者过”受了彝族的“跳脚舞”的影响是无疑的，如形式、道具等。但“隔者过”是居都人一种完全的借用事象吗？我以为也不是。在讲述者的讲述中，我追问过此“隔者过”在什么地方跳。他含糊其词，说不清楚，但此“隔者过”肯定要在与死者相应的地方举行。我的见解是，“隔者过”是“围尸而跳”的。仡佬族先民葛僚“围尸而跳”的习俗在相关史籍中是有记载的。这样一来，完全说居都人的“隔者过”是彝族人的“跳脚舞”又是相悖的或不完全是事实。那么，应该怎样来理解居都人的“隔者过”呢？我以为是这样的，即居都人在较早的丧葬习俗中，是存在某种方式的“围尸而跳”的习俗承袭，但这一承袭在与相似的“跳脚舞”相遇时，两者就融合了，或者说较简单的“承袭”借用了彝族表现形式较完善的跳脚舞的形式，从而形成了现在居都人的“隔者过”的。故而可以说不管“隔者过”的外形如何，在受到多方影响的情况下，它仍包含了自己的文化内涵。这样的文化现象，在居都人的文化中是有多种例证的。

随着历史的发展，居都现行的已基本是汉式丧葬了。在居都的田野采录中，丧葬方面的历史记忆也只有以上这些东西了，但肯定它并不能完整地反映居都人的丧俗。

因此，我又在居都的四周访查他们祖先的墓葬实物，以期能从另外一个角度了解居都人“死之方式”的情况。

调查的结果如下：

居都村周围的墓葬，从外观上看有两类：一类是无碑毛石砌墓，另一类是有碑料石砌墓。前者用毛石砌个圆形的坟头，上有封土，后拖一个很短的坟尾，坟向很乱，一般都没有碑或什么特定的标识。后者有碑；碑还很大，并有廊柱和碑帽，坟体是用料石砌成的一个圆形石圈，上有一些封土，坟向也不一致。

有碑的料石圆形墓，都是道光年间的坟墓。这批墓的数量不多，只有数座。据居都人介绍，这些坟墓都是“生基”坟墓，是由死者生前就主持修建的。如此的“生基”坟建好后，这家人出面请寨上的上了年纪的老人8—10人，到墓室中摆一桌酒席（这样的墓是拱顶的，很大的墓室）。吃罢酒席，就把作为墓门的墓碑安装好，一直等到墓主人去世，再由他的后人打开墓门，把棺木移进墓室放好。我访查的这几座“生基”墓，大致都是双函的，但有的只放了一盒棺木，有的放了两盒。在“生基”墓的主人未死的时间里，每年的清明前后，此户人家还得给空墓挂“清”，但此“清”不是白色，而是红色的。

毛石砌的这一类坟墓在居都村的四周数量很多，有的大一点，有的小一点。不管大小，凡是认为是坟墓的都有毛石砌的护圈，单单只有土堆的坟墓还未见。所有的这一类坟墓都没有墓碑，墓碑的事象只有“生基”坟上可见。至于这些墓葬的年代没有任何文字和刻石之类的记载。“生基”墓上有年代记载，在墓碑上都显示为道光年间。据居都的老年人介绍，没有碑记的毛石墓年代一般比“生基”墓年代要早。

“生基”墓中的构建一般是石拱的墓室，很宽敞，一般有单人和双人的，但都能坐一桌人吃酒席。墓室中的地上也是用石料铺就的，有的可能还有经过修饰的室壁，因为这一类的“生基”墓外表都相当精致并饰有一定的花纹和雕刻作品。

毛石墓的内部是不是石砌的棺室或石板棺我不清楚。因为为此问及居都许多人，他们也说不清楚。我以为，在那些较早的坟墓中，应该有石砌墓室和石板棺这一类的事象。因为“生基”墓是道光年间的事情，居都人都还有一定的记忆，还能描述墓室中的情况。那么，这些毛石墓的时间就应该往前推溯。记不得的东西一是因为不显著，二是因为时间久远；除去不显著的因素，毛石墓的时间应该比“生基”墓久远。有文记载，仡佬人的丧葬变俗，即受汉丧葬习俗的影响，是在清或清末发生的。在这之前，贵州西部这一带的仡佬族人居住的地方，应当还在盛行石板棺墓和石砌棺墓，故比“生基”墓早的一些居都毛石墓，应当是石板棺墓和石砌棺墓。即使是在石砌棺墓和石板棺墓消失的年代里，也还有那种既使用木棺，也还有外包石砌棺的中间形态。我以为，居都的“生基”墓很可能就是这种中间形态的一种较为“豪华”的表现，只不过是受了汉式墓葬的影响，加上了墓碑，并把石砌棺搞得更精致了。在另外一些历史上有仡佬人居住过的地方，我还观察到只有圆形料石砌墓圈、没有墓碑的圆形墓，这也许就是“生基”墓的另外一种形式，或者非“生基”墓的属中间形态的一种形式。

我以为，我以上的推论是立得住脚的。因为在居都附近广大的区域内，尤其是往历史上西堡长官司的普定、安顺方向，石板棺、石砌棺墓不但有成片的考古发掘资料，而且现今的田野中还随处可见。在道真、务川等地发现的公认的仡佬族式的联函石棺墓等，在六枝地区也有发现，并且规模与其不相上下；另外的石板棺墓和石砌棺墓，在六枝地区发现也很多，尤其是那些公认是原仡佬族人居住的地方发现最多。在这样的历史大背景下，居都的丧葬也是经过了如此的历程走过来的。

这就是居都人关于丧葬的事象。可以说，在木棺土葬的汉式丧葬现实情况下，他们对传统的丧葬形式在记忆中仍是鲜明的，并且还不时地把这些记忆的某些东西融合到现今的葬式中，如虽烧香、磕头，但决不会有汉族人那么深切；也开路上山，但决不撒买路钱……据我观察，现今的葬式与他们相关的某些观念不相符。这些使居都人的死之方式有一种两难的状况。

在居都人死之方式中，还有一个可能是大家都要关注到的问题，即死后的去处和安排。有没有一个与阳世相似的阴间结构？在其他民族，对阴间构建的“文化投人”是相当大的。他们不遗余力地以人间为模拟对象，塑造出一个阴间世界来与阳间对应，或者说在想象中安排死者在阴间的日常生活。有时候，这种描述很真切、很美好，故常常与人的理想彼岸相混，使许多人以此为“解脱之路”。相比较而言，居都人也常以为死者会在阴间或什么地方过自己的生活，大概也需要一定的日常的必需品，但这种念想绝对淡薄。因而我在居都很想寻找这样的阴间描述，但没有，只有很少的人知道死者到老祖先那儿去了，而老祖先又好像在天上，天上又是好地方。居都人因此用不着塑造地下的阴间世界。他们有他们的天上世界。这样的居都人也不怕鬼怪什么的，鬼怪在情感上构不成对他们的威胁，也不是他们文化事象上的东西。

没有阴间和恐怖的阴间生活，那么居都人的投胎转世的观念也几乎没有，这种文化的概念也因此从来没有出现过。如果他们真的是“天堂”的原有的属民，幻想这样的投胎于他们来说，是不可思议的。

总的归结起来，本来人的婚俗、丧俗应是两个关键的结，于此把一个人生的礼仪关联起来，成为一整套人生礼仪的文化结构，但在居都，它缺失了许多环节。作为开端的“出生仪式”表现极少；成年礼在居都也是没有的，作为“亲长身份”存在是有的，如它的“长房主事人”，但这是因为是长子就自然承袭的，如此的某种确认仪式没有。在婚礼和丧礼中，居都人有自己一定的仪式和内容，但绝没有其他民族那样丰富和有情趣。当然，也许居都人的先民不是这样的，但居都人现在的实际存在是这样的。这又一次证实了居都文化的“残片”性质，它像一片原始森林消失后，新生长起来的“次生林”，永远也不能恢复过去的容貌了。

可以说，死是另外的一种生，是一个周而复始的循环。但居都人于此是茫然的，或者说并不是认真在思索或根本没有思索这样的问题。

第四章 婚姻

第一节 基本状况

对居都婚姻现实的考察可以说是这一区域文化关照的重点，因为在它的外在的许多文化事象都已消失，外表上已经平常得与一般山区汉族没有什么区别的时候，进入它的内部就是研究它的不多的几条路之一了。而对其婚姻状况的研究，正是这种“进入”的方式之一。

我对居都的婚姻调查是列表的全面的访查，力图把居都（这里指的是自然村的居都）的全部的婚姻现象都包括在内。因而，我在只有91户人家的居都，挨户调查了87户（其中有4户五保户并没能单独立户），整理出了116例婚姻，并在这些婚姻中，按年龄段分为三个组：50岁以上为一个组；35岁以上50岁以下为一个组；35岁以下为一个组。这样的分组打破了一代人与另一代人的划分，即50岁以上者，包括了现存的居都人的第一代，但同时也有可能包括第二代人的长兄者。同样，有的辈分很高的第一代人，也会下到第二个年龄段中去。这种情况，也同样适用于下两个年龄组的状况。不过，好在我们于此并不是家庭谱系的研究，而是婚姻的现状探讨。另外，不管人的辈分、资历、身份如何，在婚姻的事象发生上，年龄应该是最有表现力的。

对居都的婚姻状况，我想要把三个组分开叙述。首先是50岁以上的年龄组。

[个例15]

序号	夫	年龄	妻	年龄	婚龄	性质	男出生地	女出生地
1	李成贵	86	李王氏	86			居都	居都
2	李绍支	80	李黄氏	82	20\22		居都	居都
3	李正才	73	李明珍	68	25\20	姑表	居都	松林

续表

序号	夫	年龄	妻	年龄	婚龄	性质	男出生地	女出生地
4	李才会	69	沙明珍	65			居都	松林
5	李绍明		※罗焕才	67			居都	毕德
6	李正方	78	王明珍				居都	丫口
7	李正文		沙德珍	70			居都	居都
8	李天禄	73	王忠秀	75		姑表	居都	牛场
9	李天寿	60	※陈学风	61			居都	堕却
10	李天亮	60	李发栗	57	21\18		居都	居都
11	李明德	57	李天美	55	18\16	姑表	居都	居都
12	李明富	51	陈德珍	50	20\19		居都	旧寨
13	李发科		李兴风	70			居都	岭岗
14	李发梦	70	沙明亮				居都	旧寨
15	李发胜	71	沙明秀	74	21\24	姑表	居都	倮那
16	李发旺	61	苏发秀	59	18\16	姑表	居都	居都
17	李发清	64	沙正美	65	20\21		居都	旧寨
18	李发开	50	沙明秀	49			居都	倮那
19	李发财		杨云菊	50			居都	居都
20	李发龙	52	李明秀	53	18\19	姑表	居都	居都
21	李发明		高学美	60			居都	居都
22	李发达	58	※胡正伦	61	18\21		居都	郎岱
23	李发洪	50	李天星	46	24\20	姑表	居都	居都
24	李发行	59	高德秀	57	18\21		居都	居都
25	李发富	54	※李庭英	47		21\16	居都	丫口
26	沙德胜		李发文	60			居都	居都
27	沙德明		李成珍	72			居都	居都
28	沙德河	75	郭少珍				居都	猴子田
29	沙德昌	69	李正英	68			居都	居都
30	沙明学		石明珍	70		姑表	居都	倮那
31	沙玉庭	73	※郭应珍	73			居都	鸡场
32	杨达山		周常英	79			居都	居都
33	杨顺华	60	※胡国英	55	19\14		居都	过瓦
34	杨其亮	63	李正美	64	20\21		居都	居都
35	苏发亮	53	杨顺珍	52	17\16		居都	居都

续表

序号	夫	年龄	妻	年龄	婚龄	性质	男出生地	女出生地
36	苏发清	63	高德珍	65	19\21	姑表	居都	居都
37	黄吉昌		※宋国才	80			居都	新场
38	黄明伦		杨天秀	60			居都	居都
39	※罗焕发		李明英	53				居都
40	高德昌	68	李发秀	66	23\21	姑表	居都	居都

这一组有40例婚姻，从年龄而言，80岁年龄的有3例，但这3例都已经是“半边”了，1号例只存女方李王氏，时年86岁；2号例只存男方李绍支，时年80岁；37号例只存女方宋国才，时年80岁。

70岁的有12例，6号例存男方李正方，时年78岁；7号例存女方沙德珍，时年70岁，13号例存女方李兴凤，时年70岁；14号例存男方李发梦，时年70岁；15号例存男方李发胜，时年71岁；27号例存女方李成珍，时年72岁；28号例存男方沙德河，时年75岁；30号例存男方石明珍，时年70岁；31号例存女方郭应珍，时年73岁；32号例存女方周常英，时年79岁。共有10例是“半边”户；另有8号例、3号例两例为完整的婚姻事例。

60岁左右的25例，其中失去配偶的只有5例。

这一组的“婚龄”（指他们结婚时的年龄）相比后面的两个分组要早一些，男方的平均结婚年龄为20岁，结婚年龄最大者为25岁，最小者为17岁。女方的平均结婚年龄为19岁，结婚年龄最大者为24岁，最小者为14岁。双方年龄的最大差距为5岁，男的一般比女的年龄稍大一些，但女大于男的也不乏其例。

表一中的姑表亲①有10例，但这一事象在调查中遗漏和当事人瞒报的情况时有出现，故而我以为当增加5至6例的姑表亲才较为符合现实情况。如此，这一年龄组40例的婚姻中约有16例的姑表亲，占40%。

在表一中的“※”符号，是表明此人是汉族的，故40例婚姻中有5例是“仡父汉母”和一例“汉父仡母”的婚姻。这6户“族外婚”的婚姻都是有一定经历和原因的婚姻，均不是常规的婚姻。6户之外的34户全是仡佬族的族内婚，约占85%。

这个组的40例婚姻，基本表现的是居都人中华人民共和国成立前的部分婚姻状态和结构，以及中华人民共和国成立后很长一段时间内的婚姻状态和结构。它们也基本构建了居都现实中的婚姻方式和婚姻的交流地域。

35岁至50岁的是另一个年龄组，为了方便总体上的论述，此组的序号接续上一个年龄组排列。

---

① 姑表亲即舅舅家的女儿嫁到姑妈家来，男方称女方的父亲为舅舅，女方称男方的父亲为姑爹，即兄、妹或姐，弟两人的后代缔结婚姻，俗称：“侄女赶姑妈”。如果反过来是姑妈家的女儿嫁给舅舅的儿子，就叫“舅表亲”，俗称：“还娘头”。这里的姑表亲中有这样的情况，但性质相同，故归而叙之。

[个例16]

序号	夫	年龄	妻	年龄	婚龄	性质	男出生地	女出生地
41	李发大	46	沙正香	43	23 \ 19		居都	倮那
42	李天达	38	黄明香	36	22 \ 20		居都	居都
43	李天富	46	李兴香	44	23 \ 21	姑表	居都	松林
※44	李天伦	48	李明珍	57	15 \ 24		居都	居都
45	李天亮	38	陈兴秀	38	23 \ 23	姑表	居都	松林
46	李天旺	43	沙庭凤	42	19 \ 18		居都	居都
47	李兴中	49	※郑香群	49	21 \ 21		居都	蟠龙
48	李兴友	37	高兴秀	33	25 \ 21		居都	居都
49	李兴开	36	李友珍	32	25 \ 21		居都	居都
50	李明达	49	※刘发芬	45	28 \ 23		居都	居都
51	李广友	42	沙明美	39	24 \ 21		居都	倮那
52	李友亮	43	陈兴芬	31	34 \ 22		居都	松林
53	李友伦	39	石华香	35	23 \ 19		居都	倮那
54	李友强	41	沙明芳	36	26 \ 21		居都	倮那
55	李友明	37	※盐明珍	28	26 \ 17		居都	陇脚
56	李友兴	37	沙天飞	35	23 \ 21		居都	旧寨
57	李友学	43	王兴凤	40	24 \ 21		居都	倮那
58	李友方	36	张兴珍	34	24 \ 22		居都	倮那
59	李友忠	40	杨大分	41	20 \ 21	姨表	居都	岭岗
60	黄明仁	48	李天秀	44	25 \ 21		居都	居都
61	黄明亮	43	沙庭良	39	27 \ 23	姑表	居都	居都
62	黄明学	39	李明香	36	23 \ 20	姑表	居都	居都
63	黄明祥	39	李天菊	40	19 \ 20		居都	居都
64	沙德学	42	陈德秀	42	19 \ 19	姑表	居都	旧寨
65	沙庭文	45	李兴国	45	20 \ 20		居都	居都
66	沙庭友	45	李天芬	44	25 \ 24		居都	居都
67	沙庭忠	38	※周立芬	39	30 \ 31		居都	堕却
68	沙庭学	38	李明芳	40	21 \ 23		居都	松林
69	沙正洪	37	石华凤	37	18 \ 18	姑表	居都	岭岗
70	高兴文	47	李朝凤	48	21 \ 20		居都	居都
71	高兴达	43	沙庭芬	38	26 \ 21		居都	居都
※72	高兴志	40	沙正凤	36	22 \ 18		居都	倮那

续表

序号	夫	年龄	妻	年龄	婚龄	性质	男出生地	女出生地
※73	高学文	43	王正英	40	23\20		居都	倮那
74	石明华	49	李天英	48	19\18		蟠龙	居都
75	杨顺才	42	沙正芬	41	20\19		居都	倮那
76	杨朝学	42	朱登英	41	23\22	姑表	居都	居都
77	杨顺忠	46	李广凤	39	33\26		居都	居都
78	苏新明	46	李新秀	33	24\21		居都	居都
79	张顺全	41	李明凤	40	19\18		蟠龙	居都

※44：此为弟娶嫂的例子。

※72：此例女方沙正风1994年被拐走。

※73：男方出生地在蟠龙，1960年搬到居都，如此是男方的父辈逃婚造成的。

这一组的39例婚姻比较完整，没有丧偶现象，可以说他们是居都人生育、养育后一代的主体。

这一组的结婚年龄比上一个组要大一些，男方的平均结婚年龄是23.5岁，结婚时年龄最大的为34岁，最小的为18岁；女方的平均结婚年龄是20.7岁，结婚时年龄最大的为26岁，最小的为17岁。这里有一点要说明，当中男方的最小婚龄是18岁，但个例16中有15岁的婚例，但我认为这是“非如常”的婚姻，不能反映他们的实际情况，故男方的最小婚龄用的是18岁。还有在女方最大婚龄所述是26岁，但例67中的女方婚龄是31岁，此情况同上，估计是再婚造成的，不是正常的婚龄表现，故以26岁为准。

这一组基本上是男大于女，女大于男只有4例，明显比上一组比例减少。

个例16中的姑表亲有8例，姨表亲[①]1例，总计为9例。这一组中也有与上一组类似的情况，在填报中常有“是”和“不是”的重复回答，还有说“是”后又改为“不是”的，故我以为实际的姑表亲应该比个例16中的多，应该增加数例才接近实际，增加4例，总计为13例。如此，此组的姑、姨表亲占总数的37.1%。与上一个组相比，有一个变化，就是“姨表亲”的出现，虽表列中只有1例，但它是一个新的事物。

在这一组中，“仡父汉母”有4例，但这一组中的娶汉女为妻者，基本上没有上一组那么多经历和原因，多属一般性的婚姻，但大多不是传统的媒妁之言的婚姻，而是现代自由式的。个例16中的79例是“汉父仡母”，为上门招亲户，原因是人口不旺，没有儿子，想招个外族人来“冲一冲”。这一组“族外婚”计5例，余皆为族内婚，为总数39例的87.2%。

这一组婚姻事例，也就是居都20世纪70年代前后近20年的婚姻结构和状况，

① 即结婚的男女两方称呼对方的母亲都为“姨”，也就是说上一代的两姐妹的后代缔结了婚姻。“姑表亲”和“舅表亲”类似西方称呼的“交表亲”，而“姨表亲”则如西方称呼的“平表亲”，但对血亲认识上差异较大。

它继承了上一组婚姻的传统，但也有些新的变化，比如“姨表亲”以及“上门招亲”户的出现。

近十多年的居都婚姻结构和状况也就表现在35岁以下的这一分组中，这一生育群比上一个分组也许更具有活力。

[个例17]

序号	夫	年龄	妻	年龄	婚龄	性质	男出生地	女出生地
80	李高学	28	黄珍慧	25	25\22		居都	堕却
81	李高华	27	李友菊	26	25\24	姨表	居都	居都
82	李高全	24	沙志秀	23	23\22	姨表	居都	居都
83	李高祥	32	苏兰美	32	23\23		居都	居都
84	李天祥	24	石华美	34	21\21	姨表	居都	倮那
85	李天江	25	杨兴风	23	24\22	姑表	居都	居都
86	李友向	25	李再花	22	23\20		居都	岭岗
87	李友龙	28	张兴美	28	27\27		居都	倮那
88	李友刚	25	※禄梅香	25	23\23		居都	宣威
89	李友进	31	罗兰风	29	25\23		居都	居都
90	李友开	42	沙正林	39	22\19		居都	居都
91	李友华	31	高兴美	29	25\23	姑表	居都	居都
92	李友兵	26	石华兰	24	24\22		居都	居都
93	李友洪	32	陈兴英	30	23\21		居都	松林
94	李友阳	27	杨兴美	26	22\21		居都	居都
95	李友国	31	李高秀	30	22\21		居都	居都
96	李兴洪	29	罗兰英	32	18\21		居都	居都
97	李兴斌	27	李友香	27	25\25		居都	居都
98	李兴全	26	李高飞	26	25\25	姑表	居都	居都
99	李广富	28	高兴英	25	25\22		居都	岭岗
100	李胜全	27	※陈国芬	26	23\22		居都	堕却
101	李　健	21	罗兰香	20	21\20		居都	居都
102	杨兴伦	27	李广飞	26	25\24		居都	居都
103	杨兴文	30	石华英	26	29\25	姑表	居都	居都
104	杨兴洪	28	陈兴林	24	27\23		居都	松林
105	沙德华	31	苏兰珍	23	30\22		居都	居都
106	沙庭洪	34	高德芬	36	21\23		居都	居都

续表

序号	夫	年龄	妻	年龄	婚龄	性质	男出生地	女出生地
107	沙正云	32	李再风	29			居都	岭岗
108	高兴华	32	李吉芬	30	30 \ 28		居都	岭岗
109	高兴发	27	黄石英	25	26 \ 24		居都	堕却
110	苏兴文	34	李友美	33	23 \ 22		居都	居都
111	朱登祥	30	李友快	29	25 \ 24	姑表	居都	居都
112	朱高明	31	朱王氏	19	30 \ 18		居都	半坡
113	罗兰兵	28	李再芬	27	23 \ 22		居都	岭岗
114	周友学	31	沙庭兰	27	23 \ 19	姑表	居都	居都
※115	张应文	20	杨兴兰	22	19 \ 21		居都	居都

※115：此为张姓汉族的第一代儿子，娶妻于杨家，族别已随母为仡佬族了。

这组婚姻36例，是居都最年轻的配偶群。

这一组婚姻的结婚年龄比上组有所增大，男方的平均结婚年龄是24.1岁，最大的结婚年龄为30岁，最小者为18岁；女方的平均结婚年龄是22.4岁，最大的结婚年龄为28岁，最小者为18岁。在这一组婚姻中，男大于女仍是主要表现，只有3例是女大于男的，而且差距不是太大，一例大三岁，两例大两岁，故几乎可以忽略不计。

这一组中的姑表亲为6例，姨表亲为3例，总计为9例。此组也有上两组的情况，故实际中的姑、姨表亲可以为13例，占总数36例的36%。在这一组中的姨表亲比上一个组有了很大的增加，证明这方面的禁忌在近十年中已被完全突破。

在这一组中，“仡父汉母”的婚姻有两例，但88号例是居都第一次严格意义上的远缘婚姻，女方是云南宣威的。36例中只有两例是族外婚，族内婚在这一代人中似乎得到强化，占总数的95%。

这一组婚姻是近期居都人的婚姻状况，它在内涵里包括了许多新的东西，如“自由的恋爱”，简化的婚姻仪式，或既不讲究居都传统的仪式，也不讲究汉族仪式的婚姻等。

以上三个年龄组综合起来，居都人总的婚姻情况是这样的：全部的婚姻例子有115例，其中姑表亲有36例、姨表亲有6例，总计为42例（这是调整后的数字，比表列中的数字稍大一些），占总数的36.52%。这些婚姻中，族外婚有10例为“仡父汉母”，2例为“汉父仡母”，占总数的10%；族内婚姻有103户，占总数的90%。从这里我们不难看出，居都人是严格的族内婚群体，同时也是严格的地缘性婚姻群体，并且其亲缘婚姻或者说近亲婚姻是它的重要主体。

还有，在居都，近百年来还从来没有出现过纯粹是外族人的婚姻住户，只有1948年的罗姓人家是个例外。

第二节　居都婚姻

以上是居都婚姻在统计学意义上的概况，并没有叙述居都婚姻的历史和形象，以及居都婚姻的依据和形成发展的过程。这只有深入具体的事象中，才能有较明晰的认识。

我们这里所说的居都的婚姻当然是一个特定的概念，它与居都本身的历史相关。居都形成的时间是不太清晰的，而居都的婚姻却是明朗的，即不管如何，它都是形成于居都诞生之时，是这个族属的群体从它的母体那儿带来的，当然也有一些其他因素的影响。从居都存在之日起，居都的婚姻也随之出现，并有自己一定的发展历史，并同时成为居都人的一种活的文化形态延续至今。

在居都中华人民共和国成立前的婚姻中，我们现在能见到的只有50岁以上年龄组中的一些婚姻事例了。在现今的居都婚姻中，80岁以上的婚姻存在的只有3户，分别是1号例、2号例和37号例。最老的一例现存的老人是李王氏，时年86岁，是居都最年长的老人了。她的丈夫是李成贵，在1962年就已经去世，丈夫去世时，李王氏54岁。李王氏最大的儿子李发清时年64岁，推算李王氏是66年前结的婚，约在1929年前后，这也是我们能见到的居都最早的婚姻例证人了。

2号例的李绍支时年80岁，他的妻子李黄氏是1986年去世的。据李绍支介绍，他是20岁时结婚的，大约在1935年前后。

37号例的妻子叫宋国才，时年80岁，丈夫黄吉昌是1975年去世的。这例婚姻大约也是1935年前后结婚的。

这3例是1935年前后的婚姻。另外，70岁这个分属的12例婚姻，大致是1945年前后的婚姻，加在一起，居都中华人民共和国成立前的婚姻共有15例。据居都的老人回忆，1945年前后的居都约有30多户人家，按每户两例婚姻为计，至少有70例婚姻存在，故15例婚姻对中华人民共和国成立前的居都婚姻，只是一个印象性的反映而已。

这些中华人民共和国成立前的婚姻，虽然只是居都中华人民共和国成立前婚姻的一个印象性反映，并且它们自身也已消失了许多东西，但它们表现的几个方面的事理仍然是存在的。首先，是它们的“顽固”的族内婚结构在中华人民共和国成立前就已成为居都婚姻的基本构架。在15例婚姻中，只有两例是“仡父汉母”的族外婚，但据以父为中心的社会观念、组织的构造，这只是一种立足于自身的吸收外民族的婚姻成分，而不是一种对等的婚姻交流，对族内婚影响甚微。因此，从某种意义上说，中华人民共和国成立前居都的婚姻基本上是族内婚结构。

其次，是它的地缘性婚姻。这15例婚姻中，15个女人中有6人是居都村内的女儿；有5人来自居都附近的外围村寨（不到两公里）；有1人来自距此地5公里外的猴子田；只有 3 人突破这一小小的地缘关系，分别来自数十公里外的水城小鸡场，以及六枝的牛场和新场。应该说族内婚在某种意义上与地缘性婚姻直接相关，居都要建立严格的族内婚，就要有一定的地域的同族群体存在，并建立相应的婚姻交流关系。可以说，居都中华人民共和国成立前就建立起了这样的婚姻交流关系，后来的婚姻构建，不过是它的一种发展而已。

再次，15 例婚姻中有数例姑表性质的婚姻。这也是居都婚姻的构建之一。且不说这种婚姻的“意义”如何，就族内婚的结构而言，这样的次生结构就在所难免，必然由此到彼，更不要说本来的婚姻观念使然。

中华人民共和国成立前居都的婚姻仍然是在从前的基础上前进的。在它之后，是中华人民共和国成立初期的婚姻群。中华人民共和国成立初的十多年中，居都的婚姻事例在统计中有 25 例，当然不排除有双方死亡的情况，估计实际中的婚姻事例比统计的要多，但这 25 例已能较为全面地展示当时居都的婚姻了。在这个时期，正常的婚姻年龄普遍偏小，20 岁以前，18 岁左右结婚的青年男女很多，男女双方好像都在急于进入这个婚姻“角色”。在 25 例婚姻中，有近 20 例是在 20 岁以前结的婚，男女都如此。这与当时的社会背景有关，土地改革后的中国，从乱世进入和平建设的时期。山区的少数民族在突然间获得较大的生存空间（比如分到土地）后，最先想到的也就是成家立业，发展自己的人口，而那时的“土壤”太适合这样的想法了，故居都可以结婚的男女也就匆匆地尽快地进入居都的婚姻结构中。

在这一时期，有一个事件对居都婚姻的结构有一定的意义，也就是一户完全汉族人家的进入。

［个例 18］

这户人家姓罗，他家进入的情况是在他家人自述的基础上，加上知情人的介绍综合而成的。

这户人家原是水城县毕德的居民，是完完全全的汉族。他们一家有五口人，夫妻两人，有一个大女儿叫罗焕才，大儿子叫罗焕文，二儿子叫罗焕发。两位老人均已去世，据他们的后人说起搬迁居都的原因是“老人在那边受了难。”至于什么“难”，他们也不太清楚。

他们一家人是 1948 年进入居都的，当时最小的一个儿子罗焕发只有 7 岁，他的哥哥年龄约十岁，大姐罗焕才 21 岁。到居都“避难”的依据是罗的姑妈嫁到了居都的沙家为妻，是奔姑妈而来的。也正是因为姑妈这层亲戚关系，罗家这五口外族人才得到进入居都的“通行证”的，并在寨上李才会家借到房子，有了暂时的栖身之地，直到中华人民共和国成立后好几年才把自己的房子盖了起来。从 1948 年至今已 47 年了，罗家人也就没有再回家乡毕德，已完全成为居都的一员了。

这是我们已知的居都历史中进入居都的第一家完全的汉族人。他们的上一代人，有两例婚姻有汉族人因素，但他们都没能作为一种族别进入居都的婚姻结构。这一进入似乎有几点值得注意，首先是进入的原因。在个例 18 中表现为在家乡“受难”，即不是正常的搬迁，而是迫不得已而为之的事情。这与个例 15 中的那两例“仡父汉母”的某些情况相似。37 号例的宋国才老人就述说，她是中华人民共和国成立前有一年遭灾逃荒流落到居都嫁人的。31 号例的郭应珍家是水城小湾鸡场的，也是由于某种原因才到居都嫁人成家的。不能说居都人亏待了她们，这当中有两个事实应该承认：一是居都人能够以某种方式接受这些“外族”人；二是被接受人都是以某种代价为前提的。37 号例和 31 号例以自己嫁人为前提。这种代价当然是不言而喻的。再回到个例 18 中来，实际上罗家人也重复了这样的过程，靠亲戚的关系引入这只是条件之一，但要在居都长期生存就要办理另一种“手续”，即在血缘上与他们融合；否则，他们会永远视你为外人，你在此长期生存的可能性就很小。罗家怎么能不知道这些“法则”呢？故而他们到居都不久，就把大女儿嫁给了李少明，后生下了李广友、李广亮、李广富三个儿子和两个女儿。这在当时似乎还是一个交换条件，即供罗家房子住的条件，借房的房主是李才会，李才会又与李少明是兄弟。

这一户人家就这样进入了居都，并由于最初的婚姻结合，让罗家在居都获得永久居住的资格。这里包含一种双方的认同，即你的进入要承认我们的族属和血缘的尊严，最直接的方式就是通婚。反之，如果你想保持自己的族属血缘，不与之通婚，不履行这样的“承认形式”，你就不能进入居都社会。你“承认”了他们，他们也就同样“承认”了你，比如罗家后代就娶了居都的女人为妻。这说明，居都人外表上是温和的，但于此却有着强烈的自尊和随之而来的排外精神。另外，居都在平和的形式下，有着自己族属精神的不成文的习惯法则。

罗家人按照法则，在居都生存了下来，似乎很成功，但实际上也是一种被消融的过程。个例 15 中的那两例婚姻的外族因素被消融是容易的，一代人也就完成，而罗家的事例却有一个过程。罗家的夫妻两人去世前，他们一家五口人的汉族族属是得到容忍的，因为是居都人的“外家”了。这时候，居都实际并不是全部的仡佬族，而是杂居了一户汉族，这种历史随两个老人的去世也就消失了。两位老人去世后，这种消失过程就开始了，3 个子女的族属没有改变，但大姐罗焕才嫁了李少明之后，她的 5 个子女全部归属于仡佬族，没有一个例外；罗焕文好像没有后人，罗焕发娶了仡佬族李家的女子李明英，生子罗兰兵、罗兰强、女儿罗小妹，也全报归仡佬族。也就是说，待罗焕才、罗焕文、罗焕发三人一去世，汉族的罗家就全部消融在居都人的民族中，不复存在了，三五十年后，在后代的记忆中，祖先是否是汉族就很模糊了。现今的罗家后代，在语言、思维方式、心理、习俗等方面，都已经与居都人不存在什么差别了。

罗家的事例说明一个问题，即居都在历史上也许就存在过类似罗家这样的情形，这样的外族血缘进入方式。罗家只不过是重复了居都在这方面的历史。

除了罗家的这两例族外婚外，居都这时期还有几例族外婚，也就是 9 号例的陈学风，22 号例的胡正伦，33 号例的胡国英。33 号例的胡国英是距居都不远处的过瓦人，如何嫁来，情况不明。而 9 号例和 22 号例却很有意义。9 号例的陈学风是一个孤儿，而作为居都人一员的丈夫李天寿也是一个孤儿，两人是在一种偶然的情况下认识而后结合的。按现在的话来说，是“自由恋爱”，更可能是一种同类相怜、相聚成为夫妻的。这样，自然也就不是常规婚姻礼数上的娶妻了。22 号例的胡正伦更有意义。胡正伦是郎岱人，比丈夫李发达大整整三岁，自述为：“在路上认识的，谈成的，然后就一起回家（到居都）过日子。”也就是说，没有任何的民族礼仪，李发达从外面带了一个汉族女人回来。

这些都没违背居都人于此的一般法则，这样的方式居都人是可以接受的。

中华人民共和国成立后的居都由于土地改革，生产力有了很大的发展，另外相应的一些条件也有改善。这在他们的婚姻中有很明显的反映，即这时期的 25 例婚姻，家庭子女都多，生六七个是常事，只生二三个的家庭极少。这无疑与当时的经济状况有关。

35 岁至 50 岁年龄组的婚姻事例有 39 例，属于 1970 年前后结婚的婚姻群。这个婚姻群在总体上仍然是过去框架的历史延续，并没有在过去既定的事象上有什么较大的变化。婚姻交流的地域变化不大，族内婚的性质也如常如是，但婚姻的传统礼仪受到很大程度的淡化。过去的传统的礼仪在婚姻中已不是那么重要，或者说受到了很大程度的削弱。

姑表亲还在原有的比例上，变化不大，但此时出现了一例姨表亲，这在过去的婚姻事例中从来没有过。姨表亲是 59 号例的李友忠和杨天芬，李友忠时年 40 年，杨天芬时年 41 岁。他们是 1975 年结婚的，当时男 20 岁，女 21 岁。从血亲关系上来说，杨天芬的母亲李友忠称为姨妈；同样，李友忠的母亲杨天芬也称姨妈，即上一代的两姊妹各生下一男一女，现结为夫妻。这种血亲关系，即便在旧有的婚姻规则中也是不能够结亲的，何况现在还有反对近亲结婚的法规。在传统的观念中，“侄女赶姑妈”是很正常的事情，即上一辈的女人嫁了过去，后一辈的舅舅家的女儿就“赶”着姑妈的脚步，嫁给姑妈的儿子。但是，两姊妹分别嫁给两个男人，这两家的后代又结合在一起的“姨表亲”，在山区少数民族中是很少的，有的甚至是一种血亲禁忌。在居都，这是不是也成为过一种禁忌不明朗，但在 1975 年以前的居都婚姻中，作为一种“不明为何物”的规矩是存在的。人们不说，但都共同避免姨表亲的出现。但这一事例还是在居都出现了。出现的直接原因不甚清楚，但肯定与对传统婚姻礼仪的淡漠有关。淡化了的婚姻礼仪就会失去许多的民族文化的事象，其中就可能包括对“姨表亲”的传统认识。这例婚姻的出现，是示范性的，它有意无意间就做出了一种榜样，把一种过去的莫名的不可以做的事情，变成了可以做的事情。也许，这种“可以做”也是莫名的，他们也同样不知道为什么可以做，只知道谁这样做了，我也可以这样做。这几乎可以给我们一个启示，民族文化的事象许多可以是莫名的和无意而为之的，但由于它显著的示范，仍然会留下很深刻的印象，成为其文化构成中难以磨灭的东西。这方面，在自然形态很浓重的民族中尤为如此。这就犹如儿童的白纸一般的大脑，有了强烈的信号输入，不管这信号是什么性质的信号，正确与否，有用与否，它都是极难消除和改变的。

除了上述的姨表亲外，居都在这个时期还接受了另外一种婚姻方式，即“上门招亲”。

［个例 19］

张顺全，汉族，男，出生于水城县的蟠龙，1995 年时 41 岁。22 年前，也就是 1973 年时，19 岁的张顺全来到居都的李坐成家，成为李坐成第三个女儿的丈夫，也就是上门女婿。李坐成之所以要招上门女婿的表面原因是：人丁不旺，从外面招个人来冲一冲，而实在的原因是李坐成只有三个女儿，没有儿子，要招一个女婿上门养老送终。张顺全之所以要来到居都作为上门女婿，是因为他是一个孤儿，11 岁时父母就先后去世，是由亲戚朋友照看长大的。他长大后，在蟠龙是没有什么靠山的，就由人介绍来到居都做了上门女婿。

现今他已在居都生活了 20 多年，生了四男一女，基本融入了居都的日常生活。

个例 19 表述似乎只是现象，实际上它拥有一定的文化背景，即在居都各姓的范围内，只生女儿被视为无后，男儿的传宗接代的思想很浓厚。并且，没有谁家的当家人愿意在还过得去的情况下，让自己的儿子到别人家上门为婿，去传承别人家的香火。如果谁到别家上门为婿，会被视为失去自己的宗属；而失去自己的宗属，当然也就是“了不起”的大事了。正因为如此，李坐成招亲的事例就没有发生在居都内部。当然，这也不否认李坐成认为确实需要“外人”来“冲一冲”的因素。在这样的背景下，李坐成找到了张顺全这样的对象，而就张顺全自身的情况而言，这也是他较好的选择之一。因为他可以很快就以“半个儿子”的身份，获得老丈人的全部家产，以如此的婚姻方式建立起自己的“家”。问题是居都的婚姻也接受了这样的方式，我们现今已无法知道当时居都人对此事的普遍心理反应如何，但应该是诧异中又无话可说，怎么说呢？居都人中谁愿上这样的“门”呢？

这例“上门招亲”是居都婚姻中的第一例，对居都婚姻的结构也是有一定影响的，但这种方式似乎对居都婚姻中的族属等方面的影响，就像是过眼烟云，几乎有“娶个汉族男人”的味道。这个张顺全与妻子生的四男一女，全归属于仡佬族，老大张应文已经娶仡女为妻。不久，张顺全只能在居都留下一个姓氏，族属在张顺全死后也就消失了。于是，这个汉族男人也就被居都的文化同化了。

在这一时期，44 号例的弟弟娶嫂子为妻的例子，在居都也是第一例。

［个例 20］

丈夫李天伦，1995 年时 48 岁，妻子李明珍，1995 年时 57 岁。30 多年前，李明珍是李天伦的亲堂哥哥的妻子。1964 年 12 月，李天伦的这个哥哥从悬崖上摔下来，死于非命。李明珍当时已有 26 岁，是两个孩子的母亲了。自述中她说怕嫁外人带不了两个孩子，就在 1965 年嫁给了李天伦，李天伦当时 17 岁。结婚后，他们生子女 6 人。

这个个例表面上也好像是如常的事理，但它作为第一例记录，说明居都的再婚情况是极少出现的。另外，嫂嫁弟虽在一般意义上没有什么特别的法则，如李明珍真要外嫁，那也是困难重重的。在居都，一些老人介绍的此种情况的处理顺序是这样的：兄死，遗妇应嫁的第一个人选是丈夫的弟弟；如果没有弟弟，可在亲堂弟中选择；再没有，或弟不愿娶嫂时，嫂才有可能另嫁他人，并且要得到家族长房的同意。在居都，这样年轻就丧偶的情况相对少一些，故这个方面的情况不很复杂，可一旦有，这个“仪轨”是存在的。44 号例就说明了这个问题。李明珍嫁给了比她小 9 岁的李天伦，而李天伦不是他丈夫的亲弟弟，而是堂弟弟。这当中应排除相处中的感情问题，即李明珍嫁给李天伦大半没有感情原因，而是一种传统的婚姻“仪轨”使然。

这个事例不管“仪轨”或者实际功利上的意义如何，我以为它几乎能反映某种古老事象的影子，即“兄弟共妻”。这方面，将于后面展开论述。

在 35 岁以下的婚姻组中有 36 例婚姻，是居都最年轻的一个婚姻群团。他们的婚姻大约发生在 1985 年前后，在总的事象中是一种过去的继续，但婚姻的传统“仪轨”已经执行得很差了。在这一时期，于居都婚姻有意义的事情大致有二：一是 88 号例的真正意义上的远缘婚姻；二是居都的一女外嫁四川。

88 号例的丈夫叫李友刚，妻子叫禄梅香（汉族），他们是 23 岁时结婚的。两人 1995 年时都 25 岁，结婚两年，已经有一个小孩了。禄梅香是云南宣威人，一次与外出做“竹工”活的李友刚相遇，见他有手艺，就与他一起来到居都成婚。这是居都的地缘性婚姻的一个例外，表明和平的环境带来交流交际的扩大对居都婚姻的影响。

外嫁四川的居都女是石明发的女儿，她是去年与她的相好一起到四川南充去的。这个四川人在居都附近的铁路上做工，相识后发展到了结婚的地步，在家里断然不同意的情况下，与相好私奔到四川。这个女儿在很小的时候就答应“放”给某某家（即已定亲了），并有一定的礼尚往来。出现这样的事情，让居都人很感震惊，千方百计阻挡，但最后这居都女还是逃走了。因此她父亲除了蒙羞以外，还被处罚性地赔偿“口头亲家”500 元钱。无疑，这是对居都既定的婚姻交流结构的一种冲击，在居都也是第一例，对居都的婚姻影响是很大的。

另外，这个群团的“姨表亲”有了发展，出现了数例。这似乎是前阶段此婚姻事象的发展。可以说，“姨表亲”在这里已经被“既定”了。

除了以上有一定特定意义的婚姻事象外，一般的如常规的婚姻在居都还是占绝对多数的，是它们形成了数百年居都婚姻的主潮流。在居都，一批又一批的青年男女被时间不断地推进“既定”的婚姻结构中，成为居都社会、民族的一个“角色”，在一些很狭小的生机、情趣的范围内，被推向未来。

第三节　意义

居都的婚姻在少数民族大杂居和小聚居的贵州山区，一般的意义和特定的意义如何是难以评判的，但它婚姻的诸事象就“封闭性”这一点而言，却是显而易见和特定的。在居都的婚姻中，主要的几个方面的表现都证明了这一点，严格的一夫一妻制，严格的族内通婚，主体意义上的近亲通婚，选择性极强的窄小的通婚地域等。这种“封闭性”，有其地理环境的因素，也有其经济方面的原因，同时更有其民族文化内涵方面的因素。

居都的婚姻是严格意义上的一夫一妻制，这是居都婚姻的细胞性结构，是居都婚姻的结构基础。在居都，最正常的青年男女结婚，一般在18岁到22岁之间，中华人民共和国成立前和中华人民共和国成立初结婚时间要早一些，20世纪70年代和20世纪80年代时间就相对晚一些。不管是过去，还是现在，子女的婚姻大多仍是父母之间的事情，后期有许多年轻人所谓“自由恋爱”的情形出现，但最终仍然要归结到父母这儿来，请媒人说亲虽然失去了许多具体的内容，但形式还是要的。最后的成亲，男女从一个角色转向另一个角色。不管成亲的过程或简或繁，或传统或现代，它都没能从根本上改变什么。这个角色的转变意味已有叙述，我这里惊异的是这一角色的牢固的难以变异的程度。他们只要共同在“灶老者”面前弯了弯腰，那他们就会几乎被永远凝固在一个点上了。在居都，离婚、再婚等现象几乎从没发生过，再嫁的唯一机会就是对方的死亡。我在对居都的夫妻家庭生活的观察中，几乎没有看到对女人的重视或者对女人的歧视，夫妻生活多方面都是共同的，家庭生活和生产中几乎没有严格的分工。家庭劳动，女人在干，男人也在干，家庭手工艺性质的竹编织活男人能干，女人也能干。当然，野外的重活男人干得多一些，家里的家务活男人干得少一些。男人对女人似乎是习以为常，平平淡淡的，而女人对男人也不存在太多的温情软语，但相互间的关照和相知也是普遍存在的。这也并不是说居都的男女都是天生的和谐无二，他们肯定有夫妻间的种种冲突和矛盾、不和以及貌合神离等，但男女双方都不会把事情激化，实际上我以为他们不会激化，或不懂得激化。原因有几个方面：一是居都的文化、语言等几乎是一个孤岛，在相同的文化背景中结合的婚姻，是这种环境对文化挤压的中心，承受着最大的压力。也就是说，他们和她们即便有天大的不满，也没有他们重新选择的可能性，向外的选择由于歧视和自傲不可能，向内的选择又是如此狭小的“岛”，余地很有限，这是外因。二是婚姻的对象在很大程度上几乎是一种私人财产的拥有，失去了就是一种财产的损失，特别是男人对女人尤为如此。要不，在我们前面章节的有关论述中，论及贞洁问题时，几乎没有男人会为妻子失去贞洁而抛弃她。妻子失去贞洁，丈夫会愤怒，会寻机报复，但要他不要这个女人却又是不可能的。因为她是“他的”了。另外，几乎每一次婚姻在正常的该出现的声音出现过后，都有一个声音在宣告：这个男人再也不会获得另外的女人了！故而在居都，丧偶的男老人再婚的情况几乎没有，而年轻的女人丧偶则可按顺序获得或“归属”于新的丈夫。

除了以上原因外，属于天性上的人的内心冲动的状况如何，也是可以考察的方面。在观察中，居都人的性格似乎是温和、淡漠、平静而固执的。在生活中他们拥有他们的天地，拥有他们固有的东西，很平静地知道外界不会给予他们什么，而他们也不轻易地给予外界什么。他们不会大喜过望地谈论某一件事情，也不会为某一件事情大悲大切一场。内在尊严看得很重，但向外的冲动却又很怯于表现。在居都有好几户人家，家里有四五个都成年了的男人，没有一个娶妻。但他们的青春精力也没有形成外泄的冲动，比如出走寻婚，或者用其他手段寻找自己的婚姻出路，或者外像上表露出明显的骚动的情绪。他们大多平静地在时日中把青春的精力慢慢消散……

居都的一夫一妻制就是这样的一种状况，几乎没有活力，但好像居都也不需要这样的活力，它要的只是种族延续的某种形式。这样的婚姻状况是如何形成的呢？这样的民族似乎不应该在此方面如此僵滞。在居都对面不足5公里的山坡上，有一个彝族村寨社勒。他们的生存空间与居都大体相似，但他们的婚姻状况就相应地要活跃得多，离婚的事他们时有发生，男女双方配偶的选择、再选择都是较为灵活的。同时，他们那里男人和女人的精神面貌就要灵动活泼得多。我这里不是宣扬离婚变异的好处，但它表现了一种来自性的动力和活力，必然影响人的心境和情绪。居都人的结婚是必然的，但同样必然的离婚事件一例也没有，就应该是非自然的。造成如此情形的原因还得从居都的历史中去寻找。对居都过去的婚姻和相应的法则，我们知道得很少，但它现今的婚姻状态似乎与它的其他方面的文化状态不完全相符，肯定有什么东西在居都最初形成的时候加入了进来。这个东西我推测应该是某种表现在婚姻中的“礼教”，这个“礼教”大概是汉族的东西。在居都最初形成或更早的时候，汉族在婚姻上的这种僵滞的“礼教”大概由父系（汉父仡母）带了进来，并在极其封闭的环境中得到这个仡佬族群体中的其他族人的认同和放大。这一点可以从居都人多少年来一直只与汉族这个“外族”通婚的事例中得到佐证。当然，也不否认这群所谓的仡佬族的原先的文化中就吸收了这样的东西，再加上作为一个种属的遗民的“保种”意识，对这样的东西就更为需要而加强了它。在某些时候，特别是有种族危机的时候，其他的事象大致都可以退到次要的地位，而种属就可以上升到一切的地位。这时候所遵循的某些原则，就不是正常情况下能解释的。我不敢说过去的居都人曾面临的就是这一问题，但也肯定是其中重要的因素之一。居都的严格的族内婚，也能证实这一因素的实在性。因而，在这个意义上的反常，于居都也就是最正常不过的事情了。这样做在一般人眼中看来是“严酷”的，但为了居都人目的的实现又是行之有效的。实际上，居都人在文化构建上相对的“孤岛”特色就与此相关。

严格的族内婚是居都人婚姻的最基本的表现。如果说严格的一夫一妻制是它的婚姻中的细胞结构，而族内婚就应该是它的框架了。在居都，纳入我们考察视野的婚姻事例为115例，在这115例婚姻中，完全纯粹的族内婚有103例，“仡父汉母”的半族内半族外的婚姻有10例；另一种形式的“汉父仡母”的婚姻有两例。这两种形式的婚姻共计12例，占总数的11.6%，也就是说完全纯粹的族内婚占88.4%。这个比例在民族杂居的环境中是相当高的。如果把这12例也宽泛地算作某种意义上的族内婚（因为这12例也可以说是居都人对外族血缘的一种吸收），那么，居都族内婚的比例就是绝对的。

族内婚，顾名思义，即在婚姻关系上对族属的认同和选择，最根本的意义在于对同族婚姻的选择上达到生物学意义上的物种纯化，因为民族的某种意义就是种族的内涵。居都的族内婚最根本的意义也源于此。但这样的动机又起于何因？在现在于此上还拥有多少原本的东西？居都人在如此的背景下追求完全的“纯化”种族，虽已不可能，但我以为它是深刻的。这跟它的民族最早的来源传说有关。传说中的仡佬先人是源于天上的，简而言之，是高贵的。不管这个传说是真是假，但在他们后人中一定会形成一种“优秀”的感觉，造成一个“顽固”的良好观念。哪怕是在民族屡遭厄运、整个的境地不怎么样的时候，这种源于远古的记忆也是会存在的，并且可能是一种美好的增强种属自信心的存在。那么，居都人的这种纯化居都人的动机是不是就完全源于此呢？有这样的因素，但现实已使其不可能成为主要的方面了。我认为，居都人多少年来追求族内婚的动机首先有一种潜在的原始动因搏动，然后是为了现今的自身的文化生存。居都人这样的状况，让他们完全为了种族的纯化而进行族内婚，仅仅原始的记忆是不够的，现实也是不可能的，同时，也是没有意义的。但为了族属的文化生存推行族内婚，则是比较现实和切实可行的。

在这方面，以下事象都与此相关。首先是居都村在历史的岁月中，本身形成了一个比较纯正的仡佬族聚居的村寨，有了相应的文化聚焦点和“载体”。中华人民共和国成立前后，在与居都相邻的倮那、松林、旧寨、岭岗等自然村寨中，仡佬族人数是不少的，有的还占了大多数，但在“纯正”的族属上却从来没能像居都这样。一个完全是仡佬族的村寨，传统文化的载荷性是充分的，保持的状况都比其他地方好，因而在许多事象上对周围的仡佬族人村寨是有示范作用的。在这样的村寨中，实行严格的族内婚，以延续、保存、发展民族文化，是再自然不过的事情了。

在保存文化方面，可能居都的族内婚与居都的语言关系最为密切。

在居都，大人小孩几乎人人能说仡佬话，按他们的话说：“会打话”，即便是外来的汉族人，不会说也能听得懂。在居都，我只看到由宣威来的那个汉族女人，因为刚到两年，情绪不稳定，听不懂他们的话外，其他人基本都会流利地“打话”。这，我以为是表面的，由于语言带来的思维活动和民族的思维方式的运用，因而保有了许多重要的民族心理素质构建，这才是重要的。关于语言在居都文化中的重要性我们在后面章节中论述，但就语言与族内婚两者的关系而言，可以这样描述，即族内婚保证了语言的量和交流使用语言的环境和氛围；反过来语言的交流运用又巩固了族内婚的成果，使生存于这种语言环境中的人也要为了语言的交流和认同，从而去寻求与自己语言相同的配偶。这里还有由这种语言培育出来的思维方式，也决定和影响到人的情感表达方式，故而更需要同类族人的配偶，才能“听得懂，感觉得到”对方的感情和知晓对方的感情表达方式。一句话，语言可以在众多面目、衣饰相同的人当中，最迅速地找到“属我族类”的人，而因为语言，那么，“非我族类”的人和事便一目了然，自然就很难进入交流。反之，对方也是这样判断的。

这里有一个事实可以更生动地说明这个问题。

[个例 21]

此人叫李广全，1995 年时 30 岁，是村里四个去当兵的人中的一个。当兵回家后，六枝特区曾安排他到六枝铸铁管厂工作，进厂后不久即遇此厂倒闭，只好回家。不久后即随人到了河北某煤矿做工。我遇到他时，他刚从河北回到家里。此人说话很软，但清晰自然。我与他相处了一天，多次问及他的婚姻，他就给我说了他在河北的经历。

我问他为什么不在河北做工期间找一个合适的女人呢？哪怕条件差一点。他说，那里都是汉人，不说我们这种话，我说的他们听不懂，也不知他们在想什么。我说，这不要紧，你的汉话也说得很好，只要你留心努力是有希望的。他说：不，我还是找一个说我们这种话的，你不晓得我去河北做工是为了什么，是因为那里有我们村的老乡，除了相互关照外，我们能经常在一起说“话”，日子也就不难过了。河北的煤矿有老乡?！我诧异不已。他见我如此，就说了另一个事实，即以前居都村有一个人到北方寻找被拐的女人，到河北没有钱回家就在某个煤矿找了个工做，谁知还赚了几个钱回村。第二年，他又带了几个人返回河北做工。这样一去一来，那里居然成了居都人外出做工的点。出外挣钱哪儿不行呢，但据知居都村出外做工的人大都聚在这个煤矿里，根本的也就是因为有了这个共同的根——语言。

当话题又转到他在居都寻找配偶时，他说：我的辈分大一些，现在村里年龄合适的大都是侄女辈的，难找啊。问及他姑表亲时，他说，按科学来讲姑表亲不好，但居都的习惯是可以的。看得出，他只要说的是本民族的语言，姑表亲在于他这样的人也是可以接受的。

在这个个例中，主人公李广全是把“语言”作为他寻偶的重要依据。依照这样的依据，那李广全寻偶的结果必然就是族内婚了，再进而，在本来就不大的种族人口分布圈里，更可能是近亲婚姻。像李广全这样的心理表现，可以说在居都人中是有很大普遍性的，他只不过是一个典型的事例罢了。

族内婚这一居都婚姻的框架对居都文化的意义是不言而喻的。正是严格的族内婚，保存了它的许多文化，尤其是语言。族内婚还造成了现在居都语言的良好态势。附近的几个村寨，中华人民共和国成立前还有很多人能“打话”，说仡佬语的大人、小孩数量很多，但现今变了，年轻人很多都变得不能说，也不能听了，感情上也对此语言失去应有的民族热情……而只有居都未变，大人、小孩普遍的交际语言还是仡佬语，对语言的民族热情也一点未变。居都，现已成为这几个村寨的语言中心。

族内婚对于民族文化保存的益处是显而易见的，但这种封闭型的文化事象，于文化的发展却显得保守和乏力。居都如此从数百年的历史中走来，保存“残片”文化应该是成功的，但此文化的发展上却没有多少新的有活力的表现。可以说族内婚在某种意义上也是一种近亲婚姻，至少在文化上是如此。这种族内婚现在于居都可谓是根深蒂固，但同时也带来一些负面影响很大的现象，即由此而造成的待婚现象。

[个例 22]

这家的男主人叫李才会，妻子叫沙明珍，是松林的人。李才会于 1981 年病故。现这家人共有五个儿子，老大李广学，时年 42 岁；老三李广全，时年 30 岁，老四李广阳，时年26岁；老五李广斌，时年21岁。五个儿子中只有老二娶了妻，分户而居，算是完成了他的“角色”转换，但剩下的四个儿子，最大的42岁，最小的21岁，全都到了或过了该结婚的年龄了，可他们并没能实现这种转变。

问及他们的打算，也不置可否。

这个案例在居都是有代表性的。在居都的另一户人家也有四个大到30岁，小到17岁的待婚的儿子，但就数个例22的事例典型。另外，其他一般情况下的待婚现象也是较为普遍的，所以我估计居都已经存在着一批数量不小的待婚群。这样的待婚群主要是男青年。这种待婚原因是多方面的，经济原因是其中较为重要的原因之一，尤其在某些时候显得更为重要；但文化、语言方面的因素也是相当重要的，李广全也就是文化因素的待婚代表。确实，在居都和周围的村寨里，范围如此狭小，一般能让人有多少选择的余地呢？如果选择的条件消失，那必然有一部分青年在严格的族内婚的压力下失去婚姻的机会。

在居都的族内婚中，尽管是如此严格，但还是有其他族人参与他们婚姻的事象，比如115例婚姻中的12例族外婚就是。这里面似乎有一个渐进过程。在60岁至80岁老人的婚姻里，有逃荒、流落来的汉女，也有无奈中躲难来的汉女，还有其他相似原因而来的汉女，即这些汉女进入居都人的婚姻一是因为汉女的无奈，二是因为居都也吸收能生育的女人。在后来，这样的情况有些变化，“自由恋爱”的成分多了，只要有可能，有的人还是愿意把汉族的女人带回居都来。某些人于此还有了一定的主动性，但这种在外族（主要是汉族）人中寻偶的主动性在居都的男人中好像并不具有普遍性，故对居都整个的族内婚影响不大，最多只是象征性的。比如从宣威带回来的叫禄梅香的女人，这是真正的远缘婚姻，但这只是一个挑战而已。

在这里，我们还得注意一个现象，居都人的族外婚只接受汉族女人，外嫁女也只嫁汉族人家。附近的彝族、布依族、苗族寨子与居都隔沟相望，隔山为邻，可遍查居都，竟无一例与这些民族通婚。这是一个极令人思索的现象。怎么来解说这一现象呢？是因为该民族自视很高，只信奉汉族的某些文化，而其他少数民族的文化则不屑一顾，这样，也就谈不上什么通婚姻了。这种因素可能有，但实际上，居都人与这些村寨的好些人都是朋友，相处关系很好，也谈不上对他们文化的什么轻视，可就是此类关系绝不越雷池半步。或者说是因为汉族人在家庭、贞洁等观念上与居都人有很多相通之处，按他们习惯认为可以接受汉女，可以外嫁汉家。这种原因可能要多一些，因为许多汉家女一旦进入居都，很少有出走的。也就是说，汉家女在居都在得住，可其他民族的女人能在得住吗？

另外，可能还有其他几个民族的某些习俗，是让他们难于接受的原因，比如相关的婚前性行为的某些习俗、习惯等。居都人在婚后发现女人不贞，他会让自己平静下来，但明目张胆地在婚前有性的行为，他就会感到恐惧。

还有，语言可能也是一个障碍，但这有时并不成立，因为最初进入居都的汉女也是不懂他们语言的。有时，我们还能看到一些年纪大的居都人对这几个寨子的某些风俗习惯有防范的心理，害怕某些东西进入，“毁坏”他们青年的身心规范。所以，可能相对稳定的习俗，才是他们婚姻交流最大的障碍。如此这般的社会心态，娶其他民族的女人就难上加难，而这方面，似乎只有汉族人是“可以原谅”的。当然，居都的这一现象，说不定就与汉人有关，居都人接受外族血缘最多的当是汉族，对汉族人自然有一份亲近和自如，这方面的文化事象也能有相应的影响。

居都人的族内婚是严格的，但要真正的长久地推行它，自然得先解决好一个问题，即婚姻群团间的交流关系，让居都人有一个丰富的族内可结婚女人的来源。这方面，居都人是极尽了他们智慧的。经过调查得知，居都人是如此来建立它较稳定的婚姻交流关系的。

［个例 23］

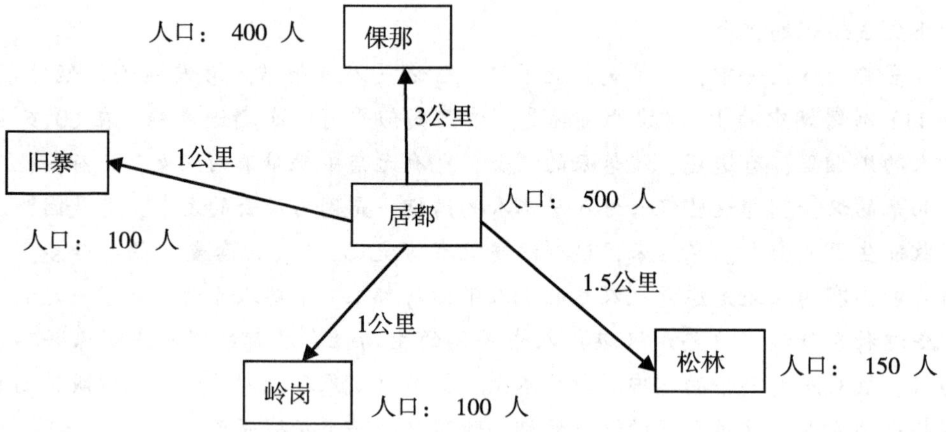

这就是居都人建立起来的婚姻交流关系。以居都的近500仡佬族人为轴心群团，以倮那、旧寨、岭岗、松林等四个村寨的仡佬族人为外围群团，它们共同组成了一个婚姻的交流体系。图表上所列的只是此村的仡佬族人口数，不包括此村的其他民族人口。比如倮那是一个拥有近200户人家的大寨子，近百户、400人的仡佬族只是寨中人口的一部分，与居都通婚的也就只是这部分人口。这两个群团的人数为：轴心群团500人，外围群团750人，范围和距离如图表，其地域之狭窄是不言而喻的，选择限制之大也是不言而喻的，但这就是居都人的族内婚的基础。居都所娶的女人除了居都本寨的外，多数就来自这些村寨，而居都的女人也大多嫁往这些村寨，但这种婚姻交流关系绝不是单向既定的。居都人与这些村寨存在着这样的交流关系，可视为一个体系，但同时这些村寨与另外的村寨也有婚姻交流关系。他们的女人可以是居都人的择偶对象，也是其他地方人的择偶对象，是开放性的……居都的族内婚也就建立在这相对动态化的基础上，但这个交流体系或交流圈是存在的，并且于动态化中又相对稳固。

在我们记述的115个婚例中，把115个女人的来源梳理一遍，也许就能证明以上的论述了。在115个女人中，有10名汉女，这些汉女分别来自蟠龙、陇脚、新场、毕德、郎岱、过瓦、宣威、堕却八个地方，与来自半坡、鸡场、猴子田、牛坡、堕却的6名仡佬女一起，共同成为居都婚姻交流圈的一种补充，即有16名女人是从居都婚姻交流圈以外的地方娶来的。另外的99名女人，娶自居都本村的有61人，娶自外围群团的总计有38人。其分别是：倮那17人，松林8人，岭岗8人，旧寨5人。在总的115个女人中，居都占53%，外围的四个村寨占33%，其他地方占13.5%。在这样的近半个世纪的婚姻关系中，居都村就自己解决了婚姻配偶的53%，占一半以上，加上从外围群团中娶来的女人，一共解决了婚姻配偶来源的86.5%，即这个婚姻交流圈有效地为居都的族内婚提供了坚实的基础。这里，如果剔除来自汉女配偶的非正常渠道的婚姻构成，那居都的常规的婚姻，绝对是百分之百的族内婚。在居都婚姻交流圈的外围群团中，汉族人也是大量存在的，但进入居都的女人中，没有一个是汉族。这表明在居都，如此的人文导向力量是强大的。

居都如此的婚姻交流圈是存在的，但也是令人惊异的。因为这种循环的封闭性之大、之强烈，这半个多世纪以来在居都能形成这样的婚姻运转，应该是一种奇迹。这样的选择区域也太窄小了，从居都到倮那不过3公里，到对面山上的松林、旧寨、岭岗三个寨子，也不过一公里多一点的路程，这样的方圆和人口要形成既不违反严格的伦理观念和族别认同原则，以及年龄、辈分、性格、气质方面的调和原则，把这几百人的婚姻协调下来，实在是一件非常不易的事情。形成现在如此的状况，我以为与清末后有仡佬族的不同姓氏的人口不断进入有很大的关系。这些不同姓氏人口的进入，使居都这样的以族属为基础的婚姻运转有了可能性，否则，现在的居都婚姻中近亲婚姻就不只是37%左右的比例了。

以上是居都婚姻交流圈一个方面的情况。即“娶进”的情况，但婚姻既然是交流，娶进的同时，也就要嫁出。据不完全统计，居都近半个世纪中，外嫁女约40人，其中外嫁汉族10余人，嫁往倮那、松林、旧寨、岭岗总计约有20人；其他方面数人，总的看来是娶进的稍多一些，嫁出去的稍少一些。对外围群团的交流关系，大致是二比一，即娶进两个女人，嫁一个女人出去。在这里，我们还要注意一个现象，即所嫁女中，也没有一个是嫁其他少数民族的。这方面的原因大致与娶女相同。

以上就是居都婚姻的交流关系和地域圈子。正是由于其严格的族内婚要求，才形成了现在的狭窄的地域圈子。仡佬族在这里就只有这样的构成，只有以上的地方有与居都相连的地域和同一种类的语言、习俗的民族，要保证他们的那种严格的内在要求，这几乎是唯一的选择。也许，人们会认为，越出这个地域的不远的地方，也有与他们相同的种族存在，他们也可以把远处的另外的相同民族的群团纳入他们的婚姻交流关系。是的，这种假说是有道理的，但有以下几个问题恐怕谁也不能够解决。一是自我封闭的倾向，以及随之而来的猜忌和胆怯心理状态，叫他们跨出去，寻求新的婚姻天地很难。二是远处各地的仡佬族聚居的少，散居的多，并且多数人失去了自己的语言，而居都是六枝、水城片区唯一纯正仡佬族聚居，并有自己的语言的村寨，对其他没有语言的同族人，心理上的认同感不强。另外，居都村的语言虽属仡佬语，但周围一些地方的仡佬语又与居都不一样，如附近五公里处的猴子田，他们的语言虽是仡佬语，但与居都的人却不能对话交流。与居都相同的语言只有婚姻交流圈中的几个村寨和岩脚左坝等处才有。三是地理环境的封闭性和随之而来的信息的封闭性。在这样的地理环境中，一般的交流也就只能在山中，别说外出交流，就是把山外某地仡佬族群团的信息传进来也是困难的。这种情况在中华人民共和国成立前更为严重。可以说，关于山外其他仡佬族的情况，可能居都人是第一次从我们的口中听说的。处在这样的境地，跨出山去的婚姻交流是不可想象的。

谁能为居都人排除这些困难呢？没有谁，故居都人的这种选择是历史既定的。

这样的婚姻关系必然导致强烈的地域性婚姻。这窄小的地域性婚姻的意义不必赘言，但它的负面影响却也是显而易见的，也应该是一种“地缘文化的近亲婚姻”，强调保有，但乏力于发展和变化。

这样的族内婚和地域性婚姻一旦形成，将具有巨大的历史惯性，也许居都为此800年、1000年也不会轻易改变。

这样的婚姻结构和表现，人们如站在一定的高度来看它，是会感到恐惧的。它不断演化的结果是不言自明的，种属的，文化的种种……可能最终完全为了某种“保有”而失去“自新”的能力和机制。远的不说，就现状而言，居都的婚姻已有了这方面的表现，这就是“近亲婚姻”。近亲婚姻是居都婚姻的一个次结构，也是这种婚姻结构的必然结果。你强调族属的因素，就必须把婚姻限定在一个狭小的地域内、一个人口有限的封闭性状况中循环，再加上山区地理环境又加剧了这样的狭窄和封闭。其结果就是后代都有相同的血缘关系，也就不可避免地要出现近亲婚姻，而近亲婚姻的结果是众所周知的。

在居都统计到的115例婚姻中，有姑表亲36例，姨表亲6例，总计42例，占36.5%，三分之一强，即115例婚姻中每3例就有1例是近亲婚姻。这方面的发展大致有一个过程，即在中华人民共和国成立前的居都婚姻中，有几例姑表亲不足为奇。这方面实际上是贵州山区民族婚姻的通例，也许一定量的近亲婚姻并不会在短期内带来明显的遗传变异损害，所以这在山区甚至许多较为开化和发达的地区都得到相应的承认和默许，在各自民族的文化观念上并没有什么大的关碍。因而，在居都中华人民共和国成立前的婚姻中，我以为这是一种虽有局限性但也正常的表现。这个时候，“侄女赶姑妈”是可以认可的习俗，但“姨表亲”可能就是一种禁忌限制的东西，并被当时的居都人遵守着。随着时间的推移，这个“姨表亲”的禁忌在1970年前后的婚姻实践中被打破，并在1985年前后的婚姻中得到发展。这一方面反映了传统的某些观念被淡化，也反映了居都的严格的族内婚带来的窘迫景象。在族内婚的规则下，非近亲的可娶配偶少了，就倾向于姑表亲；如果选择余地再缩小，那突破“姨表亲”就是必然的了。那么，再进而又会突破什么呢？像个例21中的李广全很可能就突破辈分上的伦理观念的约束。

这方面的意义还可以在以下的比较中有所收获。在距居都5公里的猴子田，我调查了数户布依族人的婚姻，他们也强调族内婚，但在我随机抽查的4例婚姻中，我发现这4例婚姻中的女人分别来自猴场、马鞍山、四方井、大呵志四个地方。这些地方都不是猴子田附近的村寨。这4例婚姻都是族内婚，但都不是近亲婚姻。当然，布依族是一个较大的、地域广大、人口众多的民族。他们在婚姻上的表现余地比居都的仡佬族大，这是事实，但我以为这不是最主要的原因。按理，仡佬族散居的面积也是很大的，人口也不少，全省在1995年时就有40多万人，六盘水就有两万多人，但有一点不同，即他们之间的文化联系是被种种历史和现实的原因切断了的，不像布依族。布依族的民间各种交流都是广泛存在的。这种“割裂”，应该是居都仡佬族婚姻交流地域狭窄，而导致种种不同于其他民族婚姻事象的主要原因。当然，还有历史让居都人对外寻找民族认同的内心渴望和冲动减少到了最低的程度。这恐怕才是它致命的原因。

这样比较而言，居都的婚姻也是历史、民族、文化使然，并不是偶然和一时的冲动。可以预见，居都的近亲婚姻在将来的历史中，还有强化的可能。

在居都，近亲婚姻中的姑表亲作为一种传统习惯，几乎所有的姓氏和家族都有这样的事例发生。在李发胜宗属、李天禄宗属、李明德宗属三个李姓中，姑表亲约有20例，数例姨表亲基本也在李姓这三个宗属中。李姓是居都的主要姓氏，但近亲婚姻也在其中唱了主角。另外的沙姓也有数例近亲婚姻，高姓、杨姓、黄姓也有数例，苏姓、朱姓、周姓等姓氏也有近亲婚姻出现。由此可见，在居都人的眼中，近亲的姑表亲和姨表亲是无甚关碍的、可以接受的现实，在任何一个姓氏和家庭中都没有受到限制。只不过有的家庭的近亲婚姻表现少一些，有些则多一些。其中，也有的人家对近亲婚姻似乎还有一种偏好，在家庭的各个个体婚姻中，还有有意为之的倾向。

[个例24]

李正才，男，时年73岁。他的家目前一共出现了8例婚姻，竟有6例是姑表亲。第一例：夫李正才，妻李明珍，时年68岁，他们是男25岁、女20岁时结的婚。李明珍是松林人。

李天富是李正才的长子，是姑表亲的第二例。李天富，1995年时46岁，23岁时娶妻李兴香，松林人。

李正才除了长子以外，还有6个女儿，分别嫁往松林3人，嫁往西克1人，牛坡1人，还有1人嫁在居都本村。这6个女儿中，除嫁往牛坡汉族和嫁到居都的这两个女儿不是近亲婚姻外，其余的4个女儿的婚姻全是姑表亲。

这个家庭有8例婚姻，但却有6例是姑表亲。这种例子在居都还不是唯一的。李正才家的婚姻事象时间上的长度很长，一直从中华人民共和国成立前到1980年前后。但另一个个例的时间长度就相对短一些，是中华人民共和国成立后的婚姻事象。

[个例25]

这家的主人李明德，1995年时57岁，妻子李天美，1995年时55岁，他们是男18岁、女16岁时结的婚，两人都是居都人。李天美与李明德虽同是姓李，但他们不是一个宗属，可以通婚。他们的上一辈早已通婚，才有他们今天的姑表亲。

李明德有3个儿子，1个女儿，儿子和女儿都已娶妻和嫁人。老大李高亮娶妻为非近亲婚姻，老二李高华25岁时娶妻李友菊，为姨表亲；老三李高全23岁时娶妻沙志秀，也是姨表亲；女儿嫁居都李友国，为非近亲婚姻。

一家5个婚例，却有3个是近亲婚姻，并且在居都不多的数例姨表亲中，他一家就有两例。

以上的两个个例，对居都的近亲婚姻是有典型意义的。从第一个个案中看到，李正才一家与松林的那家亲戚有一种从上辈人就建立，或者更早就建立的婚姻交流关系，即李正才和他的儿子从松林娶了两个女人；而到后来，他又把三个女儿嫁到了松林，作为一种回应。在李正才的六个女儿中，我以为她们的外嫁体现了一种对应优先的原则。他的女儿优先向松林的李家出嫁，即松林的亲戚家的后代，可以绝对优先向李正才家提亲。因为他们父子的妻子都是对方家族提供的。结果是李正才有三个女儿嫁往松林。李正才满足松林的提亲后，还有三个女儿，于是又考虑的是第二优先，即姑表家的提亲，这又使一个女儿嫁给了西克的另外一支姑表亲戚的后代。这实际上又为李正才家开辟了另一个婚姻交流关系，为他的下下一代预备了某种婚姻优先权。第一、第二优先满足后，余下的才是另外的婚姻。这一现象所表现的近亲婚姻的强大的内驱力是显而易见的。我不知道李正才家建立起来的婚姻交流关系要流传多久，但我想，只要这种相互间的平衡不被打破（即男女双方的共同需求平衡），那么它是可以永远流传下去的。

两个个案的第二个个例的意义是姨表亲的表现。姨表亲在贵州西北部的山区从来都不是放任的，观念上的禁锢很多，可在个案里却表现得那么任意和放任。这说明居都姨表亲虽然例数不多，但程度已很深了。

在居都的近亲婚姻中，总观而言，只有直系的父—女、母—子、兄—妹、姐—弟、兄之子—弟之女、兄之女—弟之子等数种血亲形式没有被打破。这几乎是任何一个民族都普遍遵守的，居都也没有动摇，但另外的近亲婚姻形式它都有。按文化人类学的惯常说法，近亲婚姻有平表亲和交表亲两种，即结合双方父母亲的关系若是兄弟和姐妹的关系，称为交表亲；结合双方父母的关系是兄和弟或姐和妹，那就称为平表亲①。一般而言，交表亲在一定程度上可以得到认可，而平表亲则不然。由于这种“平表”和“交表”的分述，在某种程度上还不能相应表达贵州山区人们对近亲婚姻程度的区别，故笔者在上述的文字中没有运用这两个术语，但把前面的有关婚姻的词语对照而言，不难看出，姨表亲已肯定是这里所述的“平表亲”的一种，即居都的近亲婚姻已走进了所谓的平表亲之列。这不能不说是一种跨越，说明居都严格的族内婚具备了某种让历史走向反向回忆历程的动因，或者说是促使婚姻退化的催化剂。这方面，表中所叙的兄嫂弟娶的事象，我说它可能包含着古老婚姻的记忆——兄弟共妻，我以为它的出现，与这种“催化剂”的存在有关。这种“记忆”还可以多说几句。人类的婚姻历程现已有普遍的共识，即大致是群婚—伙婚—对偶婚这样一个过程（其中包括了许多的中间形态和变体），而所谓的“兄弟共妻”就是“伙婚制”向

① 马文·哈里斯：《文化人类学》第164页，东方出版社1988年版。

"对偶婚制"过渡中的一种婚姻形式。这样的婚姻形式在居都应该说是已消失了，但它距现今的时间可能不是太久远，这种记忆会适时地表现。居都的这例弟弟们按顺序娶遗嫂，可谓是它的一种遗存或某些观念的残余表现。唤醒它，却与居都严格的族内婚有关。

居都的近亲婚姻是我们应该最深刻关注的问题。它的走向如何？得到强化后会带来什么样的后果？有的是可以讨论的，有的却是不可讨论也没法讨论的。

居都婚姻的严格的一夫一妻制；严格的族内婚；与此相应的婚姻交流群团、交流圈；还有特强向心力的近亲婚姻；婚姻的地缘性、狭窄的区域性；以及与语言等文化现象的相互关系等，都显现了居都婚姻的多重意义。但是，居都的婚姻形态，于文化学上的意义还有待拓展，它的婚姻包含的内容肯定超出了我们上述所讨论的范围，比如由此生发的"文化近亲"概念的论述等。可以说，这一活的婚姻形态虽然只表现居都这样一个局部的面貌，但它在贵州封闭的山区里是有普遍意义的，并且作为一个少数民族的婚姻表现，又有它特定的意义。

第五章 语言 观念和符号 工艺和生存智慧

第一节 语言

居都人是有自己的语言的，也正因为他们有语言，并且至今仍在日常生活中使用它，同时又形成了以居都为中心的这么个语言圈子，居都才在仡佬族人中有一种形象和强烈的文化的认同感。它以此才有了让外界知晓它的存在的可能性和它本身存在的意义。在纯粹的语言学的意义上，居都的语言已经有许多人从这个角度来关照它了，并且有了相当的成果。虽然我在语言学上不是本行，不可能在居都的语言上有什么语言学上的作为；但当我把居都的语言也作为居都文化的一部分来看待时，它也能从文化学的事象上进入我的视野，以此也能看到居都文化的一些方面。同时，居都的语言本身也包含了许多的文化事象，也能让我们从文化的角度观照居都语言时有所收获。

从这个角度，或者说不管从什么角度叙述居都语言，当然得了解居都语言的性质和状况。这方面，《仡佬语研究》的作者张济民先生在书中有较为详尽的叙述。他在书中认为："（仡佬人）从语言的角度看，大体可分为 4 个大的支系。以贵州仁怀县安良乡和晴隆县凉水乡为代表的一支自称为（哈给），以平坝县活龙乡和普定县双坑乡为代表的一支自称为（佬）或（告），以大方县普底乡和黔西县化石乡为代表的一支自称为（补尔），以六枝特区牛坡乡和镇宁县比贡为代表的一支自称为（多洛）。"①

这里的"六枝特区牛坡乡"是六枝特区还未撤区并乡前的称谓。现在的居都村归属于箐口乡，原来的牛坡乡已经撤销，但张济民先生在以上提到的六枝和牛坡等，实指今天的居都村。因为原来牛坡作为贵州省不多的几个仡佬族民族乡之一，其语言的中心也在居都。张济民来牛坡调查此地语言时，调查点也就在居都。

张济民先生的这段话是从语言角度对他们支系的分属，而居都也就是他们的代表

① 张济民：《仡佬语研究》，贵州民族出版社 1993 年版。

或语言支撑点。在这一本40多万字的著作中，张济民先生把居都语言划为仡佬语的黔西南方言，与另外的三个仡佬语方言一起，形成仡佬语的总体。在《仡佬语研究》中，张济民先生对居都的语言是相当看重的，许多重要的语言学论述都有居都的例字和例句，把居都语言完全视为黔西南方言的重要范例。

张济民先生在《仡佬语研究》中，还描述了仡佬语的使用现状，说完全使用母语的人不足一万人，而居都就是其中的一部分。他最后还论证，仡佬语属于汉藏语系仡拉语族仡羿语支中的仡佬语。

上述说明，居都语言在语言学上的意义是毋庸置疑的。那么，我们把居都的语言纳入文化学的视野时，又该如何来看待它呢？

语言是一种文化现象，居都的语言也不例外，并且作为文化部分的语言，在居都一直扮演着一个非常重要的角色。关于居都的形成，我在本书第一章中列举了几种可能性，但不管哪一种形成方式或多种方式共存，都少不了语言这个角色。在居都这样的“残片”式的文化形态中，祭祀和节日及一些习俗支撑了它作为一个民族存在的一半的天空。在失去了服饰、音乐、舞蹈等人文化和意识化程度很高的诸多事象后，居都的语言就完全支撑了它另一半的天空，并深刻地影响到居都的发展和未来。居都语言的内部结构不是我这里的话题，但它的形成和发展却与居都的其他文化事象相关，比如婚姻。它与居都婚姻的关系，我在前一章中已有一些叙述，即语言在某种程度上促进了居都族内婚的结构选择，而族内婚又在很大程度上促进和形成了今天的居都语言和态势。就某种意义而言，居都语言，在居都不是衰落，而是发展了（应该说是量的发展）。中华人民共和国成立之初，居都的人口百余人，而现今已达500人。他们在中华人民共和国成立之初全部说母语，现今仍然如此，也就是说说母语的人数40年间增加了5倍，这似乎与张济民先生描述的仡佬语普遍衰落的大现象不相符。对这种语言的衰落，他是这样来描述其原因的：

……探讨这些语言的发展和衰落的规律是民族语言学的一个重要课题。下面结合仡佬语的实际情况提出几点看法。

1. 在漫长的历史阶段，统治者实行民族歧视和民族压迫政策，认为少数民族语言是“土语蛮音”，横加干涉和禁止，更没有创制文字的可能性。致使民族语言得不到认定、丰富和发展。如中华人民共和国成立前国民党政权就是实行这种政策。连民族成分都不予承认，当然更谈不上发展少数民族的语言文字了。

2. 商品经济的发展，人民群众为了生产、生活的需要，必然要进行市场交易，只操自己的母语，一是对方听不懂，二是词汇不够用，只能借助在市场上能通用的语言作为交际工具。在这种形势下，只有掌握汉语（或其他当地主体民族的语言），才能解决问题。这样，母语使用的范围就无形中受到限制。直到今日，镇宁、关岭、贞丰等地一些仡佬族赶场，时而用汉语进行交际，时而用布依语进行交际，对象不同，使用的交际工具也不同。

3. 由于长期与汉族杂居，汉族的文化对仡佬族有深远的影响。群众从亲身实践中体会到学习和掌握汉语汉文的重要性。今天汉语已成为仡佬族群众的第二母语①，成年人中几乎没有不懂汉语的。由于有了共同的语言，在技术交流、社会交往和文化活动等方面都增加了互相学习、互相了解的机会，大大增强了民族间团结友好的关系。

4. 不同民族间的通婚，是母语衰落的重要原因之一。不少民族中的实例证明，凡是这类家庭，要想保持在家族中用母语交际，要有两个条件：一是进来的媳妇已经掌握了夫家的语言，二是原来不会，两三年后掌握了夫家的语言。如果不是这样，那么，家庭内部不得不在更多的时候使用第三种语言。即：既非夫家语，也非妻家语，一般说来，非汉语莫属。这样的家庭如在第三代又娶了另一个外族的媳妇，这时使用夫家原来语的机会势必更少。这样，母语在这个家庭中也就基本上解体了。比如安顺弯子寨仡佬族近几十年娶汉、苗、布依族媳妇的有 50 多家。在这些家庭中，外族媳妇没有一人能完全掌握仡佬语。这个村子母语使用范围迅速缩小，这是重要的原因之一。

5. 由于受汉语影响，仡佬语内部结构发生了一些显著的变化。在此略举数则。一是在语音上有由繁变简的趋势，一些难发的复辅音变得好发了。……二是修饰关系的改变。……三是否定副词和领属性的后定语前置。这一变化改变了仡佬语固有的语法结构特征。……正因为……（部分）仡佬语有了这样大的变化，而它衰落的速度也相对地加快了。②

张济民先生在这里描述了仡佬语衰落的五个方面的原因，对居都的语言情况而言，是很有意义的。

从第一个原因上来看，所叙述的历史是事实，居都中华人民共和国成立前就有过这样的经历。整个过程是这样的：中华人民共和国成立前有一个叫杨凯的仡佬族人，他家与（附近）一个姓宋的汉族土豪结亲后，这个姓宋的汉族土豪就不准仡佬人在他家里说仡佬话，进而又扩展到禁止在他的势力范围内说仡佬话，还杀过在他家里说仡佬话的仡佬人。宋姓土豪的理由就是“土语蛮音”难听得很，不准讲。为此，宋姓土豪与以居都为中心的仡佬族就发生了直接的冲突，最后发展成了武装对抗。居都附近的仡佬族寨子迫于压力，都先后屈服了，但居都一直坚持对抗。为此，宋姓土豪曾武装围攻居都，居都人全部躲进土堡与之武装对抗，成功地挡住了宋姓的武装进攻，前后整整打了七天，最后是以宋姓武装退走而告终。现在居都有一点年纪的人都能复述这次为语言而战的经历，并以此而自豪。如今古堡的遗迹尚存。这，也相应地抵消了第一种衰落因素对居都语言的影响，因为他们成功地抗击了这方面的压迫。

---

① 有人认为在贵州少数民族中不存在“双母语”的情况，认为双母语的情况只出现在两种不同语言男女结合的后代身上。这是一种肤浅僵化的看法。人所共知，所谓双母语的特征，是同时具备和接受两种语言的思维方式；先学习了一种语言，具有了这一种语言的思维定式后，再去学习另外一种语言就不具备双母语的条件。这样的界定是正确的。贵州少数民族，特别是拥有自己语言的民族，许多群体确实是第二种情况，是有了自己语言的思维定式之后，根据需要才去学习汉语的。但是，有的少数民族是从一开始就注意对自己民族语言和汉语的学习，一开始就注进了这两种语言的思维方式。居都及附近的仡佬族人就如是。我以为他对“第二母语’的看法是很准确的，以我对民族语言状况的观察，我支持张济民先生的观点。应该说，贵州少数民族语言的状况是多种多样的。

② 张济民：《仡佬语研究》，贵州民族出版社 1993 版，第 9-11 页。

第二个方面的原因在居都的表现与其他地方不一样。交际的重要性也使居都人接受了汉语，但居都人除了汉语外，并没有接受任何一种其他民族语言作为他们的现实生活的交际语言来使用。这是我亲眼所见的。居都村的李发旺，1995年时65岁，是村中的活跃人物和“文化”人物。在居都隔沟相望的彝族寨子社勒，有他的称兄道弟的朋友，但我与他去社勒时，李发旺也只能用汉语与社勒的彝哥们交谈，不会说彝语，情形与我差不多。很明显，他不学彝语，居都的绝大多数人也不学彝语。这，也在一定程度上避免了其他语言对居都语言的冲击。

第三个方面的原因在居都也是例外。居都人大多都会说汉话，可以说汉语是他们的第二母语。他们可能在大的环境上算是杂居，但居都却保持了良好的小聚居状况。在居都现今基本没有纯粹的外民族的住户，因而居都始终保持着自己的相对独立的语言交流社区。而同时在倮那就出现了张济民先生所说的那种情况。倮那距居都一个山丫口，约3.5公里，仡佬族的人数也不少，近400人，但倮那同时居住得有一半的汉族人，故而，倮那的仡佬族语言消失得较快。在这方面可以这样说，汉语在居都是重要的，但居都自己的语言更重要。

第四个方面的原因对居都是没有影响的。居都以严格的族内婚完全截断了因为通婚而带来的外来语言对居都语言的冲击。可以说，居都的语言根本没有这方面的忧虑。

第五个原因是其他语言对仡佬语内部结构的影响。这方面的影响在居都肯定是存在的，对居都语言的改变似乎也是较大的，但好像它并没有从根本上影响居都的语言生存。

我不否认张济民先生对仡佬族语言逐渐衰落的五个方面原因的分析，它在贵州广大的仡佬族地区具有普遍的意义。现实中是有许多仡佬族地区就因为以上的某一个，或某几个方面的原因，正在逐渐或迅速地消失自己的语言。但我认为这在居都应该例外，它历史地使用了居都在语言方面的智慧，巧妙地有远见地预先截断了这种使用范围已经很小的语言种类衰落的路子。我不知道这是谁的杰作，或者是居于什么样的启示，但这样的事实应该让举列出这五个仡佬语衰落原因的张济民先生惊异。也许居都语言最终不能在仡佬语中有什么太大的作为，但它表现出来的民族语言精神值得敬佩。

居都人正是如此小心地保护自己的语言，造就了自己的相当强烈的语言氛围。在居都的人群中，不会“打话”的只有几人，他们多为他族在他地成人后，由于婚姻等原因进入居都的。比如80岁的老人宋国才、上门招亲的张某等就是，但是他们大都听得懂“打话”的内容，交流是不成问题的。至于那些进入居都的并能认真对待居都语言，有学习愿望的“新人”，最多两年也就能熟练流畅地使用居都语言了。这方面，新嫁进来的在娘家根本不讲或不知怎么讲仡佬语言的外地仡佬族女人，可以说表现得最为突出。她们作为民族的一员，进了这个“语言的熔炉”，几个月、或半年就能完全掌握居都语言地使用了。至于在居都出生和在居都成长起来的居都人，不会“打话”是不可能的。

应该说，居都人对他们的语言的感情是其他的族人难以比拟的。在居都，外出工作、学习的人也不少，时间有长有短，长的几年，短的几个月，出门在外时是没有机会使用仡佬语的，要在不得已中长期使用汉语，有明显的压抑感。他们有时会为了“语言”而回家，回到家里，对“家的语言”有一种亲切感，心里会很舒展。在我接触的外出工作又回到居都的人中，这种强烈情感是能够体会的，并因此而让人感动。这样的情感在如此狭小有限的天地里能培养到这种程度，是难能可贵的。

在居都，居都人对周围村寨的族人有一种自豪感，或者说傲气。这不是由于富裕，不是由于地位高上，而是由于语言。

应该承认，在居都语言得到有限进展的时候，它周围的语言态势却有很大的变化。在中华人民共和国成立前和中华人民共和国成立初，倮那、旧寨、松林、岭岗等地的仡佬族语言的使用是非常普遍的，人们在语言上的自尊和自信是较强的，但现今情况却有了较大的变化。以上这些地方的年轻人，仡佬语的讲说能力已有很大下降，不如上一辈人那么流畅和丰富了；最重要的是，现今的年轻人对民族语言的认识已经很模糊，对语言的重要性普遍缺乏认识。在这些地方，张济民先生所说的那几个原因，正在发生着不同程度的作用，正在不断地侵蚀他们的语言。这方面，在松林要好一些。似乎松林的仡佬人根基要厚实一些，语言的基础也要好一些。这样的情况会如何发展？有没有一个极限？会不会无限制地发展？这些目前还没有比较确切的结论，但有一点可以肯定，语言的变化，得与它当时当地的人文的和自然的生态环境相适应。

这种于居都周围的语言衰退，对居都的语言生存自然是一种很大的威胁和压力。居都的语言可能因此而受到很大的影响，但反过来说，如果居都语言在文化意义上具备一种“被激活”的机制，那么，它可能从内部迸发出一定的活力，以牺牲某一些成分和要素为代价，“顽强”地保存它的语言。我以为这于居都是可能的，数百年的族内婚，已经说明了它有这样的自我调节机制。这么多年来，它“顽强”地避免了与其他少数民族的通婚，也尽力地避免但极有限地与汉族通婚。这有文化的因素，但更有语言的因素。在猴子田，我看到这样的事例，这里有数户仡佬人，他们在户数和人数上都不能与同村的布依人抗衡。几十年过去，由于交流、婚姻等原因，现只有三位老人能讲仡佬语了，连40岁左右的中年人均已丧失了自己的母语，但对布依语他们反而还能说一些。这种杂处和杂居，很大程度上可以由婚姻轻而易举地造成，并不可逆转，居都人从本能上就认识到了这一点。另外，在与汉族通婚的事象上，这也是居都人在保存语言上的智慧表现。汉语是各山区少数民族交流的中间语言，居都人也需要，汉语的到来，并不影响居都的双重语言的语言状况。如果再有限地吸收式地与汉族通婚，那么，汉语对居都民族的语言并没有什么大的冲击，多年来居都与汉族通婚的实践，也证明了这一点。

我们以上所述的大都是居都语言的保存话题，居都人于此上有聪明的表现，但这始终都是外在的。众所周知，一个民族语言的存在，最重要的是与它的内在需要直接相关。居都语言在形成居都人文化的固有特色上，是有特殊贡献的，特别是在形成居都人一定的思维方式，并与其文化相适应方面更是如此。一个种族的外在世界是客观存在的，但认识和把握它的方式又是多种多样的，即客观存在为一，而把握方式的选择却有多种可能性，但在方式上有一点不变，也就是这种把握方式直接受语言思维方式的影响。比如在居都的语言中，居都人把太阳呼为“那陆”，同时又叫“鲁乌”，把太阳落山说成是“鲁乌多榜”，直译就是：“太阳落洞里了。”从这里不难看出，居都人的先民一定对山洞有很深的印象，并认为太阳是住在某一个山洞里，把太阳的起落描述成太阳从一个洞里出来，又落到另一个洞里去了。又比如，汽车、火车、飞机是新的事物，居都人为了称呼和把握它们，就把它们按自己的语言方式分称为：汽车——“屋里革”、火车——“革笔”、飞机——“革斗雷”。“革”在居都语言中是汉语的“鸡”的意思，而“屋里”是一种有很多只脚在地上跑的虫子，二者合起来直译为：“像多脚虫子一样在地上跑的鸡”。“笔”是汉语火的意思，“革笔”直译为“有火的鸡”。“斗雷”为汉语天上、天空的意思，“革斗雷”直译为：“天上的鸡”。且不说这里面包含的其他因素和内涵，就语言的思维方式影响人对周围客观世界的把握方式这一点上，以上例子已经很说明问题了。可以说，正是居都的语言决定了居都人把握客观世界的方式。这些东西会深刻地影响居都人的观念、行为和日常生活，而日常的现实生活又会反过来影响居都的语言。这就是居都人对于居都语言的内在需求动因。此外，实际生活中的居都人在一般的应用功利上也需要居都语言。这里有一个例子很能说明问题。在居都的调查中，无意间我得到这样一段歌谣，它叫“通风报信歌”：

(居都仡佬语)	(汉语)
雷雷格兰嘎泥夺，	黑来娃娃赶牛回，
不斗格兰昂处恃；	四条路子有人围；
底夺不呕那兰笔，	宁可绕条小路走，
里多玛跺豆密窝。	好汉不受眼前亏。

这首歌的用途，居都人自述是为了“防匪”，大概是中华人民共和国成立前匪患严重时期，或更早时期的产物。居都人说，如果你在某个地方发现了土匪，如果喊话，不管用什么话喊都容易让土匪们觉察。这时你就像唱山歌玩一样，用本民族的语言唱“通风报信歌”，就决不会让土匪发觉了。

的确，伪装在一般山歌中的“报信歌”是很隐蔽有效的。这证明了一种在一定范围内使用的语言，对外隐藏一些不能外传或不好外传的东西，从而起到保护自己的作用，是十分有效的。居都语言的实际应用这是一例。另外，我在居都的田野作业中深深感到，在有我在场的时候，如果他们不愿我听到他们谈话的内容，立即就会从汉语转向自己的民族语言。这一点，当事人是直言不讳地承认的。从这里，我们不难看出，居都人保护他们的语言，而语言也在很大的程度上保护居都人。确实，一个人的相貌、衣服等都可以伪装，而语言的伪装却是很难的，并且很易被对方识破。

居都语言的现状是一种民族群体智慧的结果，它的外部文化现象表现是充分的，但它的内部是否也有与其他语言相适应的机制呢？这方面，涉及两种学科，贸然进入是不明智的。但从一些现象看，我以为这样的适应机制是有的。比如在居都的语言中有这样一个现象，即居都的姓氏是可以用居都仡佬语也就是“打话”来说的，可名字就不行了。它的李姓居都仡佬语称为“玛久”；沙姓称为“啊”；黄姓称为“抵你”；张姓称为“豹个惹”；周姓称为：“嘎走”；朱姓称为“莫欧”；高姓称为“欲”；石姓称为“无呕”；杨姓称为“默厄默”；王姓称为“玛有”等。名字一般就没有居都仡佬语的称呼和叫法。如此人叫“德贵”的汉语音名字，居都仡佬语就不会有关于“德贵”这个名字的另外的发音，也叫“德贵”音。故在居都用居都仡佬语喊人、招呼人一般只呼姓，或把居都仡佬语的姓与汉语的名结合起来称呼。比如要喊“黄德贵”这个人的名字，就得喊：“抵你德贵”。这种现象是如何形成的可能一时说不清楚，但这种仡佬语与汉语巧妙结合的现象，应该是居都语言的适应机制的表现之一。

说到姓名，居都的语言中还有一个现象值得注意，即居都的人名现象。从以上得知，居都人的名字是借用汉语而形成的，它的语言已经失去对居都人名字的关照，即居都人名字的词汇和发音全部由汉语来承担了。为什么会出现如此的情况呢？对比而言，苗、彝、布依等族的人，他们在拥有汉族名字的同时，也拥有一个民族语言叫法的名字，而居都的仡佬族人就没有。也许这方面各族的历史遭际都是一样的，即与汉族的交流，接受汉族统治者的“编户”等，各民族的人口从汉人们认为的“化外”归来，进入“归化”过程的第一关，就是要有一个能与汉族交流的名字，得以汉语的习惯来称呼“归化”者，如此的“赐姓”“随姓”“领姓”、自己相应“呼姓”等事象也就相应产生了。可以在某种程度上说，一些民族的各人的姓名，是很早时从汉族、汉语那里得来的、学来的，只是在苗、彝、布依等民族语言中没有放弃对族人名字的关照，而居都的仡佬语放弃了。

以这种来源的名字，在居都又引出了另一个人名现象，即居都人名字的大量重复，这方面，尤以居都女人的名字重复现象为最多。在居都调查的115例婚姻中，据统计（这些女人名字中间的字为“字辈”，一个“字辈”的不能算重复，故以最后一个字来统计）；115个女人中，叫“珍”的17例；叫“秀”的14例”；叫“英”的13例；叫“凤”和“芬”的各12例；叫“美”的11例；叫“香”的8例；在1至3例的还有“菊”“兰”等12个名。115个女人总共使用名字的字数为19个字，每6.05个人才拥有一个字，即如果把这些名字平均分配，有6个人都是叫的同一个名字。在统计中，重复10次以上的字有6个，总计为79例，占115例的68.7%，可以说，居都女人的名字基本上是由这六七个字组成的。这说明一个什么问题呢？一是可能人们对女人的名字并不看重，取名时父母并不上心，随意性大，有个“珍”呀，“美”呀的就行；二是汉族语言作为名字的字眼进入居都语言的并不多，故而词汇相对贫乏，不敷使用。这些大概是造成居都女人名字重复的一般现象，也许还有居都人对于来自汉语的人名词汇缺乏理解和灵活应用的能力等，也是原因之一。进而，还有没有居都人对汉语名字词汇的内在的抑制呢？或者说，自己的语言已经挤占了人们生活的相对大的空间，对汉语名字词汇的容纳的空间较小，到使用时又拿不出更多供取名用的词汇来。可以说，在语言的使用上，居都语言对包括汉语在内的语言都是比较警惕的。

对仡佬语言，张济民先生的评价是："仡佬语的发展经历了从濮人语—僚人语—仡佬语的三个历史阶段。今天的仡佬语具有完整的语音系统、丰富的各类词汇以及有表现力的语法结构。它已成为一种有特色的、独立的民族语言。"①

这个评价是很高的，但张济民先生并没有对此语言与文化和发展相适应的事象提出自己的意见。这可能不是一个语言学家的任务，但居都语言却实实在在地面临这样的问题。语言是思维的工具，工具自然是被人操作的，但语言这种特殊的工具反作用于人的机能却是任何人不能否认和忽视的。它实际上在很大程度上制约着人的能力和行为。居都语言中的这种制约人的能力更为明显，因为它的生存条件与其他语言很不相同。说到底，这里重要的是从文化学的角度来对居都语言是否能适应其环境的文化和发展下定论。这很难，但很有必要。在任何语言中，语音、词汇、语法等都是很重要的，但其中有一个东西更重要，就是语言中表现的综合、抽象、归纳的能力。一个自然民族的语言可以在表形表意上很生动、鲜明、富于个性，但如果没有抽象、综合、归纳的动因，它就不可能拥有新的组合能力，没有语言本身前进的动力，以此而形成的思维方法、方式也就不会有活力和生命力。因此，这样的语言尽管完整和富于个性特色，但它却没有前进到现今语言的一般状况的能力。这里，我还可以多说几句，即创造这样的"文化基因"动因的角色应该是哲学家，或古代的"玄想者"，或天才的作家和艺术家，以及古代的民间"艺人"等。正是这些"角色"带来的动因，才使语言拥有抽象、综合、归纳的能力，进而影响使用这种语言种属群体的思维方式和能力，反过来又增强语言的"玄想"。这是文化哲学思考的非常有意义的难题，可惜不是这里的主要话题。

回到居都语言的话题。居都语言的历史上有没有这样的"创造动因"，以及运动的过程呢？没有答案！那居都语言现今这方面的能力如何呢？我对此做了些观察和思考。在居都的语言中，对具体事物的表达是没有什么难题的。具体的名词，只要是他们生活圈子中能够接触的事物的名词，他们都有；即便是新的具体的东西出现时，他们也有创造新名词的能力；并且在一些自然组合而成另一形态事物时，他们也有能力综合各自组合前的词意，组合成新的名词。但是，在另一些词汇面前，他们就显得无能为力了。这些词就是一般的描述思维活动的抽象名词，比如"主义""思维""思想""倾向""逻辑"等。这些词在他们的语言词汇中是没有的。我所说的没有是彻底的，即对应的、类似的词汇也没有。

在居都，我找到一个有类似中专文化水平的人——沙庭文，专门与他谈关于"思想"等词汇的居都语言的表达。他说，以上所列举的词汇居都仡佬话中都没有，也没有类似的词意，只有"思想"还有个说法，叫"谋昂头女"。在居都语中，"谋"

---

① 张济民：《仡佬语研究》，贵州民族出版社1993年版，第7页。

是“你”的意思，“昂”是“有”的意思，“头女”是“想”的意思，合起来直译为“你有想的了”，而且这个“头女”是不能单独使用的，说的时候一定得带上“谋”，即“谋头女”，不能“头女”（它有些像汉语的及物动词），只能是“你想”，不能是“想”。另外，我又问他，“有文化知识”这个短句在居都语中有相应的词语表达没有？他也说有，叫“瘦熟轮”。“瘦”是“认识”“知道”的意思，“熟”是“书本”“字”的意思，“轮”是“深”的意思，合起来直译为“认识书本很深。”

“思想”在居都语中被说成了“你有想的了”，“有文化知识”被说成了“认识书本很深”。怎样看待这两个例子呢？我与之交谈的对象是居都的文化水平较高者，他不但是地道的居都人，读过许多书，并在外工作了多年，按理，他是完全能够理解“思想”和“有知识文化”这两个词和短句的基本含义的，但我一“逼”他用居都语表达它们时，就成了以上这么个样子。如果把“思想”理解表达为“你有想的了”，那它与“思想”的距离有多远，读者想想就知道了。“有知识文化”被理解表达为“认识书本很深”，也是很滑稽的。对此，我认为有当事人极力“编造”的行为，但也反映居都语言只善于直观具体的表达，不善于抽象、关联综合式的表达。

以上是居都语言涉及思维方式和内在文化构筑上的叙述，它的状况如何自然直接影响语言本身和它所依存的文化整体。就整个仡佬语的现状而言，张济民先生是这样表述的：

由于多种原因，本民族语言在仡佬族地区的覆盖面却在逐日缩小。对语言的掌握和使用情况，可以分为以下的 4 种类型。

1. 完全会说母语

各地区掌握母语程度的人与其年龄成正比例。即年纪越大的人，掌握得越全面。从地区来看，也不尽相同。如六枝、关岭、黔西、大方、平坝、安顺、普定等地使用母语的人多一些，织金、仁怀、遵义等地则要少一些；从一个村寨来看，有的村寨只有中老年人会讲，如晴隆凉水山背后村和隆林摩基大水井村等，有的村寨大人小孩都会讲，如平坝大狗场村、关岭麻凹村和六枝居都村等，属于这一类型的人目前估计不会超过万人。

2. 部分会说母语

这一类型有两种情况：大部分是中青年，他们从小只学会了部分母语，及长很快地掌握了汉语，有的还认为民族语“土气”，不愿学，也不愿讲；其次是部分嫁到仡佬族的外族妇女，有些人经过环境的磨炼，掌握了夫家的语言，有的则终生只学会一部分词。不少数量的中、小学学生也属于这种情况。属于这一类型的人估计在万人以上。

3. 只记住少量单词

这种人已不能联词造句。日常生活只能用第二母语进行交际。清镇、遵义、黔西一些地方就属于这类情况。……属于这一类型的人估计有两千左右。（此处“两千”疑为“两万”）

4. 只能用第二母语进行交际

属于这一类型的人数最多，也可分为两种情况：一种是 1980 年以后返本归源的仡佬族，人数在30万左右；另一种是1982年人口普查时5万多人中的一部分。①

就这样的一种民族语言状况，应该说是没有任何理由乐观的。为此，张济民先生从表面上和语言学的角度，分析提出了仡佬语衰落的几个方面的原因。他的见解应该说是正确的，仡佬语衰落的外在表现确实如此，但是，他没能深入到语言的文化深层次的结构中去。居都语言几乎特例于张济民先生的那几个原因之外。从以上几个例子已不难看出，居都语言虽然有效地防范了表层的外部形态伪语言侵蚀和损害，维持和有限地发展了自己，但它仍不能摆脱自身生存的内在危机。语言与文化发展的适应机制如何，会从根本上影响语言的终极生存。这一点我以为是对张济民先生对于仡佬语衰落原因分析的有意义的补充。

怎样来解决居都语言的内在危机呢？立即见效的答案可能我永远没有，解决的办法只能从自身的某种努力开始。话说回来，居都语言的内在危机的存在似乎不会，至少目前不会影响居都语言的存在。原因很简单，这种危机是很久以前就存在的。居都语言之所以有今天的状况，是因为内外条件的具备。目前这些东西并没有明显地遭到毁灭性的破坏，这语言还有它自身的生存空间，并能够维持很长的时间。至于居都在今后的某种现在难以准确描述的情景中，命运如何？我们就不得而知。

在有仡佬语的大背景下，有了居都语，是因为有了居都人才有了居都语。居都人为自己的语言付出了代价，他们的语言会永存。

第二节　观念和符号

谈论居都人的观念是一件很困难的事情，因为这得有很完全的深入和比较深刻的理解。我作为处于另一种文化形态中的人，某种意义上几乎是办不到的。因为我自以为很如何、很真实的东西，往往会被他们现实中一个很生动的细节把我的努力葬送。而实际上我的这些东西，也只是在一些有形态的观念事物外面转圈子，也就是就它的一些具体的形态简略地说说而已。

首先是居都的信仰上的相关观念。它的生命崇拜、信仰，在前面的章节中已有论述。在那些论述中我们应该注意到，在居都的信仰中，没有鬼、神这些东西。也就是说，他们在信仰中没有鬼和神的观念，当然同时也没有鬼和神的具象表现。纪念、缅怀式的祖先崇拜有，但它与一般意义上的祖先崇拜差距大，更不要说他们拥有祖先崇拜系统了。这，与我们汉人想象的他们的信仰的具体表现是不相符的。

在古代的自然民族中，思维大多是具象的，缺少相互间关联和综合的能力。比如，他们能记住此山中的一百种树木，包括每一种树木的生长情况、形态、颜色以及在每个季节中的变化，可以做到对每一棵树木都具体、生动、鲜明。按这样的意义，

① 张济民：《仡佬语研究》，贵州民族出版社1993年版，第8页。

他能告诉你，那是长着什么树、什么树、什么树……（直到讲完一百种）的山，而不会说“这是长着一片森林的山，森林中有一百种树”。后面一种经过归纳、综合后的说法，是现代人、现代语言的说法。如果你用后一种方式的说法来向完全自然中的人这样说，那他肯定听不懂。上一节关于居都语对“思想”“有知识文化”表达的例子，在这里还可以一用。针对像居都这样一种状况中的人而言，后一种说法他们完全是听得懂的，但是，一叫他们表达要经过一定或较高层次综合、归纳后的东西，他们就很困难了。“你”（谋）、“有”（昂）“想的”（头女）、“有知识文化”（“瘦熟轮”——认识书本很深），这本是两个要经过一定具象变化综合、归纳后的词汇表达，但居都语言及观念上只能如此具象地做相似的，同时也是无可奈何的表达。它还没有在语言观念中出现这样一种能力。已经进入现代社会的居都语言尚且如此，那处于完全自然中的人们，又会是怎样一种情形呢？

话说回来，接上面的话题。如果你让他觉得不必一棵树一棵树地讲完一座有树的山，应该综合一下、归纳一下，他也会改变一下说法：“那是长着什么树、什么树、什么树，好多树的山。”这个“好多树的山”很了不起，因为这已在走向综合了。也许他要费很长的时间，才能从“好多树的山”走向“长着一百种树木的山”或“有一片森林的山”，但人的思维就是如此演变的。自然中的那种状况，应该说不是一种愚蠢，而是一种方式和一种阶段。当人们从中走来，慢慢地训练自己的综合、抽象能力，并获得这种能力后，就能获得另一种更为方便和简洁的把握世界的方式。进而，也就在这样的基础上，把许多具象化的东西抽象成为某种观念，比如灵、鬼、神的观念等。居都人于此的表现如何呢？

在前面所述的居都人的祭祀中，我们看到那些祭祀一方面是某些生命力量的转移和灌注的过程；另一方面是对祖先的开荒辟草的纪念，除了力量还是力量，很具体，灵的观念有一些，但并不浓厚，并且很多祈愿是后来人的附加和对外人的模仿。还有，这儿的灵也表现为一种力量，而不是某种形态，纯观念组合上的东西不多。但是，灵又是鬼、怪、神、祖先，有的地方还有仙等观念的描述。灵只是一种混沌神秘的力量体现，没有形态可言。故而，我们在居都找不到某种精怪的具体叙述，也没有什么鬼、什么神的叙述，比如像苗族的红伤鬼、火鬼、五鬼、吊死鬼、冷塘鬼等事物的出现。也更谈不上鬼的系统和神的系统，以及进而为鬼、神描述的居住之地，如地府。

在居都，“鬼”这个词是有的，叫“阿磨”，但我自己的感觉是，这好像不是居都人的像我们汉人认为和描述的那种“阿磨”。我以为仍然是一种自然力量的描述，本意上没有鬼、魔的含义，而是在与汉语的“鬼”对应时所用的词语，即择其近似者喻之，即距真正意义的鬼是有相当距离的。

我在这里说居都是没有鬼、神观念的世界，他们似乎还处于一种更为自然的状态中。这虽然在居都是现实，但由此大悖于许多汉人学者的一般想象力，自然会怀疑作者叙述的真实性和居都如此存在的真实性。这种想法跟笔者最初的思想是一样的。最初我也怀疑这些，为了进一步证实居都的这种存在，我扩大了寻找的范围，希望有另外的地方和事象对此有所证明。在做了一段时间的努力之后，这种努力有了结果，这个证据就是箐苗的相同事象。

箐苗住在居都北面数十公里的山里，村名为陇嘎，他们被认为是苗族的一支。此地与北面的织金县交界，全族有十二个村寨，约4000余人。语言为苗语的川、滇、黔方言区语言；服饰着“五色服”，但式样和一些饰物与其他苗族有异，椎髻，发以长木角承之，世人以此称其为“梭嘎苗人”。这支苗族虽然操苗语，但祭祀却与苗族大不相同。他们不祭祖，而是和居都人一样的祭山、祭树、祭箐；死人杀牛办丧事称“打嘎”，也和居都人一样不撒买路钱。

我们这里且不管居都人与箐苗的关联如何，仅看他们的与上述相关的事象表现如何。箐苗的祭箐是这样的：

[个例26]

他们不杀牛祭祖，也没有祭祖的习俗，只有祭山，也叫祭箐。他们自述为他们所有族内活动中最大最重要的活动。

祭箐的日子为每年农历三月的第一个龙场天。

每年由几家，在陇嘎村具体为七户人家操办，即由他们几家挨家挨户收“份子钱”，然后去买七只鸡（这种情况在另外的村也许只有两三户，买鸡也只两三只不定，因这些村祭箐只有一处，而陇嘎有三处）。据述：他们原来是用猪祭箐的，现在改为用鸡了，大约改了几十年。祭祀除了鸡以外，自然还有一定量的烧酒。

除了鸡、烧酒，还得上山砍一棵竹子，金竹、苦竹都可，用中间一截，把一头剖开成四片，一头不剖，拿住不剖的一头，一摇，另一头就啪啪直响，称为“响搞”。同时再取一棵竹子，不修顶部的枝杈，并用黄蔑条把散开的竹枝扎拢，成一个大扫把状。

祭祀的这一天最先进行的事务是扫寨。

扫寨得请一个弥拉①，他一只手拿着一只公鸡（必须是公鸡），一只手拿着那“响搞”，从寨中的随便的哪一家开始扫寨。到某一家，随行的人把那大竹枝插在大门口，弥拉就提着公鸡，打着“响搞”，边走边说：“今年的鬼大得很，把鬼从家里扫出去，给这只鸡背去。”（用苗语）弥拉要在这一家的每一间屋子都走遍，并在每间屋都撒几颗黄豆，意为打鬼，然后才走出此家门。这家人就用一块布包一点灶里的灰，绑吊在大门口的竹枝上。

每家都如此来一遍，扫寨才算结束。扫完寨后，弥拉和扫寨的同行人一起拿着鸡、大竹枝，摇着“响搞”，从村寨的西边路口出寨。在扫寨前，弥拉已派人在村寨的东、南、北三面的路口牵上了一根绳子，意为在扫寨时让寨中鬼没有躲出去的机会。扫寨人出寨后，西边路口也用一根绳子拦起来，意为被扫出寨的鬼在没有处理完它们之前，不能让它们又逃回寨中。扫寨的一行人来到三岔路口，弥拉就把公鸡杀了，用鸡血洒那竹枝，说：“鬼让你（指鸡）背走，年年都不会回来。”（苗语）随后，把竹枝丢在路边，整个扫寨仪式即完毕。

① 类似乎文化人类学中所说的“萨满”，但“职业”化程度很低，因此又不能与真正的“萨满”相比。

被杀的鸡拿回来，把鸡头交给寨上主持人（一般是寨老），鸡肉他们自己吃掉。

扫完寨，就开始真正的祭山、祭箐了。陇嘎村每年要祭三处箐。最先祭的是寨子下山的那个箐，具体地点在箐林中的一棵大树下。此树是一棵枫香树，很大，树干要两三人才能合围得了。祭此箐得用两只鸡，一般是公鸡。寨老领着大家前去，一般要求家家的男主人去，实在不去也没人责怪，但女人和女孩不能去。祭时先在树下用树枝搭一个小床模样的架子，意为让山树神有个魂魄的坐处，然后主持人又取一截木棍，剖成两半，用一个碗倒上酒，用剖了的木棍沾上酒，甩到树上说："今年给你大树神喝酒，给石山丫口喝酒。"接着杀鸡，把鸡血洒在大树上、树脚，并扯鸡毛粘血粘在树上。

把鸡烫了煮熟，在树前供一供，即剔出鸡腿骨，看鸡卦，卜当年庄稼收成，看完鸡卦把鸡骨插在大树身上的缝里。至此，此处的祭箐完毕。

这个箐林祭完，人们又到此寨后山半腰处的一棵大树下，又用两只鸡，以同样的过程再祭一次。

最后祭的一处箐在后山较高的一个地方，具体地点在一棵大青桐树下。在这里的祭祀过程与前两处差不多，但要求严格。全寨的男人都得上山，在山上由寨老领头说："各种野兽出不出寨？"众人应："出！"寨老说："各种病灾出不出寨？"众人应："出！"……驱灾、驱鬼如此一番。

最后是看不知何年埋在树下的一只陶罐里的水盈缩如何。如果满满的，就预兆今年丰收顺利；如果水少得太多，就预兆今年不吉利，就得由一个属龙的人挑水来添上。

三个地方祭完，水也添满了，就把三个地方祭祀用的鸡（六只）拿来，全部砍碎，每家分一份，带回家去吃。

留下的七个鸡头，就分送下一年操办此事的七户人家。

这样的祭箐与居都人的祭祀有什么差别呢？差别只在于他们在原有的祭祀中加进了苗族的"扫寨"活动（扫寨这事象在李发胜宗属的祭祀中有这样的内容，但不同的是箐苗是全寨的统一行动，即社区行动，而李家只是宗属行动，并且要简略得多），但这并不影响它对生成于远古时代的原始自然形态的描述。

这个例子对我们解释居都人的观念中为什么没有鬼、神观念很有意思。我们知道，苗族有许许多多关于鬼、神的文化事象。箐苗是苗族的一支。虽然箐苗在他们的观念中也有与其他苗族支系相同或相似的鬼、神观念，但他们仍在以上的祭祀中表现了与居都人相似的生命崇拜的那种力量观念，好像是一种中间形态的文化表现，或者是一种融合中的文化表现，即箐苗从生命力观念向鬼、神观念前进或融合了，而居都人的相同事象则停留在原地。从这里我们不难看出，居都人的这种状况不是孤立的，它过去在贵州西北部的山区有过广泛的基础。不管箐苗是从什么意义上来对待他们的祭箐的，他们的扫寨驱鬼的后面；就存在着居都人的那种自然生命力观念和非鬼、神观念现象的合理性。至于箐苗与居都人的有关事象的关联如何，那不是这里的话题，但箐苗在祭祀中表现的那种多种观念的融合并存，更证实了居都如此存在的真实性。

话又说回来，这样的状况对居都有什么意义呢？我以为主要是对自然生命状态观念的建筑和铺垫。不管是什么样的人，都得有一定的信仰观念作为生活信念的基础，并让这些观念与其生活的情态相适应。居都人生活的自然状态正好与以上表述的东西相适应，因而他们并不需要太多的其他的东西，如鬼、神及其系统来打扰他们。在他们心中，鬼没有“鬼”起来，神也没能“神”起来。应该如“鬼”一样令人恐惧、害怕和敬畏的只有一个似乎相似的灶，可它又被他们呼为“灶老者”；为“神”的“最佳人选”当是山、树，却又被他们呼为“坡头”等……从而失去了人们认为居都也应该存在的鬼、神观念和文化。

生命力崇拜观念，非鬼、非神观念的存在等均是关于信仰和信念的事象，类似于罗伯特·马雷特针对泰勒提出的“泛生信仰”的观念，① 是居都观念把握的重要方面，在很大程度上影响居都人的生活情态。与此同时，居都人还有一些影响较大的观念性的东西，涉及方面较多，但可惜我们在许多方面没法进入了，因为有许多东西已经成为历史。但我还是希望能在一些地方发现居都人观念中的某些时间更久远、更有意义的东西。这已不是田野作业，而是“搜寻”了，但这“搜寻”是有收获的。其中有两个东西最引人注目，一是“木刻”；二是两种一直存在于他们生活中的象征性图形。

“木刻”是一种用竹子做的有很大占卜性质的东西，它长短、宽窄不一，但所契刻的内容和使用方式大致相同。我搜寻到的这片木刻长 22 厘米，宽 2 厘米，它正、反两面都刻有有一定含义的印记。情形如下：

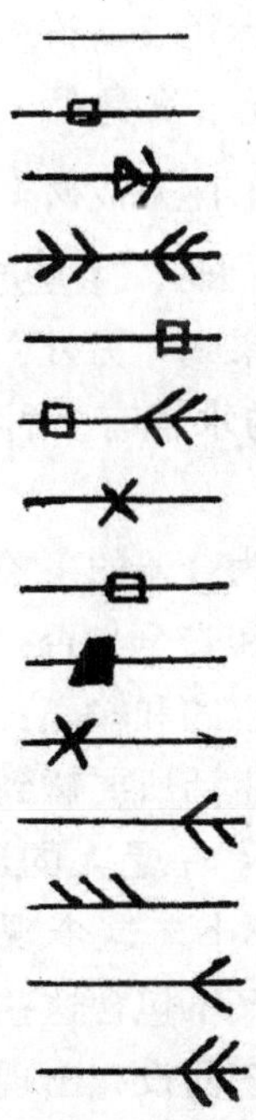

表示吉、顺利，做诸事都好，但行猎没有“挑头”。
落坑，有利行猎。
凶，落坑，诸事不利。
叉出又叉进，凶。
落坑，灾祸。
叉出又叉进，凶。
叉，诸事不好。最易被抢劫。
钟，利结亲嫁女。
落钟，打猎好。
落坑。
叉出，凶。
叉进，不凶也不吉。
叉出，不利。
叉出，大凶。
叉出，诸事不利。
落钟。

① 见马雷特《宗教的门槛》一书，梅修因出版社 1914 年版。他提出的“泛生信仰”和“灵力”，是针对泰勒的“万物有灵论”而言的，他认为“万物有灵论”定义太狭窄，不能解决许多原始信仰的问题。

此木刻的现知的持有者叫朱云昌。他之前是谁持有此物现已不得而知，只听朱云昌说是老辈人传下来的。朱云昌 1980 年 79 岁临终前把此物交给了李发旺，现由李发旺持此木刻。以上诸符号的说法就是他口述的，而这些说法他自述又是朱云昌老人交木刻给他时传授给他的。

在此之后，我又在居都附近的一个寨子——松林，见到了另一片木刻。这片木刻的持有者叫李兴仁，男，54 岁。据介绍，他持有的木刻也是老辈传下来的。他的木刻符号的说法相比而言又有一定的差别。情形如下：

 不吉利。
 吉利，顺当。
 家事不安，有小关碍。
 落坑、洞，不吉利。
 叉进，不利出门。
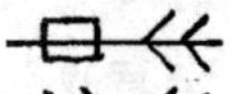 灶事不安，有病灾，不吉。
 双叉，叉进叉出，大凶。
 三个坑，有难落坑躲不脱，大凶。
 叉出，利官司，不利财。

很明显，这一片木刻与上一片大同小异，有些符号上一片木刻有，而下一片木刻没有；下一片木刻有的，上一片木刻却没有，但是，它们大的方面却是一致的。以上对木刻符号或印记的解释，只是一个基本的符号说法，具体到运用又有许多讲究。比如同一个符号在某种情况下的解释是一回事，而在另外的情况下又是另一回事。比如，这是叉出，它在打官司时是好的、吉利的，而在有关钱财上却是不好的，不吉利的；这是“落坑”，它在打猎上是好的，即不遇落坑陷井里就没有收获，但在行事出门时就不吉利了。因出门落坑会有好结果吗？另外，这木刻在应用中是比较具体而言的，可根据何人何事，以及持木刻人的水准有多种表现和发挥，包容的东西很多，因人因事而异，不可一概而论。

使用木刻这一事象在居都这一片区的同族人中，曾经是较为普遍的事象，主要用于占卜之类。所占卜的项目主要有四类：一是出猎卜有无收获和安全与否；二是卜接亲、嫁女的日子确定，并卜此事的吉凶、顺、碍；三是卜官司吉凶和输赢；四是卜外出赶场做生意的财运、盈、亏如何。这几乎包括了居都人日常生活所要碰到的所有事情，很实用。在这种应用中，我发现它有三个东西不包括在内：一是人的运道如何，前途如何；二是庄稼的收成如何；三是官运如何，这三样都不卜。这个现象很有意思。既然是如我们今天社会中算命卜卦一样功用的木刻，为何又不包含这些最时尚的东西呢？通过观察和思考，我以为原因主要是：这些观念性的东西没有出现或发育在他们的社会生活中，即木刻形成时的社会生活里没有这些内容，故现今的木刻里也就没有这方面的表现。比如说“运道”“命运”是起始于一种对变化发展力量把握的观念，就像汉族人的阴阳观念一样，有变化，有发展，并希望通过一定的人为的努力，对变化有一定的预知，使自身有“趋利避害”的条件和能力。但这样的观念和对这些观念的应用，应该是思维程度已经有相当发展后的产物，而居都人的先民在古老年代的经历中，好像并没有能很好地发育这些东西。对“运”的观念没有认识，又何必谈什么“道”和“前途”“前景”呢？故居都人的木刻中没有这样的东西，也是很正常的。况且，现实的居都生活也很少有需要用木刻卜、算个人前途、运道的情景，而且这样抽象的东西也不具体，不如直接具体地卜、算赶场如何？行猎如何？嫁女如何？立房如何等为好。这样，他们就容易把握和习惯如此把握。

在居都的木刻中没有卜算当年庄稼收成的事象，情形也与以上的叙述差不多的。这也是另一种“运”的测知行为，除了以上的理由外，似乎木刻还没有这样的分工。即庄稼的当年收成的预测，在祭山、祭树时已经有了一定的仪式，已经把无形的生命力量传导，也就没有多少必要对今年收成状况表示担忧了。况且，预测庄稼的收成应该是一种氏族集体行为，而木刻的运作则多为一种个人行为，逾越是没有多少意义的。

再说“官运”，其事象与木刻的产生年代相去甚远，“官”在居都人先民的文化中也许并没有什么印象，木刻中当然也看不到官对一个人前景、命运的关系了。

从以上可知，居都人应用木刻的年代是很久远的，并在不远的过去，它还较为广泛的存在。人们日常生活的行为举止，在一定程度上还得从木刻那儿得到“指导”，对居都人的影响曾是深远的。另外，居都人的木刻还不是种属独有的文化事象，而是一个区域性的文化事象。比如，我们今天也能在箐苗那里找到这样的木刻。箐苗的木刻的形式和使用方法与居都人的几乎完全一样，但“箐苗”在应用中加进了“鬼”的内容，即用木刻的印记测知行事时会碰上什么样的鬼。不管是“箐苗”与居都人在木刻上有一种古老的联系，还是“箐苗”对居都人木刻的借用吸收，都可以说明木刻的广泛性及区域性，如果把居都的木刻与箐苗的木刻相比，我们还会发现，居都木刻所显现的观念的质朴和古老。箐苗在木刻中可以对一些经过综合、归纳过的东西或观念进行观照，如鬼、怪等，而居都的木刻中就没有，它几乎每一项都是具体的。打猎有收获没有？赶场有“挑头”没有？什么东西叉进？什么东西叉出，等等。

在汉族中，对未来诸事象的预测是以阴阳八卦为主体的各种各样的测算系列，可谓多如牛毛。木刻与它们的文化性质是一样的，但比“八卦”系列的东西要质朴和自然得多。别的事象不说，就“猎获”的预测，即是如此。“猎获”的预测恐怕是世界各民族纷繁多样的卜卦中存在的最普遍、最古老的内容。这样的东西在《易经》成书之前早已普遍存在，在后来的“八卦”卜算中也是相当重要的内容。随着时代的变化，才逐渐在“八卦”的卜算中消失；可是，这一早在“八卦”卜算中消失的内容，却活生生地存在于居都人的生活中和居都人的木刻中。在人类的生产发展过程中，采集、狩猎必然是最早的文化事象，而农耕和畜牧则是相对晚得多的事情。中原的各民族也是这样走过来的，但他们的农耕和畜牧却发展得很快，狩猎相对就不重要了。但这样的事在居都却一直延续了下来，他们同样有一定程度的农耕，并且不一定逊于周围地区的农耕状况，可狩猎仍在他们的生活中占有一定的地位。我们在一段史料中看到“狩猎”存在的情况。在《六盘水市志-大事记》中，我们看到这样的文字：

> (1953年12月)：郎岱县（六枝特区前身）野猪、泥猪毁禾吃粮，狼、虎、豹伤人噬畜。共咬死6人，致伤6人，咬吃耕牛8头。全县806人组成48个打兽队，共打死虎5只、豹19只、野猪379头、泥猪161头，箭猪、黄鹿、山羊及其他野兽2494只（头）①。

这是发生在1953年12月前后的事情，而这样的事竟进入了地方志的大事记，可见当时的影响。这则史料所记载的打死野兽的种类和数量，在今天看来，几乎像童话一样。恐怕很多人都难于相信，40年前的六枝地区，还是一个山高林密、虎豹成群的地方。这说明，中华人民共和国成立前，地处深山中的居都，狩猎的环境还相当完好，狩猎的事象也相应存在着，并没有消失在农耕的事象中。在这样的历史状况中，木刻上的狩猎事象就占了相当的分量，同时，也就把古老的居都先民遗存在木刻上的观念留存至今，成为一种活的文化形态和观念。

比较而言，居都人的木刻不如汉族人的“八卦”那么玄妙和深奥，但我以为木刻是居都人先民的自己发展的产物，与“八卦”有相同的性质，也有自己的特殊表现。是否可以设想这样的情景：某一群蒙昧中的古老人，某一个日子中有所收获，就把这所获刻记在一块木板上，以记住这个值得喜庆的日子和得到的什么东西，得到多少数量。时间一长，人们就发现在某个日子最经常得到猎物……于是，经很长时间的演化，这个有记事性质的木契，就成了后来的木刻，并随着生产、生活的发展，在木刻中又不断丰富了诸多的内容。“结绳记事，刻契为凭”，这是古老文明的片段，但任何好像很完善和完整的文明果实，都是这些文明片段的综合、组合或发育而来的。我认为居都的木刻也就是这样的事物。它的发育过程实际上与《易经》到八卦的发育过程本质上是相似的，《易经》上的“卜辞”最初不过是对每一次有所获后的记在牛骨头上的玩艺儿，就如居都人先民的刻契一样。记得多了，整理归纳后就看出了关联和变化，于是就有了《易经》，“易”不就是变吗；在居都先民那里，刻得多了，整理归纳后也看出了一些关联和变化，但程度很低，自然形态重，于是也只发育成了今天所谓的木刻。这样相比不是为了贬低《易经》，也不是为抬高木刻，实在是它们最初的本性如此，与汉族人的《易经》一样，居都人的木刻包涵了他们的许多的观念。在某种意义上说，木刻是居都人某些观念的结晶。

在木刻中和木刻应用中，居都人都表现了他们的某些观念。首先是对“易”的理解，认为对各事物不能一概而论，事理上都有变的含义，如对木刻中同一符号的在不同情况下的不同解释。但是，应该承认，他们于此的表现程度是不高的。其次，还能看到他们对某种莫名存在的探求，相信有一个不可捉摸的东西在影响他们的生活中的一切，并试图通过木刻对其有所认识和理解，进而渴望有所把握。但他们的这种

① 六盘水市地方志编纂委员会：《六盘水大事记》，贵州人民出版社1992年版，第57页。

“把握”的渴望并不强烈，要不，他们就会有一定的仪式和仪轨来表达“把握”的渴望，从而达到改变“预测”的目的，如其他民族的“解身上”“驱鬼邪”的活动就是。这样的活动我在居都也见到过，但那是从外地请来的汉族神汉，他在为一户人家的娃娃“解身上”，而居都的仡佬族却只能在木刻上给人看吉凶、顺碍，却没有为人解脱木刻上所示灾运的办法。再有，木刻还能让人看到居都先民对生产、生活经验的总结。他们已经拥有通过总结而改善自己生产、生活状况的表现和努力。这在一定历史时期人的观念建设上，也是很了不起的，不过，这种努力的成效好像不大。

总的说来，居都的木刻是古老的，今天，随着考古的发现，更进一步证实了这一点。

在《考古学报》1981年第02期上，有一篇题为《威宁中水汉墓》的考古调查报告。报告中把出现在“有地方民族特色的陶器中”的一批刻画符号列了一个表。符号表如下：

刻画符号登记表

1		梨园	采集	灰陶划纹单耳罐	口部内表	八，18
2		M15：3	T1IV	素面灰陶片	口部内表	八，19
3		梨园	采集	素面灰陶片	口部内表	八，20
4		梨园	采集	黑陶豆(?)	口部内表	八，21
5		梨园	采集	灰陶杯(?)	下腹表正中	八，22
6		M25	墓下深80厘米	红砂陶罐	把手外表	八，23
7		M25	墓下深80厘米	灰砂陶瓶	器外表	
8		梨园	采集	灰陶Ⅳ式罐	口部外表	

在这个表中，列举了16个刻画符号，把这些符号与前面所列的木刻符号相比，在部分符号上，它们惊人的相似。

以上刻画符号的发现，是1978年10月前后，发掘距威宁县100公里处的中水汉墓的成果之一，大致确定为“西汉时期‘西南夷’地区中所谓‘夜郎旁小邑’的遗存”，距今两千多年。对这批刻画符号，报告是这样叙述的：

> 这批刻画符号的部位比较固定，一器一个符号，笔画多以竖、横、交叉等简单线条为主，偶尔也有弧线与弯曲，且均能数笔画，由二划至十二划不等，但还未发现连文成篇的情况，因此，它与纯属装饰性的刻画纹饰截然不同，估计是一种简单的记事符号。但有的如：等，则已超出了简单记事符号的寓意，而且有“指事”或“象形”文字的特点了。

这些符号，明显地带着方块造型的汉字特色。①

这些符号是两千多年前的东西，意义是多方面的，但对此而言，木刻中与其相似的符号却是仍“活”在居都人文化中的东西。怎样来理解它们之间的相似性恐怕应该是一个单独的较大的论题，但简略而言，对此中的居都木刻符号其历史的久远肯定是无疑问的。另外，对这些符号的认识大致只有“文字曙光”一种，在把它们与居都木刻对比后，是否还能拓展另外一种认识，即某种与木刻功能相关的文化事象呢？还有，人们普遍认为这些符号与古彝文有关。的确，符号中有的符号似乎可以用古彝文来解读，但同时又怎样来解释居都木刻符号的相似性呢？居都人的先民在这些符号中，或者在可以用古彝文解读的符号中又是什么样的角色，或居于什么样的关系之中呢？我以为，这些问题的解答是很有意义和价值的。

在这里，还顺便多说一句，符号中的“丑”，我以为就是居都人或黔西北一带广泛存在的矮机的象形，会意而言就是“做”，而彝文中的意思也是“做”。

从这样的对比中，我以为居都木刻的意义是深远的，有待进一步的深入研究。

这些是木刻上的观念意义和木刻的意义。

像木刻这一类的东西，在居都应该是不少的，但大都消失了，或消失了它的实际载体，而且，这样的消失在近代多属机械性的。我在访查中，居都人承认，他们原来的家里都有些老人留下的老东西，但中华人民共和国成立前这个寨子烧过两次，中华人民共和国成立后又烧过一次，每次都几乎是全寨性的，许多东西都烧了。而木刻却因是随身带的东西，便奇迹般地保存了下来。

在木刻上表现的意义是多方面的，而在居都村的房屋建筑上还有两个符号值得注意和探究。符号是：

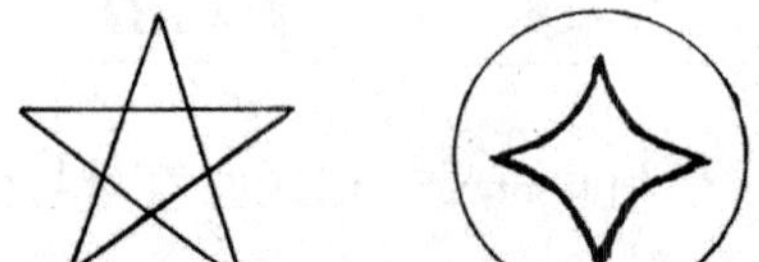

这两个符号全部出现在居都村每家每户的房屋的山墙上，有的只有“五角星”，有的只有“钱”，有的两个都有；一般的墙上有两个这样的东西，但也有只有一个和最多有四个的；并且如果墙上两种符号都有，那五角星无一例外都是在上面的。这些符号基本上都是在泥巴石灰糊的墙上直接刻画出来的，也有在石墙上的石灰糊层上刻画的。

最初我对此现象也是茫然的，故而我只好先从弄清这一事象的分布入手。在居都周围村寨的布依族、彝族人家的房屋上我也看到了这样的东西，即居都周围的一定区域内，都有这两种符号的分布。从这种分布中我又看到了这样的分布状况，居都村是这种符号分布的中心点，其他村寨的房屋上有这种符号，但不是村里的每栋房屋都

① 李衍垣、何凤桐、程学忠、万光云、严进军：《威宁中水汉墓》，《考古学报》1981年第02期。

有，而是有的有，有的没有，有的村这种符号多一些，有的村这种符号少一些。只有居都村拥有这种符号最多最密集。居都村的房屋大多是20世纪60年代初一次大火后建立起来的，木、竹、草泥、石头、石灰为主要材料。这些房子的山墙上都刻画了这样的符号。这两种符号是做什么用的？在居都和周围的村寨中，没有一个人能回答，只说是画来好看，画来透气的。居都人的房子大多是以草盖顶，以木为架，两边山墙用竹编为篱笆，再糊上泥，涂上石灰即可。两个符号就是画在上面的，说为了透气说不通，因为大部分的符号只是在石灰这一层画了就算，并没有把篱笆中糊的泥巴掏掉，故透不了什么气；再则，房屋的草顶是永远都透着气的，用不着再专门有什么作为透气的。说画了好看这句话意思也不大，在文化残余中生存的人们，应该说每一个好像是本能的自然而然的事情，都不是无缘无故的，特别是那种曾经繁荣发展过而衰落的民族尤为如此。

对“五角星”和“钱”这两个符号如何解说呢？对五角星，我最初有这样一种联想，即这个符号与中华人民共和国成立初中国人民解放军进山土改有关，他们的头上都有一颗五角星。这样，这个图形也可能作为“救星”性质的吉祥符号，被留在居都人的房子的山墙上。但这种推测被现实推翻了，因为在当地，一些中华人民共和国成立前的老房屋上面也有这样的东西。那它究竟有什么含义呢？我在《性崇拜》一书中发现了这样一段文字：“毕达哥拉斯的五角星形能保证封闭邪恶精灵的通道或驱除它们，这种形状曾一段时间被认为是绝妙的神秘符号或图形。它过去的使用就像天主教徒现在使用的十字架形一样，而且现在从爱尔兰到中国仍然把它当作一个神符来使用。据卢西恩说，毕达哥拉斯的信徒像天主教徒在胸前画十字一样，他们也在胸前划这种五角形，这是一种问候，也是健康的象征……后来，这种图形和十字形一起被画在门槛或门框上，以避女巫。”①

在这段文字中，对这个符号的解释不一定完全符合居都人的这个符号的根本含义，但居都人的这个符号是与其相类似的符号则是肯定的。它肯定象征着某种有力量的形式，如“符”或者称“神符”“咒符”，或者居都的先民有他们自己的称呼和自己的解释，它刻画在屋子的山墙上，能挡住什么精灵，封住什么邪恶的东西，起着保护宅子和主人平安的作用。如果真是如此流传下来的东西，那这五角星在居都人先民那里还要有相应的一系列的文化背景和文化氛围。可惜在居都人连自身的面目也不是特别清晰的情况下，自然也绝不可能在“残片”式的文化中把这一事象完整地保留下来。但是，这个五角星能像一种遗传记忆一样，在很难得的机会中把形态传导了出来，也就很幸运了。居都人都说他们不知道这五角星是干什么的，这也许是真的，文化的传承中的这种现象是很正常的，但是我如此看待它的同时，还有另外一种担心，即说出这五角星的真正用意是一种禁忌。也就是说居都人是知道这是干什么的，但谁也不能说，说了就会使这种“符”的力量消失，失去保护作用，并把邪恶的灾祸转移到说破这事的人身上，尤其是在“外人”（外族人）面前更是如此。如果真是这

① ［美］O·V魏勒：《性崇拜》，历频译，中国文联出版公司1988年版，第178页。

样，那居都人的原始记忆中还有许多的东西不为人所知和不为他们自己所认识。

居都人的另一个符号是✧，它的形状如一枚古老的铜钱。最初的说法说它是“古老钱”，说是古老人在古代就用的钱，即推测居都人的先民曾在西南的山区建立过独立的“国家”政权，并拥有了铸钱，形态就是如此。对这个符号，居都人也是不清楚的，他们对此的回答与对“五角星”的回答是一样的。笔者为此进行了一定的调查，以为这种说法是十分牵强的。居都人的族属是仡佬族，历史上的仡佬族先民最早最有可能铸钱的先祖是夜郎国的统治者。但现今有关夜郎国的考古发掘已有相当多的成果，其中却没有任何一个成果与此相关。这个说法是可以否定的，但并不能说这个符号是一个无意义的符号。它是有意义的，它的意义是“富贵”的象征。这正好又印证了五角星的“封闭邪灵”的符的真实性。这两个东西被安排在屋子的山墙上，一个“避邪”，封闭邪灵保平安，一个招财进宝显富贵。这不正好与自然状态中的山里人“避邪求财”的一般文化心理相吻合吗？这个符号由于与人们生活中的铜钱直接相联系，故在人们的生活中表现是广泛的。我们在居都能见到它，在其他许多地方也能见到它，它几乎是这块大陆的某种意念和象征。但我发现，实物的铜钱与符号的“钱”又不是一样的、等同的。粗看，它们的外形都是一个圆，内圈的孔好像也区别不大，可你再细看一下，就会发现，实物的钱中孔是绝对四方的，符号的钱中孔的线却成了弧形。这一变化的意义非常丰富，如果符号的钱成为✧，那它就没有能够从实物中抽象出某种观念和象征来，故这个“符号”也就没有什么意义，或者它根本就不能称其为符号。这说明，符号化的事物必然来源于现实中的某个实物参照，人很难超越这个实物参照的制约；但同时这个符号也绝不会是实物的摹本，它必然使一定的观念和象征从中抽象出来，并在这一运动中拉开实物具象与符号形象间的距离，成为自在的另一个东西。可以说，符号和具象完全等同的东西是不存在的。居都人也自然遵循了这一法则，他们的符号的钱与许多地方的，至今仍在流行的符号的钱几乎完全一致。

以上是我所能见到和体验到的居都人的观念和观念事物的比较突出的部分。可以肯定，他们还应该有更为丰富和突出一些的东西，但仅此也就让我们对居都人和他们的文化有所想象和认识了。

第三节 工艺和生存智慧

人类的生存现象是自然中的一种特殊现象，他们不同于一般的动物，他们能在最一般的“趋利避害”原则中生发出许多智慧的花朵。应该说人的生存意义是广泛的，但我们在叙述居都人的生存智慧时，也只能是其中关于物的，而关于精神的更广阔领域的生存则不是这里的话题。另外，叙述居都人与物的方面的生存智慧也不可能是全面的，也只能就其能进入我们视野的、我们能观察和作出判断的东西进行叙述。

谈生存和智慧自然与其生存的环境分不开，环境可以说在很大程度上决定了人的智慧的产生、决定形式和内容。居都人的环境我们在前面的章节中已有一定的叙述。居都人作为一个古老民族的后代，在严峻的人文、自然环境中顽强地生存至今，这本身就表现出最大的智慧了。

居都最早的村民进入这深山密林中的第一个难题当是立寨的点的选择。按中国人的自然风水观念，这是关系种群生存的大事。居都人好像并没有这样的考虑，但他们无意中却体现了另一个规则。居都的村寨是在一个大山的半山腰的台地上，我最初也以为这是无意的，或者只是为了“躲避”中的选择，但后来我发现，情况并不是我所想象的，它的意义也是深刻的。在一般人的居住地的选择中，最少得有两样东西：一是可供获得基本生存物资的可耕地或其他可换取粮食等物品的资源；二是要有一定的洁净的饮水源。在居都这地方，这两项条件最好的地方是在山沟的平地上；但是，恰恰在这样的沟边平地上，却没有一个村寨。他们的村寨全建在半山腰。这是为什么呢？表面性的答案有，如为了防匪，但这不是最关键的，我以为最关键的是瘴气。在很久以前，山里的人烟稀少，森林是原始的。原始森林中的山沟里有大量的年代久远的腐殖质，散发着能致病的大量有害气体，这些气体一般都比空气重，大量积存和弥漫在低凹的山沟里。如果人们住在这样的山沟边，对人畜的健康都将是有害的。另外，山沟里的洪水和陡峭的山体的落石、滑动的土和泥石流都是威胁生存的因素。还有，在人的心理上，山形的起势也有一定的压力，在沟里就有一种“失势”的感觉，而上升到山腰台地，人的心理上就会得到一种“控势”或“领势”趋形的安慰，会舒展开自己的心境。

居都人就是这样选择了自己的立寨点，与山乡的其他人一样，于此表现了一种生存的智慧，并作为一种方式在贵州山区普遍存在。如今，由于森林植被的大量消失，沟中腐朽植物早已无存，即产生瘴气的条件消失，但人们如此的方式已经形成，仍是住在半山腰的多。居都人是这样选择的，其他民族的人也是这样选择的，他们在同一种地理环境中就表现了此事象的趋同性。这种选择源于何时何人已经不可能有明确的答案了，但在总体的时间上应该是较早的。它在时间的长河中形成这样的选择，尔后又凝成一种经验，再成为一种智慧，再在人的规则中固定为一种形式。因此，它在自然的旧有环境改变后其形式也不会改变。这种生存智慧在某一时期会十分成熟和有用，但凝固为形式之后，其“有用”的效应哪怕下降许多，它也表示为一种历史惯性继续向前。居都人的村寨现今已如是，山沟水边的瘴气早已消失，山上的水也越来越少，但仍没有谁改变现有的状况。表面上一般化、无序化的居都村的村址，包含了他们生存中的智慧。在历史上，此地给居都人带来了许多利益，但随着时间推移，环境的变化，又带来了它的负面的意义。

以上是对居都人在住地选择上的片段式的叙述。在生产上他们也表现了这样的意义。居都人的生产性质、生产方式状况我们毋须赘叙，他们有自己的一整套的与山区客观实际相吻合的东西。在这些事象中，相关的事物是他们的一种只有五寸长的小铧口。这种小铧口是他们族人用自制的铁铸造的。从纯生产的意义上讲，它不过是一种生产工具，但就文化学的角度而言，与它相关联的东西是较多的，它同样也包含了人的生存上的智慧。这样的铧口与别的铧口不一样，一般的平地用的铧口大多是较长、较宽的，区别很大。这种区别似乎来源于各自的背景。居都人和他们的大多数族人，大都住在山上，耕地都在山坡上，大多是坡地，地块也零碎较小，并且其中还有许多石头。这种小铧口在这样的土地上犁地，既轻巧又灵便，如果用宽大的铧口，在这样的土地上是犁不动的。另外，我看到的居都人喂养的都是黄牛。这种黄牛体形很小，走路像山羊一样灵便，但它的体力就比水牛或其他地方体形大的黄牛的体力要小得多，但用它们来拉这五寸的小铧口也就正好。在居都人的山区上、下，进、出不了个大力大的牛，因而也就有了与小黄牛相适应的五寸铧口，而山区的耕地有这样的黄牛、这样的铧口也就够了。从这里看，一个小小的不起眼的五寸铧口，实则是一种生存智慧的表现，是居都的族人们经过无数年代凝结的智慧的结晶。也就是这个铧口，打开了居都人生存的另一道门，让居都人的物质生产的条件有了一次跃进。如果说居都人在选择自己村寨的事象是一种趋利避害的生存立足点，那这铧口表现的就是让居都人在生存的物质保障上更为充分。

“衣、食、住、行”，不知是因为顺口还是根深蒂固的观念，把“衣”排在了最前面。“衣”在人的生存中的重要性是不容否定的。因为公认的人类的第一次觉醒，就是从摘取树叶挡住羞处开始的。居都人的“衣”自然也是如此，并在此方面也有较为深远和广泛的内容。在人们从遮羞、御寒等动机中获得“衣”的意义之后，衣这一事物就广泛地影响着人的诸方面，并让女性从中展示了她们的才华，成为人文化的一个重要的部分。居都人的“衣”也是如此表现的，尽管它作为民族服装的事象已经消失。在居都，我们已经看不到居都人原来的服饰了。他们全部着汉装，但关于他们的祖先在这方面的生存智慧表现，还有许多记忆和实物。在十年前，我们还在居都看到过如书前面图片上的布。此布是杨守亮（时年66岁）家里保存的一块彩色斜纹人字花布，这块布长1.98米，宽0.39米。这是中华人民共和国成立前，约1940年前后的家庭手工产品，距今已有50多年的保存历史了。

此布的原料为一种叫水麻柳的灌木，把这种灌木的皮刮下来，泡在水里，一直要把树皮外层的黑皮泡烂，再捞出，经不断捶揉洗涤，最后得到的纤维柔软洁白，把这些木质纤维捻成线，在非常简单的织布架上就可以织布了。如果全用原色的线织出的就是白色的布料；如果把一些线用染料染成各种颜色，分布在一定的经、纬线上，织出的也就是不同颜色、不同花样的布料。据居都村的老人回忆，这类花布最常见的有四种花，是狼鸡花、盘芝花、通海花、人字花等，而现今我们只在十多年前拍的照片上见到人字花花布的实物，真正的实物，笔者在居都调查期间已经无处可寻了。据说，四种花中人字花最普遍，比前三种花都好织一些。1940年以前，人们还会织人字花的花布，现在什么也不会了，失传了，至于前三种花是什么时候失传的也就不得而知了。

居都人的纺织历史也许从今天就得划上一个沉甸甸的记号了。但从这块花布中我们不难看出，这块花布的历史是比较久远的。先从他们选择的原料来看，是树木原料

——水麻柳。人类在改善自己衣着条件的历史中，最先用的是自然的有一定张力的东西或可以织网络的东西，如树叶，后来是兽皮，再后来是动物的毛，再后来是禾本植物的纤维，如棉花、麻等，与此同时还有昆虫的分泌物，如蚕丝等。用木本植物的纤维的织物为衣着的记载是绝少的，但居都人的祖先就是这样的种群。各种纤维的出现，直接影响纺织工艺的产生和发展。其他种群的人们或民族利用各种纤维的出现，把纺织工艺推进了一大步，而居都人却从祖先那里接过古老得不能再古老的织布架，一直把它摇到才过去不久的时间里。

居都人祖先使用的木质纤维是特别的，与之相适应的织布架也是特别的。这种织布架由 6 根木棍组成。织布的经过是这样的：织者坐在木凳、石头、草墩或随便什么地方，用 35 厘米左右长的 4 根木棍上下贴排于肚腹前面，其中两根裹线，两根裹布，用脚蹬近 70 厘米长的木棍一根紧绷经线，用手持一根 35 厘米左右长的细木棍穿喂纬线，交织成布。这种织布架子，只要背上架子，带上线，在任何地方都可以开始织布。黄道婆的织布机已经很古老了，但不管怎么说她都有一个木架子，把织布的东西固定在木架子上，俨然也是一架机子，但居都人祖先的“织布机”连个木架子也都没有。可以说，没有哪一个民族的“织布机”有它这么古老，这么简单。严格地说，它还算不上是织布机，而是织布机的雏形之一。就是这样的东西，居都人的祖先却一直使用到 50 年前，并且居然用这样的架子，织出了如此漂亮的布料。这简直是一个奇迹。在查访中，我得知，中华人民共和国成立前的许多地方，还有数量不少的这样的织布架。许多村民的服装衣料来源就靠这样古老而简陋的织布架织就。这几乎让人难以相信，如此简陋的织布架，就得撑起一个种群的纺织工艺，并让一个种群的人从中得到“温暖”，这又是何等的奇迹。它的出现和存在到 50 年前的历史可以让全世界的人惊奇。这时候，世界正在科学技术的引导下，日新月异地发展着……

就在这样的条件下，居都人的祖先仍发展了自己的纺织工艺。以上所叙述的 4 种花布，就是他们纺织工艺的集中表现。这里面的文化含义和表现的生存智慧是多方面的。也许居都人的祖先在布韵花色上还不止这些，但如此简陋的工具能开出这样的“花朵”也可以说是够鲜艳的了。从这段布料看，存放了 40 余年的土花布料还能保持这样的色彩，说明他们在染料上的智慧表现也不会太落后。从这块布的色调和形式看，其调式并不粗俗，应该说还有一股清逸之气。从这里不难看出，居都人潜在的审美情趣决不会太低。

在居都人的“衣”上，我们实际上只看到了他们的“布”，并没有看到过早先存在过的衣。但是，有一个道理似乎很简单，有什么样的布，也就有什么样的衣。按照这个推理，居都人先民的衣最典型或最通常的式样肯定是根据这样的布幅来缝制的，并且不会太多地剪去布幅中的布料，也不会有太多的缝纫针脚。因为这样的布料所凝结的劳动太多，也太珍贵了，为了某种式样而剪去某一块，是不符合他们基本的生活精神和规则的，故只有用简洁的式样，把最多的布料留在做成的衣服上。根据这样的原则，居都人先民的服装必然就是以前后两大块的衣料组合。这正好与现今仡佬人记忆中的他们祖先的服装——套头衫相吻合。这种服装今天根据历史记载复原后，就是这样的窄幅布，前后各一，然后从中挖一个头能穿过的洞，从头套下，无袖，手臂下处把从脖子处垂下的前后两幅布连接起来。这就是套头衫。我想，居都人先民的服装就是以此为基调的，也许，他们连从中挖洞的布料都舍不得挖去，而是两块头上本来就有凹处的布连缀在一起的，腋下的连接大概是用布带子系上。以前面那块39厘米的布幅来衡量，系紧了有2.4市尺的腰身，松一点还可以随意，这都正好是人的正常身段。从这里，我们是不是还可以这样设想，这织布架的布幅宽度是不是正好就是为了这“套头衫”而既定的，如果是这样，那居都人的最普遍的服装就应该是如此的套头衫了。并且从这段布料的生产年代来推断，居都人先民的传统服装的完全消失，也只是近百年间的事情。

以上只是在一定的实物和历史记忆上的推论，不可能完全表述在“衣”上应该拥有的许多东西。我以为在历史中，居都人先民的衣饰应该是很丰富的，但可惜历史早已淹没了这一切。不过，我们在居都的搜寻中，还有幸见到了它的花背扇上的绣花图案。图底是水红色的，图中有一个方框，方框内有一簇向心的有规则的叶形装饰，框外有对称的图案，角上有两对典型的叶形物，叶中是一个抽象的人形，方框四边正中的是两对半抽象的人字图案。角上的两对图案除表现中间的人形外，还表现一种树叶，加上中间的树叶图形，构成一个以植物为摹本的图案，与居都人过去的生存环境基本相吻合，证明居都人和居都的祖先们对树上的树叶有很深的审美印象。另外的两对人字图案，很富于抽象意义的美感，但又有一些具象的实在感觉，尤其是它变形的意味很准确，很有味儿。这方面的意义如何，可能让人一时也说不清楚，但这些图案与居都人的古老文化积淀有关。

还有，图案中的人字图案是可以与现实中的生殖意味和象征联系起来的。背扇是背小孩的，如此功用下把图案与生殖力量的象征联系起来是最正常不过的事情。这里，我们得注意，图案上的绣花是残缺的，少一只脚。据知，在居都做背扇得请两老健在、儿孙满堂的人家做，人字花不能绣完，寓意其后代子孙发达，不断有人来继续绣这人字花。

这样的东西现在居都还有一些人户有，但大多数人家已经不用它了，它也是正处于消失中的东西。

在表现居都人的生存智慧中，我以为能看见的最广泛最有影响的应该是他们的竹、竹的工艺、竹与人的相互依存的关系。

在居都周围的山凹和山坡上，生长着一棚棚的青翠欲滴的竹子。这不但使居都村的背景妩媚明丽，还在很大的程度上维护着居都人的生存。在居都，几乎每一个男女都会竹编织手艺。居都的成年男女，只要有稍许的空闲时间，谁都会拿起篾刀蹲在地上行云流水般地做起篾活来。你如果在居都的各家各户走动，最醒目的就是做篾活的人和未用的竹料，以及做好的竹器。一根竹子从竹林中砍倒运回来后，人们手中的篾刀就在它身上上下翻动，不一会儿，做竹器的筋衬和薄薄的篾条就会魔术般地出现在地上。这人再往地上一蹲，哗啦哗啦一阵篾声响，不久就会有一件成形的竹器在他手下诞生。居都人所做的竹器多为大路货的农村常用器具，有席子、背篓、簸箕等，很少有精细的竹器出现，工艺性质的竹器就更未见到了。

在居都，除了土地、房子之外，竹是跟居都人最密切相关的东西。很早的时候，在居住、日用、生产等方面，凡是能用得上竹的地方，都有竹和竹制品的身影。他们居室的墙体是用竹做的，他们的许多生产用具是用竹做的，他们许多生活用具也是竹做的。如果竹具有麻或树木纤维那样的柔软性，居都人也会用它来做成衣服的。如前面的背扇图片，那是一个背幼儿的背扇，外面是棉麻的织品，中间一般有一个布壳的硬衬，可居都人把竹子做成了这样的硬衬塞了进去，同样得到了硬衬的效果。这似乎代表一种趋向，竹在居都人的生存上有许多可取的方面。当居都的人均土地越来越少的时候，竹就更成了他们生存的一种需要了，因为居都人的大部分经济收入要源于竹子。每个赶场天，从居都出去赶场的人，背上的都是各种各样的竹制品。他们在场上把竹器卖掉以后，再换回粮食及其他副食品和日用品，穿的、用的，还有生产工具。现在，这几乎是居都人与外界对话和交流的凭借，他们除了对竹的加工外，基本没有另外的副业，也绝少另外的收入。据估计，每户居都人每年80%的现金收入都来源于竹的加工。因此，在居都差不多每个成年人都在闲暇之时拿起篾刀做篾活。这种情景很早就存在了。只是在过去田地多人口少时，这竹编不如现今那么重要而已。

居都人的竹器中，产量最大的要算竹席。竹席主要是野外施工盖工棚用的，需求量很大。居都人在编织竹席的过程中，为了获得最大的利益，把篾刀运用到了最佳的状态。我在居都见到，他们有的人能从一块竹子上硬剖出九片篾条来，而一般的常规只能剖出五至六片。这样的篾条打出来的竹席非常轻薄。居都的剖竹能手的技艺，还能让外人感觉不到它的变化。我以为，这就是居都人生存智慧的一种表现。它如果继续发展，就会演化出另外意义上的文化事物来，比如超乎寻常的技艺，以及对技艺的传说和叙述，等等。

居都人的祖先与竹的关系是有许多神奇的传说的，今天的居都人也与这里的竹紧密地联系在一起，这其间有没有什么关联，我们将在下一章中展开。现今的居都人对竹没有传说中的信仰和崇拜事象，但他们与竹的关系仍然是微妙的。对于居都遍山的竹，外来的人总会说出现今最时兴的一个词——开发，但居都人却并不以为然。他们与竹似乎有一种天然和谐的关系，他们的头脑中并没有很想打破这种关系的内在动因。下面有两个事例可以说明这一点。

[个例27]

沙庭文，男，时年49岁。他是这个村的现任村长。他先随修湘黔铁路的民工外出工作，后来又回到堕却乡卫生所工作。前几年因撤区并乡回到村里，在村里设一个卫生室，不久又贷款置办了一套粮食机械加工粮食，使机器的声音第一次打破这山村的宁静。他是居都村一个见多识广、最有开拓精神的人，竹的加工开发也是我与他的话题之一。他也同样认识到：竹的开发不引进机械光靠手工是不行的，没有它也就形不成一定的生产规模，也就自然形不成商品的优势。他为此去考察过竹的加工机械。他可以说是第一个想到，或者说唯一想到此事的人，但他说，竹加工的机械在半成品的加工上就过不了关，如做竹席的篾条，机械加工就只能剖出手工半数的篾条来，故这样的加工机械引进也就作罢了。

这样的加工是居都人不能容忍的，这里不光是效益上的不能容忍，更主要的是一种文化上的不能容忍。也就是说，它会带来一种破坏他们与竹的一种天然和谐，破坏一种生存智慧平衡的力量。沙庭文也许并不这样看，但他仍然预感到这种东西的存在，也同时认识到他面对的竹加工机械还没有足够的力量与这种东西抗衡，即它在许多方面还赶不上手工的加工工艺，只有解放人的意义。再进一步说，居都人一时还并不需要这个意义上的解放。

从这个个例我们不难看出，“与竹为伴”是一种生存智慧的同时，还是一种生存方式。这方面，下一个个案表现可能更为详尽。

[个例28]

李发旺，简况略。他在居都村也是一个篾活能手。在我进入居都村时，他正在忙他的篾活。我打断了他，他最初没有表示反对，但后来见我不断地占用他的时间，他就开始表示要我把对他的访问时间推后。因为他要在春节前做一批篾货，到市场上卖掉后，以便有钱置办一些年货过春节。我表示理解。中断我的访问之后，我以为他会在以篾货换钱上表现出最大的热情，但这种推想很快被推翻了。因为李发旺在卖掉了一些篾货，有了一定的钱，换取了一定的年货之后，立即就对篾货的加工失去了兴趣，并没有出现靠加工篾货积累财富的倾向，也就是说，李发旺从根本上并没有把此作为发展商品经济的一个途径。

我观察到这种现象后，再对照其他人家的情况，发现个例中的现象在居都是普遍的。居都人几乎人人都会利用竹编来卖钱，但似乎谁也不指望它能够商品化，靠它积累财富。因而他们像对待一口水井一样对待他们的竹子和手艺，口干的时候喝上几口，解渴了就满足了；天旱时决不希望它干枯，天下雨时它随势流走了也不可惜。在居都，我还发现了这样的一个现象，家家都做篾货，家家都是自己拿到市场上去出售。好像从没有谁想起，把村里的篾货收购起来，再拿到市场上去出售；或者谁在外面有了订货，再到村里来收购，集中卖出去，赚取商家应赚的钱。好像这村里只有手艺人，却没有一个商人。或许，即便是偶尔有那么一位出现，我以为村里的人还不习惯把东西卖给他，哪怕出高于市场的价也是如此。这也是对“水井现象”的注释。

这种对待一种工艺的心态是奇妙的，也是一种文化充满智慧的存在，一种自我的内在的平衡。

为了另一个问题，我访问了李发旺以及居都的其他人。居都村人人做蔑活，把大量的竹子在刀下剖成竹条，过量了、多了会不会影响居都周围竹林的正常生长。他们笑着说：实际上这些竹子大多数都不是砍自家的竹林，而是从外地买来的。后来我也看到了，许多竹子是从居都周围的村寨买来的。居都人用自己的竹子时是很珍惜的。如果竹子一时不够用，又来不及去买时，他们会砍用自己的竹子；或者某棚竹子发得太多，需要间伐时会砍自己的竹子。我像许多“外人”一样向李发旺提出用竹子和自己的手艺致富的建议，可李发旺却淡淡地回答说：“舍不得!”

舍不得什么？你知道吗？

这时，我突然从中醒悟过来。居都的竹和竹工艺，还有一个特殊的意义，即居都人的最后一个生存依靠。居都人在正常情况下决不会把它作为一种致富的手段，快速地消灭自己竹林，而是要在最困难的时候，比如天灾、人祸等情况下，才会启用这最后的生存依靠。李发旺说“舍不得”，可能他一时也说不清楚舍不得什么，但正是这种下意识的保护反应才既深刻又生动。这里面表现的东西是何等的深沉，让人理解起来是何等的困难，居都人建立起这样的机制包含了居都人何等的智慧和机智，包含的文化财富是何等的丰富，只有这样的东西，一个种群的生存才能表现它的有机活力。这个事实表明，一个种群走向的不是明天，也不是后天，而是走向永远。我以为，这就是居都人在竹和竹工艺上给我们的最大启示。

当然，从这个意义上讲这样的机制不利于一时间的致富行为，但用最根本的东西去换取某个重要的东西，也绝不是一种明智的行为。可见，我们对山区的不富裕、贫穷，从文化的角度来理解它是深刻的。

以上，我们就五寸的小铧口、人字花布料、背扇、织布架，以及居都村址的选择等居都特有的事象来论述了居都人的生存智慧，涉及的面是很宽的。但是，这些事象的叙述肯定不能把居都人这方面的内容全部包括。在居都这些富于特色的行为之外，居都人还在自己的生活、生产、交流、联络、传承等方面表现了他们生存上的机智和智慧。这些也是居都生存智慧的重要组成部分。

第六章 居都—仡佬族

第一节 仡佬族

居都的叙述至此已展示了它的许多方面，但它与仡佬族的相互关系也是一个大的命题。我们知道，居都的叙述是不能脱离仡佬族这个大背景的，但居都的概念毕竟不能与仡佬族的概念等同。随着最近一次的民族识别，仡佬族的人数已急剧增加，其概念的文化内涵也有了很大的扩展，显得更为庞杂，一个个别的范例的代表性显得更加乏力。在这样的意义上，居都就显得更为独特，叙述居都与仡佬族的相互关系就显得更有意义。

在这个层面的叙述，我们要直接面对的首先就是仡佬族，因为只有对应地叙述了仡佬族，叙述它们之间的关系才有可能。

仡佬族是贵州省古老的民族，这是得到大家公认的，但怎样来叙述这个民族，怎样把这个民族描述清楚，却并不那么容易。这里有两个最令人头痛的问题：一是族源；二是夜郎国。前者隐含了这个民族的性质和传承，后者是祖先的光环和荣誉，两者的问题都纷繁复杂，有时两者还相互联系和交错，使问题更加混乱和艰难。

族源的问题大致有两种观点：一种是《仡佬族简史》① 的观点，他们认为仡佬族的渊源起于百濮，后来经历了僚人的阶段，最后到仡佬族的形成。第二种观点是《夜郎史稿》② 的观点，书中说："他们（指夜郎人）的先民有这一地区的原始土著民，也有自新石器时代后期起先后迁入的出自我国东南的越人。后者在夜郎的来源中居于主体的地位，原来的土著人群为他们所融合。"前一种观点认为百濮最先在中南、西南一带生存，是西南一带最早的开发者，而仡佬族人某些文化事象就直接表现了这方面的历史文化内涵。后一种观点似乎只字不提百濮的存在，但承认有土著种群存在并在百越人进入时被融合了。这两种观点都有许多证据支持，汉文史籍、典籍中

---

① 《仡佬族简史》编写组：《仡佬族简史》，贵州民族出版社 1989 年版。
② 朱俊明：《夜郎史稿》，贵州人民出版社 1990 年版，第 1 页。

就有许多这方面记载的文字，许多的争论也就在这些字面上进行。这，也许有它一定的意义，但我更希望从现实的研究中，从活的文化形态中来看待和讨论它们。在现今的仡佬族，直接说居都人的文化事象中，“古老前人，开荒拍草”“不丢买路钱”等事象似乎支持着前一种观点，他们肯定“土著”百浪人已经有了自身的独立发展的文化和文明，并成为一个相对独立的种群存在于遥远的古代，而后来的仡佬族就是他们的最直接的后裔。但是，我们同时又在居都人那里见到另一些文化事象，如蛋卜和鸡卦。在居都人中，结婚、出行、收成、祭祀、行猎等都要打鸡卦。在不久前的居都，以蛋卜吉穴地也是一种惯例，而这两种东西在遥远的海南岛上的黎族中也有存在。鸡卦种种自不待言，单就以蛋卜穴地而言，在《崖州志》上有这样的记载：“以鸡卵掷地，卵不破处为吉穴。”对比前面章节中关于此事象的叙述，二者有一定的差异：一为蛋破处为穴；一为卵不破处为穴，但本质上都是同一的，差异可能是传承中的理解造成的。这方面的文化事象的存在，似乎又较为确切地证明，仡佬族人的文化中确有古代百越人文化的许多成分，最少可以说居都人的文化是如此。但是，这些成分是如《夜郎史稿》所叙为新石器时期进入？还是后来秦汉时进入的呢？还有，这两次大的进入把当地的“土著”真正地融合了吗？或许如此，但百越人的祭祀却并没有在“后裔”的仡佬人中体现出来，又是为什么呢？如果自身的原始的祭祀（包括内容、方式等）都不能进入一个被融合了的种群，那这种融合是很可疑的……这是历史的旧账，有意义，但可能会没完没了，幸而仡佬族的古老是没有问题的，只是谁是他们的更古老的祖先的问题。

第二个头痛的问题是夜郎国的问题。夜郎国是贵州或西南民族历史上最辉煌的一页，它当时是西南地区最大的一个“国家”。随着历史的发展，那段民族历史最辉煌的阶段变得更加扑朔迷离，也显得更有滋味和魅力。似乎谁缔造了它，谁就拥有一份光荣，而它的后裔也会因这些遥远的光环获得更多的好运。于是，各种关于它的学说也就在现实利益的背景下展开了角逐。是谁缔造了夜郎国呢？有布依族先民说、彝族先民说、仡佬族先民说等，最后综合为“共同说”。但在“共同说”上，又出现了谁是主体的纷争……实际上，前面的族源落点目的也在于此。这些争论也许自有他们的道理，但这样一来，却在承认仡佬族是贵州最古老的民族的同时，把仡佬族的形象弄得很乱很模糊，不过，这也许就是仡佬族的命运。

在《贵州古代民族关系史》里有这样的叙述：“……由此观之，贵州最早的居民当是濮人，其西为氐羌民族，其东为苗瑶民族，其南为百越民族，其北为汉族。秦汉以降，川、湖、两广、云南相继开发，种种历史原因促使四大族系发生变动，濮人渐次衰落，氐羌、苗瑶及百越民族涌向地广人稀的贵州山区，从而使贵州成为西南四大族系交会的结合点。”①

这就是仡佬族先民的历史。在汉族、氐羌民族、苗瑶民族、百越民族的挤压下，仡佬族的先民实际上成了这几个族群的焦点，命运是不言而喻的。但这只是外因，更

① 侯绍庄：《贵州古代民族关系史》，贵州民族出版社1991年版，第17页。

致命的因素还在于它的内因。仡佬族先民不管是濮人或僚人，在以汉人为主的汉文古籍描述中，大都是一种外在的观感式或推测式的描述，而对他们的文化和心态方面却知之甚少。对此，我们几千年后的后人也不敢妄加论述，但新近整理出来的仡佬族古籍却昭示了以下内容。

在流传于镇宁茅草寨、比贡仡佬族中的《泡筒歌》里，有这样的字样：

“风吹已换头朝人，
二朝又被火烧毁，
眼看三朝也难保，
要被洪水来淹没。”①

这些话是借仙人口说出来的，有少见的惊人之处。人类的“洪水记忆”是全球性的，但一般的种属于此叙说的都是“洪水纪”时的事，对洪水纪以前的事绝少提到和涉及，可这些仡佬族人却不是这样平淡地来叙述此事的。他们在叙说洪水时，明确地说在洪水淹没第三朝人前，大地上还发生了“风吹一朝人”“火烧二朝人”的与洪水灾难同等的灾难。如此惊人的说法怎么来解释呢？不敢说它妄言现今的文明只是地球文明发育中的第几次的说法，可认真谨慎的人们并不断然否认它，不敢说仡佬族人的传说具有同等的意义，但它的这一说法是与众不同的，起码迥异于向它挤压过来的四大族群。另外，我以为这里似乎还有更深刻的内容，比如人类的关于风和火的全球性状阶段的记忆等。在西藏的藏族人的宇宙观中，风是重要而特定的东西。他们认为是风打开了宇宙的混沌；而在仡佬族人这里，风却吹去了一朝人……这些都是值得研究的。

这个传说走出它的背景后，所叙述的洪水传说就与其他民族的洪水传说大同小异了，即也是洪水退下后兄妹结婚传下了第四朝人。但接下来又有惊人之处：

“兄妹成婚一年整，
生个孩子很聪明，
勤劳勇敢多智慧，
机灵能干有作为。
忍哈佤见他本事大，
把他封为古老人。
要他开辟郎喜地，
就在郎喜繁衍后代人。
并赐仙女来相配，
从此郎喜人烟盛。
古老仙人是祖先，
传下郎喜忍勒人。

① 安顺地区民委编：《仡佬族古歌》，贵州民族出版社1991年版。

“郎喜”是西南之意，“郎喜忍勒”是西南天人的意思，即仡佬人的祖先是从天庭中来的。

这样的说法在流传于普定的《祭山歌》中也有。它们是：

“当抱原来无人烟，
开荒辟草是告佬，
告佬出了九兄弟，
本是仙体凡人生。
要知他们是何名，
从大到小各有名：
老大叫阿把，
老二叫阿诺，
阿谷是老三，
阿尼是老四，
老五叫阿业，
老六叫阿仡，
阿卜是老七，
阿达是老八，
阿尤最小叫老九。①

这种说法与前一种说法是相似的，并明确了九兄弟为他们最早的祖先。后来的仡佬族的许多文化事象中都与“九”关联，如祭山、吃新中的九个饭团等，应该以此为它们的源头。

这种自视也许并不为人重视，因为各民族都希望自己的出生拥有某种特殊的意义，以便在生存空间中得到更坚定的信念和生存理由。在这种情况下，对其他民族类似的说法自然不是攻讦、排斥，至少也是冷淡的。仡佬族人的这种自视得到的也就是这些东西。但是，深入仡佬族人的这种信念中去之后，这于他们又好像不仅是一种自视，一种寻求生存依据的行为。他们并不带什么功利目的地坚信它。这在他们的《丧葬歌》中有很自然的表现。此《丧葬歌》流传于关岭、晴隆、镇宁等地，此歌分七个部分，有“敬终孝”“别人间”“祖宗引去”“问根由”“陪影身”“述鸡”“指路”等。在“指路”中有这样的字样：

“幕木卜祖公，
业幕不足祖太。
好好的领儿去，
好好的带媳走。
不要怕祖先影身，

① 安顺地区民委编：《仡佬族古歌》，贵州民族出版社 1991 年版。

不要怕祖公影身。
你们是俩父子，
你们是俩婆媳。
到坡顶上，
到山头上。
你站在坡顶上，
你站在山头上。
吹响木叶声，
有茨木声应。
你摆手中帕，
她甩来一朵花；
你甩一朵花，
他摆手中帕。
你们挨到了，
他身挨到你。
不要怕他的身，
不要怕他的影。
我不需哪样，
我不要什么。
我造楼梯，
我把楼梯造，
用楼梯搭上天，
用楼梯撑上天。
我开天门，
我把天门开，
开一道你记一道，
指一梯你记一梯。
道道记在心，
梯梯记在心。
你好好记清楚，
好好记分明。
我开了一道，
指了二梯；
开了三道，
指了四梯；
开了五道，
指了六梯；

开了七道，
指了八梯；
你道道记在心，
梯梯记在心里。
我开了九道，
指了十梯；
开了十一道，
指了十二梯；
你会见祖公了，
你会见祖太了。
你望大田，
你看大地。
大田是我们的，
大地是我们的。
日照哪里你管哪里，
月照哪方你管哪方。
你好好记在心，
好好记心间，
你好好记清楚，
好好记明白。

在这里，把死去的人引上了山顶最接近天的地方，又搭了想象中的梯子，像回家一样把死去的人送到了天上的祖先那里。这个过程是如此自然，从天上的人变成了地上的人，生活了一段时间，死了后又回到天上去……好像并不是为了某种精神寄托而想象的情节，而是固有的自然而然的记忆。不敢说这种传说有多大的真实性，但这种来源最自然的信念不做作，却非常强烈。仡佬族人的以“竖葬”为起点的葬式系列就说明了这一点。他们死去的人要从山坡的顶点上天，从死的地方到上天的地方，得走一段时间的路，故死了的人不能躺下，而要站立着，面向山顶。这就是仡佬族记载中“竖葬”的根本动因。后来，这种葬式受到其他丧葬文化的削弱，死去的人也就渐渐躺下了，但他的脚仍然朝着山顶，仍寓意着他要走向山顶，登梯而入天庭。这完全与汉族的“枕山而葬”的葬式相反，被称为“倒仡佬”。我以为，这是仡佬族先民最根本性的一个文化事象，从这里走出去，长时间永久性地影响他们的后裔的一系列的观念和行为，比如祭祀，节日，灵，信仰崇拜和生，死观念，等等。

由此而既定的民族文化心理素质会带来什么样的民族文化性状呢？如果我既定了从天上而来，那我为何要崇尚和追求地上的光荣呢？特别是天上是一种快乐的家园，而地上无疑也就是一种艰辛磨难的过程时，这种心境也就更为持久而强烈。这种民族心理被普遍认同之后，在民族发展的内驱力上就绝不是积极的。也就在这样的民族心理基础上，“高贵而悲哀”又紧紧依存于民族文化的对外交流和碰撞中，你比我强因为高贵而“悲哀”，失去信心和改造自己文化的能力；我比你强也因为高贵而陷入另一种失去文化前进动力的“悲哀”……从这个意义上讲，“夜郎自大”好像并不是凭空而来的，起码在观念上不是凭空而来的。我发现，这是优秀的山地民族最难避免的“品质”之一，有一定的普遍意义。至于现象中的内容，如此表现的成因又是另外的非常有趣的问题了。

仡佬族先民如此的“内因”，不但造成了他们民族的文化性状，失去了“文化促进”的机会，而且还在客观的现实中找不到盟友，故而在四大族群涌来时，他们几乎根本不能够把民族战争的压力和民族文化的压力进行某种引导，而是全部地不断地承受着由此而来的民族历史的苦难。相反，前来的这些民族，他们却常常有这样的机会和能力。当然，争取生存空间时，他们往往在利益、目标上是相同的。

如此根本意义上的仡佬族先民，如此起点上的种群，如此民族文化的深层构建，再有如此的历史外部状况，他们的命运也是既定的了。

仡佬族先民是失败者，但作为一个失败了的四散开来的民族文化碎片都有如此的文化穿透力，并以仡佬族为主要承载体，一直顽强地“活”到今天，不能不承认它的文化的超然力量。

也许，从这个角度叙述的仡佬族先民和仡佬族，与过去的汉文古籍和后来的人据此再描述的形象大不相同。我们不否认过去描述的真实性，但现今的描述也是有意义的。

另外，人们也许看到，这里描述的只是从两个不同角度而言的仡佬族，并不是现今仡佬族整体的一般性概述。在这里，我们注重的是对仡佬族文化性状的某种程度上的把握，是为居都的文化与仡佬族文化的比较提供某种对应的背景和参照物，故而，现今仡佬族的许多的文化事象也就不能在此一一排列和研究，这也不是本书的论述范围。

第二节　居都与仡佬族（一）

以上对仡佬族先民和仡佬族及相关事象的描述是展得很开的，这当然很重要，但我以为把它放到具体的事象中似乎更生动更有意义。这个具体的事象就是居都。仡佬族无疑是从仡佬族先民那里而来的，居都无疑也是仡佬族的一个组成部分。其他仡佬族部分表现的文化是仡佬族的文化，居都部分表现的文化也是仡佬族的文化。只有仡佬族各部分文化的总和，才是完整的仡佬族文化。但同时人们也承认，各部门的文化是有差异的，各部分文化也不可能就代表仡佬族文化，它表明，总体的文化和部分的文化既相关联又不等同。这也就是把居都与仡佬族关联起来叙述的意义。在居都文化中，如常的一般的在其他仡佬族部分中也同样存在的文化事象有多少？另外，它自身特有的文化又有多少呢？我们从这种叙述方式中丰富着总体的仡佬族文化，但同时对居都文化的深入理解和认识也是很有意义的。

在居都人的文化形态中，残片式的文化性状使它缺少了许多东西，但在一些重要的事象上它却仍保守着相当的文化分量。它在他们先人的来源认识上就是如此。在居都，有一则关于“古老先人”的传说，传说中的“原始保存”仍是较完整的。这则传说是这样的：

在很古很古的时候，天地不分，到处都是森林。森林中生长着果树，果树月月开花，月月结果，古老先人们每天都靠摘鲜果充饥，攀岩爬树游戏。日子不知过了多久，老天的儿子——仡佬祖先的大哥——玉帝派玉书领金角、沙达开天辟地（金角为龙，沙达为蛇）玉书长得虎头人身，力大无穷，开天辟地时称盘古王。

盘古王开天辟地，他的儿孙——古老先人都留在天上，当他把天地辟开，就留着一棵接地通天的大马桑树给儿孙往来。玉帝看见盘古王创业辛苦，又见其子孙每天只知摘果游玩，就叫他们到地下来。哪知古老先人们不听他的话。玉帝没法，就请太白金星设个妙计。有一天，太白金星提着一篮又红又大、水淋光亮的马桑果去对古老先人说：“你们为哪样不去摘这种果子吃？”先人说：“听老辈人讲，这种果子有毒不能吃。”太白金星又哄着说：“听说的不要当真。这种果子没有毒，鲜艳透红，甜得很，我吃给你们看。”于是，大家贪嘴都跟着他吃。甜甜的马桑果，越吃越香，越吃越想吃，吃呀吃呀，吃饱肚子后，大家就被醉得昏头昏脑的被玉帝派来地上。

古老先人赤身裸体来到地上，正好盘古王到别处开天辟地去了，只有金角和沙达还在。地上到处都是大森林，黑洋大箐荒无人烟，先人们只好住在树上。树上的果子，草从里的莓子都被先人吃光；后来，大家饿了，只得三五十人分开去刨山药、摘毛稗、草籽活命。冷来穿树皮，住岩洞，生活极端艰苦。先人们受不住这种苦，又从马桑树上天去对玉帝说：你在天上吃得很好，地下没有好吃的，苦得很我们不去了。

玉帝说：“我叫你们去，没有二话讲，盘古王会教你们过好日子。这回下去可以带着旱稻、羊猫、小米去种，以后的日子就好过了。”

先人们这回就带着牛、马、猪、羊、鸡、鸭、鹅、狗以及种籽等到地上开荒拍草，刨土种粮。金角是龙，他为古老先人的庄稼浇水；沙达是蛇，帮古老先人捉老鼠。种籽下土，转眼就长出了嫩芽，先人们欢喜得很，天天盼月月看，希望快点成熟；天气凉了，树叶黄了，谷草也枯在田头，但是，谷穗伸天，上头结的全是瘪壳！先人们非常失望，只得又去找玉帝。

这回玉帝可刁啦，他架起腿，跷着脚，见先人们还是不肯给他下跪行礼，就扭起脖子说：“你们这些人真僚，不敬神，不敬仙，总要敬天地祖宗嘛，回去杀白牛祭天、杀白马祭地，再把种子下土早一点，谷子就成熟了。”

先人们第三回又来到地上。盘古王也回来了。他领着大家修整天地，分清日月阴阳，种的粮食才得成熟。不巧，盘古王在这个时候竟然老死了，古老先人们十分伤心！

收打粮食后，大家都一把一把的生吃；毛稗、小米是涩嘴的，稻谷是戮嘴的，珠珠米硬得把牙齿梗得咯嘣咯嘣的响；古老先人吃惯鲜果，总嫌这些不好吃，于是又上了天。那玉帝被他们纠缠得无奈，只得叫先人们搓火草到大阳边去点，说煮熟来吃比吃生的香。并派公鸡专门到地下来帮着舂米和催先人们起床、做活路。这回可把玉帝气坏了，等先人们一离开天上，他就火冒三丈地说："灶王你给我去监督他们，但是你要说是我派你去帮他们看家、管理火。雷公，你给我去把马桑树劈断、踩弯，以后不让他们再上天哕，我实在挨他们冗烦够了！"雷公执行了玉帝的命令，劈断了马桑树，从此，天上地下才永远分开。

古老先人回到地上烧荒拍草，开耕种田，不知生活了多少年。①

这个传说是叶正乾先生收集整理的。这个传说似乎更世俗化一些，但它的包容性是很大的，有许多来自古老的记忆。他们先人的来源就是这些古老记忆中最重要的一个方面。"传说"恐怕永远是与"史实"相对立的，但是，"传说"不管它再怎么玄虚，谁也不会说它是凭空而来的。另外，史实在某种程度上也是相对的，记载中的传说可以变为史实，而消失了的记载不也同样是某种传说吗？没有文字的民族的历史某种程度上就是传说，而你因为有了文字记载就可以否认别人的历史吗？汉族的文字很古老，但汉族文字出现之前的历史，不也是如今天其他民族一样的"传说形态"的历史吗？至于传说中的虚化、变形、夸张和反常规等也是正常的，关键的是对它的记忆内核的认识。对待这则传说，不能说它就是某种确切的历史，但它保持了居都先民某种原始记忆则应是真实的。而它的这种记忆，即居都人的先民来自天庭的说法，又与众多的关于仡佬族先民来自天庭的说法是相吻合的。说人来自天庭是根本不可能的，但他们这样说说都不可以吗？这跟刘邦说他是一条龙有什么区别呢？

归结起来，居都人关于他们先人来源的传说与仡佬族于此的普遍认识差不多，但像居都人这样古朴和原生的传说已很少见了。它的流布范围和相似范围并不大，大致在六枝和毗邻的晴隆、普定、关岭一带，而黔北的仡佬族中已没有这样的传说了。在这个传说中，还有另外的一些重要表现，如居都先民如何从植物采集到农耕的原始景象描述等。这种描述的可信度很大，并且在居都的现实生产生活中还存在相对应的事物，如羊猫谷、毛稗、小米等。这对于认识仡佬族的历史文化和深化对居都人文化的认识，是非常重要的。这些，又是仡佬族先民的来源的普遍认识中所没有的内容。

在先民的来源上居都人与仡佬族又相同又不完全相同，在这较大的较重要的方面，居都保持了它的一致性和独特性。在下一个重要方面，即祭山、祭树上，它也是如此。

在前面的章节中，我叙述了居都人在几百年间的现实的人种和文化的来源，拟说了几种可能性，对居都人的现代构成是一种参照。这里，这种探究在另一个层面上还得深入，以便得到居都人相关于仡佬族的更为清晰和真实的影像。于此，我们得先从

① 叶正乾：《叶正乾诗文选》，六盘水市文联编印。

居都人的祭山、祭树说起。

居都人的祭山、祭树，在贵州相关的几个民族中表现是独特的，在仡佬族中也是如此。

在现今的仡佬族各个部分中，除了居都外，有祭山、祭树事象的，有广西隆林和镇宁的比弓、茅草寨，但两处的祭树事象都改变了原有的意义。

广西隆林的祭树是这样描述的：

农历八月十五日，是隆林县仡佬族人民的传统节日——拜树节。

仡佬族人的拜树，并不拜所有的树，而只拜青桐树。在隆林，青桐树之所以成为仡佬族所拜的祖宗树，同历史上这个民族的迁徙有关。仡佬族有首民歌唱道：

云南下来十条河，这里流来那里落。仡佬古时无住址，贵州漂流广西落。

相传，古代居住在贵州省安顺等地的仡佬族人民向广西的隆林迁徙时，由仡佬族的“大房”（辈分最高者）带着祖公祖婆的香炉和灵位先走，经过的道路都用树叶打上记号，为后边来的本族人做路标。

“大房”边走边观察各地的山山水水，想找个可以开发的好地方定居下来，建立家园，繁衍后代，使仡佬族兴旺起来。他走了一山又一山，过、了一村又一村，也不知走了多少日子，终于找到了一个心爱的地方。那里四周山青树绿，“草有九拿长，树有九拿高”，烧荒能种地，挖坝可造田，畜牧有水草。这就是广西的隆林。于是，他决定在这里定居下来。

居住在隆林的人们，热情地接待了仡佬族的开发者。没有房子，就腾出自己的半间住房让客人住。“大房”十分感激。然而，当他看到主人家堂屋里的祖宗神位时，不禁发愁了：自己带来的祖宗灵位安置在哪里？要是同主人家的安在一起，又不合风俗。“大房”一时想不出办法，便闷闷不乐地走出寨子。

“大房”快到寨口时，看到两株青桐树青葱挺拔，直指蓝天，他不由得停步观察起来。“大房”边看边自言自语：好青桐它们那坚硬、粗大的躯干，暴风雨也刮不倒；那茂密的枝叶，夏天的烈日也晒不透。它那威武、坚毅和顽强不屈的气魄，使“大房”越看越喜爱，越看越感动，情不自禁地放声高歌起来：

青桐树呵青桐树，根深叶茂好荫凉。

遮得太阳遮得雨，仡佬灵位有地方！

山歌一唱，心里亮堂。“大房”立即找来刀斧，在这两棵青桐树上各开了一个洞，分别把祖公、祖婆的灵位安置在树洞里。从此，代代相传，隆林境内的仡佬族人民，就把青桐树作为自己的祖宗树。

拜树节为什么定在八月十五日呢？这也是有原因的。原来，“大房”最先来到隆林后，以为随后迁徙的仡佬族人会沿着他设下的路标找到他的。谁知，那些用树叶做成的路标，很快就被牲畜吃光了。后面来的人看不见路标，就分头去找寻，找不到“大房”的人们纷纷自己择地定居下来。过了很久，散居在隆林各地的仡佬族人才知道“大房”定居的地点。为了便于集中纪念祖宗，全族讨论后，定在每年的农历八月十五为集中日，到时都来祭祀祖宗树。

祭祀祖宗树的前几天，仡佬族就杀牛聚餐。除本族人参加外，还邀请附近寨子的各族人民来会餐。会餐只吃牛下水及其他酒菜，留下牛心到八月十五以祭祀祖宗树。牛肉则按会餐人数平分。

祭祀祖宗树时，由“大房”主祭。先将两只半斤重的小公鸡扭断脖子，扯下翅膀，与鸡脚以及牛心等一起作为祭品。祭祖公树用一只鸡头、鸡的左翅膀和脚，祭祖婆树也用一只鸡头，加上鸡的右翅膀和脚，均用红纸包好，然后分别送进祖公、祖婆的树洞里，再用纸钱封好树洞。随后，由“大房”向祖宗树下跪祈祷、敬酒，接着就是鸣炮会餐。祭祀完毕，就将牛心分给本族中各户的“大房”，有多少位“大房”，牛心就切成多少片，每房一片①。

此“描述”见载于《仡佬族文学资料汇编》，由杭维光整理。这是距离居都很远的仡佬族的祭树。在近一些的镇宁的比弓、茅草寨的祭树描述又是另外一个样子。

每年三月三，在我们比弓、茅草寨的仡佬族就要聚拢来，杀猪宰鸡，烧香烧纸，在后山上的神树前祭供一番，这就叫过神树节。

为哪样要过神树节呢？

里头还有个名堂哩。

在老辈人以前，我们这一带是黑乎乎的深山老箐林。

有一年不知道从哪边惹来野火，满山遍岭是一片火海。这一仗火又猛又大，石头被烧烂九层皮，泉水河水被烧干，阳雀野兽，来不及跑的成了疙兜桩，有些烧得不见渣渣壳。人们四散逃命。东坡山头有户人家，男人出去救火，也被烧死了。只剩下一个“月子婆”在家。因为月子婆不能出门，特别是风火燎起的时候，更不能东走西撞。如不是这样，就会引来风火神的不满，就会招来大灾星。

眼看火苗子越来越向她家扫来，这月子婆心慌了，抱起刚满三天的婴儿冲出了那间茅草房。她家门前有棵手腕粗的香樟树，在一人高的地方有节三岔丫巴，那妇人把婴儿卡在丫巴树上，赶进家去搬东西。这时一阵大风，一团火鸹子（火焰）飞落下来，封住了门。那妇人在被火封住的屋里，大哭大喊：“救命啰！救命啰！”

在这山高坡又陡的地方，人烟很稀少，加上这场野火很凶，人们逃的逃、死的死。哪有人来搭救哟。她死得惨哕。

说来也算那娃娃有救星，他不仅没有死，反而还睡得香哩。大家觉得稀奇古怪，这一大片两三人合抱的大树都被烧成火炭，咋这棵小香樟树没有被烧，反而还绿茵茵的立在寡岩脚下，没受到一星半点的火燎。据说是那妇人的惨叫声惊动了天神菩萨。观音老母晓得这惨叫声是婴儿的母亲的哭喊声，立马派来了水神菩萨暗中保护这婴儿。

后来，不晓得是从哪儿走来一位六十多岁的老太太，她也背着一个刚满三天的小女孩路过这里，听见有“哇哇”的哭喊声，她就把这婴儿收养了。老太太很善良，

① 杭维光整理：《仡佬族文学资料汇编》，贵州民族学院编印。

在这里挖地种庄稼，找些野果或推豆浆喂养他们兄妹俩。一日三，三日九，他们逐渐长大了。老太太已经八十多岁了，满头白发。她见着他们有些情投意合，心里暗暗自喜。她就把他们相爱的事挑明了："我八十老太，一生命苦，无儿无女。有了你们在身边……你们该料理个人的事了。"

他俩兄妹好像是做一场梦，抱着老太太问明是咋一回事。她就指着门前那棵树干已有盆口大的香樟树说："你们的父母都被一场野火烧死了。他们在灵中说：'你们俩长大后结为夫妻。'他们就高兴了。那时，你们是得同样的一棵香樟树救了命。"白发老太太同他们生活了二十多年，把这番话说完就不见了。兄妹俩觉得奇怪，就到处找，可是找来找去，连影子都不见了。他们以为她躲进大树里去了，找来斧头就砍，从天麻麻亮就砍起，砍到太阳落了，白发老太太在哪里？第二天，又转来砍，却见原来的斧口子复原了，木渣渣也不见了，只见树脚下有一点血。兄妹俩不敢砍了。以为白发老太太已成神。其实，她就是天仙观音老母的妹妹水仙菩萨。

从那以后，他们兄妹俩就结为夫妻，在这棵神树下过着幸福的生活。

白发老太太不见的那一天，正是农历三月三。人们为了纪念她，这天就要杀猪宰鸡来祭供。供时，还要砍些这树上的木渣渣来作祭供品。大家吃到木渣祭供品了，就把这个来历一直传到今天。不晓得对不对，反正，据老人说，祭神树节的来历是这样的①。

把这两个所谓的祭树与居都的祭山、祭树相比，它们之间的差距是何等之大。广西隆林的祭树，实际上是浓缩了他们原来民族的好几个节日和事象内容，而成了今天变异的或经整合后的文化事象，跟原来的祭树已大相径庭，从根本意义和形式都完全变了。其中，把祭祖宗的意义从中凸现了，原来地域上的文化含义由于地域的改变而消失了。确实，迁徙而新立足的种群，"祖宗""根由"是它文化诸事象排列中必然排头的事象。这方面，我们参照一下苗族的情况，就很清楚了。苗族是一个公认的陷入大迁徙中的民族，因此它的祖宗崇拜也就是最重要的。反过来，我们是不是可以这样认为，土生土长、没有什么太大迁徙的种群，相应的崇祖事象就不可能是它自身文化中最重要的事象。这样，对居都人种群的认识就更明晰了。在居都人的文化事象中，崇祖是较次要的事象，祭山、祭树、请坡头、请灶老者、请天、请地，最后才是请祖，并且请祖最多请到五辈以下，五辈以上也就概而略之。这如果与苗族相比，简直是不可想象的。从这里我们可以肯定地说，居都人历史上绝没有大的越出既有历史地理环境的迁徙，与地缘文化的关系是很密切的。

话说回来，广西隆林的祭树，也表现了一定的与贵州仡佬族，特别是安顺、六枝祭树的相似性，如牛心、用鸡、树类选择、某些形式，等等，但总体上的差异是很大的。

说到比弓、茅草寨的祭树，它们的差异性就更大。它几乎是另外意义上的东西，而且发生时间也是很晚的。我以为是受其他民族事象的影响，而在一定地理环境中发

① 雷柏华、何再康：《仡佬族文学资料汇编》，贵州民族学院编印。

生的新的文化事象。这与居都的祭山、祭树的可比性就很小了，因而，它几乎只有一个表面相同的名称而已。

除以上两处的祭树外，还有一些地方有祭树事象。在《仡佬族简史》中有这样的记载："拜树节：农历三月三日，是贵州晋定县窝子新寨仡佬族'祭树'的节日，也是祭祀祖先的节日。一般要在半月前，全寨选出六户主持人，筹办祭祀事务。从农历二月底起，在每晚午夜前，领头人就点着灯，于寨前的路口，用仡佬语喊叫：'老祖公，三月三快到了，快回来吧……'三月三这天，全寨女性不准出门。成年男子都要到山上神树下祭祀，祭品有猪一头、鸡两只，祭毕大家就地而食，仪式十分隆重。遵义县平家寨的仡佬族在这一天，亦要到山上古树下，举行同样的祭祀仪式，并进行多种娱乐活动，气氛更为热烈。"①

从记载看，虽然不知其细节，但新寨的祭树与居都的祭树相比，相似性要多一些，但在祭品、过程等方面还是有许多差异的，特别是其所表现的崇祖形态比居都的祭树要强烈一些，而居都于此的自然形态比之要浓烈。总的而言，它们还可以称为相同范围内的差异性事象。至于遵义平家寨的情况就不一定了，很有可能是在祭树名义下的孟春三月的"游春"，娱乐性质较重。

以上地方不管如何，都还有一些祭山、祭树活动，而作为现今仡佬族的主要聚居区，有县级自治的道真、务川两县。在县的概况一书中，以及相应的民间传说故事中，都没有祭山、祭树的记载和传说，倒是有少许文字介绍这两县的苗族的祭山活动。

在贵州，山、树是每个民族都离不开的事物，但贵州的大多数民族却并不祭山、祭树。据《贵州少数民族节日大观》记载，苗族的节日 74 个，布依族的节日 34 个，侗族的节日 21 个，水族的节日 7 个，仡佬族的节日 11 个，土家族的节日 6 个，彝族的节日 12 个，瑶族的节日 4 个，回族的节日 2 个，毛南族的节日 2 个，其他族的节日 12 个。在如此众多的节日中，只有彝族的节日中有与居都人大致相同的祭山、祭树活动。但纳雍县文化馆记录的"三月三彝族祭山节"，明显与居都人的祭山、祭树不是一回事。只有水城县文化局史洪滔记录的"彝族祭山林节"与居都人的祭祀方式大致相同。

此则材料记录比较翔实，较符合个例要求，并有相当的比较意义，故录为个例。

[个例 29]

祭山林是彝族的一个传统节日。彝族大多居住在高山地区，村寨周围都有高山。彝家认为，天气的好坏，人畜的安康，都与山林有关。为了风调雨顺，人丁兴旺，山林应受到祭奠，于是，就有了祭山林节。祭山林，彝语叫"米舍把"，时间在农历二月的第一个龙场天。

祭山林，大多以村寨为单位。祭山林的树是由白幕先生和村寨里的长者选定的，

① 《仡佬族简史》编写组编著：《仡佬族简史》，贵州民族出版社 1989 年版。

要求为林中古老高大之树。祭山林这天，每户男人提一壶酒，带一碗苞谷面或米、半斤纸钱、一把香上山。女人不能上山。人到了树下后，先在树下用树枝、茅草做一个小房子，放一碗苞谷面或米，上面放一个鸡蛋作为供品。接着搞“打杵塘”，就是在离小房子一两尺处，搭一个类似门一样的架子，门下放一些干草、木渣之类的东西，将三砣拳头大小的石头放在火里烧红，置于干草木渣上，再取马桑树的枝条覆盖在上边，然后在上面浇一碗清水，水浇下后白气蒸腾。三项工作完毕，祭祀开始。首先，人们拿着纸钱、香、酒和面依次经过打杵塘。彝家认为，这样做可以去掉身上的邪气，使食物更干净，吃了以后不会生病，接着，便是白幕先生祈祷，乞求神树保佑。祈祷约半个小时，开始杀鸡或其他牲口，杀前用酒奠，杀的血滴在树前的供碗里。然后把牲口肉煮熟，切六片分别装在两只碗里，再倒两杯酒，盛两碗饭，一齐放在树下供神树。这时，百幕先生又祈祷，随后，参加祭山林的人依次在树前奠酒，烧纸和香，跪着磕头，百幕先生则在一边念名字，念到一个上来一个。供完，最后在树边挖一个洞，一尺见方，把供品埋入洞内，用一块石板压住，再将小房子拆掉放在石板上，这样祭祀活动完毕。

做完这一切大家聚餐，之前要看鸡卦，是鸡腿肉上的左右两条筋，看筋上的肉粒多少，在左在右，以预测今年年成好坏。此卦最后由百幕先生和一个长者各吃一条。餐毕，下山回家。

（笔者做了相应整理）①

从这个个例看来，彝族的这一事象，也是受居都或其他仡佬族的祭树事象影响而来的。在这里，祭山、祭树成了“祭山林”，鸡卦的骨头成了腿肉上的筋……并加进了香、纸、“打杵塘”驱邪等一系列自己种群原有的东西。这样的情况在陇嘎的箐苗那里也有，前面的个例中已有这方面的叙述。

从仡佬族内部及相邻民族此事象的情况，我们不难看出，这样的事象大致有一个地域范围，即黔西北一带是祭山、祭树事象的主要发生地或中心地带。那么，谁又是这种祭祀的主要继承者呢？我以为是以居都为核心的这一群仡佬族人，并包括安顺附近的一批仡佬族人。对比中我们不难看出，彝族的这个祭山（有很多彝族群落并不祭山、祭树），虽形式上与居都的祭山有许多相似之处，但变形很大，该强调的事象它忽略了，不该强调的又因切合了他民族的情况被强调了。陇嘎箐苗的情况也是如此，也明显受到苗族一些事象的影响。广西隆林、镇宁比弓等地的祭山，在很大程度上已名不符实。普定的同类事象也被淡化了。至于遵义平家寨，如果不是与普定有渊源关系，那它的真实性和具体内容就值得怀疑。

为什么会产生这样的现象呢？在《夜郎史稿》上有这样一段文字：

葛僚唐时今四川宜宾一带称戎州，今泸州一带称泸州。《新唐书·南蛮传下》说：“戎泸间有葛僚，居依山谷林箐”。戎、泸两州南

① 贵州省文化厅群文处：《贵州少数民族节日大观》，贵州民族出版社 1991 年版。

连今贵州西部的赫章、毕节、大方及云南东北部的威信、镇雄、彝良、昭通、大关一带。此之“葛僚”，为古群舸郡西北平夷县及其边缘地区的夜郎后裔。“葛”字，《说文解字》卷一草部谓：“葛，络络，草也。从草，曷声。”他们被称作“葛僚”，就是因为生活在山谷林箐的草莽之间。①

此书在这里叙述的是秦汉以后的牂舸地夜郎后裔情况，而“葛僚”正是他所叙述的“诸僚”中的一种。“居依山谷林箐”正是居都等族人的真实写照，居都人及有祭山、祭树、祭箐等文化事象的种群正好就在以上的几个地区。另外，居都人的有关祭祀中，就有所谓金丝茅草等事物出现。这似乎也不是凭空而来的，它们之间可能有一定的联系。

在这样的地理环境中，山、树、箐林对人们的重要性是不言而喻的，不管是什么人，只要置身于其中就难免把崇敬献给这“生之父母”。在居都周围的文化事象访查中，其对面寨子的社勒是彝族人。他们自述祖先最初到达此地时，夜间只能待在树上，这样才能躲过野兽的袭击，得以生存下来。对此，他们还有一个传说，说最后是树神露出了真面目，才把野兽吓跑，来这里居住的彝族人才最终安居下来。这样的情形在箐苗中也是如此。梭嘎苗人是外人对他们的称呼，他们一直自称为“箐苗”，可见林箐对他们的影响至深。

上述两个例子是两个与居都完全不同的民族，一个是彝族，一个是苗族。他们虽然都拥有自己的民族文化，但处于这样的生态环境中，仍相应地于此有所表现。当然，这也可能有文化的相互渗透和融合的因素，但二者并不矛盾，因为地域和文化常常是关联和依存的。这个地域环境对其他民族的影响如斯，那么对被称为“葛僚”后裔的仡佬族人的表现又会如何呢？他们于此环境中，除了把祭山、祭树等祭祀表现得更接近本质之外，还能有什么表现呢？我以为居都人就是这样的人，或者说是他们后裔中的一部分。在以上居都人的祭山、祭树与其他民族相同事象的比较中，我们不难看出，居都人这方面的事象最接近自然的真实，而处于它附近的相同祭祀，以及从这里迁徙到广西隆林的仡佬人的祭祀，都或多或少有了变化。还有，居都人的地域与历史上的“西堡”相近，有诸多的关联，但据居都人自述，他们的祖先过去年代的纳粮地方却并不在西堡方向的某地，而是在西北面的大定府。这说明，居都人与西堡有关，同时又与《新唐书》中描述的“葛僚”关联。这里，还可以从仡佬族称谓出现的年代来看。在史籍上明确地出现“仡佬”记载的字样是在宋朝，故一般学者认为仡佬族的形成也就在这一时期，而《新唐书》关于“葛僚”的记载年代正好稍早于它。这好像不是巧合，似乎他们之间有一定的联系。如果这个推想成立，那居都人在祭祀中表现的东西就具有了另一种更新的意义，即居都这一支仡佬族所传承和保留的许多东西，比之其他支系的仡佬族，就更古老和直接，变化更少。这一点，我们在仡佬族民间传说、故事的比较上就可看出。黔北一带的民间传说、故事明显受汉文化的影响，人文色彩很重；而居都人的民间传说、故事则自然古朴，大都是口碑中的原

① 朱俊明：《夜郎史稿》，贵州人民出版社 1990 年版，第 183 页。

生状态，只是在从仡佬语言到汉语的转化中有了些变化。在居都人的传说故事中，即便是与汉人相同的传说，也是用自己的语言形式和思维来表达，汉语的文化遮蔽不多。

另外，从语言的方言区分布也可以得到这方面的证据。在张济民先生的《仡佬语研究》中，居都的语言被划为黔西南方言中的“六枝牛坡土语”。他说：“这个方言是仡佬语各方言中地域最大而又最分散的。地跨黔、桂、滇三省、区。在贵州的人口最多，主要分布在六盘水地区的六枝和水城。此外，普定县马场的下关和遵义县的尖山也有数量不多的人居住，在广西的居住在隆林县大水井一带；在云南的主要分布在文山壮族苗族自治州的麻栗坡和马关两县的一些村寨。原来说这种话的约有12000人。这个方言区又可分为5个土语（六枝牛坡土语、隆林摩基土语、麻栗坡县老寨土语、水城打铁寨土语、遵义尖山土语）。”

在这5个土语中，隆林、麻栗坡等可以肯定是从贵州西部因迁徙而扩散开来形成的，遵义尖山土语的性质大致也如此。留在原先语言发育区域内的大概就是六枝牛坡土语和水城打铁寨土语了。从这里，可看出有一个与“葛僚”对应的语言区存在，或者可能有一定的联系。这虽不确切，但从旁证明居都人的先民历史上与“葛僚”人的关联，也是有一定的道理的。于此，我们还能看到一个现象，即这个方言区正好与有祭山、祭树情况的区域大致相近。这不是巧合，它反映了这个支系的仡佬族的远古的内在联系。如此说来，居都的仡佬族人与其他的，如黔北等地的仡佬族人的来源是有差异的。这可以表明，居都人在地缘上与此地遥远过去的历史有较大的关联，它的衰落、退让、保存、发展等均发生在同一或相近的地域内，并没有发生过大的迁徙，并没有改变大的地理生态和人文生态环境。这已经在前面的祭祀崇尚性质中有所记叙。在古代，他们的祖先也许彻底失败了、逃亡了、退让了，但并没有像广西隆林和云南麻栗坡的仡佬族那样的大迁徙，只在本地或就近的某个山的褶皱中又生存了下来，像一棵被折下的树枝一样，插在新的土壤里，又生根结籽了。这在文化上是很有意义的。民族的任何迁徙，对自身的原有的文化必然有大量的佚失，迁徙中的机械性轶失之后，在新的生态环境中又有一定的“适应性”佚失，这两方面发展到一定程度，就会发生民族文化质的变化，文化的意义在变化中就会与原来的文化相去很远。广西隆林和云南麻栗坡的仡佬族的迁徙，就是这样的例子，他们在迁徙中和生存适应中，丧失了很多原有的文化事象。以他们为例来反证居都的情形，那居都这一支仡佬族的文化保存又是非常幸运的，同时也衬托出居都文化的可贵。

现在似乎可以这样来描述居都，居都人及与之相关的种群在历史上与《新唐书》上记叙的“葛僚”有较多的关联，并在现今的仡佬族中形成了独特的一支，而居都又是这一支人的一个比较典型的代表。

这里，又涉及仡佬族的支系问题。在居都等仡佬人的自述中，称自己有九支，即披袍、打牙、金毛（又叫剪毛）、锅圈、打铁、雅伊（又叫雅意）、红仡佬、花仡佬、水仡佬等。但在《永宁州志》卷十，风土11、12页上记载：“仡佬有水仡佬、木仡佬、花仡佬、红仡佬、雅意仡佬、打铁仡佬、猪豕仡佬、锅圈仡佬、剪毛仡佬、披袍仡佬、打牙仡佬等十一种。”在《大定府志》卷十四却仅载：“披袍仡佬、打铁仡佬，打牙、锅圈、剪毛仡佬等五支。”

对仡佬族人的支系自称，我是从长期观照仡佬人文化的叶正乾老先生那里得知的，有较大的可靠性，但这可能是很久以前的事情了。随着一批老年人的去世，已很难有说得出这些支系真正名称的人。我在寻访中就没有得到这方面的消息。对于记载的仡佬族支系的情况，也同样在现今仡佬人的现实生活中很难找到明确的支系存在的证据了。在寻访中，我也常听一些仡佬人自称为某某仡佬，有一些自称是实在的，也有一定的道理，但他们往往自称披袍的多，称其他支系的少，明显有一种外在的暗示在影响他们，即认为披袍是贵族（就如彝族的黑彝、白彝之争一样），并没有内心确定的自我认定。我以为，仡佬人的支系是在历史中被外力彻底打碎了的，如同其他的文化因素一样。在他们失败的大逃亡中，生存保种是最重要的，支系的瓦解在历史进程中是自然而然的。因为深藏于山中的“遗民”，几代人一过，那些支系都只好存在于他们的记忆中了。如此，我们现在来适当地辨明各个点上的仡佬人的支系渊源，是有一定意义的，但要生硬地像对苗族那样描述他们的支系的归属和存在是不现实的。

以上我们对居都人的祭祀、族源、支系等大的方面与仡佬族的关系进行了一定的论述，从中不难看出，研究居都文化对于研究仡佬族文化的重要性。因为居都的文化表现除了民族文化的一般意义之外，它还有自身的特定的意义。并且，它尤其是在保存这个民族的某些古老记忆，以及语言、观念和心理果实上的贡献是巨大的。在《大定府志》上对仡佬人有这样的描述：“家不奉祖先香火，惟知祟祀山林”。而居都人不就是现今仍然如是的一群人吗！

这一节对居都与仡佬族大的关联论述是重要的，但下面对居都文化与仡佬族文化在细节上的关联论述，也是有意义的。它们能在更多的方面和更丰富的意义上叙述居都文化与仡佬族文化的关系。

第三节　居都与仡佬族（二）

居都人是仡佬族人的一支，在拥有异于别人的事象的同时，居都的一般的事象也是融汇在仡佬族的文化潮流中的，并且由于历史的演变，它也消失了许多东西。下面我以翁家烈先生的《仡佬族》一书所叙为参照，比较一下居都文化在整体的仡佬族文化中，拥有什么事象和没有什么事象，并力求简洁明了地解释一下为什么，一方面加深对居都文化的认识，另一方面描述居都文化与仡佬族文化的关系。

《仡佬族》是一本介绍仡佬族文化的“纲目”式的读物，内容全面且简略。此书分述十一个方面，我们从相应的方面叙述。

“采砂、炼铁与织染”是它的第四个方面。

采取朱砂、炼水银的事象主要在黔北。冶铁和铸铁制农具在居都人的四周是有存在的，一是这里有铁矿石，二是有煤，很可能存在过一定的炼铁事象，而制造铁农具则是肯定的。比如，在居都附近的水城县的一个仡佬族村寨就叫打铁寨；距居都不远的马脑壳河下游的中寨附近，就有自称为打铁仡佬的仡佬人村寨，并且，他们打制铁制农具，还有一定的历史，是这一带有名的铁制农具产地。居都人与炼铁、打制铁器没什么关联，没有什么与此相关的东西。当然，使用传统的铁制农具则是肯定的。

织染事象在居都是存在的，虽然它现已基本消失，但一些实物还在，一些事象还可以还原。在《仡佬族》一书中有这样的记载："文献记载，古代仡佬族的纺织原料很多，有野生植物葛、楮，有栽培的麻、竹，还有毛、丝等。中古时期多用葛、楮、竹、麻等，其后则以麻、毛、丝为主。纺织工具有纺车和织机。传统的织机异常简单，仅由六根木棍组成，俗称'矮机'，明清之际汉族的织机传入，其形如床、柜，俗称'平机'。"①

在原料上，麻、毛、竹等居都都是有的，可能最多使用的是麻、毛。竹怎样进入纺织不得而知。居都有大量的竹，但似乎从来没有进入过居都的纺织。竹作为纺织原料进入纺织在其他民族也未有所闻，不知为何此记载要把竹作为仡佬族人的纺织原料。其他的一些原料居都就没有了，比如丝。野生植物的葛可能在很早以前有过，并作为织布原料进入过居都的织布机，但现今已没有它存在的直接证据了。楮，主要是山区人造纸的原料，如何作为纺织原料不得而知，居都人也不熟知这一事象。其中没提到居都人的水麻柳，是居都人于此异于整个仡佬族的事象。前已有所述，水麻柳是一种灌木，与楮一样，都是使用它的树皮。它的纤维加工也是与众不同的，此前已有所述。至于织机，居都人的织机与上述的"矮机"一致。在以上记载的后面还有这样的文字："交织成布，宽约 1.2 尺。能织出斜纹。斗纹、菱纹、蕨纹等诸种纹式。"② 这所叙述的花纹与前面所叙的花纹大致相同。从这里可归而言之，居都人似乎自古以来并没有出现汉族的平机，故织法一直是最传统的。没有丝，毛也很少，因而他们所织之布大多是麻布和水麻柳的树皮纤维布。在印染上，从那匹布的实物看，一般的染色技术在居都人中是存在的，且技艺不低，因为那布已保存了近 50 年，颜色仍是鲜艳。当然，居都人没有如此书中介绍的"白纳布""铁笛布"以及成书的《染匠传言大全》等染织上的成就，总的染织水平可言之处不多，只有水麻柳纤维布倒有些独特。

在与此相类似的工艺上，居都人的竹加工是此书中没有介绍的事象，可竹加工在居都人生活中的重要性，并不亚于某些仡佬人的冶铁和采砂。况且，在仡佬族的古老的支系记忆中，篾仡佬是存在的，并且其称谓有载于汉文史籍。也许，对竹的加工在大多数仡佬人中已经消失，故此书没有进行介绍，但在居都人中，这还广泛存在着，并成为居都人的经济支柱之一。

生活习俗的描述是此书的第五个方面。

它首先描述的是仡佬族人的男女服饰，但均是对其古代服饰的回忆。居都人的男

① 翁家烈：《仡佬族》，民族出版社 1992 年版。
② 翁家烈：《仡佬族》，民族出版社 1992 年版。

女的民族服饰是全部消失了的，具体的年代也就在清末。另外，居都遗存的刺绣图案，即前述花背扇上的“方框八角人字型”图案，我以为在仡佬族的刺绣遗存中有一定的广泛性。因为我发现其他地方的仡佬族刺绣图案表现的结构形式均与之大致相似。这里面是否包含一种精神或意义还不十分明朗。

至于剪头、打牙等习俗在居都人中没有发现。但据说，六枝附近的仡佬族男女结婚时，有用木棍敲牙的习俗。这可能是打牙习俗的遗存，即由实际上的打牙变为象征性的敲牙了。

居都饮食上主食与书中描述的仡佬族主食差不多，副食的情况差别也不大，但居都没有所述的吃“酸菜汤”的习惯。

酒食上居都多为一般的夹缸烧酒，甜酒也有，但少，“竿儿酒”在居都没有。

在住宅上，书中这样描述仡佬族人的住宅：“古代仡佬族人多住干栏式房屋，《唐书》所谓‘依树为层巢而居’‘人楼居，梯而上，名为干栏’。屋分两层，人住楼上，楼下圈养牲畜，以避免虫蛇侵扰和潮湿。今黔北部分仡佬族地区还保留有这种传统住宅样式。大多数住房仿汉族房屋格局，为一列三间平房。中为堂屋，两侧为厢房，每间厢房又各隔为前后两小间，用前一间作厨房外，其余用作卧室。前一间卧室有一火坑，火坑里终年薪火不绝，是家人每日就餐处。每天劳作完毕，全家男女老幼皆围炉休息或闲谈。亲朋来往亦在火坑旁接待交谈。堂屋与厢房之间均有门互通。堂屋正壁前置方桌一张。磨、桶、犁、簸、盆等常用器具亦多放于堂屋内。只有婚丧、祭祖时才在堂屋举行。屋顶下安楼枕，上铺篾笆，一般不住人，作堆放粮食用。”①

居都人的住房情况与之大致相似，但传统的房屋样式没有了，只有一些老年人还有一些记忆，说他们最早是住在树上的。在现今普遍是所描述的那种汉式房，但在汉式房的下坡方向，仍然要挖一深坑，坡下设一门，作为关牲畜之用。对此，我以为是一种干栏式房屋的变通，或者是汉式房屋中仍摆不脱干栏式的记忆。房屋的式样如此，可墙体及屋顶等方面使用的材料却是简陋的。因为贫困，居都人的住房多为草盖顶，竹篱笆糊泥巴再刷上石灰的墙体。

婚姻与家庭是又一个方面。

《仡佬族》一书对古代仡佬族先民的婚姻描述已经很遥远，在居都完全没有相关的事象。对明清以来形成的婚姻制度，书中是这样描述的：“男女青年婚配只在同一支系内不同宗族间进行。联姻范围在十数里至数十里之间。婚姻关系都在亲与戚间相互展开，形成‘亲上加亲’的婚姻体制。诚如《天下郡国利病书》所载，仡佬‘婚姻系累世为亲’。婚姻体制中最普遍的是姑舅表婚制，而在姑舅表婚制中又有不同的取向：安顺、平坝、贞丰等地严格实行姑之女定为舅媳。如亲舅无子，须嫁与堂舅之子，否则该女终身不得嫁，他人亦不得娶。普定、关岭、六枝、金沙等地却相反，即舅之女当为姑之媳，俗称‘侄女赶姑妈，不去也要拉’。甥女决不能嫁归舅家为媳，不然会遭人耻笑。大方仡佬族则姑表、舅表婚制并存。舅之女要优先为姑之媳，同时

① 翁家烈：《仡佬族》，民族出版社1992年版。

姑之女也要优先当舅之媳。只有在舅或姑家无子，或双方子女年龄过于悬殊，或此方子不愿娶彼方女为妻时，该女方可另嫁他人。上述各类姑舅表婚地区，严禁姨表兄妹间互相开亲。黔西、关岭、贞丰、正安、道真、风冈、隆林等地则是姑舅表婚与姨表婚并存。姨表婚常以指腹为婚的形式缔结。嫁出的姊妹俩若相继怀孕，或一人已有子女，另一人已怀孕，两姊妹往往商定，生下的孩子若为异性，长大后就结为夫妇。亲戚之间开亲，夫妇二人对对方父母仍按原亲戚关系称呼，均不改口称对方父母为父母，待有孩子后，便改随小孩身份相称谓。结婚年龄一般在十七八岁左右，男女年龄相当。唯黔北、黔西的一些地区，女子年龄往往大于男子两三岁。古代仡佬族原则上不与他族开亲，但特殊环境下例外。……中华人民共和国成立前，因仡佬族地位低下，仡佬族人与他族通婚者极少，与外族通婚者，绝大多数是本族女性嫁与外族男性。中华人民共和国成立后，仡佬族不同支系间交往扩大，各支系互不通婚的界线已突破，支系之间的通婚日渐增多，仡佬族经济地位和社会地位的提高，与其他各民族交往的增多，使得仡佬族人与他族通婚人数不断增加，婚姻关系上普遍从单性输出发展为两性对流。"①

文中描述的婚姻制度状况在居都至今如是，但翁家烈先生所说的“严禁姨表兄妹间互相开亲”的禁忌在居都已经不存在了。其原因我以为是严格的族内婚及其他客观条件限制，对此前面已有所叙述。另外，居都的仡佬族人至今基本上是严格地不与外族通婚的，居都附近就有苗、布依、彝等民族的村寨，而且关系友好，但多少年来竟无一例婚姻关系。这方面只对汉族破例，但前述的 12 例族外婚婚姻中，大都有一定的客观原因，真正的传统的媒妁之言，即通过很传统的很正规的婚姻手续方式而来的族外婚基本没有。

书中描述的仡佬族青年男女的婚恋和联姻形式，居都与之亦大致相同，有父母之命、媒妁之言的，有自由恋爱的，也有“自由”之后请父母“媒妁”的，但现实中的媒妁之言还在居都占绝对优势。

有关这方面的其他描述，在居都或多或少地大致存在，但有两点书中没叙述到，即居都的迎亲至家是骑马，此可能是受彝族习惯影响。另外一点新人不拜堂是相同的，但得在灶前行礼才能进洞房则是书中没有记载的。

丧葬

居都的丧葬仪式与各地仡佬族的丧葬仪式在大致相似的前提下，有自己的一些东西，但其并没什么特别的意义。因为四散的仡佬族人在此方面保持传统的同时，又多多少少融进了其他一些民族的相关事象，故仡佬族的丧葬仪式此地与彼地很大程度上是不可比的。但葬式则在居都和居都的四周有些东西值得一述。仡佬族历史上出现过的“岩穴葬”居都没有；“岩框葬”“悬棺葬”也没有。石板棺葬在居都未见实物，但附近的区域内却有大量的这种遗迹。石板墓在居都也未见实物，但附近地区也有不

① 翁家烈：《仡佬族》，民族出版社 1992 年版。

少这样的东西，如图片上的石板墓就是五联函和七联函的。“生基”墓葬形式在居都有较充分的表现，有不少的实物，状况如前所述。

书中还说：“仡佬族丧葬还有两点特殊之处。一是装殓或埋葬，均不避铜铁等金属。古代有用铜金属条缠尸的，有用安放锅、罐的铁三脚陪葬的，有的用五寸长铁钉钉棺盖，许多棺木是用粗铁链悬吊于岩洞里、石板墓、生基墓内。二是大多数岩穴、石墓、生基墓中的棺木是用石鼓或砖块或厚瓦垫着下部四角。将棺木悬吊或用他物垫棺，都是不让棺木直接接触地面，其实这都是绝壁悬棺的遗风。清代以后，汉文化对仡佬族社会影响日益深广，大部分仡佬族地区墓葬形式多实行土葬，掘一长方形土坑，放棺入坑，棺盖与地面平，填土掩棺，垒土为圆形墓。”①

这一描述与笔者在居都所见的情况基本相同。不过据居都人自述，生基墓之前，居都人还有一些用毛石所垒砌的墓葬较为古老，但墓葬情况如何，不得而知。

节日

书中所述的仡佬族三月三祭山、祭树这一节日，情形大致与居都的祭祀相同，但有的东西的理解和解说是错误的或有偏差的。这方面前面章节中已有所述。另外，这种祭祀性的节日我以为又不能作为现今概念上的仡佬族的普遍性的文化事象，如黔北等许多地方就没有这样的东西。我以为这是黔西北为主的有一定地域限制的节日。

吃新节是各地仡佬族人进行得最广泛的事象，但书中叙述的吃新节只是众多表现中的一种，有以一概全的偏颇。居都人杀牛吃新，就有在外献祭的仪式，更重要的是居都人有在灶边献饭的仪式，并没有如书中所叙述的在房子中柱下的祭祀细节。在房子中柱下行此事的在居都附近的猴子田的仡佬族中有，但他们是祭了房屋的“后陇”后才到中柱下行事的。由此可见，在仡佬族中，吃新节的表现形式是多种多样的。

年节的情况。居都人至今仍以“小年为大”，他们的小年是冬月的第一个虎场天。这大概是“以十月为岁首”的变异，而这一小年节的日子正好与公历的新年时间相近，前后差距也就是数天。在《仡佬族》书中说：“清代以来，仡佬族人渐仿汉人以腊月三十至正月初一为过年，原先十月为岁首的习俗渐渐废止。年节时期向后推移，并吸取一些汉族过年礼仪，但仡佬年的传统习俗仍有不少留存下来。”② 说仡佬人的年吸收了一些汉族的过年礼仪，这不假，但“废止”在居都却是不存在的。在居都人中，崇尚“小年”的心情很强烈，普遍认为这才是自己的年。并且，过小年各姓氏的时间还不完全相同，有的差异很大，有的遗存明显很古老，或说一时难以解释。当然，也有人淡化了这“小年”，把它移到“大年”的头一天来过，但形式还在，并且为此也有自己的解释。

在居都人注重崇尚小年的同时，也同样过汉族人的年节——春节，为了区别两个年节，居都人把春节叫为“大年”。过大年时，他们也准备了一年的丰富的主、副食，但他们过“大年”与我们汉人过春节在氛围上完全是两回事。我在居都过春节

---

① 翁家烈：《仡佬族》，民族出版社 1992 年版。
② 翁家烈：《仡佬族》，民族出版社 1992 年版。

时见到，他们年晚饭时，按他们的民族习俗举行了一定的祭祀仪式，比如说“敬祖”等，吃了晚饭，就早早地上床睡了。我于此很惊奇，因此才有了前面章节中那个关于“守岁”的对话。可以说，居都人并不理解春节的意义，也许一直保有“小年为大”观念的居都人并不需要这种理解。在这个例子中，我还深刻地理解了来自民族文化心理积淀对它那个种属的重要性和影响。由此，我以为居都的年节相对保存了仡佬族的一些比较古代的事象和意识，在仡佬族文化的论述中应该得到重视。

最后所叙的广西隆林仡佬族的“拜树节和捉虫节”。这两个节日对于整个仡佬族没有广泛的意义。拜树节有的事象就是原来的仡佬族的祭山、祭树和吃新祭祀等事象糅合而成的，对此前面章节已有叙述，当然，拜树节除了与迁徙文化环境的变化有关以外，与地理环境和气候季节也有关。因为那里的气候与迁徙前的贵州居住地的气候不一样，比如树木的常绿也就无所谓三月孟春的什么萌动，还有稻谷的成熟时日也与原来大不一样了，怎么吃新呢？还有，他们到了那里，一个新的地方，“古老前人，开荒拍草”的角色感也没有了。面对这一切，最后的文化调整结局也就是“拜树节”产生了。这拜树节对广西隆林的数千仡佬族是重要的，但对于贵州的仡佬族就没有多少意义了。

捉虫节列入仡佬族的节日文化叙述，例证来自广西隆林，但这明显是壮族和布依族人的“水稻文明”的文化果实。广西隆林仡佬族的所为，完全是一种“入乡随俗”的介入，故严格地说它并不是仡佬族人的具有普遍性的节日文化。

文学艺术是一个民族民间文化的重要事象，比较而言，民间文学中的神话、传说、故事等几大项，在居都都有存在和表现。这方面叶正乾老先生在20世纪80年代初就开始了搜集工作，有不少的成绩。但总体上的工作遗憾之处甚多，并且有些方面的损失已经无法弥补了。因叶老先生的努力，留下了一些居都的神话、传说和故事，但也因一些能讲故事的老人去世，许多的神话、传说、故事已经消失了。在现今我们能见到的居都的这些民间文学作品，与总体上的仡佬族的这些作品相比，只有少许相同，更多的是相异，并充满新鲜和特异感，是仡佬族人，至少是居都人的“宝贝”。

另外的民间文学种类，如古歌、酒歌、情歌、山歌、哭嫁歌等，古歌没有；酒歌、情歌、山歌在居都则不是少量的，并有一定的分类和式样；哭嫁歌有，但很少，居都人的婚娶不会狂喜，但也不会悲伤。

傩戏、地戏等事象居都也没有。因为居都人与其他仡佬人不一样，鬼、神观念淡漠，故也就很难发育和接受傩戏一类的东西。

实际上，我们在调查了解居都时，对它的民间文学方面的努力是不够的，但就目前所见到的居都民间文学材料，在研究上也是有较为广阔的前景的，可惜此书的论题不能面面俱到。

在民间艺术上，居都人几乎没有自己的乐器，在居都附近我寻到几个铜鼓，但都不为仡佬人所有。舞蹈也只有死人、杀牛时表演的“跳脚舞”，但我以为此事象可能是从彝族引进的。

以上具象的种种事象如此，但这种比较还可以说到抽象的观念上去。

对自然力量的崇拜居都人表现得很充分，这方面可能比其他的仡佬族人观念更为强烈和本质化，当然现今的这类事象大有淡化的趋向。我以为居都人表现的自然生命力崇拜观念，如果在与仡佬族此类观念表现的对比中，会更有意义。

居都人对自己的祖先非常崇敬，但在崇敬、祈愿的基础上，居都人似乎比其他仡佬族人更多了一份纪念缅怀上的意义。另外，居都人举行这些相关仪式时，没有巫师类的角色，也不由寨老领头，也不是区域性的统一行动，而是由各家族的长房主事人操办主持。这在对比中也是有意义的。

在占卜的事象上，《仡佬族》一书中历数了仡佬族人的卦卜、芽卜、动物卜、树根卜、鸡卜、蛋卜、衣食卜等。居都人中只有卦卜、鸡卜、蛋卜、衣食卜，其中又以鸡卜用得最多，不像书中所说的那样只在男女双方定亲时用，在祭山等时候也是要用的。另外，鸡卦是居都人使用最普遍的事象，并且有多种多样的解说。

禁忌是每个民族日常生活中都会出现的东西，是每一个种群都有的对某些事物认识的观念性反映。这方面《仡佬族》一书没有涉及，但居都人却存在着一些这样的东西。比如，他们认为吃鸡蛋、鸡肉后一定要洗手，不洗手出门会遇到豺狼虎豹；烧柴火时不能坐在柴尾巴上，如坐了野猫会到家里来拉鸡；上山遇到烧过的柴也不能拉回来，拿回来野猫会到家里来拉鸡；接亲、嫁女不准小毛头娃来看，看了这两个新人会不和睦，等等。这些都是居都人在长期的日常生活中的积累起来的谈不上什么正确与否的观念性事物。它虽然不能像前面章节中所叙述的那些观念那样对居都人的生活有决定性影响，但它们的影响仍是长久和绵延不绝的。

除这些禁忌之外，居都人还有一些禁忌内容，但现今一般的禁忌大多都已淡化。我以为作为非常分散而居的仡佬族，各地都能有一些这样的东西，也同样反映他们过去和现在的某些恐惧一类的心理活动，只是《仡佬族》一书忽略了它。

在外来宗教的影响上，居都几乎没有一点这样的痕迹。

在仡佬族文化与居都文化的对比中，还有一点值得注意，即书中所叙述的所谓的“神”“鬼”，要么其概念应用的真实性值得怀疑，要么其概念对于居都并不合适。这我在前面的章节中已有一定的叙述。于此我以为，居都人的这方面也许更接近仡佬族的古老文化的原本意义。

从以上的对比关照中，我们发现，许多的在一般的民族存在状况下应该有的事象在对比中并没能出现。这说明，居都人的文化虽然有许多不可多得的东西，但它的文化残片性也是明显的。

第七章　边缘文化

第一节　居都前文化的边缘性

在世界的文化人类学中，解释文化的相似性有两大著名的学说：一是发生学派的"发生说"；二是传播学派的"传播说"。前者解释文化的相似性的依据是：文化的相同发展阶段，不同的文化也能发生相同的文化事象，从而构成文化的相似性；后者的观点则认为：各个不同地区的文化的相似性是由于文化的传播造成的，即承认有一个文化的中心点，中心生发出这一文化的核心，并具有向四周进行文化辐射的能力，距中心越近的地区，与中心文化的相似性就越大、越多，距中心区越远，这种相似性就越弱、越少。这两种学说都能在世界文化的现实中找到自己的例证，往往是互有消长。结合贵州民族文化的客观现实，用什么样的理论观点、见解来解释贵州各民族错综复杂的文化现象呢？我以为这二者都无能为力。贵州的民族文化表现中，往往是此民族在拥有自己的一些基本事象的同时，又拥有一些与其他民族相同、相似或明显变异了的事象，并且，几乎所有的少数民族在文化上都没有处在当今文化的主要潮流中，或形成较大的区域性主流。即便是在一些特殊的事象上，也只能有一定的份额，并不能自我主导什么。这样一来，表面上好像贵州各民族文化异彩纷呈、丰富多彩，但实际在文化的本质上均呈现一种文化的边缘性状。这种文化的边缘性是怎样形成的呢？是贵州的民族政策不合理吗？不是的！是各民族人民聪明才智欠缺吗？也不是！是贵州各民族缺少努力和奋进精神吗？也不是！应该说，这是从各民族文化的自身结构形成的。

居都这一文化社区的性质就说明了这一点，居都的社区文化就是这样的范例。这里我试图剖析居都文化这方面的性质，以期在此有一个明晰的认识。

在前面的章节中，我描述了居都的形成或者说形成的构想，并从现今我们能看到的居都的文化事象来推测证实了这些构想。也就是说，在叙述中我们承认了这样一个事实，即居都的形成与明洪武年间及以后的社会的大动荡有直接的关系。由于外来的机械性的力量，原有的仡佬族文化从整体上受到了打击，许多原本聚合的文化体被机械地分割开来，四散各地，居都也很可能就处于这样的状况中，是四散中的一小块。后来，这些非整体的四散的文化，在各自所处的地域环境、人文环境中与其他文化发生了联系，产生被本尼迪克特称为“文化的整合”的现象，从而形成了今天的居都文化的一类新的或仍可称为“旧”的文化体。那么，居都的文化在最初的时候，必然就处于原有的仡佬族文化的某种边缘上，成为一种非整体的、非中心的边缘性文化。今天，我们对居都在那个历史时期的文化的边缘性了解并不是很多，要描述居都当时的边缘文化的状况很困难，但描述它对我们理解今天的居都文化又是重要的。

从今天的居都文化来看，尽管它的许多文化事象的意象很古老，但它的文化明显是残片式的，并没有一种文化的整体感，距历史文献描述的仡佬文化给我们的整体印象相差甚远。就是把居都文化与现今的仡佬族文化整体相比，它也是有很大差距的。很明显，所谓的居都前仡佬文化体在明清时与其他民族，主要是汉族文化发生“文化整合”时，并不是仡佬族的整体性质的文化与汉族整体性文化之间的整合。当时的居都前仡佬文化肯定是不完整的、边缘性质的。但这种边缘性是怎样形成的呢？我以为应该从仡佬族历史文化的发育发展来看待它。

不管居都人的先民是越人还是濮人，但它的人种和文化都源于生发在贵州山区的这一土著种群。这是毋庸置疑的。这一土著在贵州大地的广泛存在，已为现今的许多考古发掘所证实。在春秋战国前，这块土地上的种群文明发育虽然落后于黄河流域和长江流域的种群，但它们按照人类文明的一定的内在规律发展着，并没有受到大规模的其他文明力量的介入和干扰。也就是说，这时候贵州大地上的文化在分散性的类似中有一个较大的相同地域文化特征的文化整体存在，这就是后来人们所说的“百濮”。百濮这一称呼的由来有一些说法，但并不能说明什么问题。因为最初的历史动因中只要稍换一个角度，可能就会是另外的称呼。到后来，也就到了史籍中记载“庄蹻入滇”，这种平衡被打破了，一种新的或相近的文明形式和力量介入了进来，让贵州的土著文明发生了变化，但这时是两种文明整体上的对话。这样的对话导致的是一种促进和发展，并不是一种力量的对抗和抵消，也没有文化生存空间的争夺问题。因而不管这样的对话导致的文化整合性质如何，大致上并没有触动当时贵州土著文明的整体性，也没有挤占和破坏它的生存空间。

到了秦汉时期，随着北方的文明力量对巴蜀、云南以及南越地区的开发，贵州的土著文明进入了一种钳形文化的进击真空地带，一种来自东北方向的文明力量、形式不可避免地要到来了。这种被称为汉族文明力量和形式的介入是强大而频繁的。这时，新来的力量已经由于自身的需要，内驱力使他们希望能打破此地原有的土著文明的整体框架，破坏它的整体性，并且希望在一定条件下，在新的所谓土著文明结构中放进自己的文化构建。当然，这必然发生不同文明形式之间的对抗，不管这些行为对当地土著文明的发展是促进还是停滞，相互间的对抗都是必然的。在贵州的历史上，就长期地演出过这样的文化争夺：一方面贵州的土著文明需要发展新的文明要素；另一方面又坚决抗拒新的文明要素对自身文明的侵蚀和损害。这个过程在历史上是相当漫长的，一直到靠吸取中原等新文明要素发展和兴起的贵州土著文明的果实——夜郎国的覆灭，这种争斗发展到了顶点。所谓夜郎国及其相似的诸如且兰等其他的小王国的灭亡，实际上是来自北方的文明力量和形式对贵州土著文明力量和形式的整体性的一次有效的打击。在这里，对抗的一方开始从根本上破坏它文化的整体性了。

夜郎国的历史至今都不是明朗的，但它的存在和重大的影响又是人们公认的。可以说，夜郎国及其他小国的兴起是贵州土著文明的一个意义重大的历史事件，不管它的所谓王国是什么意义上的王国，它都证明了一种文明的力量和前景。按正常的历史发展，每一个种群的文明力量都有一种自然的雄心勃勃的力量表现，各个力量构成间的对抗、介入，以至冲突都是再正常不过的事情，夜郎国的出现也是这样。它与汉王朝的对抗无非也是一种介入（或抗拒）中原华夏文化的一种方式，就如蒙古族和满族介入华夏文明一样，只不过方式不一样，结果也不同而已。那种描述夜郎王兴被"诛"的迎合现实的肤浅见解实际上是一种不真实的、伪科学的东西。夜郎国的兴起是仡佬族或相关民族先民①文化整合的成功表现，但它的覆灭对仡佬族先民或其他相关民族先民文化整体的打击都是沉重的。这是仡佬族先民文化的一个根本的转折点，即它的一种文化模式于此被打碎了，"构型"消失，使后来的民族文化的"整合"力量大减。从这时开始，仡佬族先民文化的整体性就被毁坏了，总体上这种文化就被排挤在一种大文化或主导文化的边缘，定了这个种群及与这个种群相关文化的边缘性。文化还存在着，但这已经是另一种意义上的存在了。这也是贵州许多少数民族文化的现实。

从这以后，与这些相关的文化又在一定的历史条件下发生了新的整合，变异出一些新的组合型的文化，并有所发展，但都好景不长，不断地被外来的力量打碎，推向了更为边缘的地方。到了明初，这样的历史演化到了最激烈的程度。在与居都相关的地域上，有几次重要的事件影响是根本性的：一是西堡长官司的仡佬族人连续不断地起义和受镇压；二是吴三桂剿水西，几乎是彻底地打碎了仡佬族人的最后一次新的文化组合的企图。

居都人文化的边缘性首先就根源于他们先民文化的边缘性，是这些历史注定了他们文化边缘性的命运。这是居都人文化边缘性的大背景，这底色是从根本上无法摆脱的，但真正的打击还在于明清时候的最后一击。在明清以前，仡佬人的文化大的整体性已不复存在，被击碎了整体的仡佬人四散成许多支系，形成了许多互不统属的部分，情形就如张济民先生所描述的那样（参见《仡佬语研究》书中"概况"部分）。那里叙述的是语言状况，但不容否认，语言也包含了政治和文化，故它反映的也是仡佬族文化，所描述的仡佬族文化的非整体性是很真实的。

话又说回来，虽然仡佬族文化的总体如此，但各分支在一定的历史时期内也能渐渐形成一个小的整体组合，文化的自我修补等功能也能在时间中发生一定的作用。我以为居都人文化形成前的文化状况大致也是如此的，有一个小的组合存在于他们中间，但在明清时期，这个小支系内的小组合的东西也被无情地打碎了。这个历史已经

① 夜郎国的缔造者有许多种说法，这里叙为仡佬族也只是学术上的一种见解而已，并不存任何偏见，因为不管是谁，都是文化整合的成功标志之一。

无法复述了，我们现今也无法具体地知道居都人的祖先是怎样从某一个小的支系的劫难中逃出来，带了这个民族支系的人种和文化的种子，在居都这个地方生存并扩散开来的情景了。还有，人是文化的载体，或者说人就是文化的一部分，他们在居都的前文化状况中处于什么样的地位，能保有什么样的文化部分，详情我们今天也是不知的。但这群人肯定从他们的前文化状况中带来了一定的文化，并在一种新的整合中，形成了今天居都的区域文化。这种方式带来的文化，别说在大的背景下，就是在居都形成前存在的那个小的支系文化都不是整体性的，也就是说，居都人最初从仡佬人前文化中得到的文化，是边缘中的边缘。

居都文化组合前的仡佬族文化的边缘性质就是如此。

这样的文化能希望它具备一个民族文化的全部内涵吗？不可能，就是具备那个小支系内的文化的全部内涵它都是不可能的。我们知道，一个民族以一个整体性的文化进行地理上的迁徙时，其过程多多少少都要损失一些原有的文化成分和产生一定的变异，更不要说这种机械性摧毁后的“保种逃亡”了。即使这种“保种逃亡”有强大的保持自己原有文化的内驱动力，但无论是谁要想完全保持都是力不从心的。况且这种性质的“迁徙”在文化的运动上绝不可能是完整的，哪怕你是这个“部分”的国王，也不可能带走属于“部分”的全部文化，并在另一地重新复制出来。我以为，每一次民族之间的武装斗争，摧毁得最根本的是对方的文化，特别是文化的整体框架。也就是说，战后的逃亡者，是带不走处于中心的文化构建的。居都人的前仡佬文化也是如此的。他们从逃亡中带走的只是一些边缘性的文化，或某些文化的形式，什么样的文化多一些，什么样的文化少一些，就全靠命运使然了。

居都人拥有这些祖先们的前仡佬文化，在寻求种的生存的同时，也在寻求自身文化的生存。因为边缘性的文化和残存的文化并不是死亡的文化，它还有自身的生命力，并还能在自己的内在生命规律中寻找自己生存的方式和依据。这种契机不久就出现了，这就是在前面章节中叙述的几种情况下出现的汉族的逃军，或是在封地安居的汉族征服者的出现。他们在现实中的情形面前已有了推测性的叙述，在多种选择中总有一种是真实的，因为这是历史的必然，同时也是居都现状所昭示的情形，人种和文化的结合也就在某一种状况下发生了。这些，前面章节中已有了概略性的叙述。

居都文化的边缘性自然与来自仡佬人文化的边缘性有关，是居都文化边缘性的重要组成部分，但它还有另外一个文化边缘性的构成来源。这也就是加入居都文化的汉移民文化的边缘性要素。

第二节 汉移民文化的边缘性

居都的前仡佬族文化，在遇到汉移民文化（可能主要是汉军事移民文化）的时候，就发生了一定的文化整合，从而演化成了今天具有仡佬族文化特质的居都文化。

很明显，在这种整合中，汉军事移民文化被仡佬族文化所“整合”了，在留下了自己的一定的汉文化事象和痕迹后，新的居都文化呈现仡佬族文化的本质。这好像与汉族文化的具体形象不符，即相对的大汉族文化为什么会被“整合”了呢？这又涉及同一个问题，即文化的边缘性。也就是说，这些汉军事移民文化不可能是汉民族文化的整体介入，而是汉文化的某些边缘性的文化构成。

首先，我们从汉军士及相关人员的成分而言，不言而喻，他们被征招前或征招后，大都是一些下层的劳动人民，绝不可能在汉文化成熟的、宝塔型结构中占到什么重要的位置，从而只能载荷一定量的文化，或者获得此文化中心的某些信息。也就是说，这些军士或其他相关的人，从小到大，到从军，接触和载荷的都是汉文化一般的外围性的文化成分、事象等。从文化的整体而言，他们绝不是文化的“主要器官”；从文化上说，他们永远是有意义的，但绝不是根本上的意义。这绝不是鄙薄什么人，而是解释文化的结构现象。如果这些人一旦从汉文化中分离出去，从文化结构上他们只是从文化的边缘上分离出去，而绝不可能带走这一文化的整体形象。这就是居都前汉移民（主要是汉军事移民）文化的边缘性的最根本的原因。

汉移民文化就是以这样的力量和姿态进入居都前仡佬文化的。他们带着家乡的基础的世俗的一定量的文化成分进入了居都，其事象很少、力量很弱，而且相应的人数也不会很多，故而这一边缘性的文化，很快就被“整合”了。

第二个方面是这些汉移民（主要是汉军士）的出走和进入的方式。具体的细节在前面的章节中已有描述。这些方式大都表明，他们进入居都绝不是群团性的，也不是完全的征服性的。如果是群团性的进入居都，那么这一群团所形成的文化氛围，就能创造自身文化发展的条件，并发育、发生基于原有文化的某些新的东西，从而取得与另一种新的文化的对应关系，并最终使自己的原有群团所带来的文化，在周围的文化中取得一定的地位。这样的文化范例在贵州这块土地上随处可见，某种姓、某群团一旦整体性地进入某些地方，他们的文化边际在相当长一段时间里是很清晰的，即便经过长时间的演化，成为土著，但他们的文化内质也会异于他人。安顺一带的屯堡人以及现今待识别的穿青人，就是这样的例子。

在居都，这样的情形没有出现，主要原因就是进入居都的外族人数太少，群团的文化氛围效应的形成也就失去了条件。无疑，这些汉移民的进入是个体或小群体的。另外，单个或数个的进入也是受制约的。如果是“汉父仡母”的情况，表面上相应的文化是对等的、对应的，但仡母却有很大的文化背景，而汉父却没有这些，故实际上是不对应、不对等的。再如果是以征服者的封地安居形式进入，那么进入者人数上永远也是少数，文化上的作为力量有限，时间有限。

本来，汉移民（主要是汉军士）的汉文化都处于一种文化的边缘上，再采取不得已而为之的进入形式，就更加剧了这种文化的边缘状态，其游离意义更大。

汉移民的所谓汉文化就是以这样的边缘文化的性质与居都的前仡佬文化整合的。这两个都处于边缘状况中的文化相接触，几乎没有什么大的碰撞和冲突就结合或整合在一起了。应该说，这两种文化是有较大差异性的，而且作为文化的发展阶段也不相同，在所谓的“碰撞”中再怎么也不应该如此轻松，但事实确实如此。我们在居都文化的田野作业和一般访查中，也留意在现象和文化事象的内部构建里寻找这种“碰撞”的遗迹，但这种努力至少现今没有结果。文化事象的融合构建是存在的，但冲突的“边界”遗迹却一次也没发现。为什么会出现这样的情况呢？我以为原因还得在居都的两种前文化性态中去寻找。从上述我们知道，这两种居都的前文化是边缘性的文化，但同时它们还是游离的、破碎的文化。居都的前仡佬文化是如此，居都的前汉移民文化也是如此。这样文化性态中的文化相遇在一起，一般也就不会发生什么碰撞了。因为他们的文化在这一刻都处于一种“非结构性”的状况中，当然也就不存在能带来冲突与对抗的外在形式，即它处于一种非对抗性的状态中。这样状况中的文化大致都在寻找新的组合和整合的机会，它们在与之相同的文化交流中，只能表现出文化的量的大小，很少有质的对抗。这是一种文化的原生性态，也是一种文化的生存本能表现。居都的文化组合或整合就是这样的范本。正因为有以上的原因，居都文化组合才有如此的表现，但是，如果它们都是两个具有整体外形的“文化器物”，情形又会怎么样呢？试想，破碎的器物遇到了重新组合的机会，大家都处于一种原始初开的状态，有什么矛盾冲突可言？但是如果是两个都拥有各自整体外形的东西相遇，那“响声”会怎么样呢？这在文化上更是如此，整体形态的文化如果要生存，得保持相对的时空距离，如果一旦甲文化要进入乙文化的时空，那冲突就绝对难免，因为命运是显而易见的，如果甲文化足够强大，那乙文化就只有三条路：一是被砸碎外形，成为另一个大文化的“原素”；二是退出原有的生存时空，像中国历史上的匈奴；三是内聚为坚硬而僵滞，有形而失去发展“空灵”的“实心体”，让甲文化与之的冲撞变得自损而无益，从而以永恒苦难的代价获得自己的有限的生存空间。

这也就是从对居都文化的边缘性和“无冲突组合”的论述中所得到的启发。我以为它正好与贵州多元的复杂的民族生存状况相吻合。在文化上，冲突在具有整体外形的文化之间是难免的，它们要么各自在自己的时空里游荡，如果一旦走近，“响声”是难免的、必然的。在文化史上，自以为有坚硬无比外形的文化横冲直撞时，“响声”就四起，也许一些文化外形碎了，一些受损，但惹出一片响声的那个文化外形肯定也难免在每一次发出响声之后，自己的文化形体也要失去什么。可以说，每一个哪怕是伟大的文化外形都不可能永远坚固，那种自以为是的文化自大只是一种无知，但它却往往是历史上无数次战争的最根本的根源。人们之间的战争，实际上是文化上的战争，而文化上的战争最根本的又是文化外形的碰撞的“响声”，如此而已。

话说回来，居都文化的如此组合也说明它们在“整合”前已经失去所谓的外形，只不过方式不一样，居都前仡佬文化是被外力击碎的，而居都前汉移民文化则是由于边缘游离和非自然状态的迁徙。

这种组合出现后，似乎它们都找到了各自的生存依据或者生存空间，完成了自己的历史使命。这在仡佬族人来说尤为如此。他们保了种，稳定了自己带来的能稳定的文化事象，应该说是很“成功”的。但是，并没有因此改变他们文化的基本性质，即边缘性。居都文化仍然没有在新的一轮文化生命的挣扎中，具备一种文化的完整模式的能力。它存在着，但仍没有力量进入现实生活的主要潮流，只能远避在那个山沟里，演化它本来就已很少活力的文化。这方面，我们有许多的例证。比如，由于这种边缘性，居都人在同外界的交流上，基本上是怯弱的，尤其是妇女，中华人民共和国成立前她们很少出去，因为不懂汉话。同时，处于组合后的另一种文化——汉移民文化，由于其处于组合的被动和次要地位，以及汉移民文化在贵州各地的大量表现，它在新的对比中就显得无足轻重，不为人所重视，以致最后不为人知，只在居都文化的某些结构中留下它的痕迹。

居都就是以如此性质的文化组合而得到了自己新的文化——一个仍是边缘性质的文化。

在这方面，本尼迪克特认为："文化行为是地域性的、人所作出的、千差万别的时候，我们并没有穷尽它的重要意义。文化行为同样也是趋于整合的。一种文化就如一个人，是一种或多或少一贯的思想和行动的模式。各种文化都形成了各自的特征性目的，它们并不必然为其他类型的社会所共有。各个民族的人民都遵照这些文化目的，一步步强化了自己的经验，并根据这些文化内驱力的紧迫程度，各种异质的行为也相应地愈来愈取得了融贯统一的形态。一组最混乱地组合在一起的行动，由于被吸收到一种整合完好的文化中，常常通过最不可设想的形态转变，体现了该文化的独特目标的特征。我们只有首先理解了一个社会在情感上和理智上的主导潮流，才得以理解这些行动所取的形式。"① 居都现在的仡佬文化，无疑也就是经过了如此的艰难经历而来的。他们在"一贯的思想和行动的模式"下，以明确的"特征性目的"，以强有力的"文化内驱力"作用，取得了"融贯统一的形态"。这也就是居都今天的仡佬族文化。

由此而来的居都文化的性质最后几乎可以归结为这样的形式和程序：居都前仡佬文化的承载体具体是仡佬族人的某一个支系，这个支系在原有的仡佬族整体中大致属边缘性的支系，是这个整体的边缘部分；后来，这个边缘性的支系整体受到打击时也被打碎了，这样，残余的部分又处于这一边缘支系的边缘。同时的另一种汉移民文化也具有同样的边缘性质。他们从家乡出来时，从那个大文化的边缘上被割开，游离在贵州。后来，由于某一种原因，比如"逃军"，他们又离开了群团组合而形成的文化背景和氛围，把自己推向边缘的边缘。这两种边缘性文化相遇之后，以前仡佬文化为主的"文化模式"化发生了。结果也就是今天的居都仡佬族文化。可是，这种文化并没能改变自己在大文化中的地位，仍是一种边缘性极强的文化，就是发展到今天，其性质仍然如此。

现在，不管如何来评价，汉文化都是华夏大地上的主流文化，相应的其他文化都是支流。这不是价值判断，也不存在高低贵贱之分。绝大部分的人都有一个共识，即趋同于主流，以进入主流作为自身文化的趋向，如能在主流中发出自己的声音，展现自己的身影更好；如不可能，则希望在地域性的范围内实现这一目标。不难看出，这

① ［美］本尼迪克特：《文化模式》，三联书店 1988 年版。

种趋同无疑也就是自己的文化处在文化的边缘上的表现。在边缘性文化的基础上形成的居都仡佬族文化，自然难免处在一种更极端的边缘上。从总体的历史而言，贵州的仡佬族文化在某种程度上已经是各民族文化结构的边缘上的文化，只是近十年来他们的民族文化地位在贵州少数民族文化中才有所进展，而仡佬族中的居都仡佬族文化由于种种原因，又是仡佬族文化的边缘。尽管它表现了许多民族文化的特质，情况仍然如此。在今天的居都，它在大文化的政治、经济、文化（小文化）诸方面，在主流的汉文化中谈不上什么地位；在仡佬族的整体中，其声音对于所谓中心而言也很遥远。在访查中我有这样强烈的感觉，他们完全处在一种距大文化（汉文化）主流和民族文化主流（仡佬族）很遥远的地方，在文化、经济、政治上很少有人关注他们，而他们只在一个偏远的山区保有和发展自己的文化，让这种悲怆的文化的边缘性死死地抓住他们，几乎永世不得解脱。有一个事例能说明这种边缘性的深刻。吃喝拉撒睡，是人动物性的原欲。吃喝是上面的事情，能观察、能感觉，而“拉”是下面的事，往往让人忽视。在居都的日子里，我每日也少不了行些下面的事。日子一久，我惊奇地发现，几乎所有居都茅厕里都没有出现过纸片，农村的茅厕破烂不足为奇，但粪坑里没有纸片则极为少见。几乎整个居都的男女老幼行过下面之事以后，全是用木片、竹片、石片、树叶、树枝等。这说明什么呢？说明村里只有不多的几本小学课本外，几乎没有其他纸品，或者说，这是他们来自亘古的习俗？由此可见，他们距现代的文化、文明主流是多么的遥远。人们说：一个地区的文明程度如何可以由它的厕所状况来体现。居都也不例外，但是，居都人的另外一些方面的表现却又不是如此，这些事实的归结应该在那文化的边缘性上。

理论上讲，边缘性和主潮流在同一种文化模式中并没有太大的区别意义，也不会有什么文化的价值判断，但这里有一个“区位”的问题。一个好的区位，可表现为一种好的拓展可能和前进态势，发展的变量就会相对地大一些。这在不同的文化中就显得更为重要了，不管各自的文化发育、发展如何，谁不想进入现行文化的主潮流呢？贵州是个多民族的省份，为此的文化纷争是常事，故而“区位”就显得相对重要一些。可是，居都仡佬文化的边缘性，使居都文化失去了许多的可能性，但同时，文化的保守性又使它为我们保存了大量的文化的活的古老形态。

归结起来，居都文化的边缘现象，实际上在贵州各民族中是普遍存在的，并且发生、发展的历史也大致相同，因为历史中的利剑指向的是这块土地上的所有少数民族，他们大都遭遇了共同的相似的命运，但其中可能以仡佬族遭遇的打击最多，边缘性的表现最强烈。

怎样来研究贵州民族文化的边缘性现象，应该是一个重要的课题。但这里有必要重申：边缘是历史，不是价值判断；并且，边缘也是一种生存的方式、文化的方式。

参考书目

1. 贵州省文化厅群文处：《贵州少数民族节日大观》，贵州民族出版社 1991 年版。

2. 贵州省社会科学院历史研究所：《夜郎史探》，贵州人民出版社 1988 年版。

3. 朱俊明：《夜郎史稿》，贵州人民出版社 1990 年版。

4. 叶正乾：《叶正乾诗文选》，六盘水市文联编印。

5. 安顺地区民委编：《仡佬族古歌》，贵州民族出版社 1991 年版。

6. 翁家烈：《仡佬族》，民族出版社 1992 年版。

7. 《仡佬族简史》编写组编著：《仡佬族简史》，贵州民族出版社 1989 年版。

8. 张济民：《仡佬语研究》，贵州民族出版社 1993 年版。

9. 贵州省博物馆考古研究所：《贵州考古四十年》，贵州民族出版社 1993 年版。

10. 侯绍庄、史继忠、翁家烈：《贵州古代民族关系史》，贵州民族出版社 1991 年版。

11. 潘定智等编：《仡佬族文学资料汇编》（传说集）。

12. ［美］O. V 魏勒：《性崇拜》，历频译，中国文联出版公司 1988 年版。

13. ［英］詹·乔·弗雷泽：《金枝》，徐育新等译，中国民间文艺出版社 1987 年版。

14. ［美］露丝·本尼迪克特：《文化模式》，王炜等译，三联书店 1988 年版。

15. ［法］布留尔：《原始思维》，丁由泽，商务印书馆 1981 年版。

16. 六盘水市地方志编纂委员会：《六盘水市－大事记》，贵州人民出版社 1992 年版。

17. 《贵州通志》。

18. 《贵州图经新志》。

19. 《永宁州志》。

20. 《大定府志》。

21. 《崖州志》。

22. ［美］马文·哈里斯：《文化人类学》，李培茱、高地译，东方出版社 1988 年版。

后 记

在民国三十八年（1949）深秋的一个下午，居都村的一个放牛娃看见一个背着行装的异邦女人，从对面大山上下来，然后又顺着山坡爬到居都这边来了，但她一挨近居都村，就钻进林子里不见了。第二天清晨，居都的人们又发现了在村边杨家房头露宿的她，但这时她已经收拾好行装，开始上路了。居都的人们看她不像是中国人，还带着手枪，不进寨，一般也不问路，不沿山间的小路行进，而是靠指南针的方向顺山势而行。这天，她从居都出发，翻过了马脑壳山后，在倮那村外遇上了当时才 14 岁的石明光。她向石明光询问了附近村子的一些情况，走时，她送给石明光一双胶鞋……

这件事在居都村民中留下了深刻的印象，他们说起这件往事时，似乎还历历在目。

她叫鲍克兰，德国的女文化人类学家，村民们当时并不知道，她此行是一次艰难而危险的文化人类学的考察……我作为一个后来者，踏在鲍克兰的旧有足迹上时，不禁感慨万端。在进入居都前，万万没想到会了解到此地文化人类学上的这件往事，没有想到会有一个勇敢而坚定的前辈走在我的前面。进入居都前，我并不知道我的考察会有什么结果，能否按预想的那样有所收获、有所进展，这扇“门”能否打开，怎么说心里也没底。但鲍克兰的精神深深震撼了我，对居都、对在居都的工作一点犹豫和畏难的感觉都没有了。现今，成书之际，感谢的第一人当是鲍克兰前辈。

此书在省内众多师友的关心下，是 1995 年 1 月投入工作的。在工作中，得到了六枝特区文化馆的叶正乾老前辈的全力相助，是他亲自带领我到了居都村，安排好我的住处和接上相应关系；从堕却寨下汽车往居都要步行两个多小时。叶正乾先生已是 60 多岁的人了，我跟在他身后，看着他斑白的头发，心里酸酸的不知说什么好。另外，叶正乾先生对居都仡佬族的民间文学、风俗文化等早有关注和研究，他把研究资料毫不保留地全给了我。叶老对此书的帮助甚多，对他说“谢”字会显得太轻。可以说，在此书写作最艰难的关头，我害怕的是完不成此书会对不住他老人家。

在此书的田野作业中，得到六枝特区的李保芳、谭跃建和居都村的李发旺、沙庭文、苏新明等人的大力协助，在此深表谢意。

在此书的写作和资料收集工作中，靖晓莉做出了较大的努力进行了很好的合作，做了许多工作，补益匪浅。

此书在写作过程中，翁家烈、刘天文、王良明、龙宇晓、吴立昇，以及广西隆林县民委都给予了多方面的帮助，于此一并表示感谢！

另外，丛书的编委、省文联、贵州人民出版社的领导、编辑为此亦付出了心血，在此深表诚挚的谢意！

作者

1995年9月于贵阳

吴秋林文集

第四卷

美神的眼睛

——高坡苗族“背牌”文化诠释

序

钟敬文

1987年我曾借赴贵州参加全国中青年民俗学术讨论会之机，去黄果树布依族聚居的地区看了看，2000年又参加了《中国民间故事集成·贵州卷》的终审工作，深感贵州这个多民族的省份，民族民间文化（包括民俗）很丰富，很有特点。贵州民协的同志们多年来在民间文化搜集、整理、研究等方面做了大量的工作，从20世纪50年代至80年代编印了《贵州民间文学资料》79集，在全国很有影响；后来出版了《贵州民俗论文集》《贵州古文化研究》等书；1997年又出版了“贵州民间文化研究丛书”11册和“贵州民间文学选粹丛书”10册，我曾为该丛书作了序。我对贵州的民间文艺、民俗文化一直关注，也有感情。这次出版“贵州本土文化丛书”，贵州的同志要我写序，我也很高兴。

民俗学者清理和研究民间民俗文化，可以用民俗科学的知识去教育国民，帮助他们了解自己的祖先曾经历了怎样的生活，历来中国人怎样看待这类问题，哪些是一般中国人认为可以变化的，哪些是不大变化的，从什么地方可以看出中国人的感情、价值观、思想观念、理想、信仰以及个体、集体与民族共同体之间的历史联系等。

民俗文化也是凝聚一个民族的文化核心点。试想，生活在世界各地的海外华侨，他们的居住、饮食、服饰、语言都变了，但每年还要过春节。在过节的喜庆时刻，还要耍狮子、耍龙灯、放鞭炮、吃年糕，和国内的同胞保持一样的风俗习惯。为什么？如果国民具备了一定的民俗文化知识，就会认识到，舞狮子、耍龙灯，不只是艺术活动的形象，在舞狮子的行为里，还表达着十分具体的乡土感情，这就是中华民族的凝聚力。民族凝聚力这东西，一眼看去，没有钞票那么重要。当然，没有饭吃是不行的，但没有精神支柱，就是有了饭吃，也不过是动物而已。没有高尚的民族感情，就是物质享受再优厚，人也是寂寞的游子。这一点，我感到很重要。

在中国，上、中、下三层文化都很发达。但中华文化更大的文化金矿，在中、下层文化，即民俗文化之中。在数量上不但铺天盖地，异常丰饶，而且在质量上也到处呈现着耀眼的黄金碧玉。这些文化财富，是应该令我们的人民、我们的后代引以为自豪的。

贵州属西部地区，经济相对滞后，但民间文化却极为丰富，这是贵州极大的优势，贵州的同志认识到了这一点，在21世纪的元年，再次推出一套“贵州本土文化·2001”丛书，把民间文化研究接连做成套书推出，能造成更大的影响，这个做法很好，这种精神值得赞扬。这套10余册的丛书，展现贵州各民族特殊的文化群落、特殊的民族婚恋、特殊的民间信仰和祭奠、特殊的民俗事项等。相信这套书对弘扬中华民族优秀文化，以及促进贵州文化资源开发，让国人和世界了解贵州都会起到好的作用。

2001年6月19日

高坡之梦

我这本以文化人类学田野笔记写作方式完成的小书，最初是从一个细节开始的。我想这也是这个星球上人类的许多美妙、迷人故事展开的最基本的方式。

六年前的一个冬天，我们一群由多方面人士组成的调查团队，在极可怜的经费和最诚挚的热情支持下，来到这个叫高坡的地方，工作目标是对高坡乡的民族文化进行全方位的立体调查。整个调查都在一种对民族文化的关怀和热忱中进行，方法是一般的社会学方法，并且因各小组成员的学养不同而呈现不同的趋向……这次调查中我负责的是宗教文化部分。高坡苗族宗教文化所展示的知识体系、文化渊源和所表现的神奇性，使我长时间处于一种极度兴奋的状况中。不长的日子里，我几乎已能记住“敲牛祭祖”中所用水牛身上每一种毛旋的形状和意义，自以为已有几分鬼师的感觉，并能操鬼器而行鬼事了。

六年前的高坡苗族文化调查，是我一生中最难忘的事件之一，它让我以一种比较完全的方式，进入了高坡苗族文化，其成果是不言而喻的，但高坡之行让我久久不能释怀的却不是这些，而是一种叫“背牌”的绣片，以及关于这种背牌的一个故事。

以纹饰之，是人类美化自己生活的一个基本传统，在任何一种文化中，妇女都要在其中表现她们特有的智慧和才华。高坡的背牌就是这样一种绣片。

在高坡，也许这种描述是观念的平淡的，但当你进入高坡，在所有的高坡苗族女性的身上都能看到这种绣片时，就是一种神奇了。老人身上的背牌已很陈旧，眼神已经迷茫，但老人在缓慢地移动中，背上的背牌仍然呈现无比深切的色彩和意味；小女孩的天真笑脸与身上的鲜艳背牌一样灿烂。高坡的每一个女性都要背着它，数着日子，也数着自己的故事，在悠悠的岁月里度过自己的一生。

这个故事说：高坡的苗族男孩、女孩长大了，成人了，情爱也会像山野中的桃花，在一夜春风中绽开，他们会为一个眼神而彻夜难眠，会为一次无意的触摸而战栗。只怪那夜春风！不过几乎所有的人都觉得那风很好、很美妙……但高坡的男孩和女孩会很快发现，他们几乎永远不可能结合，他的“娇娘”是三岁时父母亲就已经议定的那位，她的丈夫是五岁时父母就定的邻村的某位男儿。这在高坡人们叫“娃娃亲”，而这娃娃亲是高坡苗族如铁一般的“老例”，永不可动摇！在这个问题上，“反抗”一词几乎与“绝望”一词同义。不过，这时，高坡的苗族在青年情爱的绝望中创造了一种奇迹，男孩子的父母亲会出面让这一对永生不能聚首的情人举行一种仪式，对美神表示崇敬，祭奠爱情。这，就是人们所说的“射背牌”。射过背牌的男女，了却尘世的俗恋，奔向来世的神圣……

给我讲述这个故事时有许多细节，每个细节都让我幻想飞动，凝思神往。从情感上我被它彻底感动，我深信所有的人都会为这种神圣的美丽而慨叹。从文化人类学角度，我也敏感地感觉到，这是一个内涵丰富而深刻的文化事象，深入它可以得知人类文化机制运行的许多信息和秘密。

故而，从那时开始，我内心似乎就有一种向往，一个计划，什么时候能研究它，让它为我们人类情感的圣洁作证。也让它的发生、发展，并内化为一个民族文化深层结构性事物的历程展示出来，显示它的文化人类学上的深刻意义。另外，还有我内心一个更为深刻的秘密。我这个人从根底上相信人生就是浪漫的人生，在这个世界上，不会有比人的浪漫心性更值得宝贵的东西！我以为人的天性就是浪漫的，因而我珍惜它，更乐意看到浪漫，为浪漫作证，在美丽和高尚的浪漫面前，获得我以为的人生最美妙的快乐。

骑着马，行进于高坡时，我拾到了这美丽的诗句构成的人类情感文化的一个细节，并在数年间一直想念着它。

从此以后的几年间，我经常处在这样的幻想中。几年间我又上过几次高坡，但我几次都没能走进那片“彩云”，直到五年后的今天，我一头扎进高坡苗族的天地间，一片片地排开了让我魂牵梦萦的绚丽的背牌，我的整个灵魂才轻松、自然地舒展开来了。

高坡在哪里

我是在2000年的4月，对高坡的苗族背牌进行为期近半个月的正规调查的。出发的那一天是一个阴天，但我不知为什么，坚信以后的日子会是晴天。其后也果然如此，并且一直在我调查的日子里都是晴天，而调查一结束，带寒意的绵绵春雨来了。

出发的那一天是一个值得纪念的日子，因为这一天在我心中等待得太久了，背着行装出门时，我甚而有些忐忑不安。实际上这高坡距我们并不遥远，从贵阳往花溪的任何的乘车点都可以上车，行15千米到花溪汽车站，再转乘从花溪车站开往高坡的中巴车，往西南方向行车不到30千米，就可以到达高坡，高坡就在那里。而且中巴车是一小时一趟，另外还有过路的班车，每天至少有40趟中巴车进出高坡。这种交通联系虽然改变的时间不太长，约10来年，但不管怎么讲，这个高坡距我们，距“现代”都不远。但是，高坡作为一个典型的山区苗乡，在一般人心里却有相当的距离，许多人并不清楚，高坡为何物？高坡在哪里？或者说只看得到高坡背牌的美丽，称其为“背牌苗”，但这仍如“云中之语，不知所依”。

从地理上讲，高坡在贵阳市以南40多千米处的一片隆起的高地上，海拔高，气候偏凉，还有云顶处的一大片草原，故有贵阳的“小西藏”之称。从地形上看，高坡的云顶俯瞰着附近黔南自治州的崇山峻岭，然后西南斜下，与惠水、龙里的一些山间谷地相连。100年前，这里还是森林茂密、大树参天、幽深无比的境域（在云顶的梯田中，人们现在还能不断地挖出巨大的树根），现今虽然大地的“毛发”只在少数地方“硕果仅存”，但山川的风骨依旧，尤其是高坡乡政府所在地背后的云顶草原，更令人神往。

这就是地理上的高坡方位，但仅此人们仍不知道什么是高坡。这不是对一个旅人的苛求，要对一个地域和地域中的文化有一定的理解，实在要对它有深刻的体味才行。

那一天，我从花溪车站乘上中巴车后，直等到9点多钟才开车，我以为，对高坡正式的文化人类学的考察也就开始了。我心里明白，我这是在从一种文明状态向另一种虽然是弱势的，但却是鲜明独特的文明状态，或者说文化中走去。按照文化人类学的一般规则，我得清点我的母本文化所给予我的潜文本，或者说此文本中能影响我公正地认识对象文化的一切不和谐的观念和言行。这最直接的结果应该是一种平等的心态和对文化对象的尊敬。我压根儿就喜爱这高坡苗族的背牌文化，可以说。随着汽车的行进，我的心境很好。体味和理解高坡几乎是上车的那一刻就开始的。车上自然有不少高坡人，看似服饰语言差别不大，但他们能轻易地分辨出谁是不同类型文化中的人士，而谁是他们的文化认同人。这些，在这个民族大团结的境域中，不经意地瞧你一眼，这种文化上的差异就显露无余。但是，正是这样的意味，让你能准确地触摸到高坡在哪里！我强调高坡在哪里，似乎是一种故弄玄虚，但实际上，这是高坡在哪儿最有意味的东西。也就是说，高坡的地理存在在某种意义上说，也许不如高坡苗族的文化存在那么重要。高坡在贵阳市西南 40 多千米处，但高坡更为真实的存在是在一群约有 3 万余人的高坡苗族的心中、文化中。

很快，我们的车辆从地理区域上要进入高坡了。经过黔陶乡的谷地和几座小山，我们就在一条河谷中仰望高坡了。在一座高高凸起的山峰前，我们的中巴车驶进了一条没有出口的山谷，沿着山谷往里开进，到谷底一转弯，又爬上一个山坡，就来到一个叫石门的地方。

这石门已非往昔的石门，往昔的石门有两块巨大的岩石突出，中间有一鸟道穿过，犹如高坡地域中的一道大寨门。石门上依峻岭，下傍悬崖，从此处望去，崖下是一广阔的山间平台地，有农舍和良田百余亩，台地的边沿又是悬崖，隔着一条山谷，远方是起伏的山间谷地。山川形胜，这石门自古就是高坡地域的门户，也是高坡地域小文化圈与外界文化划分的天然界线。在过去，这里虽不是一夫当关，万夫莫开，但它却也挡住了外来的许多东西，也包括文化。因此，你如果看到高坡村寨中现今仍盛行的“鬼事”和观念中的鬼，你就能体味到石门的意味了。

关于高坡，汉族的史料上有一个叫“石门之役”的故事记载：说明朝天顺三年，也就是公元 1459 年，明朝的军队，在一个叫方联的将军带领下，从石门这地方攻进了高坡地域。高坡苗族的首领干把猪，带领余部逃到今天叫云顶的地方，又被明军各部会剿，死伤、被俘万余人。

现今的石门雄姿仍在，但一条宽敞的柏油路①贯穿石门，向高高的高坡奔来。过石门不远，进一个小垭口，处在一片大缓坡上的高坡就在眼前了。

石门是高坡人的“门”，穿过石门，就到了高坡人的“家”了。高坡乡东北紧靠龙里县，西南接惠水县，西北连花溪区，地势北高南低。北部为高山台地，多断崖深谷；南部则属峰丛洼地，多缓坡丘陵。乡境内多为喀斯特岩溶地貌，溶洞、怪石遍地皆是。

高坡乡总面积 120 平方千米，耕地面积 15532 亩。林地有 70771 亩，草山草坡 14442 亩。全乡现有 19 个行政村，87 个自然村寨，121 个村民小组。根据各村所在地理位置，我们可将这 19 个行政村，分为北、中、西、南四大片区。其中北区包括石门、挠绕、新安、高坡、街上、大洪 6 村；中区包括摆笼、平寨、云顶、水塘 4 村；西区包括杉坪、披林、洞口、隆云 4 村；南区包括克里、甲定、掌已、高寨、五

① 这条路不久前还是一条乡间石砂子路，几年前，江总书记来到高坡“访贫问苦”，为高坡留下了这条路。

寨5村。现将各区内各村地理生态及民族构成情况分述如下：

石门村 在高坡乡西北3.8千米处，因当地有石门山而得名。石门山因山脚有如门对峙之两石而得名，其山势险峻、陡峭难以仰视。由花溪青岩进入高坡的公路，正从石门中穿过，所以石门两侧均为高山深谷，形成高坡与外界的自然隔断。千百年来，苗族同胞据此天险，幽闭于高坡台地，少与外界往来。

石门村现有123户，634人，均为苗族，主要的自然村寨有石门、平寨、摆茹3寨。石门位于公路边，平寨和摆茹则位于山畔岩崖之两侧。

挠绕村 在高坡与石门之间，与大洪村河边庄隔公路相望。全村共69户，309人，均为布依族，无苗族和汉族。该村地势开阔，土质肥沃，水源充足，为高坡主要产粮区。

挠绕为苗语音译，意为山夹之地。布依语称该地为“埋芽”（Mainga），意为团拢在一处的小村。“挠绕”之名最早见于清道光《贵阳府志》，可知该村原本为苗寨，布依族为后迁入的民族。

新安村 位于灵应山脚下，与街上村隔大坝相对。全村129户，539人，主要居民系汉族。新安原称“新寨”，为高坡街上汉族的分支，又因村中有“庵上”小寨，故合称“新庵”，今简作“新安”。

街上村 位于高坡乡场坝街上，故名。全村267户，1067人，苗族有46户，其余均汉族。汉族主要居于场坝之中，苗族则居于远离场坝、偏僻的国苏寨。街上村主要包括国苏、下寨、摆桑等自然村寨。此地原均为苗族世居之地，国苏和摆桑亦系苗语音译，汉文献曾多次提及这些寨名（明代文献中称摆桑作“摆伤”），可知该村地理位置重要，历史亦十分悠久。

高坡村 在高坡场坝之南，共有239户，1132人，主要居民仍系汉族，主要自然村寨有地坝、翁西、姨妈寨等。

大洪村 位于高坡乡北偏西2.5千米处，主要包括小长寨、石板寨、栗木山、板正、大长寨、河边庄等自然村寨。全村236户，1229人，汉族仅有20户，其余均为苗族。

水塘村 在高坡西南4千米处，背靠翁西关大坡，为高坡山脊的南坡顶部。该村主要自然村寨有水塘、格棒、岩上三寨。其中岩上寨为布依族居住；格棒为汉族居住；水塘原为苗、汉杂居之地，现全为汉族所居住。该村现有110户，435人，其中汉族人口占74%，苗族和布依族分别占13%。

摆笼村 位于高坡乡东南6千米处。全村175户，860人，均系苗族，为苗族主要聚居区之一。主要自然村寨有摆笼、开花、格亚等。该村自明代以后即屡见于文献记载，表明该村历史之古老和久远。

平寨村 在高坡东南约8千米处，在摆笼与云顶之间。全村233户，1255人，均系苗族，亦为苗族聚居区之一。主要自然村寨有平寨和中院等。该村紧挨云顶，地处高坡台地之顶端，土质瘦薄，最不利于农业生产。村民为抵御狂风袭击，环村遍栽绿竹，所以村寨全为翠竹所簇拥，环境雅致，风景优美。

云顶村 在高坡东端，距乡政府所在地8千米，紧接平寨。该村位处高坡地势最高处，最高海拔1650米，一般在1500米上下。全村190户，923人，均系苗族，为又一苗族聚居区。

云顶村东有古驿道一处，为明朝官府所修，直通龙里、贵定及贵阳孟关。当时守卫驿道的士兵，多为从湖南征调过来的屯军，为杨姓，汉族，今高坡部分汉族即为当年屯守驿道士兵之后裔。明廷为编户籍，将云顶苗族赐姓杨，所以今日云顶村苗族多为杨姓，另有部分李姓，则由孟耳迁来。

杉坪村 位于高坡西南7千米处，主要自然村寨有杉木寨、平寨、长寨、白果寨等。杉坪之名，得于杉木寨与平（坪）寨之合称。杉坪村有250户，1024人，全为苗族。该村地势较低，土地较肥沃，过去盛产杉木，“杉木寨”因此得名，但如今所见树木不多，仅有良田盘绕山脚。现今的苗族已以经营农业为主。

批林村 在高坡西南12千米处，北挨杉坪，西连惠水。全村206户，833人，苗族集中于披板和林道两寨，汉族则居于漆木冲、桃子冲、营盘脚、长冲、大冲等寨。苗寨大而集中，汉寨小而分散。

洞口村 位于高坡西南15千米处。全村215户，1022人，苗汉杂居，其中苗族80余户，400余人，汉族居多。

隆云村 在高坡最南端23千米处，有201户，1060人，苗汉杂居，苗族居多。主要自然村寨有国翁、隆云（上午）、茶山、青山等。

克里村 位于高坡东南18千米处，全村136户，618人，苗汉杂居，汉族仅19户，苗族居多。克里村主要自然村寨有大克里、小克里、大长寨、小长寨、腊冲、长娃等。村中以陈姓为主，传说其祖宗为“落牙公”，因70岁以后重新长牙而得名。落牙公率先在克里一带实行洞葬，其洞葬遗址在大长寨屋后坡山顶，为一单独小洞穴，今棺木尚存。洛牙公曾娶有7妻，克里陈姓苗族为第7妻所生之后代。

甲定村 位于高坡东南15千米处，紧挨高寨村，相隔不到500米。有243户，1210人，为一苗族大寨。主要自然村寨有龙打岩、茶山、甲定等。甲定史称“甲抵”，其历史悠久，为苗族主要聚居区之一。

高寨村 在高坡东南14千米处，紧靠甲定，其地方在一矮岭之上，有79户，372人，苗汉杂居，苗族居多。

掌己村 在高坡东南12千米处，紧连高寨，原与高寨同为一生产大队，主要自然村寨有大掌已、小掌已、黄土坎等。有96户，463人，苗汉杂居，苗族居多。

五寨村 在高坡东南8千米处。主要自然村寨有石板、竹林、甘掌、苏亚、田坝、长冲、地坝等。有405户，1887人，除135人为汉族外，其余均为苗族，为高坡乡内面积最大、人口最多的一个村。

谁在高坡

我在高坡乡的场坝上下车后，自然要去寻找在高坡乡我认识的几个熟人。虽然我来过高坡乡数次，对高坡乡的情况有一些了解，但当时心里仍然没底，很担心自己的文化考察不能进入高坡苗族的文化，或者他们抗拒你的调查。这样，你所有的热情都将无济于事。

高坡乡文化站的站长罗廷开接待了我，乡人大的领导罗继荣、管文化的副乡长高林也很支持此事。他们一个是苗族，一个是布依族，一个是外来高坡工作的汉族，但他们都像朋友一样欢迎我的到来。文化站的罗廷开、王进、小李及罗继荣等都先后做过我下村寨的向导。工作进展应该说是相当顺利的，高坡苗族的几个片区关于背牌文化的情况都有较为详细的调查，同时还到了相邻的惠水县的中寨村，他们也属于高坡苗族背牌文化圈的一员。

在高坡调查背牌的日子，是美好和充满感叹的日子。我马上就为众多的读者分享，但分享之前，我们可能还得走向历史与沉重，先看看是谁在高坡，什么样的苗族在高坡，这样才能更深刻地理解他们的背牌。从通常的意义上讲，高坡是苗族的高坡，但就整个西南地区的苗族生活环境和文化来看，又是千差万别的，即甲地的苗族，与乙地的苗族，是不能用简单的一个词来概括的。

苗族的历史很悠久，而且他们的历史往往与战争、迁徙相关联，高坡的苗族也是如此，但他们的线路却不是由东向西，而是由北向南，而且高坡似乎是黔中苗族某一支的最后一块净土。

苗族现今是一个拥有700万人口的民族，分布在世界各地，但其中主体部分又在贵州，而贵州苗族又主要分布在黔东南，在贵州各地都有广泛的分布①。苗族的历史可推至公元前3000年前后的“九黎部落”，其最先的生存活动区域在黄河流域，在与黄帝部落的争端中，兵败而退到南方的长江流域。苗族在鄱阳、洞庭两湖一带时，称“三苗”，以后与尧、舜、禹发生战争，败后一支退到武陵山区，称“武陵蛮”。这一地域包括了今日贵州的黔东一带，故人们推测苗族当在秦汉时就进入了今天的贵州之地。

---

① 苗族文化的构成极为复杂，仅所操语言便可分为三大方言、七个次方言、十八种土语，各土语互不沟通，风俗各异，显现出语言庞杂、支系繁多的特点。

高坡的这一支苗族与苗族的远古历史肯定有确切而广泛的联系，但这种联系概况如何，很难找到明确的描述。高坡这支苗族属三大方言之一的川黔滇方言（西部方言）的惠高土语区，在语言、文化风俗上都与黔东南的苗族大不相同。

据一些学者考察，说元朝时高坡一带就有苗族居住。《元史·本纪》载：“至元二十九年，正月丙午，从葛蛮安抚使宁子贤请，昭谕来附平伐、紫江、瓮眼、皮陵、谭溪、九堡等处诸洞猫蛮。”这“猫蛮”的“猫”字，是蒙古人对“苗”发音的音讹，“猫”就是汉族称的“苗”。这六个地名都是当时贵阳地界的地名，平伐在今贵定，紫江在龙里、贵定、开阳三县交界处，瓮眼在龙里，谭溪和九堡则在今天贵阳新添寨附近，而皮陵就在高坡，即今天的披林村。它说明，在元朝时，贵阳地区布满了苗族，其中包括今天属于高坡苗乡辖区的披林村（原名就叫“皮陵”）。“黔中地”，是苗族的世居之地。这样的苗疆状况，从历史记载和高坡苗族的传说（或称口述史传）中，大致在明以前变化不是很大，但在明朝起始，这两个方面都有了强烈的反应和变化。汉族的历史记载有数条，高坡苗族的口述史传也有相应内容。

《明史·英宗》：“天顺三年，夏四月，己巳，南和侯方瑛克贵州苗。”

《明史·方瑛传》：“天顺二年，东苗干把猪等僭伪号，攻都匀诸卫，命瑛与巡抚白圭，合川、湖、云、贵军剿之，克六百余砦，边方悉定。”

《明史·白圭传》：“天顺二年，贵州东苗干把猪等僭伪号，攻劫都匀等处，诏进右副都御使，赞南和侯方瑛往剿，圭以谷种诸夷为东苗羽翼，先破四百七十余砦，乘胜攻六美山，干把猪就擒，诸苗震恐。”

高坡苗族口述史传：

很早很早以前，贵阳叫黑洋大箐，苗家称“格洛格桑”。最早住在格洛格桑的，是一个叫格波绿的苗族老人，他腰圆臂粗力气大，为人耿直勤劳，成天带领儿孙们在宅吉坝（今贵阳市北）开田，在螺蛳山（今贵阳市东）种地，庄稼长得很好，年年丰收。那时野物常来糟蹋庄稼。一天晚上，格波绿带着弓箭去守庄稼。半夜时候，有个黑东西慢慢地爬到地里，格波绿就开弓射了一箭，把那黑东西射死了。第二天一看，是条母猪龙。格波绿叫儿孙们把母猪龙抬回去，剥了龙皮，剖开龙肚，掏出一颗红红的龙心。格波绿说不出的欢喜，他曾听老辈人讲：龙心是个宝，放在水里泡，天就下冰雪。他把龙心收藏好，割下龙肉煮给众儿孙吃。吃了龙肉，格波绿对儿孙们说：“这回除了害，庄稼更旺了，我们的日子就更好。”说完，带领儿孙们在嘉坝西（据说在今贵阳市中心喷水池一带，现在的延安西路及嘉禾路，是否与嘉坝西有关，待考）开了个跳花场，让后生、姑娘们到花场跳舞唱歌，庆丰收，找情伴。

有一年，格波绿用谷穗编成蓑衣披在身上，拿小米穗串成斗笠戴在头上，到河都雾地方去串寨。河都雾的人看见了，个个“啧啧啧”地夸赞。有个老者问他：“格波绿呀，你披谷吊戴小米串，你的地方很发财吧？”格波绿回答说：“我格洛格桑地方，猫喝白米汤，狗吃白米饭，人们的日子赛蜂糖。”这几句话传进了河都雾头人胡大郎的耳里，他很眼红，暗自到格洛格桑来看，果然是田坝宽广，土地肥沃，庄稼茂盛，家家富足。他愈看愈眼红，一心想抢占格洛格桑，就回去带领人马，扛着梭镖弓箭来攻打格洛格桑。

格波绿得到消息，急忙把龙心丢在水缸里，天上立马下了七天七夜雪凌，冻死了胡大郎的几多人马，保住了格洛格桑。

后来，胡大郎探听到格波绿有颗龙心宝贝，就装成个货郎客，挑着绣花针和各色丝线，到格洛格桑做生意，要看龙心宝贝是真是假。胡大郎来到格波绿家门口，正巧格波绿走亲戚去了。他的两个女儿妮娜和妮娥出来买针线，胡大郎笑嘻嘻地挑好的给她们，她们很感谢。胡大郎又笑嘻嘻地说："不谢啦！只要能看一眼你家的龙心宝贝就心满意足啦。"妮娥和妮娜年轻不懂事，拿出了龙心。胡大郎一看真是个宝贝，样子像粽包，心里暗暗高兴，还了龙心，生意也不做了，挑着货郎担就走了。

过了一年，胡大郎找了个粽包，藏在袖子里，还装成个货郎客，挑着绣花针和各色丝线，来到格洛格桑。妮娜和妮娥出来买针线，胡大郎又笑嘻嘻地边帮她们挑好的边问："你阿爹在家不？"她俩说："今早刚到舅舅家去了。"说完，直是多谢胡大郎为她们挑好的针线。胡大郎又笑嘻嘻地说："不谢啦！只是想再看看你家的龙心宝贝就心满意足了。"姊妹俩又拿出了龙心，胡大郎翻来翻去看了又看，趁姊妹俩争看红线不注意的时候，他就急忙把粽包换了龙心，又笑嘻嘻地对姊妹俩说："还你们吧，看够了！说完，挑着货郎担，急急忙忙回河都雾去了。

胡大郎骗得了龙心，带着人马，扛着梭镖，拿着弓箭，又来攻打格洛格桑。格波绿得到信息，急忙把"龙心"丢进水缸里。这回天上不仅没有下大雪凌，反倒出了七天大太阳。格波绿见势头不对，匆匆忙忙把儿孙们团拢起来，抵挡胡大郎。双方打了三天三夜，格波绿估计儿孙们撤完了，自己才边打边走。走到嘉坝西地方，却中了一箭，滚下马来死了。这天正是四月初八，跟随他的几个后生匆匆把他就地埋葬以后，冲出重围，也退到坡坝沟去了。胡大郎从此就侵占了格洛格桑①。

这个传说说现今的高坡人的祖先最初是住在贵阳一带的苗族，并过着丰衣足食的生活，后来汉族杀害了他们的首领，他们才被迫逃到高坡一带居住。后来又有一个叫主德龙的苗族带领他们欲夺回贵阳的原住地（关于这个传说，我在五年前的高坡文化的收集中就收到了它②。故事中说，高坡苗族不止一次地攻击过黑洋大箐，但都未成功，为攻击黑洋大箐，还分成了老年人一派，青年人一派，最后年老的年轻的各领

---

① 罗汛河搜集整理：《贵阳"四月八"的来历》，载《苗族四月八》。

② 这个说法是通行的说法。这是一种争夺生存空间的族群战争是无疑的。只不过最初的这个河都雾的头人胡大郎是不是就是汉族，不能这样肯定，因为能够在此地争夺生存空间的不仅是汉族，还有彝人、布依人。贵州、黑洋大箐等地名，在宋代的汉文献中就有记载，其内附者并不是明确的苗族，而汉族大规模在"贵州"为自己"清理"生存空间，大致在明代。这种"清理"也许对贵州民族生存空间分布是决定性的。对贵阳地区的影响自然首当其冲，高坡苗族的现今状态也许就与此直接相关。但我以为，对贵阳黑洋大箐的生存空间争夺，宋、元时期就已开始，争夺者应是多个民族，故我以为，以上传说应该是历史上这种生存空间争夺的文化心理影像。

一帮人，分别从南北两个方向进击黑洋大箐，结果是攻进城了，但最后失败了。败退时，他们的英雄死在了铜像台），但遭到失败，后来还遭到攻陷石门，被围剿于六美山（大致为今天云顶山）的惨祸。

类似的口述史传在高坡乡还有许多种说法和变种，但都是围绕着高坡苗族这一历史上的重大变故展开的。故事在其他民族，如汉族中也许是为了某种好奇心或者是娱乐而产生的，而高坡苗族的故事却比这要“顶真”，或者说更多的是一种回忆和苦涩滋味，因为他们的故事也是生活的反映。

也许有人说传说不是真实的。对，是这样的。但对于高坡苗族来说，有几样事情是真实的：一是明史上记载的杀戮，是真实的；现代人杨通儒先生的一个关于扁井等地苗族情况的调查是真实的；现今贵州苗族普遍存在的四月八纪念日是真实的。

明史记载的那场围剿，直接摧毁了高坡苗族的所有希望，近6000人被杀，近6000人被俘。

杨通儒先生的调查证明贵阳原来确有苗族居住，现在仍有。他的文章中记叙：“据现在一些苗族老人说：贵阳历来都有苗族居住，村寨不少，有些地方原是苗族聚居区。现省人民政府所在地，原是一个苗族大寨，名白岩脚，清代光绪年间，住有七八十户，全是苗族。民国初年，当局要在这里开办畜牧场，将苗族强行迁走，只剩二三十户。民国二十一年（1932），当局在这里修建《贵州日报》社的房舍，不久毁于大火，改办农场。二十四年（1935），杨森任贵州省主席，把现今省府大礼堂所在的大片土地辟为跑马场，供他跑马娱乐，逼得苗族妇女不敢上街，只得投奔它处谋生，剩下的十几户则迁往扁井等处。扁井位于省政府东门外，现当地成年人都懂苗语，仍报苗族。又北京路电影院在十多年前修建时，拆迁的许多茅草房，都是世居的苗族住家。大十字东北侧，原是大道观所在地，道观大殿底下有一天然洞，人称‘苗王洞’，后来以土石堵塞了。这说明从前苗族居住贵阳的人口众多，历史悠久，有一定影响，故居民以‘苗王’名洞。现贵阳市有五个区，都有世居的苗族，1982年全国第三次人口普查，全市苗族共七万多人。①”

高坡苗族欲夺回贵阳原住地的“起义”，不管它包括了多少血腥和欲望，但这番作为肯定得到了所有苗族的尊重和支持。参加这次起义的苗族，主体是原住贵阳的高坡苗族，范围也并不很大，但得到苗族的广泛支持和尊重，现今有许多当初并没有参加起义的苗族地区也纪念这个节日。另外，这个注定要失败的行为，也得到贵阳地区的汉族移民的尊重和理解。现今每年的四月八这一天，贵阳市的繁华地带，中华路上的喷水池都开放给周边苗族过节。这也是符合人类普遍文化心理的现象，一般而言，有灵魂的人类，也同样尊重同类的灵魂。

农历的四月八日，贵阳周边地区的苗族，都会来到喷水池集会，或祭祀，或与亲人相会，或歌，或舞，或寻心中情人，或交易……统而言之，按时下的说法，是“进行民族传统文化交流”。按文化人类学的说法，这是构造一种集体无意识的场所，

① 杨通儒：《各地苗族‘四月八’节日概况》，载《苗族四月八》。

传承一些在一般集体无意识场合下无法传承的族群文化。但是这一历史性的集会，现今已经很弱化了，且许多功能已经消失，不复存在了。苗族四月八的集会，现今更多的是一种形式，一种痕迹，一种理解……历史和时间已经掩去了太多的东西。不过，我以为，四月八苗族在现今叫喷水池的地方集会，其在黔中苗族沉重和浓厚的历史影像，是不会轻易消失的。

中国人民解放军是1949年11月进入贵州的，一个年轻的江西籍的文艺兵（现已是70岁的老人，著名的民族音乐研究家）1951年在当时叫铜像台（今喷水池）的地方，目睹了一场规模宏大、祭仪威严、神秘的“四月八”祭祀。这位老人回忆说：

> 解放初期，贵阳还很不安静，经常有特务、土匪捣乱。当时的人民政府允许贵阳地区的苗族来铜像台①过“四月八”，但很担心会出乱子，故采取了一系列的措施。如其他街道一律戒严，省直机关全体动员，拿出许多物资在沿街摆摊设点，以免可能来过“四月八”的苗族过分聚集。另外，所有能动员的文艺演出队伍全部上街搭台演出，四月八这一天，贵阳附近四乡八寨的苗族来得很多（这样的机会他们在中华人民共和国成立前国民党统治时期较少得到），表情都很庄严肃穆，当时的气氛凝重。节日一开始，是一场祭祀，完全由苗族自己的自然领袖主持。他们按苗族自己的仪式，以铜像台为中心，一圈一圈地插上了大红蜡烛，烛光闪烁，香烟缭绕好大一片。在一片寂静中，只有大鬼师在做鬼事，祭奠他们的祖先……祭奠进行了很长时间，有很多过程……我们不太清楚他们的祭奠中具体包含的意义，但那场景很瘆人，我们从中感到的民族情绪非常浓烈，了不得！苗族是非常拥护共产党的，他们对自己的民族、自己的文化、自己的历史，也是非常看重的，并且深入内心。国民党时期当局大都是在压制他们，故1951人民政府允许他们举行自己的节日，被压制已久的黔中苗族的民族情感一下迸发，其规模的盛大、情绪的激烈是可想而知的。像这样盛大和隆重的祭祀场景，以及从中表现出的激烈情感，我在贵州生活那么多年就再也没见过了。
>
> 祭祀仪式结束后，“四月八”的其他活动也就开始了，我们摆的摊和搭的演出舞台很受欢迎……那次“四月八”平安地过去了，也没出什么事。但像这样完全由民族自主的、纯民族仪轨化的、民族情感激越和浓烈的“四月八”，以后也就再也见不到了。

由此可见，不管是历史上的“四月八”，还是现今的“四月八”，在黔中苗族的心目中的地位都是非常重要的。

黔中苗族争夺黑洋大箐的失败，以及此次失败给他们带来的影响，是那般深刻，那般沉重……它影响了他们后来生活的一切，也包含背牌。嘉禾坝（芦笙场）一铜像台一喷水池，是黔中苗族永远的情结，更是高坡苗族永远的情结。

从以上可见，高坡的苗族原住在贵阳一带，随着明朝在贵州设置布政司，加强了

---

① 中华人民共和国成立前，原国民党贵州省主席周西成，在苗族的节日场所的中心，塑有一自己的铜像，故后来，此地也俗称铜像台。

对边疆地带的管理，中原大规模的汉移民潮（军事移民潮、商贸移民潮、平民移民潮等三大移民潮，估计在明朝约有200万—300万人进入贵州）直接影响了原住民高坡苗族的宁静，于是，经过几番抗争，贵阳地区的边沿地——高坡，就成了他们最后的栖身之地。这好像就是现今高坡人的来由。是，也不仅是，要不，高坡苗族的许多文化习俗及观念，就不会是今天的样子。从史料上看来，干把猪等5000余苗族被杀戮，同时还有近6000苗族被俘，他们和逃散后又聚拢的苗族，加上作为征服者的部分汉族和其他族人的融合，这才是今天高坡苗族的最初本体。也许高坡苗族起义失败后的图景是：

被俘获的苗族和臣服的苗族被重新安置在高坡一带，编户垦耕，而他们又归属于一部分汉族统领，并最终又把二者的文化和血缘融合。

这只是我个人的学术观点，也许高坡苗族的文化演化因素和原因要比这个更为复杂多样，但这一描述，在我的调查中却是得到证实的。甲定村的苗族就明确表示他们祖先是明朝南征大战时来的汉族。老祖是一位将军，他带了两个苗女到甲定居住，我们都是这两个苗女的后代，而现在就都是苗族了。在云顶最早的祖先叫落牙老祖公，他有七个老婆，而云顶村的苗族大都是他的后代。还有，高坡苗族妇女背牌上的印章，也是这种民族融合的最直接的证物。

这种描述在历史上是不会轻松的，比如甲定的那位将军的“两个苗女”，云顶最早的老祖先的“七个老婆”，在历史上大概并不是什么正常的婚姻，反而与女人、牲口同是战利品的战争惯例相关。历史已是一种现今根本无法改变的过去，谁也无法评说它，但它却铸造了一种有别于其他苗族文化的新的独特的苗族文化。我想，这也就是我们要追寻谁在高坡的目的。

在历史上，汉族对高坡苗族有一系列的称谓：元代称“猫蛮”（系苗族自称为“蒙人［Hmong广，而元代蒙古人的发音又把“蒙”音发成“猫”音所致）；明代称“东苗”或“贵州苗”（前者指历史上的水东宋氏势力范围内的苗族，后者以地处贵州——矩州而得名）；清代称“白苗”“高坡苗”（前者以服饰尚白而称，后者以地名而称，说明高坡苗族从矩州迁往高坡属地已久，从这里可见高坡的苗族祖先失去黑洋大箐，不一定是在明朝造成的，明对高坡的征伐只是最后确定了这种历史）；民国后称“白苗”“高坡苗”“海吧苗”“红毡苗”“背牌苗”“黄苗”“炕骨苗”“高山苗”等。前面几种称谓已有简单解释，民国时的几种称谓又有各自的意义：前二者意义如前所述，“海吧苗”指的是高坡苗族妇女身上的主要是背牌上的一种饰物——海吧（贝壳）而言，可见，其时高坡苗族背牌上的海吧装饰物是比较广泛的；“红毡苗”“黄苗”是针对高坡男人的传统服饰红袍而言；“背牌苗”是以其妇女身上的背牌而言；“炕骨苗”是以其盛行洞葬（在后面的“图说高坡”中有关于洞葬习俗的解说）而言；“高山苗”则是地处高山而言。它们表明，人们很早就从多种角度观察、理解高坡苗族，而这些，现今仍呈现在高坡苗族的现实生活中，对此我们将在后来的文中有所展示。

以上虽然是各个不同时代的“外人”对高坡苗族的认识和理解，当然很表面化，但也透露出一些重要信息，即原住地在贵阳（黑洋大箐）的苗族，在他们的英雄最后的抗争失败后，他们原有的苗族和苗文化发生了相应的变化，经过一系列的痛苦的过程，他们由贵阳（黑洋大箐）的苗族，变成了今天的高坡的苗族。战争的失败，带来了他们苗文化的重新建构，而这种新建构形成了新的苗文化（应该是高坡苗文化），而这种新的苗文化又是今天我所喜爱探究的背牌文化的大背景。

这点也不奇怪，人类的任一文化都是在变化发展中的，如今天的汉族，决不同于西汉时期的汉族，同样，我们也不必为今天高坡苗族与其他民族的文化差异性和相似性而感到惊奇。

高坡之行的日记

时间是历史老人，就在我不得不叙述简单的高坡的过去的时候，我感觉到飞速的时间已经把我的叙述变成了历史，不过，有时它也有它有趣的地方，最少它可以昭示今天的人们的言论行为的最初根由，明白我们今天的一切都与过去的历史相关。我们叙述高坡的过去也就是为了这种“有趣”，因为我们面对背牌这一文化事象时，很多时候都离不开它，当然，这种资料性的叙述肯定不会有我在高坡寻找背牌时那么激动人心的亲历性质和生动、鲜明的感觉。

第一日　2000年4月27日　阴间多云

这是我到高坡开始进行关于高坡苗族妇女服饰——背牌文化人类学田野考察的第一天。这之前，所有的物质上的、精神上的、心理上的准备都已完毕。来到高坡，还没有住下之前，我就先寻找乡文化站的罗廷开。他是披林村苗族，是我在高坡乡“交道”最多的朋友之一，此行一定得找到他，通过他我才能寻找到合适的向导，而一个本地的向导，对在一个异民族或不熟悉的地方进行田野考察，是非常重要的，如果这个向导在本地有一份政府相应机构的工作，并熟悉本地文化，那就再好不过了。而这一切都得从罗廷开处找到答案。当然，同时我也在设法与在高坡乡人大任职的另一个朋友罗继荣取得联系，他也能在许多方面帮助我（为了保险，我还带着一个布依族大哥老韦的一封信，因罗继荣也是布依族人）。很快我找到罗廷开，他又很快为我引见了他们乡的管文化的副乡长高林。高林是个来自异乡的汉族，但他却是个热爱高坡、很有事业心的人，对我的到来表示欢迎，对我的工作目的也十分赞赏。这个头开得很好，在高林副乡长的关照下，罗廷开几乎是放开手地全力地支持我的田野考察工作。我当面表述了我们的目的和具体日程，而他很快就排定了陪同我下去的几位同志。往五寨、掌已方向数个苗族村寨考察的陪同人是在文化站工作的甲定村的王进；尔后陪我上摆笼、云顶一带考察的是小李，小李是云顶平寨村的苗族；而披林村方向的陪同人则是罗廷开自己，他就是披林人。

这些事情耗时不多，我把行装安顿在高坡一家小旅店里，就与王进匆匆跳上一辆前往甲定方向的中巴车。

车窗外四野已是一片金黄，油菜花盛开的春意，已很深很浓，在阳光下衬着墨绿的山石，酣畅而浓酽。

30 分钟后，我与王进就在五寨村下了车，此时约中午 11 点钟。公路是从五寨村中穿过的，在寨中下得车，一时还不知在村中找谁好，小王就先把我带到现任的村支书家。说明来意后，这位支书明显不愿在这种事情上多费时间和口舌，可能关于打背牌情况他确实也不熟悉。从支书家无功而出后，我与王进都想到了从高坡动身时罗廷开嘱咐的话："在五寨如果其他人不好找，你们就找王区长，有的情况他熟悉。"

我背着不小的旅行袋，与小王在村中寻访王区长时，走过了村中的敲牛场。这敲牛场不大，约数十平方米，突兀地在场中央竖着几棵拴牛桩。牛桩用粗硬坚实的栗木所做，在桩的下部有一孔眼，为敲牛祭祖时拴牛之用。这是村中最刺激、最神秘的地方，也是高坡苗族村寨与众不同的地方，就如你看见戴背牌的女子，就知道是高坡苗女一样，看到这敲牛桩，就知道这必是高坡的苗寨了。

高坡的苗寨在房屋结构上与附近其他民族村寨的房屋没有什么大的区别，五柱落脚，九柱落脚，木结构"人"字顶瓦房，以及公路边新近出现的水泥平房……但敲牛桩则是高坡苗寨必不可少的特征。而且村中的敲牛桩多，在他们也是兴旺的一种表现。对这种敲牛桩我是很熟悉的，我在五年前就知道高坡苗族敲牛祭祖的全过程，以及它对高坡苗族的文化意义，因为五年前我调查的就是高坡的宗教祭祀。

走过敲牛场，进得王区长的家门，这位 74 岁的老人热情地接待了我们。这位叫王应举的老人是 20 世纪 50 年代参加工作的苗族干部，历任高坡乡的书记、花溪区副区长等职，10 多年前退休在家。

在王区长那里，他为我们打开了关于高坡苗族背牌文化的话匣子，我所作的 1 号个案就是他做的讲述人。他告诉我们村中打过背牌老人的情况，他自已年轻时看到过的打背牌的观感，以及他所知道的打背牌的规矩和过程，还有背牌的来历，等等。但是在王区长家最重要的收获是他家夫人向我们着重展示的一块古老的所有饰物都齐全的背牌。

中午饭是在他家吃的，王区长为我们的到来，取下了一块家乡老腊肉。菜只有这么一个，酒是用碗盛的，他说："出门在外不容易！"话很平实，但情很深，让人难忘。

饭后，我为他夫人，及王区长本人拍了些照片，另外，村里的四位 16—18 岁的姑娘也被王区长和王进他们动员了来，穿上了他们的民族服装，让我们拍了资料照片。这四位姑娘都不是相貌非凡的美人，但她们在自己民族服饰的辉映下，仍然是光彩照人。离开王区长家时，我们要上这一片区打背牌的背牌坡，王区长就让他的侄儿带路。

我与王进上得马郎坡时，天上的云层已散向天边，整个大地阳光灿烂。这个背牌坡在一座小山的半坡上，青草繁茂，稀疏地分布着一些小松树。这里距周围几个村寨都有一定的距离，的确是个情人相会的好地方。在这里回首五寨，历历在目。据刚才在五寨王区长等人讲，五寨原只有我们下车时的一个寨子。最初此地只有一个老祖公居住，老祖公有五个儿子，成人后分出去四个，建立了四个寨子，合起我们下车处的本寨，有五个寨子，故称五寨。这五个自然村寨都建在绿树掩映的半坡上，坡下都有一大湾良田。

从背牌坡起身时，王进告诉我他曾是一名伞兵，以及他在河南当伞兵时军中的一些故事：如伞兵一般在200米的高空才打开伞，这样才能更迅速地降到地面，而人降落的速度是每秒16米；他们的一个战友在训练时未及时打开伞，收尸时人身上所有的骨头都是碎的，而这伞兵是马上就要退伍回家的……我开玩笑地告诉他，他是走出去的，回来时应该从空中回来，这样，高坡苗族又会有一个新的传说了。

我们行走在风景秀丽的高坡乡间小路上，心情很好。我非常喜欢这种乡间行走，因为行走中你会有许多意想不到的收获，不像乘车和乘机那样，只有一个内容：走，快走！

下午时分，我们走进了我们的第二站，掌已村。我这次田野调查的目标是把所有的苗族村寨都走到，并尽量调查所遇到的打过背牌的老人。

对于谁打过背牌，向导朋友（原谅我这么快就把他视为朋友）王进也不太清楚，他进得村来也要先慢慢打访。我们在掌已先找到一个叫王任林的老人，他今年72岁，想来他知道些关于打背牌的情况，但他没打过背牌，只是大约在1938年时看过别人打背牌。他记得那次是五个惠水的小伙与五寨的五个姑娘一起打的背牌，时间是农历三月的第一个牛场天，这天不一定是三月三。当时女方扎的背牌有五尺见方，现场至少有2000人观看。他说他们祖上是江西猪市巷猪市街三道坎的。他说掌已村打过背牌的姑娘有几个，是分好几批打的。当我们有些失望地要离开掌已村时，一个叫王秀抱的老婆婆从地里摘猪草回来。她今年84岁，是掌已村打过背牌的人中“硕果仅存”者，她从小就是孤儿，打背牌时的背牌都是借来的。她没有嫁出去，而是招了上门的丈夫，生有一个女儿，并且也为女儿招了一个上门女婿，我们在她家等她时，就是她近60岁的女婿接待我们的。她在讲述过去的时候已很漠然和恍惚。我们递上香烟时她也抽，并有一句没一句地回答我们的问话，很久我们才问清了她打背牌的基本情由。

这是一个很典型的个案，也是我的调查中遇到的第一个亲自打过背牌的人。她还告诉我们一个重要信息，与她一起打背牌的同寨的另两个姑娘的情况，一个叫披优的姑娘搬到龙里大竹马寨去了，另一个叫赖优的姑娘嫁到了附近高寨的唐漏然家，而这个唐漏然的弟媳正好是王进的丈母娘。这个叫赖优的老人已经故去，但她留下的背牌等物，大概还在王进的丈母娘手中。

这王秀抱家看似少有的穷，房子已偏斜破旧，很不像样子。堂屋里有几个鸡窝，一只白母鸡正安详地趴在鸡窝里，阳光从板壁缝中透过来，正照在鸡窝上，显得十分静谧温馨。门前是一个地窝子似的猪圈，木栏门上方挂有竹篾，木方上贴有纸符和鸡毛，还挂有一个玻璃瓶子。栏内有一大一小的两头猪。

王秀抱老人待她认为我们问完，她也说完时，起身就走了，也没有多余客气话。看着她的背影，她的女婿有几分歉意地说：她老人家又去掏猪草去了！

在五寨时我为没有找到可访问的打过背牌的老人（因这些老人都过世了）而遗憾，在掌已我找到了这样的老人，但又为没能拍上几张着装、特别是戴黄背牌的盛装照片而遗憾。小王鬼精灵，知道我的心思，我们离开王秀抱老人家之后不久，就在掌已的另一个自然村里，做通几个妇女的工作，她们愿意穿戴盛装让我拍照，条件是给她们几张照片。我欣喜难抑，这可能是世界上最友好的条件了。

着装的过程约半个多小时，我用照片记录了这个过程。在过去，每个要背上背牌的和看打背牌的女人都要如此精心打扮自己。为我而着装的妇女已是几个孩子的妈妈了。着装完毕后，她们笑得很灿烂，有一种来自心灵的光泽。

从掌已到我们第三站高寨时，已近黄昏。我们先是趁黄昏前的余光，找到了几家的背牌拍照，黄昏时我们就走进王进的丈母娘家。唐家正在请人帮忙做事，晚上要招待亲友吃酒，正好需要女婿做帮手，再加上又有我这个客人，故唐家对我的到来也很高兴。

在吃晚饭前，我在寨中闲走，来到一棵近千年的大银杏树下。这可能是高坡苗族乡最古老的见证了，但它至今仍青春勃发，每年所产的银杏果价值万余元。有这样一棵大树的村子，当是有神灵护佑的村子。树太高大，我无法拍下它的全貌，只好放弃。在后来的日子里，我老觉得我有什么东西忘在高寨了。过了很长的时间，我去补拍了它，才放下了高寨的心事。它的根很像这高坡苗族文化，古老而富于生机（见“图说高坡”）。站在高寨村内，还可清晰地看见对面山脚有一个大寨子，人们说那就是有名的甲定村，也就是王进的家乡，高坡乡最边沿的直接与龙里、惠水接壤的村子。

晚饭又是酒、腊肉，还有一盘野韭菜。晚饭时有许多男人，大都是唐家的亲戚，酒一下肚，就扯上了我要访问的话题。一个 38 岁叫王德帮的男人给我介绍他们吹芦笙跳洞的情景。他还说他父亲是打过背牌的。打背牌有几种禁忌：你的箭打不在背牌上，女方会骂你没出息，自己会有灾祸发生；箭不能射到背牌的印心，这样女方眼睛会瞎。

我向他们请教打背牌的事理，他们你一言我一语，但都语焉不详，只说了男女在坡上打完背牌，回到寨边还要打一次，并且在打背牌后双方都要获取信物，以便作为在阴间相认时的把凭①。

对于甲定村的这些苗族的祖先，他们（大都是对门甲定村的亲戚）说，他们的祖上是明初南征北战时来的汉族，而他们的老祖奶是苗族。这位老祖奶是一位将军的妾，她为将军生了两个儿子，他们都是这两个儿子的后代，原本是汉族，现今渐渐成了苗族，他们原本也只有一个姓，后来有一个兄弟家因闹矛盾又改姓了另外的姓，故现甲定有两个姓，但实为一家人。

---

① “把凭”这个词儿在贵州农村最常用，并极有特色和意味，其意为把握和凭据之意，而在城镇人中则很少这样使用。

甲定的苗族至今仍习惯自称为“我们这种族”，而不是干脆地称“我们苗族”，这是很有意味的，恐怕这与他们祖先的由来不无关联。

吃完晚饭，已经晚上9点多钟了，我们又从高寨步行到对面山脚的甲定村王进家，稍坐片刻，王进就把我引到他伯伯家借宿。王进的伯伯是花溪区法院的干部，退休前是一个庭长，他也与五寨的王应举一样，退休后回到家乡，住不惯城里人情寡淡的单元房。实际上，是这片故土的固有文化，安抚着这些过来人的心灵，使他们比其他人更热爱自己的家乡。

当晚甲定村停电，但在烛光下王庭长的谈兴很浓，可我已是疲惫已极，穷于应付了。我知道，如此高速度、高强度的“运转”，目的是把有限的“资源”发挥到极致。这个题目没有一分钱的考察费，我不得不把三天的活儿挤在一天来做。

很累，累极，后来我说我要睡了，理由是没电灯。我睡到王庭长儿子的床上不久，电来了，王庭长特地跑来告知说电来了，我浑身像散了架似的酸痛，说：我睡了。

这日记是后来追记的，我以为漏掉了不少重要的可贵的值得我永远珍视的东西，因为第一天的田野考察，塞进我笔记本和脑海里的东西太多了。比如说王进在跨入丈母娘家门时告诉我：“他家姑娘是自己跟我相好结婚的，最初他家不同意，现今关系才缓和，我现在得挣点表现。”还有，从掌已嫁到高寨的赖优打过的那块背牌还在，并且在他丈母娘手中，等等。

第二日　4月28日　晴

这天我醒来时天还不亮，因为昨晚与王进相约，在天亮前我们要爬上高寨旁边的云盘山顶去拍日出及甲定一带的田野风光。在晨曦中我们出了村，在村外田埂上急进。爬到云盘山顶时，天还没大亮，虽然我气喘吁吁，但眼前朦朦胧胧的发着几分幽蓝之光的田野，让人振奋和赞叹。天边虽红，但太阳还没有出来，晨雾正在广阔的田畴和村庄间列阵舞蹈表演，其意义由你去体悟，而它自己则是无限自由的。

我架起相机的三脚架，一阵忙乱，可能拍摄的结果不一定好，但过程让我很愉快，国际上已有一门新兴的影视人类学专业产生，我想他们追求的也就是这样的理解。

拍完照片，我们又从云盘的另一个门洞下了山。云盘是当地人在过去为了防匪和抵御外来攻击修筑的防御工事，贵州许多村寨附近都有这样的东西，而甲定、高寨村的这个云盘规模之大，是少有的，且保存相当完整。

回到村里吃完早饭，我们又找到两个芦笙手，我想录几段他们吹奏的芦笙曲。这虽然与背牌的调查关联不大，但也是一种文化的理解。芦笙是昨天王进去借的。

吹芦笙的是两个人，一个是当地有名的芦笙手，另一个年轻一点。甲定此地还保留了60首芦笙曲，他们为我吹奏了20多首。他们的芦笙舞看得出是乐舞一体的结构，吹者就是舞者，故芦笙一响，他们脚下就在不停地走舞步，时快时慢随节奏起伏。

快11点时，我们踏上了往甲定的一个自然村龙打岩的道路。路是大路，但龙打岩却至少在4千米之外。

路上我们并不寂寞，我以为至少有个奇遇：一是遇上了一群着装整齐的来甲定村吃酒的妇女，她们从远处飘然而至时，是这山间一道最美丽的风景。她们好像从古代走向现代，并且都那么自如。在群山和遍布山间的油菜花背景下，我为她们按下快门。我以为，这可能就是某个具有历史意义的镜头，因为在今后，这样的场景只会越来越少。

二是我们钻进了公路边的一个大洞，里面赫然摆放着近百口棺材，这就是有名的洞葬。关于这种习俗人们有许多解释，有瞎编的，有随意解说的，有故弄玄虚的，但此地在很长一段时间内盛行过洞葬则是不争的事实。

到龙打岩时，已近中午。我们访问的对象叫王道平，他今年已68岁了，是甲定村一带有名的鬼师，他也打过背牌。而像王道平一样打过背牌的人在甲定已经很少了，故王进一定要我来龙打岩找王道平。

王道平身体很健康，68岁了还红光满面，我们找到他家时，他还在犁田，见有人找，他家人去叫他回来的。他不愧是见过世面的鬼师，很健谈。他讲了打背牌的起由，明确地讲打背牌是从300年前开始的。

他讲，60岁以上的老人都是娃娃亲，即便与别人感情再好也不敢退亲，退亲就只有死路一条。他讲了自己独特有趣的打背牌的经历，又讲了由于婚姻等事由引起的苗族最厉害的纠纷的情由，并举了几个事例。

他说龙打岩此地过去有十多个男女打过背牌。他说他十多岁时见五寨的一个男的与龙打岩的一个女的打背牌时，几次都未打中，这个男的回家不到一个月就死了。

这王道平不愧为苗族文化的“博士”，他传达给我们的信息量多于许多人。我在他的帮助下记录了许多个个案。在他面前，我想：人类理解的文化不应该仅仅是狭小的由现代教育所造就的文化，而应是广泛的不同传承方式下所形成的共同文化。

王道平家的房子盖得不错，门前还有一坪水泥场地，据说是花溪区文化局对他的奖励，鼓励他做好苗族文化的传播人。实际他也很自信，似乎他既相信科学的物质利益，也坚信鬼神的力量。

从龙打岩回到甲定，在我的要求下，我们从小铺子里买了些干粮和水，就直奔10千米山路外的隆云村。路上虽吃力，但我们走得不慢。一路上我与王进东扯一句，西扯一句，有些话题已没有什么禁忌了。到隆云村口时，约下午5点多钟。在村口，有一条两米宽的水泥路一直向竹林掩映的村寨延伸。沿着这条村路来到村的场坝，见此村的村公所有些“花样”，它有村的广播设施，有一间屋子的门口还挂有一块“滋根基金会隆云希望图书室”的牌子。

片刻，我们在隆云村里找到了一个姓王的老婆婆，她是龙打岩王义清的姐姐，就因为她的婚姻问题，一生中有许多不幸的事发生。我们在竹林中的水泥路上访问她时，谈及往事，看得出她很伤感。我为她拍照时是俯拍，镜头中她显得很矮小。

我们在村长家简单吃了几碗饭就上路。我们想晚上赶回甲定，这样诸多方便。

黄昏时的夕光中赶路应该是惬意的，但我们都有些累了。很快我们就用上了手电光照路了。行路间突觉前面有大东西在响动，电筒光照去，原来是近在咫尺的一头晚上回家的大水牛，而牛的主人扛着犁耙在牛后，悄无声息。

8点钟在克里村的山口，已能看见坡脚的甲定村灯光了，而我与小王又一不做二不休拐进了克里村。

回到甲定王进的伯伯家，我就很快上床摆平自己了。睡在床上时，我老想着艾略特《荒原》中的诗句：“残忍的四月，荒地上长着丁香！”

这夜我睡得少有的深沉。

第三日　4月29日　阴

一大早起来，请王庭长拿出他家的背牌，我一一拍了资料后，就又匆匆上路回高坡乡。言谈中，他说他家还有一块巴郎背牌，即敲牛祭祖时给水牛（他们把水牛叫做巴郎，而巴郎在苗语中是姑娘的意思）披的背牌。这又把祭祖的文化事象与背牌的文化事象联系了起来，这使我想起在五寨王应举说过的一句话：黄背牌谁都可以拥有，但要敲过巴郎的人家的女人才有资格把黄背牌带入棺内。我当然想一睹巴郎背牌的风采，但王家说借出去了，一时拿不回来，说好下次来的时候再拍。

到上车后我都一直在想这巴郎背牌，想王道平鬼师所说的那个关于打背牌的故事（请参照于后的此个案）。到此时，王进熟悉的这一片区的寨子我大致排查了一遍，它也大致打开了关于高坡乡背牌文化的大门，这使我的信心倍增，使我坚信，这次调查一定是一件非常美好的事情。

回到高坡乡时，时间还早，与罗廷开稍一碰头，我和文化站另一个小伙子又上路了。这个小伙子叫李泽海，23岁，他是云顶平寨村的苗族，他们的家族和亲戚大致就分布在这一片。

今天的天气不好，我们接近摆笼村时还下起小毛毛雨，好在很快就过去了。

摆笼寨在高坡是一个很有名的寨子，走进寨子后我看到了它两个最为独特的地方：一是此寨基本上是建在一块稍斜、硕大无朋的大石板上，石板上的房子大多没有或用不着挖基脚；二是寨外有一系列的小棚屋，俨然是另一个小寨子，在田野中很有风味，一问才知那是寨上人家的柴垛、柴棚。

像王进一样，进得寨子来，小李也不知道寨上谁打过背牌，只好就往年纪大的人家问。问到一个70岁的老人，他叫王应风，我以为他打过背牌，但他说他没有打过。他说这个寨子每一拨年轻人中只有四五个人打过背牌，现今打过背牌的人大都死了，大概寨上还剩那么一两个。小李耐心地用苗话一个个地核对，终于得知，一个叫王岗成的打过背牌，并且还健在。李泽海一听也高兴起来，这王岗成原来是他的外公。

在王岗成家，我们受到很好的礼遇。王岗成听明白我的来意后，精神为之一振："哦，捻白蓝帕!"（苗语，捻：玩；白蓝帕：四月八，他们讲打背牌明确地说成是"玩四月八"，这与五寨、甲定又不完全相同。）这位74岁的老人很兴奋地为我们讲起他年轻时"玩四月八"的情景和经过，接着又拿出家里保存的背牌，打背牌用的弩弓，打背牌时他穿的传统服装，一切都是旧物，过去他们视为得面子（荣誉）的经历，今天在我们的触动下回忆起来，仍然有滋有味。

我把他家的背牌拍了照片，又为他家人拍照，最后请老人表演当年打背牌的情景。老人着装到了一草地，摆上背牌，拾上一根小木棍做箭，拉开老弩上的已经失去弹性的老绳，把那根木棍射向背牌。老人做得很认真，一如当年洗礼他们灵魂的时刻。我握相机的手心突然发烫，我知道，这种自然中的纯真在现代很难再"玩"了。

中午饭我们是在王岗成家吃的，又是一顿腊肉和米酒，酒很香，我不敢喝，但腊肉吃了不少，滋味少有的好。

吃过饭，我们又到了一个叫王友荣的老人家里，他今年74岁了。他只看过打背牌，自己没打过背牌。他一生只看过三回，每次看的人有几百个。他们这一片打背牌的地方在姨妈寨背后的山坡上，叫马郎坡。

下午的天气又转好，阳光从厚厚的云层中出来了。

我们从摆笼寨的背后出寨，立即就遭遇一大波一级一级向上的梯田，视野大开，这种疏朗给人很兴奋的感觉。此时的田中还没有水，一切都还是去年秋天留下的样子。打田时，它的景色一定不亚于云南元阳的山间梯田美景。

从摆笼到云顶孟耳寨的这一段山路，可以说是一段非常令人赏心悦目的道路。数千亩的梯田从坡脚一直到坡顶，连绵数千米，村寨就在这缓坡上的梯田中，且每个村寨都为大片竹林所包围，房舍的青瓦从竹林掩映中露出来，清纯的自然中又有了人间烟火的意义。

我们往孟耳寨前行的半道，见一块长方形的台地横卧在这片云顶梯田的中央，在台地上，可以环视整个这一片梯田。这是一片非常富于想象力的梯田，是千百农人共同创造的锦绣——大地艺术品，它的每一根弯曲的田埂线，每一块梯田的形状都有所昭示。而我们脚下的这道山梁则是云顶片区情人相会游玩的地方，几乎每一个云顶片区村寨的年轻人都在这里有过爱的记录。

这是画中的行程，临近孟耳寨更觉它的奇妙，因为我们得从竹林中寻找村寨的人口，否则不得其门进人不了孟耳寨。沿着孟耳寨竹林间的小路，又见每家每户为一簇簇的竹林环绕，各有自己的天地。在寨中，我们还见到用石块垒成的旧寨门，据说原来这样的寨中道路的进退具有布阵的意义，不知阵法的外人，进得来却难出得去。

在孟耳寨，我和小李就直奔一个叫陈德过的老人家，因为在摆笼我们就探知孟耳的背牌老人是谁了。

我们"闯"进他家院坝时，这位老人正在阳光下光着脊背，寻找衣服上的虱子。

我很想拍下这个镜头，但又恐不妥，犹豫间老人已赶紧穿上了衣服。

这个老人73岁了，是23岁时打的背牌，而且是同时与两个姑娘打的背牌。我们对此感到很惊奇。他们说，他们云顶的老祖公最初来到云顶时有七个老婆，打背牌怕哪样？我们这里一般都是与两个姑娘打，多的有四个姑娘的。

说话间来了许多寨上的男人，他们都好奇地看着我们，奇怪我们为什么会对“捻白蓝帕”感兴趣。陈德过讲完他打背牌的经历，就把打背牌时姑娘给他的信物，一块白色绣花帕拿了出来给我们看和拍照。这是50年前的东西，但并不显旧，看得出他平时并不随便示人。陈德过老人在讲述自己的这段经历时是自豪兴奋的，很少有甲定、五寨打背牌人讲述此事时的无奈情感表现。他们叫打背牌为捻白蓝帕，与女友相好，叫玩姑娘。实际上，云顶人打背牌的故事是很精彩的，也是很令人自豪的。

随后，我们又在孟耳找到一个叫陈兴龙的老人，他今年68岁了，是17岁时打的背牌，他也是与两个姑娘打的。

在孟耳寨，最有戏剧性的是，与陈德过打背牌的两个姑娘一个叫王披同，一个叫王披生，是堂姊妹。50多年前与陈德过打过背牌后，披生嫁到龙里县板省乡打夯寨去了，披同嫁在孟耳寨上，并且现今两人都在世。我们乘兴来到披同家时，披同老人正好在家。她现在已70岁了，18岁打的背牌，22岁时嫁人成家，现儿女成群，老伴已去世了。打过背牌的情人能在一寨相安无事，各守规约，这样的文化肯定有它的奇妙之处。

我希望老人能着装拍张照片，她欣然同意，着意打扮了一番，并且很上像，看得出她年轻时是一个自信的美人。

下午时分，我们又转游到临近的大院村，在一个叫杨老乱的老人面前重复我们的要求。这位77岁的杨老乱更为兴奋，他们那次打背牌是大院的七个小伙与摆笼的十四个姑娘一起打的背牌，当时打背牌扎的背牌很大，来的人很多，又吹芦笙，热闹得很，上千人观看，各地的人都有，云顶村有孟耳、小院、大院等自然村寨，我们去了大院，没有去小院村，就直接从大院往下走，来到小李的老家平寨村。这平寨仍是云顶片区的自然风光，但已属另外一个行政村管辖了。在乎寨村，仍然是一片片的竹林环绕村庄，比孟耳大院还严谨，且寨门仍在，仍然通行，现今已没有布阵的作为，但却有迷宫的感觉。

在平寨，我们只找到一个叫李清成的老人，他打过背牌，今年71岁了，也是与两个姑娘打的，姑娘是孟耳的。看来云顶片区打背牌的姑娘多是一种风尚。

在平寨村的一些人的家门口和村中路口，我还看到这里的树杈上挂竹篾，那里用根棍子插上一个鸭头，有一些鸡血的印痕洒在地上、树上和石头上，树上的鸡毛在暗冷的风中飘曳，增加了几分诡秘，表明这神秘文化的运行和在此地域中的根深蒂固。

夕阳很快就下来了，这段时间我们相对轻松一些，我们在小李的姐姐家寻找到几个背牌拍完照，就在夕光中享受这洁净的阳光了。这时，小虫子在夕光中不停地穿梭，像另一个世界的情景。

晚饭是在小李家吃的，简单的炒蛋及米饭。我们吃得很香，很快吃完，告别小李的父母，我们就往乡里赶路了。

路上，倍感脚腿的沉重，手电光不亮，脚下的石头老是把脚板硌得生痛。黑夜中远处有山火发出明亮的橘黄色的光，为什么没有人去扑灭它呢？这山野！

第四日　2000年4月30日　阴

第四天我们走的是石门、大洪这一片区，由罗继荣做向导。前几天我就和他联系上了，并商定今天由他带领我跑石门、大洪片区，他家就在这一片区的挠绕村。

我们是步行前去的，过大洪村的路口时，因大洪多为汉族，就没有进大洪村，而是继续往我的来路石门村方向前进。到一个山口处，往右手拐向挠绕村的村公路，又从村公路左下，过一个山塘，斜斜地爬上一个山岩，见一个小寨子。这里叫岩上寨，是一个很有意思的自然村寨，这里有10户人家，但有3户是挠绕村的人户，有7户是石门村的人户，很像我们一些坐落在国境线上的村镇，只不过这是“村界”，不是国界而已。

我们要找的人叫王玉德。王玉德78岁了，是个木匠。我们找到他家时，他正在打造一个木盆。他是一个在乡间见过世面、能说会道的人，打开话匣子，他就从人的根古说开来。他说人有三朝，头朝2000年，二朝2000年，我们是三朝人。最初从制天地开始，又制人类、动物。后来为了看姑娘和小伙哪个好，又制马郎坡，男女相会不得根据，就用背牌作根据……似乎有些不知从哪儿说起，到哪儿结束的味道，信口开河，倒也自在。

他打背牌的经历比较少有。他的一生中有过四个妻子，其中还有一个妻子是被丈人家喊回去，重新“卖”给了别人抵债的。

他说他们打背牌的地方也在姨妈寨背后的马郎坡。与他一年打背牌的有个小伙叫陈四英，那年17岁，他没能打穿背牌，第二年就死了。

录完笔记，我问他：能把你这些经历写出来吗？他很爽快地说可以。他随后拿出了姑娘的信物——一块白色绣花手帕，让我拍照，我把手帕放在木盆里，用这王玉德打造的木盆作为背景，反而显得有几分别致。后来王玉德穿上了他年轻时打背牌穿的衣服，让我给他拍了照。

中午时分我们到了石门村的村支书家，支书姓王，叫王玉廷，有50多岁。一席客气话之后，说明来意，他说不必找别人，我妈就打过背牌，把老人家请出来就行了。只不过，老人家不会说汉话，要由王玉廷来翻译。

这个个案记录更有意思，它是一起打了背牌又逃婚在外的个案，也是我在高坡记录打背牌个案中的唯一的一例背牌逃婚个案，让人觉得非常有意义，起码它显现了高坡苗族文化区边缘状况中传统规约的松动性。

这天的中午饭是在王支书家吃的，故闲谈的时间较长。当讨论过去打背牌有什么意义时，大家说了几点：一是打过背牌的人回乡过黄河时有船接，没有打过的只能骑鱼背过河，搞不好就滚下河去；二是打过背牌的人过九道河时有船接；三是打过背牌的人“级别”不一样（现代语，笑）。

最后是把老人的背牌拿出来拍照，她打的背牌有三块，有一块已经很烂了。同时，她的儿媳妇还拿出了些布依族的绣片，让我一起拍照，并问有人买吗。我无言。原来她家的儿媳妇是挠绕的布依族，与罗继荣有亲戚关系。

从石门村回到高坡乡时间还较早，稍歇，我又约上罗廷开奔向了披林。下晚时，我们就到了披林村，当晚就住在罗廷开家。

披林村我这是第四次来，第一次是调查宗教文化，还有两次是参加婚礼等，所以披林差不多是我在高坡最熟悉的地方了。不过每次来的感受都不一样，都能看到一些你过去没有看到的东西。我这次到披林村时，正是桃花盛开的季节，桃红，柳绿，菜花黄，李花、梨花白如雪，在如烟的季节里，把立在一条小河边的披林村装扮得很有诗意。

罗廷开的父亲我也是认识的，他很欢迎他儿子的朋友到来。不见生，话也就很随便地说开了，但他并不很清楚打背牌的事情，只说了芦笙起源的故事，但这个故事可能是他对廷开带来的朋友讲过多遍了，有些公式化了。

罗廷开的父亲叫罗朝贵，今年 61 岁，1958 年就担任这个村的村主任，1994 年时“退休”。我很欣赏他用了“退休”一词，说明他“干部”的感觉很强。罗朝贵是这一方有名的芦笙手，他制作的芦笙很受人们看重。我这次来就要请他制作芦笙，我好拍些关于芦笙制作的资料。他似乎很懂得拍照的重要性，一招一式都做得很认真。我们俩在芦笙制作上有了许多话头，他家里院坝里有许多苦竹，似乎准备对外加工一批芦笙，我与他商定，我为他寻找一些制作芦笙簧片的黄铜。

吃完晚饭的廷开家是很热闹的，因为罗廷开请了一个家门的伯伯来为我讲关于背牌和打背牌的事情，同时还有不少串门看热闹的人。

这位伯伯叫罗朝思，63 岁，是一个盲人，是很多年前被石炮崩瞎的。

他说背牌是因为男的出去打仗，只好拿几块布盖上五个印章让女人背起，这就有了背牌（这与我前述的关于高坡人的论点又不谋而合）。

打背牌是因为订有娃娃亲，结不得，只有打背牌。披林村老一辈有七个打过背牌的，但只有一两个还在世。这里三月三打背牌。打背牌是从贵阳的“牛角坡”开始的。披林这里打背牌的地方是在惠水板场的一个背牌坡上。这里的三月三与四月八是一样的。

这天晚上，他还讲了白背牌的来历，这的确是个其他地方没有的东西。这天晚上最让人感动的是晚 11 点时，罗朝思唱的背牌歌，我不懂歌词的含义，只知他说的是背牌的来历。他们在苗语言的情景中表达可能更为投入和自如。我为他的背牌歌录了音。

入睡前，我想起入村前一个路口上有几块奇形怪状的石头，我试图摇摇它，廷开大叫动不得！尔后他告诉我这是村中的灵石。这灵石上贴满了纸符，还有用牲血贴上的鸡毛，有些森然。我想我适当时应该拍下几张照片。

第五日　2000年4月31日　晴

这天一大早，我与廷开吃了早餐就上路了，访问地点是惠水县的大坝乡大保村的中寨。廷开告诉我，惠水县境内有摆场、冗族、中寨、大保、黄龙、冗哨等六个寨子是苗族，他们也盛行打背牌的礼数，属三月三打背牌的范围。

大寨村1985年时打过一次背牌，有八个男青年与高坡乡沙坪村的八个姑娘在中寨后山的一个背牌坡打的。而寨中杨光舍是其“主持人”（现代语）。

杨光舍今年65岁，是寨中辈分比较高的人，他与廷开他们实际上是亲戚。他历数了当时打背牌的情景，并拿出了当年拍下的彩色照片和弩弓。弩弓雄姿犹在，照片已经有些变色，但当年的盛况仍在。

这大寨村在一个半山坡上，坡脚有数棵参天大树，已有人为此出资十余万，没卖！村中的一个人户门口竖有一竹竿，上盖一斗笠，廷开说这家有事，在用鬼。而这家的房头是一棵桃树，桃花正艳。杨光舍家的门口是几棵香椿树，正发好芽，主人见我好奇，立即摘下几棵香椿芽，丢在菜锅里。

吃完中午饭我们就婉谢主人的坚留，出逃一般上了回归的路，因为中午罗廷开已喝了不少的米酒，再留下来就只有“醉路”一条。就这样，廷开已经是昏昏然，肚里有好几大碗米酒荡来荡去了。

一路上，廷开道开了他少年时的美好时光，因为这一路都有他少年时的美好回忆。半道上，天突然下起雨来，他把我带到一个偏岩脚躲雨，在这里，他讲了许多他少年时代的友谊和情爱故事，他们的方式和纯真，让人神往。雨停后，我们重新上路，他回首告诉我：这偏岩就是他与儿时女友避雨的地方。

背　牌

路上我遇到一株桃树，树上桃花带着雨滴，娇艳无比，按快门的手指就不住地抖动。

高坡之行的日记还会有很多内容，但五天的日记已能够窥见我的心灵受到震动的程度了。实际上关于背牌的信息纳入，关于文化人类学的田野作业，是在与高坡相处的每一个苗族人、每一个细节中都在进行的。

经过那么多天的调查和过去的长时间的积累，我能准确地告知高坡苗族背牌的比较全面的情况了，但它表现的深刻和广泛，又让我有些不知所措，不敢简单地下一个高坡苗族背牌是什么的定义。如果这样，就辜负了许多高坡的苗族朋友和我自己。从现象讲，我们可以这样来表述高坡苗族的背牌：

在高坡，我们在几岁的蒙童（女童）和垂暮之年的妇女身上，都可以看到背牌这一饰物，高坡苗族女性服装上的其他饰件，如头饰等都可以随意处理或省略，但背牌却必须有。这种情形可比喻为：光身叫没有穿衣服，而没有戴背牌有如光身。

高坡背牌的形制为一大一小的前后两块，用宽约 6—8 厘米的布带对称连接，套头贯入，前块较小，约为 8—12 厘米的方形绣片；后块有两种表现，如果是盛装背牌，则为 30 厘米以上的方形绣片，如果为生活装背牌，则为宽约 12—15 厘米，长约 15—20 厘米的长方形绣片。后块是背牌的主块，在女性后背上部位置，非常引人注目，且所有的背牌都是女性一针一线精心挑绣的，可以说它是高坡苗族服饰表现的和审美的最高凝结点。这种绣片工艺上属西部苗族的挑花。古老的背牌绣线用丝线，后为棉线，现大量使用开司米线，不管哪种材质，其基本的图案、形制和色彩都不变。高坡苗族背牌分盛装和生活装两种，前者基本为方形，至少在 30 厘米以上，多在一些重要的场景中穿戴；后者为长方形，在一般的日常生活中穿戴。也就是说，后一种背牌称为“白背牌”，前者的线色以黄、红为主，绣片上的颜色主调也是黄色。大概是以色称之，但又不完全是，它肯定超越了以色称之的范畴。白背牌则是白色为主色的长方形，再挑上许多图形和纹饰，十分清新艳丽。高坡苗族女性每人都是一朵花，这朵花在脸上绽放，同时也在她们的背牌上绽放。

这是我在我的《高坡苗族背牌研究》一文中对高坡苗族背牌极为小心的描述。在高坡，如果仅作为一种服饰，高坡的苗族妇女的确是如此来对待的，但实际生活中，高坡妇女和男人并不是这样来看待它们的。有研究者说，高坡苗族的背牌是过去历史上套头衫的遗形，对！也有人认为高坡苗族的背牌是传统绣花披肩的变种，也是！这些都能从背牌的形制和工艺学上找到印证，但高坡背牌仍是高坡苗族背牌。

这是就形制和绣花工艺而言的，但背牌上似乎亘古未变的大印纹如何解释呢？这恐怕不是工艺学能解决的问题。对此，高坡苗族大都有自己的解释，并且对黄背牌的起源、白背牌的起源都有各自不同的口述史传：

[个案2]①

讲述人：王应贵，男，苗族，时年72岁。

讲述地点：五寨村中王应贵家。

讲述时间：2000年3月27日。

采录人：吴秋林。

背牌的来历很古老了。背牌按古老来讲，是皇帝送给我们的。我们高坡这种族的背牌分前后两块，前块小，后块大，上面是四方印章，雕花就围在印章周围，再用两条布条或绣花布条连在一起，套在脖子上，就成了我们这种族的背牌了。

这种有印章的背牌是皇帝送的，不能压在箱子里，一定要经常带上。

为什么我们这种族的背牌是皇帝送的呢？

在很早以前，苗家要敲牛祭祖，每次都要送牛的前腿给皇帝。我们这里离皇帝远，路上的时间长，有时要走半年，时间长了就腐朽了，牛肉也就不好吃了。皇帝见此情况，就讲，好意接受了，但以后你们就不要送了，今后你们觉得哪个为大就送给哪个。从那以后，牛前腿就送给外祖父、外祖母，因为苗家认为外祖父、外祖母为大。

皇帝为表彰苗族的诚意，就送了礼物，给男的送一件红袍，女的送的是用一块白绸盖上大印的印布。

从这以后，我们这种族的男人就穿红袍，女人就披着皇帝送的印布。妇女的印布上光有大红印章不好看，妇女们就围着大印绣了一圈各式的花，这样披起来又好看又醒目。

这就是背牌的来历，但为何男女间要射背牌，就说不清楚了。

此个案是在王应贵家的火塘边采录的，他家的房子在五寨算一流的木质大瓦房，但这房子、这火塘大约仍是千年以前的样子。天气已比较热了，但主人家仍习惯地把我们招呼到火塘边上来坐。这是一种古典式的关爱，可这火塘边的确有些热了，好在三角铁架上的锅里已冒出老腊肉原初的质朴的香味。我这时好像突然觉悟，我如此辛苦地热爱这一切，最本质的诱惑也就在这里。在采录中我们得知王应贵在花溪区有房子，且条件很不错，但王应贵的晚年却坚决地愿意在这儿守护这份粗陋和简朴，而不愿在城里拥有精致和繁华。我与他根底上是一致的，但我比他贪婪，我内心里并不拒

① 此个案编号为采录时的原始编号，这里保持原始编号。下同。

绝它们，因而我可能注定就是城市文明与乡村文明之间的游子，但我深爱他们、理解他们。这不，王应贵叙述这个案内容时，他就有一种自觉的责任感的高度，言语严肃认真。我不怀疑他叙述的真实性，但我能分辨得出他言语中情感色彩过头的部分。王应贵相貌堂堂，虽已72岁，身子骨却是少有的硬朗，从今以后我会为他祝福的。

[个案16]

讲述人：罗朝思，男，苗族，时年61岁。

讲述地点：拔林村罗朝贵家。

讲述时间：2000年3月30日晚。

采录人：吴秋林。

白背牌为什么是这个样子，是有说法的。以前，在龙里的一个土山包上，一群男的在吹芦笙，女的在跳舞。不知何时，从附近的一口水井里出来一群龙姑娘，悄悄地排在姑娘背后跟着跳芦笙舞，边跳就边在跳芦笙舞的姑娘的背牌上画花样。过去姑娘背的都是黄背牌，而龙姑娘画的样子很好看，是人跳舞的样子，从此，背牌上就有了一圈跳舞的花样。

跳完芦笙舞，小伙子们送龙姑娘回家，但把龙姑娘送到一口井边时，龙姑娘一下子就不见了，小伙子们趴在井边往井里看龙姑娘，一弯腰就把背上的刀掉在井里，故这口井现在叫“倒刀井”，就在龙里县板省乡附近。

而跳完舞后的土山包的草地上，龙姑娘跳过的地方草都伏倒一片，有个“丰”的字样，之后这些龙姑娘踩过的草再也长不直了，至今这个土山包上的草都是这个样子。

后来，高坡的妇女们不但有一个古老印章为中心的黄背牌，还有了一个与龙姑娘跳舞留下的花纹样为中心的，四周绣满跳舞的纹样的白背牌，并时刻背在背上。

这就是白背牌的来历。

罗朝思是一个瞎子，他看不见我们，却“听得见”我们。我坚信他比我们看得还真切，因为他看不见人的表情，只听得见人们的声音，并且可以有很高的辨别力，故他被骗的机会比一般人少一半。他原本并不是瞎子，而是有一年他去排除瞎炮时炸瞎的。他虽是瞎子，但在表情上显露出的对生活的信心和热情，却让人感动不已。他叙述的这个故事肯定是他们对白背牌美好的幻想性的阐释，但我以为它的确十分珍贵，背牌本来就是美的文化，它需要美的阐释。他叙述的故事是非常感人的，但把我们带到另一种境域的却是他的歌声。

当晚12点多时，他情不自禁地唱起了背牌歌，清婉明丽，难以言说。罗朝思的歌声一起，房子里原先东一言西一语的人们顿时静了下来，只有罗朝思的背牌歌歌声与田野里的风声在回荡。我在后来的日子里常常感叹不已，他们贫穷，但他们拥有自己的快乐，而且他们这份快乐是那么令人感动。贫穷绝不是一件好事，富裕也不一定就是一件好事，且这个世界就这么多财富，你富了，他也就穷了，还是唱歌的好，这样人们也就没有内心的苦痛和烦恼。这也是一种财富，而罗朝思他们热情地给予了我，对他们的贫穷我无能为力，但我一生肯定不会去追慕那些转眼就会消失的明星，却要永生念想着高坡的人们。

这两个传说自然很难有我们今天汉文化系统中认定的那种历史性和真实性，但它肯定是一种民族文化的口述史传，某种意义上说比某种汉文献上道听途说的所谓记载要珍贵得多。它是高坡苗族自己对背牌的心声和解释。

在一次又一次对高坡的背牌文化调查中，背牌的文化事象遍布高坡苗族的每一个角落，我记录了许多背牌文化的事象，也拍摄了许多背牌的照片，它无疑是高坡文化生活的一个焦点。就我看到的高坡苗族背牌而言，形制上只有黄背牌和白背牌以及较大一些尺寸的巴郎背牌三种，并且我以为巴郎背牌应归为黄背牌的表现范围，是黄背牌的变形。这些背牌主体的形式结构是不变的，如黄背牌的中心为大印，周边为放射形的框架；这白背牌的“丰”字形的框架加四枚小印形式，这些在所有的苗女手中都是不会变的，变的只是色彩和框架内的花纹。另外，工艺上当然有精细和粗糙之分。

在高坡，我见到的最豪华的背牌应该是王应贵家的那块，它上面既有银片装饰和海肥装饰，绣工也很精美，可以说是高坡背牌的代表作。按理，每一块黄背牌都应该是有银饰的？且连接前块和后块的布条就是缀饰银饰的基本位置。不过，现今保留下来的老黄背牌已很少有银饰了，因为人们普遍认为那是值钱的东西，害怕被偷，故多取下放好，需要时再缀上。过去的黄背牌是丝线绣的。我以为过去的高坡苗族一定会以一种黄色的原生丝为重，因为这种蚕丝本身就是金黄色的，用它绣就一张背牌，自然比染色的黄丝为重。丝绣的背牌为最高贵，有色棉线绣制的黄背牌则次之，近年来用黄色毛线绣的黄背牌又次之。白背牌也是这样，丝线绣的为贵，棉线次之，开司米毛线的又次之。但白背牌很少有用丝线绣的。

这些都是高坡所有的苗族的共识，不但妇女如此，且男人也如此。在甲定村的一户人家，我们看了他家的黄背牌，又希望看他家的白背牌，这家的男人就叫起来：白背牌有什么看头?!

在高坡，一个女人希望自己最少有一个黄背牌，而且是母亲为主的女性长辈传给她的最好。没有一块背牌是高坡女人一生中最不可能出现的一件事情，似乎她没有这个东西，没法与阴间的祖先相认似的。

白背牌在高坡女人一生中可以拥有很多个，是常用的标识性装饰，且有的白背牌绣得相当精美，但白背牌却永远得不到男人的赏识。似乎黄背牌是仪式化的事物，白背牌则是生活化的事物。

打背牌

在高坡，我见得最多的背牌是在甲定。在甲定，我见到过许多块打过的老背牌，有的是清代的物件；还见过两件巴郎背牌，而巴郎背牌是其他地方没有或我没见过的。

在高坡的任一处的赶场天，每一个赶集的妇人都会着民族装，戴背牌前往，但我从没有看到过一个出售背牌制品的人，似乎高坡的女人没有人用金钱来看待和衡量她们的背牌。对这个问题我老想：如果老用我们的文化观念来衡量一种别样的文化中的人，则是一种最可笑、最愚蠢的行为。背牌在高坡是一个重要的文化事象，但如果只认为它是一种妇女服饰文化，进而是一种记史性的符号和象征性文化时，高坡苗族的背牌文化却不是独特和深厚的，因为同样的文化事象在其他支系的苗族中比比皆是。就说背牌的绣片形式，云南文山的苗族也有这样的事物。说到印纹，六枝特区的四印苗的胸前就有四个印章纹，其背景传说也相似。再说记史的符号和象征，高坡苗族背牌文化中有一样东西是所有苗族服饰文化都不能相比的东西，这就是一种称为“打背牌”的人生情感仪式。①

[个案1]

讲述人：王应贵，男，苗族，时年74岁，高坡乡五寨村人，中华人民共和国成立后外出工作，曾任高坡乡党委书记、花溪区副区长等职，1989年从副区长职上退休，现居五寨村中老房。

讲述地点：五寨村中王应贵家。

讲述时间：2000年3月27日。

采录人：吴秋林。

我本人没有射过背牌，只看过。五寨村过去大约有20多个男青年射过背牌，但

① “人生情感仪式”，这是我给“打背牌”这一文化事象下的定义，而高坡人只具体实在地说“打背牌”。我在给它提出一个文化人类学的学术词语时，就遭遇一个很麻烦的问题，即从仪式学上来说，这打背牌很难在现有的仪式认识中对应和归类。它既不是宗教祭仪，也不是出生礼仪，不是成人礼，不是婚礼，当然也不可能是葬礼，与社会交际礼仪也不沾边，就年龄而言，倒与人生中的成人礼仪差不多，但内容则风马牛不相及。故我以为它是一种特定的为人的情感（主要为爱情）而举行的特殊的人生情感仪式，它包含了祭礼、仪式、标志等多重复杂的内容。

现今都去世了。

1946年，我看到我们五寨的王德正、王桥二等六个男青年，与龙里县板省乡板省寨的六个女青年射背牌。

男女之间为什么要射背牌？原因是男女双方感情很好。男女长大成人后，通过数年的交往（比如共同劳动、对歌、赶场、相互走访、互送礼物等），如果感情好到一定程度，加上双方父母同意，就可以举行射背牌的仪式了。

射背牌之前，男方家要准备足够的肉食，为此，男方家至少要杀一头猪，有的还要杀牛、宰羊等，还要准备一定数量的饭食，以及能满足近两天一夜，整个射背牌过程中的人们饮用的米酒。另外，还要准备一些举行仪式的物品，如渲染气氛的鞭炮、红绸等。

女方家要准备的物品主要是至少一斗米以上的糯米饭等。

在射背牌前，男青年要整理自己的传统男装——红袍（红袍是高坡苗族视为男性盛装的服装，多在一些十分庄重的场合和礼仪上使用。这种服装实是一种猩红色的长衫一类的服装，颜色十分醒目，有警戒的意味），以及射背牌用的弩和箭等。

女方则在自己的寨中，或借，或做，找到尽可能多的背牌，并把它们一排一排地扎在一个用竹子做成的方形或长方形的竹架上。这样的背牌架，一般称为“背”，姑娘最少扎一背背牌参加射背牌。背牌越多，扎制得越高大越精致，就越受人们赞颂。

五寨射背牌是在距五寨村约两千米处的一个草坡上（也就是我与王进去看过的那个地方）。这个射背牌的地方是附近几个村共有的背牌坡，并不是五寨专用的地方，而且每一个村都有固定的地方，不可随便逾越。

射背牌的时间在五寨村是每年的四月初八。

1946年的那次射背牌，龙里板省寨的女青年从寨里（或邻寨）借到了数百块背牌，并扎制了数背背牌，有两米多高。扎好后，女方就设法往男方家的寨子里背运，而男方家得派出家中的姊妹们早早地去到半路迎接。男方家姊妹接过背牌后就往自己的家中背，女方姑娘及亲友一般返回自己的村寨。

四月八的这一天，女方及所有女方家的亲戚、朋友一大早就来到男方家。1946年的那一次，板省六个姑娘家的亲戚都来到五寨的各自的射背牌对象家，村里十分热闹，如过年一般。

这天早早地吃过早饭后，五寨射背牌的六个男青年的亲友就背着背牌，与女方一起往背牌坡进发。

射背牌对男方父母，以及青年男、女，都是一件很有名誉的事情，特别是男方，都想尽可能地把仪式办得隆重和体面一些。但这是一件很花钱的事情，男方家要有一定的经济实力才行。故每个村同一个年龄段的人中，能实现射背牌愿望的并不多，每一拨人中只有几个人，并且多是群体性（至少两对人以上）举办此事。因此，一个村也许三五年，也许八九年才能举办一次射背牌。

1946年那次射背牌，观看的人很多，有数千人，很热闹。

在那天的背牌坡上，男女到齐后，由主持此事的五寨老人，划定自己村的射背牌之地，试着用没有箭头的箭先射，以检查弩如何等。女方则带着自己的那块背牌（黄背牌），放在与自己射背牌的男方面前的草地上。男青年就一字地在山坡上排开，面前一米左右的地方是自己女方的黄背牌，而前方就竖立着女方寨子所扎制的高大的背牌。观者只能在两边观看，不能到射者前面去。要射时，只听寨老一声招呼，弩就发出噗噗的声响，弩箭就插在面前的背牌上。打背牌一般不讲究时辰，也没有什么特定的仪式，有时候要连射三箭，有时射一箭就行了。但射时只能射背牌的印章边沿，不能射印章。

这是坡上射背牌的过程，射完大家也就收拾东西回寨了。回到男方寨子脚，射背牌的男女要在寨子脚再射一次。这次除了射背牌外，男方还要在女方的裙子边上射一箭，射个箭洞以作凭信；同时，女方也要在男方的红袍上射一箭，留下箭洞作凭信。

这些事做完后，正式的酒席就摆开了，五寨这六户人家就得分别招待六个女方家的亲朋，但主客是女方的女性亲戚。

吃完酒席，女方一干人就宿在五寨上，晚上则喝酒对歌，所唱内容主要是盘古开天地，打背牌的来历，等等。

第二天，男方青年在吃完早饭后，就得送女青年上路了。同时，得着人把女方的背牌背回去。女方家为了有所表示，则用一个竹背篓，装上至少一斗米的糯米饭，送给男方家。一般男方又要用糯米饭请自己家族中的亲戚等，打背牌的全过程也就结束了。

打背牌后，男女的交往仍然如常，但男女双方一般都不会结婚成一家，只是说他们一起打过背牌，到死后，先死的人要在九条河边等待对方。通过打背牌时留下的凭信，认出对方后，再一起上阴曹地府见阎王，尔后一起再投胎往人世间来。

[个案3]

讲述人：王秀抱（乳名），女，苗族，时年84岁，农民。

讲述地点：掌已村王秀抱家门口。

讲述时间：2000年3月27日。

采录人：吴秋林。

我是从小在掌已村长大的，是个“寡崽”（即孤儿）。我大概是20岁时射的背牌，地点就在距五寨不远的背牌坡，是与五寨村的甘掌寨中的一个叫“档扣”（苗名）的青年射的背牌。我已记不住“档扣”的样子了。

当时寨里有三个姑娘一起射的背牌，小伙都是五寨的，各自的对象是：赖优——金盏；披优——驴然；秀抱——档扣。

我们三个姑娘与五寨的三个小伙年轻时因为感情玩得很好，经父母同意就一起打了背牌。

我们当时扎了一个大背牌，好大一个背牌架，上面有一百多块背牌。背牌都是借来的。

扎好背牌，送到半路，由五寨的男方姊妹接去。第二天就与五寨的小伙打了背牌

(礼数与过程同上，略)。

打完背牌后，我们三个姑娘不久就分开了，赖优嫁给了附近两千米处的高寨村的唐漏然；披优随家搬到龙里县大竹马寨去，嫁给谁不知道。

王秀抱则在23岁时接受了一个上门的男人做了她的丈夫。后来，王秀抱也没有生下个儿子，只生了女儿，女儿也同样招了个上门女婿。

现一起打过背牌的六个男女，只剩下她一个了。

寡崽就是孤儿。在每一种文化中都会有一定的机制来抚养孤儿，但不管哪一种机制都不可能代替血缘亲人的那份爱，都不可能弥补爱的缺失，更不要说寡崽王秀抱所处的“机制”并不尽如人意，故王秀抱少年时代失去的并不仅仅只是爱。王秀抱从坡上回来时，并不拿眼睛看我们，在放好猪草，坐在我们面前，点上我们献上的香烟后，才漠然地与我们对视。看得出来，少女时代打背牌这件事情在她心里可能比其他任何人都要重要，她比任何人都更渴望这一“名誉”，因为她是个寡崽。现今虽往事如烟，苦难马上就要过去，但旧有的激情仍要穿越时空。王秀抱述说时似乎茫然若有所失，似乎少女时代的明丽已掀不动今日生活的灰暗。王秀抱抽着香烟，青色的烟雾游荡在她满是皱纹的脸上，她一只手夹着嘴边的香烟不放，一只手轻轻抚摸着像柴根一样的脚杆。她对我们的问话有一句没一句地回答着，让她的60岁的女婿在一旁觉得很抱歉，不停地解释：人老了，就这样。此刻我以为她是在享受片刻的宁静，她实在太累了。她的房子已破旧不堪，去年喂猪又不成气，现在的猪栏上贴满了咒符，希望今年喂猪能成气。我们还意犹未尽时，她已起身走了。她起身时并不与人打个招呼，马上就朝山上的来路走去。她女婿说她又去找猪草去了。老人的背影很小，像一根很随意就插在路边的菜园栏上的木桩。老人今年84岁了，这本书出版时，她也许86岁了。

[个案4]

讲述人：王道平，男，苗族，时年68岁，农民，亦是这一带有名的鬼师。

讲述地点：龙打岩寨王道平家。

讲述时间：2000年3月28日。

采录人：吴秋林。

我也是打过背牌的。

19岁那年，大约是1953年，我跑到惠水县那边的一个背牌坡，与用连乡板崩新寨的一个叫小妹的姑娘打了背牌。

当时我是一个人悄悄去的。家里穷，无钱请客，家里也不知道我要去与小妹打背牌。要家里出面打背牌，需要两个条件：一是双方父母都喜欢对方；二是家里的经济条件好，因为一请客就要请上百人，一般人家承担不起。

他们在惠水的一个背牌坡打背牌时，只有他们两个人。没有扎大背牌，只把小妹的背牌放起来就可以射了。射时，王道平先往东南西北四个方向射了四箭，然后第五箭就射在背牌中心，意思是四方天地不要干扰我们在阴间成为夫妻。射背牌千万不要射不中，如射不中，男的回来很快就会死了。我十多岁时就见五寨的一个男青年与龙打岩的一个女的打背牌，几次都打不中，结果回家不到一个月就死了。

打完背牌，他们还悄悄往来一段时间，但她当家（结婚）后就不敢来往了，如碰到她丈夫就不得了，要打架遭杀的。

龙打岩老一辈人有十多个男女打过背牌。

我与小妹感情玩得好得很，但成不得夫妻。小妹早死了。我们要是在现在就好了！过去有玩得感情好，不得成亲，又死活不愿与别人成亲的两个，不得办法，就吃了毒药，两个捆一起死在山上的。

王道平68岁了还是一个红光满面的精壮汉子，他坐在他家大门边上接受我们的访谈时，身子靠在门柱上，满脸是自信轻松的笑容。他很健谈，说他也是一个寡崽，小时候很苦。他说他很灵光，与师傅学做鬼师学得很快。我们来找他主要是访录背牌的根由，但他给我们讲的比我们想象的要多得多，而且相当精彩。他说起打背牌的起源时，声情并茂，苗文化的色彩最为浓重，并且与苗族的宗教祭祀文化关联最多。他说起苗族最最伤心的事之一，就是家里已订了娃娃亲的人家，被亲家强迫无理悔婚，而自己家又无力对抗时，为此伤透了心的人家就会请鬼师做“驳壳”。因为这种悔婚（据王道平说在高坡）是这家人几代人都要牢记的耻辱，这种事就可以请鬼师来做“驳壳”。被做“驳壳”的人家一两个月后就会“出事”。我们在王道平这里收获很大，可就在我们以为谈得差不多了时，他却说：我也打过背牌！这就是上面的这个极为特殊的个案。王道平说起他的小妹时，其情溢于言表，他言毕不由叹道：我和我的小妹要是在现在就好了。

[个案8]

讲述人：王岗成，男，时年74岁，苗族，农民。

讲述地点：摆笼村王岗成家。

讲述时间：2000年3月29日。

采录人：吴秋林。

23岁时打的背牌。在姨妈寨背后的山上，云顶这一片都在这里打背牌。这个地方人们叫“马郎坡”。

和我打背牌的姑娘叫“娣路”，是平寨村的人，后来嫁到云顶的大院村，现在还活着。

那一年与我一起打背牌的有我们村的王应富、王正存，他们都死了。

20岁以前我就与娣路来往，玩了三年多，感情好，双方父母都喜欢，在父母的同意下，我们就与王应富、王正存以及那两个姑娘准备打背牌了。

这一年的正月间，我就正式地请娣路来家里背柴。过程是：男方约女方来背柴之前，男方就上山砍好了一背柴草（也有待女方到来后上山现砍的），女方来到男方家，实则是男方家请女方的客。酒席招待后，就唱歌、对歌、摆古等。唱了一天歌，男方就把柴背送到女方寨子脚，就转回家去，姑娘则自己把柴背回家。

如果女方来男方家背了柴回去，男、女两寨的亲朋，就知道他们要打背牌了。

四月八的猪场天，女方把数月借到的、做的背牌，用一副架子扎成几大背，扎好送到我和娣路经常出寨相约见面的地方，而男方则应该出动娣妹去那地方把背牌架背回来。在交接处交接清楚后，女方和男方娣妹就各自回家吃早饭，吃完早饭，男女双方就直接奔向“马郎坡”。

这样的打背牌一般每次有三对，故以上一系列活动，实际上都是村上三个人(对方也如是)共同进行的。

大家到了马郎坡，由寨上的老人指点摆笼村打背牌的地方。众人把扎好的背牌架起，女方把背牌（自己的那一块）放起，男方就对准背牌打，各打各的，各个打背牌者有各自的标记，有的在前面插一把刀，也有的结草为记。男的打背牌打哪里很有讲究，只能打背牌边边上，不能打背牌的中心，背牌的中心是印章样，像人的眼睛，打中了男方要瞎眼睛。如果打不穿背牌，断了弩绳等都是很不吉利的，会死人、短命。

每次打背牌时，男、女双方寨子，及其他寨子的许多人都会自己去观看，十分热闹，场面壮观。

打完背牌，男方寨子的亲友、女方寨子到马郎坡的人众，都会一起到几千米之外一个叫牛打场（现今高坡乡政府所在地）的地方吃“晌午”，有一个算一个，满请。女方则把马郎坡上的背牌架着背回。这个“晌午”一般是男方寨子参与打背牌的那几家人，在家里做好，抬到牛打场上去的。肉、饭要够吃，酒一定要够喝，不能少，否则会被人笑话。

吃完晌午，男、女双方又回到经常玩耍的地方，再打一次背牌，然后就各自回家了。

第二天，女方家要做三斗米的糯米饭，背送到寨子边，男方家着人接回来；随后，男方家就会请姑妈、姑婆，以及男方已订亲的家母和娣妹等，一起吃糯米饭(实际上男方请客办酒)。

以后，男方家要编一个很精致的背篓，并放进一串土烟，背送到男、女双方经常玩的地方，由女方的人接回去。

这样，打背牌的过程才算完成。

打完背牌的这一伙人，因为一起打过背牌，死的时候，大家的魂灵都要先到马郎坡等着其余的人，不能独自去阴间。等齐所有的魂灵后，大家又一起打一回背牌后，才一起去见阎王，再投胎回人间。

没有在阴间成夫妻的说法。

王岗成是摆笼村打过背牌的老人中仅存的，我们是在几乎失望的情况下才找到他的，而意外的是这位老人是同行的小李的外公。亲戚，加上访录内容又是老人青年时代的光荣历程，所以一时间老人显得很兴奋，谈兴很浓。老人很健康，中等个儿，看得出年轻时是一个英俊的小伙子，并且很注重自己的荣誉。他在叙述他打背牌的经历时，显得很开朗，似乎打背牌是他们年轻时代一件很快乐的事情，并没有其他地方打背牌者的忧郁。这事在他们好像并没有情感上的太多的沉重和苦难，更多的是一种美好的青春游戏。不知道是这一片区人的性格使然，还是他们打背牌的内容与其他地区有一定区别。我以为是前者，在与他们的交往中看出，他们的性格的确很开朗。中午是在他家吃的午饭，下饭菜中有一盘前所未有的喷香特异的老腊肉，其香味让我顾不得什么斯文，一直吃得我出村二里地还在打饱嗝。其嗝亦特香，至今仍令人回味。老人穿上了民族盛装让我给他照相，随后我又给他们家照了全家福。后来，我想专门去送照片时，有人劝我别去，说他家的儿媳死了，刚刚难产而死。

白发人送黑发人，世事难料，哀哉！

[个案9]

讲述人：陈德过，男，苗族，时年73岁，农民。

讲述地点：孟耳寨陈德过家院坝。

讲述时间：2000年3月29日。

采录人：吴秋林。

23岁时打的背牌，在姨妈寨后山的马郎坡上打的。

17岁时就开始玩的姑娘，姑娘是摆笼村的。

我玩的姑娘是三个，一个叫王披生，一个叫王披同，她们两个是堂姊妹，另一个名字忘了。

我们寨子可以一个男的与三个女的玩。与我一起打背牌的另一个孟耳寨的男的叫陈德革，他也是与摆笼的两个姑娘玩，一个叫果优刀（苗名），一个叫培西护（苗名）。

他们玩了5年，经双方父母同意后，就准备打背牌。此事一定得父母同意，否则不可能打背牌，因为打背牌所花的钱，比结一次婚要多得多。

准备打背牌，二月间就喊女方来男方家背柴。背柴那天，摆笼寨来了七个女生，其中三个是同我来往的姑娘，是准备与我打背牌的，另外四个是她们的朋友。柴是我早就砍在山上的，由摆笼来的女的先把柴从山上背回我家，男、女也就在我家吃酒、唱歌，玩一天。到傍晚，我就请人帮女方背上柴，把女方及柴送到女方寨子边上，但一般女方寨子都有人半路上接她们。

此事一过，女方就开始借背牌做准备了，而男方则在酒、肉、粮食等方面做准备。

到四月八时，女方的姑娘们共同扎了一个很大很大的背牌，把她们能借到的背牌都扎了上去。这次打背牌，原订的我与王披生、王披同等三个姑娘打背牌，陈德革与果优刀、培西护两个姑娘打背牌，但最后只有王披生、王披同、果优刀、培西护来参加，另一个姑娘没能来，原因是这个姑娘家拿不出三斗糯米来回送男方家。

打背牌那天也是寨上老人先去指定的地点，附近几寨的乡亲也汇集在马郎坡。

打背牌前，众人先支起牌架，女方摆好牌，男方用弩箭打射。我面对这对堂姊妹的两块背牌，是从姐姐的背牌开始打的，然后打妹妹的。一个背牌打三次，要打穿，如三箭打不穿，还得跨过背牌，再打三箭，如果再打不穿，就算了，但这样的结果不好，会短命，绝后，贫穷。随后，女方每人送一块白色绣花帕给男方为信物。

打完背牌，男方家就把女方家摆笼寨的不论男女老幼，全请到高坡牛打场上去吃晌午。这晌午是男方家在寨子里做好了抬到牛打场上的。

这顿晌午，我家一共用去一头猪、两斗多米、酒无数、30斤米粉。

与我打背牌的两个女的，王披同时年18岁，4年后嫁到了孟耳；妹妹王披生也在不久后嫁到龙里县板省乡打夯寨，现今二人都在世。

我们是因为感情好到一定程度才打的背牌，我们也是要死后魂灵先到马郎坡，等齐一起打背牌的六个人，再一起到阴间，尔后转投人间。

我们在阴间不成亲。

我的同龄人共有四个人打过背牌。

陈德过是在很仓促的情况下接受我们访录的。我们进村时就已打听清楚了他的情况，说他打过背牌，说他在家，而他在我们出现时，还在院坝里晒太阳，光背脊在太阳光下泛着黄光，破旧的蓝布衣服在他手中翻来翻去，两根大拇指正在掐捏一种人身上的小生物——虱子。我急忙想掏相机，一想又停下手来。这种情形让我一时不知所措。一是我太熟悉这种情形，我外公、外婆、大舅、小舅、舅公、叔公、大伯，还有我，都在这样的太阳下干过这样的事情，太阳的温热的手指触摸我脊背的感觉至今记忆犹新；二是我一直不觉得这是一个什么大不了的关于卫生的问题……当然，好多年已经不长虱子的我，突然看到这样的“美事”，一时还真不知如何应对的好。不过，陈德过的这一情景，却给我很深的印象，至今仍记忆犹新，且我见到他时，他的孙儿正围绕膝前，那份安宁让人眼热。他在给我们谈他年轻时的经历时，油然而来的那份豪兴，让老人很兴奋，立即叫儿媳把他的背牌白帕拿出来给我们看。这时来了一大帮村里的年轻人，惊奇地看着我们，他们的眼里明明白白地写道：我们打背牌他们也感兴趣？就是这个陈德过，与他打过背牌的姑娘王披生，现今就与他处在一个寨子里。我侧面地问及这一问题，他觉得是一件很正常的事情，大致上的潜在语意是：这只是一个人人生中一种美好的情感仪式，大家打过背牌后日常的婚姻并不受太大的影响。故看得出，云顶片区的人的性格中有一种比较豁达开朗的性格，使他们能明智地对待他们的青春激情，并且这种青春激情的激越程度并不比别的人差，如他们打背牌一般要与两个姑娘打，而最多可与四个姑娘打。陈德过是一个长脸尖下巴的男人，年轻时对女性颇有吸引力。

[个案10]

讲述人：陈兴龙，男，苗族，时年68岁，农民。

讲述地点：孟耳寨陈兴龙家。

讲述时间：2000年3月29日。

采录人：吴秋林。

我17岁打的背牌。

与我玩的姑娘是平寨村新苑寨的戛利和果由。打背牌的地方是姨妈寨后的马郎坡。

打背牌的原因是与姑娘玩得好，有感情。双方父母同意后，也就准备打背牌了。先是男方请女方来家里背柴。

我请的是戛利、果由，与我一起准备打背牌的陈小贵，也请了他的女方李同路、李披冉来背柴。李同路、李披冉也是平寨的姑娘。

我请的戛利和果由又请了两个女友一起来背柴。柴是男方砍好的，女方去背回男方家后，就吃酒唱歌玩耍一天，到晚上就着人背柴送姑娘回女方寨子，半路上女方寨子有人来接。

背过柴，女方就准备借背牌、扎背牌架，男方着手准备肉、酒、粮食等。

四月八打背牌前一天，孟耳的男方要去平寨到孟耳的半路上接背牌架，平寨的女方则送到半路即可。

打背牌这一天，男、女双方在马郎坡汇集，双方寨子的男女老少，及其他寨子的人等也会到马郎坡看热闹。开始前，寨老先指认本寨打背牌的地方，尔后支起背牌架，女方摆好背牌，男方准备好弩，随即就打背牌。很快背牌打完，女方就会拿出三块绣花的白手帕，一人一块，即我一块，果由一块，戛利一块，三人将来就要以此为信物。

同时打背牌的陈小贵他们也是如此。

打完背牌，男方家人会满请平寨的以女性为主的亲戚，去高坡牛打场上吃晌午，而这晌午是男方在孟耳做好抬到牛打场去的。吃完晌午的酒席，这天的打背牌过程结束。

第二天，女方家会背二斗米的糯米饭送到半路，由男方派人接回来，此是女方家给男方家的礼物。男方家又会请自家寨上的姑妈、姑婆等吃糯米饭。

这些男女打过背牌，死时会把那块绣花白帕装进棺材，并一定要拴在腰上，先到马郎坡者要等后来者。不用等陈小贵他们，等齐自家打背牌的三个人就行了。

对陈兴龙我不知怎么回事，访录完他的情况之后，我很快就记不起他的形象如何了。他好像是一个非常历史化的人物，一点鲜活的感受都没有。也许，是因为陈德过给我的印象太深所致。记忆中，陈兴龙好像是一个圆脸微胖的老人，他匆匆地来与我谈了话，又匆匆地走了。

[个案11]

讲述人：杨老乱，男，苗族，时年77岁，农民。

讲述地点：云顶村大院寨杨老乱家。

讲述时间：2000年3月29日。

采录人：吴秋林。

19岁时打的背牌。女方是摆笼村的王披搂和王寸由。那次大院寨打背牌的共有七个男的，除我之外，还有陈德生、陈老里、陈安豆、陈直豆、陈老四、陈拿阿。姑娘都是摆笼村的，一共有十四个女的，每个男的与两个女的玩。女的名字记不住了。

感情玩好了，两寨的男女就约好打背牌，就要男方喊女方来背柴。柴是男方砍好的，女方背回男方家后，在男方家吃酒唱歌玩一天，夜晚由男方背柴送回。

背过柴后，女方准备背牌、绣帕等，男方家则准备酒、肉、粮食等。这次参加打背牌的人多，打背牌的男青年还准备了多把芦笙。

这次打背牌的姑娘多，借的背牌也多，扎成的背牌架也多，并且高大，有近9尺（约3米）高。

四月八打背牌那天，女方家把所扎的背牌，背送到往大院寨来的半路，由男方的人接下，直接扛到马郎坡去。男方这一天上马郎坡是吹奏着芦笙去的，所以这天看打背牌的人很多，有一千多人。

背牌扎得多，一大排。打背牌各打各的。打完背牌后，每人得到一块白色绣花帕，然后，吹着芦笙去了高坡牛打场吃晌午，满请女方的女性亲戚。

第二天，每个姑娘家背二斗糯米饭送给男方家。

第三天，男方家请自家的姑妈、姑婆等亲戚来吃糯米饭。

其他情况同，略。

这位77岁的老人给我们谈话时，已没有如盂耳两位姓陈的老人那样的激情了，他是在村里的干部和我们动员之后才开口的，且老人已口齿不清，一些话说的还是苗语，不过，老人传达的信息却相当惊人。七个男青年，十四个姑娘，且还吹着芦笙，这样的场面在高坡历来的打背牌中是少见的。与老人访谈时我们坐在火塘边，村里的干部在一旁帮我们翻译，并不时地转达我们的问话，老人的话有时让我觉得是一句一句抽丝般抽出来的。好在这样的时间不长，我们很快大致弄清了这一个案的情况，很快从屋里出来，也就没有可能造访闲聊了。而我以为，这种“闲聊”在某种意义上来说，是文化人类学的田野访录最重要的一种方式，因为这种状态被访录人最自在，最不受访录人文本的影响，也不容易受访录形式的影响。从老人家出来后，暮色已从天际降下来了。

[个案12]

讲述人：李消成，男，苗族，时年71岁，农民。

讲述地点：平寨村李消成家。

讲述时间：2000年3月29日晚上。

采录人：吴秋林。

16岁时打的背牌。女方是盂耳的姑娘陈命总、陈胜楼。一起打背牌的有李林祥，他玩的姑娘也是盂耳的。

与我打过背牌的姑娘现在还在世，她们一个嫁到大院，一个嫁到黔陶乡的半坡村。

余情况同，略。

李清成在我们访问他时，他正在编竹器，另有两个晚辈在做他的下手。他对我们的访问并不热情，也不在意。我们进屋到他的工作间里，他在我们的客气话中并没停下手中的活儿，边做活儿边与我们说话。他的身子骨很硬朗，70多岁的人了还没放下手中的生计，好像他们确实很忙，好像在为买主赶什么活路，话在嘴上，手却在不停地忙活。对此，我很理解，但访谈却不怎么成功。他本人对他青年时的作为内心里也没太多的念想，所以，关于他的个案只得到一些概况，我们就只好草草收场了。平寨村被村周围的竹林围得严严实实的，村里很平静，但风却在空中呼呼作响，从他家出来，我们在路口看到令人惊心的鸭头，它昭示着有一种文化的力量在绵绵不断地从远古传来。

[个案13]

讲述人：王玉德，男，苗族，时年78岁，农民、木匠。

讲述地点：岩上村王玉德家。

讲述时间：2000年3月30日。

采录人：吴秋林。

打背牌的根据是这样的，得从古老历史说起。来历是头朝2000年，二朝2000年，三朝2000年，三朝时神龙皇帝从天上下来，先制天地，接着制人类、动物。后来，为看哪个姑娘、小伙好，又制马郎坡来打背牌，这就是打背牌的根据。

16岁打的背牌，与摆如寨的姑娘罗正新。当年罗正新18岁。

与我一起打背牌的另一个小伙子叫陈四英，女方也是摆如的。陈四英当时是17岁。

打背牌的地方是姨妈寨后山的马郎坡，但没有四月八之前男方请女方背柴的说法。

当年，他们两对男女上马郎坡打背牌（过程同，略）。但同时打背牌的陈四英当时打了几箭都没能打中背牌。四年后陈四英就死了。

当时打完背牌，姑娘送一块白色绣花帕给我，这块帕子死时要盖在我的脸上入棺。

打完背牌，男方家满请女方寨的人众到高坡牛打场上吃晌午（其余情况同，略）。

第二天，姑娘家送二斗米的糯米饭给男方家，男方给女方三丈小布作为回礼。

男方用这些糯米饭请自己家的姨妈姊妹来吃。

我与摆如的罗正新打过背牌两年后，即18岁时就与我娃娃时定亲的马场寨的王病富结婚。21岁时，即三年后，王病富在其妹及家人的鼓动下，离开了我，与一个叫杨冉抱的成家过日子去了。

我与王病富成家三年中，先生了一个女孩，后生一个男孩死了。王病富离开我并不是自己愿意的，而是因其父借了杨冉抱7石粮食，还不起，王病富重嫁杨冉抱是为了替父还债。

罗正新的娃娃亲男方是石门的王同引，那年被派兵，与平寨卖兵的杨老二一起到外地当兵去了。后来，杨老二回来告知，王同引在外当兵时病死了，是他亲手埋的。

在24岁时，即王病富离开我三年后，我与罗正新结婚，这一年是1946年。我与罗正新一共生活了12年，她于1958年病死。

在罗正新病死两年后（1960年），罗正新的妹妹罗听母带着三个小孩来到我家，代替了姐姐的位置，成为我的第三任妻子。罗听母早年嫁到国苏寨，生下三个小孩后丈夫死了。罗听母与我生活到1962年，后来她听说国苏寨要分田到户，就带着孩子回到原夫家去了。

罗听母回国苏寨后不久，石板寨的一个死了丈夫的女人蓬友生（时年27岁），又来到我（时年40岁）的身边，成了我的第四个，也是最后一个妻子，并一同生活至今。

在高坡的访录中给我最大冲击的被访录人就是王玉德，他奇特而坎坷的人生经历，仿佛就是一个经过作家精心构思的中篇小说。我们在岩上寨他家找到他时，他正在打造一个木盆。这木盆肯定已是一种文物似的东西了，但这种乡村木匠的手艺，40年以前在这里的农村还是一门十分吃香并能很好地养家活口的本事。实际上，王玉德的人生故事，很大程度是在这样的背景上展开的。王玉德对我们的到来很高兴，他很快把我们让进了家门。他的家很狭小，一栋石木结构的房子，王玉德让了三分之二给他的儿子和儿媳们居住，老两口只住在当边的一间里。在这样的屋子里，有一张床，一个火塘，一口棺材，还有王玉德的老伴。王玉德精神很好，但确实也很苍老了，他的最后一任妻子虽然比他小很多岁，但也是一个老太婆了。老太婆和王玉德在生活中要面对四个妻子的孩子，可以想象，这种关系是比较难处的，但老人们都说相处得很好。晚年的他们相处得很好，访录中王的老伴一会儿帮王寻找衣服，一会儿帮王穿戴，一会儿还帮王玉德回忆与前面几个妻子过日子的情况，似乎对他过去的经历还有一种自豪感。王玉德与罗正新的结合，是高坡中华人民共和国成立前打过背牌的有情人中极为罕见的，如果不是罗正新的娃娃亲的男方意外死亡，罗王的爱情就绝不会有这样的结果。王玉德一生中接受了四个女人，但他是一个极其善良的人……访谈结束时，他穿上了他们打背牌时穿的盛装，我给他照了相，也给他和老伴一起照了相。临走时我想，他们穿戴着一种旧有的文化，就要一步一步地走向过去。在王玉德居住的房子里，棺材距床太近了。

［个案14］

讲述人：王垄沟，女，苗族，时年84岁，农民，只能讲简单汉活，讲述时主要说苗话，故由其孙儿王玉廷（男，苗族，时年50岁）翻译。

讲述地点：石门村王玉廷家。

讲述时间：2000年3月31日。

采录人：吴秋林。

22岁那年打的背牌。我是大洪村的人，那年与石门村的王三文打的背牌。

四月八在姨妈寨的山后马郎坡打的背牌。是在高坡牛打场上吃的晌午。打完背牌后男方家收起了女方的背牌，第二天女方家送了二斗米的糯米饭后，才还给女方。糯米饭送到石门寨的半路，由男方来人接。

（余下打背牌的情况同，略。）

一起打背牌的其他人记不清了。

我所定的娃娃亲是摆笼的。

王三文所定的娃娃亲，是哪个寨子的记不清了，只知道女娃娃10岁时生天花死了，故与我打背牌时是单身。

打完背牌的第二年，1939年，我与王三文成婚，但我们跑到了修文县的一个亲戚家躲了一年多。这期间与我定娃娃亲的摆笼的男方来到大洪村我家和石门王三文家索赔，经过多次交涉，最后由王三文家赔了100块大洋才了事。其后我与王三文才回到石门的家里。

我与王三文一生共生了三个儿子、五个姑娘。老伴已死。

王垄沟的个案是高坡所有个案中唯一的打了背牌并与情人一起逃婚的个案，是一个宝贵的特例。这位84岁的老人王垄沟的老伴早已死了，现今老人常窝在里屋，不大出来见人。应我们的要求，作为石门村村长的孙儿王玉廷及孙儿媳作了一番动员，老人才走出屋门，坐到了火炉边。老人的脸有些发胖，眼睛不大好，常眯着眼睛似看非看地看人。她与我们谈话时全用的是苗语，由她的孙儿王玉廷来翻译，不过，她的声音很好听。老人抽烟，并且不使劲往外吐烟，让烟自己慢慢往外飘，所以她一张嘴说话，烟雾就在她脸上荡漾开来，使她的脸意味深长。我很想给她照一张好的相片，可她的头老是不停地颤动，使拍下来的图片面部是虚化的。一个人的逃婚对一个文化群体也许不算什么，但对一个人来说就是一件非同小可的大事，王垄沟他们的逃婚就塑造了他们的一生。他们是高坡背牌婚姻文化的英雄，也是过去高坡婚姻文化的叛逆，同时也说明石门是高坡和高坡文化的边沿。只有这样的边沿才有可能出现王垄沟他们的“背牌婚姻”。往事也许比烟还要缥渺，故而，这里的农人对往事不会惊奇，对未来也不会惊奇。

［个案17］

讲述人：罗朝思，男，苗族，时年63岁，农民，失明者。

讲述地点：披林村罗朝贵家。

讲述时间：2000年3月30日晚。

采录人：吴秋林。

我没有打过背牌，看过打背牌，也知道打背牌的说法。

背牌是从古代来的，过去男的都去打仗了，怕认不到自家女人，拿块布，盖了5个印章，让姑娘背起。以后就有了背牌。

我们这种族两三岁的娃娃就定亲了，且定了亲不结婚就死。但是娃娃长大后就有自己玩得感情好的男女，感情太好，舍不得分开，就只有打背牌。

披林这边打背牌是在三月三。是从贵阳牛角坡开始打的背牌。在惠水的板场附近有一个背牌坡，我们都在那里打背牌。

三月三和四月八都是一样，披林是三月三和四月八的交界。

披林村70岁以上的老一辈人有7个打过背牌。

男女要打背牌，得先给双方老人说好，老人同意才行。男家杀猪、杀牛，准备酒、粮食，背牌由男女双方四乡八寨借，借后在男方家集中制背牌架，这种背牌架有六七尺高。

打背牌这天男女双方的亲戚都先到男方家吃酒席，随后上背牌坡，背牌架由男方的姊妹背上背牌坡。在坡上摆好背牌，先朝天上打三箭，再朝背牌心打三箭。

弩断弦者不成家就会死，打不出，飞不到天上也会死，打不穿背牌的也不好。

回到男方寨子脚，女方又要把打过的背牌摆好，让寨中60岁以上的老人来打，每人打三箭，老人愿意打哪块就打哪块。有的背牌打烂完，多被打的认为好！

打过背牌，女的给男的一块绣花白帕子。死时，女的可以把打过的那块黄背牌做枕头带入棺材，男的把那块白帕子做枕头入棺。没打过背牌，家里敲过牛的黄背牌只做样子，不入棺。

打过背牌，女方至少要送一斗米以上的糯米饭给男方家，少了不得名誉。

打过背牌的男女，死后的魂灵先上背牌坡，等齐一起上阴间。

[个案18]

讲述人：杨光金，男，苗族，时年65岁，农民。

讲述地点：惠水县大坝乡大保村，中寨杨光金家。

讲述时间：2000年3月31日。

采录人：吴秋林。

1985年的三月三，我作为寨老主持了平寨的八个男青年与贵阳市花溪区高坡乡沙坪村八个姑娘的打背牌。

1985年的三月三，实际是马场天（即三月三后的第一个马场天）三月初五。平寨的杨明辉、杨明惠、杨明全、杨明武、杨明斌、杨老六、杨明录、杨黔猛等八人，与沙坪村的八个姑娘打了一次背牌。

动因是几个青年与沙坪的姑娘相处得很好，是很有感情的，也就要打背牌，共约好了八对男女。经双方父母同意后，就准备打背牌。

男方八家三月初五凑钱1000元，杀猪、打酒、推豆腐，到场坝上买小菜。

沙坪村的女方借背牌，扎背牌架，然后送到半路，由男方的姊妹接背回寨。

初五早晨，女方寨的亲友数十人从约7千米外的沙坪村来到平寨。早早地吃过早饭后，八男八女就在寨中老人的带领下，上后山不远处的背牌坡上打背牌。那天因多年不见打背牌，四乡的乡亲来得很多，有数万人以上。

打背牌时，两个寨子的老人都到场主持此事。

背牌很高，约4—6米，上挂有红布，是全场注目的中心。

寨中老人用一把刀插在选定的草地上，男的一字排开，面前是各自女方的黄背牌。

八个男青年当年大的18岁，小的16岁，有力气小拉不开弩的，由家里大人帮忙拉。

打背牌打三箭，往背牌心打，随便打，打不打穿无所谓。

坡上打完，回到寨中，男女双方还要把背牌铺起，再打一次。这次打背牌，先由男青年打一箭后，还要请寨中老人一人再来打一箭，随老人往哪个女的背牌上打。

随后男女交换礼物，女的把打过的背牌送给男的，男的把长衫的衣服割给女方。这些都作为死后相会的信物，带进棺材。

这天下晚，是正式的打背牌酒席。席间和晚上唱打背牌歌，历数背牌和打背牌的来历。

这天，在坡上打完背牌，就着人把背牌架送回沙坪村，沙坪村的女方家接过背牌后，每家把至少一斗米的糯米饭，送给男方家，并让送背牌架的人背回男方寨子。

第二天，男方家又要挑些粑粑送到女方家，女方家要给一床床单作为回礼，并请来客吃酒席。

打过背牌的八对男女，只有杨黔猛与其中一个叫罗刚叉的女的结为夫妻，因为这八对男女中，只有他们两个都没定有娃娃亲，其余七对则都在不同年龄时定了亲的。

打背牌有两样东西同样重要，一是刀，一是箭。打过背牌的死后可用刀架在阴间河上，能过河，没有打过背牌的就只有变麻雀飞过阴河，弄不好就飞不过。

打背牌后，女方的定亲方也放心，认为打过背牌，相好的男方就不会要女的做老婆了。

杨光金并不是打过背牌的人，但他主持了1985年的这场打背牌。杨是我的朋友罗廷开的长辈亲戚，所以对我们非常热情，对我们要访录的情况，可谓是尽了全力，复述了1985年那一次盛况，并找来了当年的照片，以及当年打背牌的弩和刀。这地方已属惠水县，但这片区的苗族与高坡的苗族同根，与他们有着同样的习俗、同样的语言、同样的服饰。杨光金家应是村里条件不错的人家，但仍很贫穷，米酒倒是用碗盛，可菜却很艰难。

对于打背牌的这个名称，我最初与许多人一样，都习惯称之为“射背牌”。在我与他们就此对话时，他们也明白指的是他们打背牌，他们也默认这种称谓，但是，他们在自觉的言语中，往往“打背牌”脱口而出。我才觉悟到，这是有细微差别的，应该尊重他们的称谓，故所有的行为都是“打背牌”。一个打字，有劲！另外，在一些人眼中，打背牌被视为一种民俗活动，这种见解也不错，但似乎与一般的民俗活动不同，在仪式性上，似乎它比一般民俗要高一些，比祭祀仪式又要低一个层次，故我以为，不如称之为“人生情感仪式”。据调查，高坡苗族中，现今在世的打过背牌的男女最多百余人，而我进行过田野调查的，只有数十人，相应的个案作了十几个。从这些个案看，他们分布在几个不同的片区，并有自己不同的表现。属于甲定、五寨片区的个案有1号个案、3号、4号个案；属云顶、摆笼片区的有8号、9号、10号、

11 号个案；届石门、大洪片区的有 13 号、14 号个案；属披林及惠水中寨的有 17 号、18 号个案。

一展示这些个案，就有如进入时间隧道，去了解高坡苗族的青春和爱情，或者说，这是以一种另类的方式，读一种人生故事。对比这四个片区的打背牌，我们会看到在一个总的规约框架下，各地有自己不同的表现。甲定区的 1 号、3 号个案似乎更多的是一种仪式的严肃和个人的无奈的表情，而 4 号个案是一种特别，在一种没有家族认同和经济支撑的情况下形成一种另类的关于打背牌的思维，追求个人之间的情感认同和纪念。实际上这种方式下的情感联系也许更为强烈，在王道平与我们谈及此事时，老人还深情地叹道，我和小妹要是在现在就好了。这话很平实，但着实让人感动。我想，他和小妹打的这块背牌，可以说情感的含金量最重。

云顶、摆笼片区的打背牌更多几分轻松自如和游戏的味道，不过也表现他们愉悦身心、追求情感的乐观向上的良好心态，更有几分男性的豪气在内。

石门、大洪片区的两个个案都可以说是特例。13 号个案可以说是一部精彩的人物小说故事，虽然王玉德与其打背牌的最后结婚了，但也是在确实证明女方的娃娃亲丈夫死了之后，他们的婚姻才可能成为现实。这说明打背牌不成婚姻的禁例是非常牢固的。14 号个案的特殊性可能在高坡独一无二，可能百余年的高坡就只有这样一例，而且还是男方的娃娃亲女孩死亡在先，这对背牌情人只有一方的羁绊。

披林、惠水中寨片区的个案，当以中寨的个案为代表，它反映的是现代的打背牌的状况，看得出较之过去已有了很多的变化。

打背牌是高坡苗族文化中普遍存在的事象，但这样的仪式是从什么时候开始的，为什么这一支苗族要打背牌？这个问题是一般人说不清楚的，似乎鬼师王道平的说法最有魅力。

背牌的解读

我们已用多种视角“阅读”了高坡的背牌文化，所有的话语都是描述感受，体味和理解，很少有探讨的文字，而这一节我们以为应该从理性上来思考一下高坡背牌。有时候带学术性的思考也是一件快乐的事情，因为发现真理的有内容的学术也是能给人带来快乐和愉悦的。

首先我想问自己，让我这么感动的背牌是什么，从哪儿来？背牌无论人们怎么说，它都是高坡女性身上处于所有服饰饰件中心位置的。它的大小、色彩、图案可变，但位置不能变；其他的服饰饰件可多可少，但背牌是不能少的；身上的其他饰件可粗可精，而背牌一定要是她身上最精的。

我们在第五节中已看到了对背牌形制的描述，黄背牌是方形的，白背牌是长方形的，其中的花纹图案的纹和色变化无常，但它们都必须围绕着四枚印章展开，也就是说，有一个叫印章的东西是背牌这一文化事象的原初结构的构件。按个案 2 的说法，这是皇帝送的印布，并由此变化而来的。这种口述史传也许是真实的，也许是虚拟的，在历史文化事件的传述中，不管是口头传述还是笔录史载传述，都有信息变异的情况发生，这种情况也能应用到个案 2 之上。我以为，这个印章作为背牌的这一美好事物的骨架，已是历史的事实，而印章在历史上也是肯定出现了的，但如何出现的就不一定有那么浪漫了。我认为最可能的是明代民族大融合时一种历史印证，而这块印布有如今日身份证的作用，凭此能得到编户安置，有田耕种，不受滋扰，能安居乐业或能生存下去。但是，让所有的人都始料不及的是，它在有刺绣天赋的苗族妇女手上，变成了自己身上一件令男人、女人都称赞不已的美丽服饰，并演化为“我们这种族”的一种标志，以致外人称其为“背牌苗”。

黄背牌我以为就是由最初的身份标志而演化为生活中的饰物的，它自然是高坡背牌最根本的形制，而白背牌是在黄背牌之后才出现的。在白背牌上，它更多地显示了苗族舞乐与服饰的关联，更多地显出了它生活化、审美愉悦化的功能。这在个案 16 中可以看出，白背牌形成的依据是一个关于美和爱情的传说，而且中心图案也有一些变化，四个印章的位置还在，但一个“丰”的图样则成了白背牌的骨干构件，而这个“丰”字，个案 18 说是龙姑娘跳芦笙舞的队形。这种说法很美，但是否还有其他的意义我们不好妄自猜测，不过，我以为这个图形与乐舞相关，有许多妇女的白背牌上就有舞人的刺绣纹。也许，它的功用有些如芦笙词，是帮助女性学习舞蹈的，当然，“丰”，也有丰衣足食的祈愿意义。

背牌的源起也许还会有其他说法，但它在历史长河中发育成了一种美丽的服饰文化，这也是不争的事实，就这样，它也能在高坡苗族文化中占有很重要的地位。但不知什么时候，它又结合另外的一些东西，又演化成了更进一步深入到高坡苗族文化核心构建的一种文化物，在这个民族文化中成为一种更为重要的“角色”，承担了更多的文化功能。这，就是人们所说的打背牌。现今人们已弄不清最初为何打背牌的基本起因，及演化过程了。我在高坡访录考察中，很想收集到这方面的资料，但都很失望，许多人对如何打背牌津津乐道，但一问及为什么要打背牌，就语塞了。故我很少听到人们叙述打背牌的缘由和“根古”①。幸运的是，在龙打岩的鬼师王道平那里，我录到了这个个案。

［个案5］

讲述人：王道平，男，苗族，时年68岁，农民，当地鬼师。

讲述地点：龙打岩寨王道平家。

讲述时间：2000年3月28日。

采录人：吴秋林。

打背牌的来历是这样的。

说三百多年前，我们一个叫德红得略的苗族老祖搬到这个地方来住。以前苗族是不兴打背牌的，打背牌是从德红得略开始的。

德红得略是苗族的大人物，他是死在贵阳的，是四月八日那天死的。四月八打背牌就是为了纪念他。

德红得略与一家两姊妹的姐姐玩得很好，成夫妻过了很长的日子，但后来姐姐被老豹咬死了，德红得略就一个人过。后来，德红得略又与妹妹相好，想与妹妹成亲，但又担心姐姐的阴魂不散，来妨碍阻拦他们的婚事。于是，德红得略就用茅草扎了一个草人，穿上姐姐的衣服，戴上姐姐的背牌，用弩箭来射草人上的背牌，想让姐姐的魂灵钉在阴间，回不了人世。可是，谁知德红得略的箭一射中背牌，姐姐的魂灵反而转回来附在草人上说：“德红得略，你的好箭法，这一箭射得好，射得真准，飞过来一箭把叼着我的老豹射死了，我才得魂灵回转阳世间。你对我的大恩大德，当厚报！”

说着，姐姐立马投胎变成五个姑娘来到人世间。后来五个姑娘长大了，就每人送了一头大水牛给德红得略，让他骑着打仗，成为苗族最勇敢的人。

现今，人们仍称水牛为“巴郎”，巴郎在高坡的苗语中就是姑娘的意思。从今以后，这里的苗族就时兴打背牌了。

这个个案很有意思，似乎打背牌是一个美丽的错误所致。而且这个个案也很符合

---

① 这个词是高坡的苗族用汉语叙述历史故事时最常讲的一个词，我以为少有的贴切。

甲定人给水牛（巴郎）披背牌的习俗，我在甲定调查时，就见到过几块很大的巴郎背牌。对于这个个案，我在《高坡苗族背牌文化研究》① 一文中评述道：“从这个个案来看，打背牌有一个大的前提：即表述男女之间的情感关系，而这种情感与相应的婚姻规约是相冲突的，但人们以某种方式承认这种违约情感。在这个大的前提下，又有两个主要含义：一是崇尚英雄，这实际上是一种文化雄性的认定；二是表明高坡苗族女性的情感范式。”也许是这样，但这个个案表述的关于高坡人为什么要打背牌的解说，并不能包含打背牌所具有的全部文化内涵。我以为，还应该有更进一步的理解和分析。

在以上的行文中，我录入了 12 个关于打背牌的个案。个案 1 和个案 17 是旁观者的泛泛表述，可以略在一边；个案 4 是新例，也可先放在一边；那么剩下的就是个案 3、个案 8、个案 9、个案 10、个案 11、个案 12、个案 13、个案 14、个案 18 等 9 个个案了。在姨妈寨后山的马郎坡打背牌的个案最多，有个案 8、个案 9、个案 10、个案 11、个案 12，可称为云顶片区组。个案 13、个案 14 虽然也是在姨妈寨后山的马郎坡打背牌，但他们之间没有“背柴”这一环节，且其他细节也有差异，还有这两个个案都有特异性，它们可称为石门片区组。个案 3、个案 18 两个打背牌的日期与其他两组不同，是在每年的三月三，且打背牌也有自己独特的地方，且称为五寨披林片区组。

统观这几个片区的差异性之后，这打背牌似乎有以下几个方面的共同性。打背牌的前提有二：一是有自己的娃娃亲，但情人不是娃娃亲，且感情很好；二是父母同意出钱财为他们打背牌。这种前提可以规范高坡所有打背牌的行为。打背牌女方要扎背牌，且扎得越大越多越好，这也是基本的礼数。男方家姊妹去接背牌架，打完后送回女方寨子；男方请女方寨子的亲朋吃酒席；男方射铺在面前的女友的黄背牌；女方给男方留下信物——白色的绣花帕；死后一起去阴间转世投胎等。这些环节也是所有打背牌者必须遵守的。其他的细节各个片区就有差异了，云顶片区有“背柴告知”的仪式，而其他地方没有；信物把凭的取得也有差异，回到寨子边由寨中老人再打一箭，则有的个案有，有的个案没有；另外，大多数个案都否认打背牌是为了结阴亲的说法，都只说他们是因为在世时感情好，才打背牌等齐了一齐去投胎。

在他们是否“结阴亲”的问题上，我以为要稍做展开，因为有一些问题必须解决。

我在最初了解高坡打背牌的文化现象时，从一般文化部门的途径和已有的资料上，都说高坡苗族的打背牌是高坡苗族结阴亲的一种表现。而且，这种说法得到广泛的应用，比如杨昌国教授的著述《诞生·成年·婚恋·死亡少数民族服饰与人生礼仪的文化人类学考察》中就说：

> 叙说到这里，我不由想起贵阳市郊高坡苗族那个射背牌以作“来世婚”信物的传说：

① 吴秋林：《高坡苗族背牌文化研究》，《贵州大学学报》艺术版，2000 年第 4 期。

古老的时候，男人兴穿裙衣，女人好戴背牌。一次在祭祀祖先的活动中，有对叫地玉、地丽的青年男女情投意合而相爱了。但双方父母在他俩小时就另有许配，不准他们结合。他们对这种包办婚姻不满，继续以吹木叶、打口哨为暗号，经常在爱情坡幽会。父母知道了，纷纷强迫他们俩与原来许配的对象结婚。他俩无法违拗父母的意愿，便相约在“四月八”那天，到爱情坡对天射三箭发誓：阳世不能同生，黄泉路上也要同行。地丽将背牌摆在地上作凭，两人先朝天三箭发誓，然后地丽让地玉射背牌，地玉又让地丽射裙衣，就这样定下了阴间爱情姻缘。于是，代代相沿成俗。

现今，“四月八”，当地苗家都要举行射背牌活动，一般以村寨或一个姓氏为单位，四五对青年参加。这些男女青年都是有了爱情关系，而父母不同意，于是他们相约于此节日期间到射牌坡去射背牌，表示断绝爱情关系。此单一经提出，女的就开始向姊妹们预借背牌。至节日的前一天，由男的陪着去把背牌借来，并由男方的姊妹背回家。节日这天，男方将借来的背牌集中起来，由男方的姊妹背到射牌坡。男青年则穿着古装桶裙衣，系红布腰带，佩长刀，拿着芦笙，英气虎虎地到半路接女友上射牌坡。到达目的地后，女友们各自将自家特制的背牌——非上述借来的那些——从怀里取出来摆在地上。同时，男友把雪亮的钢刀插在一旁。仪式开始，男女双方先朝天射三箭，以表对天发誓，阳世的情缘就此了断。接着，男的瞄准自己女友的背牌射三箭，女的亦瞄准自己男友穿在身上的衣裙射三箭，表示阳间不结婚的恋人还可通过另一种方式，死后到阴间成双。他们有信物为证：女的献一块背牌给男方做纪念，男的则把红腰带给女的收藏。当其辞别阳世时，须穿上裙衣，把对方送的背牌或腰带枕于头部一同陪葬。意思是血缘氏族内的恋人，生时不能结婚，死后定要如约到祖先的“鬼寨”里去成双。

这一跨时空超血缘的婚约，便由男女恋人精心保存在阳世结束的一块背牌、一条腰带做见证了。它们不是普通的服饰，而是通连着遥远的过去，指向渺茫的未来的“来世婚”信物。它通过服饰、传说以及习惯法，承认血缘氏族内婚或爱情的合理性，却又不破坏现实的氏族外婚的家庭关系。这些连结着过去和来世的饰物成为一种特殊文化符号，一种介于生与死，灵与肉，阳间与阴间，过去、现在和未来的超然“媒体”。尽管氏族内的男女恋人在阳间不能成婚而抱恨终生，但那可得到习俗认可，世人同情，并能在死后凭那些信物回到祖先发祥地与恋人重聚完婚的社会性承诺，毕竟在心理上安抚告慰了执着的恋人，使那如丝似缕的情结得以疏导而不致酿成可怕的殉情悲剧。总之，苗族的“来世婚信物”，客观上起到了稳定现实婚姻关系又不扼杀人性人情的作用。

在杨昌国先生的行文中，他用地玉和地丽的故事来说明高坡苗族打背牌的源起，是因此“相沿成俗”的。我以为，因为某一种动因“相沿成俗”，这是正确的，但依据的这个故事就有问题了。还有，文中说高坡苗族每到四月八就打背牌，恐也有失误的地方，高坡苗族是选择了四月八打背牌，但不是一到四月八就要打背牌，并且高坡也有三月三打背牌的地方。而这一切可能都与资料的来源相关，杨昌国先生的引述资料的原型是一篇在高坡收集的民间故事，我最初也受其影响，因为地玉和地丽的故事很美，也很富于想象力。我在做打背牌的个案之初，也很注意求证这种“美丽”，但得到的结果却出人意料。高坡苗族的这种通过打背牌表现的人类情爱，似乎比我们想象的要圣洁得多，要纯粹得多。地玉和地丽故事的打背牌的目标是实现另一种“婚姻”，而我采录到的打背牌的事象，借一句现今的流行话语来说，大多是为了“曾经拥有过”。这其中的精神气质的差别不言而喻。本来民间故事的传述真伪不必认真，但我以为这则故事很难讲它是高坡背牌文化的真切表达，而是我们汉族就其背牌文化的表面现象，“帮助”他们如此表达的，因为我们“来世婚”的观念本来就是随处可见的。

除开这些，应该说杨昌国先生的叙述都是精到的，所作出的学术分析和论述都是高水平的。比如他对打了背牌的男女的情爱关系的剖析，是相当深刻的。

对高坡背牌的研究是能展开很多方面的，但这是我有关高坡背牌文化学术专著中的内容了，“笔记”书中则不能让读者太累，只作简单的解读而已。

怎样来理解以上的行为呢？我以为应该从以下几个方面来理解它们。从社会文化心理的功能上讲，老人同意打背牌的前提不言而喻，打了背牌，承认了你们青年人的感情，就回到传统的婚姻轨道来吧！否则，父母肯拿出比一次结婚多得多的钱财来为晚辈打背牌吗？实际上如果支持和容忍孩子们的情感，经济和文化规约的压力是一般家庭承担不起的。个案 14 中王垄沟的逃婚，单边一赔就是 100 块大洋，如果双边都赔呢？很少有人家能赔得起。经济上还不是主要的，文化规约的压力，那才是致命的，王道平描绘的“悔婚”恐怖和严重的后果，我们在隆云村王义清姐姐的一生际遇中就可寻到实际例证了。

至于男方用弩打射女方的背牌，表面上是人世情感的仪式证明过程，但实际上我以为是一种生命力、生殖力的占卜仪式的遗迹。箭是雄性和阳的表征，而洞穿则是雄性进入雌性的表征。打穿了好，打不穿不好，要绝后，要死！这是什么，不就是生殖力和生命力的卜筮吗？当然，这里面也还有其他的很美好的卜辞意义，比如背牌中有的地方不能打，打了女方的眼睛要瞎，这不是表示背牌上有一双女性的眼睛吗，你雄性的力量不能摧毁它，这是爱情的眼睛。这也暗喻这对青年男女情感再好也不能越过那条界线，这种青春的激情是纯洁的，百分之百的柏拉图式的。这种动因在哪里，我不知道，它的果虽然很苦，但很美好。

我在高坡的考察中，也很注意了解打了背牌后的男女双方在实际生活中，如何来妥善处理他们的情感的情况。我没有在高坡发现一例打了背牌，并与自己的娃娃亲结婚后，又与打背牌的对方有什么故事和问题的。在打背牌的仪式中，都有一个后续仪式，那就是用女方家送来的糯米饭等，请外家相关女宾的客。这个不太起眼的仪式，实际上包含了两个重大的告知内容：一是告知打过牌的男女，家里为此付出了那么多物力和财力，你们的青春情爱就此完结；二是告知外家和族人，我家的儿女已经归约。对于这样的告知，经过此次灵魂洗礼的青年男女几乎没有（只有石门的那个案例是个例外，动因还在于它一是处在边沿；二是只有一方制约）谁想到要违反它，也没想到能违反它。在孟耳寨，陈德过和披同就是一对打过背牌的情人，但他们却几十年相安无事。我在高坡问过许多人：定娃娃亲的男女放心自己的娃娃亲去打背牌吗？几乎所有的人回答：“不打背牌的才不放心！”

经过打背牌这一情感仪式，高坡的苗族（主要是青年人），都把那段情爱化为一种神圣，放在一个高高的灵台上用心灵供奉起来了。谁能去破坏这种神圣!？我们似乎不能批评这种文化中的这种婚姻情感文化的仪式，也不能用今天所谓人性的观念来观照它。我只想敬佩他们，从哪里弄出这么个祭奠爱情的方式来，既释放了青春激越的力量，美化了心灵，又保住了并不完全符合人性的传统规约，并且让整个高坡苗族都释然地对待它。

情与爱·文化结构与少女之死

在高坡，每个时代都有人出来打背牌，也许它在高坡苗族是个亘古不变的主题，只是现今的人们如何演化发展它而已。

在高坡苗族妇女中，拥有白背牌是天经地义的，也是高坡苗族女性身份的基本认定，但能拥有黄背牌则是一种有地位的表现了，如果能在背牌上缀上银片等事物，那就是极有身份和地位的了。这种地位包含文化、经济实力等诸项内容，就如一般人们所说的那样“有面子”“有名誉”等。但是，如果这个女人的黄背牌是打过背牌的，那它就能上升到这个民族文化（情感文化）的至高无上的地位上了。在高坡，一个人家敲过牛祭过祖，是一件极荣耀的事情，在荣誉感上，打背牌也是这样的事情。但敲牛祭祖是家族中的最高荣誉，而打背牌则是高坡苗族青年男女个人情感的最高荣誉，这个荣誉对女性来讲，尤为重要！这个描述好像很美，几乎把打背牌看成是一种为圣之道了，其中的苦涩是我一言难尽的。在传说中怎样解说高坡的打背牌都可以，实际上高坡苗族的打背牌最根本最深刻的原因是它的婚姻文化背景。

在50年前的高坡，或更早以前，不知什么样的历史动因，促成了高坡苗族普遍实行娃娃亲的社会婚姻规则。在云顶片区，一方父母只要往另一方父母家连送三年的二斗米的大粑粑，而对方也不拒绝，这桩亲事就敲定了，而这时可能这对要做夫妻的人才三五岁。但是，这些娃娃长大以后，却很少能与自己的“原配”发展个人之间的情感，往往是与其他的青年男女发生了感情，而这种感情不管怎么好，都不可能突破父母间最初的婚姻约定。“退亲”在高坡苗族中被视为破坏习俗的最严重的事情，故一般高坡苗族想都不敢想这个字眼，而且相应的文化处罚和经济处罚相当重，是一般人根本无法承受的。这最后的出路就是由男性青年家的父母出面，为这对相爱的青年“打背牌”，而这种打背牌需要雄厚的经济实力为后盾，故一个村子的同龄青年中，只有几个人能打背牌，即打背牌在青年男女中也是一件很不容易发生的事情。

就是现今，高坡的娃娃亲也是常见的，仍有许多青年男女服从了这种婚姻的安排，不同的是，如果有青年男女违反这种婚约，追求自由的婚姻，政府保护这种自由，父母也不敢与政府的保护相对抗。比如有一个已订婚的女孩与一男青年自由恋爱，到男青年家与其成家，其父母是不敢来要的，只会请上民政部门的工作人员一起去调解。民政工作人员会当着所有人的面问女孩：“你是不是男的硬拉来的？”

如女孩答："不是，是我自己来的。"

民政工作人员会接着问："你们双方今年多少岁了？"

答："某某岁。"

民政工作人员说："你们符合法定年龄，你们的婚姻受法律保护，过几天来办结婚证。"

回头民政人员会对女孩的父母说："不得说的，你们自己回去吧！"这也就如此了结。两情相悦，相好就能好，不用费劲打背牌了。

打背牌是过去的历史了，问题是几百年间高坡苗族的青年男女在一块小小的背牌上凝结了那么多爱和美，对人们来说是一笔无价的财富。

他们因为一种婚姻制度，相爱的人不能相聚，而制度中的人性又萌发出一种让这种爱情从一种欲望和现实转向精神和神圣的方式，使得高坡苗族青年男女的爱情升华到一种新的崇高的境界，这又是人们始料不及的。

我在进行此项调查前，得到的最原初的印象是：打背牌是一种结阴亲的方式，让在阳间不能相爱的人到阴间去成为夫妻。经过一系列的调查，这种说法被证明是错的。在访问打背牌的对象时，都问道：你们打背牌后，在阴间要成为夫妻吗？回答都是不，只是打背牌的人死后一定要在马郎坡等待对方的灵魂到来，再一起上阴间，然后再转世投胎到阳间。而且每一个人都没有说，再到阳间又如何①。

打背牌是因为感情好，打背牌更是一种他们情爱的证明，即把他们的情爱的纯洁性证明给人们看。因此，娃娃亲的对象，听说对方打背牌的消息，反而会大舒一口气，知道与其相好的对方无论如何都不会要他（做丈夫）或她（做老婆）了。这真是一个奇妙的怪圈，但它用不得已的方式把人性向美和爱的方式上转化。

这打背牌寄托着高坡苗族所有男女青年几百年间，个人最高荣誉和纯洁的情爱，要不，他们就不会像珍视生命一样来珍视它。在我的采访中，说起过去年轻时打背牌的经历，老人们的眼中多有泪光闪闪的。

对少数民族许多关于男女情爱的民间习俗，人们总会以一种想象来虚构它们的细节，但我却为他们的爱和美所感动，可以说我喜欢他们这种以苦难为神圣的爱情。也许在当初，我也不完全相信这种神话，但当我听完罗廷开他们几个现代的高坡苗族青年，讲完他们少年情爱的故事，我的心就释然了。

罗廷开，今年40岁，已是两个孩子的父亲，在避雨的偏岩下，他对我讲了他少年时玩女友的几个"蒙太奇"。

（1）这个寨子的三少年出了寨子，向一个草坡走去，要去割牛草，身上却带着6把镰刀。这时，对面寨子会出来三个少女，也向草坡走来。少年说："巴郎"叫得很，帮割点你家坡上的草。三少女会摸出父亲的香烟递给少年，转身割草去了。割完牛草，三少女、三少年就海阔天空，谈一些芝麻粒似的大理想。

（2）我（罗廷开）玩过四个女友，我从不亲自送她们东西，在我们玩完回家时，

① 这里只有一个个案例外，即王道平与小妹的个案中提到过关于二者的婚姻问题，但这个个案只是一个特例。

我就会告诉她们：“路上小心点，看路边有什么东西没有？”女友回家的路上，也许会惊喜地发现有双白边布鞋，或其他礼品在路边。

(3) 有一次我告诉我的女友，你们从某条路上来，脚步放轻点。结果，女友们一跳下地坎，坎下就是一桌摆好的酒席，少年这时会站在一边笑。然后就是一场青春的欢宴。

(4) 有一次女友也如法炮制，说让他们回家路上小心别让东西碰着脑壳，结果是几个大粑粑挂在树上，拿回去吃了几天。

我们不禁问：你吻过、摸过你的女友吗？

最多只拉拉手，摸摸肩，其他别想，要想真好，就得请父母说才行。

天啦，有什么比这少年心性更美好的东西呢？

我由此想到，打背牌的男女，可能一生都没有触摸过对方，但却把他们的情感和荣誉共同建立在一次人生仪式上，并用心来维护它一生，到死后其灵魂还在马郎坡等着对方。而这种精神却完全物化在一张背牌一张白色绣花帕上，女性青年能不把一生的心血都绣在背牌上吗？同时，这样的东西是可以用金钱来买到的吗？故你在高坡看不到一个人出卖背牌也就不奇怪了。

在前面的日记中写道，那天我在五寨给四个姑娘照了几张相，一个多月后我回到五寨，得知其中一个姑娘在我给她照完相的第二天就服毒自杀了。原来，她是一个刚从学校毕业出来的中学生，她非常想出去打工，见见世面，但几经抗争都无济于事，父母死活不准她去打工，个中缘由一言难尽，于是，姑娘就寻了短见，过早地结束了自己花一样的青春。听见这个消息，我很伤感，也敏锐地感觉到，这是这个民族社会文化规范的一次失败。并且它似乎隐隐地与高坡苗族背牌文化极其凝重的历史有着深层次的联系。

客观而言，娃娃亲是一种只顾及人口生产的重要性，而不顾及个人情感的一种不合人性的婚姻制度，它保证了这个民族的人口延续，但却打击和抑制了青年男女的美好的情爱天性。娃娃亲，可能是“这种族”原初文化构建时带来的超稳定性构建，如果这种制度一直僵硬而无弹性，那么它的结果可能就是那个背牌少女自杀式的失败。娃娃亲必然带来大量的不和谐的婚姻，而不是合理的情感性结合。如何释放这种情感对婚姻的压力，文化结构就得进行自身的调整，为这一张力找到宣泄口，以保证娃娃亲制度的稳定。于是，打背牌被“发明”了出来，渐渐成了这个社会文化的另一基础性的内化结构，并影响多方面的文化构建。如果不是这样，你就很难理解，一户人家可以花很少的钱来为儿子完婚，但却会花几倍于结婚的钱财来为儿子打一次背牌。

这一文化构建的调整应该说是具有创造性的，它把一种原本是表面的外在的东西，推向了文化的深层，使这背牌已不是简单的服饰绣片，而是一种文化的象征物了。

这一举动究竟是外力促成的，还是文化的自律运动，那就不得而知……

也许这样我会把这本小书扯向学术苦难的深渊，一句话，高坡背牌是一个深刻的文化事物。它的文化意义可归纳如下：

一是高坡苗族的背牌，虽以一个妇女服饰绣片的外在形式出现，却是一个明显的内化为结构性的文化象征物，并且深刻影响高坡人的许多方面，比如观念、人生理想、情感模式、社会文化心理状况等，特别是在情感文化方面尤为如此。在实际生活中，深入理解高坡文化的人，在高坡人的巫术活动、“敲牛祭祖”中会说，这就是高坡苗族；但在一般的“外人”眼中，人们不用了解这些，一看女人的背牌，就知道这是高坡苗族。在一百多年前，高坡文化圈外的汉族，实际上就是以背牌来称呼他们为“高坡苗”“背牌苗”的。可以说，背牌是高坡苗族文化最外在的最具形式感的一种事物，也是高坡文化最鲜艳夺目的一种象征物，或标识物。而这种性状的取得，其根本就是因为其深植于民族文化的内在结构中，并发生了深刻的影响所致。

二是高坡苗族的背牌，明显是其情感文化的特定象征物，看到它，情感模式、爱情甚而个人的情感历程的细节等都可能在想象中出现。它是高坡青年男女情感生活的一方美丽的天地，没有它，在青年人的情感生活中是难于想象的。由此，你就能理解满高坡无处不在的背牌对高坡人生活的重要性了。另外，你就更能理解，男女一生中打背牌对他们的重要性。我在高坡对打过背牌的老人访问时，许多女性老人会含着泪光感怀她年轻时那段一生中最美好的时光；男性老人仍然为曾拥有过的那份激情和荣誉而骄傲。由此，我不由得想到：任何美，首先都应是人的美，人的情感的美！

三是高坡苗族的背牌，肯定是高坡苗族审美文化的中心或聚焦点，应该说是一个以女性为中心的审美聚焦点。高坡苗族的审美文化中主要有以下几种表现：一是男性为主的芦笙（音乐文化，或与舞蹈融为一体的芦笙乐舞）；二是女性舞蹈，但它要男性吹笙为伴，也应是芦笙乐舞的一个组成；三就是苗族妇女的服饰了。而这一审美文化的表现，是以女性为中心的。

对高坡苗族女性服饰的审美探讨，不是这里的话题，但高坡苗族的服饰，特别是其中的背牌，我们抛开一切话题，仅从审美的感知而言，你都会被它的美丽所感动，并会认为它有一种独具的不可替代的魅力。就此而言，你会理解到，高坡苗族背牌的美，是一种深植于自身民族文化的美，而不是一般的我们所理解的“泛美”或“标准美”。

以此而言，对深入认识高坡苗族的文化是很有意义的，但我以为，更为重要的是为何某些弱势话语中的民族，总是把它们的审美文化事象混沌地化入他们文化的结构中，而不是把它们分化发展，成为我们所认为的纯粹是愉悦功能的美文化，总是带有那么沉重的历史感。而且，奇怪的是，这种结构的内化，又使他们的许多在我们看来只应有审美功能的事物，焕发出独特的美感，让人赞叹和惊羡。另外，如高坡苗族背牌这种服饰，是怎样在文化中发生自己的结构性作用，是怎样影响日常的情感文化表现方式的。研究它们，对揭示高坡民族文化的性质，几乎是决定性的。并且我以为，其中还有一个深刻的启示，我们在对一个民族或一个群体，特别是边缘性质的弱势文化群体，都不能用单一的功能性的认知，来界定他们的文化表象和文化表象性事物。

美神的眼睛

背牌作为高坡苗族文化的标志性的象征物，在文化运行中的作用是多方面的，我在前面的行文里从多角度来理解和体味了它们，这里我只想从艺术审美的角度来感受它们。

高坡背牌是一种文化物，一种服饰文化物，但它更是一件美的文化物，我们可以在其上标识、象征、寄寓许多东西，但它在自身的最外在的形式上，却是一件美的事物，不管人们怎么来看它，说明它。它的色彩、图案和形制首先让人们，主要是高坡苗族觉得它的存在是一种令人愉悦的存在。

我在前面说过，高坡苗族的背牌只是高坡苗族服饰中的一个中心构成，是高坡苗族女性奉献给生活的美物。高坡女性的基本技能有多项，但表现她们心灵美丽的最直接的途径可能就是绣背牌。高坡人在高坡生活，也在生活中追求美的事物和心灵，而这种追求多在高坡苗族女性所绣背牌中体现。一个女性一生中最能表现她们心灵、情感的作为就是绣背牌，故高坡的每一个女性都会绣背牌，每一个母亲的一个重要任务也就是教会女儿如何绣背牌。在贵州西部的“花苗”中，女孩在赶花场寻觅情郎之前，最重要的是要绣许多花披肩，而花场上的异性一般都从这些披肩中来初识这个姑娘的人品和心灵。同族的老人也从中来评价这个姑娘是否有本事，是否心灵手巧。高坡的背牌实际上也是如此来构建的。可以说，一张精美的背牌，就是高坡苗族姑娘的一张脸……所以说，所有高坡的苗族女性，一生中都要绣上许多背牌（主要是白背牌），并且表现人一生的变化。

这样的背牌还能不美吗？

最初上高坡的时候，我想把高坡现存的背牌都拍摄下来，可到了高坡，我才知道，每个高坡妇女一生会拥有无数个背牌，像汪洋大海一样，数不胜数。高坡的女性，一出世就由背牌伴随，几乎一刻也不会离开它。

我在刺绣工艺上的理解很浅，基本不能从工艺上来评述它们，只能从构图、色彩等方面来评述它们。不过，从直观上看，针脚的细致、平整规一，色线的描配等，也还是能大致看出它们的精粗。以我看来，高坡女性的服饰中，背牌是做得最精细的，背牌是女性的服饰中，工艺水平最高的地方。也就是说，每个高坡的女性都精心地绣她身上的背牌，我以为，每张背牌在她都是精品。但人有愚拙、聪慧之分，背牌才有了漂亮中更为漂亮的表现。

客观而言，高坡的背牌都做得很精细，工艺水平是不低的。在高坡，刺绣品不仅是背牌，还有背兜上的绣片。这是我在一个背着孩子的妇女身后偷拍的，拍它的动因就是它太打眼，太美了！这样的背片、背兜里的孩子一定会是一个天使。

还有，下面这个图片上的白色绣帕，朴素、简洁、美丽，它，就是高坡姑娘给与自己打背牌的男人的把凭（信物），尽管它比起背牌来是“小儿科”，但也是高坡女性刺绣的一种表现。

以上这些都是高坡苗族背牌之外的绣件的代表，实际生活中她们还有不少这方面的东西，就如盆里白帕下面的那块绣片也很精美。但话说回来，高坡苗族的刺绣主要表现在背牌上。

欣赏高坡背牌的美丽，自然得包括黄背牌和白背牌这两个部分。

黄背牌从色彩上来说，是以黄色为主调，间以红色的色条，这样的色调给人的感觉很富丽和高贵，也比较庄重。这种色调的原始意象从何而来，恐怕每一个对它感兴趣的人都会有自己的解说，但我以为它与男青年打背牌穿的红袍的来源是一致的。从色彩学上讲，这种色彩较热，也比较扎眼，如果把它放在森林绿色的背景下，是很显眼的，而这也符合背牌最初的标识“我们这种族”的实际功用。

黄背牌一般尺寸都比较大，制作的规范要求高，相应的穿戴过程也较复杂，同时还有一定的仪式相随。在高坡一般的妇女，一生只有一至两块黄背牌，故她们倾注在自己的黄背牌之上的心血也最多，因此，黄背牌的制作工艺水平比白背牌高许多。一般都不会把二者比较，它们不是一个层次上的事物。高坡人最推崇的是黄背牌。

这样的背牌人们又叫盛装背牌，是在比较正规庄重的场合穿戴的。

我在高坡拍到的黄背牌有几十块，有的是清代的遗物，有的上面还有被弩箭打出的箭洞，图片上的这几块黄背牌，大都是比较新的，但也有五六十年以上的历史了。三幅图片上的背牌都十分华丽，但又不乏清新自然的感觉，且制作得相当精细，针脚细密整齐，设色不多，但变化无穷，这样的背牌看起来很辉煌，也较大气。上面白色的饰物就是海肥，如果着装时，其上还有银饰片。在银光的辉映下，另有一番情趣。

白背牌在高坡也叫简装背牌，也就是高坡妇女日常生活中穿戴的背牌。它什么时候都可以穿，穿到哪里去都行。

白背牌的穿戴位置与黄背牌一样，但它的穿戴就自如轻松得多，尺寸也小一些，制作可精可粗。过去，黄背牌一般是丝线绣的，但白背牌是棉线织绣的（基本没有用丝绣的），近来高坡妇女也用开司米线来制作它们。白背牌的色调一般都是白色的，在白色的色基上追求一系列的变化，色彩一般都比较淡雅，但变化很丰富。我在高坡的集市上拍摄妇女身上的背牌，少说也有200张。我最初以为，在色彩和图案上可能会有雷同，但事后一翻检，根本找不到一张在色彩和图案上是雷同的，这让我很惊讶！白背牌与黄背牌相比，更多的是浓郁的生活气息和自然灵性，它轻灵、自然，也很质朴。

乍一看，都一样的美，一样的令人赞叹，但细一看，每张背牌都有自己的表现和韵味。如果我们再仔细看，前三幅背牌是棉线绣的，色彩要淡雅、宁静得多，而后三幅则是开司米线绣的，色彩则就较为活跃，更富于青春的气息。这是材质的原因吗？我以为更是心灵使然。至少，现今高坡女性的色彩意识，比她们的上一辈要强烈得多、丰富得多。

以上差不多都是黄背牌和白背牌关于色彩的叙述，基本没谈到它们的构图，我以为它们的图案的原始意象是一致的，应该放在一起来谈。

在高坡，不管是黄背牌还是白背牌，它们的图案都有一个核心的构件，即印章，不管中心一枚大印，还是四边的四枚小印，黄背牌和白背牌都少不了印章的样子。我以为，印章作为一种原始意象，根底上决定了高坡苗族的背牌图案。印章在每块背牌上都有，可以说没有印章图纹，也就不能叫背牌了，而且，方形印章又在形制上决定了高坡苗族背牌的几何尺寸，黄背牌是方形的，白背牌也基本上是方形的，从而使图内的一系列变化，也是在方形印章的范式中来进行的，一块方套另一块方，数块方组合成一个方，方形中有斜十字叉，但叉中又是一块方形的红点来造成方的意象。

这种方形意象的构图在黄背牌中表现得最规范，不管如何变化，都没有任何冲击这种超稳定意象的异动。白背牌与黄背牌不同的是不出头的“丰”字白色基架条的出现。这种图案是什么时候、为什么出现在白背牌上的，现今已无从得知，但可以肯定，“干”的进入，方形图意象的超稳定性受到一定的挑战，白背牌从方形向稍长一些的变异正方形突破了，而且，也淡化了黄背牌的庄严，使白背牌更富于生活气息。但是，这种原始意象的“规约”依然控制着背牌的构图，方形图意象的变化照样在白背牌中体现着，“干”的四角是四枚小印章，而框线内，又是一枚大印章。

可以说，白背牌、黄背牌是一种印章背牌。

高坡背牌图案是超稳定性的，但高坡苗族妇女在这些结构中表现的变化和机智，又让人称赞不已。高坡的妇女，她们几乎不去触动大的构图框架，但在框架内的细节的变化，却又层出不穷，变幻万千。这种在美上的人生写意，艰难，但促成它细腻和精微，故高坡苗族背牌的美，要品味它，得细细地慢慢地才行。可以说，高坡背牌文化给予高坡苗女的艺术创造空间很狭小。黄背牌的黄色，白背牌的白色，基调都是既定的，变不了！方形图纹印章的基架，“干”形基框，也都是不能变的。但高坡的苗女们，却在这一方狭小的空间里绘出一片锦绣天地。我们在高坡背牌里所看到的并不是僵直的线条、死板的图案、没有灵性的色彩，一切恰恰相反，那么灵动、清新、自然。

高坡背牌的美是多方面的，但它的美又深植于其文化的内蕴之中，不是仅仅从一般的美学的形式中可以完全解读的。也就是说，我们从一般的色彩和构图上可以获得审美的愉悦感，但高坡背牌的美还不仅仅如此，一种源于文化的光泽还在一般的美的存在中唤起一种生命的照耀，要不你就很难体会到它作为打背牌中一种人生情感仪式的“圣物”的意义。通俗点讲，这种“文化美”的表现在高坡背牌中也是很重要的，即我们如果能在理解高坡背牌的美的同时，相应理解它的文化，那么在高坡背牌中就能看到更多的美！

说了这么多关于高坡背牌的美，实际上它仅仅是我的一种理解，我的一种感受，我的一种寻找！希望能找到一个比喻，它可能比所有的解说都鲜明、都生动。

每一个背牌图案后面都有一只美神的眼睛，都有一颗心灵！高坡的背牌是一只美神的眼睛，看着谁，谁就是圣洁的。

后　记

这本书从接受贵州省民间文艺家协会的任务起，至今已近三年了。从开始调查到完成书稿，起作用的只有两样东西：一是民协领导的信任，二是自己的热情，其他也就免了。有时只好自我娱乐式地说：“我喜欢！”其实我根本不知道我喜欢什么。

现在，好在任务完成了，我可以在书后面写上几句话感谢帮助过我的朋友们。他们是高坡乡文化站的罗廷开、小李、小王；乡人大的罗继荣；乡政府的高林，还有五寨、甲定各村寨的乡亲们。感谢为此丛书的出版费尽心血的余未人老师、何积全老师、韦兴儒老师、杨培德老师，出版社的编辑老师们。当然，如果可以，我还想感谢我自己！

作者

2001 年 3 月

后 记

吴秋林文集

第四卷

梭嘎苗人文化研究

——一个独特的苗族社区文化

一、对梭嘎苗人的“发现”与调查

世间任何物质的、观念的东西，都会在无限的空间中变化、发展或消失，人类的文化更是如此。可能对动态性更大的人类文化来说，过去和今天的无限时间对它的影响更为深刻和强烈，由于时间的延续，变化会很大。不过，在地理因素、人文守持自闭因素，以及其他因素的影响下，也会有例外，处于贵州省六枝特区和织金县交界处的十二寨梭嘎苗人的文化，就是一个特例。

他们自成系统地生存于自己独有的文化中，很早就在不足50平方公里的狭小的封闭的自然环境中，进行自闭性的人种和文化的发展和延续。在不久之前，他们对外界所知不多，外界对他们也所知不多或更少，但是，他们以独特的夸张的服饰文化表现，和自闭而有效的民族文化的自我律动，让周边地区的其他民族的人们深感异样……正是这种异样感让周边地区的人们感到这支苗族与众不同。他们的服饰独特，他们严格地奉行族内婚制度，有自我管理的村社组织形式，有古老而独特的习俗……他们与当地的其他民族不同，与当地的其他支系的苗族也不完全相同。

20世纪90年代以前，他们还鲜为人知，他们还“埋”在深深的山里。到1990年前后，对它的“发现”才开始，随之而来的“调查”也在一定程度上开展起来。

这里，我们对于后文要经常使用的“梭嘎苗人”这个词汇有一个说明，苗人一般都自称为“蒙”（HMONG），“梭嘎苗”的自称也是如此，但“蒙”的称呼在国内似乎也并不“通行”。这支苗族被人们俗称为“梭嘎苗人”，这“梭嘎苗人”的称呼属中性，也得到这支苗人的认同，故我们这里以“梭嘎苗人”来称呼它们，这样，既有这支苗人的特征表现，也不会有碍于他们是苗族中的一支的表达。

对梭嘎苗人的“发现”

关于“发现”的说法，也许并不科学，梭嘎苗人已自在地在那里生活了许多个世纪，你怎么一下就发现了他们呢？不过，从20世纪90年代起，一些国家的相关学者和旅游者，不断地走进梭嘎苗人的山寨……就在前不久，这里还在挪威王国的资助下，建起了中国第一个民族文化生态博物馆……从这个意义上讲，最先关注它，并把梭嘎苗人的文化往外介绍的行为，不能不说是一种“发现”。这应是研究梭嘎苗人的起点，在我们今天较为全面地对梭嘎苗人的文化进行调查、研究、诠释的时候，也应从对它的“发现”说起。

在 1993 年以前，人们对这支苗人的文化所知甚少，可以说就连当地的其他民族的人们也不很清楚他们的文化，更不清楚他们文化的性质，如果不是一个历史的机遇，也许梭嘎苗人的文化至今仍旧“埋”在深山中不为人知，不会得到人们的关注，也不会给梭嘎苗人的发展带来机遇。1990 年，这个机遇出现了，一个从六盘水市委宣传部来挂职的干部走进了梭嘎苗人的寨子，对梭嘎苗人的风俗习惯和文化表现出了极大的兴趣，并以他自己的能力和学识来认识和极力地介绍梭嘎苗人的文化。这个人叫杨耀荣，他 1990 年就到当时的新华区挂职中共新华区区委副书记，当时是区管乡的行政体制，而梭嘎乡当时属新华区管辖。问及当时他进入梭嘎苗寨的动因，他说：

> 我的家乡织金县就与新华梭嘎交界接壤，十二寨梭嘎苗人处在两县的交界地。我是一个从市机关下来的挂职干部，当地的一些干部对我们来基层挂职有戒备心理，工作不好做，也有一些误解。1990 年年初时，我意识到来这里又不是长期在这里干。我看我们这里的梭嘎苗寨子的风俗有意思得很，我是长期搞宣传的，不如走访一下，帮他们宣传一下，看能不能搞点旅游开发？现在时兴这个，说不定还要得！

这“说不定要得”，还真要得！之后，杨耀荣在挂职的相当一部分时间里，就蹲在了梭嘎苗人的寨子，并很快为梭嘎苗人的特色极为鲜明的文化所吸引、所感染，自觉地成为梭嘎苗人文化的推介者。他一方面在梭嘎苗寨中采风，撰文往外介绍梭嘎苗人的风情和文化，一方面以多种方式把梭嘎苗人的文化往外宣传。先后撰写了一系列文章和调查报告，并在 1992 年的贵州《党的生活》上发表了题为《我下基层》的文章，给予他的基层工作高度评价。

杨耀荣的努力获得了很大的成功，如今梭嘎苗人在世界上的声名已经很大了，并且，梭嘎苗人在外界的关注中得到了一系列帮助和福利，文化、经济上也有所进步和发展。这都与杨耀荣最初极力往外推介梭嘎苗人文化的努力和付出是分不开的。对此，梭嘎苗人至今都很感激他，都记着当年杨书记的“关怀”。这些，在我与杨耀荣到梭嘎苗人的寨子做田野作业时，从梭嘎苗人对杨耀荣的热诚和酒桌子上的“敬意”就可切身感受到。“杨书记”也很以此为荣，常说：“唉！是我第一个‘发现’了梭嘎苗人。”“梭嘎苗人”是当地他族人根据其女性头上的木角而取的“俗称”，词性中性，但根据民族政策，苗族是所有苗族的正规称呼，不得随意称“某某苗”。杨耀荣最初向外界介绍这支苗族时，使用了“梭嘎苗人”“长角人”这些称呼，为此，有关管理部门还特地纠正过他的说法，但“梭嘎苗人”的称呼已广为传播，被大家所认同和使用，从这个角度而言，杨耀荣是“发现”了“梭嘎苗人”。不仅如此，杨耀荣在推介“梭嘎苗人”的过程中，还为我们研究梭嘎苗人提供了一批“文本”，成为后来人们田野作业的参照（这些“文本”我们在本书的后文将会使用）。

话说回来，杨耀荣以他的方式“发现”了“梭嘎苗人”，但梭嘎苗人的文化和风情真正引起世界各国人士的关注，还在于《今日中国》（英文版、法文版等）1992年第1期对梭嘎苗人文化的大篇幅的介绍。在这一期《今日中国》里，他们用了3个篇幅的文字、图片和4个篇幅的彩色照片介绍了梭嘎苗人的文化和风情。而这一“介绍”，以及其他一些相类似的介绍，就是在杨耀荣的推荐和帮助下完成的。正是这一介绍，让外界的人士大开眼界，吸引了世界上许多人的目光。从这以后，各种机构、各色各样的人，怀着各种各样的目的，来到了这些个昔日封闭得不能再封闭的山寨……我也是在这些年中对它发生兴趣，并有一定的研究性关注的。

在这些“关注”中，有多少是以研究性的目光来深究这一文化成因和运动的状态，我们不好做评价，但我以为，这一鲜明的个案需要深入地理解和研究它。

对梭嘎苗人文化的调查

1995年时我就对梭嘎苗人的文化进行了一个初步的但仍不失为一个较为全面的调查，如果加上我们这本书的另一个作者杨耀荣先生的从1990年就开始的一系列“采风”活动，那我们这本小书的调查基础是从1990年开始的。

1990年，杨的调查是从一般性的“采风”开始的，其视野、角度也是如此，故而，其材料从文化人类学田野上来说，是不规范的和有缺陷的，甚而有“途说”的内容。但正是这些内容，成为外界了解这支梭嘎苗人的最初的“原始”材料，影响了绝大多数人，特别是旅游者、观光者，甚而影响某些学者对这支梭嘎苗人的正确理解。不过，杨的调查还是为我们这本书提供了大量有用的信息，让我们看到梭嘎苗人的文化信息，是这样从一种自在信息变为一种传输和流动中的信息，以及在流动中的变异等等。

我作为此书的执笔者，对这支梭嘎苗人的调查是从1995年以前开始的。1995年以前，我去过梭嘎苗的寨子陇嘎，但只是短暂停留，并没开展调查活动。1995年的春节，也就是梭嘎苗人的“坐坡”和“跳花”的节日期间，我在此做了约五天的调查。

1995年梭嘎苗人的“跳花”节，是六枝特区政府旅游局出资，由在梭嘎乡当干部的梭嘎苗人王开云、杨宏祥等具体组织的。当时的旅游局局长高明很想通过这次“组织”，将梭嘎苗人的这些寨子作为六枝特区民族文化旅游开发的重点，好好地“炒作”一番，故而，高明他们这次邀请了省、市的很多领导，也组织了一些国外旅行团……我也就是在这个节日里，受六枝特区朋友的邀请，来到梭嘎苗人的寨子的。那天，我们在陇嘎乡下了车，才知道：梭嘎苗人此时在国内外已经很有名气了，有关方面已经下拨了30万元人民币，修建了一条近5公里长的公路，从乡里直通陇嘎寨子，同时在拢嘎的山丫口处，修起了一个接待站。

这一天是阴天，天上还不时地下着小雨，新修的公路泥泞不堪，汽车根本无法上到拢嘎寨子，故很多应邀前来的客人只能步行4—5公里到达拢嘎村。不过，好在高明他们组织了好几十匹山马，一趟一趟地往山上送年纪大的和腿脚不便的客人。天气不好，好几个说好要来的外国旅行团都未到来，但从各地来的客人还是很多，他们与从四乡八寨来的梭嘎苗人和看热闹的他族人，把“跳花”的那块麻窝地塞得满满的……

参加这样的民族节日活动，实际上我的调查也就开始了，许多需要观察的内容，在麻窝地的“跳花”场上就可观察到。这一天我收获不少，学到了不少东西。不过，我此行的目的不是来做一个充满新奇感的观光客，而是计划在这里留下来，做一个初步的调查。当然，当时的调查并没有明确的目的，而是希望对这个至今仍保持传统风俗的民族有一个基本的田野作业考察。这一次考察完全是一个学者个人的自在行为，这样，考察自然没有任何经费，表面上就像在乡下的亲戚家做客，实际情况也是如此。我在“跳花”将要结束时，找到高明，把我要在梭嘎苗人的寨子留下来的想法告诉她，这位大姐把我像交小兄弟一样，推到拢嘎村的“头面人物”杨宏祥面前，说：“这位吴老师是我的小兄弟，他要在这里搞你们民族的文化调查，你安排就住在你家。”

在拢嘎村的杨宏祥家里，一住就是四天。我们外面的汉人亲切地笑称杨宏祥为苗王。这个精明能干的苗族汉子外出修过湘黔铁路，是一个有头脑、见过世面的人。他没把我当“贵宾”见外，但食宿安排的活儿全是他的，而且调查安排他也安排得很到位，还经常一陪到底。若某天他实在有事，也有他安排的人陪着我进行调查，使我的调查进行得很顺利。

四天中，我了解了拢嘎村的基本情况，访问了拢嘎村的梭嘎苗人文化的“博士”——鬼师和弥拉，对梭嘎苗人的祭树、扫寨、婚俗、丧俗、坐坡等风俗习惯进行了较为详细的调查。

另外，住在梭嘎苗人家里，通过实时的观察和理解，可能感受到，得到的东西更多。比如，关于未婚梭嘎苗人每年10天左右的自由情爱话题。这种关于情爱的话题，就是在一般汉人里都难以展开，于此我却与一个14岁就开始“坐坡”，时年24岁的年轻人谈得很“开放”，开放到他承认近十年的“坐坡”史中，有20多个“情人”。

调查大致完毕，我爬上寨子对面的一个小山上，那里有一群12—15岁的梭嘎苗人的少男少女，他们作为“坐坡”的摹仿者、练习者，正在山上学唱情歌和做游戏。这些孩子们告诉我大哥哥、大姐姐们都出去玩耍了，他们只得在寨子边玩，不可以去远处。

在这个山峰的树丛中，我发现了许多兰草。这些孩子们惊奇我对这些“草”的惊讶，在我几次挖掘兰草不成功时，几个孩子很愉快地递上他们一瞬间就采到并且根茎完好的一大把幽香的春兰。

在拢嘎村调查的几天里，我一直很想上梭嘎苗人其他的村寨里走走，但由于天公不作美等原因，一直未能成行。

虽然我没有预定的目的，但这次调查的一些材料还是在我的研究仡佬族文化的一本叫《居都——一个仡佬族文化社区的叙述》的书中得到应用。

另一次访问拢嘎村是在2000年的2月份。这次的调查主角是贵州省民族民间器乐集成办的专家杨方刚，以及时任贵州大学艺术学院党委书记、民族音乐学家邓康明等人，调查的主要目的是了解梭嘎苗人的芦笙、三眼箫等民间器乐的音乐表现和文化生态状况。这次调查并没有直接产出与我们这本小书直接相关的材料，但从另一个角度来看梭嘎苗人的文化时，仍有许多难得的启发，就此而言，它也是我们小书的调查项之一。

最近的这次调查是这一课题的主要调查。

我是2001年6月8日从贵阳出来的，8日晚到达六盘水市，与课题组的同伴杨耀荣会合。在进行了相应的调查准备工作之后，于6月11日从六盘水市前往六枝特区。在六枝特区党委书记熊德威的支持下，我们于当天下午就赶到了梭嘎乡，与乡领导简单表明来意，就直接下到了小坝田村的王开云家。

王开云是原梭嘎小乡时的书记，是梭嘎苗人在当地政府里任职的第一个官员，现已退休在家。他与杨的友谊很深，对我们的到来他很高兴，对我们的来意更是由衷支持，我们调查的几天里，他放下手里的活，一直陪伴着我们。

11日的这天晚上，王开云请来了高兴小学的两位教师，闲聊中我们的工作就开始了。

12日是一个下雨天，哪儿也去不了，故主要请王开云以去年他老父亲去世为例证，讲述梭嘎苗人的“老喜”（丧俗）等个案情况。下午，王开云又请来寨上最老，也是梭嘎苗人中年纪最大现在还活着的王姓老人，让他讲述梭嘎苗人“红喜”（婚俗）的情况。这天下午天就晴了。

13日是一个干干净净的晴天，我们在吃过早饭后，就按这天的工作安排，往高兴及织金的新寨、后寨、全寨等村寨寻访。

高兴寨子距小坝田寨子约2公里，我们是上午10点钟到达高兴寨子的，这时候寨子中只有一些妇女和老人。我们在寨子中找到一位乡村赤脚医生，他生病在家，没能外出，不过，我们也只能与他简单地聊几句，就上路了。因为这梭嘎苗人十二寨诸方面都是相通的，对相关的面上的情况大都有所了解，走村寨的目的：一是希望对每个梭嘎苗人的村寨有一个现场的印象；二是寻访一下，看看每一个寨子之间有没有差异性表现，并适当采录一些有特定表现的个案；三是拍摄一现场照片，这也是我们这次田野作业的一个重要方面。

在高兴我们只有一些图片上的收获。

踏上了属毕节地区管辖的织金县地界，回首眺望，是一派莽莽苍苍的高原，梭嘎苗人的十数个寨子，就深深地嵌入这大山的皱褶中。

我们三人在丫口上合了一个影，也算是课题人员田野作业的一个例证和纪念。

一个小时之后，我们就走进了织金县的新寨村。这个村与高兴、小坝田一样，是一个纯粹的梭嘎苗人的寨子，但在外貌上看它就没有六枝特区的梭嘎苗人的寨子有生气，别的不说，房子多数是草房，村子里卫生也很差，看得出，此寨子有一些被遗忘的感觉，得到外界的了解和资助很少。

我们是在一个曾经在外当过干部，现退休在家的人家落脚。他的儿子正好在家。他和父亲与我们谈了一些村上的情况，还穿上全套民族服装，拿出梭嘎苗人特有的大芦笙，让我们拍摄照片。

从这家人家出来后，我们又到了这个寨子的另一家人家访谈。这家的主人是一个老年妇女，她很健谈。据说，她曾经是贵州省人民代表大会的代表，现今仍是镇人民代表大会的代表，可她现今的三间房屋已经有两间屋顶大见天光，已经破败不堪了。她说她现今已 60 多岁了，自从她的老伴去世后，她家就很恼火。她说她曾经为她所在的乡镇小学建校舍乡里修桥、修路要过不少钱，现在她想为自己家要点钱修房子了。

告别这位昔日的省人大代表，我们按计划往全寨走去，走不到一小段路，王开云遥指远处一座高高的山峰说："全寨就在那座山峰半山腰的一个凹地里。"我们一看不由得倒吸一口冷气，那高高的山峰下还隔着一个宽宽的山谷呢。看看天色，如果我们照计划前往全寨，那今天就很难回来了。我们商议了一下，决定不去全寨，而折向山后的后寨。

后寨在一个山丫口处，这里更偏僻，情形比新寨还要坏，房舍比新寨更差劲。我们在寨子里很少看到青壮年，大部分外出打工，在家的也都到地里干农活去了。在村里的大都是一些孩子，且大多数都是一些根本无法上学的适龄儿童。这群孩子围观我们几个"外人"，其情形让人心酸。我提议把村里的儿童都找来，照一张合影，也许我能帮他们一下，但一时无人理这件事，村干部们全都在很远的山上干活，一时也找不到他们。下午时分，我们离开时，也没能做成这件事，我为此常挂于心怀。

下午回到小坝田的王开云家，我们，主要是我和杨耀荣先生已经很累了。但稍稍休息之后，我们又在王开云家进行另外的访录。

当夜很累，我们睡得很香。杨耀荣遇上他挂职时的老朋友，多喝了几杯，醉了。

14 日又是整整的一天，跑了大湾、安柱等村，不过，我们一天中大多数时间用在了路上。本来到新场乡的大湾村，步行只要两个多小时，但乡政府支援了我们一辆吉普车，乘车往新场，再绕到织金县境内弯回来，路上走了也差不多三个多小时。车到达一个叫王家冲子的丫口时，杨耀荣说："这个丫口处，就是清同治年间起义的苗人与清军决战的战场，丫口下就是苗人的大本营。"

从丫口下来，车子完全就在险峻无比的山谷里穿行。山谷的两侧是一片片高高的灰灰的嶙峋的石头陡坡，好像很难看到黄色的土。山谷间有一个不小的、房舍密集的寨子，一色的青瓦石墙，村口还有一个高高的碉楼，好像这里有无数的故事，同行的一位当地人告诉我这里种点大烟什么的，鬼都不晓得，中华人民共和国成立前这里就种过不少大烟，因而这里的人并不穷。当年在这里挂职的杨耀荣就带着派出所的干警来这里铲除过大烟苗。

沿着这条有点像"金三角"大本营的山谷走了一个多小时，在快要走出这条山谷的时候，我们一行人到达了我们这次寻访的目的地——大湾。

在大湾我们活动了近两个小时，主要是在一个姓熊的乡干部家落脚。在村子里寻访时收获不大，与其他村一样，多数的男人都不在家，在农村，没有男人的家是没有灵魂的家，也是不大会对人开口特别是不会对陌生外人开口说话的家。倒是老熊家的孩子们成了我们的访录“明星”，一个劲儿地希望我给他们多照相，很自如时，情不自禁地叉起腰，做出很神采飞扬的样子。这个姿态我很眼熟，好像在许多照片里见过，这时我突然悟出，这是梭嘎苗女孩子最为经典的姿势。

老熊的儿子很英俊，肯定是一个“坐坡”的“好手”，吹着芦笙照相的样子也很帅气。我们告别老熊家，老熊的儿子送我们出门时，我看见杨先生亲热地挽着老熊的儿子，征询“坐坡”的事情，老熊的儿子说：“可以去，就连结过婚，以后又打单的男人都可以去，只怕姑娘不喜欢你呢！”

往回走的路也很漫长，但也不像来时那么空落了。半路上，我们没有去新华乡的另一个梭嘎苗人的寨子——火烧寨，而是直接往回赶，想在天黑之前赶到梭嘎乡的梭嘎苗人的寨子——安柱。

赶到安柱的时候，天已近黄昏，只能抓紧时间拍几张安柱的照片。在安柱，我们碰上了原来“六枝游击团”的一位老战士，他现在每个季度在政府那里还可以领到一些补贴。他以前在“六枝游击团”时是一个小炮手，入朝作战回来后就回到了家乡，务农至今，一直什么也不是，什么也没有。直到1990年前后，他的老团长宋崇书回乡任六枝特区的区长，小炮手找到他，才有了今天的补贴。

安柱在中华人民共和国成立前很长一段时间里，是彝族土司安柱的领地，势力不小，故安柱的梭嘎苗人外出当兵的不少。前不久，一个从台湾来的老兵也找到安柱，这也是他的老家。这位台湾来的老兵来时还去看望了他的原在家时的妻子，原妻现自然已是别人的妻子了，且也根本不认得他了。这位台湾老兵说起他们的“老名”（请参见后面的关于梭嘎苗人老名的叙述）时，这位老女人才知道这是她“死”了多少年的原夫，但一切已隔世久远。

回到梭嘎乡，天已经完全黑了。

这时，我们才觉得，原先要跑遍梭嘎苗人十二寨的计划似乎有些不现实原因有三：一是山道艰险；二是农忙季节，不是时候，为生计奔忙的农民，心也不会静下来听你们这些“闲人”的“闲聊”，故访录的效果不会好；三是十二寨苗人的风俗差异性不大，在一个点上就能得到共同的情况。我想：我们再从其他方面搜集一些二手资料，在这里的调查就可以告一段落了。

本来还要前往纳雍县的百兴镇寻访一个叫“白泥屯”的“短角苗”村寨，据传，梭嘎苗人似乎与他们有很大的关联（请参见后文关于“老喜”的相关文字），但由于交通的问题，也没能成行。

15日我们就离开了梭嘎。后又在六盘水市和贵阳等地搜集相关资料。

二、梭嘎苗人的概况

梭嘎苗人现今已经成为世界范围内一个鲜明的文化人类学和民族学的个案对象或范本，以及文化生态旅游的一个热点，许多相关方面已经有和正在有许多作为，其他相关方面的工作也许做了许多，但对梭嘎苗人较为全面的文化人类学的考察却不多。这方面，一些外国文化友人也许比我们国内的学者做得更多，起码在田野作业的时间总量上，他们要比我们多得多，从我了解的情况看，已经有英、法、美、澳大利亚，以及港、澳、台地区的一些学者进入了这一地区，并采录了相当多的资料，这在我们的采录中有明显的感觉。这里面肯定不少的产出了，但由于语言方面和文化心态的理解上有障碍，这些“友人”在某些民族文化的层面根本进不去，而这些正是我们“土著学者”的优势。

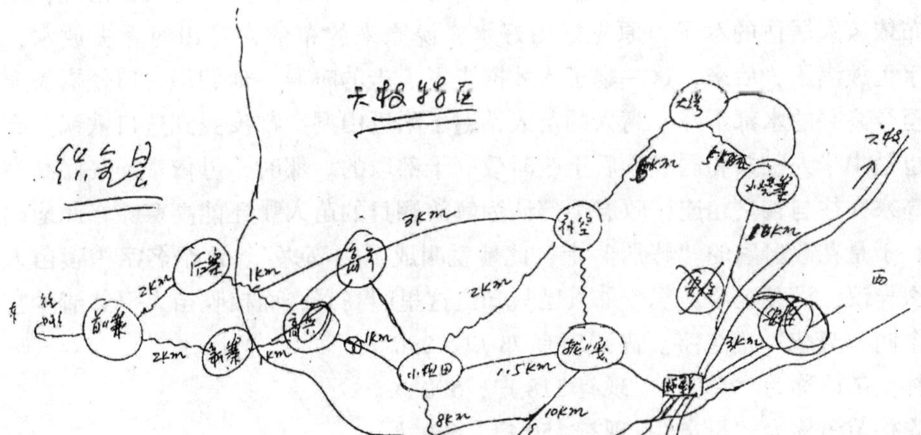

2001 年 6 月制作于小坝田

这次较为全面的调查，是比较顺利的，我们在现今调查和过去调查的基础上，力图对六枝、织金交界处的梭嘎苗人十二寨有一较为全面的文化人类学的叙述。

在叙述梭嘎苗人的基本概况时，我们不想用传统的经济学或政治行政学上的描述法，而是先请人们看一看上面这一幅图。

这是一幅由梭嘎苗人参与涂抹的梭嘎苗人十二寨方位图，这幅地图在地图描图上可能最蹩脚的，但可不可以说这是梭嘎苗人的心中的地图呢?！而这里包含的不仅仅是地理上的“学问”，还有比这多一点的东西。

梭嘎苗人十二寨，在六枝的有拢嘎、小坝田、高兴、补空、安柱、大湾、火烧寨，称“六枝七寨”；在织金的有全寨、新寨、后寨、化董、依仲底，称“织金五寨”。这12个寨子都是自然村寨的称呼，六枝的拢嘎、高兴、小坝田、补空为一个行政村，称为高兴行政村，隶属于六枝特区梭嘎苗族彝族回族乡；安柱也是梭嘎乡的另一个村的一个自然村，分上安柱和下安柱；大湾、火烧寨隶属于六枝特区的新华乡。织金的全寨、新寨、后寨、化董、依仲底5个自然村都隶属于织金县的阿弓镇。

拢嘎苗语称为“母甲”，拢嘎是“母甲”的化音。其村现有120户，500人。这里的“母”意思是“族”，即族人居住的寨子。“母甲”可理解为：一个叫“甲”的族人居住的寨子。

小坝田苗语称为“母侯跌”，“侯跌”在苗语中的意思是铁锅底，“母侯跌”的意思是一个如铁锅底的族人居住的寨子，但这个寨名在中华人民共和国成立初期让土改工作队员们感到很别扭，于是就改成了小坝田，而这个寨子的山窝里，实有一小坝田。这个村现有55户，230人。

高兴苗语称为“母依”。这里的“依”指的是布依族，梭嘎苗人自己说，这里原来是布依族人居住的寨子。原先好山好水，说原来的布依人打田时才去放水，打完田，水也放满了，后来，这一寨子人才搬走了。走的时候，他们用一口铁锅盖死了泉源，至今高兴的水都不好，高兴的苗人钻遍了附近山洞，都没找到这口铁锅。高兴的名字也是中华人民共和国成立后土改时政府干部取的。那时，母依寨子气候高寒，在贵州高寒往往与苦贫相连，政府干部认为解放翻身的苗人哪还能高寒呢？此地改为高兴吧！于是在政府家的“账册”上，此地就叫成了“高兴”。这个名字梭嘎苗人们没有什么异议，沿袭至今，现今外人已只知道这里叫高兴，而梭嘎苗人仍然清楚它还有另一个叫“母依”的名字。高兴现有73户，290人。

补空苗语称为“母空”，现有118户，500人。

安柱苗语称为“母自”，现有150户，600人。

大湾苗语称为“母别”，现有260户，800人。

火烧寨苗语称为“母司”，现有40多户，170人。

全寨苗语称为“母奢”，现有60户，240人。

新寨苗语称为“母嘎绕菜”。苗语中的“绕菜”意思是新来的，即我们新来族人的寨子。现有70多户，300多人。

后寨苗语称为“母嘎绕苏”。苗语中的“绕苏”意思是老户，或老早就来的族人。现有50多户，200人。

化董苗语称为“母龙”，现有100户，450人。

依仲底苗语称为“母仲底”，现有100户，400多人。

以上称为梭嘎苗人十二寨，此十二寨约有1200户，4700多人。但据我们的观察和调查，这一地区的梭嘎苗人要多于这个数字。就寨子而言，这也是个约数，取十二为圆满之意，在梭嘎苗人十二寨周边，还有好几个自然村寨的梭嘎苗人没有算在内，具体的情况是这些周边寨子中或多或少有一些杂居民族，在观念上有不纯正的之处。这种观念直接影响到梭嘎苗人十二寨的称谓。实际上，梭嘎苗人的寨子约有十四寨或十五寨，故有的学者称梭嘎苗人十四、梭嘎苗人十五寨都不应奇怪。

对梭嘎苗人十二寨地理和风物的描述，杨耀荣先生1991年时就有一个已经对外“宣传”的文本。这个文本是这样的：

> 在梭嘎苗人居住的中心地带，织金县鸡场乡秦家岩脚，以及秦家岩脚周边含长角寨的40余平方公里的深山幽谷中，处处是奇山、异洞和怪水，皆鬼斧神工，变幻莫测，令人叹为观止，忘返流连。

一、秦家岩脚别有天

在离秦家岩脚三四里的地方，一条逶迤而下的梯级高岩瀑布喷珠涌雪。听向导讲水大时周围四五里地都能听到瀑布的澎湃咆哮，路人皆停步下车一饱眼福。沿500余米的石级，直抵秦家岩脚门缘——岩纤。此地名也许是纤陌纵横之意。五六百亩的水田旱地，豁然闪开，进入100余米宽的河道平地，抬头放眼，峭壁森严，峰回崖悬，刀砍斧削的百丈悬崖陡壁，围得像铁桶似的。岩顶是白云蓝天，阳光涌泻，两边半崖横空，一线栈道石眼，逶迤绵延，直抵田亩尽头，方圆数十丈口径的大溶洞猛然衔接。洞中碧溪纵横，流水涓涓，水底的白鹅卵石像一颗颗莹润的珍珠，在流动着的水中晃动。

深洞中半山上留有溪水流经过的痕迹，水沟栈道尽头，凉气沁心，数十丈高的大溶洞又一大门厅豁然开朗，顶壁霓霓有光，是阳光折射的水色波光。洞中或笑佛端坐，或雄狮睡卧，或顽猴倒挂，或寿星飘逸潇洒，或剑仙气势夺人……处处是千姿百态的钟乳石，处处水石皆鬼铸神造。向导说：“若是洪水季节，大水轰然而下，唯有洞壁栈道沟能勉强通行。”洪水暴涨季节，那又是什么样的一番情景呢？

出洞口豁然开亮，亮光刺目。涉河而上，两岸连山，绝壁千尺，河水似练，翠峰如簇，两岸高崖或古松横生或古藤倒挂，抑或鹰鸟盘旋，山燕翻飞，鸟鸣猿啼，此正是万木葱茏的深山幽谷了。在这幽壁的山谷中，松涛鸟鸣，小河奔流，两岸柱天奇峰蜿蜒起伏，削立长空，千姿百态。

顺河而上，过“一线天”，抵真正的秦家岩脚。回首诸峰小，举目山势危。拾级而上，越过农家田园，秦家岩脚已在脚板底下了。猛抬头，一峰横挡路口，尤如一柄穿天利剑，亦似玉柱撑天，猛然横插河心，泰然耸立，刀削斧砍，不下500余米，堪为秦家岩脚的崖岛了。再拾级而上，曲曲弯弯，羊肠小道似一条飘带直系云天，玉石板铺就的千百级梯阶，晃若天梯。叩南天门，门是由粗厚山木制成，用铁皮包就伤痕累累，也不知经过了多少岁月沧桑。

进得山门就到了秦家岩脚，这里原是土匪驻扎之地，清军和苗族起义的队伍曾在秦家岩脚激战过。在这里，四五亩土地的岩顶完全可以自耕自食，在这500余米的高空俯视近水远山、对岸崖畔，有坐地航天巡视苍茫宇宙之感。环视一线，雄奇吐翠，直指云天，满山遍野的神奇绚丽风光，把山峰坡岭点缀得神气活现。近处的山、远处的山，都布满了葱绿的松林。闻阵阵松涛，听鸟鸣猿啼。这些天籁之声在朝霞暮烟中回荡，实有超凡脱俗之感。

山门对面，其势如滚滚“天河”的半崖渠水，动工于1965年，修了26年方竣工。其工程之艰辛令人难以置信，一锤一钻地在三四百米高的悬崖绝壁上，硬开出一条长4余里的崖石隧道。每开三四米远就横空开一石窗，吐碎石，见阳光，又继续凭自然光一锤一钻向前拓进，一直到悬崖大渠横空出世。可见开山人的毅力与智慧，此乃当地农民的杰作。功夫不负有心人，这条奔流不息的“天河”水，灌溉了织金县西部数以万亩的良田好土，这数以万亩的良田在“天河”未开通时，尚是低产旱地，如今，这些地面已是米库粮仓。

秦家岩脚景地的近邻，是梭嘎苗人的12个古朴村寨。洞穴人家，清秀的长角女们的奇特头饰，梭嘎苗人精湛独特的古朴装束，热情奔放的歌舞，神奇的长角武功，生动有趣的恋爱婚配，井然有序的隆重“老喜”，祭祀信奉和梭嘎苗人的盛情好客，如此迷人的民俗风情，可谓“红花”“绿叶”！

二、鬼斧神工的溶洞群落

秦家岩脚西行12里，是乌江上游河沿的高崖绝壁，半崖处是电影《云雾山中》中的安家窗子洞，洞下的懒龙桥畔，是埋葬解放军烈士忠骨的烈士陵园。窗子洞边的高崖下，有一个花鱼洞，花鱼洞口径50余丈，往里走是石阶石径，井然有序，还有深不可测的龙潭水流漫漫。缺少光合作用的白草和阴竹林中，更有五六尺长的“人脚印”。进洞时，竹草完好，出洞时，草竹往往如羊吃马啃，当地人说是河马所吃。洞内阴风习习，洞口凉气沁心，加上神仙鬼怪的迷信和“传说”，仅有血气方刚的中青年偶敢携火而进，出洞的所见确实如此，令人毛骨悚然。

花鱼洞旁边是躲兵洞，躲兵洞的知名度覆盖远近区县，洞口径四五丈余。洞口离乌江上游河水位10余米，洪水季节也有两三米。洞中出来的小河水从半途钻入河底冒出水面，甚为壮观。进洞口是六枝特区新场新华两区交界接壤地，出口处是10余里地的织金县三塘区鸡场乡马家大屯下，即秦家岩脚。洞内大厅星罗棋布、纵横交错，如城市中心花园和大小十字街头。洞厅宏大，往往高达五六丈余，面积七八亩或十余亩。当地人讲，大得可办大兵工厂，搞飞机场跑道也行。洞内神奇幽深，鬼斧神工，酷似田园人家，千奇百怪的钟乳石琳琅满目。洞内河溪处处，河中有潭，亦有幽静的湖泊。

每年春节期间，当地数千人云集躲兵洞口，或游玩，或闲坐，或谈情说爱，或商品交易，也有在洞内放电影、录像的。该洞口成了当地大山腹中的民族聚会地点，熙熙攘攘，人头攒动，有如繁华集市。

躲兵洞往乌江上游河沿上走不远处，是旧社会百姓躲兵匪避贼的保安大屯，保安大屯位于50余丈高的半崖上，是一块方圆五六十丈的高崖平屯。保安屯上方，是知名度很高的纳雍县白泥屯。白泥屯即纳雍县百兴区，四面高崖绝谷。好个白泥屯，"一条路口进，来时骑大马，去时拄拐棍，高崖看走马，雄关古战云"当地民谣如是说。

躲兵洞横下的大河沿岸，沙子河鱼坝的老鸦洞，更是天外有天。这里横贯的一条乡村公路在鱼坝拐一个折叠急弯，急弯的半山上，就是一个如老鸦张嘴而有舌的大洞口，洞口亦常有老鸦栖居，于是，老鸦洞由此而得名。其实，酷似老鸦舌头的是一个方圆10余米的大圆山石，石径40余米。绕舌进洞，斜下走500余米，一大坡徒然而下，大坡有屯，屯上有径长趋直下洞底，洞底那个10余亩地的大石麻窝中，其自然光线皆由老鸦洞口注入，清晰可见。

进入第二厅，厅亦是一大石麻窝，高百余米，宽亦10余亩。其顶棚森然如第一厅那样如大铁锅反扣。厅壁的钟乳石目不暇接。一条小腿粗细的泉溪纵横其中，向四方涓涓流淌而去，直进入叫黄家大浪的半崖大溶洞中。采硝人说，他们采硝的木船逶迤而进，进到"无边海岸的大海中"，惧怕而回。当地称为可怕的阴海子，最可怕的是惊涛拍岸崖时发作的轰然雷声，黄家大浪名副其实。

老鸦洞门厅有一道环形古石，当地人说是苗兵造反时，其头目自恃其勇，发誓要攻破老鸦洞这个"落地营盘"，但却被"落地营盘"中飞出的枪子绝命于石墙外，抛尸荒野。

"落地营盘"往里走的第二厅后壁，有仅够一人躬身而进的门洞，进去就是老鸦洞神奇的第三厅了。

这是一个2亩余地的溶洞厅，有一处酷似帐幔牙床，床前是石人演奏声箫鼓乐，赫赫有曲有调有音，奇怪吗？那是水石风的碰击声。老鸦洞至今完好如初。此洞厅有一后洞，都是千米余见方，足可建个足球场。

走出洞来，乃田园人家，道路山岭和前方吹风洞又历历在目。吹风洞，因昼夜四季不停吹风而得名，夏鼓凉风，冬鼓白雾，白雾漫漫变幻成洞边树木草棵上的颗颗露珠，方圆数十米白茫茫一片。

此处三五里地面上，尚有穿洞、水落洞、落水洞、老豹洞、朝天洞等10多个神态各异的大溶洞。相连的大河沿一带，还有云霄洞、者卜底硝灰洞更为神奇。大大小小成百上千个千奇百怪的而又神秘的溶洞群落中，类似躲兵洞等像样的溶洞不下百个。

这个溶洞群落奇观所在的地域，是苗清决战的古战场。至今，在这个古战场的遗址上，俯拾皆是当年火炮遗物。其战场工事亦处处举目可见，那弯鱼塘处，清兵坟中的长辫大牙处处都是。

三、怪水美如画

溶洞群间，梭嘎苗人新寨后山谷，距秦家岩脚30余里地，是一个四壁封闭的袖珍盆地，一道轰然而下的瀑布，声如奔雷，形似珠帘倒挂，落在地面却变成一条蜿蜒曲折的小河，顺山走势流淌在秀美的田园中，勾勒出两个。“鱼”字，然后哗哗啦啦伏流不知去向。鱼群却是从两头伏游洞中，源源不断地供应上来，为绿树小桥流水人家的雨不冲平添一番“稻谷香、鲜鱼汤”的情趣。

秦家岩脚，距安顺龙宫、黄果树有五六十公里，距贵昆线电气化铁路30公里，距织金打鸡洞40公里，与新兴工业城市高原煤都六盘水西部乡村接壤，其开发前景，非常可观。养在深闺人未识，仙境原来在眼前。随着旅游业的发展，六盘水市的崛起，织纳煤田的开发，贵昆线、南昆线和内昆线的延伸，以及龙宫、打鸡洞的建设，近几年来，秦家岩脚的游人也随之络绎不绝，众口一致认为，仅这秦家岩脚的天然英姿，就足以和龙宫等地媲美，至于长角寨的溶洞群，尚鲜为人知。

《梭嘎苗人寨的奇山、异洞和怪水》，作为“民族风情”介绍性文章发表在六盘水市的一家杂志上的。描述了梭嘎苗人十二寨及周边地区的地理环境的状况和性质，虽然梭嘎苗人十二寨每一个寨子都有它特定的环境，但大的地理环境也就是如此。贵州西部的崎岖高原是总的状貌，但每一个村寨都有自己特定的“地理故事”，并且这些故事能在一定程度上影响居住者的相应表现，从更深层次讲，也能影响他们的文化生态的某些东西。从人文地理上来说，有什么样的地理环境，就会培育出什么样的民族文化生态，或直接影响某些民族文化的构成。比如，这块土地出产什么样的物产，就直接影响到生存于这土地上的族群的观念表现的物质形式，梭嘎苗人十二寨中有“麻”这一物品的产出，这才有可能构成梭嘎苗人服饰艺术表现的物质形式。

就在这样的地理环境中，梭嘎苗人年复一年地生息繁衍，保存和发展了自己民族的文化，营造了一个自我感觉良好的民族生态环境。

从经济上说，梭嘎苗人十二寨的经济是一种完全沿袭了几千年未变的小农经济，经济上的普遍贫穷落后是其基本特征，且由于人口的过量发展，土地资源荷载超限，就传统的经济而言，已无奢谈发展的必要，只能是一种自耕自食，低水平维持人口繁衍的经济状况。不过，现代农业的一些技术成果在其中还是有一定的应用，如化肥、农药、杂交良种等都已进入梭嘎苗人寨子，影响他们的经济发展水平，即现在的梭嘎苗人的农业经济与纯粹传统的小农经济相比有了新的因素，水平也不能完全与过去相比了。

从政治、经济等方面来说梭嘎苗人的文化，肯定不会有太多的色彩和表现，但从民族基本文化而言，梭嘎苗人的文化则是鲜明的丰富多彩的。这主要表现在婚俗“红喜”、丧俗“老喜”、出生礼和成人礼的“取名礼仪”，以及表现梭嘎苗人信奉观念的“祭树”“看鸡卦”等方面。还有过去“群婚制”或“伙婚”遗存的“坐坡”，也是其中很重要的文化表现方面。这些，都是本书的主要叙述内容。

三、梭嘎苗人的语言、姓氏和名字

梭嘎苗人的语言

梭嘎苗人的语言属苗语西部方言区，与周边其他苗族支系的语言大都相通，并没有什么特定的表现，不过，他们由于实行极其严格的族内婚，语言的纯正性很高，区域内对自身语言的依赖性也很强，与其他语言区域的界线分明，独立性强。在语言方面，我 1995 年的文本是这样的：

民族语言上我是外行，故数天的对话、观察、了解都只是一些外在的现象，并没能进入其内部的探究。

这个支系的语言相对地受到外界关注和研究的极少。他们的语言从地域上说属苗语西部方言区，据知，他们与当地的其他苗族的语言交往问题不大。但同时又据他们一个姓杨的自然领袖说，他们的语言与黔东南的苗族某些语言也是相通的，这是他参加修湘黔铁路时的亲身经历。

支系的大多数男人都能讲汉语，但多数人词汇不多，表达困难，对对方的汉语表达理解上也有语音、词义上的障碍，基本表现为一种语种性质的障碍，故一般的男人多只能进行与他日常生活、地域相关的物事，以及问候性质的交流。能讲汉语，并在交流上比较流畅的男人也有，他们多为出外读过书，上过学，或经常外出的那一小部分人。

支系中的大多数女人汉语能听得懂，能讲部分汉语的女人也很多，但普遍不善于对外交流，并且有一个明显的感觉，她们拘泥或不愿意与外人，特别是异性交流应答。不过，该族的女人并不怯于外人对她们的注视和探寻。在妇女的语言表现中，还有一个令人费解的现象，即 45 岁左右的女人在汉语言交流上明显要比 15 岁左右的少女流畅得多。这肯定不是成熟与羞怯的差别，而是 15 岁左右的少女根本我不到相适应的汉语词汇，或者所发汉语音节十分别扭。这当然与语言环境和训练相关，但究竟不得而知。

另外，此语言对新的外来词语几乎没有多少融解、改造的能力，基本上全部照音节接纳，如“火车”“汽车”“录音机”“同志”“共产党”等。

在最近的这次调查中，我们涉及的也不多，大致上的情况也就如以上文本所述。不过，以上文本中所叙述的东西与概述中杨先生的文本有相冲突的地方，比如他所说的文盲比例数和文化落后的分析等，也许他有他的道理，角度不同，我说的是日常语言运用，而他说的是书面汉文化的文化标准。

梭嘎苗人的语言相对独立地在自己区域内广泛应用，并且创造性地“活”在这个民族的诗歌（山歌、情歌、酒歌等）里，“活”在他们的日常口语的运用中。梭嘎苗人的语言与其他苗民族支系的语言一样，传统的传承中是没有文字的，虽然现今在世界上已有三种后人创造的苗族文字——20 世纪在贵州省的威宁石门坎由于传教的需要，由西方传教士创造的苗族文字；东南亚的苗族移居美国后出现和使用的一种苗族文字；20 世纪 50 年代由中央人民政府组织国内专家为苗族人创造的一种文字。这三种文字都是拼音文字，都有一定的应用范围，但都没能成为这个民族统一的文字，也许大多数远乡僻地的苗族人对自己的语言应用还处于一种自在的传统的轨道中，并不知道世上还有苗族文字的运用。梭嘎苗人的语言运用就处于这样的状况中。至于在苗族的一些故事传说中关于古代苗族文字的内容，一些苗族学者也认为苗族的古代曾有过文字，但我们至今没有见到过可靠的学术证据，故苗族语言的文字问题只能如此而言。

据调查，梭嘎苗人还有一种叫“密语”的语言表达系统。这种语言也是苗语，但这是一个特定的语音符号系统，只在梭嘎苗人十二寨中使用，即对汉族等他民族用汉语，在一般的情况下使用苗语，在有汉族等外民族的人在场，又不愿意他们知道说话内容时，使用一般苗语，在有外支系的苗族或懂苗语者在场，又不愿他们听懂话意时，就使用他们的“密语”。这是我 2000 年初的调查所得，但我无法得知这一“密语”系统的使用细节和相关情况。

语言无疑是体现民族文化认同感最基本的文化结构物。语言这东西最为奇妙，无论你在何处，一吐乡音，就现乡人，就能找到一瞬间把我们连在一起的东西。这在梭嘎苗人中更是如此，不过，梭嘎苗人总的数量并不多，但对自己民族语言及文化的自信是少有的。在前面杨先生的叙述中有这样一段文字：

> 冷坝乡新寨村有一个 24 岁的长角女杨昌平，娘家在织金县吹聋乡，从小能歌善舞，在县、地的文艺舞台上独占鳌头，组织上作出免费让她去省城深造五年的决定，但这颗正冉冉升起的大山明星，在 17 岁就结婚生育儿女了，选择了穷乡僻壤的深山、人均口粮不足 300 斤苞谷的艰苦生存之地，变成了今昔判若两人的一只“落地核桃”。

对这个事例，杨先生表达了他的看法，即“落地核桃”，但反过来讲，为什么不是文化自信的选择呢？在外面世界物质的富有和文化的贫穷（相对梭嘎苗人而言）与梭嘎苗人十二寨中的贫穷和文化的富有之间相比之下，这位梭嘎苗人十二寨中的美人的选择我以为没有什么错误可言。

梭嘎苗人的姓氏和名字

姓氏是汉民族的一个极为重要的文化范畴，现今的梭嘎苗人也有这样的文化范畴，但他们却与汉民族及其他民族的表现形式大不相同，有其特定的意义。

在梭嘎苗人十二寨中，一般的苗人一生中大致有三个名字：一是小名；二是学名；三是老名。小名是这个人出生三天后从父母亲那里得到的，小名中第一个音节是自己的名，而第二个音节则是父母的名字，如父母的名字为“波”，这家的四个子女(如三男一女）则分别称为：哥波、二波、三波、妹波。梭嘎苗人的小名一般要用到结婚生子有了老名之后，才告一段落。

学名是梭嘎苗人的孩子们要到现代学校上学时才取的名字。这样的名字就有姓氏的概念，比如可叫王某某、马某某、李某某等。很明显，这种带姓氏的名字，是较为现代的时间里才进入梭嘎苗人中的，是一种外来的文化范畴，也是梭嘎苗人适应生存的一种表现。现今这种姓氏已经很好地融入了梭嘎苗人的名字运用中，成为梭嘎苗人文化的一个组成部分了。但话说回来，这种带姓氏的名字，在梭嘎苗人文化中地位并不高，在对外运用时很广泛，他们自己也觉得很方便，就是在文化观念上没有地位。比如一个梭嘎苗人的带姓氏的名字，在梭嘎苗人十二寨及周边地区可以被叫得响当当的，但这个梭嘎苗人去世后用的绝不会是他的学名，而是他的老名，学名无所谓死不死，而老名者则能真正地生真正地死。

梭嘎苗人如果他们不上学，不外出工作，不上户口，一生可能根本就不会给自己取什么学名。当然，这些在梭嘎苗人中都难以避免，故一般的梭嘎苗人也都有一个学名让外人来称呼自己。有的梭嘎苗人，特别是女孩，可能一生都没有过所谓的学名，遇报人口表及户口时，往往由家人现编，到下一次同样情况出现时，原来编的名字忘了，又新编一个，故有时同一个人在政府的“账户”上会有几个不同的名字。

梭嘎苗人的这些姓氏来源现今已很难考查，但不外乎三种情况：一是赐姓；二是随姓；三是自己跟姓。这三种方式是贵州地区少数民族取得姓氏的普遍方式。第一种一般是因为有功，由官府或官人赐给的姓氏。第二种是因为投靠大势力的大户人家，或有某种程度的关联就随主人而姓。三是自己为了方便，自己选择喜欢的姓氏。梭嘎苗人的姓氏来源可能多为后二者。不管是哪种情况，梭嘎苗人运用这样的姓氏都是久远年代的事情了。不过，梭嘎苗人这种姓氏的使用还是广泛的。据王开云介绍：

> 梭嘎苗人十二寨一共有王、杨、熊、李四大姓。王姓分别有两个鬼师，不同鬼师的王姓可以开亲。王姓在梭嘎苗人十二寨中有600多户人家。杨姓也有两个

鬼师，献饭三勺者叫“三献杨”，献饭五勺者为“五献杨”。“三献杨”以拢嘎为主，有100多户；“五献杨”以化董为主。李姓以火烧寨为主，有60多户。熊姓以拢嘎为主，有250多户。老名是梭嘎苗人一生中最重要的名字，也是梭嘎苗人的终极名字，其意义已大大超过名字本身。取老名是在夫妻生下第一个孩子的第三天，有一定的仪式。

梭嘎苗人的取名仪式

[个案1]

讲述人：王开云，男，时年50岁

讲述地点：小坝田村王开云家

讲述时间：2001年6月12日

采录者：吴秋林、杨耀荣

梭嘎苗人一生中大致有三个名字：一是小名；二是学名；三是老名。

梭嘎苗人取老名有一个仪式，是在小孩生下三天后举行。

梭嘎苗人男女从小到结婚生子前，都只有一个小名，即父母老名的一个字，再选另一个字音合成为小名，并一直叫到结婚生下后代。孩子生下三天后，就可以举行取名仪式，给自己和妻子共同取一个名字，习惯称老名，即死后后人献饭时要称呼的那个名字。

取名仪式中要给年轻的父母先取一个老名，再用他们的老名中的一个字音，给初生的孩子取一个小名，即取名仪式包含了两代人的取名内容。

取名一般要办“取名酒”，取名酒外婆家一定要来人，寨上的亲戚一定要请到，也一定要来。如家境不好的也可不请人，不办取名酒。

梭嘎苗人所取的老名是夫妻共名。取老名时如果取作“明”，那么男的就叫“补明”，女的就叫“波明”。“补”在苗语中的意思是男性，“波”在苗语中的意思是女性，即“男的明”“女的明”之意。故人们一听到他们的名字，就知道他们是有生育的一家人。父母的老名取好后，就可给初生的小孩取名字了。如果给小孩取名为“马”，这个小孩则叫“马明”；如次子以后的名字为“狗”，这个小孩则叫“狗明”。

梭嘎苗人取老名和小名都绝对用苗语。

梭嘎苗人如果结婚没有生育，则没有取名的资格，如果到死都没有老名，在家族鬼师的叫魂献饭中，就会没有你的名字。如果只生的是女儿，那你的老名有，但你死后你的老名也就无人往下传了。

取名后要用一对鸡为取名的这家人叫魂。请的叫魂者需是上一辈、年纪大、有威信的老人。他叫魂时站在大门口，面朝门外，左手抱着那对鸡，右手拿着镰刀，用苗语说："魂魄回家来了，在东方的魂魄回家来了，在西方的魂魄回家来了，在南方的魂魄回家来了，在北方的魂魄回家来了，出门在外的魂魄回家来了，在坡上的魂魄回家来了，在沟里的魂魄回家来了，在省外打工的魂魄回家来了……"有时念得简单一点，一会儿就完，有时念得复杂一些要念半个多小时。念毕，扬手把镰刀往身后的屋里摔，再看镰刀把朝里还是朝外。如果朝里，说明魂魄回来了；如果朝外，说明魂魄没有来。这样要丢三次镰刀，有两次朝里就算过关了。

这个取名仪式在梭嘎苗人的一系列仪式中不算隆重，但他对梭嘎苗人的每一个个体却很重要，取老名的仪式看似简单，可它包含的内容十分丰富。

这里面有出生礼的内涵。婴儿出生了，一般的民族文化中都有为初生婴儿举行出生礼的内容，并常常是单独、隆重举行。而梭嘎苗人却把它与似乎是成年礼的取老名合二为一，在为结婚生子后的夫妻取老名的同时，为婴儿取小名。这个小名就是这个新的生命在梭嘎苗族人中的一个个体符号，表明新的生命在梭嘎苗人中所有权益的开始。在取名仪式中，是先有了父母的老名，才有婴儿的小名，这个过程也是很有意义的，即这个孩子的归属和由来，以及血缘关系都包含在其中了。这在严格实行族内婚的梭嘎苗人中，是很重要的，它会帮助族人在未来的婚姻交流中方便地避免血缘近亲的发生。

在梭嘎苗人的取名仪式中，类似出生礼仪的取小名是重要的，但更为重要的是取老名，可以说，取老名是取名仪式中最重要的"戏"。仪式中取老名，表面看是一对青年男女由此获得了一个名字，并成为这个民族正式的成员，这完全是一种成年礼的内容表达。可从表达的内容看要比这深沉得多，为什么梭嘎苗人要选择确认生育之后才能成人这种方式来举行成人礼？生育什么时候成了最终获得梭嘎苗人族际认同的基本条件的？不得而知，但它之中所表现出的"种族繁衍"的强烈愿望，不是一句话两句话能说清楚的。除了"种族繁衍"的表达外，仪式还有一个更为重要的内容，即"回归祖先"的"信牌"的取得。在梭嘎苗人中，一个因为没有生育而不能得到老名的人是不能想象的，没有老名，在阴间的祖先根本不知道你是谁？而且将来你连被后人献饭的资格都没有，这不就意味着被抛出族群之外了吗？人可能不怕肉体的死亡，但怕的是魂魄无所归依，如果因为无生育而无老名，就意味着魂魄无所归依，而其活所为？在梭嘎苗人中，有了老名，魂魄就有所归依，余何所求？所以，梭嘎苗人可以什么都不要，但一定要有生育，有老名，尔后还要有儿子，把自己的老名传下去。我在梭嘎苗人的寨子做田野作业时，常看到这样的例子，不要国家优厚的工作都可以，但不能没有生育，不能没有老名，没有传老名的儿子。这些，可能不是一般的乡村计划生育干部能够理解的，他们往往只批评他们落后、没文化，但实际情况不像他们想的那么简单。这些梭嘎苗人实际上是最听话的人群，他们不是不理解计划生育政策，而是怕没有老名。

在小坝田村，我们采录了王开云家的"家族世系表"，从中我们能清楚地看到梭嘎苗人父子连名情况。

[个案2] 王开云家族名谱表

讲述人：王开云，男，时年50岁

讲述地点：小坝田村王开云家

讲述时间：2001年6月13日

采录者：吴秋林、杨耀荣

王开云能往上说的最早的祖公、祖奶叫“补收”和“波收”。补收与波收生下四个儿子一个姑娘，分别叫哥收、二收、三收、四收、妹收。

哥收家老名叫“补嘎、波嘎”，生一个儿子，小名叫哥嘎。哥嘎家的老名叫“补周、波周”，生一个儿子，小名叫着周。着周家的老名叫“补云、波云”，生一个儿子，小名叫尔云。尔云家的老名叫“布初、波初”，生一个儿子，小名叫哥初；生一个女儿，小名叫妹初。妹初时年8岁，是哥收这一支年龄最小者。

这一支人现住在梭嘎乡的团结村，称为“收A支”。

这一支排辈分是收—嘎—周—云—初。

二收家老名叫“补发、波发”，生大儿子和小儿子两人，小名不知。大儿子家的老名叫“补家、波家”；小儿子家的老名叫“补多、波多”，其年轻时被抓兵，一去不归，故名谱中断。

大儿子补家、波家家生三子，小名分别叫秋家、增家、幺家。

1. 秋家老名叫“补公、波公”，生四子，小名分别叫饭公、湾处公、二公、菊公。

饭公的老名叫“补楼、波楼”，生一女，小名叫妹楼，时年21岁；生次女，小名叫菊楼，时年18岁；生子，小名叫云楼。

湾处公年轻时被抓兵，下落不明，无后，也无老名。

二公家老名叫“补德、波德”，生一子，小名叫哥德，时年14岁。

菊公家的老名叫“补兰、波兰”，生子，小名叫哥兰，时年12岁；生子，小名叫二兰，时年为8岁；生女，小名为妹兰，时年5岁。

2. 增家的老名叫“补胜、波胜”，生六子，分别叫马胜、二胜、四胜、法胜、引胜、今胜。

马胜家老名叫“补走、波走”，生子，小名叫哥走。哥走家的老名叫“补拾、波拾”，生女，小名叫城拾，时年6岁；生女，小名伏拾，时年4岁。

二胜家的老名叫“补愁、波愁”，生子，小名叫东愁。东愁家的老名叫“布荷、波荷”，生子，小名莲荷，时年7岁；生女，小名叫妹荷，时年5岁。

四胜家的老名叫“补松、波松”，生子，小名叫轻松，时年20岁；生子，小名叫二松，时年18岁；生子，小名叫三松；生女，小名叫妹松，时年10岁。

法胜家的老名叫“补列、波列”，生女，小名叫妹列，时年18岁；生子，小名叫青列，时年11岁。

引胜家的老名叫“补平、波平”，生女，小名叫妹平；生子，小名叫哥平，时年12岁。

今胜家的老名叫“补支、波支”，生子，小名叫柏支，时年7岁；生子，小名叫二支，时年5岁。

3. 幺家的老名叫“补培、波培”，生子四人，小名分别叫：乔培、包培等。

乔培家的老名叫“补东、波东”，生女，小名叫妹东，时年21岁；生子，小名叫胡东，时年15岁；生女，小名叫菊东，时年10岁。

这一支可称为“收B支”，人口最发达，现主要住在小坝田村。

“收B支”的排辈分：

公—楼—德—兰

收—发—家—胜—走—愁—松—列—平—支

培—东—？—凶—统

多（被抓兵，无后）

三收家的老名叫“补明、波明”，现有5家人住在补空村。

此为“收C支”，排名略。

四收家的老名叫“补屯、波屯”，现有5家人住在织金县的化董村。

此为“收D支”，排名略。

（王开云家名谱表，吴秋林制作，2001年7月1日）

四、梭嘎苗人的祭祀与信仰

祭山林是主祭

信仰是文化的核心内容，也是文化中最难改变的东西，改变了其他外围的文化构建，也不一定能够改变信仰，但信仰要是改变了，那其他的文化也就很容易被改变了。在社会化组织程度很高的社会里，人们的信仰表现主要于宗教信仰，而自然性质很重的族群文化中，其信仰则主要表现在一系列祭祀上，故我在我的《居都》一书中曾这样表述过："一个民族文化的核心部分应该是它的祭祀，因为该民族群体的许多方面都能在祭祀中得到较为充分的表现。同时，它也是一个民族共同体成员相互认同的最重要的一个方面。民族的节日、丧俗、婚俗、语言等在一定程度上可以相互影响，可以借用、改造、参与，可以容忍许多变化、差异。可是，如果所信仰和崇敬的东西不同一，即不是这个种属的范畴，那么，这个认同就很可能不能成立。因为在很大的程度上，其他的东西是可以学习，可以'拿来'并使用的，可在祭祀上则不行。可以说，祭祀除了具有多种功能外，'种属象征'当是其中最重要的一个功能。"① 梭嘎苗人的文化也应该如此来认识。梭嘎苗人文化中的祭祀和信仰的表现是较为充分的，祭树或祭箐是其信仰的主要表现，在"老喜"等习俗中，也有许多观念和信仰的内容。

关于梭嘎苗人的祭祀在1990年杨耀荣先生的文本中是这样描述的：

> 在龙场天，十二寨的重大祭祀，举寨"捏耗子粑"，将粑做成耗子般大小形状，供奉老人，其供奉仪式是隆重的，以家族为单位进行。这一天，由家族中有威信的长者率领全家族虔诚祭祀，将做好的耗子粑逐一供奉，供奉时每一个死者都要点名请到，就如汉家古历七月半写烧包一样，不可遗漏。
>
> 二是祭山林，祭石头也行。每一个寨都有自己的祭山林、神树和祭石。凡经

① 吴秋林：《居都》，贵州人民出版社1997年版，第28页。

祭过的林、树、石，没有谁敢动、敢亵渎，否则，就要“大难临头”。人们往往避而远之，望而生畏。所以，祭的山林成了神秘森林，即使是大树枯死倒下，也没有谁敢动，只得任其腐烂。纵然非动祭山林中一棵草木不可，也只能是古历三月初三或三月初的龙场天，祭祀时一再祝告以后才可动。

祭山林是庄重的，即使是“文革”中大破“四旧”时也照常进行。古历三月初三或三月初的龙场天，各寨杀猪宰羊。以寨为单位，在“寨主”的率领下，全寨男人（不准女人参加）向祭山林进发，虔诚祭祀。由“寨主”率全寨男人跪祭，祭时以祭山林中一棵大神树为主，有祭山口诀和祝辞，意思是请神灵保佑，病疾不进寨，豺狼虎豹不伤人，六畜兴旺，人寿年丰。

总之，祭祖宗、祭山林或祭石头，都是梭嘎苗人极为隆重的祭祀，其时间、地点严格，整个活动是极虔诚的。

梭嘎苗人为什么有着如是的祭祀，笔者正在进一步考察中。

严格地说，杨耀荣的这个文本不是一个田野作业的结果，而是一个“道听途说”的东西，但它里面却也有不少关于梭嘎苗人祭祀文化的信息。

1995年，对梭嘎苗人的祭山林，我采录有一个个案：

[个案3]

讲述者：熊玉安、熊玉文（熊玉安，男，时年50岁，父亲原是寨老，自己在十多年前得了“弥拉”，对本族的鬼事很熟，这方面的事大多由他来主持；熊玉文，时年32岁，父亲很早就是红、白事的主持人，此人现为该村村长）

讲述地点：六枝特区梭嘎乡拢嘎村

讲述时间：1995年1月

采录人：吴秋林

梭嘎苗人虽然是苗族，但其祭礼却与其他苗族支系差异很大。他们不杀牛祭祖，也没有祭祖（这里与杨耀荣先生所说的“捏耗子粑”的文化事象可能有不同的地方，因为此事包含了一定的祭祖内容，但具体的情况不详，且存疑）的习俗，而只有祭山（也叫祭箐），此他们自述为他们所有族内活动最大的最重要的活动。

祭山的日子为每年的阴历三月的第一个龙场天。

每年由几家，在拢嘎村具体由七户人家操办，即由他们几家挨户收份子钱，然后去买七只鸡（这种情况在其他村也许只有三户两户，买鸡也是三只两只不定，因其他村祭的箐林或许只有一处，而拢嘎村一年要祭三处箐林）。据述，他们原来是用猪祭山的，现在改为用鸡了，大约改了几十年。祭祀除了用到鸡以外，自然还有一定量的烧酒。

除了鸡、烧酒，还得上山砍一棵竹子，金竹、苦竹都可，取中间一截，把一头剖四片，一头不剖，拿住不剖的一头，一摇，另一头就啪啪直响。同时再取一棵竹子，不修上部的枝，并用黄蔑把散开的竹枝箍拢，成一个大扫把状。

有了这些东西，到这一天，先进行的是扫寨。

扫寨得请一个“弥拉”，他拿着公鸡一只（扫寨必须是公鸡），另一手拿着那响竹，从寨中的随便哪一家开始都行。到某一家，一同扫寨的随行人把那大竹枝插在大门口，弥拉就提着公鸡，打着响竹，边走边说：“今年鬼大得很，把鬼从家里扫出去，给这只鸡背去。”（用苗语）弥拉要在这一家的每一间屋子都走遍，并且每间屋都得撒几颗黄豆，意为打鬼。然后才出此家门。这家人呢，就得用一块布包一点灶里的灰，包好后绑吊在大门口的竹枝上。

每家都是如此，家家都扫完后，弥拉和扫寨随行人就一起拿着鸡、大竹枝，从西边的路口出寨，一直到一个三叉路口，把公鸡杀了，用鸡血洒在竹枝上。弥拉这时说：“鬼让你（指鸡）背走，年年都不会回来。”

最后把竹枝丢在路边，扫寨即完成。

另外有一点得补充，即扫寨前，寨子的东、南、北三面的路口都是用一条绳子拉着，意为封住了的，待弥拉他们从西边出寨时，又随即把西边的路口也用绳子封了起来。

鸡拿回来，把鸡头砍了交给寨上主持人（一般是寨老），鸡肉弥拉和几个扫寨的就可以吃了。

扫寨一般是这天的上午进行，接着就开始真正的祭山了。拢嘎村每年要祭三处箐（我将它们称为“下箐”“中箐”“上箐”，是按高度而言的），具体地点都在某一棵大树下，最先祭的寨子下面的那棵大树。

祭这下箐得用两只鸡（公鸡母鸡要求不严，但一般还是要公鸡）。寨老领着村里愿去的人，一般要求家家都得去男主人，但不去也没人责怪，小孩是男的也可以去，但女人和女娃儿都不能去。到了下箐里的一棵大枫香树下（此树很大，有两三人之围），先在树下用树枝搭一个小床模样的东西，意为山树神有个魂魄的坐处，然后主持人（说此箐是杨家长房主持的）又取一截木棍，剖两半。用一个碗倒上酒，用剖两半的木棍沾上酒，摔在树干上，说：“今年给你大神树喝酒，给石山丫口喝酒。”接着杀鸡，把鸡血洒在大树脚、树上，并扯鸡毛沾血粘在树上。血不洒在小床上。

把鸡汤煮熟，剔出鸡腿骨；看鸡卦，看完鸡卦把鸡骨插在大树干的缝里。此处的祭箐算是完毕。

鸡卦有如此说法：鸡卦上的一个眼为一筹。两个眼好，白雨（冰雹）不落地；三个眼好，兆丰年；四个眼好，白雨不落地；五个眼凶，遭白雨之灾；六个眼、七个眼也为好。此鸡卦主要预卜当年的庄稼好坏收成。（从此事象看出，白雨是此地庄稼的主要自然灾害，说明过去这里自然气候恶劣，常常风云突变，雹灾多，故白雨成为此地自然灾害的象征物了。）

鸡肉在当时煮熟了还要端到神前供一供。

这个箐林祭完后，人们又到另一个箐——我称为“中箐”（此寨的后山半腰）再祭一次，方法同下箐祭一样，也是要用两只鸡。

祭完此中箐，最后就到最高的那个箐的一棵神树（是一棵青冈树，很大，早已朽了，前几年已经倒了，但祭祀地方不变）脚下，祭法与下面两处一样，但全部男人得上山。寨老领头说："野兽出不出寨子?"众人应："出!"寨老说："各种病灾出不出寨?"众人应："出!"寨老说："鬼出不出寨?"众人应："出!"如此应答，意在驱灾、驱鬼，因而要求每个男人都得来出一把力，把野兽、病灾、鬼驱出寨子去，这自然是全寨每个男人的分内事了。

最后一棵大树下，不知何年月埋下了一个土陶罐（观察到颜色是白色），里面装满了去年祭山时盛的水。在祭山的这一天里，得由一个属龙的人挑水上山。祭完山后，由属龙的打开盖子（一块天然的石板），如果坛内水是满的，预兆今年是好丰年；如果下去了少许，是正常年份，问题不大，添上水就行了；如果下去了很多，今年年成就不会好了，添满后盖好，但今年寨人就得小心行事了。

此水罐很为寨人看重，平时没有人敢去动石板，怕寨里出了什么事，一寨人都会怪罪你。每年在加水时，如发现罐子破了，得马上换上。

通过此水罐还能预知寨内一年中关于火灾的情况，如水下去得多了，就会认为今年要遭火灾，各家就百般小心提防了。他们不叫失火，叫失水，好像失火不是火的问题，而是失去了水（罐水）的问题。

三个地方祭完，水也加满了，就把三处的六只鸡拿来，全部砍碎，每家分一份，带回去吃。

留下的六只鸡头，就派人分送到轮到下年操办此事的人家，预示下一年就有操心此事的人家了。

他们将此叫祭山是对的，要祭山得有个具体的形象，这形象就是山上的箐林；箐林祭之得有个具体的点，那就是箐中长者或奇异者——某树。

这样的箐林是受到寨人严格保护的，大概也是寨上的公产。箐中树木谁要是偷砍了，如果认错态度好，负责祭一年的山就行了；如寨中人认为他态度不好，就得罚他的酒，让全寨人都喝醉为止。平时，箐中的枯枝落叶也是不让人动的。

拢嘎村的这个个案采录时，他们带领我查看了三处箐林中的两处，后山的那个装水的坛子，我们还打开看了看其中水的情况。

在我调查这个个案时还得知"四清"时，工作队以清除封建迷信为名，要砍箐，全寨人以搬走相威胁，才保住了此寨经过数百年护起来的箐林。但现在箐林也不是很大，周围的树也不是很多了。

另外，此寨的三个箐林都祭的现象值得探究，有迹象表明，原本时，此寨祭箐是以氏族为单位的，祭箐日期是否一致也不清楚，为了方便，笼而统之算了，而成今天的情形的。这里有两个有力证据：一是此寨主要有三姓，即杨、熊、王，而寨里正好有三个箐；二是熊玉安讲述下箐祭祀情况时，明确表示，说祭祀词及摔木片只有杨家如此办理。这方面的情况又与当地仡佬族的按氏族祭树、山的习俗是一样的。

据知，梭嘎苗人其他寨子的祭箐、祭山林也与此大同小异，故这一个案基本可作为梭嘎苗人祭祀的一个范本。

这个个案包含了三个方面的内容：一是"扫寨"；二是预测和祈祷今年有一个好的收成；三是祈求箐中的神灵——树神保佑全寨平安，诸事顺利。这三者都可以作为单独的重大的村中祭祀来举行，但这里都合为一个过程，成为一个祭祀活动的不同部分，说明梭嘎苗人对自然神灵的敬仰呈淡化的情态。还有，经济状况不好，也是淡化祭祀的重要因素。由于是多个祭祀内容的组合，其中表现的观念也是多样的，苗族特有的鬼观念，体现在“扫寨”的驱鬼上；而在贵州西部普遍存在的对自然生命力的崇拜，则表现在祭箐上面；对水灵和庄稼灵的信仰，又含混地出现在看水的盈亏中。在梭嘎苗人文化中，神灵、鬼怪是无所不在的，但也是含混不清的，在他们的意识中，畏惧和敬仰也是含糊不清的。

祭箐、祭山林、祭山石等祭祀，在贵州西部的其他少数民族乃至汉族中都是普遍现象。要完整、充分理解梭嘎苗人的祭箐，肯定得参照他们的相同祭祀。

下面，我们录入两个六枝特区居都村仡佬族的个案、一个周边地区彝族的个案、一个广西隆林县仡佬族的个案。

[个案4]

讲述者：李发旺，男，时年65岁，是李发胜“长房主事人”的同辈兄弟

讲述地点：六枝特区陡箐乡居都村

讲述时间：1995年1月

采录人：吴秋林

李发胜宗属的李家人户都用的是以下的规矩、日期，祭祀的地方也是同一的，要举行祭山、祭树活动时都由李发胜带领全姓宗属的人一起进行。

祭山、祭树的日期是农历三月的第一个虎场天，具体运用要看当年的农历与山区场期排列交合的情况，或者是农历三月的初几，或者是农历的三月十几不定。这种祭祀活动前后要三天，第一天要祭一个地方，第二天给死去的祖先挂纸，第三天祭另外一个地方。

第一天祭的是一个叫“小神箐”的地方，或者说是李发胜宗属祭祀的比较小或次要一些的地方。这里同样有一些山石和树，具体的位置也就在数棵树中比较大一些的那棵树脚下。此次的祭祀用品是一只白色的公鸡、九个饭团，还有泡木枝以及白酒等。购公鸡的费用是姓氏中的人共同凑的，饭团、泡木枝、白酒由长房主事人准备。

这一次祭祀上山的时间一般是中午，山区的人没有准确的时间概念，在太阳上升到差不多的高度，长房主事人觉得到时候了，就招呼人拿着该拿的东西，带领李发胜宗属的人上山。此次上山一般要求一户人家去一个男人，成年妇女不能去，男孩女孩都可以去。这次上山祭山、祭树，要求是每户都去一个男人，大多数都会去，也有不去的，不去的也没有什么处罚的规定，要求并不是很严格。

到了祭祀的地方，长房主事人先用泡木枝在一棵树下（每年都在这棵树下，此树一般是青冈树、香樟树、冬青树等树木，是这片树林中比较茂盛和常青常绿的较大的树）搭一个小棚子，形状如山间守青的人字形窝棚，只不过很小。此象征祖先的住处。搭好棚子，摆上饭团，长房主事人就把那只白公鸡提在手上，用仡佬话念请祖先来享用。话的大意是：今天时间到了三月，我们大家来献鸡给祖先，请祖先享用

吧！还说我们的祖先来到陆地时，最先是住在树上的，我们现在在树下祭祀祖先，望祖先保佑我们，等等。说完后，就杀鸡，把血滴在树下或洒在树干上。杀完鸡，由长房主事人向大树磕三个头。杀死的鸡用开水烫下鸡毛，弄干净，就放到早已烧好水的锅里，稍稍煮一下，随后就从锅里拿出来，整只鸡就放在树下供起来，鸡旁边放一碗酒、一碗饭。长房主事人这时在一旁用马勺（一种长柄的小木勺）舀饭、舀酒，轻轻倒洒在地，并掐鸡肝，一点一点地丢在地上，他边做动作嘴上边说请祖先来享用饭、酒、鸡等。这个过程就是祭祀中的最重要的内容——供献，居都人统称为“信（献）饭”。

供献仪式完毕后，到山上去的人就把鸡回锅再煮熟，就着鸡肉喝点酒后，就四散回家了。这样，第一天的祭祀就算完成了。

第二天，李发胜宗属的各家各户分头上山，到自己的已故老人的坟前，放上一碗酒、一碗饭、一碗肉，各家各户的当家男人也是用马勺一勺饭、一勺酒地向自己的祖先“信（献）饭”。有时，有的人家还在坟上挂上“清”（贵州山区挂在坟上的一种祭奠物。它是白色的棉纸，用工具打上对称的波浪线，撕开，用红纸系住中腰部，一端系在一根棍子上，棍子插在土坟顶部）。不管是轮到什么样的虎场天，时间上大致也是请明节前后，这方面也受汉族习俗的影响。

第三天，才轮到正式的祭山、祭树。这一天李发胜宗属祭祀的地方叫“大神箐”，它在“小神箐”的附近，形式上都差不多，但此处的山石、树木都要大一些、多一些。这天早上，长房主事人要早早地寻找到一种叫“耗子刺”的植物和一些泡木枝，并把它们做成碎木花。另外，还得准备三十根金竹。用来供的粑粑也得由长房主事人操办。粑粑捏成一公一母的两条龙，公的装上角，同时还得准备一个鸡蛋、一只童子鸡。

做完这一切，长房主事人就得行祭祀前的看鸡卦的事了。长房主事人拿着一只鸡（这只鸡应该是长房主事人准备的鸡）心里祈念当日行祭之事，以及当年的吉凶祸福诸愿。念祈之后，长房主事人在家里用手把鸡捏死，随后把死鸡从门里丢到门外。外面早已等待的其他同宗人，立即把鸡的腿骨剔出来，看骨上面的眼洞，这眼洞他们称为“筹，以预示当年的吉凶。鸡腿骨上的“筹”如何，有许多讲究，但不管筹如何，似乎并不影响这一天的祭祀安排。

看完鸡卦，并由长房主事人门外的人把此鸡煮来吃了，并同时吃了中午饭后，长房主事人就开始一家一户地“转灶”了。转灶由长房主事人领着，另有一个人抬着那对龙粑粑跟着。每家一只凑来祭祀用的鸡（不论公母）用一个笼子装好，由两个小孩抬着跟在身后。到每户人家时，此家的全部人口都得站在灶前。长房主事人来到灶边，说：“时间到了，我们来祭祀祖先。”边说边用手撒一些耗子刺、泡木枝做成的木花，并献上一些水酒，最后带着一行人围着灶转一转。如有的家灶在墙角，转不成圈，也得把所要用祭的东西在灶前过一遍。此家转完，又是下一家，同样也得如此程序来一遍，直到把本宗属的人户全部转完。

转完灶，全宗属的所有男人就得抬着鸡笼、水酒以及祭祀用的其他物品，跟随长房主事人来到那个叫“大神箐”的地方。这时候，所有在寨子里的本宗属的男人都会参加祭祀，一般没有不参祭的男人。到了大神箐，人们先用那三十棵金竹绑扎成一个不小的人字形窝棚，高3米多，宽、长都近1米，并在棚里放一个另外编好的竹炕笆。这个炕笆是仿照他们每家每户灶头顶部吊着烘东西的那种炕笆编的，只不过小一点。放好炕笆，把那一对龙粑粑放在炕笆上，再把转灶用剩的碎木花倒在树脚处。这个棚自然是搭在树脚处的。做完这一切，长房主事人就开始念请祖先了。所念请的内容与第一天在小神箐处念的一样，也是用仡佬话念的，随即把一只公鸡和一只母鸡杀了，把血滴在粑粑龙上以及树脚、树身上。接着，把这两只鸡烫好，弄干净，并稍稍煮一下就取出来放在炕笆上，再加上酒、饭、鸡肝，长房主事人又用马勺舀饭、舀酒，用手掐鸡肝，把鸡、饭、酒等历数，给祖先“信（献）饭”。如前面一样供献一番，然后大家就把剩下的鸡全部在那里杀死，烫干净，掏出鸡杂来“打平伙”（大家把鸡杂在那里煮来下酒），而鸡肉则由各家各户带回去自己处理。以鸡杂下酒时，进入了娱乐的时间，年轻人有兴趣还可以唱歌、吹木叶等。最后，参加祭祀的人就陆续回家，这天的祭祀活动也就结束了。

整个祭祀活动，在请祖、转灶等严肃时刻，都说的是仡佬话。李发胜宗属的祭祀现场不禁止说汉话，但同样禁止成年妇女参加祭祀活动。

另外，听说上面祭的神箐实际是李发胜宗属的大神箐和中神箐。他们一共有三个神箐，分大、中、小。除了上面的两个神箐外，他们村子附近还有一个小神箐。这个小神箐不祭祀，或不正规祭祀，而是这宗属的大人、小孩、老人、妇女有个什么小病小灾、头痛脑热的，要杀鸡析愿，求祖先保佑时，就到这个小神箐去。

[个案5]

讲述人：李有才，男，时年75岁，是李明德他们的长辈，差不多是他这一代人的仅存者

讲述地点：六枝特区陡箐乡居都村

讲述时间：1995年1月

采录人：吴秋林

这个宗属的人家祭山、祭树，是由长房主事人领头。他们的长房主事人是李明德。

祭山、祭树的日期是农历三月的第一个虎场天，每年或许是三月的初几，或许是三月的十几。祭箐的地方在坡头丫口处的一片树林里，所祭之树是一棵高高的冬青树。

祭祀用的鸡由每户人家出一只，而长房主事人则负责准备酒、饭、竹子、鸡蛋、泡木枝，以及盐、茶、五谷等。

这一天，也就是农历三月的第一个虎场天，这一宗属的男人一起来到树下。先将四棵竹子剖开，一棵四匹，一共剖成十六匹，用剖开的竹子做成一个棚棚。再做一个炕笆，放在棚棚里，炕笆上再放上盐、茶、五谷，并把一只鸡蛋放在上面。然后，用

一截泡木枝砍成牛角样，并一剖为二，把这个东西往地上一丢就是打卦了。这卦一般说法是：此泡木枝卦如一正一反，就表示不好不吉；如果是两正、两反就是好卦、吉卦。这打卦好坏也不影响祭祀活动的进程。

打完卦，长房主事人拿起一只公鸡、一只母鸡，嘴里用仡佬话念请祖先来享用的词语。过去他们念的内容是很多的，但现今念的内容少了，只表明请了祖先就行了。念的时候，要围绕着树逆时针方向转三转，便把鸡杀了，鸡血滴在树脚，并扯些鸡毛粘上血，粘在树上。然后把这两只鸡用开水烫干净，稍煮一下，随后就将整鸡供在棚棚里的炕笆上，同时放一碗酒、一碗饭。其余的鸡随即全部杀了，烫好，煮来大家聚餐一顿。吃饭喝酒前，得用马勺舀饭、舀洒，用手掐鸡肝向祖先“信（献）饭”。聚餐用的饭和酒一般是由长房主事人家提供。

吃喝完毕，各户回到家里，还得用山上带回来的鸡肝、饭、酒在灶边给祖先“信（献）饭”。在山上祭祀时，不禁止讲汉话，只是成年妇女不到现场。

[个案6]①

祭山林是彝族的一个传统节日。彝族大多居住在高山地区，村寨周围都有高山。彝族人认为，天气的好坏，人畜的安康，都与山林有关。为了风调雨顺，人丁兴旺，山林应受到祭奠，于是，就有了祭山林节。祭山林，彝语叫“米舍把”，时间在农历二月的第一个龙场天。

祭山林，大多以村寨为单位。祭山林的树是由白幕先生和村寨里的长者选定的，要求为林中古老高大之树。祭山林这天，每户男人提一壶酒，带一碗苞谷面或米、半斤钱纸、一把香上山。女人不能上山。人到了树下后，先在树下用树枝、茅草做一个小房子，放一碗苞谷面或米，上面放一个鸡蛋作为供品。接着搞“打杵塘”，就是在离小房子一两尺处，搭一个类似门一样的架子，门下放一些干草、木渣之类的东西，将三砣拳头大小的石头放在火里烧红，置于干草木渣上，再取马桑树的枝条覆盖在上边，然后在上面浇一碗清水，水浇下后白气蒸腾。三项工作完毕，祭祀开始。首先，人们拿着纸钱、香、酒和面依次经过打杵塘。彝族人认为，这样做可以去掉身上的邪气，使食物更干净，吃了以后不会生病。接着，便是白幕先生祈祷，乞求神树保佑。祈祷约半个小时，开始杀鸡或其他牲口，杀前用酒奠，杀的血滴在树前的供碗里。然后把牲口肉煮熟，切六片分别装在两只碗里，再倒两杯酒，盛两碗饭，一齐放在树下供神树。这时，白幕先生又祈祷，随后，参加祭山林的人依次在树前奠酒，烧纸和香，跪着磕头，白幕先生则在一边念名字，念到一个上来一个。供完，最后在树边挖一个洞，一尺见方，把供品埋入洞内，用一块石板压住，再将小房子拆掉放在石板上，这样祭祀活动完毕。

做完这一切大家聚餐，之前要看鸡卦，看鸡腿肉上的左右两条筋上的肉粒多少，在左在右，以预测今年年成好坏。此卦最后由白幕先生和一个长者各吃一条。餐毕，

① 参见《贵州少数民族节日大观》，贵州民族出版社1991年版。

下山回家。

（此文用作个案做了相应整理，整理者吴秋林）

[个案7]①

农历八月十五日，是隆林县仡佬族人民传统节日——拜树节。

仡佬族的人拜树，并不拜所有的树，而只拜青冈树。在隆林，青冈树之所以成为仡佬族所拜的祖宗树，同历史上这个民族的迁徙有关。仡佬族有首民歌唱道：

云南下来一条河，这里流来那里落。
仡佬古时无住址，贵州漂流广西落。

相传，古代居住在贵州省安顺（现今六盘水市的六枝特区原属于安顺地区）等地的仡佬族人向广西的隆林迁徙时，由仡佬族的“大房”（辈分最高者）带着祖公祖婆的香炉和灵位先走，经过的道路都用树叶打上记号，为后边来的本族人做路标。

“大房”边走边观察各地的山山水水，想找个可以开发的好地方定居下来，建立家园，繁衍后代，使仡佬族兴旺起来。他走了一山又一山，过了一村又一村，也不知走了多少日子，终于找到了一个心爱的地方。那里四周山青树绿，“草有九拏长，树有九拏高”，烧荒能种地，挖坝可造田，畜牧有水草。这就是广西的隆林。于是，他决定在这里定居下来。

居住在隆林的人们，热情地接待了仡佬族的开发者。没有房子，就腾出自己的半间住房让客人住。“大房”十分感激。然而，当他看到主人家堂屋里的祖宗神位时，不禁发愁了：自己带来的祖宗灵位安置在哪里？要是同主人家的安放在一起，又不合风俗。“大房”一时想不出办法，便闷闷不乐地走出寨子。

“大房”快到寨口时，看到两株青冈树青葱挺拔，直指蓝天，他不由得停步观察起来。“大房”边看边自言自语：“好青冈！它们那坚硬、粗大的躯干，暴风雨也刮不倒；那茂密的枝叶，夏天的烈日也晒不透。”它那威武、坚毅和顽强不屈的气魄，使“大房”越看越喜爱，越看越感动，情不自禁地放声高歌起来：

青冈树呵青冈树，根深叶茂好荫凉。
遮得太阳遮得雨，仡佬灵位有地方。

山歌一唱，心里亮堂。“大房”立即找来刀斧，在这两棵青冈树上各开了一个洞，分别把祖公、祖婆的灵位安置在树洞里。从此，代代相传，隆林境内的仡佬族人就拜青冈树为自己的祖宗树。

拜树节为什么定在八月十五日呢？这也是有原因的。原来，“大房”最先来到隆林后，以为随后迁徙的仡佬族人会沿着他设下的路标找到他。谁知，那些用树叶做成的路标，很快就被牲畜吃光了。后面来的人看不见路标，就分头四处去找寻，找不到“大房”的人们纷纷自己择地定居下来。过了很久，散居在隆林各地的仡佬族人才知

① 参见贵州民族学院编印的《仡佬族文学资料汇编》。

道“大房”定居的地点。为了便于集中纪念祖宗，全族讨论后，定在每年的农历八月十五为集中日，到时都来祭祀祖宗树。

祭祀祖宗树的前几天，化佬族就杀牛聚餐。除本族人参加外，还邀请附近寨子的各族人民来会餐。会餐只吃牛下水及其他酒菜，留下牛心到八月十五用以祭祀祖宗树。牛肉则按会餐人数平分。

祭祀祖宗树时，由“大房”主祭。先将两只半斤重的小公鸡扭断脖子，扯下翅膀、鸡脚，与牛心等一起作为祭品。祭祖公树时用一个鸡头、鸡的左翅膀和脚；祭祖婆树时也用一个鸡头，加上鸡的右翅膀和脚。以上祭品均用红纸包好，然后分别送进祖公、祖婆的树洞里，再用纸钱封好树洞。随后，由“大房”向祖宗树下跪祈祷、敬酒，接着就是鸣炮会餐。祭祀完毕，就将牛心分给本族中各户的“大房”，有多少位“大房”，牛心就切成多少片，每房一片。

以上的四个个案，有三个是梭嘎苗人周边共同地域中的不同民族的类似的个案，另一个个案虽在广西隆林，但它祭祀的基本观念和规约是从这个地域中带过去的，而他们迁徙的最初出发地就是六枝，与六枝特区居都村的仡佬族有直接的关系，故他们的祭祀也可视为六枝仡佬族祭祀的它地（变异）展开。我们从中看到，四个个案中有三个仡佬族个案，一个彝族个案。彝族与仡佬族一样，也是生活在这个地区中的民族，但客观而言，彝族中的祭树祭祀事象在彝族中并不普遍，而祭祀山林、箐、山最普遍的是仡佬族、梭嘎苗人等长期生存在这一地域中的民族。在贵州，山、树是每个民族都离不开的事物，但贵州的大多数民族却并不祭山、祭树。据《贵州少数民族节日大观》记载，苗族的节日 74 个，布依族的节日 34 个，侗族的节日 21 个，水族的节日 7 个，仡佬族的节日 11 个，土家族的节日 6 个，彝族的节日 12 个，瑶族的节日 4 个，回族的节日 2 个，毛南族的节日 2 个，其他的节日 12 个。在如此众多的节日中，大致只有贵州西部的仡佬族和梭嘎苗人，以及彝族等其他民族中有祭山、祭树活动。这说明一个什么问题呢？我以为是地域环境生态状态的长期影响所致。在 20 世纪 50 年代以前，被当地族人称为“箐林”的植被覆盖率很高，这种“箐林意象”也许在许多个世纪里一直作为自然的主意象“浸染”山箐中的每一个族人。在这样的自然生境中的仡佬族人、部分彝人，以及其他族人，为什么不祭山、不祭树呢？年年岁岁，林中传来的生机与活力，都坚定地支持着族人的最朴实无华的生命信念，故而，不管以上祭祀形式上表现如何，都与这一环境生态紧紧相连。

无疑，梭嘎苗人的祭箐，包含了鬼神观念等内容，但它的主要表现仍是一种自然生命力的崇拜。这种自然生命力的崇拜又主要体现在“鸡牲”和“树的意象”上。“杀鸡”，从某种意义上来说，与杀牛、杀猪、杀羊、杀马等的性质是一样的，都可以称为“血牲”，都是利用这些家牲、家禽的血来表达一定的意义。只不过有一点可以肯定，大牲畜的“血牲”出现一定比小型的家禽“血牲”要早一些。据我们现今所知，公猪“血牲”应该是公鸡“血牲”的前身，但由于公鸡本身的旺盛的交配能力，还有方便及其他一些原因，公鸡渐渐取代了公猪。这些，在居都祭祀活动的表现中，形影仍是清晰的。“由此而来的公鸡血祭的寓意，也就是‘生殖力’，希望、祈愿通过此形式，把公鸡一样的旺盛的生命力注入他们的生存空间，使大地里的种子（记住，他们举行祭祀的时间都是生命复苏的孟春三月）受到那种神秘力量的影响，或者说是为了让‘种子’受到某种‘精力’的感染，产生出发达旺盛的后代，如此庄稼也就能丰收了。扩散开来，人也能接受这种‘传导’，使人丁兴旺起来。”① 以上是我在《居都》一书中对居都仡佬族人祭树个案的分析，它实际上也能用于梭嘎苗人祭箐的分析。据知，梭嘎苗人的祭箐最初也用的是猪。“另外，居都人的这样的祭山、祭树还有更深一层次上的意义，这就是直接的生命和生殖的表象意义。这是我们一般意义上的祭山中所没有或不那么明确的。在祭祀的历史中，这些祭祀人如果在有条件的时候，他们选择山会选择一个森林最茂盛、最葱茏、最有活力的山；而从中选择箐时，又会选择最有活力的箐；进而选择树时，又会从青冈、冬青、香樟等三类树（为何要选择它们呢？原因很简单，冬青和香樟树都是这山区最常见的常青不败的树木，而且冬青的花和香樟木本身都有一种迷人的香气；至于青冈树，它虽落叶，但它的籽实却一直是某种旺盛生命力的象征）中选择最大、最老、长得最茂盛、最具生机的树作为他们的祭祀对象，这其中的意义几乎在全球的各自然民族中都是相同的，即生机和生命力的象征，并祈愿通过一定的祭祀把活力渗透给崇敬它的人。”②

① 吴秋林：《居都》，贵州人民出版社 1997 年版，第 46 页。
② 吴秋林：《居都》，贵州人民出版社 1997 年版，第 46 页。

五、梭嘎苗人的婚姻文化

自律千年的婚姻文化

婚姻是个体的人一生中的重要关口。出生礼、成年礼、婚礼、丧礼这四大人生礼仪，在世界的任一族群文化中都是必不可少的，而婚礼中则是这一族群文化中最丰富、最激动人心、最美好的部分。梭嘎苗人的婚姻文化不但丰富，而且独特和富有魅力，特别是他们中的未婚前的青年男女在每年正月初四到十四的自由情爱，更是引人注目。最早往外介绍他们婚姻文化和习俗的自然是杨耀荣先生，他的文本是这样的：

梭嘎苗人的恋爱，生动有趣；梭嘎苗人的婚姻，庄重负责；梭嘎苗人封闭的近亲婚姻循环，抑制了梭嘎苗人的发展。

青年人们的相亲活动，或赶集，或办酒，或跳场集会。但其集中的时间，大都在古历春节期间的正月上旬，在这个黄金时间里，姑娘们或三五成群在一家，或在堂屋、在院子、在牛圈楼上，绘画绣花，等待着小伙子们的到来。在这个时间里，家家都备有吃的喝的。十二个长角寨热热闹闹，这是梭嘎苗人联络感情的热潮，在这个热潮中，小伙子们可以十二个寨子任意跑串，任何家都可去当座上宾，挑选意中人。处处是一派欢歌笑语，处处是歌舞和绘画绣花，生动有趣，古朴动人。

一年四季，在平时的乡场上，多有三五成群的长角姑娘们，借故“生事”，或对长角小伙脚下使绊，或要长角小伙买晌午吃，或要长角小伙们赠送什么信物。谁家姑娘追求者多，谁家就引以为荣，姑娘也引以为自豪。在这些乡场情爱的角逐中，笔者目睹几个长角小伙暑天在梭嘎乡场上用衣服蒙头，在面条摊上买面条吃时，那大汗淋漓的狼狈相。问其所以，原来是因为囊中羞涩，怕长角女们来“敲竹杠”。

为了寻找意中人，小伙子们往往要在舞蹈谱曲上狠下功夫，姑娘们也在衣饰、绘画绣花和蜡染上刻苦钻研，以此作为建立美好家庭和联络感情的共同语言及“资本”。意中人找到了，或父母认为可能开亲了，还要以鸡卦论成败。

鸡卦骨，也就是鸡大腿至鸡身上的那一节骨头，汉家也用来占卜吉凶祸福。梭嘎苗人的占法：二、三筹为顺，四筹为正义，五筹以上就不好了。筹，就是卦骨上的骨眼，筹数必是两只卦骨眼之和。梭嘎苗人称鸡卦为“哑巴”“哈包”，凡婚姻大事，皆托付于“哑巴”“哈包”来裁决，历史以来，直至今天，皆依然沿袭。

多少对相爱的男女被鸡卦弄得生离死别，多少例没有爱情的婚姻，却又被鸡卦生拉硬扯成家，生儿育女。

求婚之先，小伙子要请一个“帮手”，该人类似介绍人。先调查好姑娘父母确实在家了，未出发之前，小伙子和“帮手”杀一只未生蛋的雏鸡，即小仔鸡煮吃，看卦，卦不好则止，卦好就向女家出发。二人一进门，“帮手”先向姑娘父母跪下，小伙子也随之跪下，磕罢头起来，当夜即留宿姑娘家，姑娘则躲避开了。

天亮，小伙子和“帮手”在床上假睡听动静。若无任何动静，小伙子和“帮手”则不辞而别，此桩婚事告吹，赶快溜走，从此死心。若姑娘家人提前起床做饭，碰得锅碗瓢响，盛情留客，则此桩婚姻有眉目了。

姑娘家请来几个“头人”、寨老或亲友，杀一只未开叫的小公鸡煮吃，吃罢照样看卦，一切也是依卦好坏而定。卦好，这位婚事则继续；卦不好，则止。

以上是梭嘎苗人婚姻的第一道程序。第二道程序——纳聘。

纳聘也是井井有条，从不违反。小伙子来到女家，姑娘家拿出几斤土酒，杀一对雌雄小鸡，请来亲友寨邻，由有威信的人主持。同样是吃鸡看卦，这可是上得桌子下不得桌子的，若不谈妥就走，举寨人笑话，大家都难以抬头，至少会笑话此寨无议事能力。

现在，亦如汉家聘礼折钱，可以讨论还价。女家要钱多，介绍人和主持者等说男家穷或其他什么理由，小伙子这时不厌其烦地给姑娘的父母和其他长辈磕头以求少算钱。男女双方的谈判代表也各有其理，最后定好双方都能接受的聘金方休。

“谈判”全部成功后，敲定结婚日子。一般在寒冬腊月，男方单日女方双日，农历为准，一经敲定，叫铁钉钉木，不可改动。

于是，大家欢快畅饮，行酒令，一醉方休。

第三道程序是办嫁女结婚酒，男女双方热热闹闹，十二寨同庆，一醉方休。大家倾其所有，杀猪宰羊，堪称一方盛典。男女两家大办七天七夜酒。办得人穷，办得债台高筑，也是心甘情愿，以后演变为一天只吃一顿饭。

新郎要亲自去女家接亲，座席吃酒，向各位老人长辈磕头，办酒结束，接走新娘。姑娘嫁走了，第 2 天新娘子就要返回娘家，娘家必须派人去接，人越多越风光。而新郎家则要有情有义，备办酒席，用大方桌反摆酒席，用竹棒抬上，连同新娘子一同送至路口，迎接招待岳父家来客。大家尽兴吃酒席，行酒令，劝酒敬酒。吃完后，外家来的几个头面人物合计一下，新娘离夫家而去。新娘在娘家三天后，新郎去接回新娘。

七天满，新郎家人背马驮，夫妻双双来到娘家，双双一道拜双亲，认外家，认父母、亲友、家屋老小。有几家家亲内戚、几位老人，如何称呼，每认一家亲，每认一位老人长辈，给一袋炒面（用大麦炒黄捣成面粉）和一瓶土酒作见面礼。此景就像汉家新姑爷用猪肉成条成块到岳父家拜年一样。娘家也有打发新郎新娘两三元，三五元钱不等。

现在有些变化，姑娘往往要在新郎家住十来天，才双双拜见岳父母，认亲等。

“炒面认亲”，须先做准备，这些用山泉搅拌即可食用的炒面，苦了新郎全家。若外家亲戚家人多，至少也要备办几百斤上千斤炒面才够。

若出现离婚，也是有一套严格的规矩程序。由女方找一家“中人”，“中人”要有调解能力，“中人”者或寨老，或“头人”，或干部。“中人”将母子全部收留和自家暂为一家，视其为自己的女儿亲人的“离婚女”在“中人”家一样干家务活、农活，有什么活，干什么活。要求离婚（和协调）女一天交 1 元钱作为“中人”伙食、调解费，另交 12 元作调解协商用费。12 元取一年 12 月团圆之意，不足部分“中人’补足。

“中人”从收留“离婚女”之日起，就义不容辞地奔走调解，实在无效，才出面请来男女双方父母、亲友、“头人”，正式议定协商离婚。好好开花好好谢，从不惊动司法机关。

若出现丧夫丧妻，也同样有一套十分严格的规矩程序。若丧妻，男照规矩，恋爱结婚就是。若丧夫，外家来出面，一般是要送来一头牛，方能带走自己的女儿。至于所生儿女是否也一并带走，须协商解决。女儿回到外家，仍按卦卜结婚等规矩程序进行。一旦结婚了，其后夫就要担负起前夫即死者的社会责任和义务，包括丧葬期间的财务和抚育子女、奉养老人等，这是十分负责的婚姻。

恋爱、结婚，仅限在十二寨内，即梭嘎苗人内部封闭循环进行，至今亦然。婚姻，将梭嘎苗人的感情焊接成了铁板一块。十二寨皆亲套亲，亲连亲，近亲结婚，早婚早育。十五六岁就结婚，特别是近亲结婚，也许，就是这个民族至今仍不发达的主要原因之一。

这种封闭的近亲结婚的樊篱能否突破？随着时代的变迁，岁月的流逝，改革开放的进行，近几年来，出现了 10 多个长角女外嫁汉家现象，生下了一个个聪明健康的小宝宝，也许，这就是梭嘎苗人婚姻革命的先河。

杨耀荣先生的文本不规范，有的说法有违于文化人类学的规则，有的说法不妥，比如“多少对相爱的男女被鸡卦弄得生离死别，多少例没有爱情的婚姻，却又被鸡卦生拉硬扯成家，生儿育女”“男女双方热热闹闹，十二寨同庆，一醉方休。大家倾其所有，杀猪宰羊，堪称一方盛典”等文字就很不妥，都有些想当然的描述。但我们仍保留它的原样，亦在一般的“风情作品”与文化人类学田野作业的个案对比间“学习”这种差异，这对我们也是有启示的。当然，这个文本中包含的一些信息也是我们的正规个案中没有的，能作为一种重要补充。比如，“炒面认亲”“离婚”等情节就很重要。这个文本发表时，杨先生给了它这样一个名字：《生动有趣的恋爱和庄重负责的婚姻》，事先就给自己的做了一定的定位，先入为主。

1995 年时，我到拢嘎村调查时，在婚姻文化上做了相应的个案。

[个案8]

讲述者：熊玉安、熊玉文

讲述地点：六枝特区梭嘎乡拢嘎村

讲述时间：1995年1月

采录人：吴秋林

梭嘎苗人的青年男女一般在十四五岁就开始参加到一年一度的“坐坡”交往中，当然也不否认平时的男女往来交往的因素。通过一系列接触，包括对歌、交谈、互送礼品等行为，男女双方觉得你有情我有意时，男方的父母就得请媒人为儿子说亲了。这样是最好的方式，当然也有单是男方看上了女方，并没有与女方有事先的感情基础的，也请父母找媒人说亲的。另外，如果父母的意见加入进来，成为主动者也有父母做主为儿子请媒人说亲的。

大致是这三种说亲方式，但实际中可能比这三种情况还要复杂和细腻得多。但不管哪种情况，都得进入梭嘎苗人婚俗中说亲请媒人的常轨。

请媒人由男孩父母出面！所请媒人有一定要求，要请人缘好、家里娃娃多、长得好的，至于请什么类型的人倒没有什么定规，实际中请的媒人则多为男性的成年人。

媒人请来，说明是去某某家，说某某女儿，然后就将一公一母的两只鸡宰了吃。吃完鸡就看鸡卦，如果一头有眼（一个眼叫一“筹”）的为一般，两头有眼的也为好，但中间有眼的为“夹杠”。如果是前者，此亲就可说；如遇“夹杠”，此亲就说不得了，作罢，因“夹杠”为不吉利。这样就得让男孩子另找一家的女儿，这也是可能的，因为在此族内，一个男孩有几个女友是常事；同样，一个女孩有几个男友也是常事。

卜鸡卦完毕后，媒人就带着男孩子上路向女方家去了。到女方家他们得突然出现，如果让女方家早早晓知他们是来说亲的，那么女方家的父母就会迅速躲出去，媒人和男孩子就得一直在女方家等待女方父母实在躲不下去了回来。如果突然进了女方家门，媒人也得先抓住女方父母中的任一个，赶紧跪下磕一个头，并说：“我是来说这个（指女孩），去背水给某某老人（指男方的父母亲）吃。”

这样女方父母才不能躲出去，得坐下让男方的媒人说亲。

媒人第一次去女方家不带礼物，磕完头后大家也不谈说亲的事，只闲聊，摆家常，一直这样到深夜。女方家叫媒人与小伙子去睡觉。如果媒人精明，他这一夜就不会睡实在，耳朵听着女方家屋里的动静，听到半夜女方家有杀鸡的举动，就天不亮悄悄叫起小伙子走人，此事就作罢了。因为女方家如不同意这门亲事不会嘴上说，而只在半夜时杀一只鸡，把鸡全部砍碎，不留鸡卦骨，待媒人早晨起来给他这只鸡，这叫“洗膝盖头”。不同意亲事之外，还有说媒人不懂规矩，没有出息的意思。这是很没有面子的事，如媒人早早逃之，人们还会说他机灵，所以有经验的媒人这天晚上一般都不会死睡。

如果女方家一夜没有什么动静，待天亮时才起来杀鸡，那表示女方的父母已同意这门亲事，随后就是看鸡卦——天意如何了。

如鸡卦卦象好，那此亲事就大致定下来了；如果卦象不好、不吉利，女方家父母就会对媒人说“镰刀、弯刀不直路，双方歇气”，此事只得作罢。

女方家父母同意，鸡卦卦象好，媒人就可以去第二次说亲了。这一次男方家的媒人也不带什么礼信。第二次男方媒人和青年人去时，女方也会请上一个女方媒人等在那里了。首先是双方坐下，拿一只鸡来杀，看鸡卦，不过这次的卦象好坏都无所谓，不作数，以第一次的卦象为准。

随即女方媒人拉开桌子请吃饭，开始“摆对”，也就是坐在桌面上讲礼钱。

女方媒人说：“一年有十二个月，一个月要100（元），十二个月要1200（元），一要300（元）（一般不说二要），三要900（元），四要1200（元），翻一番要2400（元）。”

男方媒人说：“来不倒（意不要这么多）一三百、二六百，三九百就行了。只有老鸦的窝棚在，不得蛋了，是空的。”

经过如此“摆对”，这钱多少就定下来了。“摆对”是按规矩说的，要这么说，但最后定下礼钱多少不一定。以前是1000元左右；现在2000元、3000元都有了。

如此，第二次说亲的任务就完成了，男方媒人和小伙子就回去准备礼钱看日子接亲了。

第三次去女方家时，就是看好日子去接了。男方去接亲的有媒人、小伙子（新郎），还有一个年轻的小伙子的陪伴。当然男方得带上礼钱。

男方家人一到女方家门口，就得接受女方家人的“打亲”。女方家的姑娘们排成队，站成两排，每人手里拿着一棵树枝。接亲队伍从中间经过时，姑娘们就挥动树枝，抽打媒人，媒人只有尽快冲进女方家门，才能少挨些鞭打。姑娘们只打媒人，不打新郎和陪伴。

进到女方家里，吃完晚饭，桌子就摆开了，男边三个人，女边一般是五个人，其中包括原来的女方媒人，也全是男性，也要家里双方健全，儿女多、健康、人缘好的人家的男主人。这时男方家数原先定好的礼钱给女方家。然后由媒人带着给女方家里的所有大人小孩每人磕三个头。磕法是：媒人与新郎一起先给家里最年长的人磕一个头，然后依次每人都磕周到。第一遍完后，又从最年长的开始磕第二遍、第三遍，才算完事。

磕完头，男方回到桌子上，就开始以媒人为首的对唱，唱的是“酒令歌”，内容大致是双方结亲、吃酒的情形，反反复复地唱，从各个不同方面、各个不同角度来唱，一个接着一个地对唱，唱重了就落笑话。唱错了对方就唱一首来讽刺你，还要罚喝酒。对唱酒令歌时，双方还得比试喝酒，谁喝得多，唱酒令歌又不错乱，谁的本事能耐就大，受人赞赏。

这样的对唱酒令歌，可以一直唱到深夜，各寨的人都可以来听，但女方家不管饭，只给来人酒喝。听唱酒令歌时，男人不能进屋，只能在屋外、房后等地方听。如果按传统的习惯女方家还得在桌子边放上一个簸箕，里面放上酒和一个猪头，因为梭嘎苗人在女家出嫁女儿的时候，有“要猪头”的习俗。哪家如摆上了猪头，无疑是摆了一个赛歌台，任何一个寨子的姑娘、媳妇都能相约一小帮，进堂屋来与男方媒人和女方媒人对唱酒令歌。这些女人进来时是唱着酒令歌进来的，进来先倒两杯酒给两个媒人喝，然后就开始对唱酒令歌，如媒人唱得好就不罚酒，接着唱下去。这样你来我往很是热闹，但女方如唱不败媒人是不会空手走的，一直要把媒人唱败，唱不出来了，就罚媒人喝酒，并揪媒人耳朵说："猪不吃食揪猪耳朵。"（媒人再痛也不能叫唤。）这样，女方家就得把簸箕里的猪头让她们拿走。这些女人得到猪头，就欢天喜地拿到寨子边共享去了。

一般来说，进来唱酒令歌要猪头的女人是不会败的，有时她们如实在胜不了媒人，时间长，主人家也会出来终止对唱，给她们一个猪头。

这样，一帮年轻女人拿走一个猪头，接着另外一帮年轻女人又唱着酒令歌进来了……就这样，每来一帮就得拿走一个猪头，如没有了猪头，就用相同重量的猪肉代替，如猪肉也没有了，就得再杀猪，只要办了，主家就得拿到底，要不就认为没出息。据说，过去有人家这样办过，当时杀了九头猪才应付下来。

这样的事如今在梭嘎苗人地方已经没有哪家敢如此办了，这一习俗许多年轻人已不知道了。

第二天，天亮了大家就坐着摆家常，约到上午10点时，女方家牵一只大公羊到门外，另外放一大土壶酒在公羊旁边。这时，女方媒人对男方媒人说："出去晒太阳。"男方媒人就出去把大土壶的酒拿来，倒酒给大家喝，这样也就没事了；如果男方媒人不拿大土壶，先摸了大公羊，就叫男方媒人抱住大公羊，不准他进女方家门，在场的人就围住取笑他。待大家笑够了才让他进女方家们，然后就摆桌子吃中午饭。

饭后，接送亲的队伍就该上路了。男方接亲的仍是三人，女方送亲的人有：女方的亲哥（没有亲哥，堂哥也行），亲哥的陪伴（唱酒令歌好的、聪明的男青年），选来做新娘妈的（不是亲妈，或是选一个人好、家庭好、子女好的母亲来做新娘的妈妈），新娘的女伴。

新娘这天里外都穿戴一新，所穿的是一生中最好的衣服，头发也精心绾在长长的木角上。据说传统中出嫁的新娘所绾发的式样及麻绳的绑扎等都与一般姑娘不一样，可惜现在所有的女性于此都没有什么区别了。

新娘的陪嫁要求不严，箱柜等无定数，有无皆可，但女方家一定得用一头牛，虽是陪嫁，但叫"打发接亲的"，不直接叫陪嫁。至于女儿的母亲能陪给女儿什么纪念性的东西，就不一定了。

上路时，女方家的全部亲朋都一起来送。接送亲人群上路，男方家就得准备了，一般是在半路办好酒席等他们，有时也在男方的寨子边摆酒席，但无论如何不进寨。队伍到后，女方送亲的一般亲朋吃完酒席就立即回转，只留下新娘、亲哥、亲哥陪伴、新娘陪伴、临时做妈的五人。

一行人到男方家后，按传统要求，也要同女方家一样，摆桌子、摆猪头、唱酒令歌，附近寨子的年轻女人亦可以来要猪头，情形与女方家一样。

另外，在接亲嫁女期间，男女双方还办席招待专门来做客的客人。

客人散后，当天晚上新娘与新郎不能同房，是与“做妈的”和女伴同宿。新娘的亲哥和哥的陪伴在当天唱完酒令歌就回去了。

第二天早上，女方“做妈的”得给男方家的老人洗脸。不真洗，而是做样子，每洗一次老人得给1元钱打发。尔后还要洗脚，也是做样子，每洗一次也是打发1块钱。

这天早上，男方的妹妹得带嫂子去看水井，叫新娘学背水。虽然新娘子于此早就熟悉了，但这个规矩得走。

以后两天中，新娘与“做妈的”及女伴一起住宿，男女仍不同房。满三天，女方的哥就来接她们，并连新郎一起接走。在娘家住三天后，新郎新娘才单独回到男方家，进入正式的夫妇生活。

整个婚礼才算最后完结。

另，酒令歌所唱语言为苗语。

这个个案应是梭嘎苗人婚姻文化的主体个案，它虽然是拢嘎村的婚姻文化个案，但整个梭嘎苗人地区在婚姻习惯上大致都是相通的。不过，我们在2001年6月，仍在小坝田村采录了另一个婚姻个案，以丰富对梭嘎苗人婚姻文化的理解和探讨。

[个案9]　梭嘎苗人的“红喜”

讲述者：王姓老人，男，时年87岁（农民，是梭嘎苗人现在年龄最大的老人）

讲述地点：六枝特区梭嘎乡小坝田村王开云家

讲述时间：2001年6月12日

采录人：吴秋林、杨耀荣

（王姓老人在数十年前亲自主持过一完整的、较为传统的“红喜”，故我们把他请到王开云家。）

“我们民族的人要哪家的姑娘，首先要两家的姑娘、儿子同意，男、女两方都中意才可谈婚事，请媒人。”

第一步是新郎和媒人提着酒到女方家去提亲。出门之前，男方家要带一个草鸡（母鸡）看鸡卦。这鸡卦骨是鸡杀死后从鸡身上剥出来的鸡腿骨，这鸡腿骨上会有不同位置、数量的洞眼（梭嘎苗人称为“筹”），就以此来判断此次婚姻的成败。一般而言，鸡卦有中间一筹，两头各有一筹的三筹鸡卦为最好，意思是中间一筹是嘴，两边各是一个人的腿，嘴合拢了，是红喜中最好的卦象。两筹、一筹、四筹、无筹都有一定解释。男方家打完鸡卦，如果卦象好，这桩婚事可继续进行；如果卦象不好，甚而凶险，这桩婚事就免谈了，一点“商量”的余地都没得。如果是卦象好，或过得去，那么，新郎、媒人提着酒，包着鸡卦（要请女方家人验看），就可以上女方家提亲了。

新郎和媒人到了女方家，女方家也要为此事打一次鸡卦。女方家打鸡卦用的是一只草鸡、一只公鸡，分别代表男家和女家，如果鸡卦得七筹最好，男家三筹，女家四筹。鸡卦没有什么问题，这第一步的提亲算是成了；如果卦象有问题，此婚姻也就吹了，不管你男青年、女青年如何相好，也是枉然，没得商量的。

双方鸡卦卦象都好，媒人就可以回到男方家商量男方给女方家的价码（聘礼），一般是一头大牛，牛越大越好，越大表明男方家对这门亲事越有诚意，另外再加30块小洋（银毫，区别于大洋，即银圆，俗称为“袁大头”，一种民国时流通的银币）。价码讲好，就可商定结亲的日子，以男方为主，以男青年年龄数的单数年的某个月某个日子为结亲日。为何要单数年结亲，意思是落单数年（比如19岁、21岁等）人口发达。

到结亲的头一天，新郎、媒人及其伴郎三人上女方家接姑娘，牵上一头大牛，带上讲好的价码及酒等物品。

男方进了女方的门，先吃点饭，垫一垫肚子，然后女方家会摆上酒饭。吃完饭，擦完桌子，又摆上酒，以男方的媒人为一方，女方请一个能说会道的主事为一方，喝着酒，拉开架式，开始讲女方的人才、男方的价码。男方的媒人说男方家诚心诚意，但经济恼火，只能出一个低低的价码要你家姑娘；而女方的主事则历数姑娘如何好人才、好手艺，并故意开一个高高的价码。这样你来我往，极尽能事，但女方主事无论如何讲，也不会把价码降下来。这时，男方新郎、媒人就只好给女方家的众人磕头，磕了头后，女方家的主事就会以此为由，把价码往下降一次，然后又继续讲各自的人才、价码。待新郎、媒人再次磕头时，价码又降一次，如此再三。磕第三次头时，价码就会降到原先早就商定好的价码上，这时，男方媒人就可以把30块小洋交给女方主事，大牛也进行交割，讲人才价码的礼仪就可以结束了。

这天晚上，唱酒令歌，歌者主要是男女双方在桌子上讲人才价码的那一伙人。这桌上唱酒歌的人有讲究，一是这桌人要求夫妻子女双全，家庭和顺，口碑比较好的人家；二是一唱一整夜，不准下桌。桌上男女双方的参与人互相比唱酒令歌，比喝酒，唱不好，唱错的、唱不上来的罚酒三杯，用的是羊角做成的酒杯。酒令歌的内容无所不包，十分广泛，展示民族的方方面面。第二天早上，吃完三桌客人的酒席，新娘和媒人就可以接姑娘出门上路了。出嫁的姑娘一般步行到男方家，没有什么仪仗，身边只有一个伴娘。姑娘大致没有什么嫁妆，家庭经济好的，随身的衣服多一些，家庭经济不好的，随身衣服少一些。

新郎、媒人、姑娘等人出门时，媒人会往身后丢一双花耳草鞋，众人就会争抢这双花耳草鞋，并说：“媒人拿了匹小马来，我们拿来骑。”争、闹、吵、笑，众人高兴不已。

姑娘来到男方家门口，男方家族中的老人会拦在男方家的大门口，用一个公鸡来扫“口嘴”。“口嘴”的意思是不好、不顺的一切，即通过扫口嘴，把好的让进来，把不顺不好的挡在门外。老人在门口拿着鸡，念念有词，然后把公鸡放在地下，如果公鸡此时拉了鸡屎，认为好，刚才的扫“口嘴”有应验。随后把公鸡杀了，看鸡卦，得二筹、三筹卦最好。

姑娘进门后，视男方家庭经济情况，会有大小不等的酒席，请家族内的亲戚、朋友等。

一般人家的婚礼，大致到这里就差不多，随后是第二天姑娘就回到娘家，男方家再有一些简单的走往，不久新娘就会在丈夫家长住了。但是，如果按老传统，同时男方家经济实力雄厚，就可以接着举行婚俗中的“打猪头”。

举行打猪头时，一是要把自家房屋的四壁木板拆掉，让打猪头的人从任何一方都可以伸竹竿进来和人进来；二是在堂屋里安排两桌人唱酒令歌，人员以新郎、媒人等为主，这桌唱酒令歌的人要求和形式也同在女方家唱酒令歌时一样，也是不准谁下桌子，唱一整夜；三是杀牛或杀猪，备好足够的牛肉、猪肉和酒。

举行打猪头，就得通知梭嘎苗人十二寨的所有人，即所有族内的苗人男女都可以来此家打猪头。

打猪头的人来时，先从拆开的板壁外伸进竹竿来在吃酒的两桌人头上作敲敲打打状，然后进屋来，主要与新郎和媒人对唱酒令歌，说：“你绳子搓不好，拉不出小猪，要揪你耳朵。”用竹竿敲打、揪耳朵、唱酒令歌都针对媒人和新郎，尤其是媒人。唱、闹一番之后，男方家就得割一斤多的牛肉或猪肉给来打猪头的人户，才算是了却一次打猪头。前一拨打猪头的人走了，另一拨又来，热闹得很。

如果男方家打猪头了，女方家第二天就会来一大拨亲戚接女儿回家。但女方家的一般不会进男方家的寨子，而是由男方在寨边的丫口上摆酒席款待女方家的来人。这时，女方家会送牛及一定数量的礼信给男方家。女方家把女儿接回自己寨子，半路上女方寨子的全寨人会来讨要女方的礼钱。

这天晚上，其他寨人也可以到女方家来打猪头，讨酒喝。

来打猪头的人，年轻的不送礼，老的来要送一些粮食、家禽等作为礼物。

“大约40年前，我们寨子（小坝田）上的一户人家办过打猪头，杀了一头好几百斤的大牛。以后，我们长角十二寨就没有人家搞过打猪头了，现在长角十二寨1000多户人家，来打猪头支付不起嘛。”如果打了猪头，女方家把姑娘接回去了，男方家还要拉头大牛去把姑娘接回来，这样，整个婚姻礼数才算完全。

这两个个案与杨先生文本中表达的信息，已基本把梭嘎苗人的婚姻文化描述清楚了。在这两个个案中，我们看到，梭嘎苗人的婚姻文化是深深植根于它特有的文化中的。梭嘎苗人是众多苗族支系中的一支，故而它的婚俗中也有结婚后不落夫家的遗风，苗族婚俗中的不落夫家，在其他苗族支系中是较为严格的，而在梭嘎苗人的婚姻文化中却只有些形式和象征了。梭嘎苗人的婚姻文化中，结婚的头三天不同房，由伴娘和“妈”陪伴，并一定要回门“认亲”，再次回到男方家才能做夫妻。这已经没有不落夫家的实际内容了。梭嘎苗人的婚姻文化有许多仍属于山区少数民族婚姻习俗的一般范畴，这些内容的理解毋庸多言，但它有几个方面的东西很值得注意。一是他们婚姻的分合建立在鸡卦上；二是媒人“磕头求亲”；三是“打亲”，即男方来接亲时媒人要被女方的人鞭打。

婚姻由鸡卦来决定，这是一种“神判”或“神定”的表现。打鸡卦是梭嘎苗人寻求神意的基本手段，在祭祀上使用，在祈福消灾时使用，在婚姻习俗中也使用。它说明，信仰文化在文化结构中占有主导地位，一旦形成，就会影响一个文化的许多方面。梭嘎苗人的婚姻文化中用鸡卦来决定婚姻的成败，我以为它还不仅仅是一种信仰文化的“染色”所致，而是一种“神圣婚姻”的表达方式，是梭嘎苗人婚姻文化的一种内在选择，即表明梭嘎苗人的婚姻文化既尊重人的情感（在说亲时以男女的相互有感情为先），随后才是打鸡卦，看神的意愿。如果两者都顺意，那是美满的；如果人意、神意相冲突，以神意为准。顺人意的婚姻是美好的，但顺神意的婚姻是神圣的。在梭嘎苗人的婚姻文化中，神圣的婚姻是第一位的。也许，这种以神圣为要的婚姻文化，会如杨先生担心的那样，毁掉某些人的爱情，但我以为在梭嘎苗人的婚姻文化中并不会生发出“人意婚姻”与“神意婚姻”的对抗，因为对神意的判断，很大程度上也是那对有情人的内心要求。还有，梭嘎苗人的婚姻价值观也许和我们汉人不一样，他们有他们自己的见解，由不得我们臆断。

媒人为新郎“磕头求亲”

梭嘎苗人的婚姻文化中媒人为新郎“磕头求亲”，是一异乎寻常的文化事象。我自从1995年采录到这个个案后，一直思考这个问题，但至今仍没有满意的答案。这样的媒人一定不是我们汉文化中理解的媒人。在杨先生的文本中，他把这个媒人称为“伴”。我以为杨先生这一称呼更要贴切一些，而“媒人”这一称呼恐怕是一种汉化的译解，不能反映它的本意。可为什么这个媒人一样的“伴”要为新郎去受这么多的“辛苦”。比酒量，唱酒令歌，带着新郎磕头……尽心尽力这桩婚事好像与新郎的关系还不如与媒人的大，求不到姑娘丢面子好像是媒人的事似的。这为什么？我在陇嘎时，有人还对我说过，旧时的梭嘎苗人的婚姻习俗中，还有媒人要把新娘背进新郎家的仪轨，只不过现今不兴了。从这里我们也许可以“感觉”这一角色的意义，即旧时这样的媒人如此为新郎“讨”老婆，一定是某种习俗所致，但这一习俗一定还有另一面，即这样的媒人一定在相应的方面同时还有一定的权力，但现今这种“权力”丢失了，而另一面却仍在运行，所以让人才有异乎寻常的感觉。

在梭嘎苗人的婚姻文化中“打亲”的习俗，也是一个非常古老和意味深长的事象。接亲是新郎一生中的大事，也是使新娘与其家人分离的直接原因，但亲人们的怨气却发在媒人的身上，这是很奇怪的事象，一般很难理解。对此，我们很难有较清晰的解释，不过我们能很清楚地说，这“打亲”的文化事象非常古老。大家知道，苗瑶是同源民族，且发生分化时至少在15个世纪以前。苗瑶分化后，瑶的“游耕”文化性质使它受外族的文化的影响较少，因而也就更多地保留了其古老文化，其中广西南丹白裤瑶的婚俗中，我们就能看到与梭嘎苗人婚俗相同的“打亲”习俗。由此而言，两者婚俗中的“打亲”的文化事象，我以为其来源都非常古老。

在梭嘎苗人的婚姻文化中“要猪头”的习俗，也是一个非常独特和有意义的事象。打开四壁，摆上酒桌，簸箕里放上一个猪头，就有向十二寨梭嘎苗人发出挑战性邀请的意味。主人家一方面向梭嘎苗人显示自己的财富和能力，一方面由此把整个婚礼推向一个新的层面。这时候，这一婚礼往往会变成一个民族文化大展示的舞台。集体无意识地传播和发扬光大自己的民族文化，于此会表现得淋漓尽致。

“坐坡”是青春爱情的节日

在梭嘎苗人的婚姻文化中，还有一个更为殊异的地方，这就是“坐坡”，也就是梭嘎苗人的婚前情感交流，乃至于性的学习与交流。对此，我 1995 年采录了个案：

[个案 10]

讲述人：（略）

讲述地点：六枝特区梭嘎乡拢嘎村

讲述时间：1995 年 1 月

采录人：吴秋林

“坐坡”是苗族男女交往的一个盛大节日，里面有众多的细节和内容，但此事象带有一种民族隐私的性质，探访和调查很困难。于此虽没有发现明显的禁忌，但多数族人都是避而不谈此事的，并对某些说了此事情节的人抱有敌对情绪，特别是族中出来工作的某些族人，更以强调“实事求是”为借口，有意掩饰这些正常的文化事象。因而，叙述“坐坡”中，我一概不涉及具体被采录人的姓名和有关情况。

“坐坡”的日期定为每年的正月初四到十四，前后约十天。

主要内容有两个：一是男女之间的自由交往；二是自发的或有组织的歌舞会演。当然，根据不同的年景和实际情况，会有其他的内容加入，比如表演蜡染刺绣技艺、捻线、织布功夫，以及显示各自的蜡染成品、刺绣成品，还有男女青春风采的综合展示，等等。某些年事项多一些，某些年事项少一些。

在以上的诸内容中，青年男女的自由交往是其一个最主要内容，在任何一种情况中大概它都不会受到影响。

在此期间，男女之间，主要是青年男女（主要是未婚者）之间的交往是不受任何限制的，这当然包括最终极的两性发生性关系。此族有不成文的规矩，在这十天内，已婚的男女也可以加入“坐坡”行列，不受限制，男女的任何一方，不管对方“坐坡”期间行为如何，都不得提出任何异议，更不得闹事，如出现这种情况，都会受到寨老们的指责和处罚。但真正的处罚在梭嘎苗人中很少发生，所以处罚的条例在调查中显得很模糊，大概为制止、口头指责、罚酒，最严重者也就是请吃酒席。

通过对已婚男女参加“坐坡”情况的调查得知，在较为封闭的数十年前，已婚男女参加“坐坡”大概是较为普遍的，因为在封闭的小环境中，男女双方的“性独有”思想，由于有传统的“坐坡”习俗，并不是十分浓厚的，故双方都能够理解和谅解，并不影响“坐坡”后的正常的夫妇生活。但现在这种情况有了很大的变化，“性独有”由于受各种因素的影响，显得比以前要浓厚很多，男女都不愿对方去“坐坡”，真正能友好协调后共同去“坐被”的已经极少了。故现在—般认为，如已婚的男女出去参加“坐坡”了，那么他们的感情一定是发生了危机，感情不好才如此的。这个转变对“坐坡”的影响很大，即已婚男女相对减少了，事象主要在未婚男女间进行。我为此询问几对夫妇的男方，他们都说：“‘坐坡’还是想去，但心里也不愿意自己的老婆去，你不想让她去，她自然也不想让你去，一个向着一个，一般只要感情可以，双方也就不会去了。”

我是1995年在此族的“坐坡”节期间到村里去调查采录此事象的，虽无法得知确切的已婚男女“坐坡”的比例，但可肯定，已婚男女参加“坐坡”的可能有，但极少。

这种变化又引起了相关的另一个变化。我在采录中碰到一个男青年，他自述已经21岁了，问及婚姻，他说：“还不想考虑，想多‘玩’几年。”这事象也从一方面反证了前面所叙问题的真实性，即结婚后的制约。

在某种意义上来说，十天的“坐坡”，主要是未婚青年男女情爱欢乐的节日。

“坐坡”是梭嘎苗人的叫法，相邻的其他少数民族也有类似的节日，但叫法不一样。解释“坐坡”二字可能还得从男女交往的形式讲起。“坐坡”，即在此期间，男女到坡上交往，故对此采录中得知两种说法。一种是初四到来，这个村的成年女人（主要是未婚者）就成群结队到坡上隐秘之地去了，一般是三个一群、五个一伙在坡上分布开来，互不干涉、干扰。来往的线路据说也是隐秘的，但做只有本民族人能识别的一些记号，男青年就寻“标”而去，找寻自己喜爱的异性。这种说法还说女儿一般是白天不回家的，要由母亲寻“标”送去吃的。整个事象就是一个在坡上坐（南方汉语的“坐”意思就是住，住在那里）的含义。

另外一种说法是，这节日到来，几个女友相约在某家，把燃料、粮食等全凑在此处，在堂屋里生旺一大塘火，堂屋里放上许多稻草，就等待异性青年的到来。

这前一种说法我以为是事实，但这已是过去的事象了，现今有，也比较少了。因为数十年前的梭嘎苗人地区森林很多，岩洞、山崖、草丛、树洞等隐秘之处，安全、保暖、防雨、方便，条件很好，再加之那时的人口只有现在的二分之一或三分之一，相互干扰不大，如此“坐坡”更舒心，更自在一些，但现今由于森林的消失，荒地的过度开垦，人口的大大增加，以上的种种条件已消失，“坐坡”很难再像以前那么“坐”了。

而后一种“坐坡”据调查，是现今的“坐坡”方式，这有些像某些民族的“花房”。梭嘎苗人现今的“坐坡”也就在这样的情形下开始的。

这里先得从“坐坡”男女年龄限制说起。这个民族似乎并没有成年礼（当时我们没有采录到老名的情况）一类的仪式，男、女孩子在十四五岁时就跟大一些的哥哥姐姐去学习“坐坡”的规矩和技巧。这个年纪也有交上朋友和直到发生关系的，但这样的情况比较少，大致要“实习”一两年，才能进入比较实质性的内容。

"坐坡"中，一般是男性来串寨子，而女性只在寨中或寨子附近的地方活动。男性在这个寨子"玩"几天，又可到别的寨子去，而女性则没有这样的主动性，而是送走这寨的一伙青年，又可迎接另外一寨的青年。

具体的过程大致是这样的：外寨的一伙男性青年进寨后，大概很快会知道哪几家有几帮参加"坐坡"的姑娘，就如同很早以前实行真正"坐坡"那样，他们会很快知道哪些坡上有姑娘。如此赶快找到这样的人家，如果此家已有男性青年在此了，就有两种选择，要么留下竞争，要么另寻一处。而姑娘对外来的男青年，最初都是一视同仁的，如多有小伙来找她们，她们自然很高兴，有被人看重的荣誉感。接触开始，一般用歌来相互问候、介绍、询问，拉家常、对歌是如常的节目，如小伙有一技之长，就表现一番。另外，男女会吹芦笙的吹芦笙，会吹三眼箫的吹三眼箫。如早晨到的寨子，大家吹牛，熟悉熟悉，吃过中午饭，如果天气好，大家相邀就上山唱歌吹芦笙；如果天气不好，吹芦笙、唱歌、吹牛，就得在堂屋进行了。一天下来，队伍就开始分化，因大家各自都相中自己的意中人。如果此时是如从前在山上"坐坡"，那各人就"刁"起自己的女友，找地方各自为阵。但现今的野外条件不好，一般在山上玩到下晚，虽各自情有独钟，但仍然回来，吃完晚饭。大家在火塘边拉家常、唱歌、吹芦笙，途中，有情人就会悄悄起身双双溜出去，找一个地方幽会去了。这一夜，这一对人就不会回到这所房子来了，要到第二天才回来。如果是男女在白天的交往中发展出更进一步的情义，或者说姑娘虽有情义，但因有特殊情况不能性交的，姑娘也会到火塘边陪小伙吹一阵子牛，拉家常，晚了时，姑娘就会回到自己家里睡觉，而那个小伙就只有在这户人家的火塘边草堆上睡上一夜，等明天再做新的打算了。

一般的情况是，屋里有五个姑娘，大致就会进来五个小伙子，如果晚上五个小伙子都没有在火塘边睡觉，那她们、他们大致都成功了。有人睡在火塘边，就肯定有落单的了。有时，小伙群中的大哥，会带上一个十四五岁的小男孩，什么时候他都跟大哥在一起，包括幽会，不过小男孩此时只是远远地当哨兵，他们自己说是叫男孩来"看形势"。

第一天下来，不成功者就会转移阵地，成功者如果情义甚浓，就可以在此玩几天，然后再"串"别的寨子。

这种"娱乐"中，有能力，长相好，能说会道，唱歌吹箫、吹笙都在行的小伙子，可以在几天中与这个村的几个姑娘交往，直到走进最后阶段。当然，这几个姑娘不会是一个小群的，而是分别几个小群的，即与甲"处"过了，避开甲，又与乙相"处"，"处"完乙，又与丙"处"。大家虽心照不宣，但都避开为好。这是特别的，一般的只是在此寨"处"一个女朋友，然后又到下一寨子寻找"知音"。

在这相处过程中，小伙子们的伙食全部由姑娘们家里提供。

在这样的相处中，对歌、吹芦笙的内涵是很丰富的。这个民族的情歌，就是这几天唱得最响，并且，人际、人生见解、劳作等，都围绕着"郎哥情妹"的主题得到多方面展示。应该说，"性"不是这个节日的主要内容，但这要受男女民族传统文化的修养如何的制约，如果双方你来我往，唱得神采飞扬，有滋有味，那性就是次要的了。如果修养差一些，双方唱不出什么名堂，三句两句就直奔主题，性也是目的了。也就是说，“坐坡”中，各个小群体的表现是千差万别的，没法一一而论。

调查中，根据对被调查者的观察，参加“坐坡”的男女行为目的大概有几种。

（1）追求异性交往中的新奇感，丰富自己的异性交往经验。抱有此种目的的大都是男、女新手。

（2）寻求民族文化的交流，寻找对话，交流情感，在这种交流中认识自身，包括对性行为，通过此种交流实现他自己认为的人生价值，如对歌中唱服气了几个漂亮姑娘，对某某姑娘歌唱的赞赏等。抱有此种目的的是较有民族文化修养的一种人。

（3）通过如此的交往，多年“坐坡”，与多个姑娘交往，最终从根本上选择一个自己满意的姑娘为妻。抱有此种目的的是寻求婚姻的一类人。

（4）寻求性快感，通过十天的放纵把自己诸多压抑的情绪释放出来，以求肉体的欢娱。

这是大致的观察分析，也许实际情况比这些还要复杂。

调查采录中，问及一个问题，即“坐坡”中如此的性关系，怀孕的问题，因为多是姑娘，怀孕就会成为社会问题。可当事人笑着说：“根本不会怀孕的，要么她觉得不行，会怀孕，她与你再好，也不会与你性交。如果她与你性交，就根本不会怀孕。”

这里有一个处于背后的问题值得探究，即在这种习俗中，是不是妇女中有一套传统的婚前性行为的避孕措施，并由母亲在她女儿要“坐坡”前就交待、告知，一代一代传下来，以保证在“坐坡”的男欢女爱中避免婚前怀孕。是药物、措施，还是什么其他，演化为某种禁忌没有，不得而知。

在调查期间，正是他们“坐坡”的日子，在村子里我所见所闻的情形是这样的：白天姑娘们都穿着一年中最好最新的衣裙，小伙子们神出鬼没，周围的坡上有歌声和男女出没。夜间，歌声和芦笙、三眼箫的声音此起彼伏，歌唱到天亮，没有人会干涉。我曾提出深入他们交欢的现场的要求，被拒绝，他们可以讲很多情况，但极不喜欢外人如此做。民族的禁忌受到尊重，但那些既不是禁忌，又决不让你太深入的东西该怎样来表述呢，我想到一个术语：民族隐私。另外，“坐坡”期间男女追逐中肯定会发生争斗，但总的印象是平和的，争执和打斗我在调查中没有见闻。

以上是“坐坡”的一个方面的事象，重要，但它也还有另外一个方面的内容，这就是正月初十的跳花。

跳花大致年年都在一个地方，梭嘎苗人的花场在陇嘎村附近的一个山凹里。此跳花的由来、传说、意义我还没有深入调查，现场观察的事象如下。

不管是有组织的还是自发的，初十这天，陇嘎这一片区的梭嘎苗人姑娘、小伙大都要来到这里。最先是领头的村吹芦笙，男女跳起有祭祀意味的舞蹈，然后就是各地、各村的芦笙队、歌舞队下场，一个接一个，含有交流、比试的味道。

对歌也是跳花的重要内容，只要有人挑起阵势，歌声就会此起彼伏，很热闹。

这一天姑娘穿上最好最美的衣服，一排排站在那里。这之中自然有展示各村、各地蜡染、刺绣手艺的味道，也是一种交流比试。

这一天小伙也会穿上裙子，恢复他们本民族男性的穿戴。

可以说，跳花是这个民族一年中最大规模的聚会，故各地来看热闹的人都很多，本民族的男女老少来，外民族的人也来。

在这个个案中，相关方面已经有了一定的诠释，可能我于此也没有更多的东西要展开，但在有的方面要有一定的“叙述”。如“坐坡”是一种原始时代“群婚制”或“伙婚制”的遗存，也是一种“试婚制”的遗存，同时也是一种释放情绪、欲望的“属地表现”。

群婚制的时代，婚姻的关系是建立在一群男人与一群女人之间的关系……在梭嘎苗人的婚姻文化中，一年中的其他时间里，其所表现的婚姻关系完全符合现代的婚姻规范，但在每年的农历正月初四至十四这十天里，这一寨子的一小群青年男子与那一寨子的一小群女子的情爱关系，就大大超越了现行的婚姻规范，呈现出一种群婚制中才有的形式和状态。这十天里，只要他们两情相悦，就可过性生活，而没有任何非爱、非情感的东西横在其中，也没有两性婚姻中那种复杂的组合。这样的关联我们不好评价，但看到现代还有人“回忆”和复制出过去的婚姻表现，不能不让人惊奇。当然，这也只是群婚制的一种遗存，并不是真正意义上的群婚制，只表现了它的一些基本关系状态。

试婚制在历史上是一种过渡性质的婚姻制度，梭嘎苗人的“坐坡”也有这样的意味。婚前的“坐坡”很多时候就是有情人的一种“试婚”经历。在对拢嘎的调查中我得知：一些婚姻就是建立在“坐坡”的基础上的，“欢乐”了几年后，遵照婚姻礼俗结为夫妻。

在梭嘎苗人的婚姻文化中，结婚后的男女之规约是很严的，而这种严厉的前提是一年一度的“坐坡”的放纵与未婚时的青春欢乐。

在梭嘎苗人的婚姻文化中，他们一直奉行严格的族际支系内婚，基本没有梭嘎苗女外嫁的。据知，他们族群一直强烈地反对族际支系外婚，过去谁要嫁了外族人，是要被族人杀死的。现在情况有了变化，但变化不大，迄今为止，只有十来个他们认为没有“本事”的梭嘎苗女人嫁了汉人，只有几个梭嘎苗男人取了外族人的女人作妻子，且都是外出工作的人，而在村里的梭嘎苗人没有一个男人取外族人的女人为妻。由于过分强调族际支系内婚，近亲婚姻自然难免。

六、梭嘎苗人的丧葬文化

成神 开路先生不是鬼师

葬礼是人生礼仪中的最后一个关口，也是民族文化表现最丰富、最“顽固不化”的地方。梭嘎苗人的丧葬文化也是如此。1995 年，我在拢嘎村采录一个丧葬个案，2001 年 6 月，又在小坝田村采录了一个丧葬个案，两个个案如下：

［个案 11］

讲述者：熊玉安、熊玉文

讲述地点：六枝特区梭嘎乡拢嘎村

讲述时间：1995 年 1 月

采录人：吴秋林

梭嘎苗老人去世叫“成神”。

“成神”后，抬出棺材（棺材一般都是早已准备好的），由亲近的几个亲人装棺，一般不让外人插手和观望。先把死者身上擦洗一遍，再着手穿早已准备好的新衣服，最初穿的是民族的服装，现已经随意了，但仍要求衣物是棉、麻质地的，并且为单数，3 件、5 件等。衣服穿好，再穿上一双麻布的布鞋，并在外面再套上一双用米草打的草鞋。死者的头用五尺左右的布帕包好便可。生时戴的角不随装。枕头得用米草和茅草做，茅草必须得扯房子大门口房上的茅草，然后用布包好。一切就绪就可以装棺了，棺内现在是用棉纸垫棺，原先不但用棉纸，还得先在棺内垫一床竹席。

问及随葬品，介绍情况的诸人都说一般不清楚，据推测，即便有也极少。

装好的棺就停放在堂屋里，盖上，不钉死，亲朋来想看还可以打开。

如果此时主人家有能力办丧事，就得开始以下工作：

请家族中懂“家事”的人来做有关“鬼事”，故有时请的就是“弥拉”，但有时也不是。这人受托，就得上山砍一棵刺竹（此物在祭山时也要用，但名称和意义族人也说不清楚)，取一截，剖成两半准备着。准备一碗米，用手从中抓米（死者为男抓七把，死者为女抓五把）放在早准备好的锅里，随便煮一下，捞起来，放在一个甑底，象征性地蒸一下，然后把此“饭”铺在一个簸箕里，放在棺木前面。此时棺木下点有一盏小油灯，汉人叫长明灯，但他们虽点此灯却意义不明确。纸、烛、香在丧礼中也有用的，但少，可用可不用。

做好这些，懂“家事”的人就得拿一个土罐子，装上“老苦酒”（水拌酒），用那剖开的刺竹，沾酒轻敲棺木，说：“你在和人在，你死和鬼在。”（都用的是苗语讲，此含义为从此分开人、鬼世界）又说：“你喝一杯，喝两杯，喝三杯，你喝去一百年、一百岁，喝去一百年不转来。”（此有送别的意义，但此族并没有为此仪式附加更多的东西。如亲人一起相送等，大概由“办事者念”就行了）此时得用一只公鸡（一般为红色，此大概为引路鸡），捏死，并用刺竹片敲棺木，说：“这只鸡给你，与你一起上路。”此“办事者”又说出此家已死的五辈祖先，说明此去的相会之人，但只说五辈，更远的就略之。

此鸡用过之后，就烫了褪毛，用开水煮好，然后铺在簸箕里的饭上。

此时寨上的大皮鼓已拿来挂好，会吹芦笙的人也请来了，边吹边打，开始唱“老洗歌”和“孝歌”。一般芦笙有十二谱，加上序曲—般叫“十三谱”。隆重的就得把十三谱全部唱完、跳完。吹芦笙者边吹边跳，每吹跳完一谱，就该唱“老洗歌”的人唱“老洗歌”一段，“老洗歌”有三句、五句、七句，每段大致要唱一个多小时，用苗语唱，大致内容是：“今年开年开工，老人成神……”然后是指引死者的魂魄回归祖先早已去的地方，一路上吩咐注意留心些什么……（此如“指路歌”一般）据知，此魂魄回返的线路与民族迁徙的路线相关，但于此已经很模糊了，多注重在他在世时地域内的种种人、事、物的道别，以及在世的人祈愿神灵保佑。

对于扎纸马等物事看家境来，家境好的可以任意扎了送给死者，家境不好的不扎也可以。于此我有不解，扎纸人、纸马、牛、羊类的东西在经济上花费并不大，几根竹子，一些纸品糊上就行了，可此族人一定认为家境好才行，是否此为一种观念，认为送走的纸扎物实际上是今后死者会来带走的真实物品，所以扎否他们得慎重。如此，就很有意义了，如贵阳高坡苗族平时不敢念《请祖经》一样，他们也是怕请来了祖先，又没有酒肉“打发”是很不妥的。

敲木鼓　打嘎　造嘎房

在吹芦笙时，寨中的另一部分人，主要是寨中每一家当家的，就得全部集中到办丧事的人家或相应的地方商量这丧事如何办。程序为：选几个管事管理丧事诸事务；分配哪几家负责接待哪个寨的亲朋，负责请、送信，以及住宿、吃饭等问题。对管事的这个人要求最高，各方面的知识、礼数、程序都要求掌握得全面，因为他得应付许多料想不到的问题。实际上，寨上不管哪家的丧事，基本上是全寨人协力来办的。办丧事家得杀牛，准备许多粮食，但仍有许多部分的用粮是大家分担的。

任务分配后，办丧事家就得安排人扎“嘎房”了。嘎房是外族人的叫法，他们的语言叫“嘎搓”。一般来说，每一个死者去世后都得为他或她盖一个“嘎房”送葬，而盖“嘎房”就肯定得杀一头黄牛，故人们把梭嘎苗人的葬礼也简称为“打嘎”。这里面就包含了盖嘎房和杀牛。

嘎房的顶如伞状，下有约九根柱子支撑，中间的一根柱子必须是杉木的，盖成后就如一个伞状的亭子。具体来讲，房顶盖有一定的木条，用杉树的青枝铺盖于上，形成一个绿色的伞顶。伞顶的每一根柱子往下，都得牵一根青藤下来，直到地上，四面八方挂下来，很有些气势。房柱的圆周处得用如剑一般的麻杆（原先用白色木条）交叉插织成一圈。

这是基本的嘎房，也就是说，最简单的嘎房也得搭成这个样子，至于嘎房的高度、大小，得视主人家的经济状况，小不能放不下棺木和人不能进出，大呢，就随人的心情和能力了。于此，这支系人是尚大的，据知就有人家为盖“嘎房”，用去几棵大树的。

在这基本形状的嘎房上，还有加圈的讲究。圈用木条削好插成，每一圈也是交叉织插，孔状呈棱形。麻杆那圈不算，再外加几圈无定数，但需单数，如一、三、五、七、九等，但人们所见的最多的有九圈。每一圈当然得有抬棺木进出的宽度，并且每一圈都留有一个门，门必须按一定的方位设置，不能错。问及此事，说在外加圈与否有时不是取决于经济能力等因素，而是担心找不到精通此事的弥拉或鬼师及懂此事的人，搞好了可以大吉大顺，如果一旦方位搞错，就会招来祸事。另外，进入这样的嘎房也不能错了位置，故搭好后，师博得先领一家大小演习一次对了才行。还有，各家进门的规矩也不一样，也得注意。

家里的“事”做完，嘎房搭好，奔丧的亲朋来了，过姑妈和母舅家来人的关也要开始了。如果家里是男性老人去世，得请姑妈家人来，如果是女性老人去世，就得请母舅家的人来，这叫请姑妈或母舅吃牛腿。

请姑妈或母舅吃牛腿有许多讲究和过程，后叙，现先叙此间亲朋送礼奔丧的情况。

亲戚来参加丧礼，一般得送规定的礼物。首先是女婿家，一般的要求是女婿得送黄牛一头，其他亲戚送鸡、粮食、布、钱等。亲戚如果送布、粮食等，就随意多少，不讲究；但如送鸡、钱等能分开的东西，就得按份送了，即去世的老人有三个儿子（他们自然为老人办丧事），那么送礼者就送三只鸡、三份钱，不能只送一份。

如有朋友来，也大概如此，但此族丧礼中这样的事好像极少发生。

这些牛、布、鸡、粮食、钱等，全部交到管事处。原先没纸笔记录的事理，一般用竹片刻印记数。这些东西的处置，得请到姑妈或母舅家的人，“吃”完牛腿，把棺木移进嘎房后再说。

请姑妈或母舅吃牛腿是丧礼中比较重要的一环。

寨上哪几家若分配到接待姑妈或母舅的任务，就得先找一个精明能干的人去报信。

报信人到姑妈或母舅家，在门口就说："拿一碗水，捡一颗红煤炭来。"家人如此给了东西，报信人将红煤炭放进水碗里，后用碗里的水洗手才进屋，并说："某某老人一百年上天了，请姑妈家（或母舅）去与老人住一晚上。"

姑妈或母舅家马上用鸡来招待报信人。不过，这鸡得报信人自己杀，自己煮好，然后端上饭桌。姑妈家人吃饭时，报信人就得拿一个板凳搭在大门中间，端着一碗饭，饭上有鸡的肝子，用马勺（小木瓢）舀饭，舀一点鸡肝于上，作献饭状，说："我来报信，你赶后来，吃了快回去。"整个意思是给同来的去世老人献饭（这个献饭与居都仡佬族的献饭完全相同）。献完饭，大家才吃饭，报信任务完成。

随后，姑妈或母舅家就准备启程了。

得准备五尺布，为去世老人做腰带；捏死一只斤把重的公鸡，烫好煮熟；再煮熟两斤米的饭，一同装在一只口袋里。又去请会吹跳十三谱芦笙的寨人，会唱"老洗歌"的寨人，还得着重请一个懂规矩、能说会道、精明的当姑妈或母舅家的管事。

姑妈家一行人来到办丧事的家里，办丧事家的管事负责接待。程序是办丧事家的管事（简称"办管"）先请姑妈家的管事（简称"姑管"）喝酒三杯，然后来请这一行人去早已分配好的人家住下。如果办丧事家的经济条件好，就得先杀一头牛，把牛腿送到负责接待姑妈家人的家里去，用来招待姑妈或母舅。

下晚，姑管就得故意去请办管吃饭，表示客气，其真意是要酒喝，用酒招待姑妈家的人，并以此开始"斗嘴"。

办管："一亲二戚都吃了，怕你姑妈家的人没吃饭。我来招呼姑妈家的人吃饭。"

姑管："我已经吃了。怕你不得吃，来请你管事吃饭。"

这时，办管就知道该去姑妈的住处与姑管交锋了。办管去时得带够烧酒。

办管进门就说："父亲去世了，姑妈还是姑娘。"

姑管接口："哪里死了？我来到半路还看到他在割草。"

办管："死还是死了，姑娘抬高手让过。"

这时办管就得给在场的人每人倒上半碗酒，此酒不能别人代喝，一定得自己喝，但对妇女不强求。酒喝了，就得由姑管说"咪咪"（谜语）给办管猜了。

姑管说："灯（一般从灯开始），灯里有油，有灯芯，灯是用什么做的？老人得去了没有（意思是用了没有）？"

办管答："油是从水里变的，灯芯是棉花做的，灯是泥巴做的，老的已经得去了。"

姑管每如此问一次，办管就得倒酒一次。如果办管答对了，就进行下一个"咪咪"；如答不对，就得再倒酒，重问一次。

姑管当然得尽其所能，问遍所知事理，以显其能。办管也得尽量发挥所知，不让对方难倒，免对方耻笑。所问多村寨生产、生活日常之事，争取每一件都想到、问到、讲到，最后一直问到老人的入土的各种细节。每个事物都问了之后，就要问为老人安排了没有，除了铺陈有关知识外，还有对丧葬监督之意。这样的对阵常常演化为两个寨子在所谓“民族文化学识”上的对仗，有为寨人争光的含义。多说、多问、多铺陈的有本事，答不出来的一方又丢脸又喝了酒。

这样一问一答，大有传播“民族文化知识”的意味，功能是多方面的，故这样的问答，一般都要几个小时才能完成。待所有的问答完成，即“咪咪”猜完，办管就会对姑妈说：“饭已经熟了，茶也整好了，请姑妈到家里去献点饭。”

这时姑妈就知道前一程序已完，于是叫她带来的芦笙队出来，吹跳芦笙，唱“老洗歌”等，如同前，也是要吹跳十三谱为上好。

待姑妈家的芦笙吹、唱、跳完毕，办丧事家的人才能把棺木抬进早搭好的“嘎房”里。

安放停当，懂“家事”的人就得把女婿家送来的牛牵到嘎房，用那两半剌竹片沾上酒，敲棺木，说：“这是某某女婿送给你的一头牛。”如果有数个女婿，就从大女婿讲起。如此做完，就可以杀这些送来的牛了。

牛杀还有讲究：牛头是办事人家的，牛前胛至第二根筋骨处砍下，是送给大儿子的老丈人的，如果有两头以上的牛，那第二个牛的前胛就送给二儿子的老丈人，如牛再多，那就按兄弟、亲堂兄弟的老丈人的顺序，一直送完为止。剩下的牛肉，再一分为二，一半给女婿，一半办事人家留下。给女婿家的那一半，实际上都带不回去，多留在接待女婿家来人的家中招待女婿家的人。接待女婿家的寨人也是如此，由他们负责供饭。

到晚上，办管就得用钱打发女婿家，一般是牛价的一半。如果收钱，就完事了；如果女婿家不收钱，就说“闪马我骑不倒，喜欢骑背龙马”，或说“这个鸡蛋我包不倒，怕路上打破了”。

这样，办管把打发钱收回，再拿些酒给他们喝也就行了。

棺木前还放一个簸箕，其上有米饭、一只鸡，另外还加上一碗牛肉。也是由懂“家事”的人来说“给你献牛饭”“送你一瓢饭、两瓢饭、三瓢饭”（大概也是用马勺舀送），然后用手撕开那只鸡，一分为二，放一半在簸箕里，另一半撕成三份，又说：“送你一瓢肉，两瓢肉、三瓢肉。”

献饭完毕。

之后，办事人家要在嘎房里请姑妈家的人吃一桌席。府上，办管要把簸箕里的那半只鸡送给姑管，说：“这一半是姑妈家的。”

这时，姑妈家的芦笙队又吹跳起来。跳完，唱完，办事人家就得请两个堂的女婿（怕亲人哭得太凶了）去看姑妈家的管事（实际上是看姑妈），女婿说：“妈妈，你为哪样不带我父亲来?”说完就要哭。

姑管说：“不哭，不哭，有我们在。”以此劝慰他们。劝住后，姑管每人送1元钱，同时喊吃饭，一般不会吃，就送两碗牛肉。

于此，人们开始把棺木抬出“嘎房”，并推倒嘎房，抬棺木上山。所有的亲戚都上山相送，但也不强求定规。一路放鞭炮，吹喇叭（唢呐）。一直送到山上。一路上，他们不兴撒买路钱，路过桥时，也不如其他民族那样，要让儿子在桥下站着，叫“抵桥”，说是此地的地盘是他们老祖先的，最早的桥也是他们祖先修的（此与仡佬族的习俗相似）。

棺木在路上也不能随便落地。棺木下井时，死人的头靠山，脚朝山下。棺木落井后，由其一个儿子背三撮箕泥巴盖一下，其他寨人埋土。坟堆好后，一般用毛石砌一圈就可以了，基本没有墓碑，然后家人在坟前烧一些纸，香插也可，不插也行。如此一来，丧事就算办完了。

梭嘎苗人的丧俗有几点需要说明：

（1）基本不用香，完全不点蜡烛，不设灵堂，只在棺前点灯一盏。

（2）只在堂屋棺木前烧一次纸，埋好坟再烧一次纸，一共两次。

（3）清明时不挂亲，只在年三十在家烧纸给死去的老人拜年，初一再上坟上去烧点纸点香，献饭。

（4）坟堆尚大，有“你有一千一万，你的姐坟还不是细丘丘一个”的说法，坟小了会被人嘲笑，故我所见的坟一般都很大，最高的近3米。坟堆之巨，他族少见。

（5）也兴看地，但由几个老人看，不由风水先生看。埋葬也看时辰，也是由老人定日子。另，我在拢嘎的一位弥拉处看到一个看日子的木刻，与居都仡佬族的基本相同，也可用其看上山的日子。

（6）实际情况中的礼俗已有较大的变化，如要求女婿送牛就有很大改变，要求如此，送不起，用其他代替一下也能谅解。

以上是正常的“打嘎”过程，如果出现以下情况，还可以变通为“等嘎”和“打干嘎”。

所谓“等嘎”，不是他们民族对此事的称呼，而是我给此事的称呼，他们对此有没有固定的称呼还不太清楚。具体情形是这样的：如果老人过世，当时的日子不好，如正逢正月的“坐坡”等节日，或其他的不好日子，一般就不发丧，不办丧事。另外，如果经济状况不好，一时根本无力“打嘎”，也是不发丧、不办丧事的。遇以上两种情况，一般就只把老人装进棺木里，抬到寨子附近的背静处放置起来，然后选择日子和等经济好转再行“打嘎”。一般情况来说，只要“等嘎”，就得等年余后，让尸体全部烂腐臭味不大时，再“打嘎”；要不，只等月余或几个月，实际上的臭味就让人不敢挨边。

放置这样的棺木没有什么要求，背静处，砍几根木料垫在地上，不让棺木落地就行。

如果不“等嘎”，可把人先抬上山安葬了，待机再为其“打嘎”，这也就叫“打干嘎”。埋人后时间不定，年余，或几年均可。“打干嘎”时，先在堂屋里用木料和稻草塔一个灵房，放一套衣服，然后请弥拉用一碗水上山，到死者的坟上，把魂魄请回来，引到那套衣服上。这里自然有一些接魂、引魂的法子。接魂后，即认为死者的魂魄在衣服里代表死者了，这样就可以在堂屋里进行前面正常“打嘎”中所做的一切。堂屋里的事办完了，关于亲戚的事也办完了，就把衣服移到嘎房中，又接着做正常“打嘎”做的事。最后做完，把衣服送到坟上，抖一下，表示魂魄已经送回原处，“干嘎”打完。

按理，“干嘎”的礼数应该与正常的“打嘎”一样，实际中执行得肯定并不认真和严格，但所有的形式还是要的。

注意，所有丧礼中懂“家事”人念的话语都是苗语，也叫打话，一般不会讲其他民族的语言。

[个案12]　梭嘎苗人的“老喜”

讲述者：王开云，男，时年50岁（退休在家的乡干部）

讲述地点：六枝特区梭嘎乡小坝田村王开云家

讲述时间：2001年6月12日

采录人：吴秋林、杨耀荣

（1999年3月，王开云的父亲王忠华老人去世，按老例举办了“打嘎”，当地俗称“老喜”，即相对于婚俗中的“红喜”而称，也就是为老人办丧事。王开云根据为其父办“老喜”的经历，同我们讲述了梭嘎苗人的丧俗情况。）

老人过世，先把人从床上抬下来，放在用两条条凳搭的木板上。这时候，家人就得抬出棺木，把棺木清扫干净，并同时给老人洗身上，穿老衣。这老衣是地道的民族服装，质地为棉、麻，以手工织的为上。有胶（指化纤类布料）的不行，身上也不能有铜、铁、塑料之物，衣服用布带系之。穿好衣服，再给老人穿上一双布鞋，但布鞋上要再套上一双草鞋，因为梭嘎苗人最初只有草鞋穿。

装棺这些事只有家里人做，不请外人。把老人装入棺木停好后，一家人就要哭起来，哭诉死者的生前，哭诉他给人的好处。男女老幼最后看一眼去世的老人，就盖上棺盖。之后，老人用过的一些旧物，就要拿到村西的三岔路口去烧掉，烧时加一把草，意思是最初睡的是草。停好棺木，就得请人开路了。

“我家老人过世时，我提了一瓶酒，请的是‘五献杨’（请参见本书第一节中的相关文字）杨姓的杨铁五来开的路。这个杨铁五那年63岁，他不是鬼师，也不是弥拉，而是专门的为‘成神’老人开路的人。梭嘎苗人十二寨的老人‘成神’，大多请的是杨铁五等几个‘五献杨’的先生来开路。”“五献杨”的先生为十二寨梭嘎苗人的过世的老人来开路是老规，也只有“五献杨”的先生才能为十二寨梭嘎苗人的过世的老人来开路，其他姓氏的不行。“五献杨”的开路先生有好几个，杨铁五是其中之一。

“‘五献杨’的开路先生，只要你请，一般不会拒绝。那次我提瓶酒，进门跪下磕头，说：‘我们家老人成神了，请你去给老人带路’。”

杨铁五即跟随王开云一起来到王家。

开路先生一来，先吹芦笙的“带路调”，所吹的这种芦笙叫“开路芦笙”，意思是告诉死者，开路先生要为你带路。一吹芦笙，老人的魂魄就要走了。

“带路调”吹毕，开路先生就会拿两小竹片，说：“某某老人，我准备带你去阎王那里去了，你去不要回头，一直走。”然后就把此户人家祖上的迁徙地方的地名一个个说出来，模拟给人带路的全过程，途中哪里上坡、下坡、越岭、过沟，哪里休息，等等。但最后的方向是纳雍方向的白泥屯村，似乎到了白泥屯就是重要站点，往后一般就省略了。

开路时，棺木前有一簸箕饭，饭上方一只杀了用滚水烫好的鸡（不论公母）。开路完毕，开路先生就把约有五寸长、两头削成尖状的竹片插在饭上。接着是儿孙们给开路先生磕头，开路的事就算全部完成了。

做完这一切的当天晚上，主人家就得通知寨里的“头面人物”（村民小组组长王开关）通知小坝田寨上的所有人户，每家来一个，男主人来，共同商量为王开云家老人成神办丧事。一般每户都会来人，因为寨子任一家老人成神，其丧事都是全寨人共同来办的。

这天晚上王开云家来了50多个人，除了出门在外打工的，在家的各户男主人都来了。大家商量的要点第一个就是要推荐一个总管（苗语：“不偷中”，意为“头人”“管这件事的头人”）。选总管，一般选正派、责任心强、热心、有组织能力、有一定威望的人，这个人平常可以是一般的人，也可以是平时出头露面的人。

大家这次推举的总管是熊开学，时年50岁，小学文化，是小坝田村的村民组老组长。

总管一选出，人们就会从屋外的竹林中砍来一根竹竿，交到总管手中。在过去没有文字记录能力的时代，梭嘎苗人办事，十二寨人客来的人数、礼物等，全部刻在这根竹竿上，最后总管凭这根竹竿上的刻记，向主人家和全村人交割钱、物及汇报来客等情况。同时，这根竹竿也是权力的标志，总管在办丧事的过程中，一刻也不离手，更不敢遗失，如果遗失，就会遭到村人的耻笑和责备，今后可能永远抬不起头来。现在，竹竿的刻记功能已丧失，因为村里很容易找到能够用记事本记录人亲客往的文化人，但竹竿的权力标识作用仍在，丧事中，谁拿着竹竿，谁就是总管，就可以指挥、调度、安排一切。总管一旦选出，主人家的钱、财、物、人员全部由总管说了算，主人家要用酒、米、肉等，也得找总管。

总管选出后，总管就会拿着那根竹竿，先选择一些人组成一个管事班子，分好谁管粮食、酒、肉，谁管记账，等等。然后再安排十二寨的族人，哪村、哪寨由哪几家接待……在接待人户的安排中，姑妈家和老表家是最重要的人家，一般都要优先安排，安排距离近一点、房子好一点的地方。之后接待安排的是各寨的族人。这样的丧事，全寨的人户都会分担接待外寨族人的任务，十二寨各寨的亲戚一般也都会到来。

这时，主人家就会倒给每人三杯酒，意思是敬大家三杯酒，望大家协助把这件事做好、做妥。总管会说：“主人家呀，你把这件事全部交给我们，不要嫌我们吃得凶、吃得多。你们如果有意见，我们就半途把小竹竿摔给你们家不管了。”

主人家表态：“不怕得，任由我们家客人吃……放心去做好了。”

这时，主人家的儿子、孙子，从老大开始，就向村里每个人磕头，众人就说：“起来了，把你家的老人埋在一个好地方，大发大富，起来了。”这小坝田50多户的男主人，礼数上要一个个磕到，但遇到辈分低的人户主人，就会赶紧止住，不让磕头，不接受，就算了。

主人家磕完头，总管带领一班管事，又给众人磕头。众人说："这次选你干，好好干，干好了，下次再选你干！"

开路、选总管诸事先后进行完毕，分到招待姑妈家和老表家的人户，就得派人上门去通知此事。去的人到姑妈家老表家门口，说："打碗水到门口来！"

这样一说，主人家就知道有事了，会连忙在门口放上一碗水，并拣一颗红炭丢在碗里，叫作打一个"出坛"。这样，来通知的人就可以进门说："某某老人成神过世了，请你们去与他住一个晚上。这家人会问清时间，做些准备，并会捉鸡来杀了招待通知人。杀好鸡，看完鸡卦，通知者就用鸡肝及饭在门口向死者献饭，说："我已通知姑妈和老表了，现在饭菜都弄好了，请来吃吧。"

姑妈家、老表家的人至少要来三个人以上。通知过后，死者家的人就得在路口瞭望，并准备好酒、肉等，预备好在路口迎接之物。一旦看见姑妈家、老表家的人来了，死者家的人就得到路口去迎接，至少也应有三个人以上接。在路口接到姑妈家的人，先敬三杯酒，再磕头、牵衣顿足哭着接进家门。如果迎接不到，迎接不好，让姑妈家、老表家的人对迎接不满或自己走进死者家门，那可是要遭族人责骂的。

这时，丧事的总管会安排人去煮饭、买酒、准备一应用具，并得派一拨人去搭"嘎房"。梭嘎苗人办"老喜"，都得为死去成神的老人搭建一个嘎房，并进行相应的转嘎仪式。这嘎房一般是中间一棵大木柱，在大木柱往外搭一个方形的亭子，四只角，每只角有一根柱子。这个像亭子一样的嘎房，全部用木条搭成，木条上捆上茅草，嘎房的四只角，一只角用茅草扎一只鸟。

嘎房的苗语叫"阿叉"，有许多讲究，像给死者盖一栋房子一样，它一般要高七尺以上，宽八尺左右，人可以自由进出，并完全把棺木都遮盖住。嘎房的四只角一定要朝向正东、正西、正南、正北，不能有偏差。

嘎房搭好后，就围着嘎房用木条绑上草，像篱笆上围上一圈，以便转嘎。每圈之上都有六个朝门，朝门也是木料搭建，木条上绑草，每个朝门上都有茅草扎的鸟。围着嘎房的一圈木条的草上，还用两头尖的白色薄木片插满，银光闪闪。一般人家建嘎房，要求这样的转嘎圈至少要建三层，最多的可建到十二层，每层的朝门是错开的，故转嘎时一定得踏着一定的方位走。建嘎房要视家庭的经济能力，现今已根本没人能建十二层的嘎房了。建这样嘎房木料要很多，占地可达数亩。

王开云家老人去世时，嘎房也只搭了三层。

嘎房搭好后，就要去请鼓了。接请鼓时，由两个年轻人（男性）披麻布衣，手拿一把苞谷，到上一次办"老喜"的人家。一般是办了"老喜"的人家打完嘎就把鼓挂在墙上，一直等到下一次有人家办"老喜"来接走为止。去的人在鼓跟前敲三下鼓，说："大鼓，我们来取你去与老人家做伴！"并把苞谷交给管鼓的人家，就把鼓从墙上取下来，背着往嘎房走。背鼓者不能在半途把鼓放在地上，落地就不行，就预示着不顺利，所以背鼓一般是两个人，一人累了另一个人接着背。

这鼓是将一截很粗的原木挖空中间，两边钉上牛皮做成，分量是不轻的。

这鼓运到嘎房后，就得挂在嘎房的东面或西面。这在各姓人家各有不同，王开云家这一支，就习惯挂在东面，即在棺木的大头处（有的姓就把鼓挂在棺木的小头处）。王家棺木的停放按规矩，是东西向安放的，大头在东。

诸项事情准备完毕，一般第二天各寨的亲戚就要来了。这梭嘎苗人十二寨，虽跨两个县，但相距都不远，亲朋听到消息，一般上午就能赶到寨上。各寨来的族人，就按划定的人户，由各户人家接待。一般是中午这一顿吃寨上的，晚上这一顿吃主人家的。

老人过世，与他同辈的不用牵牛来送，但晚辈，特别是姑妈家的后辈等都要牵头牛来。送牛名义上是送给过世的老人阴间使用，但送牛的晚辈也不会白送，因为主人家要用一定的“牛价”打发晚辈，故有时送牛者多有收益。没有牵牛，牵羊也行。牛羊牵来后，立即宰杀，一半交给管事掌管，一半放在寨上各户人家，用于招待各寨客人。

王开云家老人成神时，牵来的大、小牛有 8 头，羊有 10 多只，视用肉菜的情况，并没有全部宰杀。

这天白天，要安排各门亲戚来“闹”（陪）老人。最先自然是姑妈家和老表家，来人一边吹芦笙，一边唱孝歌，女的一边哭。这时，姑妈家的管事在棺木旁要向主人家的管事询问老人的死因等情况，往往以“我昨天还看见他在坡上做活路，他并没有走吧?!”为开头，来历数去世人的生平、对人的好处，以表达对他的怀念。其中质询死因，看看家人对去世的老人好不好，有病了医没医，平时家人对老人好不好，如有回答不妥和确有对去世的老人不好之处，难免责备和数落。总之，在应答中，对于老人去世之事，主人家对姑妈家、老表家得要有一个清楚的交代，虽然过程已经仪式化，但还是很激烈的，主人家的管事回答不好，往往要被罚酒……这个过程大概要进行三个小时左右。

姑妈家“闹”过了，才安排各家亲戚来“闹”。

王开云家办“老喜”时，有 20 多家牵了牲口，故每户安排半个小时来“闹”老人，故这一天王开云家热闹非常，20 多户人家每户一拨芦笙，一拨接一拨，“闹”了一整天。

白天“闹”结束后，晚上就由姑妈家的人围棺而坐，不准哭、不准闹，只喝酒，吹芦笙，唱孝歌。一般是吹一谱芦笙，唱一首孝歌，一共是十二谱芦笙，十二首孝歌。整整要吹、唱一夜。天亮时，不管芦笙是否吹完，孝歌是否唱完，就得把棺木从家抬到嘎房里去了。

抬棺木时，鬼师端着献给老人的饭和酒走在前，棺木后是家族中人，这时他姓的人就不参加了。棺木抬到嘎房，先围绕着嘎房转三圈，又围着大鼓转一圈。王家只建了三层，所以转嘎的时间不长，如果是十二层，就要转数小时。最后转到嘎房，把棺木东西向安放在嘎房内。停放完毕，人们把老人的棺木打开，鬼师开始与成神的老人“交牛”。先将两个木叉安放在地上，上置一横木，成一个门状，牵牛的绳子就从这

“门”中穿过，绳头牵到死者手中。每牵一条绳子，鬼师就说：“这是某某献给你的牛，你得牛后到阎王那里去种点粮食吃。”有一头牛就牵一条绳子，死者手中的绳头越多，得到的牛就越多。

交完牛，棺木就盖上了，家人就哭诉一场。

鬼师则一直守在棺木旁，看好开路先生的那两片竹片，决不能丢失了。同时，有人专司敲鼓，鼓声不断。这时，来下祭的姑娘家及其他亲戚，就可以到嘎房来“闹”，吹芦笙，唱孝歌，随便“闹”多久。

一般当天就会把老人抬上山掩埋，但上山前鬼师要念经为所有家族中的人取魂。说：“你去你的，所有的魂魄不要跟你走。”然后用一碗切成坨状的肉，捻起其中的一坨，说：“某某老人，你去了，把某某家12个人的魂魄收回来。魂魄回来了，拿去。”把肉坨给这家的任一个人让其吃下去或接在手中，就代表着这户人家的魂魄已经回来了。如此在下一户再重复一次，一直要把家族中所有人户的魂魄都取回来。随后才说：“其他所有魂魄通通回来了。”如此一来，取魂才算完成。

取完魂魄，主人家的管事要请姑妈家的人跳嘎。吹芦笙和唱孝歌的人围着嘎房跳，其他人男的在东方坐成一排，女的站着。管事为姑妈家的每一个人倒一碗酒，每人分一坨牛肉。姑妈家请的管事也就坐在中间，主人家会请两个女的到姑妈家的人面前哭诉，姑妈家的管事会站起来说“不要哭了”，并一人给1元钱打发，并递上两碗牛肉，这样，跳嘎就结束了。随后，鬼师就提着献饭走在前面，亲戚在后，就要抬棺木上山了。埋坟的地点、时间没有什么讲究，合适、方便就行。棺木下土后，先由孝子背三撮箕泥巴盖棺，说：“背三撮箕泥巴给你盖房子！”随后大家盖土垒坟。

献饭　不撒买路钱　垒大坟

梭嘎苗人的坟都为土坟堆，无碑刻，不用石头包坟。上山时也不撒买路钱，不讲究朝向，不看地理，只尚坟堆大，堆大了说此家要大发，故梭嘎苗人的土坟堆一般都很大。

堆完坟堆，鬼师要把开路时的两片竹束在一根木棍上，坟堆上还要栽一窝茅草，并插在坟堆上，同时还要向老人交东西，说：“你用过的那些东西都如数交给你了。”但实际东西都拿回来使用。

交完东西，鬼师要代表各家各户用马勺向死者献一次酒水，念一家献一次。接着还要为每户人家再取一次魂，过程比上次简单，各户人家不用派人前来领肉坨。

下葬时，那一簸箕饭和那只鸡要一起下葬，并埋在棺木的大头之下，意思是埋有那么多饭，待老人数完这些饭粒，才会再要饭吃，那已经是几十年过去了，故家人就会平安无事。

最后，鬼师得把那两片小竹片系在一起，并系在一根木棍上，插在坟头上。

棺木抬走后，把嘎房向西砍倒，诸事完毕后一般是一把火烧掉。

老人上山后，其他各寨亲戚基本上就散去了，但姑妈、老表家的人要留下，专门杀一小牲口招待姑妈、老表家的人客。

主人家在席间不断向姑妈家、老表家的客人敬酒，酒碗敬递上去，姑妈家、老表家的客人会说："这个碗有点漏，换一个碗来。"实际是放10元钱在碗底，打发敬酒的人。第二天，主人家要用一条牛腿、一口袋饭、一小碗牛心，送姑妈家、老表家的人上路。要送到半路，向姑妈磕头，姑妈打发5元钱后就往回返。

整个"老喜"结束。

随后也就是总管向主人家交账。由于招待各寨人的粮食由寨上所有的人户共同负担，故主人家的粮、肉等消耗并不大，有时还会有盈余。

这两个个案主要的情节大致相似，但各自也有许多不同之处，且不同的地方可互为补充。

在总的方面，如停棺、通知姑妈老表家、开路、搭嘎房、"闹"嘎、转嘎、姑管与办管交锋、上山、埋坟、堆坟等大的情节上差异不大，但前一个案中就没有"接鼓""取魂"的内容，以及对小竹片的交代等。我以为，它们在前一个案的实际操作中是有的，但在采录中疏漏了，当然，这也不排除每个个案在现实运行中的差异性。

在一切的民族文化中，随着岁月的流逝，变化最小的部分就是丧葬部分，这在梭嘎苗人文化中也是如此。其他部分，如"红喜"、服饰、工艺等方面，在这几十年中，是有所变化的，但梭嘎苗人的丧葬却很少变化，大致一切都在"老例"中。而且，这种"老例"的运用在梭嘎苗人文化中是受到普遍鼓励的。一种新的服饰可以在梭嘎苗人中受到推崇，但丧葬中的新东西，人们的第一反应只会是拒绝。故而，在梭嘎苗人文化中，与其他文化表现一样，保留了最多的这个民族最久远的信息。在梭嘎苗人的丧葬文化中，表现的首要信息可能是他的族源。在他们的开路经中，都有这一姓人家的基本迁徙线路，这些一姓一姓的线路，汇集起来，就是这一民族或民族支系的迁徙线路。在梭嘎苗人文化中，各姓的"老喜"开路都是开到纳雍县的百兴镇白泥屯寨子，以后就略而不计了。也就是说，在梭嘎苗人文化中，白泥屯是其文化发展的一个转折点，从这个点上开始，梭嘎苗人就独立地形成了自己的影响至今的文化，这也就是我们今天看到的梭嘎苗人的文化。但是，他们与白泥屯老寨的"冥中"联系还是得到承认的，他们所有的死者魂魄都得回到白泥屯去。据知，白泥屯人也是苗人，只不过他们是短角，是银角，俗称"短角苗"，习俗上也有一些相似之处。但演化至今，梭嘎苗人文化中的独特表现，已有自己独特的文化内涵了。

在梭嘎苗人的丧葬文化中，"打嘎"不是其独有表现，它同时出现在这一地域中的其他民族中，如仡佬族、彝族，以及其他苗族支系中，但在梭嘎苗人的"打嘎"中，苗族式的鬼神文化色彩又非常浓厚。我以为这种"打嘎"的丧葬形式与这块土地上的彝族关系最大，极有可能是这一丧俗先在彝族中发生，然后成为整个黔西北地区的共同丧俗行为。当然，从"嘎""那"这两个字音来看，又与这块土地上的原住民——仡佬族有很大关系，因为"嘎"和"那"是一种古老的源于仡佬语的地名读音，在这块土地上，现今仍有许多叫“嘎”和“那”的地名。这种说法不管如何，都说明梭嘎苗人的丧葬文化深受地域文化的影响，只不过其仍顽强地保持了自己祖先崇拜的信仰。这方面，我们还可从梭嘎苗人丧葬文化中的用鼓看到这种融合。梭嘎苗人的木鼓是神圣不可侵犯的，也是与祖灵相关的事物，而这是典型的苗族的文化事物。它一般用整段木头挖制，蒙牛皮，主要用于丧葬祭祀。

在梭嘎苗人的丧葬文化中，穿民族服装、不用铜铁等都是一般丧葬礼俗中好理解的东西，但在棺内垫草、穿草鞋、烧草等就是他们的有独特含义的东西了。我以为这可能与他们祖上最初来到此地“开荒拍草”艰难困苦的经历有关，有纪念的意义，也有借此教育后代的目的。

可以说，在梭嘎苗人的丧葬文化中，还有更多更深刻的文化内涵，它的每一个细节都有丰厚的历史文化积淀，只不过我们这里无法一一诠释它罢了。

七、梭嘎苗人的服饰文化与音乐歌舞文化

如果说梭嘎苗人的语言、祭祀、婚俗、丧俗等文化是一种内结构性质的文化，那么，其文化中最具外在形式感的就要算它的服饰文化和音乐歌舞文化了。在世界上众多的民族中，最具吸引力的民族文化就是其服饰和歌舞，因为这些最充分地表现了这个民族的“表情”和特色，也可说是这一民族的基本标志，人们不一定对这个民族有什么深刻的认识和理解，但从这些标志上，人们就能轻而易举地认识这个民族。任何一个外族人看它眼前的民族，大都是从这些外在的表现上来看它和认识它的。另外，这些方面还是一个民族情感文化的主体部分，也是其工艺和艺术表现较为全面和丰富的地方。这方面，它相对于其民族的物质文明，有更多的东西可以告诉我们。

梭嘎苗人的服饰文化

对梭嘎苗人文化中的服饰文化，我于1995年初进行了调查，在2000年初的时候，我们又在拢嘎村进行了专门的音乐文化调查。关于服饰文化的内容是这样的：

[个案13]

讲述者：熊玉安、熊玉文等

讲述地点：六枝特区梭嘎乡拢嘎村

讲述时间：1995年2月

采录人：吴秋林

这里的“服饰”应该是一个大服饰的概念，即包括发髻形式、衣裤鞋、身上的饰物等。

发髻形式

此支系的发髻据知在30年前男女都如此，男女都终生不断发。男女都在头上用麻绳绑上一个微微上翘的角，并把头发用白布带子交叉捆绑在木角上，使头发呈八字形向左右伸延，形成特有发髻。这是数位梭嘎苗人青年和壮年或老人的叙述，但对男

人的盘发形式没有特别的叙述和说明，只说大致与现在仍存的妇女的盘发样式相同，本人没有见到过实物，因现在的男人已完全没有了头上的木角和发髻，一如汉族和其他民族男性的发式，只是在节日时，在头上盘包上一块黑色的头布。如此，现今这个民族支系的发髻形式只保留在女性的头上，男性头上的发髻恐怕将永远消失了，而对这个民族支系发髻的描述就只能完全放在女性发髻上了。

据知，梭嘎苗人的女孩大约在10岁时，孩子的父母（多数时候是母亲）就得为女孩子准备一个小小的木角。木角一般是硬木，比如青冈、栗木等，尺寸不固定，孩子小就小一点，随着年龄的增大，角也得换成相应长度的角。

女孩戴木角大致也就意味着女孩学习绣花、画蜡、蜡染等技艺的开始，于此有没有什么仪式或定规，情况不明。据一般的询问说是没有。是不是历史上有过一定的礼仪，后逐渐荒废的推测也没有可据之处、之说，但开始给女孩戴角，肯定有一种“集体无意识文化互渗”的意义，对民族文化的传承有决定性的影响。

给女孩戴角是母亲当然的任务，母亲还有教会女孩绑角的职责。据观察，绑角得先把头发在脑后中央部位结成一个圆形的结，用麻绳把角和头发同时绑好，既将头发结定型，又绑牢了木角，然后就是把头发盘绾在头上。据介绍，5年前这就是日常的生活装束。现今，头发则不盘在角上，角上是空白，看上去就如动物头上的两支角。就是梭嘎苗人女性的日常式样，从小孩到大人都是如此，别有一番情致和异样感。在数十年前，日常生活中的男女老幼都是如此的，那更显得特别。现今男性已经全部没有角了，少部分女孩子在平常日子也不戴木角，而是披散着头发。节日（特别是“坐坡”来）到，以及有什么重要的场合和活动，梭嘎苗人女性的头发就得更加认真地盘在角上，用白布带交叉绑好，在头顶上形成美丽的乌发云髻。据介绍，在不久以前，女性头上的云髻全部由妇女本身头发形成，一般没有另外的东西掺杂发中，故头上发髻最重的有3千克。这里有两个事象值得一叙，一是角的长度，二是发髻的大小。在调查中，对角的长度有没有一定的规定和要求，一般的说法说是没有，是随妇女的意愿而决定的，但我觉得族内对木角的形状、长度是一定要求的，也许某种形式上的比较正规的规定没有形成，但相应的不成文的规定是有的。在观察中，女孩的木角一般较小巧，带有预习性质，但成年女性的角一般都长过两肩约五寸，木角尖锐，微微上翘，如盘上头发，左右的头发大大超过双肩。

在调查中，对梭嘎苗人女性头上发髻的大小我也进行了观察，几乎每一个女性，主要是女青年，都尽力把头上的发髻盘得最大，最大限度地展示自己如云的乌发，你对她的发髻表示关注和产生兴趣时，她们明显地表现出兴奋。这里面似乎表现了一种倾向——以大而黑的发髻为美。确实，一头又乌又亮又大的发髻，无不展现出青春活力和美丽。正是由于这种倾向，木角才由一般的木扦子发展成今天梭嘎苗人的角（我以为此事象与古籍上记载的有“椎髻之民”之称的濮人直接相关，但他们头上绑缚发髻的只是一般的木扦子。我以为是梭嘎苗人的先民把此事象强化为现今的木角，成为这个民族支系的象征物，而这种强化的动因就是让乌发越多越好，发结越大越好的趋向。这种趋向有美的因素，也有文化的更深层次的因素，如作为“箐苗”的动物模仿、生殖、生命力蕴含等）。此角最长者约二尺五寸，这可能也是对角的长度追求的极限，这与木质、头发重量等有关。

以上是关于发髻的叙述，对于头发本身也观察到一些内容，梭嘎苗人最早的发髻全部是真正的头发，而且以乌黑发亮的长大的髻为佳，因而该族的女性对头发的护养肯定有一整套的经验方法，其如何，作为男性调查者，在短期调查工作中是不可能得知的，但这些方法、方式肯定有，而且还有不少的民族文化蕴含。在观察中，我看到，女性中的头发白发极少；另外，中年妇女的头发因长期不断梳理有明显的受损稀疏的现象。由此可见，头发在梭嘎苗人女性一生中是何等的重要。头发长和多虽然是好事，但要真正养护出如此的头发却不是一件容易的事，于是不知从何年代起，就出现了女性头发的替代品——黑毛线或其他黑色的线状物体。有的只用它来衬底，发髻的面上仍覆盖上自己的黑发，但有的就干脆全用黑毛线等物，使真正意义上的发髻发生了很大的变化。到今天，“花场”上的梭嘎苗人女性头上全部如此，只是自己的头发参与或多或少。

梭嘎苗人发髻的包扎式样、用绳等大概在不久前还有讲究或与其他相区别的地方。据调查得知，出嫁时的女性在包扎发髻上就有与平常及别的人完全不一样的说法。不过，现今这些东西已没有多少人探究了。女性本身也没有人知道和执行相应的规定，故现今的女性头发髻的绑扎是很随意的。

服装

衣物是梭嘎苗人保持传统较为完整的一个部分，它传统的男、女服装都保留了下来，并能在民族的节日展示出来。对它的服装我们分男女来叙述。

女装布料一般为麻布。麻布又为自种的麻抽丝纺线后，用木质的古老的平机手工纺织而成，质地亦较为精细。

布一般都要经过蜡染。蜡染可能是先做成衣料各部分后才进行的，因为衣服的左右幅、左右衣袖的图案一般是对称的。一般装饰过的上衣为有白底蓝花图案的蜡染衣服，整个上衣全由精细美丽的手绘蜡染花纹图案覆盖，显得特别素雅。这几乎是素装，但在上衣上绣花是一件更为重要的事情。在观察中，我看到几种形式，一是衣服的左右幅是刺绣的；二是只有左右袖子上部分是刺绣的；三是左右袖子全部是刺绣的；四是衣服的左右幅、左右袖子全都是刺绣的；五是整个上衣全部是刺绣的。在更细微的差别上还可以分类，但此分叙已经体现了从生活装到盛装，从老年装到青年装的一般制衣原则，不过这种原则已经被她们自己打破。生活装是不绣花的一般的蜡染上衣，这几乎问题不大；全绣花上装在花场上确也鲜艳夺目，但也有部分姑娘仍着全素色蜡染的上衣，仍然十分引人注目。

梭嘎苗人的这种上衣，无领，窄袖，前裾短，后面有一与下裙一样长的长方形后幅。这个长长的后幅是任何一件女上衣都得有的东西，并且是上衣绣花的起点和必需之处，也就是说，哪怕是全素色的蜡染上装，这后幅上也是要绣花的。这后幅上的花纹一般是横条花，有致地从下到上，一道一道地与背部的花色相接。

上衣上的刺绣，有直接绣在经过蜡染处理的衣服上的，这样一般就以白底蓝花蜡染图案为底色进行衣服的装饰，另外有整块绣好，然后叠缝在衣服上的，如有部分姑娘的肩、袖处的绣花图案就是如此。

在蜡染和绣花上，她们不管使用多少种图式，都讲究左右袖，左右衣幅上花纹图案的对称效果。另外，对称的原则还被应用于左右的图案中。也在上下、左右关系上体现这一对称原则。可以说，她们上衣的每一处图案都体现一定的对称关系，这使得梭嘎苗人的女性上衣上的图案花纹既变化万千，又协调统一。

这种无领的上衣，从脖处下来，必有一方长长的幅边，这条幅边也被梭嘎苗人聪明的女性充分利用。这条幅边的图案不管是蜡染还是刺绣，在表现对称原则的同时，又从最根本处表现每一件服装的与众不同。在1995年正月初十的花场上，你很难找到上衣图案花色完全相同的例子，在我的镜头上曾出现了四个姑娘，上衣的花纹图案几乎一致，在左右袖、左右幅上的花纹图案大致相同，但这四个姑娘衣服的四条幅边的花纹图案却完全不一样，一下子就把“雷同”二字轻轻抹掉了。

这种上衣只在衣服中部的布结相系，作为纽扣。这种布结即便完全系住，女性V字形的胸部都将露得很大很深，完全看得到外衣里的内衣。我们现今看到的女性内衣多为红色或粉红色的衬衣，此明显为现今市面上的一般衬衣。最初的传统的梭嘎苗人女性内衣大概不是这个样子，应该是普通的麻织内衣，或者说根本没有内衣。至于现今内衣的颜色，这与一般的粉红色、红色表现青春娇艳的观念是相通的，故我以为，如果她们传统的衣饰中有内衣，颜色也是倾向于红色的。

在内衣里面，应该是束胸一类的东西，但据知乳罩在她们那里几乎是没有的，只有极少的有外出经历的女性才有戴它的可能性。

梭嘎苗人女性的下装是桶式的百褶裙。一般以黑色为基底色，间以红、浅蓝色的条，形成对比强烈的色彩变化，非常醒目。最经常的色彩搭配是这样的，从裙边算起，第一道是红色（或为半道），第二道是黑色，第三道是红色，第四道是黑色，第五道是浅蓝色，第六道是黑色，第七道是红色，第八道是黑色，第九道是浅蓝色，第十道是黑色，第十一道是红色，第十二道是黑色，第十三道是浅蓝色，第十四道是黑色，第十五道是红色，第十六道是黑色，再以上就是裙腰，这里一般是用白底蓝花的蜡染布料缝制的。这十六道色条（可能实际中的色道有一定的变化，但不大），五道红色，三道浅蓝色，八道黑色，黑色和红色的色条宽度大致相同，有一定的差异，但不是很大，但三道浅蓝色色条宽度只有黑、红色宽度的一半左右，或者更窄一些。色彩上，黑色不变，但红、浅蓝在总的色调不变的情况下就有许多变化，如橘红、淡红、昏红、过渡红、黄红等，浅蓝色也是如此。我在花场上，见裙子的色调总的如此，但见不到条纹和颜色搭配完全一样的两条裙子。

据调查询问得知，传统的妇女装饰中，裙子里一般也就没有内裤，腿上也没有裤子一类的衣物，完全靠裙子和衣服来保暖。但现今这种情况有了很大变化，部分女性已经在里面穿上内裤和棉毛裤一类的东西保暖了。

这种裙子的长度一般达到小腿的中部。裙子下的小腿上裹的就是一传统的物件了，这是一片白色的很厚的毛毡，它的长度与穿戴者的小腿长度一样，即从踝关节直到膝关节处，宽度也与小腿的粗细适中，使用时把它裹在小腿处，膝关节处用绳绑好，脚背处又用传统的钉子鞋延伸上来的布片套住、绑好。这块裹腿毛毡应该是有特别的保暖功效的，特别是在过去传统的女性下身穿戴中，就显得异常重要。

毛毡下面就是鞋了。传统的鞋是牛皮为底，鞋底有铁钉，绣花鞋面，上有一黑色软布筒，把布筒提起，形同今天所见的半腰水靴。这种鞋的牛皮底约有五层（可能也有多几层的或少几层的），多为健牛皮所制，鞋底上有十数颗铁钉分布，在泥泞的山区行走不易打滑。鞋帮是布面绣花，男女鞋都绣花，但女鞋的颜色为红色等，男鞋的颜色大概淡雅一些。另外，男女鞋的区别主要在于：女鞋的鞋尖是一个带钩的形状，而男鞋的鞋尖部则包了一块硬牛皮，其余部分大致相同。梭嘎苗人在不久前是很看重此鞋的，一般的女儿出嫁的陪嫁品中就得有鞋。我在一杨姓家就看到了这样的实物。现今的梭嘎苗人男女已经不穿这样传统式样的鞋了，但对鞋底带钉的鞋情有独钟，故在每一个男女的脚下，都有一双带胶钉的足球鞋，以替代皮底的铁钉鞋。这也是文化事象流变的例子之一。

以上是女性身上的衣装，但还得有三样东西才能组成梭嘎苗人女性服饰的整体，这就是脖子的铜圈、小腹处的肚兜似的饰物，以及这个饰物带上的数条手巾。

铜圈作为女性的一种妆饰品是挂在脖子处的。铜圈为圆形，脖子后处是普通的铜棍状圈，下巴处铜圈有卷曲的妆饰花圈。这样的妆饰铜围有的女性戴，有的女性没有戴，但据知为戴圈多的显贵。观察到的情况，戴者少者四个圈，多则八个。

小腹处的类似肚兜的东西基本为圆形，黑色，质地为毛毡，很厚，大小正好把腹部、耻部下沿全部盖住。此物她们叫“围腰（章围）”，而我以为它肯定有更深含义的称呼。此物的上部处连接两根带子，挂在人的脖子上，左右还有两根小一些的带子系在腰上。

问及此物的实际效用和意义，一般只说是为了好看。我以为它不可能是家务活的围腰，在外和在家劳动时不取下，只把它转到身后去。也不是为了手的保暖而设制的，因为梭嘎苗人女性大都将手伸至后腰的上衣尾幅下取暖，并不放在此物下。唯一的实际功用就是为腹部和裆部挡风寒，但又不完全如此，放在外面，挡风寒的功效有，但并不明显。我以为，它肯定是某种文化含义的表达，比如对最原始的遮羞布、皮幅的回忆和外化，故而此物的文化意象很古老。调查反映说“是一种规矩”。

系在“围腰”带的手巾也是梭嘎苗人身上的饰物之一。这些手巾一般带花，花色多种，有带，分两条、四条、六条对称系在左右的带上，然后垂下，大致达到“围腰”的底部或者超过露出，在“围腰”两边。问及此物，也是说好看，文化事象的蕴含一时不好理解。

在梭嘎苗人中，男性的衣饰也显得很重要，至少比一些消失了男性民族服装的民族重要，因为至今其服饰消失得并不很多。

男性的头上30年前是有饰角和盘发的，但现今只包了一块黑色的帕子。

男性的上衣布料是麻织的土布，染成青黑色。有硬领，窄袖，从领口到下摆是两排白色的蝴蝶结式的布纽扣，左右有两个四方形的口袋，口袋就是两块绣花块，有精制的绣花图案。另外，上衣的袖口和领口处也绣有一圈花，这是男性上衣绣花的三个地方，观察多例，均未见有破例者。

男性上衣也有后摆，长度没有女性的长，也是长形的，颜色同衣服，没有花饰。但男性上衣的后摆在有些例子中消失。我以为，前一种有后幅的上衣是比较传统的，后一种无后幅的是经过改进的。男女上衣的这一块后幅我以为与古代仡佬族的披袍、套头裙有关，具体如何有待进一步考究。

男性上衣内部现今的穿着是多样化的，但在不久前的传统中也有类似女性内衣的问题，因我在观察中发现，有一男青年竟穿四件如此的上衣，是为了保暖？或是一种富有的显示？

男性下身传统的是一袭如女性一样的白色百褶裙，长也是至小腿中间位置，这似乎没有什么值得多言的，倒是其绣花的腰带值得一书。这腰带系在男性腰部，很长，可以在腰上围好几圈，带子垂在男性面前有一长形的条幅，幅下垂边上有的还有穗花。整个腰带全部绣上了精美的图案，原则与女性的相同，其腰带刺绣程度与女性上衣的相同。可见，传统的男性服装也与女性服装一样，很看重这些美色的展示，只是女重在上衣，男重在腰带。另外，男性在传统的衣饰中，最初也是裙子下没有内裤或长裤的，但现今也有了变化，基本上都有穿长裤了。

男性着裙者小腿亦有白色毛毡裹之，鞋的情况前已有叙。饰物上，男性脖子上亦有铜圈，情形与女相同。在花腰带的两边，也系有女性一样的花手巾。另外，一些男性还斜挎着一个精制的绣花包，这也是相应的饰物之一。

以上是整个梭嘎苗人我已知的服、色、饰情况，可能并不全面。应该说，他们的服色是非常引人注目的，总的蜡染图案很精细雅致，绣花图案也很新颖丰富，特别强调对称关系和效果。在色彩上，总的视觉感觉很清新，不俗，再加上此支系男女长相都较好，肤色也白洁，给人印象深刻。

以上的个案对梭嘎苗人文化中的服饰文化进行了相应的描述，概况如此，但我们还无法深入梭嘎苗人文化中的服饰文化的工艺层面。毋庸讳言，这里肯定有梭嘎苗人文化的许多表现，并值得我们注意和研究。

在个案的描述中，我大致顾及了基本面上的东西，但也有当时不明了的地方，如梭嘎苗人女孩脖子上的铜圈以及我称为“围腰”的东西。梭嘎苗人的女孩戴铜圈除了表示富有外，还有一个重要的功能，这就是标明女孩未婚，已婚的妇女就不再戴它了。

对于我个案中所说的“围腰”的这个名称及对其的理解都有些不明了的地方，对此，杨耀荣先生1990年时对其进行了描述，他的描述对这方面是一个较好的补充。他在文中说：

> 章围，又称毡围。毡者，羊毛擀织就的羊毛毡也。其“章”之意，大概是“毡”字谐音衍化而来，称谓之习惯了，也就约定俗成。“围”，取围裙围巾围腰之形象功能。章（毡）围是否有其他之含义？有待考证。

梭嘎苗人妇女都要带一个章围，只有也唯有长角女人才可带，实在是一个时刻不离的“护身符”，即使是田间劳作也要系带，样式有如孩童之兜肚，更如日本女人和服背上那个“妆饰包”。

章围有背带，但不似小学生们斜背书包，却又如小学生们有时将书包背带下挂在颈部肚前那样。如此，这个“包”就自然遮盖了小肚子至大腿的全部，上齐小肚，下至大腿，左方横平腰际，走起路来磕碰大腿，有些不便。

章围博大宽厚，一挡百挡，挂于颈，系于腰，是长角女人服饰一个重要组成部分，显眼夺目。

章围重的达两三斤，一般半斤，上窄下宽成微椭圆形，边长8寸至1.2尺，羊毛擀织成整块，一律用一种植物叶靛蓝色染就。

女孩进入十二三岁就戴章围了，一戴就是告老终年，进入坟墓亦然。60岁以后，章围就用一块轻便的青布代替了。

刺绣和蜡染　染缸和纺车

对于梭嘎苗人的蜡染，杨耀荣先生也有一些文字，同样是很好的补充。

梭嘎苗人蜡染古朴新颖，精湛别致，虚实相映，变化无穷。走进梭嘎苗人寨，灿烂多姿的彩色蜡染、青白蜡染迎面扑来。梭嘎苗人的服装，常常晾在石头上、树林里，挂在篱笆边、屋檐下，一条条，一幅幅，一块块，大小不一，长短各异，令人目不暇接。

靛青底布用植物靛青色汁将白色棉布及蜡画浸染。家家都有靛青染缸染锅，户户皆有蜡碗画笔，家家姑娘妇女都精通这门艺术工序流程。这是梭嘎苗人的一门祖传技艺，即使是温饱未及的人家也必备蜡染器具和颜料，潜心制作彩色蜡染。否则，这家女孩必遭议论讥笑，视无本事，严重的被人看不起到门可罗雀，择偶难。习俗如此，无意逆转，宁可土地荒芜，也要绘画蜡染刺绣，是一种特有的兴趣、爱好，也是一门特有的艺术。若是彩色蜡染，其黄色，由当地一种山草熬汁而成，其他红绿诸色，皆就地取材，大都是一些矿、植物原色。

女孩从10余岁就进入刺绣、蜡画和蜡染生涯。蜡画主要安置在女衣背和衣尾摆，每一个梭嘎苗人女性特别是姑娘、少妇，其背负的是一件珍贵的蜡染艺术珍品，一个民族的历史、智慧和文化。在梭嘎苗人蜡染里，也浸透着母亲的心血和慈爱，凝结着梭嘎苗人姑娘的手巧聪慧、忠贞勤奋。

梭嘎苗人蜡染及刺绣是梭嘎苗人中情人的信物，更是梭嘎苗人珍贵的民族遗产、祖传技艺。蜡染放置皆是肩、背、袖、腰和尾摆，裙子为四环花纹，余下绣、蜡相兼，不可错乱，有如反穿，衣鞋当帽，遭讥笑唾骂。

这些文字对梭嘎苗人的蜡染描述和评价都是很有深度的，也接触到一些工艺上的问题。

可以这样来说，这些已深入他们日常生活的方方面面，在他们的工艺、恋爱、婚姻、人口生产、纺织、审美、情感生活等方面，都有所表现。

梭嘎苗人的音乐与歌舞

梭嘎苗人的音乐文化主要表现在他的芦笙、三眼箫、改制口琴、孝歌、酒歌、山歌、情歌等方面，其中三眼箫是这个民族支系所独有的，很有特色。从音乐文化生态来说，他们主要有如下的表现：酒歌、孝歌主要用于丧事，但前者在更广泛的范围内都可以用。山歌、情歌主要用于青年男女谈情说爱，以每年的“坐坡”期间表现得最为充分。上列的三种乐器以芦笙最为重要，芦笙曲中又以祭祀芦笙十二谱最为重要。此乐器使用广泛，丧葬中用，喜事中用，谈情说爱中用，还有男女间情感交流、一般生活中的语言交流等功能。三眼箫、改制口琴的主要用途是年轻人情感交流的工具，当然也是其艺术情感追求的重要方面。在梭嘎苗人中，你如果不会唱情歌，不会吹芦笙、三眼箫、改制口琴就表明你没有文化（民族传统文化），你也就是无能、无本事之人。这样的人是很难找到伴侣，或很难找到好的伴侣的。

从音乐文化上来说，梭嘎苗人的音乐与其文化生态的关联十分密切，其音乐是一种语义性包容在内的音乐艺术表达，生活气息十分浓郁。对梭嘎苗人的音乐艺术诸方面，我们在这里很难进行专门的探讨，只能就其音乐文化而言，做一些讨论。

2000年年初时，我们在进行民族器乐的采录中，对其三眼箫及三眼箫所依存的文化生态有一个文本。这个文本的描述对我们了解梭嘎苗人的音乐文化有很大的帮助。为了描述和理解的方便，我们也把它视为一个个案。

［个案14］

采录地点：六枝特区梭嘎乡拢嘎村

采录时间：2000年2月

采录人：杨方刚、吴秋林

此萧名为三眼箫（苗语称为“匝若”）。三眼箫系气鸣乐器，发音原理近似竖笛，由于吹口风门窄细，所以发音别于笛而近似箫。此箫斜开三孔，孔眼不在一条线上是为了便于手指按孔。由下而上分别称为1、2、3孔。

三眼箫大体有大、小两种，大箫1=G，小箫1=F。发音本音（缓吹音）1孔为“2”，2孔为“6”，3孔为“1”；连同泛音1孔为“2 3 2”，2孔为“6 5 6 3”，3孔为“1 1”。故其音列为“6 1 2 3 5 6 1 2 3”，用叉口吹法1孔可出“7”音。根据乐曲常用音排列为“2 3 5 6 1 2 3 ”。

三眼箫设置三孔音的主要根据是当地苗族的民歌音调（三眼箫的曲调源于吹歌，故其音调有歌唱的实际含义）。我们知道音孔少的乐器，演奏音调主要靠一系列泛音，而这种泛音的发音靠口风和气息的控制，控制得好，则音的运用自如而灵活，每个音的流动（微升、微降，上下滑动，等等）非常自由，这样就易于模仿人声，成为一件歌唱性（语义性）很强的乐器。我们知道，音律性很强的管乐器和弦索乐器最初的曲调大多出于模仿人的歌唱，随着乐器律的规律化（管乐器用开设一系列音孔把调律音的音高相对固定化），器乐与声乐逐步分家，此时，管乐摆脱了人声模仿的桎梏，走上独立发展的阶段。根据这一基本规律来推断，现尚处于模仿人声阶段的三眼箫（从其演奏的乐曲曲目可以证实这一点）是一件相当（或比较）古老的乐器，它与贵州仡佬族的开二孔的"泡木筒"似有某种渊源关系。此乐器流布地域为黔西北一带，为苗族中的一支"花苗"所拥有。

此乐器曾见载于《中国少数民族乐器志》。

此乐器主要为男青年向女青年表示情爱时吹奏，亦在一般情况下表达抒发自己的情感。

此乐器的制作过程：由吹奏人自己在山间寻一竹节均匀、较直的水竹，粗细均可，但一般均寻粗壮者。而后晾干，打通竹节，一般在竹的大头削一 45 度角的吹口，吹口背钻一圆孔，从吹口顶端剖开一条缝，插进一条形竹片，撑开所破竹片，形成吹口风门振动气流。然后，往下钻上三个位置不同的圆孔，再刷上一层土漆（也有不刷者），箫也就做好了。此处收录的三眼箫总长为 103 厘米，吹口长 3.5 厘米，吹口距第一个音孔 53 厘米，第二个音孔在第一个音孔的左下侧的 12 厘米处，左右相距 2 厘米，第三个音孔又在第二个音孔的对面下侧 17 厘米处，第三个音孔距箫尾 20 厘米。

此箫的音乐特点为：高音细柔，中低音浑厚，曲调流畅如歌，节拍挥洒自由，旋律行进时经常运用 7 度（5→6，或 1→2）音程下行跃进。

这是我们根据从拢嘎村采集到的三眼箫的形制、音色等情况而编写的文字，其乐器中表现出来的文化情态，与梭嘎苗人的其他文化表现是一致的。从以上的文字我们得知，三眼箫是一件很为古老的乐器，而且与仡佬族的二孔泡木筒有相似的性质。这些，大致从另一个方面佐证了梭嘎苗人与仡佬族人文化上有一定的关联。

梭嘎苗人的芦笙也是很有特色的，其芦笙曲调祭祀意味很浓，也很沉重。

梭嘎苗人的歌舞应该是乐舞一体的，一般说来，有乐就有舞，有舞也就有乐，且二者内容是相辅相成的，并且与民族的习俗直接相关联，但外族人很喜欢把它们分开来认识和理解。杨耀荣先生就是这样来看待梭嘎苗人的歌舞的。杨的文本如下：

> 热情奔放的梭嘎苗人歌舞，在改革开放的大潮中，流珠泻玉般地淌出山外，展示出了大山深处的奇观，也展示出了梭嘎苗人悠久绚丽的文化。
>
> 1990 年，农历四月八，这是苗族的节日，省城贵阳，苗家集会，梭夏乡高兴村的梭嘎苗人歌舞演出队也汇入其中。它以其独具一格的表演，誉满省城。翌

年6月在黔东南凯里举办的“贵州省村级民族歌舞会演”中，也是这支梭嘎苗人歌舞演出队，一展风采，备受观众青睐。这是梭嘎苗人首次出山的先头“部队”，梭嘎苗人以自己的歌舞，向大山外面的世界宣告了自己的存在。

梭嘎苗人歌舞以“跳场”、“谈情说爱”和“老喜”三种类型为主，其各种场合的歌、舞、曲皆严格有别。男人们学歌练舞，如女人们学绘画绣花，非到炉火纯青地步不可。

梭嘎苗人跳场实在是乌蒙山腹地，织金、纳雍、普定和六枝四县（特区）接壤交界地最大而最隆重的盛会。梭嘎苗人自己组织跳，汉家踩场开场也请跳，哪个乡场要图兴盛都请跳，据说衰败了的跳后就兴旺，兴旺了的跳后更如繁荣。这实际上是当地山民们对梭嘎苗人歌舞的赞誉。

1987年，本地老卜底大桥落成，经议定要在这座横跨乌江上源的大桥两头开辟一个新场，也是请梭嘎苗人来跳场。后来，果然场坝兴旺得很，至今不衰，七天一场不断。人们都说：“这又是梭嘎苗人跳兴旺起来的一个乡场！”

梭嘎苗人跳场一般在毗邻的织金县吹聋和六枝特区梭嘎举行。跳场往往取决于资金的筹措，或接受邀请，或自己集资，有如筹办一场运动会，也有如筹办一场文艺会演。实际上这是梭嘎苗人自己的一次大聚会，也是各兄弟民族的一次联欢会。

热闹的梭嘎苗人大聚会，均由梭嘎苗人自己筹办。接到通知后，每一村寨都得参加，就像国际奥林匹克运动会那样认真、严肃有序。聚会上有武术、赛马等各种表演，有老年人的叙旧，有青年人的谈情说爱，有对歌、行酒令，还有与其他民族的商品交易。

盛典中最为精彩热闹的，是跳场中心的“转花树”。场中心栽棵“花树”，“花树”均为常青树。“花树”上系挂有一根根、一束束花线和红绳。“花树”周围地面划有各寨线界，以寨为单位开展吹奏芦笙、抚琴吹箫等活动。梭嘎苗人青年男女则围绕“花树”歌之舞之，既雄壮又优美。

跳场临近结束时，一些在场的有心人，便蜂拥而上，采摘“花树”上的花线红绳，然后为孩子拴戴，图个“消灾除祸”的吉利。

“接花树”这是最讲究的了，以往皆是那些不生育儿女，或生了儿女不乖而短命了的梭嘎苗人父母最热心的事。事毕须摆酒设席请客，如接儿子媳妇一样隆重，其实也是对劳动者的慰劳。关于“接花树”的传说和故事，当地流传甚多，有偶然的巧合之说，有迷信之说，古朴而又神奇。

梭嘎苗人歌舞中的“老喜”尤为讲究，有六大谱六小谱之别，连开头的谱计算，共为十三谱。各谱音律节奏都很有感染力，闻之催人泪下，主要是缅怀死去的老人，有对死者的歌颂，有对死者一生的叙说，乃至成鬼后的希望，真挚深沉，动人肝肠。歌曲皆由芦笙吹奏一曲，另一人用口念唱一谱，两人配合默契，其演奏出神入化，气势沉郁悲壮，粗犷庄重。

无论进家门演奏，或是在山野中集会歌舞，每次每首（支）歌舞开头都必须有“进门谱”，否则，如文无题、龙无头。若避开“进门谱”入题，就等于无视长辈，无论吹奏得如何优美动听，都像无营业执照一样，无论其经济效益如何，都必遭非议。至于“谈情说爱谱”，均属谈情的叙说、爱的倾吐，从内容和艺术性而言都是难得的佳品。

三眼箫，凭“三眼”就可吹奏出优美动听的音乐，堪称梭嘎苗人一绝。在贵阳、凯里会演中，高兴村梭嘎苗人的三眼箫吹奏在众多乐器中大爆冷门，诸多声乐行家里手在惊叹之余，反复试之又不成调，乃至无法成音。梭嘎苗人的三眼箫多在梭嘎苗人青年男女中吹奏，内容大多为谈情说爱。又有铜片乐器叫口弦，四五寸长，为一薄片，中间有刻度，边吹边用指弹，音微而悦耳，主要用于男女幽会时当“暗号”。

梭嘎苗人歌舞，热情奔放，灿烂多姿，是历代梭嘎苗人劳动智慧的结晶。其歌舞不但与音乐一体，而且是民俗活动的一部分。

吴秋林文集

第四卷

众神之域

——贵州当代民族民间信仰文化调查与研究

绪 论

一

信仰文化是人类精神文化的中心构建，一直都是人们非常关注的文化人类学研究的重点。1995年，由上海三联书店出版了史宗先生主编的《20世纪西方宗教人类学文选》一书。在此书中，我们看到了20世纪中几乎所有重要的文化人类学家，都对信仰文化给予了巨大的关注。在他们对原始文化的研究中，把许多的论述篇幅都给予了信仰文化研究，甚而有许多人的研究和研究体系，就是建立在对信仰文化研究基础之上的。信仰文化在文化人类学研究的重要性一目了然，但它的重要性还不仅仅于此，它的重要性还贯穿在人类文化中精神文化系统的所有环节。

在人类的文化构建中，我们一般把人类的文化分为两个大的板块：物质文化和精神文化。一般而言，物质文化直接与人的动物本能生活相联系，在人类的文化构建中是一种基础性的文化。精神文化是人类在建立自己的物质文化中升华开来的文化，它建立在人类的物质文化基础之上，但在本质上又有自己的主体性，它明显不同于物质文化，具有巨大的自由度和不确定性，因而也就带来了它的创造性和对物质文化的反作用力。

在人类的社会里，一切表现和包含了人的意识的，其内容是物质的，形式也是物质的创造物都是物质文化，一般来说，它的内容是物质的，形式也是物质的，这是物质文化的一般规律。同样，一切表现和包含了人的意识的，其内容是精神的，形式也主要是精神的创造物都是精神文化。这样一来，这里出现了两种人类的意识，一种是与纯物质关联的意识，一种是与精神关联的意识，并且在人类文化的演进中，精神意识是一种“内容性”的意识，物质意识是一种“形式性”的意识。精神意识就是以这种性质形成它的主体性的，并由此对物质意识的“形式性”发生其主导作用。有时候，人们为了区别这两种不同的情况，精神意识又被称为精神观念。

对物质文化（或者说物质的文化形态），人类有很多研究和建设，并且一天天地改变着我们的世界。物质文化包容很多，但不是本书的论题。相比较而言，人类极为丰富的精神性文化才是我们人类最具有本质意义的文化。作为精神观念表现的精神文化，它涉及的内容极为广泛，宗教的、哲学的、伦理的、习俗的、艺术的、社会制度的等等。在这些人类的精神性文化中，人类的哪怕是最“简约”的生存，宗教的、哲学的、伦理的、习俗的、艺术的、社会制度的等等方面，我们一样也都不能“省略”。从文化功能上来说，是它们构建了我们之所以成为人的根本。从分类学的意义上来说，我们不能给它构建静态的主次上的意义，它们的每一个部分，对我们人类来说都是极为重要的。但是，我们也能在人类文化的演进中看到，这些精神性文化的各个部分演变速度是不一样的，它似乎有一个中心性质的构建，有一个在文化的演进中最不容易“变化”的核心。而且这个核心的存在在根本的程度上决定了这一文化的基本性质。

在人类的一系列文化构成中，什么样的文化是最不易变化的文化，什么样的文化能够居于一个文化的核心？

一系列社会制度是物质文化和精神文化的综合表现，所以人们有时候又把它从精神性文化中分离出来，称为“制度文化”。制度文化是人类精神性文化中最容易发生变化的部分，哲学思想最外化的变化就表现在社会制度的变化上。所以，社会制度是易变的，并且它的动因来源于精神文化中的另一种文化。

艺术是人类精神性文化中最为特殊的一种精神性文化，其他的精神性文化内容是观念的，形式也是观念的，但艺术不是，它的内容是极端精神性的，但它的形式又是极端物质性的。从变易这一点来说，它也是比较容易变易的，有新的思想和思潮出现，也就会带来艺术的变易。

伦理和习俗都是某种精神文化长期世俗演化的结果，它们不是一天两天形成的，同样，也不是一天两天能改变的，也就是说，伦理和习俗虽然存在着变易，但变易相对前几种精神性文化来说，又是不太容易变化的。

哲学是一门世界观的学问，它以其自有的方式，指导人们怎样来认识这个世界，并且根由于这种认识来建立一个符合其精神意义的文化世界。哲学对人类的精神文化的建设影响很大，尤其是那种构建了一种庞大文化体系的哲学。从变化的性质来说，作为精神性文化的哲学，是人类精神性文化中最不易变化的构造。它是人类的文化类型构成的基础，它一旦发生变化，那这一类型的文化就会发生连锁性质的变化。

宗教是人类比之哲学更为情感化的一种文化，实际上这两种文化都是关于世界观的文化，只不过前者注重的是情感，后者注重的是理性，可以说宗教是情感的哲学，而哲学是理性的宗教。

宗教在人类精神性文化中的不可变易性，比哲学更甚。但在实际的文化演进中，每一种文化，每一个文化的构建都是变易的，不变是相对的，变化则是绝对的，就说我们所认为变易很小的哲学和宗教，在文化的演进中，也是要发生变化的。但是，哲学和宗教的变化性质却与前几种精神性文化的变化不同，前几种精神性文化的变化是内容和形式的同时演进，或者说是独立的内容演化，而哲学和宗教的变化主要是表现形式的演化，一般来说，它很少触动其核心的内容，也就是说，不管是什么样的哲学和宗教，它都有一个核心是不变的。

笔者在调查中

（未说明图片为笔者摄，下同）

在这里，哲学和宗教似乎就是人类精神文化的核心，确实，某一文化的类型基础就在其哲学和宗教那里，但哲学和宗教只能是某一类型文化的核心，并不能是人类精神性文化的核心。把哲学和宗教作为其文化的核心，实际上只是比较成熟的、比较有影响力的、现代的强势文化的一种自我认知。我们把论题反过来推演，哲学和宗教在文化中是核心构建，是重要的，失去这个核心是无法建立起一个精神性文化系统的。一般而言应该如此，但实际却不是这样，我们在许多民族文化的表现中看到，其独特的文化中并没有我们所说的这种成形的哲学和宗教，但它们的精神性文化系统照样有序地建立了起来，并且良好地运行着。它们似乎可以证明，某一些人类精神性文化系统的建立和运行并不是我们所说的哲学和宗教，而有另外的更为内核性的构建。

这个内核性的构建就是“信仰”。

在没有哲学这样的关于世界观的“学问”的引导，人们照样可以在自在的文化中生存；在没有宗教这样的情感形式，人们也照样可以在自在的文化中拥有自己的情感形式。这几乎是被我们今天所面对的许多民族文化生存状态和民族文化情感形式所完全证实了的现实。那什么是人类精神文化的内核呢？什么是人类去之就无以“生存”，也就是说，去此，人类不管是什么样的文化类型和种群都由此失去“生存依据”的东西呢？我以为是“信仰”。

从正面的论述分析中，我们来看一看，哲学和宗教经过一层一层的剥离之后，最后可以剩下什么。哲学它本身是一个系统，不管这个系统在人类文化中的影响力大小，它都有一个永恒的动因，有一个表述这个动因基本建构，这就是信仰。哲学是理性的宗教，不管哲学这棵树的枝节多少，失去信仰这个基本构建的哲学肯定是不存在的。哲学在自己的内部，可以分为“唯物论”和“唯心论”，但不管你的哲学的起点是“唯物论”的，还是“唯心论”的，但它都不能失去信仰这个基本构建。

宗教可能是人类文化中最为繁复、最让人迷惑不解的一种文化。在宗教中，也有一样东西是绝对不能去掉的，这就是信仰。也可以这样来说，宗教就是一门关于信仰的学问，在许多时候，“宗教”和“信仰”这两个词，常常是并列的，有宗教就必然有信仰，而讲信仰就首先与宗教相联系。在宗教中，主教是可变的，不同时期有不同的主教；教义是可变的，不同的宗教有不同的教义；仪式是可变的，不同的教义，不同的宗教表现形式，不同的文化背景，其仪式就是不一样的……但有一样它不能变，这就是信仰。在哲学中如果缺少信仰是不可想象的，这在宗教中就更是如此。

信仰在人类精神性文化中十分重要，那信仰是什么呢？在中国人的《辞海》中，对信仰是这样定义的：“对某种宗教，或对某种主义极度信服和尊重，并以之为行动的准则。”①从这里来看，信仰是一种基于信服和尊重的行为和过程，而且它针对的对象是某种宗教和某种主义。这个解释无疑太过于简单和粗浅，人类的信仰表现要比这里表述的要复杂得多得多，明显，如果人类的信仰仅仅是一种行为和过程就不足以构建人类精神文化的核心。

信仰首先是一种人类的文化情感表现形式，它的基础是“信服”，这个信服有时候是基于情感的，有的时候是基于理性的，更多的时候是基于情感的。当然，这里所说的情感并不是我们一般所理解的人的个体之间的情感，而是在集体无意识中培育起来的文化情感。人们在信服什么的时候，多数时候就是基于这种情感，即你的文化中有什么样的情感，往往导向你信服什么，并由此而尊重它，在进而敬仰它的时候就会是我们所说的信仰了。信仰也有许多时候是理性导致的，比如《辞海》对信仰的解释中，就有“某种主义”的字眼，哲学的世界观就往往扮演这样的角色。即我们对某一种基于理性的世界观发生信服行为，认为宇宙可以以这种方法来解释和认识，并认为这是最正确的唯一方法的时候，也可以发生我们所说的信仰。这种信仰就可以说是基于理性的信仰，但这种基于理性而来的信仰，其本质上却是情感的，因为我们信服某种世界观的时候，一旦发生信仰的心理行为，就肯定不是纯粹理性的了。某种世界观在一定时期可以是散发着理性光彩的真理，可是，当这种世界观可以被另一种更为进步的世界观代替的时候，从纯粹理性的认知中，这种“转移”是理性认识的正常表现，但这在信仰中是绝对行不通的。那么，基于理性而来的信仰也是情感的。

“信仰”实际上是一个表现人类心理行为的词组，“信”，就是相信某一种事物或事物力量的存在，而且这种存在多是人类无法解释的，它在被人类的某一群体一起极力地用想象力来创造的时候，一种集体创造的文化的“虚空实体”就出现了，在这种虚空实体被这个群体的人们崇敬的时候，也就是说在创造了它的人们又仰慕自己的创造的时候，人们信仰的基础就被人们构建起来。从这里而言，信仰就像是我们人在宇宙中前行的任意的一个时间起点，人们只有在某个无限的点上开始，才能在这一基础上建立起自己的文化。

这就是我们所说的信仰是人类精神文化的核心构建的根本，人只有从这里开始，才有了解释世界和认知世界的可能和方法论。所以说，人们创造了信仰，并以信仰为

① 《辞海》，上海辞书出版社 1980 年版，第 247 页。

起点，进而创造了自己的一系列文化。

这种说法在我们人类的文化中有无数的实例，我们可以说一种文化有多种多样的表现，其精神文化的构建中可能多一些另一种文化类型中没有的东西，或者说这种精神文化构建中缺少些什么部分，但其文化的根本中一定有一样东西是不能少的，在这里，我们所理解的就是信仰。在某种精神文化中，我们可以没有艺术文化，缺失某些伦理文化，完全没有自己的制度文化，没有哲学，没有宗教，等等，但只要有信仰存在，这种文化仍然能够被称为一种文化，或者说这种文化仍然能够从文化的相似性中被区别开来。可以说，没有一种文化能够在失去信仰之后仍然可以被称为一种文化，或者说是一种独立性质的文化。

信仰无疑是一种文化，而且是文化中的文化，但在以往的研究中信仰并没有赢得这样的地位，要么把它作为一种行为和过程来看待，要么把它作为表现形式来看待，其实信仰本身拥有自己的实体内涵。带来这种误读的应该是处于西方文化背景下的西方学者，他们在一系列论述中，往往把信仰看成是宗教中的一种行为表现，而不是一种独立的文化表现。宗教就是为了信仰而存在的，而且被认为是信仰存在的基本形式，一些学者还片面地认为实现信仰的唯一的形式就是宗教，其他的信仰文化行为是不可能存在的，更不可能实现其核心文化的构建。西方人、西方的学者就是这样来理解信仰的。这是西方的信仰形式，但要命的是，它无形中成了现今一般的常规性质的信仰认知形式。在这样的信仰认知形式中，它不承认其他的信仰认知形式的合理性，认为宗教中的信仰是信仰，而之外的信仰只是一种崇拜、一种巫术，另外，还有原始宗教、自然宗教等等称呼，否定这些信仰的实体性。实际上，现代宗教之前的信仰完全是一种文化实体性的事物，它也能自在地运行自己的文化体系。

现代宗教的定义是把原始信仰文化的表现排除在外的，著名的文化人类学家爱德华·B. 泰勒就在其著述中说："要对发展层次较低的种族的宗教进行系统的研究，首先必须提出一个基本的宗教定义。如果这个定义必须包括对上帝或来世的信仰，包括偶像崇拜和献祭活动，或必须包括其他一些已部分普及了的礼仪教条，那么无疑会有许多部落被排除在宗教范畴之外。不过这种狭义的定义具有一定缺陷，它是以某些特殊的发展阶段而不是以深层的动机来规定宗教的。因此，看来我们最好还是立即返回到这个根本的缘由，直接把信仰精灵作为最低限度的宗教定义。"①

泰勒作为世界著名的文化人类学家，他看到了现代宗教定义的局限性，故而把其宗教的定义"移动"到"直接把信仰精灵作为最低限度的宗教定义"上来。他就是在这个基础上来研究原始信仰问题的。于此我们不难看出，这个经过"移动"的定义，仍然基于西方理论界的宗教定义，基本性质并没有改变。且不说这个西方一神教的宗教定义是否与中国的信仰文化实际情况相符，就是从方法论上来说，我们有必要把对中国的民族民间信仰文化的研究建立在某一宗教的定义上吗？信仰文化与现代的宗教是有密切的联系，但信仰文化实际上它是一个自在的文化实体，拥有自己独立的

① 史宗主编：《20世纪西方宗教人类学文选》，上海三联书店1995年版，第23页。

文化意义。

笔者在此书中提出和强调信仰文化的主题词，就是要表明作为实体性质的信仰文化在人类普遍性质的文化中的重要意义。从这个意义上讲，信仰文化是一种实体性质的人类文化，而不是我们今天人们理解的宗教文化，或者说信仰文化是宗教文化的一个组成部分，等等。

信仰文化和宗教（文化）应该是两个不同意义和不同层面上的概念。宗教之所以称为宗教，从结构上它有“三宝”，即“佛”“法”“僧”。“佛”与“道”同，是人们认为的宇宙的虚拟性实体，“法”是法度和执行法度的制度，“僧”是专门的执信者。而信仰文化只有人们认为的宇宙的虚拟性实体的一般的文化运行，不会走向“法”和“僧”。这种信仰文化一般而言是不愿意走向“法”“僧”的自在的信仰文化体。我们在这一课题的研究中所面对的信仰文化就是这样的一种文化。它是文化人类学中的一种文化研究，而不是今天政治化的、意识形态化的、制度化的宗教文化研究。

在信仰文化的这个词汇中，信仰的性质我们讨论得够多了，而“文化”一词的意义在这个词汇中同样重要。

文化，在我们身边无处不在。人们对其意义的解释最为多义，这可能是两个世纪中，文化人类学上讨论得最多的问题。1950 年时，美国学者克鲁伯和克拉克洪曾经列举的“文化”定义有 160 多种。在众多的文化定义中，有两个关于文化的定义受到人们的普遍重视，一个是 19 世纪最有影响的人类学家泰勒在《原始文化》中提出来的，另一个是美国学者克鲁伯和克拉克洪在《文化：概念和定义的批判回顾》一书中提出来的。

泰勒的定义是：“所谓文化或文明乃是包括知识、信仰、艺术、道德、法律、习俗以及包括作为社会成员的个人而获得的其他任何能力、习惯在内的一种综合体。”①

克鲁伯和克拉克洪的定义大致是：文化是包括各种外显或内隐的行为模式，通过符号的运用使人们习得并传授，并构成了人类群体的显著成就；文化的基本核心是历史上经过选择的价值体系；文化既是人类活动的产物，又是限制人类进一步活动的因素。

我们从以上的文化定义中，就不难看出把信仰与文化两个词汇组合的意义了。

这就是我们《贵州当代民族民间信仰文化调查与研究》一书的理论背景。从中我们不难看出，我们的研究在理论上要面临两个难题，一是以西方文化中心论而来的理论叙述，二是以汉文化中心论而来的理论叙述，这两种理论叙述不是歧视性的就是居高临下的。在这样的理论叙述中，我们很难正确而公平地对待民族民间的文化，也很难正确地表述民族民间的文化意义，更不用说民族民间信仰文化这样的“根性文化”了。

突破这些个难题，正确而公平地对待民族民间的文化，正确地表述民族民间的文

① 引自《文化学辞典》，中央民族学院出版社 1988 年版，第 109 页。

化意义，正是笔者在此书中要全力追求的目标，也是我们要在理论上强调信仰文化实体性的根本目的。

二

《贵州当代民族民间信仰文化调查与研究》是一个预设性的研究，即把贵州当代民族民间的信仰文化，作为一个预设性主题来展开的调查和研究。“贵州民族民间”当是地理地域和文化地域，以及民族的限制词，它有文化空间和地理空间的意义。“当代”是一个时间性的限制词，它表明了这一学术主题的历时性意义。我们就是在这样的时间和空间里来展开调查和研究的。很明显，这个题目由两个大的部分组成，一是调查，二是研究，而且这是一种初始性质的研究。

调查是这一课题的最为重要的组成部分。在这里对其进行强调是有特别意义的，这个意义就在于通过独立而规范的田野作业调查，让我们从田野材料上就避免了某些西方文化中心论指导下的所谓的文化人类学理论对材料的任意分割、组合。同时从自有的新鲜材料上，发现我们民族民间文化真实的独有的文化意义。

在这里进行如此的特别强调，另外还有一个意义，这就是“防范”某些汉文化中心论指导下的种种“史载”对民族民间文化的歧视性描述和曲解。这方面，我们是有切肤之痛的。在历史上的汉文典籍中，有大量的关于非汉族的民族文化记录，其记录的真实性和正确性折扣很大，但仍然作为“信史”在文化人类学、民族学中被奉为“典籍”，我们中国有许多民族学和文化人类学的“学问”就是这样被“做”出来的。有时候，一个民族的文化形态和结构乃至性质都发生了很大的变化，其学术认知却仍然是“信史”上的东西。

水族“石崇拜”信仰中的“贯洞”
（摄于三都九阡）

《贵州当代民族民间信仰文化调查与研究》的田野作业是从2004年的6月开始的，约在2005年的4月结束。在近一年的时间里，我们对贵州西部的彝族信仰文化，贵州西部、中部、东部的苗族信仰文化，贵州中部、西部的仡佬族信仰文化，贵州中部以屯堡人为主的遍及全省多民族各地区的土地信仰文化，贵州中部、南部、西南部的布依族信仰文化，贵州南部的瑶族信仰文化，贵州东南部的侗族信仰文化，贵州东部的土家族信仰文化，贵州南部的水族信仰文化，等等，进行了以点带面的、以个案为表现形式的调查。再综合利用我们原有的一些关于民族民间的信仰文化的个案调查，形成了31个贵州民族民间信仰文化调查报告。

苗族的有：《高坡苗族宗教文化考察报告》《六枝梭嘎苗人祭山林调查报告》《台

江番省长戈寨用鬼调查报告》《台江县苗族宗教信仰及巫文化调查》《松桃苗族巫事祭祖调查报告》《从江县加鸠苗族吃鼓脏活动纪实》《雷山县苗族宗教信仰及巫文化调查》。

彝族的有：《盘县淤泥彝族毕摩祭祖调查报告》《盘县淤泥彝族毕摩丧祭调查报告》《盘县淤泥彝族毕摩祭山、扫寨调查报告》《大方县白纳乡彝族“老喜”调查报告》《六枝中寨彝族“祖灵”信仰调查报告》。

侗族的有：《黎平县地扪村侗族祭萨调查报告》《从江高增乡占里村重建萨坛调查报告》《黎平肇兴信仰文化调查报告》《天柱县邦洞地区侗族丧葬仪式》《天柱县清水江侗族宗祠文化调查报告》。

布依族的有：《册亨县高寨村布依族社神信仰调查报告》《册亨县丫他镇板万村社神信仰调查报告》《荔波播尧乡觉巩村布依族信仰调查报告》《布依族仪式性傩戏“哑面”》《乌当蓬莱布依族祈愿仪式》。

仡佬族的有：《六枝居都仡佬族祭山林调查报告》《普定新寨仡佬族信仰文化调查报告》《隆林县仡佬族的拜树节》《居都的祭祀文化》。

土家族的有：《德江稳坪土家族放“阳灯”》《德江土家族傩祭仪式》《思南土家族傩祭仪式》。

水族的有：《三都廷牌水族信仰文化调查报告》。

瑶族的有：《荔波瑶山瑶族信仰调查报告》。

屯堡人的有：《黔中土地信仰文化调查报告》。

在这数十个调查报告的背后，还有更为广泛的有关民族民间信仰文化的调查，以及大量的祭祀辞的搜集，比如苗族的巫辞，其比较完整的就有现今仍在使用和流行的《雷山苗族巫辞》《台江苗族巫辞》等等。

在调查中，我们还制作了《〈贵州省当代民族民间信仰文化调查与研究〉调查示意图》，以及《贵州省民族民间土地庙分布示意图》。

在《〈贵州省当代民族民间信仰文化调查与研究〉调查示意图》中我们可以看到，各个民族信仰文化的调查点，与这些民族在贵州省内的分布直接相关。苗族是一个全省性分布的民族，我们在黔东南、黔中、黔西北、黔南，甚而在汉族人众多的黔北，也能找到苗族的群落，所以，在黔东南、黔东、黔中、黔西北都有苗族的个案出现。彝族的分布主要在黔西北，所以它的个案主要出现在盘县和大方、六枝等地。侗族主要分布在黔东南的南、北侗地区，尤以南侗的民族特色最为浓郁，所以其三个个案在南侗的黎平、从江，两个个案在北侗地区的天柱。布依族的分布多在贵州省的南部（黔南和黔西南），所以，它的个案多在册亨、荔波两地。德江、思南、沿河、印江等地是贵州东部土家族的世居之地，也是贵州东部民族民间信仰文化的主要代表。最具文化特色的仡佬族主要分布在黔中地区，所以它的主要个案就集中在六枝和普定。贵州的瑶族人不多，但荔波的瑶族信仰文化也是贵州民族民间信仰文化的一个特色表现。黔中的屯堡人是一个特定的文化族群，他们在民族划分上是汉族，但与我们现今的汉人文化差异很大，他们是明代迁徙到贵州的汉族人，并在600多年间一直守持了明代的汉族文化，故又称其为“老汉人”。老汉人中拥有自己的另类信仰，比如有信仰汪公的，有信仰五显的，还有信仰关公的，但在老汉人中，土地信仰却是他们共同一致的信仰，在其信仰文化中有其丰富多彩的内涵。故而它也是贵州民族民间信仰文化的重要组成部分。

这些，应该是贵州民族民间信仰文化的主要构成了，但这在多板块、重叠板块，或者说呈千岛状分布的贵州民族文化中，这样的话谁也不敢说满了。“十里不同天”，在气候的描述中已经是非常极端的表现了，但在贵州千岛状的民族文化分布中，“对门不同俗”的极端你一点也不能见怪。所以，我们在点上的个案描述，只能是一定范围内一定程度上的代表。这是贵州的民族构成和特殊分布造成的。在贵州这块地方，历史上它是东来西迁的南蛮族群、西来东进扩张的氐羌族群、由南北上的百越族群、由北南下的汉民族等民族，以及在贵州本土形成、发展起来的百濮族群的融会冲撞之地，它包含了中国历史上众多民族的历时性和共时性因子，故而，贵州的民族民间文化的状况和构成，与区域性明显的其他民族的文化相比，表现大不相同。再加上明清两朝的大规模汉移民的冲击，以及歧视和防范少数民族的政策，又使现今贵州少数民族呈一种“小聚居、大分散”，穿插分隔的分布状态。它可以被形象地称为“千岛民族”，而其“汪洋”一是“群山”，二是“汉族”。

这是明清统治者“统治术”和汉族大移民的结果，但它直接影响了贵州民族民间的发展和状态。这种状态下的贵州少数民族文化，历史上的四个方向上的族群区域性分布特征还有较明显的表现，但穿插性的多民族分隔式的分布已遍布全省，使得贵州省的民族分布就如一幅色彩斑斓的拼图。在这种民族文化状态下的民族民间信仰文化，既要有族群原文化中的信仰文化的根本，又要受地域、地理文化的影响，以及区域内其他民族信仰文化的濡染。这样的民族民间信仰文化表现，既丰富复杂，又多彩多姿，不但同一个地区的不同民族会有不同的信仰文化和观念表现，就是同一个民族的不同支系也会有不同的信仰文化和观念表现。说一个坡有一个“坡头”，一个箐有一个“树神”，一点也不过分。而且这样的信仰文化仍然是这些地区的“主流”文化，并广泛地影响人们的思想和行为。

在这些丰富多彩的民族民间信仰文化中，苗族的信仰文化以信鬼、好巫、敬祖，注重与鬼世界的广泛交流为主要特色。他们的信仰文化主要表现在多种形式的祭祖仪式中，还有在日常生活中的望鬼和用鬼之中。苗族是在贵州省全省都有分布的少数民族，故而其有东部文化区、中部文化区、西部文化区之分，其文化在大的基础方面的表现上是相同的，但它又在许多方面存在差异，表现各不相同。这在其信仰文化上也是如此，信鬼、好巫，这是所有地方苗族信仰文化的基本表现，但在其他祭祀上就有很大的区别。贵州西部苗族的六枝梭嘎苗人的祭树，在贵州东部的苗族中，就很难见到。同是杀牛祭祖，贵州中部的苗族的杀牛与贵州东部的苗族就大不一样，别的不说，其杀牛祭祖的行为性质就不一样，中部苗族的杀牛祭祖叫“敲牛祭祖”，是一种为了在未来的阴间世界里取得民族认同感的个体行为，而东部苗族的杀牛祭祖叫“吃鼓藏”，它包含了多重文化含义，但它的行为是一种群体行为。就是同属东部地区的苗族，在祭祖行为和方式上，差异也很大，黔东南地区的祭祖用牲主要是牛，而松桃地区苗族祭祖用牲则是猪，而且是小猪。

彝族是贵州省西部的一个著名的少数民族，他们与云南省的彝族、四川省的主要分布在大小凉山的彝族一起，组成彝族大家庭。其信仰文化主要表现在祖灵信仰中。他们的祖灵信仰就是祖先灵魂信仰，而且其信仰体系发展得相对成熟，在其民族中有专门的祭师——毕摩，相信在旧时代还形成过祭师阶层，现存的毕摩中还能看到这样的历史印迹和影响。有专门的祖灵结构仪式、专门的祖灵观念系统、固定的祖先灵魂的外在表现形式。还有，贵州彝族的民族区域相对集中，其民族文化的边际相对清晰，其文化的运行也是比较正常和有效的，这对于支撑其祖灵信仰文化的运行是非常关键的。

侗族的信仰文化主要表现在南侗的祭萨和北侗的宗祠之上，这两种信仰都与祖先崇拜有关，但各自的表现形态不同。而且侗族的这种信仰文化表现，与他们的民族文化的演变，与侗族现今的著名的文化建筑——鼓楼和宗祠，都有十分密切的联系。

布依族也是一个在贵州省分布比较广泛的少数民族，贵州省的中部、南部、西南部都有大量分布。由于地域文化的影响，其信仰文化表现也比较复杂，在大多数的布依族地区的信仰文化表现中，他们已经拥有了自己的经师——布摩，以及经书《古谢经》《殡亡经》等等。在南部和西南部的布依族中，其信仰文化中的自然色彩很浓，仪式中巫文化痕迹十分明显。

仡佬族是贵州省较古老的民族之一，它的族源一般可以跟贵州的原住民百濮族群直接联系起来。仡佬族的信仰文化主要表现在对山的祭祀上，可以说仡佬族是贵州省以祭山为自己祭祀核心的民族。

贵州省东部土家族的信仰文化现今主要表现在它的傩祭中。傩的“表演”是在傩坛中实现的。傩坛是由傩法师建立起来的。傩坛和傩法师在许多民族中都有，在土家族中的傩法师叫土老师。土家族的傩祭是一个杂糅多种多样神灵鬼怪的系统。土家族历史上曾经有另外的信仰文化表现，但现在的傩祭信仰已经成为土家族信仰文化表现的主体了。

水族是贵州文化特色比较显著的一个少数民族，它主要分布在贵州的三都和荔波两县。其信仰文化主要表现在对石灵的信仰和崇拜上。

瑶族是贵州省少数民族人口较少的民族之一，但处在荔波县瑶山和瑶麓两处（瑶山为白裤瑶；瑶麓为青裤瑶）的瑶族，在贵州省的知名度很高。他们也有特有的信仰文化表现形式，并且在其中表现了与苗族的密切的族源联系。

在黔中地区，尤其是屯堡人居住的地区，几乎每个村口都建有一个被人们称为土地庙的极不起眼的小建筑。这种建筑在黔中最为密集，并且在全省除了回族地区、水族地区、彝族地区之外的所有地区，我们都能看到它的踪影。这是一种跨民族、跨地区的信仰文化表现。这种基于土地和农耕文明的信仰文化，在民族地区不但有强大的生命力和极强的文化认同感，而且在许多民族地区还有多种多样的表现形式，比如布依族人的社神等等。

以上的八个民族的信仰文化和一个特定的超民族的超地区的土地信仰文化，应该能展现当代贵州民族民间信仰文化的基本面貌了。我们在这里强调这一点很重要，也就是说，我们研究的是现今活着的还在贵州各民族民间的日常生活中起作用，并影响我们生活的方方面面的信仰文化，而不是在古籍中死去的，在生活中已经消失了的信仰文化。

另外，在这些信仰文化的调查中，我们还非常注重兼顾图像人类学志方面的工作，使这本书中的各种不同类型的信仰文化都能有现场图像作为佐证。

第一章 贵州当代民族民间信仰文化基本面貌（上）

贵州民族民间信仰文化有两层意思：一是指贵州民族的信仰文化，即一切在贵州民族文化体系中出现的信仰文化；二是贵州民族中属于民间的信仰文化。但是，在贵州民族和民间的信仰文化中，还有外来的现代宗教的信仰文化，比如威宁石门坎苗族中的基督教信仰文化，以及在民间比较广泛存在的道教的信仰文化和佛教的信仰文化等，而这些都不在贵州民族民间信仰文化的调查研究范围内。贵州民族民间的信仰文化也就特指在各个民族民间，主要是少数民族民间传统的信仰文化。

论述贵州的民族民间信仰文化，难免叙述贵州。

贵州是一个极富色彩的地方，它在明代建省之前，一直都是各种族群文化冲来撞去的地方，从来没有形成过自己块状的有影响力的文化，比如蜀文化、巴文化、楚文化、越文化等等。在中国所有的文化板块中，它一直是各个文化板块的边缘，其中生存的文化也一直处于边缘文化状态中。边缘一直是贵州文化的痛，至今如是。

在明代贵州建省之后，随着以汉民族为主的大移民的到来，这种边缘化更为严重，来到贵州的汉民族从文化中心走到了文化边缘，同时又把原有的边缘文化推向更为边缘的文化境地。几百年的文化冲撞下来，千岛状态的文化分布使这种边缘化更甚。这样一来，贵州就根本不可能拥有独具色彩的能以贵州冠名的文化了。

现今的贵州简称黔，省会贵阳。周边东与湖南，南与广西，西与云南，北与四川相邻，是地处我国西南边陲腹心地带的一个内陆省份。全省现辖6个地级市（贵阳、六盘水、遵义、安顺、毕节、铜仁），3个自治州（黔南布依族苗族自治州、黔东南苗族侗族自治州、黔西南布依族苗族自治州）。另有11个自治县，254个民族乡遍布全省各地。贵州计有汉、苗、布依、侗、水、彝、土家、仡佬，以及回、白、壮、毛南、瑶、蒙古、满、仫佬、羌17个世居民族。据中国2000年的人口数据，贵州省的总人口近3524.7万，其中少数民族人口约1333.6万，占全省总人口的37.83%。

贵州地处云贵高原东部隆起于四川盆地和广西丘陵之间的亚热带高原山地地区，面积17.6万平方千米，约占全国总面积的1.8%。境内山峦重叠，丘陵起伏。西北部有乌蒙山；中部北有大娄山；南有苗岭；东部有武陵山，其主峰为梵净山。省境地貌类型复杂多样：西北部为高原山地区，北中部为山峡谷区，中部为高原丘陵盆地区，东部为山地丘陵区，南部为山地河谷区，西南部为高原丘陵盆地区。境内河流纵横，流域面积在10平方千米以上的有984条，这些河流河谷多狭窄深切，河床坡度大，多瀑布、暗礁、险滩、溶洞、伏流，水势湍急，暴涨暴落，不利于航运和灌溉，但却蕴蓄着丰富的水力资源。

贵州是多民族居住的地区。最早的居民为“濮”人，其东为“南蛮”苗瑶族群，南为“百越”族群，西为“氐羌”族群，北为汉族。秦汉以降，由于各种社会历史原因的驱动，百越、苗瑶、氐羌等族群从四面八方陆续向广袤荒僻的贵州高原汇集；与此同时，汉民族也不断迁入，形成众多族系在这片土地上穿插对流、错杂分布的状况。在长期历史演进中，“濮”人大部分和汉民族及其他兄弟民族相融合，部分经“僚”演变为仡佬族顽强地生存下来；“百越”族系在唐宋以后逐渐分化为多种民族，其中分布在今贵州的古越人后裔主要为布依族、侗族和水族；“南蛮”族系唐宋以后分化为苗、瑶两支，苗族相当一部分分布在今贵州境内；今彝族属“氐羌”族系，是由古羌人南下支系演化而来。此外，分布在黔东与湘西毗邻地带的土家族则为古代巴人的后裔。

这就是贵州民族民间信仰文化的地理文化生态环境。

第一节　苗族信仰文化中的鬼

苗族是一个跨境民族，在东南亚、美国等地都有他们的存在。在中国，苗族也是个跨省存在的民族，主要分布在贵州、湖南、云南、广西等省、自治区，有近900万人口（中国2000年人口数据），以分布在贵州省的苗族人口最多，有400多万，占全国苗族人口的二分之一。贵州黔东南是中国苗族文化保存较为完整的地方。现今在贵州存在的苗族，据有关史籍记载，有多种来源，约在秦汉时期，苗族的一支“从洞庭湖边平原地带往南，经巫水，顺着‘南岭走廊’中越南岭北麓往西，从通道、黎平进入黔东南，成为今黔东南方言苗族先民”；另一支自今陕西、甘肃交界的地方，“向东南迁徙，经过很长时间进入川南、滇东北、黔西北等，形成今川、黔、滇方言苗族的先民”；还有一支原居住在“江淮荆州的苗族……经过多次跋涉迁徙到了今湘西、川南、黔东、桂北等地区，成为今湘西、黔东方言苗族的先民”。[①] 这些贵州历史上的苗族先民，虽然经过一次又一次的文化整合与变异发展，但其发展的历史印迹仍然很鲜明，三个方言区文化仍然有较为明显的地域差异性。

我们今天在这里叙述的苗族的信仰文化，也含有这三个方言区文化的不同表现。

苗族的信仰文化可以说是一种巫鬼文化。在苗族的一切的信仰行为和观念中，鬼的观念和巫的手段，都是无所不在的。

---

① 何积全主编：《苗族文化研究》，贵州人民出版社1999年版，第3—4页。

具体而言，苗族信仰文化表现在四个方面：

一是鬼系统；二是鬼师；三是行巫行祭的仪式；四是巫辞和祭辞。

鬼系统是其信仰文化的精神观念依据。鬼师是苗族信仰文化中人鬼世界的中介，或者说是信仰文化中人与鬼交流的执行者。行巫行祭是苗族实现其信仰文化的过程和方式。巫辞和祭辞是苗族信仰文化特殊语言，或者说是其信仰文化的典籍和文献。

苗族的鬼。

苗族的鬼是一个完整的系统。在我们调查的三个方言区的苗族中，鬼的大小、多少不论，都有一个系列存在，并构成苗族人信仰文化的基础。鬼在不同的苗族地区是有变化的，但信鬼于苗族是永恒不变的。

黔东南方言区苗族的鬼系统较为发达，其中又以称为苗疆腹地的雷、台、剑（雷山、台江、剑河）三县的表现最为突出。

1956年时，全国人大民族委员会在黔东南的台江县有一个关于台江苗族鬼文化的调查报告，上面描述的鬼洋洋大观。

这个调查报告说（鬼）在台江县的交下乡一带多到四五十种。根据口述的情况，除“善鬼”而外，“恶鬼”大致有五类：（1）人类第八世祖先的同胞兄弟姊妹变成的；（2）非“善终”者的灵魂变成的；（3）历史上的一些人或太阳变成的；（4）祖先用过的一些工具变成的；（5）来历不明确或根本不清楚者。

（一）（苗族）人类第八世祖先的同胞兄弟姊妹变成的鬼共计十四种，情况如下：

留相、榜相现通称“卖榜、卖留”（实是妈的意思）。据说二人共生了十六个蛋，这些蛋有的孵成人，有的孵成动物，有的竟变成了鬼。

黄蛋孵成昂（人）；花蛋孵成虎；透亮蛋孵成拉（人）；乌红起蓝条花蛋孵成龙；白蛋孵成白人；长蛋孵成蛇；朱红蛋孵成红人；大蛋孵成戈休你（雷鬼）；黑蛋孵成黑人；大长蛋孵成你呼龙（雷鬼）；蓝蛋孵成蓝人；红蛋孵成往洛郎（劈树雷鬼）、金播友（劈树雷鬼）；蓬松蛋孵成水牛；白一节亮一节的蛋孵成两呼你（白雷鬼）、播商收（白雷鬼）；褐色蛋孵成黄牛。剩下的寡蛋未孵出，就变成了七种精怪：“精迷办”——母猪怪；“精杩”——老虎怪；“精囊书”——大蛇怪；“精囊响”——蜥蜴怪；“精拢”——叶怪；“精翁”——水怪；“精瓜”——鸡怪。

（二）非“善终”者的魂魄变成鬼。非善终者是指死于刀枪之下和溺死、缢死、跌死、大麻风死、饿死者等，这样的死人是不能去见苗族祖先的，于是他们只好变成鬼了。这类鬼共九种。

（三）历史上的一些人或太阳变成鬼。这类鬼共有九种，据说其中一种是祖先，意思不是鬼，又一种是“戛杇大宰”，意为死在家中的魂魄，但不是家先，另五种都各是一个名字“某某”变成！这些可能是历史上的某种人物。但现在说的人只知道他的名字，而不知道他的事迹了。再有两种是太阳的“庸影”变成的。

（四）祖先用过的一些工具变成鬼。这类鬼共有三种，据说都是古人抬日月上天后遗弃的“勾索”和“擎天树”变成的。

（五）鬼的来历不明确或不清楚者。这类鬼共有十五种，其中来历不清楚者计十种，来历不明确者五种。①

这是60多年前对台江县的鬼所做的调查，10多年前，我们作为调查者进入的时候，台江县方省村的熊胜达鬼师告诉我们，鬼于今有很多种。

有“嘎九它秀为”（“饿死鬼”）、“嘎九它”（“死鬼”）、“白细”（整死牲畜的鬼）、“亮鬼”（飞鬼，整娃娃肚子痛、拉肚子的鬼）、“亮拢六”（森林里来的鬼）、“亮瓦”（从南瓦地方飞来的鬼，叫人骨头痛）、“得斗”（吓人鬼）、“得斗为”（摄魂鬼）、“丘嘎达罗”（死猪的鬼）、“嘎略罗”（整人上吊、跳水、火烧、自杀的鬼）、“货好变”（不顺鬼）、“过好略”（脓疮鬼）、“迭落门”（白虎鬼）等等。

台拱镇报恩村的鬼师潘昌忠、台盘乡南瓦村的鬼师杨光模等也说，如今在台江县所说的鬼有七八十种，如雷神鬼、老虎鬼、水井鬼、落水鬼、迷魂鬼、死鬼、半路鬼、瘟疫鬼、闭气鬼、消魂鬼等等。

苗族鬼师用纸剪成小人样以代表鬼　摄于松桃

在雷山的苗族信仰文化中，其鬼也有数十种，分别为：

山鬼、少命鬼、太阳鬼（有二十个名称）、祭王鬼、日夜鬼（有两个名字）、搭桥立凳鬼、干商绑浓鬼（不正常死亡的人所变的恶鬼）、口咀鬼、招魂鬼、夜间鬼、立命鬼、落河鬼、跳河鬼、泉井鬼、拉路鬼、月终鬼、火化搁棺鬼、岩妈鬼、怪洞鬼、穷妖魔、分枝椏鬼、锁链鬼、王年鬼、蝉虫鬼、解鬼勾、传染鬼、坪坝鬼、雀屎鬼、中酿鬼、中流行鬼、双棺鬼、水牛雷鬼、黄牛雷鬼等等。

黔东、湘西方言区苗族的鬼系统亦可谓蔚为大观。

在《民间思想的村落：苗族巫文化的宗教透视》一书，陆群先生对黔东、湘西方言区苗族的信仰文化中的鬼，进行了几近详尽的表述。②

五姓伤亡鬼（指专门伤害吴、龙、廖、石、麻宗族人的鬼）；

家先鬼（祖先鬼）、饿鬼、暖牛龙（又名祭黑帝土主，人们遇灾厄或失财等事就祭此鬼）、高坡鬼（此鬼甚凶猛，祭此乃预防危险之事）；

口舌鬼（人们如在一个时期内老与别人发生口舌，即认为是口舌鬼在捣乱，须请巫师退口舌鬼）；

风鬼（因病头晕目眩，四肢发冷，常认为是着了风鬼）、麻阳鬼（如人无缘无故地五指脱落、脚趾脱落、眉发脱落，即被认为是撞了“麻阳鬼”）；

---

① 资料参见全国人民代表大会民族事务委员会调查组编《台江苗族宗教迷信调查》，1958年印，第18—19页。

② 以下资料主要参照陆群《民间思想的村落：苗族巫文化的宗教透视》，贵州民族出版社2000年版，第75—80页。

朦胧鬼（迷惑鬼，专教人分不清是非）；

天灵之鬼（是鬼之中的恶鬼，叫朗祖格咱，无所不在，随时会扣留、拿走人的灵魂）；

乾罗鬼（指专让人撞上怪异之物的鬼）；

象虢（又称老虎鬼）、“期留鬼”（专对女人作祟，使其不能生育）；

死丑鬼群（“死丑鬼”多为一些不到年龄50岁而死或非正常死亡的人，如刀伤、水溺、箭射、火烧、滑坡、滚坎、岩砸、树打、病殇、雷击等而死者）；

月婆鬼、血崩鬼、吊颈鬼、唉巫鬼等等。

黔东、湘西方言区苗族的信仰文化中还有源于天上地下、日月风云、山川草木、土石水火、工具用具等的九个鬼系：

第一类为天奶鬼，有天宫鬼、天坡鬼、天池鬼、天泉鬼、天竹林鬼、天花树鬼、天床鬼、天仓鬼、云霄鬼、披衰鬼、天狗鬼、野葱婆鬼、送子婆鬼等。

第二类为地奶鬼，有水井鬼、岭坡鬼、岔路鬼、园角鬼、谷仓鬼、缸边鬼、碓边鬼、田坎鬼、灶炕鬼、灯火鬼、果树鬼、尿布鬼、胞衣鬼、背带鬼、笋叶鬼等等。

第三类为凶鬼，有太阳鬼、树梢鬼、悬岩鬼、月子鬼、水鬼、上吊鬼、柴薪鬼、滚房鬼、枪剑鬼、刀斧鬼、茅草鬼、踢脚鬼、刺儿鬼、砸人鬼、锤人鬼、烫人鬼、火灾鬼、老变妈鬼等等。

第四类为邪鬼，有野魂鬼、伙伴鬼、水洞鬼、水牛鬼、牛坪鬼、阴火鬼、跨坡鬼、野死鬼、跨田鬼、卷风鬼、滚石鬼等等。

第五类为先达鬼，有路途鬼、山坳鬼、牛坡鬼、田间鬼、谷仓鬼、水龙鬼、山龙鬼、畜圈鬼、偷窃鬼、水肿鬼、癫痫鬼、瘟疫鬼、麻风鬼、压肚鬼、花脸鬼等等。

第六类为克鬼，有木叉鬼、剪刀鬼、棒槌鬼、扁担鬼、伞鬼、屎鬼、尿鬼、索子鬼、同庚鬼、斜眼鬼、阴穴鬼、鬼穴鬼、银穴鬼等等。

第八类为咒人鬼，有咒人鬼、咒死鬼、咒病鬼等。

苗族祭祀中的“鬼房”和鬼

第九类为专害家畜家禽的鬼，有四牲鬼、山湾鬼、三牲鬼、二牲鬼等等。

除以上九类鬼外，其他各类鬼还有，诸如福鬼、嘎对鬼、大嘎对鬼、野外芦笙堂鬼、花树鬼、雷鬼、口舌鬼、飞鸟鬼、连坐鬼、掌凳鬼、掌桥鬼、淫乱鬼等等。

上述两个方言区的鬼系统在中国苗族信仰文化中的表现最为充分，但其他各地苗族信仰文化中也有鬼的事物，贵阳地区的高坡苗族也有自己的鬼，如红伤鬼、雷公鬼、火鬼、白嘴鬼、口嘴鬼、棺材鬼、撒网鬼、血盆鬼、吊死鬼等等。

川、黔、滇方言区苗族中的鬼观念也是存在的，但由于受到周边其他民族文化的影响，其鬼的信仰文化事象与之相比并不十分显著，而且其信仰文化的表现上有了另类的色彩。

苗族人是崇拜祖先、崇拜鬼、崇拜他们认为的有灵异的自然物体和人造物体及自然现象的，故他们的祭拜对象不但有鬼，还有其他的一切有灵异的事物。比如大树、巨石、岩洞、土地菩萨、桥、凳、水井等等。不过，这不是他们信仰文化的主流。

第二节　苗族信仰文化中的鬼师

苗族信仰文化中的鬼，是其信仰文化的基础，也就如现代宗教信仰中的上帝、神和诸神、佛法三宝中的“佛”一样，没有它，苗族人的信仰文化是建立不起来的。但要实现信仰文化的运行，还得有一个必备的要素，这就是苗族信仰文化中的鬼师。

像所有民族中精神文化运行者一样，苗族的鬼师就是一个祭司，一个信仰性质精神活动的实施人。

在所有的苗民族支系中，都有自己的形式多样的鬼师群体。

在黔东南方言区苗族中，台江等地的鬼师群体分为：鬼师（苗语称“故相商”）、巫师（苗语称“相戛孬”）、通司（苗语称“朗”）、择日者（苗语称“胜乃莽”）等数种。

在日常生活中，鬼师所主持的信仰活动最多，与居民的关系比较密切，因而其人数也较多。巫师和通司负责主持的信仰活动较少。择日者就是看日子的人，是从汉族学来的。

这些鬼师各有专业和分工，但是他们彼此之间并无隶属关系，他们都是没有脱离生产的农民。

这些鬼师是本民族的“知识分子”，他们在社会上不是什么特权阶级，但他们自然地有一定的社会威望。

当鬼师有一些条件。一般的要求是：40 岁以上的男人，懂得鬼祭的活动和咒语百分之八九十就可以担任鬼师。他们因平时经常参加祭“鬼”活动，已逐渐熟悉了各种祭仪和咒语，遇着本村的鬼师年老生病或死亡没有鬼师祭鬼的时候，他愿意干或经过一些群众的建议，就可以担任鬼师，无须经过学习或拜师等手续。

在开始当鬼师的时候，自己要先祭家里的“董戛吓”（“董”意思是门），并借着杀鸡的机会，根据鸡眼形状来预测当鬼师后是否吉利，从而最后决定是否出任鬼师。祭“戛吓”的时候，是要杀一只大白公鸡的，在整只鸡几近煮熟了以后，如果鸡眼的形状都是一样（或睁或闭，或凸或凹）的话，就是当鬼师后吉利的征兆。否则，就认为是当鬼师后不吉利，因而放弃当鬼师的念头。

当了鬼师以后，对一般的鬼祭活动和咒语还有不懂的地方，可随时请教老鬼师。

但对“考”及“构”这两种整人的鬼祭活动，就要向会做的老鬼师（会祭的鬼师很少）专门学习了。事实上。鬼师有两种，有的鬼师只会主持比较简单的鬼祭活动，一般就是指用鸡鸭为祭物的鬼祭活动。我们叫这种鬼师为小鬼师。其他能懂得绝大多数祭鬼活动的为大鬼师。

苗族在屋边用鬼，握竹竿者为鬼师

（摄于雷山）

为什么40岁以上的男人才能当鬼师呢？据说不到这种年龄的人如果当了鬼师，经常同鬼打交道，鬼就会要他去，以致寿命不长。年龄到了40岁的人就算是老了，鬼也不要他了，所以不会因为与鬼打交道而缩短寿命。如果真正想在年轻的时候就当鬼师，那就要早在十二三岁的时候开始。据说这种年龄当鬼师，鬼就会认为他是一个能干的人而不敢要他去，他就不会因而夭寿了。

当巫师的条件简单，但不大容易，唯一的条件就是要会“化戛孬”，当地人通称为“过阴”。如果有人能经常过阴，看得“准”了，人们就常常会去找他，于是他就逐渐地成为巫师，所以他是没有师承的。他们不受什么年龄限制，不论贫富，一般须是男的。正式当巫师的时候，也没有什么仪式。到了40岁以后，如果他想兼做鬼师，仍须按前述办法祭“董戛吓”和看鸡眼后决定是否担任鬼师。

巫师没有什么法器，唯一携带的东西就是遮脸帕，但这张帕子也不是专用来过阴的，而是利用包头帕（苗族男子都用一段长布裹头称包头帕）的一段把脸蒙住就可以。此外病人要出一碗米和临时找的一碗冷水。有了这三样东西，并配一个通司，巫师就可以进行过阴了。

通司是巫师在过阴时的助手，不能做旁的什么活动。当通司条件简单，只要口齿比较清楚灵活，在巫师过阴时能同巫师交涉通话的中年男子，就可担任通司。因此巫师去做过阴活动的时候，并不自带通司去当助手，而是由当事人临时找人。

择日者都是男性，而且多半是鬼师兼任。从事择日活动，必须懂得一套口诀，这套口诀要专门学习才会应用。学习择日者，不受什么限制。学会了开始执行职务时，也没有什么仪式。

现今的台江，这样的鬼师群体仍然存在，并且仍然活跃在苗族人的村寨里。下面是我们在调查中仍能见到的一部分鬼师。

熊胜达（苗名叫“熊商五”），时年63岁。其做鬼师是祖传，老太公就是鬼师，到他这一代已经是第四代了。父亲20多年前去世，其25岁时就是鬼师了。熊胜达小时并不想学做鬼师，心里还烦这事情，但平时父亲做鬼师时，他听都听会了，故50岁时就自己做了鬼师，没有专门学，也没有办什么手续，也没有什么仪式。

熊胜达说其父亲也不是学来做的鬼师，而是在其25岁时，被国民党政府派工出去修公路，在“排乐”（台江县内）去找房子住，找着一个绝种的人家，这家人无后，只有两老，老人不想借住，就说，你们到别家去住吧，我家姑娘多，怕她们不容你们。其父亲说，你家有哪样人？就两双筷子、两个碗。老人很惊愕，说，你咋看得见，怕你是个鬼师！你来看看我家的事情，到底是怎么回事。其父亲就在这家人家做了第一场鬼事，做了第一次鬼师。此后，其父亲就做了鬼师。到66岁去世（1982年）。

熊胜达做鬼师最初是因为自己家要用鬼，不想找别人，就自己给自己家做，这样就做上了鬼师。熊说，新做鬼师一般都要从自己家的鬼事做起，给自己家做了，没有什么事之后才敢给别人家做，怕给别人用鬼，送鬼到半路找不着地方回来就拐了。

潘昌忠，台拱镇报恩村人，现年63岁，祖宗有三代做鬼师，他本人于1972年发“告”（苗语音译）后，即慢慢成师，开始从事祭祀活动，至今已有30余年，曾在方省片区、县城附近村寨做祭祀活动。

杨光模，台盘乡南瓦村人，现年62岁，师从祖传，其祖公、太祖、父亲都是鬼师。他本人从师至今只有10余年。活动范围远的曾到台拱镇的下桃村筛陇寨、排羊乡的岩寨等，经常在南瓦、南庄、方省片区搞祭祀活动。

在雷山苗族中，其鬼师群体又有不一样的划分。

黔东南的苗族鬼师

在雷山苗族人中，一旦自己愿意做鬼师，又被村人（首先是家族中人认可）认可之后，他就可以是族人或村人的鬼师了。这个鬼师在苗族中并不是一种职业，除了赢得人们的尊重之外，并不能给自己带来经济上的好处或报酬。在被人请去做鬼师时，是不能索要报酬的，即使所付的所谓师钱，也是象征性的，根本不能与鬼师所付出的精力相比。

雷山苗族人的鬼师是沟通人与鬼神的中介人，不过，由于各个鬼师的沟通方式方法是有一定区别的，所以，鬼师也能分成几类。其主要的类别有：

一是通神鬼师（苗语称“相商”）。

这种鬼师能请神附在自己身上，或者自己的灵魂能走进阴间，到鬼神的住地去，沟通人与鬼神。在这种沟通中，鬼师必须有昏倒、癫狂等症状。而这正是鬼师通鬼神之时，也就是鬼神附体的反映，并且代表神说话，求神者也可同鬼师对话。这类鬼师，主要由“扇秧苞”即放“七姑娘”和生病形成。

二是祭司（苗语称“相牢”或“相唏”）。

这是比较高级的鬼师，如“鼓社祭”的主持者。其特点是有较高的文化素养，不少人还懂得古礼古规，掌握苗族的历史与文化。祭司主要从事占卜、祭祀和巫医，他们一般不请神附体，也不从事过阴之类的活动。这类祭司，主要由习事巫术、诵读巫词形成。

雷山苗族人称祭师为“大鬼师”“老鬼师”。所谓“大”“老”，就是说，这种“鬼师”，最懂“鬼神根底”“鬼神礼仪”“鬼神行当”等。哪一个鬼，它常居在哪里，等等。

这样的“大鬼师”“老鬼师”，也叫“咒念鬼师”。“大鬼师”“老鬼师”在祭祀时，首先，必须清楚地点名道姓，呼唤鬼神名称及其所在地点。并沿着鬼神线路，顺呼地名不得有差错。鬼神进入祭祀场以后，指定鬼神座位。严守祭祀场规，听从念咒鬼师使唤。指点鬼神赏识祭祀场上风俗及其祭品礼仪，责令鬼神恭恭敬敬接受祭祀，并及时松绑放人，严禁鬼神违规不服。

三是专业鬼师。指地理先生、巫医、相命师、占卜师等。

地理先生又名风水先生、阴阳先生，他们以阴阳五行学说为根本，为苗族人选择房屋地基及死者安葬之处。

巫医（苗语称“相迦”）在帮助病人驱鬼的同时，根据祖传药方和自己的行医经验为病人进行点穴、敷药等，以适应驱鬼和治病的需要。例如鬼师在为身体瘦弱且厌食的儿童捉魂时，燃香指着手掌心念招魂辞后，随即在手心偏拇指侧割疳疾。

相命师（苗语称“相捍”）系根据生辰八字、姓名、属性等来推算命运好坏，或根据人的面相、手掌、指纹来推断婚嫁和吉凶祸福。

占卜师（苗语称“胜哈莽”）是根据阴阳五行、干支汇合，测算人的命运。其种类甚多，有米卦、钱卦、竹卦等。

这类专业鬼师，业务主要是通过习事巫术和掌握相关知识形成。

四是通司，即通神鬼师助手。

苗族进行巫事活动时，通常需要一个助手。通师的任务主要是：维持秩序，保证祭祀或法事的正常进行；护理通神鬼师；当通神鬼师请来神后，通神鬼师则代表神在活动时，通师则做人和鬼神之间的媒介、翻译，主管祭祀活动中的共食事宜等。

在苗族鬼师的种类中，“相商”，包括通神鬼师和通神巫医，出现最早，且是鬼师的典型代表。祭司、通师、专业鬼师都是较晚出现的。

鬼师在行使自己的职能，行法事沟通鬼神的时候，要运用各种工具（法器）。苗族鬼师进行“法事”时的主要法器是用包头帕把脸遮起来的面饰、木鼓、芭茅杆和竹片等。

面饰是苗族鬼师通用的装饰品，主要有两类：一类是蒙面流苏式纺巾，在帽前方下垂许多流苏，或者从头上垂下头巾，把脸蒙上，如新娘的遮面一样。雷山县报德村苗族鬼师过阴找鬼时，用包头把脸遮住，然后晃动手脚，施行法事。另一类是面具，多以木削制而成。

在黔东、湘西方言区苗族信仰文化中，能沟通鬼神与人的群体比黔东南方言区的似乎要多一些，有神巫、仙娘、无常、蛊婆四个群体。

巫师与黔东南方言区的鬼师相类似，但已经带有神性了。这样的巫师他们分为三类：

第一类为通神巫师（苗语称“故相商”）。这样的巫师能请神附在身体上，或者说自己的灵魂也能到鬼神住的地方去，在沟通神人时，有迷狂、昏迷的现象发生。

第二类为祭司（苗语称“故相牢”）。这是比较高级的巫师，有较高的文化，懂经书，掌握苗族的历史和文化，能主持诸如“鼓社祭”“剖果”“解簸箕”等大型祭祀。

第三类为专业巫师，指地理先生、巫医、相命师、占卜师等等。地理先生即风水先生；巫医（苗语称“故相迦”），帮助人们治病驱鬼；相命师（苗语称“故相捏”），算命者；占卜师（苗语称“胜乃莽”），卜卦者。

以上的这个群体与黔东南方言区的鬼师群体类似，但在黔东、湘西方言区苗族信仰文化中，它还有一个专门的称为“仙娘”的群体。仙娘苗语叫“姑”，是往返于尘世与信仰世界的使者，她们专事占卜、扛仙算命等活动，也能进行治病活动。仙娘的形成多为数月数年的神经错乱之后，突然以第三人称的口吻说她是某某（当地有名的死者），即有鬼魂附身，有了“阴崽”。这样，其病好了之后，就成了能沟通人神的仙娘了。通阴者在黔东南方言区的苗族中也有，但在黔东、湘西方言区的苗族中，却形成了一个专门的由女性组成的群体。

在黔东、湘西方言区苗族信仰文化中，还有叫作“无常”和“蛊婆”，能与鬼神交往的角色，但他们都是一些负面的角色，与鬼师的形象和概念相去甚远。不过，这样的角色也是黔东、湘西方言区苗族信仰文化中的一种表现。

无常一般是男性，多为光棍和丧妻的寡汉，其性格孤僻，行为怪异，衣着肮脏，精神恍惚。无常也叫猖王，据说能出入地狱，替阎王捉人。

蛊婆又称为草婆子、鬼婆子、琵琶鬼，会使蛊毒害人。但这多为传说。

在黔东、湘西方言区苗族信仰文化中，还有一个角色值得一提，这就是苗族傩坛师，即在黔东、湘西方言区苗族信仰文化中，不但有苗族传统的鬼师群体、独立成群的仙娘群体等，还有一个傩坛法师群体。而傩坛信仰是一个跨民族的信仰表现，故苗族的傩坛虽然有自己的苗族特色，但基本的内涵和形式与其他民族的傩坛大致相似，故其傩坛师情况可参见对土家族等民族的傩坛师的描述。

在现今的黔东、湘西方言区的苗族中，鬼师群体和仙娘群体仍然很大，并十分活跃。

石忠炳。时年（1996年）84岁，松桃长兴堡达东村人。

19岁掌坛，为家传了十几代的巴狄熊（苗巫）。其父亲及祖父，法力都非常高，他们能把牛角撑贴在板壁上，如同生根。其父亲死得早，大约在他15岁时就死了，其没有从他那里学到全部的法术。其父亲只是临终时传授了一些诀，许多巫辞是在跟随其父亲做法事时学会的。其父去世时，根本没能掌坛，其也不打算接他的坛。后来，其母亲老是对其讲，要是他不接下那巫坛，父亲及祖父以及远祖，都会因为没人带领他们去享人间烟火而发怒、作祟，害一家不得安宁，害一个村子不得安宁。其觉得有理，18岁才到湖南学巫，19岁回乡，就开坛布道。其会做的巫很多，因为其学的是文武两教，就是既学了苗族巫术，又学了汉族巫术。苗族巫事是文教，汉族巫事是武教，所以叫文武两教。

麻老富。时年（1996年）45岁，不识字，松桃巴茅布妹人。

自其父亲去世后开始掌坛，至今已有10年了。所有功夫都是其父亲传授的，到其是第十代。他说椎牛的巫事其父亲做过，现在没人家做那种大巫事了。祭雷神、接龙是长期做的，差不多年年都有几堂。其家的师承：师祖老明—师祖老武—师祖老贵—师祖老富—外师祖老旦，老法，宝夷—外师祖口财—师祖钱细，武金—师祖老江，老水—师祖天龙，巴夷。

田入超。时年（1996年）40岁，松桃世昌地琐人。

家传九代的巫师，其未学完，父亲就去世了，就向著名巫师田绍全学习。他现在还活着，只是已经瘫痪了。学了五六年的时间，后又到处访寻，投过几个巫师，很佩服盘石的田开元，他的巫事门类做得的确多。其师承：师父如高—师公老积—师公老钱、老阄、老江—师父兴富—师爸大富—外师公老高、大飞—师岳父枪—师岳父钱阳—师表兄锡宝—师爸老保—师岳父老意—外师祖父昌发—师表兄强波—师岳父老保—外师祖父亲林。

正在做鬼事的田入超鬼师

（摄于松桃）

这是传统的鬼师，实际上在很多的时候，黔东、湘西方言区苗族的鬼师，既是鬼师，又是傩坛师，如上述的石忠炳，就是这样的例子。当然，在黔东、湘西方言区，也有比较有名的苗族傩坛师，如松桃的傩坛师田五斤就是。

其仙娘群体在黔东、湘西方言区亦是有不小的数量。著名的苗族巫文化专家麻勇斌对她们就有专门的研究，著有《苗族神性妇女》一书。

在贵州其他地区的苗族信仰文化中，也有自己的鬼师群体。比如在黔中地区的高坡，其苗族文化中就有鬼师和媒拉两种角色。

媒拉也称弥拉，有的地方也称巫婆、神婆等。媒拉这一类的人物也可以称作行巫术者。

高坡苗族的媒拉一般是女的，偶尔也有男人为之，但极少。在高坡，如果是男的成为媒拉也叫媒拉。

高坡苗族的媒拉没有直接的师承关系。媒拉一般是青年女子们自己去通过一定的仪式过程寻来的或求来的。

谁中了媒拉，人们就普遍认为她具备了某种通阴、通鬼的能力，可以在做媒拉时应主人家的请求，到阴边去查吉凶、祸福，看看命运中出了什么差错，阴边是谁在搞鬼，如查出来了，除了几种“鬼事”可以由媒拉做外，多数就得请鬼师来做了。

媒拉在高坡苗族中既不是一种职业，也不代表身份，只不过是某人具备了一种能力而已，并且这种能力只是在有人请她用鬼时才出现，平时就与正常人一样。这样的妇女，婚嫁生育基本不受什么影响。

高坡苗族的媒拉是妇女们自己求来的，故一村一寨也许有的年代里会有多个媒拉，而有的年代里会一个也没有。另外，媒拉的灵异可能也会随年龄、远嫁、久不从事而有所变化，甚而失去这种能力。

鬼师是师承的。最好的情况是一代传一代，但在无后或后代资质太差，以及后代拒绝学习等情况出现时，也有传给族人的。鬼师要传给下一代时，一般会收几个徒弟，并从中挑一个来传授。

一般说来，高坡苗族每个支系都有自己的鬼师，所念的经文内容大致相同，但排列上有别，如甲支系的鬼师念经文请祖宗列位时，就会先从甲支系请起，并把其他支系的苗族祖宗列位按与甲支系的亲疏关系来排列，其他支系的鬼师也亦然。这种排列越往上溯变动小，往下走时变动就较大，但不管各支系的鬼师如何念，整个的祖宗列位都得念到，这是不成文的原则。正因为如此，各支系不管谁或哪个村寨，如有“鬼事”最先请的一定是自己支系的鬼师，万不得已才会请别的支系的鬼师。也因为如此，各支系或一个大支系内的几个鬼师，就有祖宗列位排列调度上的高下之分，对外也就称法力高强鬼师，云云。这样，哪里的鬼师如行“鬼事”失败，就会出现另请“高明”之举。

以上是高坡媒拉和鬼师的形成，二者各行其是，又相互配合依存。

从根本上讲，二者都是与“鬼”打交道，这是他们的相同之处，但二者与鬼打交道的方式又不同，鬼师请祖（鬼）是“明喊”，即在阳边叫出声来，并始终保持正常人的状况，请来了，送走喽，都通而不类，均在阳边所为诸事，绝不会到所谓的阴边去，并且所请所送都是按阳边人的要求。媒拉用鬼就不同了，她一旦作起法来，让灵异附体就不由自主了，她先请两个阴边的有力人物作为左右护卫，就直接到了阴边，并找到要找的鬼某某，派它去查看某某事，如遇见所寻查之事，就会说出来；如遇上失落之魂，她也会喊魂；如遇上恶鬼，她会行驱鬼之事，但她主要的任务是查访何事、何鬼、何因阻了阳边某人的某事（如病、灾等）。所寻之事一般是媒拉在一种迷狂状况中说出，而她一旦从阴边回来，一般是不

高坡苗族的鬼师

（摄于高坡云顶）

知她在作法用鬼时说了什么，做了什么。她在用鬼时也许用了几个鬼就完成了某事情，也许调动了千鬼不鬼也办不成一事。如遇后一种情况，她也有另请高明之说，不过，媒拉用鬼从不以口念出来，而是心里在与阴边的鬼无声对话，故与鬼师用鬼相比，称“阴喊”。故可说鬼师用鬼自己不入阴边，媒拉用鬼得入阴边。用鬼效果如何，鬼师大多可以自主，媒拉则很少能自主。

媒拉用鬼查出某事后，就得请鬼师驱鬼，这是一个事情的两个部分，即鬼师没法去阴边查访，不能代替媒拉，而媒拉也驱不了大多数的鬼，也代替不了鬼师。一般来说，媒拉相对而言有一种特殊的能力，而用鬼的能力又不如鬼师高强，这里有一定的地位区别，但不明显。媒拉对某鬼无奈，驱不了，下言也就是请鬼师，这种区别也是客观存在的。

鬼师是师承的，是经过特殊训练的有多重意义的人士，而媒拉则是某种灵异的表现，是代言人，本人的文化等方面的素质都不会太高，这也是二者的区别之一。

在黔西北苗族信仰文化中也有鬼师。我们在织金、六枝等地的梭嘎苗人中进行调查时，当地的苗人也说他们有鬼师的说法，也用一些鬼，但其用鬼者、通灵者现在一般不说成鬼师，而是称为弥拉。在这些地方，如上述的两个方言区的鬼祭很少见，他们最隆重的祭祀活动是祭山祭树，砍牛祭祖的仪式一般出现在丧葬中。

苗族的鬼是由鬼师来“司”行的，只有他们的良好存在，苗族的精神文化的核心才能良好地运转起来。

各个不同地区的苗族鬼师，其表现形式也是不尽相同的，这与他们的成因有很大的关系，但苗族鬼师成因这里略，我们准备把其放在苗族的信仰文化的源流中来论述。

第三节　苗族信仰文化中的驱除性鬼祭仪式

苗族的鬼祭仪式可谓是非常丰富的，在黔东南方言区，几乎每一个鬼师都能做几十种巫鬼祭的仪式，在黔东、湘西方言区，有三十六堂鬼和七十二堂鬼的说法。

苗族人把他们认为存在的鬼分为两大类：一为善鬼，二为恶鬼。所以，他们的鬼祭仪式又能分为两类：一是驱除性的鬼祭仪式，一是祈祷性的鬼祭仪式。

其驱除性的鬼祭仪式是苗族人最为常见的仪式，也是至今仍然较为活跃的信仰文化部分。一般说来，在举行驱除性的鬼祭仪式之前，是要先有一个“望鬼”的程序或过程。在这个过程中，“望”到了什么样的鬼，就对应地做什么样的驱除性的鬼祭仪式。“望鬼”在不同地区的表现形式和称呼可能不尽相同，但意义是基本一致的。

在黔东南方言区的苗族中，其望鬼是这样表现的。

在台江县，苗语称望鬼为“昂商”。人病了就要请鬼师、巫师或灵姑（当地汉语称灵哥）望鬼。但有时发现一些奇异现象如母猪吃小猪、母鸡吃蛋等的时候，就认定是某种“鬼”在作怪，需要准备“鬼祭”了，也就是不必经过“望鬼”这一手续。

鬼师、巫师、灵姑的望鬼方法是不同的，现分别叙述于后。

鬼师望鬼的方法有二：一为“褒攘”，一为“敲蛋”。

“褒攘”的“褒”是口念手掐的意思，“攘”意为青草，但实际是指芭茅（芦苇）。“褒攘”当地汉语有的称为“比草”。就是病者的家人在病人身上撕下一小点布筋作为“细江”（译不出汉语意义），并告诉鬼随这“细江”去请鬼师望，知道是谁（何种鬼）再给祭物。（过程略）

“敲蛋”是在病情较重的情况下用的方法。先把一个鸡蛋或鸭蛋洗净，在蛋壳上先画“人”（过程略），最后通过看蛋上出现的痕迹和位置来判断是什么鬼。

巫师望鬼。巫师，苗语称“相戛孬”；巫师的活动称为“法戛孬”（一称“友戛孬”），当地汉族通称为“过阴”。

“敲蛋”

“法戛孬”时不论在什么地方都得要病人的一碗米（米上放着从病人衣服上撕下的一点布筋——“细江”）、一碗冷水。一个人当“朗”（当地汉语通称为“通司”）。巫师坐在高约一尺的小凳上，以包头帕的一端把脸遮住。通司坐在他的一边或对面，不蒙脸。先烧三炷香插在米碗里，并烧纸钱（冥钱）于地上（没有香纸时可不烧）。巫师先把三粒白米染成黑色放在米碗里，再连白米和“细江”随手抓得米数粒放在手掌里以口呵气、念咒语，再呵气后即全部放入水碗里。这时巫师即从碗中把“细江”捞出，仔细观察米的排列情况，就知道鬼是由哪个方向来。（过程略）

灵姑望鬼。灵姑苗语称“勾”。当灵姑的人男女都有。据说是死人的魂魄附体而成灵姑的。

病者的家人以米一碗及“细江”去请灵姑看时，他坐着拣几粒米放在口中嚼，不用帕子遮脸，等一会儿（十多分钟）“勾”就来了，这时就请“勾”随米到病人的家里去望鬼。它去一会儿又回家把望鬼的情况告诉请他的人。如认为没有看清楚，可请他再去看。

望鬼这一环节在黔东南方言区的苗族中表现得比较完整。在黔东、湘西方言区的苗族中，望鬼则多由通神巫师和仙娘来实施。在黔中的高坡苗族中，望鬼则由弥拉来完成。

以上是比较规范的望鬼，在苗族的许多地区都有表现。在这样的望鬼中，自然包含了“占”“卜”的一些形式和内容，所以一些地方也有用占卜的方法来望鬼的。

经过望鬼，知道是什么鬼作坏，就要举行相应的鬼祭仪式了。在黔东南方言区的台江县，我们能记录到的驱除性鬼祭仪式有40多种。

1. 祭母猪鬼。苗语称“精迷办”。“精”的意思接近于“怪、鬼”，“迷办”意为“母猪”。据说共有7个，都是女性。

2. 祭虎鬼。苗语称“精柇”。“柇”意为虎。“精柇”有两种，都是7个，是女性，只是使人害的病不一样。两种祭虎怪方式大致一样。

3. 祭蛇鬼。苗语称“精囊”。“囊”意为蛇。女性，共有5个。

4. 祭蜥蜴鬼。苗语称“精囊响”。“囊响”意为蜥蜴，即普遍称的四脚蛇。

5. 祭大的水鬼。苗语称“精翁溜”。女性，有7个。

6. 祭小的水鬼。苗语称“精翁又”。女性，共5个。

7. 祭母鸡鬼。苗语称“精迷瓜”。女性，共2个。

8. 祭叶鬼。苗语称“精弄”。女性，共3个。

苗家门上用鬼遗迹

（摄于黔东南）

9. 祭凶死鬼。苗语称“八弄”，即死于刀枪、缢死、溺死、跌死等非正常死亡的人。此鬼有四组，要分开祭，但祭法大致一样。“八弄”（甲）共12个，男性，是遭刀枪死的人。“八弄”（乙）共7个，都是女性，这种鬼是对婚姻不满意不愿意出嫁的缢死者，或死了父母、悲观厌世的自缢者。“八弄”（丙）共5个，都是女性，是跌死者。“八弄”（丁）共2个，都是女性。

10. 祭麻疯鬼。苗语称“商卡口”。有7个，都是女性，是一个名叫“仰皆里”的大麻疯病者死后变成的。

11. 祭癞子鬼。苗语也称“商卡口”。共2个，都是女性。是从前一个名叫“宜八囊”癞子死后变成的。

12. 祭水鬼。苗语称“戛枵达翁”，水淹死的人变成，有2个，男女不定。但男女的祭品和祭法有别。

13. 祭枪死鬼。苗语称“戛枵达送”。此是死于枪者的魂魄，共2个，男性。

14. 祭刀死鬼。苗语称“戛枵达塞”。是“被刀杀死者的魂魄”，共2个，都是男性。

15. 祭别家鬼。苗语称“戛枵达宰”。是“死在别人家屋中的人的魂魄”，有2个，男女不定。

16. 祭饿死鬼。苗语称“戛枵达敢”。是“饿死者的魂魄”。2个，两性都有。

17. 祭石脚鬼。苗语称“商钢衣戛”。“商钢衣戛”就是“用鸭祭的石脚鬼”的意思。有5个，都是女性。

18. 祭石脚鬼。苗语称“商钢衣办”。“商钢衣办”的意思是“用猪祭的石脚鬼”。共有7个，都是女性。

19. 祭中箭死鬼。苗语称“响催”。“响催”就是“因中箭死而为鬼，祭时要用钢沙和箭”的意思。共12个，都是男性。

20. 祭"普翁普霰"。"普"的意思是飘、浮;"翁"的意思是水;"霰"的意思是河沙。女性,共有2个。

21. 祭影子鬼。苗语称"八奶打"。"八奶打"就是"太阳在早上升起来的手"的意思。是太阳的"庸影"。3个,都是男性。

22. 祭魔影鬼。苗语称"八奶留"。"八奶留"的意思是"太阳在下晚落坡时的手"。是太阳的"魔影"。共3个,都是男性。

23. 祭藤子鬼。苗语称"阴班"。"阴班"就是"刚死的人遭藤子绊着"的意思。"阴班"共12个,都是女性。

24. 祭钩子鬼。苗语称"阴改"。"阴改"就是"刚死的人遭钩子勾着"的意思。共有12个,都是女性。

25. 祭"阴烘"鬼。7个,都是女性。

26. 祭"拢考"鬼。7个,都是女性。

27. 祭戴斗笠的鬼。苗语称"商动莫"。9个,都是男性。

28. 祭天上的鹰鬼。苗语称"赏东晚"。2个,都是女性。

29. 祭放火妖精鬼(火鬼)。苗语称"西独"。12个,都是女性。

30. 祭"禁宰"鬼。"禁宰"就是"忌讳产妇到别家的鬼"的意思。

31. 祭垮山鬼。苗语称"庸邦八"。"庸邦八"是"作怪使山崩垮的鬼怪"的意思。7个,都是女性。

32. 祭"恩"。2个,男女各一,男的作弄男人生病,女的作弄女人生病,不知是什么变成的。

33. 祭"等"。2个,男女各一,男的作弄男人生病,女的作弄女人生病,不知是什么变成的。

34. 祭狗官鬼。苗语称"商管来伞"。"商皆来伞"就是"狗官鬼"的意思。有6个,都是男性。

35. 祭狗骨鬼。苗语称"商耸伞"。7个,都是女性。

以上是50年前记录下来的台江剑一带的苗族巫鬼祭仪式,在今天,台江方省地方的鬼师熊胜达鬼师告诉我们他能做的鬼事有很多种,但在边说边想的情况下,他一共给我们讲了23种用鬼的名字。

1. 做"嘎九它秀为"(苗语音。"嘎九它"是死鬼的意思,"秀为"是饿的意思,一起说成是"饿死鬼")。是为被"饿死鬼"找上身的人做的鬼事。

2. 做"嘎九它"(意为"死鬼")。

3. 做"拜神"。一般为求家宅清吉。

4. 做"洗寨"。是为了扫除"火鬼",保寨清吉。是全寨人一起凑钱做的鬼事。

5. 做"白细"。白细是在人户牲口死,人的眼睛痛时要做的一种鬼事。"白细"是外人对苗族这种鬼事的一种称呼,后苗族自已也叫习惯了。它用鬼是用一只白公鸡,这一点很特别。"白细",苗语称为"嘎哈",现今"白细"也成了一种鬼的名字。

6. 做“亮鬼”。“亮”是飞出来弄人的鬼，故可叫飞鬼。一般认为娃娃肚子痛、拉肚子就是亮鬼作怪。

7. 做“亮拢六”。“拢六”是指森林，“亮拢六”是森林里飞来弄人的鬼。

8. 做“亮瓦”。“瓦”指的是番省村附近的一个叫“南瓦”的地方，“亮瓦”是指南瓦地方飞来的鬼。这种鬼使人脚杆中的骨头痛。

9. 做“得斗”。娃娃被突然惊吓之后，四肢无力，就认为是被“得斗”这种鬼作弄的。

图为鬼师熊胜达在牛打坪做“拜神”的情景

（摄于2005年1月）

10. 做“得斗为”，是说自己的鬼（魂）不在身上，浑身无力时用的鬼（有招魂的意思）。

11. 做“丘嘎达罗”。父母亲过世，给他们做的“白细”没有做好，鬼就来把猪搞死等，这时就要做“丘嘎达罗”了。这在汉人中叫“扶山”。

（以上未说明者用的祭品多为公鸭。）

12. 做“嘎略罗”。在家里有非正常死亡（上吊、跳水、火烧、自杀等）的，就要做这种鬼事，以保证后代再无这样的事情发生。

13. 做“货好变”。盖了新房子后，家里不顺，蚀财、死猪、死牛、做生意不顺等，就要用此鬼之后才能发财发富。这个鬼事要求用猪。

14. 做“过好略”。家里有人生脓疮包，就用此鬼，这个鬼事用牛，用的是黄牛。

15. 做“过好你”。家里有人生脓疮包，就用此鬼，这个鬼事用牛，但主家为显得富裕，面子大过别人，并比别人不同用水牛时，就叫“过好你”。

16. 做“哈各薅”。“哈各薅”在苗话中是尾巴的意思。这个鬼事是在前二者做完之后做的一种鬼事，是前两种鬼事的结束性鬼事。

17. 做“八进”。“八进”苗语中是让鬼粘身的意思，指的是老人浑身无力，好像魂不在身上走了。做这种鬼事是为了让老人走去的鬼魂退回来，粘在老人的身上。一般是在做“得斗为”之前做这种鬼事，只有做完它才能做“得斗为”。

18. 做“抢阿洞”。如果娃娃爱哭爱闹，不太健康，认为命短时，就做这个鬼事，在仙人那里求寿，目的是求取娃娃的长命。

19. 做“迭落门”。“迭落门”也就是汉人所说的白虎。一旦有杀伐、打架等事情出现，就认为是白虎作弄的，就要做“迭落门”。

20. 做“话别凶”。在喂猪时瓢爱落槽，猪吃食时爱滚槽，槽上爱生菌子，猪爱死，大人小孩爱生病时就要用此鬼。

21. 做“话喻”。苗话中“话喻”是影子鬼的意思。说的是妇女坐月子时，经过别人家门口时，不要在门口停留，如果停留，并把影子照在别人家门口，这家人就认为不吉，影响到这家人时，就要做这种鬼事了。

22. 做“嘎龙闪”。在有人生脓包，并长期不好时，就要做此鬼事，用此鬼时要用鼓来念。

23. 做“嘎龙嘎”。同上，只是做此鬼事时用鸡。同时，还有一种用鸭子的“嘎龙嘎”仪式。

从这两个不同年代的版本来看，台江苗族的巫鬼祭仪式仍然很兴盛，但内容有了不少变化。或者说各地的巫鬼祭仪式有自己不同的表现。

高坡苗族“送白嘴”后的遗迹

黔东南方言区的雷山县，除了雷鬼祭、祭祖外，也有许多巫鬼祭仪式。

祭山神。祭山神有三种祭法：一是宰猪来祭山神；二是一般祭山神；三是杀鸭祭山神。

祭少命鬼。有宰猪祭的，杀鸭祭的，埋桩祭的，给老人添命增寿祭的，一共有四种。

另外，还有祭太阳神鬼、祭王鬼、日夜鬼、搭桥立凳鬼、干商绑浓鬼（不正常死亡的人）、口咀鬼（祭中又分七年口咀鬼、五年口咀鬼、三年口咀鬼、客口咀鬼、主客相约祭在半路门上口咀鬼、栽播口咀鬼、田地口咀鬼、案件口咀鬼八样）、夜间鬼、立命鬼、落河鬼等等数十种，即在苗族的民间有什么鬼，就会有什么样的鬼祭仪式。

在黔东、湘西方言区的苗族中，有三十六堂鬼、七十二堂鬼的说法，其每一堂鬼就是一台鬼祭仪式。实际上，前述的黔东、湘西方言区的苗族的鬼数量不少，按理，有一个鬼，就有一个鬼祭仪式，但许多时候只是知有这样的鬼，而不知如何祭了。

在高坡的苗族中，也有许多鬼祭仪式。

红伤祭。红伤鬼是高坡苗族认为的五个恶鬼之一，是因刀伤、枪伤而见血的死者，故此祭对保一家人不受意外伤害最为重要。预防性的红伤祭一般是每年的正月二十八、二十九这几天里举行，一般为求来年平安。尤其是上年家有红伤者更是一定要举行。

祭树。苗语叫“罗哥罗摸”。祭树一般在村寨内的某棵被苗民们视为有灵的大树发生倒坏时才举行。这树一般是寨上的百年老树，是寨子的神树。它如果倒下了，就得认真祭祀一番。

祭土地。这种祭土地没有特别的仪式，也不要特地准备什么物品，在每年的三十夜则家家都要把饭茶酒肉祭祀了土地后，才能食用。祭祀的地方也就在祖宗牌位前，不存在经文，只心中默念，有这个意思就行了。

祭火，也叫“送火鬼”。时间一般在二月、八月，这样的祭火是为了预防，如有哪个寨子发生了火灾，火扑灭后，所有参加救火的人不能马上就走，还要如红伤祭那样举行祭火，把火鬼驱走，免得带回火鬼引起新的火灾，因而祭火也分预防性和现场的。

送白嘴。在高坡苗族中，如果有谁在言语上（或在人前，或在背后说小话等）伤害了某人，这个人就会首先认为是自己撞到白嘴鬼，别人才这样做的，为了平息惹出的麻烦和伤害，就得请鬼师送白嘴鬼了。

送口嘴。口嘴就是口信的意思，实际上就是人们所说的招魂，即送个口信给游失的魂，把魂喊回来。高坡苗人认为他们有十二个魂，十二魂全在人身上，也讲五魂七魄。

送棺材鬼。棺材鬼是一种险恶的鬼，常在夕阳落坡的路口，险恶的岩洞、井等地方害人，如果谁撞上它的“码头”（遇上它）染上它的鬼气，就会生病，身上痛，并有多种多样的痛法。一般来说，病人不知道自己撞上了棺材鬼，而通常是病了请媒拉查鬼才知道。知道撞上棺材鬼就得请鬼师来送了。

送撒网鬼。撒网鬼意为撒天罗地网的鬼，是恶鬼，五鬼之一，是由掉岩、落水等死得不正常的亡人变的，它们不满意在人世时的事情，故结伙成队（五对或五双）地飞遍天南海陆空中，有时落到地上，如谁撞上了就会病痛。这事也是要请媒拉查鬼时才能知道。知道后就得送鬼了。此鬼可请媒拉送，也可请鬼师送，一般是媒拉送不了时才请鬼师。

送血盆鬼。此鬼也是五个恶鬼之一。一般妇女生了小孩，认为沾了血盆鬼，要在娃娃未满月时请鬼师送鬼，才能求得平安。

送吊死鬼。吊死鬼也是一种凶鬼。顾名思义，是吊死的亡人变成的，这种鬼撞上了会有两种结果，一是好人会无故去上吊，二是会突然发疯病。

综上所述，各个地区鬼是不一样的，所以鬼祭仪式也多种多样，但这些鬼都有一个基本的特点，就是在苗族日常生活中影响人们的正常生活，如得病、遭灾、做事不顺利等等，苗族人就得通过祭祀仪式，供祭它，哄住它，然后驱除它。这是苗族人对待“恶鬼”的一般做法。

第四节 苗族信仰文化中的祈祷性鬼祭仪式和祭祖

在苗族信仰文化中，他们还有“善鬼”的观念，故而在其鬼祭仪式中，还有一种祈祷性鬼祭仪式。认为祈祷可以得到它的保佑，会增福益寿，繁衍人丁，等等。

在黔东南方言区的台江县，这种性质的鬼祭仪式有六种。

1. 祭“董翁”。“董”意为齐，“翁”意为龙，“董翁”就是“招齐龙来保佑地方”的意思，当地汉语通称为“招龙”。据说“董翁”共12个，男性女性都有。每个村子都有许多龙保佑，人们才清吉兴旺。龙若走了，大家就感到软气乏力。遇有这种情况经过巫师看过认为必须招龙时，就要进行全村人都要参加的招龙活动。祭“董翁”的具体过程有“喊龙”、祭“戛吓”、祭“翁”。在祭“翁”中，鬼师要念十多段咒语请龙。鬼师念咒请求龙保佑地方清吉，人畜平安发达之后，即请龙吃酒饭。与祭者即举行“八崩”表示陪龙。鬼师再念咒请龙留在本村境内的大山上、水塘之中。据说祭“翁”是请龙来保佑本地人们，所以不能把它送走。祭祀完毕，居民及其客人就开始聚餐。

2. 祭“戛柠赏松”。“戛柠赏松”的意思就是生人的“魂”顺着死人走的那条路去了（落魂）。在走到“养良松贵”时，就被“告褛养”拦住不许再走；再走人就要死的。“养良松贵”是“告褛养”及“告不”住的地方。他们二人不许生人“魂魄”再上前走的原因：一是人命未尽，一是想要礼物。而人们就要到赎魂坳（指本寨附近一个山坳）把人的“魂魄”叫回来。“戛柠”的意思是魂，“赏”的意思是拦住，“松”的意思是山坳。一般情况是40岁以上的人（不分男女）的魂魄走了（落魂），人就会感觉软弱乏力。经过鬼师“望鬼”确定是落魂之后，就要举行“戛柠赏松”。

3. 祭“董下”。“董”意为齐，“下”意接近于命。“董下”是“添寿”的意思，当地汉语称为“打保福”。男女老少在坐卧不安、软弱乏力的时候，经过“胜奶养”（当地译为“掐日子”）者算过说要“董下”时，就要照办。据说从前有两人名叫“醒宁钢囊奶”和“诺告钢奶啥”，经过“董下”后，才坐老（长寿）。由于“董下娘娄，辣囊娘方”（添寿才能活到老，祈命才能久坐这地方），所以现在人们才“董下”。

4. 祭“考敌董”。“考敌董”（“考”不知是什么意思，“敌”意为挡住，“董”意为门），也叫“湃优老莽”，据说共有3个，都是男性。它不是“鬼”而是保佑人家的，它为人家“白天挡人，夜间挡鬼”，住在“方掌翁，羊掌霰”。它是“动怕”（五棓子树）和“动荣”两种树木变成的，据说从前“告播”和“告当”二人砍这两棵树去擎天，后来二人以银子打成擎天柱了，就把原来的那两棵树弃在河边，那两棵树就成为“考”。人们用它来挡住门就能避灾祸。现在人们每年都要祭它，请求它挡灾避祸。在每年农历二、三月的寅日卯日或申日酉日的更深夜静时在家举行。

5. 祭“片甫”。“片甫”即汉族所说的“白虎”。据说共3个，都是男性，住在“南京、北京”。又说“片甫”是苗族固有的，不是学自汉族，它也是“鬼”，是保护人家的。

6. 祭“皆翁挡洛”。“皆翁挡洛”的“皆翁”意为喊龙，“挡洛”意为回来。在田中突然发生陷阱时，就认为是龙走了，龙走了就要“倒霉”，所以需要把龙叫回来。据说龙男的女的都有，大大小小不知是几个。

像以上的祈祷性的鬼祭仪式在苗族的其他地区也比较常见，像在雷山县的苗族中，就有“招龙”“祭祖”这样的鬼祭仪式。在苗族黔东、湘西方言区，这样性质的祭祀也不少，“祭祖”就是其鬼祭仪式的重要组成部分。高坡苗族的鬼祭仪式中，“祭祖”亦是其重要的鬼祭仪式。黔西北苗族中的梭嘎苗人的祭山、祭树也是一种祈祷性质的祭祀仪式，只不过对象不是鬼。

在苗族的鬼祭仪式中，各地可能会因为文化和环境的因素，多有这样的鬼祭仪式，或少有那样的鬼祭仪式，但各地苗族有一样鬼祭仪式一般是不会少的，这就是“祭祖”。“祭祖”属于苗族祈祷性质的鬼祭仪式。苗族的祭祖从形式上来讲有两种：一是个体性的祭祖，一是群体性的祭祖。前者如黔东、湘西方言区苗族的祭祖仪式，黔东南方言区的个人性质的祭祖仪式，以及平时饭前献酒、献饭亦是。后者如黔东南方言区的“鼓社祭”“吃鼓藏”等等。另外，还有一种两者兼而有之的祭祖仪式，如高坡苗族的祭祖仪式。

关于苗族的祭祖仪式，我们在调查中搜集了数个“文本”，它们完全可以展示苗族祭祖仪式的面貌。

“考敌董”

（2005 年 5 月在台江反省一苗家拍摄）

台江的个体祭祖仪式文本，记录于 1956 年。

台江的祭祖仪式是一种个体性质的祭祖仪式，叫祭“戛山拱浓”。“戛山拱浓”意思是祖先。在小孩坐立不安或有蛇进家时，就认为是在吃酒肉或吃鱼时没有“良大”（二字均念阳平，就是吃饭之前要掐一点肉、饭于地上，喝酒时也要先倒一点酒于地上，表示先敬祖先），祖先不高兴才发生这些现象。这些现象发生后，不一定请鬼师或巫师“望鬼”，即可自备祭物请鬼师来家中祭祀。

台江的“鼓社祭”的祭祖仪式文本，记录于 1980 年，为苗族老人唐春芳先生所记录。

贵州省台江县苗族杀牛祭祖，每十三年举行一次，每次历时四年，祭祀对象是女性始祖蝴蝶妈妈及男性始祖姜央和姜央的妻子以及历代祖先。祭祀活动以“鼓（氏族）”为单位，旧称为“吃牯脏”，苗族学者称为“鼓社祭”。祭祖的大致程序如下：

1. 迎接和祭祀地龙地神。

2. 背诵民族（氏族）史（先背诵祖先迁徙过程，后背诵祖宗世系）。

3. 选择组织祭祀活动的九位鼓主。

第一鼓主代表民族始祖及列祖列宗，他的地位至高无上，神圣尊严。他在整个活动中都严守禁忌，不苟言笑，吃饭穿衣全由第二鼓主服侍；

第二鼓主代表族长，他的职责就是侍奉第一鼓主，表示全体在世的民族成员对祖宗竭尽孝道；

第三鼓主代表子孙，其任务是服侍第二鼓主，表示晚辈对长辈的侍奉，此外他还要朗诵“祭祖辞”，表示子孙对世系永志不忘；

第四鼓主是军事鼓主，负责民族的安全；

第五鼓主是富贵鼓主，负责民族的财物；

第六鼓主是外族鼓主，由与本氏族联姻的人担任（鼓主的妹夫或女婿）；

第七鼓主是“事务”鼓主，负责主持氏族内务；

第八鼓主是“保管”鼓主，负责保管象征氏族的碗；

第九鼓主是“司乐”鼓主，整个活动中负责吹芦笙，组织娱乐。

4. 买祭牛。

5. 迎接子孙鼓和唤醒祖宗鼓（子孙鼓为双鼓，祖宗鼓为单鼓。相对而言，祖宗鼓代表蝴蝶妈妈，子孙鼓代表姜央夫妇。子孙鼓由无儿无女的人家保管，用时去请；祖宗鼓藏在山洞中。迎接祖宗回鼓堂时，到山洞背回祖宗鼓和一同存放在那里的女性生殖器模型）。

6. 斗牛、审牛、号牛。

7. 制作祖宗鼓（换新鼓）。

图为反排村的十位鼓主

（2003 年拍摄于反排村“鼓社祭”中）

8. 杀牛祭鼓、献牛。

9. 各家代祖宗拜访鼓主家祖宗。

10. 游邑（拜访鼓主），赞牛角，赞牛肋。

11. 举行“迎接鸟窝”活动（传说蝴蝶妈妈生了十二个蛋，是大鸟帮孵，才生出人类始祖姜央等）。

12. 投火烘窝（给窝加温），讨鸟窝饭（小孩讨食到窝边吃）。

13. 舂米打粑粑（捏成男女小娃娃和男女生殖器模型粘在墙上）。

14. 搓绳索捆鼓堂（表现远古祖先住草房不安全用索捆的情况）。

15. 迎接女婿（代表与外氏族的姻亲关系）。

16. 超度亡魂入鼓（超度上次祭鼓以来去世的尚未入鼓的祖宗灵魂）。

17. 祭鱼和祭松鼠（象征古代渔猎生活）。

18. 上凳（为“上床”隐语，象征性地表演男女性爱）。

19. 背水养鱼（隐喻背来子孙）。

20. 打竹仗和抹花脸（狂欢活动）。

21. 撵山。由两人分别背一男一女生殖器模型，背女模型者饰山羊前面跑，背男模型者饰猎狗后面追，一边追一边作射箭状，表现“繁衍”之类内容的呼应。

22. 迎接亡魂回家（人有三个灵魂，一个去鼓山，一个守坟，一个回家保护子孙）。

23. 藏鼓（娱乐活动）。

24. 捧碗（此碗象征氏族或民族，平常埋在地里，祭时挖出来用）、砍柱。

举行仪式时，碗里盛满了酒。“保管”鼓主首先用右手心捧起碗底，高高托起。第二、第三、第四、第五鼓主依次将右手心垫在下面，支住“保管”鼓主的手背。第一鼓主手心向上放在最下一层，支住大家的手，形成壮观的图景。旁边站满了观众，人人肃立，一片静寂，祭师高声唱赞歌：“这碗是鼓堂，鼓主像栋梁，众人像板壁，齐心盖鼓房，才成六扇屋，五间稳当当，祖宗坐舒服，儿孙快快长，有吃有穿数万年。千次祭鼓乐无疆。这碗是氏族，鼓主是族长。大家像石头，齐来支撑碗。野火烧遍山，洪水浪滔天。这碗都不翻，这海都不浪。”之后是“砍柱”。“砍柱”是砍立在鼓主家鼓堂的木柱，此柱因是用干枫木做的，又硬又韧，怎么也砍不断，象征民族坚不可摧。“碗”象征一个团结的民族整体，“捧碗”活动象征着巩固民族团结，而“砍柱”则体现了苗族人民一种众志成城无坚不摧的民族精神。

25. 亲戚贺喜，敬鼓。

26. 过“白枯脏”。前三年杀牛祭祖称“黑枯脏”’最后一年杀猪祭祖称“白枯脏”，活动与前大同小异，有“移鼓”、“杀猪”、“拜访鼓祖家祖宗”、“迎接鸟窝”、“投火烘窝”、“敬鱼和敬松鼠”、“小孩讨食”、“迎接女婿”、“上凳”、“背水养鱼”、“打竹仗”、“抹花脸”、“捧碗”、“砍柱”、“将祖宗鼓送入鼓山”、“逐客”（把本氏族内已婚或未婚的成年女子暂时请出寨内，为防止子孙外流）、“游邑”（拜访氏族各户）、“第一鼓主家宴请全体氏族”（每户家长参加）。

“鼓社祭”结束。

在“鼓社祭”结束之后，要举行“埋岩”仪式。所谓“埋岩”就是在公共场地埋下半截石头，作为这次民族决议的见证。届时，鼓主率众“埋岩”，祭师宣读法规。这些法规包括遵守社会公德和社会秩序、严禁违反民族禁忌、维护社会治安、妥善处理各种关系，抵制外侮等等，以及对违反者的罚治条例。

雷山的祭祖仪式文本，记录于近期。

雷山的祭祖仪式是一种群体性质的祭祖仪式，称为“鼓社祭”，也就是人们所说的“吃鼓脏”。

供祭中的苗族神鼓

（摄于反排村）

鼓社祭在雷山的苗族中实际上是一种祭祀祖先的村社性质的大型祭祀活动，但苗族的祖先在他们的心中也是鬼，只不过是一直保佑和庇护他们的善鬼，因而，这样的鼓社祭也是雷山苗族人的巫事的重要组成部分。

在雷山境内，每十三虚年过一届鼓藏节（也有个别苗寨又称拉龙节），这是各小支系苗民所一致的。而每届历经的第一年起（醒）鼓、第二年接（转）鼓、第三年送（藏）鼓程序的具体举办年、月、日不同。据老人们讲，各小支系依据从它地起始迁来的年、月、日或迁入现居地的年、月、日或首迁来的寨老苗名属相来确定本寨鼓藏节的年程和日程的。

以郎德镇乌流村为例。

这年是亥年。于年初或上年底，通过“议榔”或寨老会议，确定是否办本届鼓藏节以及办节的有关重大事项。当确定举办后，从这年起，家家户户都要做好节日的准备工作，要努力搞好生产，备好足够的粮食，制备必要的被子等。

到农历十月上中旬举行第一年的“醒鼓”仪式。（仪式过程略）

第二年举行接（转）鼓仪式。这年为子年（鼠年），农历十月上中旬。仍为寅日开始。这年也不请客人来过节。辰日下午开始跳芦笙木鼓舞，持续5—7天。仪式基本同第一年。

第三年举行送（藏）鼓仪式。这年为丑年（牛年）的农历十月上中旬。这年的开起日比第一、第二年要提前两天，即从子日就开始了。在子日之前的20天内，各户就派人去通知要请的亲戚朋友。舅家、姑家要请到。

子日下午三四点钟，被请的客人抬着礼物陆续来到各自的亲戚家门前，便点燃爆竹，表示贺新年，也是报到。主人出门热情迎接进屋。晚上，主人将客人带来的糯米饭煮好，并将鸭、鱼等作为晚餐的食品。

第二天（丑日）。是杀猪、宰牯牛的一天。以前一般有条件的一户人家宰一头牯牛，无力承受的人家则叔伯兄弟数户数十户杀一头。也有改为杀肥猪代牛的。

第三天（寅日）。上午吃中饭后，客人抬着一条猪腿和其他礼品陆续返回自家去。未走的客人，下午继续受请。

第四天（卯日）。基本同第一年，见前述。

第五天（辰日）。基本亦同第一年，见前述。

第六天（巳日）以后继续跳芦笙鼓舞。

第七天（辰日），这天是最后的一天［也有第九天（午日）结束的］。鼓场上更是热闹非凡。下午四五点钟时，村里发给跳鼓者每人一条毛巾，人们捏在手中又情不自禁地跳起来。到下午五六点钟时，由鼓藏头或德高望重的寨老向众人宣布："这一届鼓藏节已到此结束，欢迎大家过十二年后再来此相会！"

接着从寨子里挑来几箩糯米饭和数壶白酒，在场者分得一团糯米饭，喝上几口酒后，大家乐得哈哈大笑。

夜幕降临，木鼓由鼓藏头、祭师等人送回珍藏木鼓的地方。村里家家户户宾客满座，主人热忱款待。全寨一片欢腾，喜气洋洋，十三虚年一届的鼓藏节到此结束。

黔东南方言区从江县加鸠村祭祖仪式文本，记录于1990年前后。

都柳江流域的苗族支系，与清水江流域的苗族支系虽然同属于一个方言区，但由于地域环境的因素，在文化上有一定的区别。

加鸠苗族的祭祖叫"吃牯脏"，加鸠苗话称"努牛"，这种祭祖活动盛大而庄重。它是以共有"牛堂"，即以公共斗牛场的一个或几个村寨为一个单位来进行的。每次吃牯脏的时间间隔较长，若干年才举行一次。吃牯脏，是超过一切节日及习俗的最隆重、最盛大、最壮观的活动，杀牲较多。加鸠、党卡两村一次吃牯脏，共杀牛七八十头，还有猪、羊等其他畜禽无数。杀牲最多的一家，单是牛就杀了四头。

吃牯脏具体分为"吃水牯牛牯脏""吃黄牯牛牯脏""吃猪牯脏"等不同类型，分别用水牯牛、黄牯牛和猪做祭祀。在加鸠，以区所在地为界划分南、北两半，南、北两半的苗族服饰不一样。北半苗族以吃水牯牛牯脏为主，南半苗族则吃猪牯脏。

吃牯脏有以下过程：

1. 首先是确定吃牯脏。吃牯脏是一项非常庄重而神秘的活动，不能随心所欲地乱来。定牯脏后，也不马上吃牯脏。一般要等几年，三年、五年、七年不等。分别称为"三年牯脏"、"五年牯脏"和"七年牯脏"。

2. 选牯脏牛。

3. 选牯脏师。牯脏师均为男性，有主、次之分。主牯脏师是吃牯脏活动的组织者和指挥者。不仅活人统统听从他的指挥，就是阴间的死者也要听从他的安排。次牯脏师是跟随、协助主牯脏师的副手。无论是主牯脏师还是次牯脏师，都要通过一个称为"看蛋"的仪式来选定。

4. 吃牯脏前举行的几种仪式。一是"奖"。奖是苗话，一种仪式的名称，是吃牯脏前最先举行的一种较为隆重的仪式。这种仪式，庄重热烈，敲锣打鼓，载歌载舞。目的是惊醒在阴间沉睡的死者和表示后代对阴间先辈们的怀念之情。二是"到你"。"到你"是一种仪式的名称。这种仪式在吃牯脏的前三天进行。这一天，也和"奖"一样，锣鼓、芦笙、人群统统在寨中小坪上集中，重复着和"奖"一样的全过程。三是聚地神。这种仪式能集中地神来卫护整个吃牯脏活动。仪式在吃牯脏的前两天进行。"聚地神"又称为"聚家地神"，因此每家每户都得举行这种仪式。四是洗堂。这是一种给阴间死者送祭品的仪式。它是在选好的己卯日进行的。洗堂的第二天，开始吃牯脏。

紧跟洗堂之后，要做“夺嘴穿鼻”的仪式，即用绳子穿牛鼻子给阴间死者送去的意思。仪式是这样进行的：请来牯脏师，把准备好的麻丝及干鱼挂在他们身上，由他们念辞。辞的内容除与“到你”仪式相同的以外，还增加“现我们已用绳子穿上牛鼻子，马上给你们（阴间的亲人）送去，求你们保佑家人平安”之类的内容。仪式结束，牯脏师喝一碗泡酒，麻丝及干鱼留给主人家存放。这个仪式必须一家一家地进行，其顺序与“到你”仪式的顺序相同。

敲牛前要做“插叉”仪式，“插叉”就是安放敲牛的刑具。

最后是“敲牛”仪式。敲牛一般在“洗堂”日的下半夜，确切地说应是吃牯脏第一天的清晨两三点钟时进行。

吃牯脏。“洗堂”的第二天开始吃牯脏，因为吃牯脏来历中有个“满三朝”，所以吃牯脏要持续三天，即在庚辰日、辛巳日、壬午日这三天吃。三天中，各种活动如何举行，还有哪些仪式，都有定规，不得违反。

吃牯脏的第一天，要举行“又诱”“关圈”“垒头”等仪式。“又诱”是苗语音译。通过这个仪式，把已死的牯脏牛引导到哺育它们生长的母亲怀抱——传说是一个岩洞里面去，不让它们在路上乱窜乱跑，更不让它们往回走。“关圈”仪式家家都做，它是按照“洗堂”仪式的顺序进行的。“垒头”仪式是在“又诱”“关圈”仪式之后进行的仪式，在插叉的地方进行。在地面摆上一碗泡酒后，仪式开始。由身挂麻丝和干鱼的牯脏师念“垒头辞”。

第二天是回亲戚的礼，没有仪式。

第三天要进行“放地神”的仪式。这种仪式要一家一户地进行。这一天，全寨男女老少还要欢跳“米汤舞”。这是一种庆祝吃牯脏活动顺利结束的仪式。吃牯脏第三天的最后一项活动，也是吃牯脏活动的最后一项议程，就是举行“招魂”仪式。仪式在半夜举行，主要内容是招引阴间死者到寨上来领取衣服——“洗堂”时披挂在牯脏牛身上的衣物。

黔东、湘西方言区祭祖仪式松桃文本，记录于2003年。

在黔东、湘西方言区，祭祖是苗族巫师人人需要掌握的一堂巫事，这堂巫事以猪为牺牲，故很多时候译成“打棒棒猪”。祭祖仪式苗语称“包果”，意思是敬奉祖先神灵，还了曾许人的愿。在黔东、湘西方言区，苗族的祭祖巫事是从许愿开始的。主家或遇了病灾劫难，或是通过巫卜，得知了大难临头或死运将至，通过巫者卜问，用巫师的话叫“到远山问明哪堂鬼神作异，到村边寨头烧米弄清祖先为何发难”，于是许下愿，答应祖先神灵若是能使他们化险为夷，遇难呈祥，或是能让他们五谷丰登，人丁兴旺，则以身上长有花朵的猪奉献。

这种祭祖巫事在夜间举行。一般情况下，巫师在黄昏来临之前，即大抵下午四五点钟，到达祭祖人家。巫师不是一来就立即举行巫事，巫师到屋后，要做很多准备，比如要用竹条编制祖先神屋，还要剪一些纸挂，待主家的大亲、大族都来齐了，即大致到了晚上八九点钟，才开始举行巫事。巫事的程序为：

松桃文本中的击杀牺牲

1. 开坛。烧蜂蜡—启巫坛—请祖师—布兵马—请索愿的祖先神灵—引诸神灵进屋。

2. 唱礼。叙述主家准备物件的作用。

3. 取魂魄。烧蜂蜡—请祖师—点神灵名—藏魂—洗手—召唤—启动魂魄—取回魂魄。

4. 卜酒。烧蜂蜡—请祖师—启神灵—插标—封厄—揭厄—说课—问神—保佑—置酒。

5. 献猪。赶灾星洒灵—献猪—打猎—扫除灾星病灵—分割猪种是给猪——献鸡)。

6. 卜肉。摆肉—请舅辈—享食—送舅辈。

7. 送神屋。送神灵出门—祈扫除屋外—再神—化神室—敬酒—送神灵。

8. 上熟。给山洞神灵—揭厄—扫除厄—保佑—献—送神—召回兵马等等，八个步骤。

高坡苗族敲巴郎的遗迹

高坡苗族祭祖仪式是一个个体性质的文本，记录于1996年。

高坡苗族众多的信仰活动或祭礼活动以“敲牛祭祖”最重大。

高坡苗族敲牛祭祖的起因一般有两个方面：一是居家事事不顺、不宁、不安，比如家里有人久病不起，做事多方不顺等，当事人觉得有什么不对头时，就请媒拉用鬼，以查症结，如果媒拉说出死去的某祖先希望后代敲牛祭祖时，一般来说，这家人就得为敲牛祭祖做准备了。

二是敲巴郎①主人自己的内在需要。这里的苗族人普遍认为：敲巴郎一方面是为了给祖先送去耕田用的牛，让祖先的阴边②日子好过，使祖先高兴，从而保佑子孙后代；另一方面，敲过巴郎的人将来在阴边就会由白种人变为黑种人，取得较高的地位。

① 在高坡苗语音中“巴郎”是公牛的意思。“敲巴郎”一词字面上的意义是“杀公牛”，没有“杀牛祭祖”的意义，但此词的实际应用就包容了此内容。

② “阴边”一词即“阴间”的意思。高坡的苗族人在观念上似乎认为阴间与阳间并不遥远，没有上、下的等级之分，把这二者称为“阳边”和“阴边”，更能表现其意义的生动性。

敲牛祭祖分“敲黄牛祭祖”和“敲水牛祭祖”。敲黄牛就叫“敲黄牛祭祖”；敲水牛祭祖却可以叫“敲巴郎”。巴郎在高坡苗族人中解释为“公水牛”，但在他们自己的内部隐语中却称为“姑孃”或“大姑孃”。敲巴郎实际就特指公水牛，高坡地区敲巴郎的历史中，从没有敲母水牛的例子。

敲牛祭祖时，对黄牛并不讲究，但对水牛（巴郎）的选择就非同一般。（以下过程略）

第五节　苗族信仰文化中的鬼祭仪式和雷鬼祭

在这些苗族巫鬼祭仪式中，有两种巫鬼祭仪式是其最具有精神内涵的仪式：一是祭祖；二是祭雷。祭祖是祈祷性质的鬼祭仪式的最高表现，与它相提并论的也只有招龙，但祭祖更具有其精神影响力。

在苗族的驱除性鬼祭仪式中，大祭或最重要的祭祀仪式就要数祭雷了。

关于祭雷，我们在黔东南方言区，黔东、湘西方言区找到三个文本，它们都比较详细地记录了苗族祭雷的过程。

黔东南方言区台江县的祭雷。

黔东南方言区台江县的祭雷有四种：一曰祭“戈养你”；二曰祭“你呼龙”；三曰祭“往洛郎、金播友”；四曰祭“两呼你、呼分收”。这四种雷是分开来祭的。这些雷也是鬼类，也是使人害病的鬼，故台江县的祭雷是驱除性质的鬼祭仪式。

“戈养你”又称“呵纠”。“呵”意为“雷”，“纠”意为“上方或上游”。因此“呵纠”可译为“上游的雷”。

这是一个作弄人生病的鬼，男女老幼都是鬼作弄的对象。人病时全身都痛，病情比较严重。经请鬼师“友戛孬”望过病况而获好转的话，就要准备祭物祭鬼了。一般只请一个鬼师望病还是不大放心，所以常常要再请另一鬼师来望，如也说是这个鬼作祟，就确定需购备祭物祭鬼了（不论何种病，一般是轻病请鬼师“褒攘”，重病则请鬼师“友戛孬”）。

祭物备齐了就请鬼师开祭，不选择日子，但要在昼间。鬼及“商大”共十三个。参加祭的人连鬼师也共十三人，都要成年的男子，除了家中的人外，不够数请家族的人参加。其中有两人担任“堕白”照料者。

不论祭何种鬼，一般是先在门外开始祭仪，请鬼来检查祭物；再将祭物送到祭鬼场交代给鬼；向鬼提出要求并请鬼吃肉、饭等后，就把它送走。但也有少部分祭鬼仪式不经过这三个步骤的。

“你呼龙”又称为“呵襄”。“呵”意为“雷”，“囊”意为“下方或下游”。“呵襄”就是“下游的雷”的意思。据说“你呼龙”是男性，共十二个。祭祀时有一个“商大”同来。

它也是一种害人生病的鬼。病的情况与“戈养你”作弄人的情况大致相同。

祭“你呼龙”是白天举行。

“往洛郎、金播友”是两个名字，又称为“呵的动”。“呵”意为“雷”，“的”意为“打”，“动”意为“树”。“呵的动”就是“劈树的雷”的意思，又称“红雷”。据说这种鬼是男性，共十二个。另有跟着它们的“商大”一个，共十三个。

它是劈树的雷，据说被劈的树，人不能触动，如被劈的树有叶子飞到自己的田里时，就要祭它，否则在种田时一旦触动这些树叶，雷（鬼）就要使田主家的人生病。

“两呼你、呼分收”也是两个名字，亦称“两呼你、播商收”，又名“呵收”。“呵”意为“雷”，“收”意为“白”。“呵收”是“白雷”的意思。据说这种鬼共九个，都是男性，另有跟着它们的“商大”一个，共十个。

“两呼你、呼分收”，作弄人生病比“戈养称”作弄的要轻些。

黔东南方言区雷山县的祭雷。

黔东南方言区雷山县的祭雷叫“祭水牛雷鬼”。

祭水牛雷鬼是苗族人的一个较大的祭鬼活动。一般都是在家里数年间极为不顺利，老是出一些大的灾祸时，就要想到要祭水牛雷鬼了。

祭祀水牛雷鬼时，必须找一个老鬼师，外加两个十分细致和勤快的帮手。准备用来祭鬼的家禽牲畜、钱米油盐、祭祀时各种各样的用品、陪祭人员等等。

家禽牲畜要用一头公水牛，至少三抠角以上。还要一只红公鸡、一只公鸭。家具要一个木水缸、二十个土碗、一匹家机布、木材等。还要一根筋竹，破来编成一个鱼笼；再用一根筋竹，不剃枝丫，挂一束白剪纸。将一根红青冈木，修成一把木刀，放在水缸后面，靠近鱼笼，与那根挂白纸筋竹一起。

陪祭人：主家一人；巫师一人；两帮手；其余外人。总共要二十人，不要妇女。这二十个人，个个都要穿长衣——全是新衣。在帮手中，一个是房族兄弟；一个是客人。帮手用只竹箩，去逐户收米。两个帮手，一个煮饭，一个酿酒。自己担水，自己烧火。开始起火煮饭，都要说良言吉语，不许说歹言错话，不许吹脚吹手。去做炊事，不许抽烟打哨，样样都要新鲜干净。

布置祭场。把水缸放在大门口前边，把那束白纸和一鱼笼，捆住一起，插在水缸的外边。巫师站在里边。要一块长板，架在水缸上面，布匹盖在木板上面。摆十九个土碗。匹布的左边档头，不许与板齐平，另各摆一个碗，用一个凳来搁。那个一份矮点，不与十九个碗相平。矮的那碗外边，十个碗摆在布上，和那个凳。每个碗边放一团糯饭，一条鲤鱼。二十个碗，个个都斟上酒。一个人一个碗，也就是一个人一份。两个帮手样样摆齐了，就请鬼师来念。鬼师头戴一顶鬼师帽。鬼师帽的边沿还吊有麻丝。鬼师的腰间，还系上一条布带，打结放在左边。正对鬼师的面前，放上一碗白米，一对卜卦和一元二角钱。两个帮手各执一个斟酒葫芦。客方站在右边；主方站在左边。鬼师准备放声念口语之前，就首先呼唤那个鬼的名字说：

十九井妖，

二十虎魔。

然后念辞：

吭——唏——！（撒米），
黏稻亦呈黄，
糯稻还弯勾。
人案是稻勾，
鬼案米来抬。
年去又年复，
岁去又岁返。
送走了旧岁，
迎来了新年。
……

这样，祭水牛雷鬼就开始了。

念辞很长。在念的过程中，鬼师到一个阶段就撒米，做卜卦，帮手在一旁扬起葫芦。整个过程差不多要两天。

最后，鬼师念道：

拈你吃哎呀，
斟你喝哎呀。
我们散你就散哎呀，
我们回你就回哎呀。
我们散人场哎呀，
你们散鬼场哎呀。
水回水道哎呀，
汉回汉方哎呀。
猴回猴寨哎呀，
猩回猩土哎呀。
两言了鬼哎呀，
两句块案哎呀。

这样，就斟酒在碗，大家吃喝。吃完了，就洗东西，是主人家的，就端到他家去，大家就散场。

祭水牛雷鬼至此完毕。在实际的巫事中，这种祭鬼也可用黄牛来祭。如果用黄牛来祭，就叫祭黄牛雷鬼，不过，其档次就低一些。在苗族巫文化中，雷是最大的恶鬼、凶鬼，主管健康、财产、智慧，须用水牛祭祀。祭祀水牛雷鬼，属祭天巫事之一。

黔东、湘西方言区松桃县的祭雷。

黔东、湘西方言区松桃县的祭雷叫“祀雷”或称“祀雷巫事”。“祀雷巫事”需要的时间很长，即便是规模最小又比较简略地做，也需要一个白昼。若是巫事用白水牛作牺牲，那么，至少要两三天才结束。

巫事开始之前的那天下午，主祭巫师就要到当事人家中去，用主家备好的部分东西，制作成各种各样的神物法器，比如插在法坛周围的各种“旗”。

祀雷要设两个法坛，一个法坛在屋内，一个法坛在屋外。巫事先在屋内的法坛进行。

巫事开始，巫师向瓦片上的火堆里投放之前就放在竹筛里的蜂蜡三块，象征燃起了三堆蜂蜡烟火。在屋内法坛做的这段巫事，只诵辞不呈祭品祀物。

在屋外法坛的巫事，是祀雷活动的中心。巫事的内容及操作顺序如下：

1. 请师降兵马：巫师把他的师承先人及所属兵将，请到法坛来，布阵施术，保护巫师和法坛，使巫事能够顺利进行。

2. 述由：讲述主家为何举办这堂巫事。述由巫辞很长，目的只有一个，就是讲明雷神作祟致使主家遇到灾祸与麻烦，都是由于主家运气不佳，遇到了不该遇到的灾难，这是很冤枉的。然而，即便这般的冤枉，主家还是对雷神无比忠诚和敬畏，还是乐意花大钱来祀雷。这么说是阐明雷神没有理由不宽宥主家，在解厄的同时要赐之以福。

3. 布阵：让各路兵马分别把守法坛的各个方位，做好防止恶龙劣鬼及邪教术士袭击的准备。

4. 披卦戴盔：号令阴兵阴将穿戴盔甲，武装待命。

5. 征伐和消除作厄鬼怪：巫师率领自己的阴兵阴将，由屋内到屋外，由周遭到远处，对各种可能给主家带来灾祸的鬼魅，进行打击清扫。在这个过程中，首先要清扫助雷神为灾的种种鬼类。

6. 换气续命（又可译作续福添禧）：给主家赐福增添所有人的寿命福气。

7. 藏魂：巫师做这一段巫事，是为了上雷神的天界迎神做准备。

8. 到神界报信：向雷神报信，让他们别出游他乡，免得到时请不来享用祀物，误了人神交流的大事。

9. 迎神：先上天界迎请高贵的雷神，之后再迎请地上各高崖洞天的雷神。

10. 分配神位：雷神是凶恶威猛之神，迎来之后不请进屋内，只安排在屋外法坛前后。

11. 献食：给雷神献上各种准备好的祀物。

12. 雷神为主家消灾解厄。

13. 采牺牲的气为主家续气（又一次赐福）。

14. 说雷论理：叙述天地起源。诸神的生养、雷神的身世以及与皇帝作战的经过。

15. 断弓折箭：演绎皇帝与雷神盟和仪式，象征本次祀雷活动的释怨和解完成了。

16. 击杀牺牲，制作祭祀雷神的各种肉。

17. 卜厄：为弄清巫事的效果，巫师在作祀肉时，卜问巫事是否把灾厄解除了，雷神的满意度如何。

18. 献食。

19. 送神。

20. 结束巫事：为主家洗干净各种用具；祝贺主家；为主家关门。各类角色背走分得的肉，散去。

第二章 贵州当代民族民间信仰文化基本面貌（中）

在贵州当代民族民间信仰文化中，苗族的信仰文化无疑拥有极为鲜明的色彩，但其他民族的信仰文化也有自己突出的表现。这一章的彝族信仰文化、侗族信仰文化、布依族信仰文化等，就是贵州当代民族民间信仰文化中，另一重要的组成部分。

第一节 彝族信仰文化

彝族是分布在我国西南云、贵、川三省的少数民族，有500多万人。贵州的彝族支系是彝族的一个重要组成部分。贵州的彝族支系是分别从云南、四川方向迁入黔西北地区的威宁、赫章、纳雍、大方、毕节等县、市，以及六盘水市和与云南相连的盘县等地的。“他们进入贵州的时期，约当战国晚期或秦统一六国之际，距今二千一百多年。”①

彝族的文化在过去曾经有过较大的发展，彝族创立过自己的文字，并留下了许多文化典籍。彝族的文化是一种建立在毕摩文化基础之上的文化。“毕摩文化只是彝族文化的一个组成部分，但它又确乎是一个极为重要的部分。它在源远流长的彝族文化发展史上影响十分深厚。可以说，不了解毕摩文化，就不能理解博大精深的彝族文化体系。”②我们这里所说的彝族的信仰文化，实际上就是左玉堂先生所说的毕摩文化。彝族的信仰文化，不管是过去或现在，都居于彝族文化的中心，它构成了彝族文化的基础。

历史上，彝族是一个创立过自己的文字，并建立过自己的地方邦国的民族，其民族文化的一体性表现得较为充分，也就是说，彝族的文化块状结构明显，不像其他少数民族那样，一个民族，甲地文化和乙地文化差异性很大，很难有一个完全一致性的

① 余宏模：《古夜郎境内彝族先民》，见《夜郎考：论文集之一》，贵州人民出版社1980年版。
② 左玉堂：《毕摩文化论》，见《中国西南彝族毕摩文化》，云南人民出版社1993年版，第1页。

文化表现。所以，在彝族文化的研究中，各地的彝族的文化表现是可以相互解说的。

彝族的信仰文化在云南和四川都有许多表现，这在贵州也如是。贵州境内的彝族的信仰文化是彝族信仰文化的重要组成部分，也是贵州民族民间信仰文化的重要组成部分。

彝族的信仰文化研究在各地展开得较多，也取得了许多成就，但我们对彝族信仰文化的研究，仍然是建立在田野作业之上的。

六枝特区砂锅寨的彝族支系用草片来置放祖灵筒

我们在贵州的黔西北，有数个田野调查点。一是盘县的淤泥，二是大方的百纳，三是六枝的中寨。盘县的彝族支系是从云南过来的；大方县原来是黔西北彝族地区的中心地带；六枝是彝族东进的最为边沿的地方。对彝族信仰文化的研究，就是建立在这些调查和一系列文本资料上的。

论述彝族的信仰文化，仍然得从其信仰的主体说起，就像表述苗族信仰文化中的鬼一样。

在贵州彝族的信仰文化中，有山神、天神、树、鬼、怪、灵等一系列观念，有一系列驱除性仪式来祭拜它们，但这些神、鬼、灵、怪在贵州彝族中都不是主要的信仰对象。贵州彝族主要的信仰对象与其他地方的彝族一样是他们的祖灵。我们在调查的三个彝族地区都是这样表现的，祖先崇拜是其信仰的第一位，所有这些地方的彝族供奉的主灵都是祖先的灵魂。他们认为：人虽然死了，但灵魂是不灭的，人死只是躯壳死去，而灵魂依然活着。他们认为死去的人的灵魂有三个，一个叫祖灵魂，一个叫坟墓魂，一个叫阴间魂。

贵州彝族的祖先灵魂还有具体的灵魂表现形式，即在人去世时，在丧葬仪式的最后，都会产生一个灵魂的存在形式——祖灵筒。其后，贵州彝族人的祭祖等一系列信仰活动，就会在这个灵魂居住的地方举行。

彝族的信仰文化中，其他的信仰都可能是附加的、可变的，但祖灵信仰则是永远不变的，所以，彝族的信仰文化的表现主要就是围绕着祖灵来实现的。

祖灵是彝族信仰文化的第一要素，它单一、明晰。虽然彝族信仰文化仍然容纳了其他的信仰对象，但祖灵信仰则是主要的，所以有人认为，彝族已经走上了通往“一神”的信仰道路。

贵州彝族人的信仰文化中，执行一系列信仰活动事务的是一个被称为毕摩的人士。

毕摩是彝族信仰文化的创造者、传承者、发展者。毕摩是彝语的音译，过去的史书、方志书籍上有许多不同的译名，如西波、西坡、浠波、鬼师、白马、贝马、白摩、比目、笔母、布摩、鬼主、呗耄、阿毕等等，但现今多译为“毕摩”。毕摩在彝语中有经师、教师之意。

毕摩认识传统彝文（指“老彝文”），通晓彝文经书，识掌故，拥有彝文典籍。

彝族在进入阶级社会的时候，曾建立了自己的政权。这个政权是三位一体的，三位中“兹”（君）是第一位的，“莫”（臣）是第二位的，毕（师）是第三位的。这毕（师）就是彝族今天的毕摩，所以，毕摩在彝族中拥有较高的社会地位，而且至今如是。

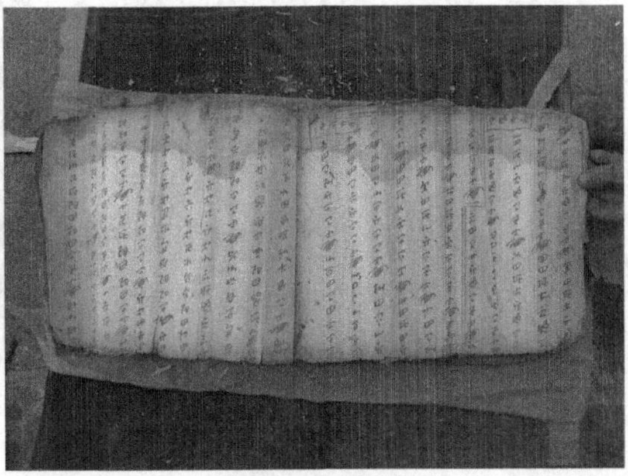

彝族毕摩经书

毕摩能“通神”，也能“通鬼”，能占卜、画符、咒鬼、驱鬼、咒人、禳解、神判等等，但他的根本职责是为家支、家族安灵、送灵、指路、招魂、做斋、祭祀等等。毕摩还是彝族人知识的传播者，有的毕摩还能治病。

在彝族中，与彝族人信仰文化有关的人还有一种，叫苏尼（也称苏涅、苏里、苏额）。苏尼只能施行跳神、捉鬼等巫术，也能占卜，但不能参加为家支、家族举行的安灵、送灵、指路、招魂、做斋、祭祀等活动。苏尼还不识彝文、不懂彝经，更不可能拥有彝文经书。他们是彝族的通灵者，是巫师，但不是毕摩。

毕摩在彝族中被视为“智者”和“知识最丰富”的人。有彝谚说：“调解人的知识上百，兹莫（兹为彝族部落头人，莫为副手、协助者）的知识上千，毕摩的知识无数计。”

在我们对贵州彝族毕摩文化的调查中，彝族毕摩的安灵、送灵、指路、招魂、做斋、祭祀等主要功能仍在，治病的也有，传播知识的功能就很微弱了。也就是说，信仰的主体功能仍在，附加功能减弱。还有，毕摩的社会地位的重要也只限于精神领域了。

在我们的调查中，在盘县、六枝、大方等地，我们都遇见了彝族人的毕摩。对于这些人，在盘县，彝族人称“毕摩”，在六枝称“补摩”，在大方称“百幕”。

盘县的毕摩叫甘文富，盘县淤泥乡麻郎地村人，2004 年时 81 岁，彝族。其为家传。其祖上原来也不是毕摩，在老祖这一代，从岔米（附近彝族村寨）的吴家学来的。到他父亲这一辈，其父亲把毕摩之术传给了哥哥（只传长子），甘文富是二子，并未得传，但在帮助哥哥做毕摩的过程中，跟哥哥学会了毕摩之术。

六枝的毕摩叫李发文，男，54 岁，六枝特区中寨乡砂锅寨村人，世袭彝族“补摩”。38 岁那年才开始做“补摩”。其父亲是“补摩”，家传的。“补摩”有“阴传阴教师”（阴间师傅）、“阳传阳教师”（阳间师傅）、“父传子教师”（家父师傅），其是“父传子教师”。

其父亲32岁那年被烧漆树的烟熏过后，眼睛就瞎了。原来其家有经书，其记得有“通书”“看地的书”“谢土经”等一大摞，可惜“四清”时（1964—1965）都烧了。别人家的经书多少还藏有一些，其家有个姑妈在公社当干部，她来家抱去烧得干干净净。

盘县的毕摩甘文富

其父亲在世时，有人请他做事其也跟着去，一些事其也会做。父亲活到84岁，成神了（那年李发文38岁），就由其自己做事了。其父亲成神前教了他许多东西，但教不完。经书也没有了。其父亲过世时对他说：“你做事只管说，你不会说的我帮你说，说不全的我在阴间会帮你补。”其父亲有时在梦中会讲一些给其听，要不书都没有了，他不教，其讲不成什么。

祭祀中的毕摩

大方的毕摩叫陈泽余，男，2005年时58岁，农民。百纳村箐门人。陈泽余是跟叔叔学做“百幕”。他的叔叔叫陈世荣，是祖传的百幕，三代单传，到陈泽余也就是第四代了，但陈泽余现今也只有四个女儿。陈世荣传有两个徒弟，一个叫高光荣，他只会读汉文，不会写汉文。此人现在大方县大水乡大石板村，也在做百幕。

彝族信仰文化中的另一个要素是它的仪式。在调查中，我们采录了三个文本，一是盘县文本，二是六枝文本，三是大方县文本。

在盘县文本中，其毕摩自述的能做的祭祀仪式有以下几种。

一是“转厂”（彝话为“说摩子”），即办丧事；二是祭祖；三是祭山神（彝话为“尼木木”）；四是扫火星；五是招魂；六是扫屋；七是占卜；八是看日子；九是看风水（彝族毕摩很少有能看风水的，但甘文富就能）。

其中的祭祖仪式最为重要，其经过是这样的（这是实际采录中的田野作业个案，很重要，全文录于后）：

祭祖实际上就是换置祖灵筒中内容，让祖先享祭，以及为了让四代以上的祖灵筒进入祖祠而举行的仪式。一般是三年两头祭。

先由家族的族长召集家族中的所有人员，商量祭祖事宜，如准备钱财粮物等。而后请毕摩看日子，一般在农历十月至十一月之间举行。

用牲有黑猪，黑山羊，红、白公鸡各一只。

如果当年有人家的老人过世，在祭祖前这家人要用一只鸡祭祀，把新的亡灵的祖灵筒引入家祠就位。这个过程要念咒语，打除蘸，除祟，把一切不干净的、不吉利的东西去掉，让亡灵进入祖祠。

祭祖这天，家族中的每家都把祖灵筒拿来，集中在一起。以家族长房最老者起，换祖灵筒中的内容。先由毕摩念经说："你是不是'六慕'（彝族祖先）的后代，是不是龙虎的子孙？是'六慕'（彝族祖先）的后代，是龙虎的子孙，就请入祖团聚，万事大吉！"

念完这些经文，一彝族叫"尔枯"（是由家族中请来作为毕摩帮手的外姓，这个叫"尔枯"的人一定是与家族无关的外姓人）的就可以换祖灵筒中的内容了。祖灵筒、装祖灵筒的篾箩，也得由这个叫"尔枯"的人来做，一般不会由家族中人来做。

为什么要用竹筒来做祖灵筒，与一个神话传说相关。说洪水时期，彝族的祖先被洪水所冲，是因为抓住竹子和一种草得以救命，故而彝族人从此感怀此竹，以后就用竹筒装自己的灵魂，以便后人供奉。

祖灵筒中装有米、草节（男有节，女无节。这是一种专门的草，彝族话叫"这不流西"，一般种在祖祠前后。上面说彝族祖先抓住的草就是这种草，意义与竹子同）、羊毛、丝线（男红、女绿）。一般是夫妻共装一个灵筒，如果是一妻者，就用一根有节的草节和一根无节的草节。用羊毛裹住这两根草节，用红绿丝线把草节捆好，装进筒里，筒里再装进米，彝族的祖灵筒就算做成了。但一般还要做一个花篾筒放置祖灵筒，而这个花篾筒一定是"尔枯"来做。

盘县淤泥乡大寨柳家祖祠

毕摩念经后，“尔枯”就可以在村里的某处换新的灵筒了，一家一家地换，换好灵筒，就把这一家族的祖灵筒全部放在一只黑山羊身上。这只羊是要献祭的羊，一般要求毛色净黑，无杂色，也无残疾。在村里换好的灵筒要由这只羊驮到祖祠所在地，故这只羊也可叫“驮灵羊”。

在祖祠前，要建一个祭祖场。这个祭祖场分为四层，为“君长房”“臣长房”“师长房”“寨房”。第一层为“君长房”，用两根丫形树枝支撑一根横棍作为“房子”，一共以弧形排列九个这样的“房子”，以代表君长的九十九幢房子。在弧形的中心树枝处做一个方形的灵床，以作为祖灵歇息的地方。

灵床的前面，是用三根木树枝架起来的门，这样的门一排有三道，共有三排，故君长房前有九道门。

这样的地方就是君长房的地方，是祭祖场的最高的一层。

第二层是臣长房，也用两根丫形树枝支撑一根横棍作为“房子”，一共以弧形排列六个这样的“房子”，以代表臣长的六十六幢房子。也是在弧形的中心树枝处做一个方形的灵床，以作为祖灵歇息的地方。灵床的前面，也是用三根木树枝架起来的门，这样的门一排有三道，共有三排，故臣长房前也有九道门。

第三层是师长房，也用两根丫形树枝支撑一根横棍作为“房子”，一共以弧形排列三个这样的“房子”，以代表师长的三十三幢房子。也是在弧形的中心树枝处做一个方形的灵床，以作为祖灵歇息的地方。灵床的前面，也是用三根木树枝架起来的门，这样的门一排有三道，共有二排，故师长房前有六道门。

师长房的前面是第四层的寨房。寨房只有三道用三根木树枝架起来的门，其代表十一幢寨房。

房子的两根立枝，其上是有树叶的，一般家族为青冈树叶，但如果是“黑彝”（贵族）和官家的要加上松树叶。这样的房子高约 1.2 米。所有的门也在 80 厘米左右，以驮灵的黑山羊从下穿过为宜。在每个立柱的旁边，都同时栽有一根或两根叫“敖都”的小木桩，这是接受献酒等祭祀的地方。

这样的祭祖场（如图）建好以后，就可以把驮灵羊赶来开始祭祖了。（这个图是我画好之后，给甘毕摩看，说是这样的，才定下来的）

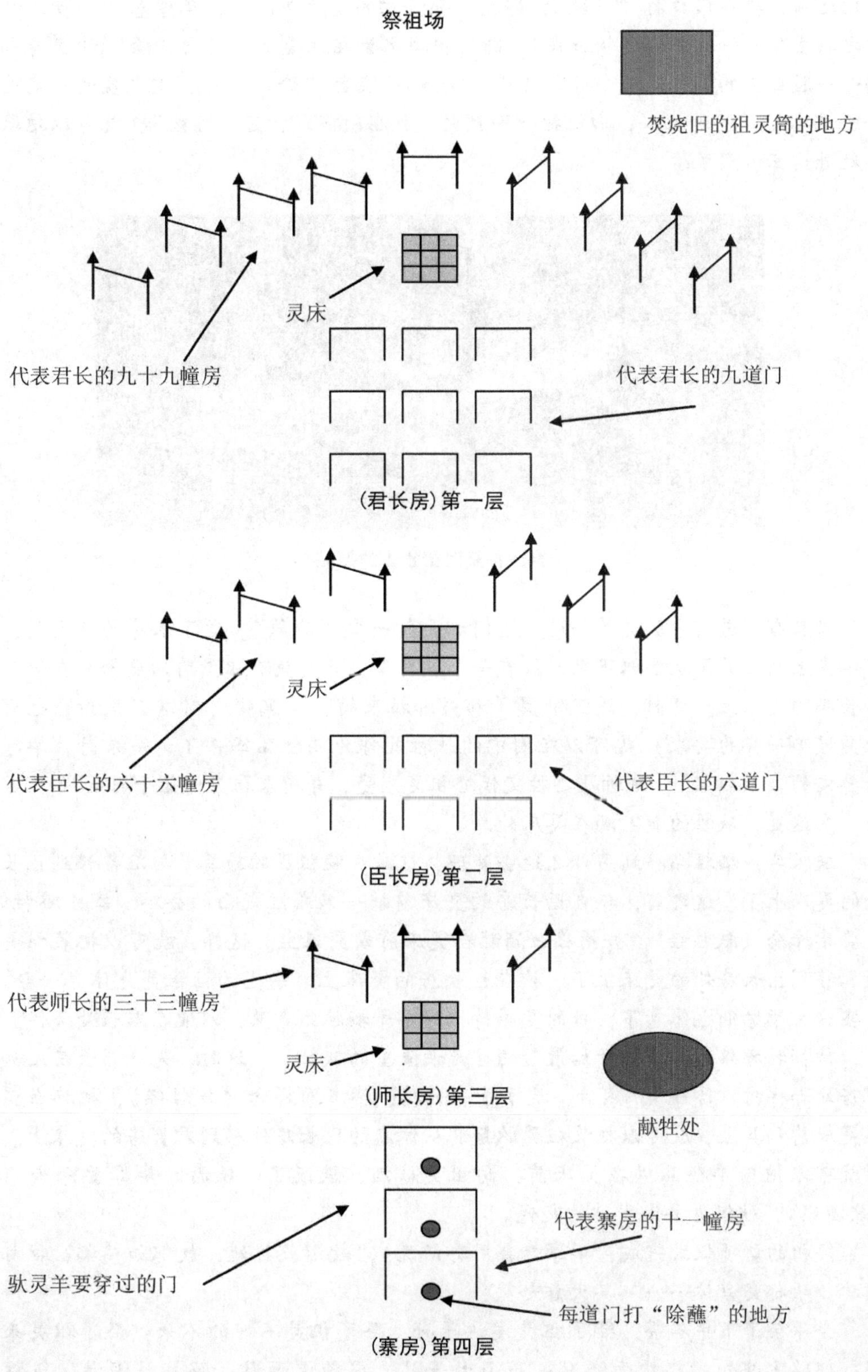
祭祖场
焚烧旧的祖灵筒的地方
灵床
代表君长的九十九幢房
代表君长的九道门
(君长房)第一层
灵床
代表臣长的六十六幢房
代表臣长的六道门
(臣长房)第二层
代表师长的三十三幢房
灵床
(师长房)第三层
献牲处
代表寨房的十一幢房
驮灵羊要穿过的门
每道门打“除蘸”的地方
(寨房)第四层

驮灵羊到达如上图的祭祖场后，正式的祭祖活动就可以开始了。驮灵羊在进入寨房门之前，要在门口打“除蘸”，即把一颗烧红的炭放在门口，毕摩念“一切不洁不净之物去除，一切新好之物进来”，随后把净水泼在红碳上，发出“除”的声音和升腾起一股白色的烟气。这个过程就叫“除蘸”。在打“除蘸”中，端火盆的一定是那个叫“尔枯”的外姓人，由他把一颗颗火碳放在门前。打完“除蘸”，就可以把驮灵羊赶进这三道门了。

彝族丧祭时给亡人的祭品

寨房有三道门，驮灵羊每过一道门都要打一次“除蘸”。过了寨房的三道门，驮灵羊身上的祖灵筒就要取下来，放在一个簸箕里，并把放有祖灵筒的簸箕放在第三层师长房的灵床上。这时，这只驮灵羊和另外拉来的一头黑猪（对这只黑猪，也有同驮灵黑羊一样的要求）就可以在图中的献牲处作为牺牲品宰杀了。宰杀时，毕摩要念彝文的《献牲经》，把所献之牲交代给祖灵领受，并祈求祖灵保佑子孙后代。

在这里，献牲的血不洒在灵床处。

献牲毕，牺牲品移到另外之地去处理，这时，装祖灵的簸箕就要准备移到臣长房处的灵床上了。这之前，要在臣长房的灵床前献一只或红或白的公鸡。宰杀鸡牲时，也要毕摩念《献牲经》，并把鸡血滴淋在灵床前或灵床上。这样，就可以把装祖灵的簸箕移到臣长房处的灵床上了。放在臣长房的灵床上，意思为让祖灵先休息一会儿，其实这时毕摩们也休息了，目的是等待把猪羊等牺牲品煮熟，以便在君长处祭供。

待牺牲煮熟后，就要开始最后的也是最隆重的献祭了。这时，先在君长房处如在寨房处那样打“除蘸”，然后，就宰杀一只鸡，毕摩同样念《献牲经》，把鸡血滴淋在灵床前和其上，就可以把装祖灵的簸箕从休息的臣长房处移到君长房的灵床上。这时就可以把猪羊祭品供在灵床前，向祖灵献酒、献饭了。献酒时毕摩要念专门的《献酒经》，献饭也要做类似的交代。

祭祖的诸项仪式完成，毕摩就会用彝话说：“敖都敖打处，敖都如鸡都；毕都毕打林，毕都突舍林……”其大意是：

今年祭了下年不祭，祭了祖灵发达子孙；祭了祖灵不好的不来，祭了祖灵来金银；鹤鹃飞过处，曾被雨浇淋；高山大箐林，虎豹遭雨淋；祭柱祭酒淋，祭柱祭酒淋。

供献完毕，之后的程序是各家清回自家的祖灵筒，四代以下的由自己家带回家放置在堂屋的瓦下，四代以上的就留在祖祠中正屋的瓦下，不必带回家了。清回祖灵筒时，人家要从君长房等处拿走一枝青冈树叶，并拿回家与祖灵筒放置在一起。拿树叶时，有条件的人家要宰杀一只公鸡作为奉献，没有条件的也可不宰杀。“黑彝”（贵族）和官家不但要拿青冈树叶，还要加上松树枝叶，一般要宰杀一只公鸡为奉献。

彝族丧祭中的毕摩和“尔枯”（戴斗笠者）

清祖灵筒毕，“尔枯”就要负责撤除祭祖场，并把换下来的旧祖灵筒在如图的地方烧掉。而后是聚餐，这时，“尔枯”所吃的与众不同，被认为是最好的鸡肝、羊肝就由“尔枯”来享用。

这是甘毕摩所口述的彝族祭祖，除这一主祭外，他还能做祭山和扫寨等仪式。

祭山和扫寨的仪式如下：

在盘县的彝族中，祭山和扫寨一般是合在一起来进行的。

在盘县的彝族地区，祭山和扫寨年年都要举行。祭山和扫寨是以寨子为单位来举行的，费用由寨子的人户分户承担，比如，今年是5户人家承担，明年是另外的5户人家承担。一般是在每年的农历三月间举行，具体时间各寨不尽相同，如麻郎垤村就是在三月的羊场天扫寨，猴场天祭山。

祭山的头一天，是扫寨。一般由这个寨子中的村长家扫起，也可以由村中最有声望的人家扫起。在这家人家的门口摆一张桌子，桌子上放一个升子，升子里装上苞谷，苞谷中放上“利市”，一般是12元（叫月月红）居多。扎两个茅人和一匹马，一个茅人骑在马上，一个茅人在地上，马和茅人都插在升子里。并烧五炷香，烧些纸，点上蜡烛。还要用竹子做一个“响搞”，以及准备一根“哨鞭”。

毕摩在桌子边念敬酒经，向天地、历代英雄敬酒，请他们不要来抢祭山神时给山神的祭品。这样，毕摩和村里人给他配备的两个助手，就可以进入这家人家的屋里进行扫除了。在这一家要一间屋一间屋地扫，扫的内容是：邪魔五鬼、牛瘟、马瘟、猪瘟、羊瘟、鸡瘟、种种病灾……如此办理之后，就打卦，如见“顺卦”则此屋扫除已经灵验；如不是“顺卦”，需要重来一遍，直到顺卦出现为止。

这样扫除完村长家的每一个屋子，就可以在此寨子的路上，毕摩在前为导，两个助手在后，一个用“响搞”不断搞响，并作驱逐状，一个用哨鞭不停地在四空抽击，亦作驱逐状，毕摩口中念念有词……这样一路走来，要走遍寨中所有道路，最后一直送到村边岩脚有树的地方。在这里用一只白公鸡和一只红公鸡来祭祀。

六枝特区中寨乡的彝族祖灵房

这样的扫寨一般在中午12点之前就可以做完。这之前，已经有一个人上河边烧火煮饭，用祭后的鸡就拿到这里，由毕摩、两个助手、煮饭者四人享用。

扫寨这一天是不准任何人到地里和山上做活路的，要等扫寨结束才能出来做活路。

到第二天，毕摩和两个助手一起上山祭山神、土地。一般每个村都有自己祭山神的地方，往往是林木比较茂盛的地方。到了祭山林处，用一只红公鸡、一瓶酒，点上九炷香，烧一些纸，点一支蜡烛，把公鸡杀了，念《献牲经》，祈求山神保佑寨子一切平安顺利。

这时，那个助手有敬意就跪下，没有敬意就站起。

另一个助手已经先到河边煮饭去了，用祭后的鸡也是他们三人享用。

在以前的时候，各家各户还要凑一些猪肉，煮熟，切成小块，放在簸箕里，分给寨里的小孩吃。现今已经基本不这样做了。

在盘县的彝族中，这样性质的扫除活动还有“扫火星”、“扫白虎”（也叫祭小白龙）等扫除活动。

“扫火星”是在腊月间进行，也是要用一只红公鸡、一只白公鸡，程序同扫寨，但扫除后去的地方与扫寨去的地方不一样，一般是岩脚和山坡上，如此说来，是因为火星灾和瘟病灾它们在的地方不一样。

“扫白虎”一般是在二月间进行，程序与扫寨相同，但送白虎去的地方是当地最高的那座山的山顶，目的是防止冰雹的来临。

另外，甘毕摩还能做巫术性质的招魂、解身上等属于个人性质的仪式。

六枝文本中的祭祖仪式他们叫“换祖灵筒”，实际上就是他们的祭祖仪式。

举行“换祖灵筒”仪式，首先得有一个缘由。

祖灵筒是彝族人祖先灵魂居住的地方，故而在彝族人心灵是很神圣的。为什么要换祖灵筒？一说是到了三年就要换一次，二说是不一定三年，不到三年，或三年多也可以，如果这几年家境顺利，诸事顺利，过一段时间换祖灵筒也可。如果说家里老有不好的事发生，就首先想到要换祖灵筒了。实际上往往在三年左右一般就要换祖灵筒了，而草片（置放祖灵筒的草片）放了三年，也该换新的了，因为一旦出现祖灵筒坏落的现象，就是很不吉利的事。

一旦主人家要换祖灵筒，一方面要在物资上做准备，一方面就要请“补摩”了。

祖灵筒在原来是什么时候都可以换的。每月的具体时间是这样要求的，如换祖灵筒安排在6月，那么，主人家里的人的属相天要避开，鸡和猪的属相天也要避开，避开这些属相天，其余的任一天都是可以换祖灵筒的日子。

换祖灵筒的牺牲主体为猪，以鸡相配合。在过去，彝族换祖灵筒一般都用20—30斤的小猪来作为牺牲，但现今说只用它的一口气，故换祖灵筒一般安排在腊月间（每年的1月份）杀年猪时一并举行，不单独办理了。即把年猪同时作为换祖灵筒的牺牲。其原因之一是过去有段时间，杀小猪敬祖先也要上屠宰税，很“划不来”。

看好日子，准备好牺牲等一应物品。这天“补摩”首先要在主家堂屋的左边，或者在堂屋外，做一个“度阴灵床”一样的东西。

“补摩”要先上山去砍一些“补舍”，说是“补摩”要“补舍”才能成事。这叫“补舍”的就是泡木枝，要砍有三个叉的泡木枝三根，为三三九的数，两个叉的六根，为12的数。把这些树枝在堂屋的左面插好后，又在这些树枝中插一根香樟树枝，并在上面拴一个草疙瘩。香樟树枝代表度阴，草疙瘩代表老祖先人来了。同时还要用泡木枝削一根木标，上面削尖，在木标上刻五根道道，每根道道上又卡一条泡木枝，像一个楼梯样。这个木标要插在这些树枝的中间，比一般树枝都高。

六枝特区中寨乡彝族祖灵房中的祖灵筒

在这一片树枝的前面，铺一些草，草上铺一块一尺二寸长的麻布（现在用白布）。

做完这一切，就可以烧香念请了。然后把旧的灵筒从墙上取下来放在白布上。

这时作为牺牲的猪也摆在案子上，鸡也准备好了。案子上的猪头对着那个“度阴灵床”一样的东西。一阵念请之后，就可以杀猪了，并且“补摩”同时念“交牲辞”，内容是表明这牺牲是献给祖先和天地四方诸神的。

献牺牲完毕，就可以换祖灵筒了。

其过程是把旧的竹筒用刀破开。然后先把一种叫“白花然”的茅草找来，这种草分公母，草秆有节者为公，无节者为母。这草就代表祖先，一般是一节公草，一节母草，各代表老祖公、老祖婆，如果这祖公有三个老婆，侧可放三节母草秆。草秆选定后，先用棉花裹草秆，然后用线捆扎起来，公草秆用白线捆，母草秆用蓝线捆。

捆扎好草秆，用一新的竹筒，把草秆放进竹筒，然后用米把竹筒装满，装米的意思是让儿孙今后有米吃，不挨饿。装米时要放点盐进去。

装好米的竹筒用一节苞谷核棒塞住，然后刻上道道，放回草片上原来的位置。

这时就可以用鸡、猪头、一点猪肝等，摆在案子上敬供祖先了。点好香，烧好纸，一家大小就可以来磕头求祖先保佑了。

换下来的东西，最后由“补摩”安抚之后，送出村外烧埋。

这时，换祖灵筒的全过程就算完毕了。

这也是六枝地方彝族的主要祭祀。六枝的毕摩李发文说，他们现在常做的仪式还有“退煞”“解身上”等。

在大方县，百纳乡彝族“百幕”陈泽余说他们已经基本不大做换祖灵筒祭祖的仪式了，但还能为彝族的老人办理丧事，丧事中，也能产生“祖灵筒”，并为其设祖灵房，适时供祭之。为彝族的老人办理丧事他们叫“老喜”。

大方县彝族“老喜”的过程是这样的：

在毕节、大方等彝族地区，人们把用彝族传统的方式做丧事的人叫“百幕”，但现今彝族地区用传统方法来做丧事的彝族人渐渐少了，多请汉族的先生来做。

这里用传统方式来做丧事的彝族，又不叫“打嘎”，而是叫“老喜”（彝族话叫“西班”）。

（我们采访陈泽余时，他正在生病，患脑血栓，所以只要求其简单扼要地说一说过程即可。）

做“老喜”先要看“期程”，这个“期程”就犹如我们的“看日子”。

大方县彝族放在屋后灵房中的祖灵筒

看期程先看死者的“犯方”。所谓“犯方”，就是死者犯在何方？犯的什么八字，犯的什么人，如何投胎，等等，也就是死者的阴间“死因”。看好了死者的“犯方”，才能决定举行“老喜”的具体日子。彝族人看期程有专书，阴阳上与汉族人的书是一样的，但书是一本，用法不同。

决定了“老喜”的日子之后，就要为做“老喜”准备了。要准备的东西有三十六对泡木叉叉，六把米草，一口砂锅，席子一床，药草六种——白杨树皮、春菜树皮、苦蒣、苦竹叶、草果、杨树皮（用这六样东西给死人洗病，彝话叫“六无取夺”，意思是用这六种药草给死人洗除之后，死人就洗除了一切的病，在阴间就不会再生病了）。还要六把香，八刀火纸（草纸），以及白布若干，木杆、竹竿，等等。

还要准备一只青梭鸡（也就是黑毛和白毛都有的鸡），一只红公鸡，一只母鸡，一只公鸡，等等。

死人是装在棺材里，棺材停在堂屋里，大头朝祖先牌位，小头朝外。

树方杆。这时百幕就会来到孝家，先把一种叫“方杆”的彝族人用的魂幡树起来，这是由一根长长的木杆，把一匹白布从杆顶挂起，一直拖到地上。树方杆时，百幕要杀一只红公鸡，用鸡血来点方杆。汉家的魂幡是用竹子挂，并且要把布卷起来，彝族人的不卷，一直拖下来。

另外，还要挂圆形的“万山钱”。这种“万山钱”也如“方杆”一样，是用一根大竹杆挂起来的，很长，圆形，是用彩纸扎成的。也如汉家的招魂幡。这种“万山钱”在有的彝族地区称为“报天钱”。

念《日黑书》。在外安顿好这两样东西，就要到停棺的堂屋里，杀那一只公鸡和一只母鸡，用鸡血于点点棺木。木头前会放一个饭箩，还有一个敬老人的米草把把。在给木头前的酒碗里到上酒之后，百幕会告诉总管，可以开始念百幕经书了。总管会说，男孝、女孝、内孝、外孝，所有亲戚站拢来。这样，这家的所有亲人会全都跪在堂屋里，听百幕念一本叫《日黑书》的经书，作为丧事的开场白。在念的时候，到一定的节口处，就要倒酒敬祖。

念这种《日黑书》，一般是晚饭后开始，前后要三个多小时，大致在晚上12点左右念完。

做“六无取夺”。念《发书》。念完《日黑书》，就是吃宵夜。吃完宵夜，就把煮好的六种药草，拿到屋后的阳沟边去，做“六无取夺”。做“六无取夺”就是摆好药草后，在阳沟边念叫《发书》的经书。这些经书也要念三小时。念完，就要在阳沟边把那只青梭鸡杀了，这“六无取夺”就做完了。

交牲。交牲也是丧事的一个重要环节。交牲也就是把外家及各位亲戚送来的牲畜拉到棺木前，由百幕一一交代给死者。大致的意思是：拉来的牛羊，大的大，小的小，都是某某拉来的，不要嫌大嫌小，都是一片孝心。这是某某拉来的……交清了百利百顺。交牲特别讲究顺序和来人等，一定不能错了，一错了就会对人们很不利，所以百幕在交牲中都是十分小心谨慎的。

交牲时，外家及其他亲属，要跪在棺木前，一直听百幕把所有送来的牲畜交代清楚。

解身上、叫魂。交完牲，就要为死者解身上，使他解脱在世间的苦难，让其在阴间不受苦难。这也是有经书的。这经书叫《艾可说》。念这一本经书大约要一个小时。随后要念一本叫《洗杀老书》的经书，这是叫魂的书，要死者的游魂归位。

做完这些，也就天亮了。天亮后不久，约早上7点，就要发丧了。

发丧前，要先把泡木叉叉和米草把把送到上山的三岔路口，然后才抬棺木上山。其他的东西则随棺木一起上山。

发丧前，把方杆取了，万山钱也取了，并一起送上山。

做神筒。做神筒是在把棺木抬上山，并安置好后才做。先在坟的四方和中央放上五方纸钱，在坟头放石头，在坟的左边或右边（男左女右），用石头做一个四方四正的坑，彝族人叫“库”。

做神筒又叫“扯神筒”。要的东西是：一个升子，其中装满苞谷，放在棺木的大头的棺盖上。准备大米、羊毛、烧酒、花线、神草（就是中药麦冬）等。

百幕把羊毛、花线、神草扭成一束，装在一个竹筒里，并放进烧酒、大米，以及纸钱等。做好神筒，就把神筒放在棺木上的升子里。之后就开始念一本叫《利恶书》的经书。念完经书，就可以杀鸡了。先要把鸡血装一点在神筒里，然后用鸡血点棺木大头处下面的泥巴，点坟头处的石头，最后把鸡血点在坟边的“库”里。

点完，就烧事先放好的五方纸钱。之后就是给亡人敬酒、献饭。

在丧事中，每次用牲后，都要给亡人敬酒、献饭。

经过这些手续，竹筒就成了附着有祖先灵魂的神筒。这时主人家就要用背篓把升子背起，回到自己家屋子的附近，选一个隐蔽的地方，建一个放置神筒的神屋，这神屋就是一个小房子，是祖灵居住的地方。

把神筒放进神屋时，也要有一定的仪式，要烧香、烧纸，说：某老人，你的坟在某处，你的神屋在这里，不要干扰年轻人的日子，你去你的西天之路。

之后，每年的年三十、正月初一、十五这三天要到神屋去供祭神筒，并请祖灵回家过年。在农历七月十三这天，不请神筒回家，但要做一块纸牌位来供祭一下。

招山。把棺木抬上山后，就要做一个叫“招山”的仪式。撮几撮泥巴，把点竹竿的鸡在这里杀了，之后就念《日黑书》。在念《日黑书》的过程中，要敬酒和献饭，而敬酒和献饭都有经书。

“见七”。在彝族的丧事中，除了以上的丧祭仪式外，还要做一个叫“见七”的祭祀仪式。只有做完“见七”，彝族的丧祭才算做完了。

做“见七”也要看期程。在丧事办完后，就可以看期程了。看“见七”的期程，一般看在三年或五年内，也有拖在十几年的，最恼火的有拖三十年的。

这里的彝族人认为，不做“见七”子孙后代就不发达，什么都见弱，不安宁，又没有明显的原因，反正哪里都不对头，老有问题。所以，一般的人家在经济过得去的情况下，都要做“见七”。

做“见七”要一天一夜。

做“见七”要准备三百六十对泡木叉叉，十一只鸡，主要是公鸡，母鸡也行，另外还特别要准备一只青梭鸡。为什么要十一只鸡？是因为要祭送给阎王殿的十一殿主，他们把着去往另一个世界的十一道关口，祭供了他们，亡灵就能顺利过关，到达亡灵要去的地方。在十一殿之后，还有一个管理十一殿主的殿头，这个殿头叫“西黑”，青梭鸡就是祭供给它的，这样，一共有十二道关口。

另外，还要用米草扎十一个只有一个头的茅人，用米草扎有一个有九个头的茅人，一个头的茅人代表十一殿主，九个头的茅人代表管理十一殿主的殿头。

“见七”一般在主家附近的宽敞的田地里做。用泡木枝搭一个小屋子，代表“西黑”的大殿，九头茅人就插在“西黑”殿上，是第一个。后面是十一个排列的泡木叉叉，每一个泡木叉叉上插一个一个头的茅人，这就代表十一殿了。

做“见七”有专门的经书，每一殿有每一殿的经文。在念之前，会把神屋里的神筒请出来，放在十二殿边上。

念经书一般在早上5点左右，念到哪一殿就杀哪一殿的鸡，并把鸡血淋在泡木叉叉和茅人上。念到“西黑”殿时就杀青梭鸡。

念完十二殿经书，“见七”就基本上做完了，然后就是一些祝福的话，比如说粮食满囤，牛羊满坡，儿孙健壮，等等。这时，就要杀一只鸡，把神筒送回神屋。同时把有血的泡木叉叉和茅人送到亡人的坟上，没有沾上血的泡木叉叉就不动，待三个月之后，收拢来烧掉即可。

彝族丧祭中的神屋

做完“见七”，对亡灵的一生就算是全部安排完了。

在盘县的彝族中，其同样的丧祭要比以上的表述要复杂得多，其中的信仰文化内涵也十分丰富。我们的采录中也有相应的个案。

在彝族的信仰文化中，也还有一些似乎并不在毕摩信仰形式之中的信仰活动，比如威宁板底的“变人戏”中的祭祀仪式。这一彝族的“变人戏”，有的认为是“傩戏”，有的认为是“前傩戏”，一般定位为“一种驱灾除邪、迎祥纳福的宗教性民俗活动”。“变人戏”在傩戏和傩文化中名声很大，其中的主祭，也应该是彝族信仰文化的一种表现。

“撮泰吉”于每年春节期间举行，碰到天灾人祸的年景，则隔几年才举行一次。演出时间，一般选择在农历正月初三至十五日。演出内容可分为祭祀、正戏、喜庆、扫火星四部分。①

“撮泰吉”演出都在夜间进行。传统的演出场地选择在该村后面山上的一块平地。

祭祀地点选择在不让外人看见的僻静清洁处。阿布摩带领着阿达姆、麻洪摩、嘿布，拄着拐杖，迈着矮蹲状的罗圈腿步伐，踉踉跄跄地从树林中走向祭场。同时，还不断用吸气冲击声带发音方法（简称怪腔）互相呼唤，并常常发出“呜”“噢”猿猴般的叫声。

祭场一侧，站立着戴鸡蛋眼镜和长有修长白须的惹戛阿布，阿布摩等四位戴面具演员入场后站成一横排，将拐杖顺放在脚边，双手接过惹戛阿布事先点燃的香炷高举过头，又侧首半仰身，再俯身下拜。如此向四方行拜礼之后，又特地朝祖先迁徙来的西方行拜礼。接着把香炷插在地上，表示迎请天地神、山水神、四方诸神、谷神和祖先魂灵。然后，再接过惹戛阿布递上的酒碗，虔诚地向四方酹酒酬神。敬酒时，惹戛阿布用正常语调领念祝辞，戴面具演员齐声用怪腔跟着念：

敬酒呀敬酒，

① 关于变人戏的资料来源有笔者的多次田野调查资料，以及潘朝霖先生的《贵州威宁县“撮泰吉”调查报告》（见顾朴光等主编《中国傩戏调查报告》，贵州人民出版社1992年版）。

向天父敬酒，
向地母敬酒。
向九十九位天神敬酒，
向六十六位山神敬酒，
向三十三位地神敬酒，
向侍奉天神的神敬酒，
向房后的银山神敬酒，
向锅庄神敬酒，
向粮食的头领苦荞敬酒，
……

“变人戏”的面具

向诸神焚香敬酒祈祷，希望得到诸神与祖先的保佑，驱灾逐疫，粮食丰收，子孙发达，生活美满幸福。

祭祀活动后，演员来到演出场地，正戏表演开始。

这应该是一个向诸神敬献的综合性的仪式，也是一种应用性质的仪式。

第二节 侗族信仰文化

侗族的渊源与我国古代“百越”中的“西呕”及后来演变的“乌浒”“僚浒”有密切关系。在以后的魏晋南北朝、唐等时代都对他们有一定的记载。到了北宋时，出现了“估伶”（仡伶）为单一族称的记载。

宋"陆游之《老学庵笔记》卷四说：'源、靖等州，有仡伶……'"[1]。"辰、沅、靖等，即今之新新晃、芷江、怀化、溆浦、玉屏、天柱、三穗、靖县、会同、通道等县。"[2] 这一地区正是现今称为北部方言区的侗族聚居地；而现今为南部方言区的黎平、榕江、从江的侗族先民则正如《侗族祖先哪里来》[3] 所说，侗族先民来自梧州等地。

"至于侗族先民来自江西之说，亦非偶然。"[4]南部方言区许多村寨中，"有杨、吴、石、陆、粟、欧等六个姓氏，都说自己的祖先来自江西吉安府吉水县和太和县……因此，侗族先民来自江西之说，实际上是民族融合的反映"[5]。

侗族现今已有数百万人口，主要分布在贵州省、湖南省、广西壮族自治区三地，以贵州和湖南的侗族人口最多，而贵州的侗族文化最具特色。"侗族大歌"是世界著名的民族声乐艺术，侗族芦笙也在国内有相当的影响力，其以鼓楼为代表的建筑艺术，是中华民族建筑艺术的瑰宝。在贵州，侗族的文化区域又分为两个部分，一是北侗地区的侗族文化，二是南侗地区的侗族文化。北侗地区以天柱县、锦屏县为主，南侗地区以黎平、榕江、从江为主。在这两个区域中，民族同为侗族，但文化表现上却有很大的差异性。这种差异同样表现在其信仰文化中。一般说来，南侗地区的民族文化是以鼓楼、风雨桥等外在形式为代表，而北侗地区的民族文化则是以宗祠等外在形式为代表。这两种表现都与侗族的信仰文化有很大的关系，在某种意义上来说，它们都是其信仰文化的产物。也就是说，南、北侗的信仰文化有着千丝万缕的联系，但表现又是各不相同的。

我们在对贵州当代侗族信仰文化的调查中，对这两个不同的侗族文化地区都展开了调查。北侗以天柱为主，南侗以黎平为主。并且同时搜集了从江、三穗、榕江等地的侗族信仰文化的相关资料。

在侗族的信仰文化表述中，我们也以其信仰文化的三个要素说起。

在侗族的北侗地区，其主要的崇信对象是祖先，而且是自己的血缘系统中的祖先。对自然神灵的崇信有，比如崇信土地神、树神、山神、龙王、水井等等，但这些并不是其信仰的主体，而且存在着很大的游离性，但对血亲祖先的崇信就不同了。在北侗地区，这种崇信对象被固化在属于整个宗族的宗祠的建筑里。不过，这个崇信对象不是一种灵，也不是某种神，更不是某种虚拟的形象，而是实实在在的可以写进家族史的族谱中的某位祖先，尤其是那种开创了这一宗族的祖先。这样的祖先可以是始祖一人，也可以是以始祖为主的一大群祖先。这种信仰实际上是没有什么神性的信仰，但在我国它也是信仰文化的一种表现。

这是以天柱县为主的信仰文化表现。在侗族北部方言区的三穗县圣德山周围的坦洞、绞强、岑坝、等溪、龙脚、拿相、香炉、良地、木良等地，有一种叫接"圣婆"

① 《侗族简史》编写组编：《侗族简史》，贵州民族出版社 1985 年版，第 9 页。
② 《侗族简史》编写组编：《侗族简史》，贵州民族出版社 1985 年版，第 10 页。
③ 黔东南苗族侗族自治州文艺研究室等编：《侗族祖先哪里来》，贵州人民出版社 1981 年版。
④ 《侗族简史》编写组编：《侗族简史》，贵州民族出版社 1985 年版，第 12 页。
⑤ 《侗族简史》编写组编：《侗族简史》，贵州民族出版社 1985 年版，第 13 页。

的祭祀仪式。“圣婆”即“大圣祖母”，侗语称为“垒婆扭”“打扭”。其信仰的对象就是圣婆。

这样的“圣婆”也叫“冷神”。“凡敬奉冷神者，耕种阳春，岁岁丰收，百姓安乐，六畜兴旺，照前留存，子子孙孙，永留纪念。”① 对这样的圣婆，一些学者认为她与南部侗族的“萨”神有直接的联系，甚而说是“萨”的一种变体。

南部侗族传统的祭“萨”情景

南侗地区的侗族信仰文化中，其崇信的对象有自然神灵，也有鬼灵。对鬼灵的崇信有的与苗族人对鬼灵的崇信相似。但在他们的崇信对象中，有一个对象是至高无上的，这就是“萨”。

“萨”是南部侗族人民普遍祭拜的始祖母。“萨”是祖母，是婆婆，是女性的意思，但萨也是鱼，侗族称祖母为萨，也称鱼为萨。

在南部侗族人民的观念中，萨是最初的也是最大的神，“世间一切萨最大”。萨还是一个司职广泛的通神。当我们把萨作为神祇来看待的时候，萨是整个村寨、整个族姓的生命和生育之神。

萨是祖母，是女性，这是显然的。萨是怎样来的，侗族古歌中没有做出解释。人们知道萨是最大的，是最初的，称萨为萨玛、萨天巴，意为最大的祖母，最初的祖婆。萨就是萨。他们在自己的村寨中，广泛地建立萨坛来固化这样的信念。

“在南部侗族地区，凡建寨较久的村寨都有一个或几个祖母堂或祖母坛，这是为祭祀萨神而设的，又音译为萨舍、萨坛。侗寨的祖母堂（坛）的建筑，其形式一般都是比较简朴的。称为堂的建筑，一般用泥土夯筑，大约一米五至三米见方。像从江贯洞的祖母堂，一个三米见方的用泥土夯筑的土堆，四周围以约两米高的围墙，不盖顶，地面中部是用砖块砌边的一个高约五寸、一米见方的土台。这个土台就是祭台，上面植有一棵一尺多高的黄杨树作为祖母树，边上插有一把油纸伞。有的村寨的祖母坛也是木结构的，那也是一幢简朴的木结构房屋，三米见方宽，约三米高，架一架独木梯上到楼台上进行祭祀，上面有一把象征祖母栖息的油纸伞，祖母屋旁边栽有黄杨树代表祖母树。从江小黄团结寨的祖母坛，就是一个没有围墙的小土丘，上面有几个祭祀的小酒杯，旁边有一把油纸伞，一株黄杨树。”②

① 清光绪年间，坦洞乡岑坝村《陆氏族谱》（手抄本）载。
② 余达忠：《侗族生育文化研究》，民族出版社2004年版，第52页。

从以上看来，其侗族崇信的对象实体有三种形式：血亲祖先、“萨”、圣婆（冷神）。

在侗族的信仰文化中，也有实施信仰文化的角色。在北侗的天柱，宗族的主事者一般是此宗族长门的长子系列，但现今实际已经不尽然了，多为在当地有一定社会地位，并热心于信仰事务的有能力的长者。这样的角色已经没有什么神性可言。

侗族南部地区的信仰文化实施者是师傅。

我们在黎平县地扪村调查中遇到一位师傅，他叫吴学珍。吴学珍是31岁时开始跟师傅学做师傅，学地理、神理、草药等。其师傅是吴宏交（现年85岁，还健在），学了十多年，之后一直跟师傅做事，在五年前才自己做师傅。能做的“鬼事”有：招谢龙神、土地、丧礼安神、凶神恶神（解病、解身上）、安神龛等等。

在侗族北部方言区的三穗县的“接圣婆”中，也有类似这样的师傅。

这样的师傅是一个多种信仰功能的混合者，有师傅的传承，也有对民族自身文化的觉悟，也有神性的启示，等等。总的来说，侗族的师傅是杂糅了多种信仰文化的产物。在建萨坛时，侗族的师傅是“建坛师”；在一般的时候，他就是祭萨的主持人。在南部侗族的祭萨信仰文化中，还有一个叫掌萨人的，他也属于侗族信仰文化的实施者之一，他能占卜，也能通阴，但他更像是一个萨灵的守护者。

在侗族的信仰文化中，其主体的信仰仪式也有三种：一是祭祖仪式，二是祭萨仪式，三是接圣婆（冷神）仪式。

在北部侗族的宗祠信仰中，我们看到的更多的是宗祠建筑的绚丽多姿，在仪式上却没有太多的内容。这样的世俗性极强的信仰，在一般的时候都很容易实现。如果说群体性的祭祀存在的话，那就是每年的六月六的“晒谱”了。这一天，自己宗祠的族人，就会聚集到宗祠中，把记录祖先归属的族谱拿到太阳下来“晒”。这时，会在祠堂祖先的牌位前（如果有祖先牌位的话）烧香、烧纸、献酒、饭、菜等，并放鞭炮。祭祀中没有严格意义上的祭辞等，更谈不上经书了。我们所参加的六月六“晒谱”，感觉更像是一次家族人聚会，而不是一种信仰仪式。当然，现今的天柱侗族人宗祠的信仰凝聚力肯定不如旧时代了，也许，在过去的时代里，这种信仰文化的表现，在日常生活中应该是很重要的，仪式也是有表现力的，但现今已经物是人非了。

北侗宗祠六月六“晒谱”中的祭祀

南部侗族地区的祭萨仪式是侗族人最有信仰精神内涵的仪式了。这样的仪式要从其建萨坛说起。

1991年4月15日（农历三月初一），贵州从江高增乡占里村进行过一次隆重的重建萨坛活动，占里人、侗族学者吴佺新参与了这一活动，并对活动进行了全程记录。

建坛之前要举行接萨阴灵、买伞、取衙门土、取两河交汇处水、配置建坛用品、垒坛、做偶像等活动。实际上，建坛的准备工作早就开始了，而农历的三月初一仅仅是建坛的开始。

接萨。时间为农历二月二十日。占里共有三家为撑伞人家，由撑伞人和寨老共同商议按父母齐全的标准选定三名男青年作为接伞的人选。边上撑伞的人共有四人。天刚亮，撑伞人撑着伞领路，三青年紧跟其后。萨的坟墓（住所）在黎平县与从江县交界的弄堂概地方。他们四人要到这地方去取一把土和一提水，以象征萨的灵魂。往返一百多里路，必须当天赶回，伞和取回的水均不能落地，如果落地，萨的灵魂就在那里生根了，就得又重新去取。根据时间推算，在寨老的指挥下，青年男人们坐在鼓楼里等待他们的到来。当他们快要到寨子时，人们便敲锣打鼓吹芦笙前去迎接。相遇时，迎接的人问："你们从哪里来？"接萨的人回答说："我们从邓概来，我们从'堂概'来，我们从'滩头奔奔'来，我们从'流水飘飘'来。"迎接的人听了这些话后接着问："你们来干什么？"接萨的人接着回答："我们听说你们地方好，人也美。我们想来跟你们共父母，合兄弟，你们要不要？"迎接的众人共同回答："要。"接着一齐欢呼，并将他们迎接到鼓楼，芦笙齐吹三遍《祖先曲》（又称《长曲》），后将象征接萨灵魂的土和水送到掌萨人家，接萨活动结束。

买伞、取衙门土和两河交汇处的水。伞为木制品的纸伞，共三把，一把为黑色，另外两把为红色。黑伞为萨专用，形制与民间使用的一样，但伞脚竹节要正好与伞柄第一个竹节对称，这是它的特殊之处，所以要事先派人去榕江定做。制作时伞匠要先向神龛烧香化纸后才能进行。取衙门土，就是要到衙门里取一把土带回，现在无衙门了，就到县政府大院内要一点土带回。取两河交汇处的水，占里人取的水都是柳江与四寨河交汇处的水，用一玻璃杯盛满带回寨里。此地距占里约五公里，即占里到县城途中的大坡脚的四寨河口。

祭萨的用品有三脚架一个，烟斗两只，铁锅一口，斧头两把，柴刀两把，火钳两把，舂两把（类似铁钎，铁钎木柄），草席三张，袜子三双，鞋子三对等。

准备偶像木、做帽子的银片。在建坛时要埋下萨的偶像。做这偶像的木头叫贵木，截下1.5米左右一截扛回寨中供做偶像用。同时要准备做偶像帽子的银片。

垒坛、做偶像。二月三十日整天及晚上是准备工作最忙碌也是最后的一天，因为这天过后就要开始正式建坛了。早上，寨老安排寨上部分青年男子到旧坛址挖翻土，在中间立一根柱子，用土围柱子垒成圆形（坛）并夯紧，然后拔出留下一个七尺深的圆洞，以备建坛时用。然后在坛周围竖木栅栏。

下午，建坛师在掌萨人家里做偶像。做偶像时，先把贵木修成一头大一头小的四方柱。大的一头四面刻一个人面，人面下方凿孔插以短木棒，形成与柱子垂直的十字架。同时也是一双手，一人头组成人形，整个偶像成为四个背靠背连在一起的人。人像头部的帽子用很薄的银片（一两二钱）制成，另用彩丝线缠住木偶像身体当衣服，下半截直接插入坛中的七尺洞中。

黎平县地扪村的萨坛

做尺子。尺子用葡萄藤、茅草来做。大尺子的长度为建坛师肘关节到掌心的距离。小尺子则长短不一，但均比普通尺子短一些。做好大小尺子后要缠上彩丝线，形成五颜六色状并摆放在簸箕内，最后盖黄、白纸做的人。簸箕四周摆放席子、伞、舂、刀等。物品摆放好后，建坛师烧香化纸敬告萨，所有为建坛的物品已齐备。

晚上，每户交一筒米，一根黑线，两把稻禾。米分两箩存放，有孕妇的人家的米放一箩，无孕妇的人家的放一箩，分别系上所交黑线。同时，负责守山的人便挑着行李到寨外各路口守夜，不准外人出入，直到建坛完毕。各家各户要做好第二天全部饭菜，然后火全部熄灭，直到仪式完毕。

建坛经过。建坛经过接萨入坛、安坛、招萨、游寨、祭萨等过程。

三月一日建坛这天，天刚亮，喊寨通知各家各户不准做家务，不准睡觉等。派去守寨门的人一般是孕妇的家属，这时负责关好寨门，建坛仪式开始。

辰时，接萨入坛仪式开始。青年男子们吹芦笙、敲锣打鼓从鼓楼出发向掌萨人家走去。到家门口后锣鼓停止敲打，芦笙停止吹奏，三声铁炮后重新敲打吹奏。曲罢，几个青年男子把装有萨偶像的簸箕抬下楼来走到队伍的前面，抬米箩、席子、舂、刀等物的人随后，在芦笙的引导下缓缓地向萨坛进发。当队伍到达萨坛边时，早在此等候的人点响三声铁炮，以示欢迎萨的到来。抬东西的人把簸箕、米箩、席子、舂、刀等物抬入坛内，仅将孕妇家的米放在栅栏外，男青年们吹着芦笙围着萨坛转。芦笙结束后，所有的人都退出坛外，只留下建坛师和助手，由他们将偶像、水、土放入坛心的洞里。

放偶像的时辰到了，建坛师和助手分别站在洞口两边，一边念咒语，一边用手比画着。两人用火钳夹住偶像放入洞内，然后大叫一声顺手把火钳往身后一掷。听到叫声，背对着守在坛边的人立即点响三声铁炮，同时建坛师用铁锅罩住洞口。这时人们欢呼着拥入坛内，用泥土盖住铁锅，用土垒成圆台，撒上河沙。

建坛师在圆台上放一碗米，米上置罗盘，以坛顶（圆台巅）为中心划出十二根地支线，在每根线的中部插上石片，分别写出子、丑、寅、卯等十二地支位置。还以圆台顶为圆心，分别以四寸、八寸、十二寸为半径画三个同心圆。这三个圆分别与地支线相交成 12 个点，共 36 个点。建坛师在每个点上用木棒钻一个小眼孔，然后由坛顶向外（从上到下）沿顺时针方向，边念咒语边用双手对准眼孔由里到外在空中画几个圆圈，念完咒语，撒进朱砂粉。助手也按师傅的方法做一遍。在撒朱砂粉的同时也撒进河沙。建坛师将尺子顺着坛身摆放，花花绿绿很是好看。接着又念词，按上述顺序给每个眼孔罩上葡萄藤做的圆环和十字架，将彩纸在空中扬一下盖住洞眼，并用白石头压上，又将竹签弯成“N”形，哈一口气依上述顺序插入洞眼之内，用一些较大的白石块压住坛身，在大石块之间放上尺子和茅草，最后盖上彩纸。在辰位和亥位上，顺着地支线放上1米宽6厘米厚的尺子，在其周围插上用彩纸缠绕竹条制成的花签，并于尺身两边钉上三颗贵木做的木钉，在亥位上放一块石片，使之成为一个小平台，旁边插上三根篾条花签，石片中部摆着三只斟满茶水的杯子。石片两端分别放着两只碗，一只装有蜡、香料和建坛师临时用茅草做的短尺子若干（长度分别为师傅的耳深以及从耳到眼、嘴到耳的距离），一只碗装有三条鱼。这是“萨麻店岁”（最大的圣母）的神位。在辰位上也摆放有石块并倒扣三只杯子，这是“萨麻店白”（长期跟随萨岁的女将）的神位。在坛顶竖起木柱，上端绑上半开着的黑色萨伞，并系有两串纸挂。伞顶上有几层圆形边沿呈锯齿状的红白纸，并用葡萄藤箍住。伞把上还系着一把半开的纸扇。在坛顶南边竖有一根木棍，系上两串纸挂。整个建坛仪式就算完成了。

接着就是招萨仪式了。

招萨时，在十二地支位置上每处放两扎稻禾，坛上摆有布匹、刀、手镯、席子等物以及三对未婚男女的衣服，坛下放着三对已婚男女的衣服、米箩等（衣服、手镯临时在附近借，用后退还本人，米和稻禾作为建坛师的报酬，其他东西拿到掌萨人家以备祭祀之用）。东西摆放好后，助手戴上专制的帽子，身上系上布匹，手持芭茅草和一把长尖刀，取下米箩耳的黑线缠在手上，站在辰位上对着祭坛大声念词。主要内容是叙述萨的英雄事迹，歌颂她的功德，讲述建坛的来历、意义和作用等，然后一一点出祭供物品的名称。每念完一段内容都用左脚拇指和食指夹纸人放入萨坛的石缝中，然后大叫一声。约四十分钟，助手做完这一仪式。接着师傅口含茶水在铜锣上喷一下，开始念萨岁之歌的内容，每念完一段便向蹲在一旁的掌萨人问：“要春是要兔啊？”掌萨人每次都道：“要兔！”建坛师又敲三下锣，然后高喊：“哟嗒——”众人齐应：“哈噢，哈噢，哈噢！”建坛师念完后两手交叉放在锣面上，又呼喊：“紧呀——！”众人又齐应：“哈噢，哈噢，哈噢！”至此，整个招萨仪式结束。建坛师在萨坛前燃起火堆，人们纷纷将火种引回家。男青年则在坛前空地上栽上万年青树。

侗族风雨桥

萨已定居，接下来举行的就是游寨祭萨活动。下午，几个青年男子分头去鱼塘里捕鱼和去找一只喜鹊花的公鸡、两只李子花的母鸭、一头黑猪用作祭品。这些牲畜不能杀死见血，鸡鸭用糯禾草打活结套脖子勒死，猪则用水溺死，煮熟后供奉在坛前。这时身着盛装的姑娘和儿童手执彩旗，从鼓楼结队来到坛前参加游寨活动。游寨时由掌萨人和另外两名男子领头进行。掌萨人一只手持长刀、芭茅草、尺子并不断摇动，另一只手擎着一把半开的黑伞把脸罩住。另外两个人各扛着一把红纸伞拿着尺子紧随其后。后面依次是头上插着彩纸缠篾条制成的花签、尺子的青年男子组成的芦笙队、姑娘队、锣鼓队、男童彩旗队。队伍绕坛转三圈，然后按南北西东路线绕寨游行。队伍每行至一个路口，守候在那里的人就不断向天开枪。当游寨队伍转回到萨坛边时，又要放鞭炮和三声铁炮，他们一般都停在栅栏门口并用芦笙奏完“长曲”，建坛师在坛内问一些与接萨阴灵时相同的话，并增加了以下问答内容：“你们为何而来？”“我们那里人口增多，地少养不饱，子不得吃，泥土不熟（不肥沃），那里棉花天天咳嗽，禾谷空壳。我们听说你们这地方修好房给萨歇，建高楼给萨住，一对夫妻中生一男一女。我们想跟你们共父母，合兄弟。哪家没有男，我们给男，哪家没有女，我们送女。拿来五谷钱粮，拿来猪牛六畜，拿来林木鸟兽，不知你们要不要我们？”建坛师大声问。众人大声答：“要！”游寨的队伍代表当年萨的兵马，现在她引进来保护村寨。在欢呼中游行队伍陆续进入萨坛，在门口每人喝一口留守在萨坛边的人现煮好的“萨茶”。当队伍全部进入萨坛后，笙曲又响起，锣鼓齐奏彩旗飘扬。姑娘们迈着轻盈的舞步，沿着顺时针方向围着萨坛唱着歌颂萨业绩的“嘎萨岁”踩歌堂，并请求她保护村寨安全，人民健康，六畜兴旺，棉粮丰收，森林繁茂。踩歌堂完后，建坛师站在坛前高声呼喊萨的名字，众人齐应，铁炮三排九响，震动山谷。这时太阳已开始西坠，姑娘们转到鼓楼继续踩歌堂，建坛师再次念词，用纸把洞眼逐个盖上，男青年去旧址抬来白石头把萨坛垒好，抬来大石板把坛地边地上铺好，然后离去。

晚上，寨老、掌萨人、男青年代表聚于萨坛前举行宴会。饭前，掌萨人给萨祭品，鱼、鸡、鸭、肉和茶、酒、饭等，然后念道：“打退李家兵，收回侗家好田塘；打败李家兵，侗家过上好时光。九层悬崖瀑布好风景，‘堂概美老’好风光。滩头纷纷安萨身，英雄名字永传扬……五十占里众乡寨，萨的恩德记心上……新修房子给萨住，高楼漂亮让萨心里暖洋洋……齐心协力跟萨走，村寨世世代代都兴旺。”念毕，晚宴开始。

黎平建于清代的青寨鼓楼

三月初二，整个祭萨活动进入尾声。由掌萨人组织鸡卜。测看萨是否安居，萨坛是否完好等。辰时，掌萨人把寨门封上，念咒作法把牛鬼蛇神拦在寨外，以免影响鸡卜的顺利进行。鸡卜前在十二地支位各插三炷香，亥位石片上摆一碗米并插上六炷香，旁边一只碗里放三条腌鱼。在香烟缭绕的气氛中掌萨人开始念咒卜卦，请求贯公（侗族传说中鬼神相通的神）帮助测看萨坛情况。巫师一手拿着米给他吃，扯下鸡骨捆在一起，往骨头上的细孔插入竹签，再拿竹签形成的形状与图谱对照，辨认卦象结果。若得好卦，说明一切顺利。晚上，全寨在鼓楼杀猪庆贺。

三月初三卯时，掌萨人、寨老集中于萨坛前，用酒、肉、萨茶敬奉萨，三声铁炮响后，收起彩旗，关上栅栏门，宣布建坛结束。与此同时，管脚喊寨告诉众人活动结束，人们可以舂米做针线活了，守寨门的人拆除路障打开寨门，人们就可以像平常一样自由出入了。①

这是侗族萨灵信仰的最完整的表现，这在一般的时候很难遇到，而在一般的时候，其祭萨就简单多了。

2005 年，我们在黎平县地扪村调查时，平时的祭萨是这样的。

地扪村为黎平县茅贡乡所属，500 多户，2500 多人，其姓氏主要有吴、李、段、刘、徐，吴姓占 97%。村里有一萨坛，村民说是汉朝时建的。

据村民说，地扪村原有的萨坛是圆形的，一圈套一圈，最高是九层，“文化大革命”时被毁，后来恢复成今天的样子（不是圆形，也已经没有原来的分层了）。

这里原称为“地扪千三”，“千三”是 1300 户的意思，“地扪千三”是说这里有 1300 户。后来这里的以吴姓为主的人家就分出去居住，像附近地区的茅贡、腊洞、登岑、罗大等，都是这里分出去的寨子，地扪是他们的祖根。这些寨子都建有自己的萨坛，但地扪的萨坛仍是他们的总坛，每年这些寨子的人家都要回来祭坛。

这四个寨子都建有村的小坛，在村里要放牛打架、烧香、吹芦笙时就在小坛上烧纸。每年的正月十一至十五这几天里，看那天是吉日，整个“千三”就都来此祭萨。

今年的祭坛定在正月十一这天。

用的祭品有：猪头、净水（天亮前在水井里取的第一挑水）、茶水、豆腐、糯米粑、香纸、铁炮、鞭炮等。

每年的这种祭祀是由师傅来主持的。本寨有一个姓吴（吴学珍）的师傅，就是他来主持。

祭萨在早上吉时，一般是早上八九点钟，面对“午位（萨灵位）”摆好祭品，就可以开始祭萨了。

参加祭萨的人是村中 60 岁以上的、有孙子的男性老人。他们都穿老式的长衫，自然列队于萨坛前。

祭萨时，要先请萨，按照建立此萨坛的萨灵来路，把萨灵请来，即由萨坛到一个叫“萨岁山”的地方，萨的灵就在那里，而这“萨岁山”说是萨这女英雄牺牲的一座山，此地据说在肇兴附近。念诵一遍取萨灵的路线，萨就来了。这是祭萨的“开场白”。然后讲萨的来源，迁徙的历史，族群分支的由来，请求萨灵保佑村寨族群平

---

① 余达忠：《侗族生育文化研究》，民族出版社 2004 年版，第 55—61 页。

安。另外，寨中年余间有什么大事情要做，也要讲给萨听，请求萨的保佑。

一般时候，即在村里一切平安顺利，没有什么大事的情况下，这祭辞念诵的时间就短一些，遇有大事、难事，可能就长一些（有三天三夜都说不完的）。现今一般都较短。

侗族为求子平安的祭凳

念完祭词，所有的老人要行三个鞠躬，鸣炮，众人大吼三声“哦吼”，结束。

之后就是唱戏、放牛打架、吹芦笙、唱歌比赛、走亲、做客等。

猪头等祭品是由村里出钱所购，与祭的老人各人带酒。有一个装师米的升子，升子里有师米钱，这钱也是要拿去买酒的。如果祭品不够下酒，与祭之人还可以凑钱买些肉来添上。众人在祭后是要聚餐的。

地扪有两座鼓楼，大概这里有两个房族。并有三坐花桥。萨坛旁边还有一“塘公祠”，类似汉族的“龙王庙”，是男性的，对应的萨坛则是女性的。

我们按照地扪村现有的萨坛画了一图如下。

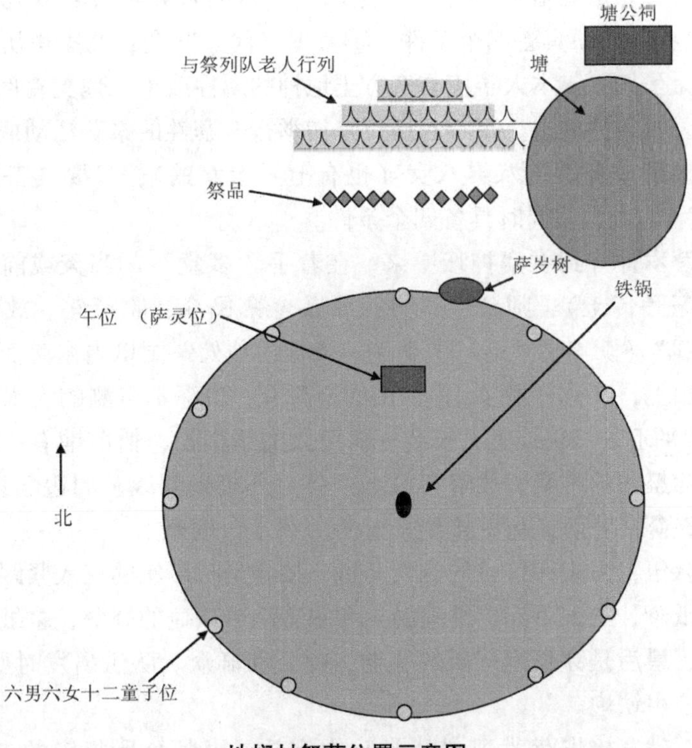

地扪村祭萨位置示意图

从江占里的建萨坛的仪式和黎平地扪村平时祭萨的个案都是很典型的，但我们在石干成先生的《走进肇兴》一书的“肇兴神祭母题”的三章中，整理出来的肇兴祭萨安萨堂的个案，也很精彩，很有代表性，因为肇兴似乎为南部侗族萨岁信仰的中心。

肇兴侗区正规的神祭活动是“多堂祭萨”。

“多堂祭萨”意即“安设祖母祭坛”，这是肇兴侗区最大型的神祭活动。多在春社前的春分前后一两天进行，有的也在秋社至次年春社之间择日进行。主寨老人决定“多堂祭萨”时间后，就要派人去接专职的“多堂”师公。师公出门时，要在自家里安设的“萨”的神位前祭祀，烧香化纸敬茶，一面击铜锣一面念咒语，以求萨神护佑“多堂”顺利。咒语道：“天合地合，人合鬼合，大神小鬼听我说，听我的口，我的娘合合。萨！萨！你一家，我一家；你一姓，我一姓；是你是我一家人，你们跟我同人在，你们跟我同人随（同坐）。萨！萨!”这叫“扑锣”。

“多堂”中的礼仪繁杂、深奥而神秘，分为“准备礼仪”和“安宫砌坛”及“祭祀”三大部分。

准备礼仪包括扑锣、鸡骨卜法、“多堂”人选、背萨、神物像制五大礼仪，而且每种礼仪中又分若干礼仪，十分繁杂。

（扑锣、鸡骨卜法略）

“多堂”人选：参加安堂的人，除主祭师公和伴同的两三名副手外，一般还要选四名或八名挖宫安坛的青壮年男子，一至两名修宫的青壮年（男女均可，两名的要一男一女）。这些人必须具备四个条件：①家里三代人齐全；②家里历来无非正常死亡者；③家里无孕妇；④本人年庚与四方土地神的属性或十二地支属性相合。均要由主寨寨老和师公按条件挑选。每年农历正月初举行全寨性的祭萨活动或安坛时的请萨活动，选择去接萨或背萨的八男八女（也有七男七女的），只要具备前三个条件即可。但“多堂”的人必须同时具备四个条件。

背萨：把萨岁神背到本寨神坛中来。在着手“多堂”的当天或前一天，寨老组织本寨登萨（祭萨传士）、师公、八男八女及全寨民众，吹芦笙、放铁炮、敲锣打鼓，到“弄塘凯”（萨岁牺牲地）去背萨。弄塘凯地处肇洞境内东南面纪蒙山南余脉尾端的一座石山上，又称“萨岁山”。山的南麓有一口深不可测的大水塘，名叫“萨岁塘”。山顶较平坦的一块地上，长有一株巨大的华南松，树前铺有一块长方形大石板，石板上作为祭萨的香案，放着三只小茶杯。凡肇兴侗区及周边侗寨安设萨堂时，都要到这里来祭萨、背萨，将萨接到寨上的“萨堂”安坐。

去背萨的队伍，由敲锣打鼓的三人开道，接着是吹芦笙的三人紧跟，随后是肩扛用背带捆扎有纸伞、三支草标、纸扇的人和拿着葫芦茶壶的登萨，拿纸伞和纸扇着盛装的八男八女，最后是穿长袍马褂的寨老、师公和群众。队伍出发时要鸣三响铁炮，到达时也要鸣三声铁炮。

若路程近，就直接将萨背到“萨堂”中安放，由师公所指定的专人抬放宫中；若路程远，将萨先背到登萨家里，暂放于神位上，到时再由专人抬到“萨堂”宫中安放。

神物："多堂祭萨"中的神系及其象征偶像。神系以萨神为中心主神，其余诸神包括"四帝""十二地""国五郎""九坤神""公甫""婆麻天子""奶温""梁位太公""五燕林官""蒙稿蒙老""杨哥门、吴哥将""蒙陈将公""军马婆井太由""麒麟白虎"十五大神灵，加主神萨神，共十六大神灵，构成庞大的神系。

萨神即萨岁主神，其偶像象征物是一块小腿般粗的阴沉木，雕刻成一位妇女的形象，并安装上银质的心和胆；将红、黄、绿三色各一尺五寸长的绸缎分别做成三套衣裙，穿在偶像身上；再给偶像佩戴银质帽子、耳环和项链，把三色丝线各三只并同衣裙一道捆扎好。此物象征萨的尸骸，到时埋入中宫。在肇兴侗区纪堂寨"萨坛"（圣母宫）鼓楼的宫门上塑有萨神像，这在肇兴侗区并不多。

"四帝"即东南西北四方土地神。其余各神都有来头，情形略。

上述这些神物，都在"多堂祭萨"中，必须首先制好。

另外，"多堂祭萨"所需的祭品有：宝剑一把，大号铁锅两口，火钳三把，鼎罐、撑架各一口（只），方形大石板一块，三个鹅卵石，蚂蚁窝一个（最好是九层巢穴的），野葡萄藤一根，拇指粗的水竹一节，"鱼苗浮萍水"一瓢（最好取于古树倒毁后的根部积水，且长出浮萍生有小鱼的），一丈二尺长的白侗布两匹，师公衣服一套，红、黄、绿三色丝线各三只，红背黑面或红纸油伞两把，白纱纸十张，红、黄、绿三色表纸，白纸扇一把，全猪一头，鸡一只，鸭两只（一生一熟），糯米饭十二钵，熟猪肉十二串，刀头肉十二块，肉汤十二碗，米酒一坛，青菜一盘，白米十二碗，糯禾十二把，茶杯十二只，香纸若干。

"多堂"前，村上要通知嫁出去的姑娘以及出远门的人回家。"多堂祭萨"的三日封寨，拉绳结草塞寨门，所有通往寨内的路口禁止生人入寨，也禁止寨内的人外出。祭萨活动不常搞，一般五年、十年进行一次。有的村寨多堂祭萨这三天不冒炊烟，寨民全部寒食。

安宫完成后，师公用罗盘在"四帝"方位的基础上，测定"十二地"方位，用红、黄、绿三色丝线各两根间错对角拉向子午、丑未、寅申、卯酉、辰戌、巳亥方向，以防同方位同属性的人被拉入宫，对自己不利。拉线后须请师傅"跳神过阴"探察拉线情况，认为某方位若没有拉线就是亮的，有拉线方位是黑的，发现有亮的方位时，即要求师公采取补救措施补上，防止出现对寨人不利的方位。确定好方位后，由师公在伞的遮蔽下安放各神象征物。接着是"婆麻天子"和"萨温"（萨错）神位的安设。

"婆麻天子"（或称"萨麻"）是整个神系中的主神。"婆麻天子"是汉语借称，"萨麻"是侗语，汉译为"大祖母"。

安坛结束，第三天，要举行全寨性的祭萨游寨活动。早饭后，全寨男女老少身着盛装集合。众人依次喝一口茶，再举行游寨活动。三人吹芦笙、二人吹长号走在队伍前面；接着是右手撑着挂有纸扇和扎有三根青草的半开半闭的纸伞、左手提一葫芦茶水的"登萨"（管萨的人）；随后是手执捆着白毛巾的纸伞、拿纸扇的八男八女，身穿长袍马褂的寨老，锣鼓手，扮演大将和士兵者；最后是群众队伍。大将扮演者，身披红毡，腰挂大刀，手打红旗在前。士兵的装扮各式各样，有的穿盔甲，有的戴斗笠、背蓑衣，均腰挂大刀，肩扛鸟枪，个个威武雄壮。队伍离开堂萨时，要鸣放三响铁炮。每到一条寨巷，士兵扮演者都要轮换对天鸣枪。游行鼓楼时，由歌师领唱三首耶萨歌，众人哆耶踩堂。队伍快到寨脚，让大将士兵扮演者冲杀出寨，一起鸣枪，同时放铁炮，以示驱逐一切邪恶。到此，全部祭萨多堂活动结束。晚上，全寨男女青年在鼓楼里和鼓楼坪上尽情唱歌娱乐。此后，凡寨上出现不吉利之事，都要进行祭萨扫寨活动。

三穗县北部侗族方言区的接圣婆（祭冷神）仪式，也是侗族信仰文化的组成部分，但这样的仪式现在已经很难见到了。吴展明先生在《苗侗文坛》1991 年第 1 期上发表了一篇名为《侗族信奉圣婆习俗初探》的文章，对接圣婆仪式有一定的描述，但他所论述的却是 20 世纪民国年间的物事，所以，接圣婆（祭冷神）的仪式，这里略。

第三节 布依族信仰文化

“布依族的祖先自古以来就生息、繁衍于南北盘江、红水河流域及其以北地带，是贵州的土著民族之一。”① “牂牁”是一个古老的民族，春秋战国时代已在今贵州境内北盘江流域立国，因叫牂牁国。② “牂牁国的主要居民包括今布依族的先民在内”③，后来，“由于干越人、扬越人从东面迁入，越人从北面迁入，滇越人从西面迁入，骆越人、西瓯人从南面迁入，他们都与牂牁人杂居，导致牂牁人逐渐与众多的越人通婚，而融入越人系统，以后成为布依族、壮族的成员”④。又，“唐代的‘西原蛮’中，有大批人移居贵州布依地区，逐渐被布依族融合”⑤。“再，许多江西人，相传在明洪武年间（公元 1368—1398）‘调北征南’或‘调北填南’（随军）来到贵州……都被布依族吸收并融合了。”⑥

布依族在多个省区都有分布，但在贵州的布依族最多，文化特色也最为鲜明。在贵州，布依族多分布于南部、西南部和中部。布依族在坚守自身文化特色的同时，很善于吸收外来文化，并以此丰富发展自身文化。布依族在族群文化的表现上，基本没有明显的支系分派，但在不同地区的文化表现上，却是丰富多彩的。这在其信仰文化表现上尤其如此。

---

① 《布依族简史》编写组编：《布依族简史》，贵州人民出版社 1985 年版，第 7 页。
② 何光岳：《百越源流史》，江西教育出版社 1989 年版，第 221 页。
③ 《布依族简史》编写组编：《布依族简史》，贵州人民出版社 1985 年版，第 8 页。
④ 何光岳：《百越源流史》，江西教育出版社 1989 年版，第 226 页。
⑤ 《布依族简史》编写组编：《布依族简史》，贵州人民出版社 1985 年版，第 14 页。
⑥ 《布依族简史》编写组编：《布依族简史》，贵州人民出版社 1985 年版，第 14 页。

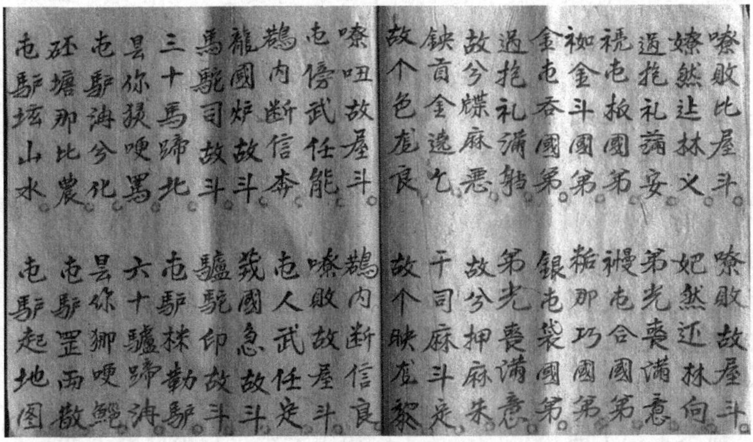

布依族经书

在布依族的信仰文化中，由祖先崇拜而来的祖先神灵（有人认为他们是神鬼）有报陆陀、摩陆呷、母神、二十四圣母，十二神母，桃祭三十六神、莫一（德者、金竹师）、万端王、盘果王、王韶、王代、安王、祖王、祖先神、主神、岑彭、马武、迪俊（德金）、迪云、雅各冬、雅各迪等等，以报陆陀、摩陆呷、母神等最为重要。

报陆陀在布依族信仰文化中，首先是一个造物主，并且常常和摩陆呷并提。布摩在举行“殡亡”、“赎头”、扫寨、送鬼等大型仪式活动前均要举行“安师”仪式，就是专门请报陆陀、摩陆呷前来坐镇，保佑布摩和主人家。报陆陀还是一位智者。经文中每每在叙述到人们遇到难题时，都要请教他。而一经报陆陀指点，人们照办后，都解决了。所以有的地方，报陆陀被布依人说成是“遍知一切的男人”。

摩陆呷则有人认为他与报陆陀实为一人，也有的认为他是“布摩的第二代祖师，传说中鲍尔陀（即报陆陀）的徒弟和助手”，也有人认为摩陆呷是布依族人的女性神。

母神是布依族人主管生育和保佑幼儿的神，但各地对母神的认识不尽一致。贞丰一带认为母神是保佑幼儿的。镇宁一带认为母神有十二个，是一群神，叫十二神母。人们认为伴随孩子的降生，十二神母送其魂而至，并在其左右监护，直至孩子长到 12 岁才离开。常提到的有床中神母、山坳神母、河岸神母、田野神母等。也有的地方认为母神有四个，即“雅娃林”“雅娃翁”“雅楞当”“雅罗哥”。四位母神轮流管小孩子，每位管三个月，一直管到孩子满 12 岁。还有一说是二十四圣母轮流分管。

在贵州南部的布依族中，有一种求子傩戏“做桃”，其上有三十六种神。他们神态各异，性格鲜明，各有分工。他们是万岁天尊圣母（女性，面目慈祥，专管分配生育指标）、花林仙百［女性，面目清秀若仙女，专管送“花”（子女）给主人］、托生花王庙父（男性，神态和善，负责保佑、护养子女长大成人），以及本殿三元师祖、太子六宫、九娘、五位功曹、李应社王、欧官、她地许、蒙官、勒良、写傩、莫

一、莫二、五通、龙公、三界公爷、上公七郎、冯敖老爷、刮坛、覃九老爷、梁吴、鲁班等等。其中大多是布依族信仰文化中的傩坛神，但这里又夹进了许多布依族人的"族神"。这种傩坛神在贵州中部的布依族傩戏中也有表现，如贵阳乌当蓬莱、安顺黄腊等地的就有。

在荔波的觉巩村，我们见到一个当地著名的布依族傩坛，他们信奉的坛神是：如来、五位祖师、左佛、中佛、右佛、文殊菩萨、右十王、普贤菩萨、左十王、左诸天、左司炎魔帝、王元帅、右司西济王、右诸天、马元帅、左坛法主龙树医王祖师、右坛法主真武玄元仁威上帝、本县城隍辅德忠政大王、释天门下鉴斋大士营灶天神等等。这个神坛的师傅说，他们也能"做桃"，上面的那个"做桃"资料的来源就是从他们那里而来的。

万端王、盘果王、王韶、王代、安王、祖王等则是布依族人为非正常死亡者举行"赎头"（或叫招魂）仪式上祭供的神祇，其每个神都有自己的来历。

自然神灵在布依族中更多，有天神、雷神、月神、山神、河神、田神、石神、牛王、树神、谷神、门神、灶神、圈神、梯子神、寨神、家神、社神等等。

在这些神灵中，布依族有几种神最有特色，如水口神和鲍更嫡。

水口神。在稻田的进出水口，布依族人认为有神，此神负责保佑田水不干，肥水不外流，以保证粮食丰收。每年六月六，家家户户均到田边水口处设祭，杀鸡祭神，并在田中插三角纸旗，以驱虫灾。实际上，水口神也相当于田神。

鲍更嫡。"鲍"或"报"是布依族对男性的泛称，也是对男性祖先的尊称。因而"鲍更嫡"应该是男性神。从其功能看，似为一种执掌地域性事务的社会神。

布依族的信仰文化中，除了有人文性质的神系以外，还有一些对布依族人信仰文化有一定影响的鬼。这些鬼大致有：

独几、独养、独香、独利、倒头沙鬼、土地鬼、丁于、火烧鬼、倒头鬼、火星魂、讨饭鬼、代扇、共季、香滚、向喳、向虾、羊任、该乃、麻让麻弄、定纳谈丁朗、关木朗逃、邦额、泻迷比道、向塘、化便化仙、独巴任、岜山鬼等等。

这些鬼都会使人得病得灾，比如，代扇——此鬼作祟会使人头痛、口干；共季——此鬼作祟使老人头昏、眼花、脚软、手脚抖；香滚——此鬼作祟使人长大疮大包，脚被斧砍；等等。

在布依族信仰文化中，敬奉傩坛神的傩事是由傩坛师傅来做的。布依族的傩坛师与其他民族的傩坛师区别不是很大，但他们把傩坛的傩神与布依族的固有的祖先神灵结合得最好。有时候，布依族的傩坛师不是布依族传统意义上的布摩，有时候二者又是结合在一起的。比如在觉巩村的这位姓韦的布依族傩坛师就不同时是布摩，但册亨县板万的师傅，既是土戏（傩戏）的教师，也能做布摩的仪式和道家的"道场"，以及佛家的"超度"。

在布依族地戏中，信仰性的仪式有，但主持信仰仪式的并不是我们理解的"神职人员"，而是由演地戏的演员来实施的，故布依族地戏中，应该没有师傅性质的人员。

不管布依族的信仰文化中有多少其他的信仰文化观念和实体，但布依族的布摩应该是其祭祀者的主体。

“布摩”是布依族话的音译，意思是“诵经的人”。布摩也称“报摩”（“报”是布依语的男性称谓）、“掌摩”（“掌”是“匠”），汉族人称其为“老摩公”“老摩”“鬼师”“巫师”，前三者有贬义。

布依族的布摩均为男性，是要经过学习“摩经”，并经过一定的仪式才能成为布摩的。在布依族中，布摩所要举行的最主要的仪式就是丧葬仪式。布摩所做的一切信仰仪式，均要念诵经书。在葬礼中是这样，做一般的驱邪、祈福、禳灾等仪式，也是要念诵经书的。其汉语表述似乎以“祭司”为最准确。

布摩在布依族社会中地位是较高的，他们往往是寨老或村寨的自然领袖。

在布依族中，与布摩相类似的也主持一些与布依族信仰相关的活动的人叫“押”，有人称为“迷纳”。这样的角色一般是女性，也就是人们所说的“女巫”。女巫不是学习而成的，而是经过多种多样形式的“神灵附体”形成的。

布依族信仰文化的仪式部分，由于多种信仰事象的杂糅，是比较复杂多样的。

布依族人在街头“看米”（预测）

布依族的傩坛仪式与其他民族的傩坛仪式相类似，故于此略。

布依族信仰文化中其他的仪式，归纳起来有：

殡亡。“殡亡”也称“殡凡”“古谢”“砍牛”等，是布依族祭仪中规模最大的一种。“殡亡”或“殡凡”直译为汉语的意思是“超度亡灵”。“古谢”意为“做客”，是因丧葬活动中客人多这一特点而得名。“砍牛”，则是因丧葬仪式中的重要项目“砍牛”而得名。

作为完整的仪式活动，“殡亡”是由若干相对独立而又互相联系的仪式组成的，主要仪式如“请师”“祭棺”“开丧”“转场”“送仙”“嘱咐”。而其中又以“转场”和“砍牛”为核心并有鲜明特色。每个仪式都有相应的经文。

“转场”是按布依语的原意直译的。历史上和民间还有“砍戛”“转戛”“打戛”“赶利”“砍替”等称谓。

在黔西南一带，仪式是于出殡日上午举行的。首先找一块空地（一般为“转场”专用场地），布摩先到场地上举行“叫场”仪式，表示已和地方土地神买（或租）下了这块地。女婿（其中之一）在场地中央栽上木桩，拴上牛（由丧家准备）。然后，孝男、孝女及孝媳、孝婿着孝服，在布摩的导引下来到场地，以牛为中心逆时针方向转三圈，之后暂停，孝男依次到牛桩处喂牛，孝媳则依次去剪几撮牛毛，接着仍按逆时针方向转三圈，再反转三圈，孝男孝女纷纷夺路跑回丧家，争要“毫啥”（一种半生不熟的米饭，据说喂鸡鸭可使其大量繁殖）。女婿及其请来的亲友将牛砍死，仪式即告结束。随后，女婿家将牛肉煮熟而食。

罕王。也称“招魂”“人交”（意即赎头），是布依族丧葬中对非正常死亡者的一种超度活动。摩教认为，鬼域中有两个不同世界：一是生魂世界，一是游魂世界。在家中正常死亡者，其灵魂在生魂世界，只要经过“殡亡”即可进入仙境祖先生存之地；而在外死于战争、灾变或在家死于难产、暴死者，其灵魂则堕入游魂世界。这个世界黑暗荒寂，孤单无伴，所以必须通过招魂（“罕王”）仪式，将其招回生魂世界，然后再通过“殡亡”将其超度到祖先住地。

“罕王”仪式规模仅次于“殡亡”。这个仪式需在布摩择定的日子举行。地点在野外看不见村寨的山坳，用芦苇在一平地上插成迷宫似的魂归径。挖一抗，坑内将红泥与水搅拌成血色，谓血河；又挖一口灶，上置油锅，下燃火，谓火海；另将三十二把杀猪刀刃朝上做成刀梯，谓刀山。魂归径旁东向用八仙桌搭成神台。仪式开始，远近民众云集山坳，布摩与十来名徒弟穿着法衣，在神台祭报陆陀后开始吟诵《招魂经》，从清早一直诵到下午。接着，布摩手执“摩剑”带领孝子贤孙去魂归径把亡魂引出。引魂时所有观众也参加，因为过“刀山”“火海”“血河”被人们认为可以免掉人生几多灾难。“血河”上搭着一块木板，布摩先带亡灵子孙从上“渡”过，以示亡灵已开始离开苦海；“火海”旁备有一堆荞麦糠壳，由一布摩徒弟在旁念经，向油锅中撒一把糠壳时便有一人从火焰中跃过，以示亡魂走向光明；过“刀山”时，布摩在旁念咒，孝子们纷纷赤脚从利刃上走过，众人皆从旁绕道。招魂活动整整一天才结束，最后将做魂归径的芦苇拔出烧掉，将写有亡灵名字的牌位护送至丧家，安放于神龛上，等待来日做“殡亡”仪式。

访几。这是一种全寨性的宗教祭祀活动。每年六月初，由寨中各户按人头凑钱凑粮，备烧酒、肥猪、公鸡等，在寨旁某棵古树、某尊怪石（被视为犊几魂所附的自然物）设供台，布摩身披蓑衣，头戴斗篷唱诵《访几经》，请犊几守护寨子，以求来年各种瘟疫、虫灾、火灾不侵害本寨，让寨人安康，五谷丰登，六畜兴旺。经文诵完，布摩到寨老及各户屋内，高执摩剑，边念唱边高喊：“某某鬼出不出？”另一布摩应声“出！”接着将各种鬼送出寨门，在寨边各入口处横挂一根用茅草搓成挂上白纸条的绳子，以示将各种灾鬼拒于寨外。傍晚，各户派人到寨神庙前赴宴，喝血酒，逐人向寨神起誓：保证家人不偷盗，看护牲口不让其随意践踏庄稼，如有违，愿受神灵惩罚。

扫寨。这是一种扫除火星和邪恶的宗教祭祀礼仪，在布依族地区普遍盛行。各地仪式举行时间、内容大同小异。在黔西南贞丰一带，一年要举行三次，时间分别是三月初、七月十五前、腊月三十日前。祭品过去用狗，现在用猪头。仪式程序：先用竹扎成“龙船”。仪式开始，布摩头戴法帽（用纸做成，上绘凤凰、牛头马面。帽顶边沿为锯齿形），在神树脚下“改邦”（祈福驱邪）。祭毕，由两个青年抬着“龙船”，一人端着装刀头肉的碗，其他人敲锣、鼓、钹等，逐一到各家进行“清扫”。每户预先在大门口摆上一条长凳，凳上摆一碗饭、一碗水、一炷香、一颗炭。布摩等一行人来到每家门口，亦将刀头肉摆放在凳上。布摩一边诵经咒，一边掷卦板。掷卦时需掷出阴卦方为吉利。若掷出阴卦则罢，若三次掷不出阴卦，说明此地不吉利，布摩必须到屋内“打粉火”。所谓“打粉火”，是指举行仪式时布摩一手执火把，一手抓晒干碾碎的柏树叶在火把上撒，使火焰一下子猛蹿起来。据说这样可吓走邪鬼。为防止由此引起的火灾，布摩需先诵“架海水咒”。打粉火时，还需将苞谷或懒豆撒遍屋中每个角落。然后又掷卦板，再不出现阴卦，还得继续撒，直到出现阴卦为止。结束后，布摩将那碗水和炭倒扣在地上，把香插在“龙船”上，又到另一家继续做。全寨每户都扫完后回到神树脚，将狗肉（或猪肉）倒回锅里“回熟”，即开始聚餐。“龙船”要在神树下烧掉，并在寨边各路口将反扭的茅草绳横牵于一两丈高的地方，表示将被扫除寨门的邪鬼隔在寨外，不使其进寨作祟。

祭“主”神。黔西南一带，每个布依寨都有一个小型建筑物，内设祭坛。这种建筑物，布依语称“顶苏”、“顶晒”或“然老报”，分别译为“官厅”或“老人房”等等。根据大多数地区称谓，结合各方面情况综合分析，译为“主神庙”似较恰当。所祭神灵为“苏”（主）或“晒”（官），有些地方还能具体地说出所祭的“主”或“官”的姓名，并有相应传说。他们被说成是某姓氏在某年代有地位有威望的首领。

祭祀日期各地不尽一致。有的地区是二月二，有的是三月三，有的是三月的第一个虎日或蛇日，也有少部分地区在七月十五。其中以三月内祭祀居多。

仪式活动情况，各地大同小异。这天，每家都要派一个当家男人到“主”神庙参加祭祀，其余男女老幼，为避免在寨中发出声响，均要到离寨二三里以外的山坡上回避，称为“躲山”，直到祭祀完毕鸣放鞭炮才回家。

祭祀仪式由布摩或寨老主持，并由几位德高望重的寨老参与，其余人等则支锅、切肉、洗菜、烧火等，做些杂活。祭品主要有猪肉和酒。焚香后主持者祈祷“主”神保佑全寨风调雨顺，无病无灾。祭祀时，不能说话，也不能碰出任何声响，祭祀者的交流通过手势进行。祷辞当然只能默念。据说出现声响，祭祀就不灵验。

祭祀完毕，集体在主神庙前聚餐，并总结乡规民约一年来的执行情况，重申有关条款，意在借助“主”神权威加强规约的约束力。吃不完的猪肉可带回家，在庙前吃剩的骨头不能乱扔，必须在附近挖一坑，将骨头深埋。无论在庙前吃还是带回家吃，都不能将肉汤、肉屑滴落在衣裤上，否则以后上山下地会受到豺狼的袭击，牲畜则会受到虎豹伤害。

这天（有的地区是三天）严禁外寨人进寨。外寨人进寨称“踩山”。发生这种情况，据说祭祀也不灵验，“踩山”者要对以后可能发生的灾难承担责任。

很多地区，“扫寨”仪式与祭“主”仪式在同一天进行。

请龙。这是一个祈求吉祥富足的祭仪，一般在农历正月逢辰日或新居落成庆典之日举行。先在堂屋中摆上丰盛酒席，同时在房屋头柱下摆一簸箕，内放一只装满稻谷和大豆的升子，并有双数现钞或硬币压升口，旁边摆上酒、猪头、猪肉等，另有两只大碗盛米，将纸马扎于碗上。布摩坐在祭桌前，手拿主人一件上衣诵《请龙经》。诵毕，主人献上两枚鸡蛋，由布摩亲自拿着锄头在中柱下挖一坑，把蛋埋于其下。蛋黄象征金子，蛋白象征银子，蛋壳象征仓库和金银库。埋下鸡蛋意思是为主人家埋下了金银财富，所以永远不能掘出，否则会破财败家。若中柱之下偶被猫狗刨掘，即当场被主人打死，并请布摩来家扫邪。

以上的布依族信仰文化中的仪式资料，是著名的布依族学者周国茂先生在其《摩教与摩文化》① 一书中整理的，相对而言是较为完整的，我们在黔西南的布依族地区调查时看到，这些仪式在布依族地区仍然很“鲜活”。我们于此也采录了一些个案与此相对应。

高寨距册亨县城10余公里，在一个高山上。

此祭社神的情况由一个农民讲述，因为这一活动是全民性的，都是参与者。

高寨村的社神石像

高寨村有300多户人家，但祭我们调查的这个社神的有200多户，四个村民小组。高寨村黄姓、罗姓为大姓，黄姓有100多户，罗姓有80多户，韦姓的人户也不少，陆姓、廖姓少一些。

在册亨县的大多数布依族寨子里或寨子边上，都会有一处林木丰茂的林子，在最大的大树脚，就会有一个小房子，有的小房子里就放有几块怪石为像。高寨村也如是。

布依话把这里称为“叮写”。“叮”在布依话中是房子的意思，“写”在布依话中是祖宗、老祖的意思，连起来称为“老祖住的房子”。在高寨，每年的正月初三和三月三这两天时间里，寨子的每家会来一个男人，在这里祭祀“老祖住的房子”。

为什么会在外面称为祭“社神”，高寨人说这是“明话”（汉话），原来的音是“祭写”，“写”在布依语发音中与“社”相谐，故“社”即“写”也，是“写”的转音，而“神”应该是汉人加上去，并为布依人所认可的。布依人的“写”（老祖）并不一定有我们汉话中“神”的意思，但保佑寨子的老祖，也是神的功能。

高寨这个“叮写”是十多年前由全寨的人家凑瓦、砖、石、木来建的，以前的“叮写”是茅草房。茅草房则有几百年的历史了。

在高寨，这个“叮写”有一个世袭的“管理者”。这人叫罗正亮，他老一辈也是管理这个“叮写”的人。高寨的村人就把他称为“寨老”。平时的“叮写”管理是他负责，祭“叮写”时他也是自然的主持人。

高寨的祭“叮写”每年有两个时间：一是农历的正月初三；二是农历的三月

① 周国茂：《摩教与摩文化》，贵州人民出版社1995年版。

初三。

正月初三的祭“叮写”是这样的：

正月初三这一天，寨子里的每户人家，都会出来一个男人，一般是家里的当家人。拿着家里的酒菜、粑粑，以及三支香、三张纸、鞭炮等，齐聚到“叮写”旁，先把各人带来的东西供在“叮写”前面，由“寨老”，也就是罗正亮来念祭辞。祭辞的大意是乞求“写”保佑全寨平安，人成气候、牛马成气候、庄稼成气候、样样成气候。

待全寨的每一户人家都烧完香、纸等，就有来到树下的人自由组合，八人一桌，在“叮写”前面吃肉、喝酒。酒足饭饱，大家散场回家，而“叮写”前的一切则由“寨老”来收拾打扫。

三月初三的祭“叮写”是这样的：

在三月三之前，每户人家出钱，今年高寨每家出了10元，一共有2000多元。先用这钱买一头水牛，高寨今年的水牛钱花了1200元。祭“叮写”要水牛，要黑水牛，不要白水牛。除此之外，没有别的要求。另外，还要买一些小菜、酒、纸、香等。

在三月三这一天，约在中午时，高寨每户的男人就会来到“叮写”前，准备杀牛。杀完牛，烧香、烧纸。有“寨老”讲辞，是跪着讲，时间要四五分钟，内容与上基本相同。然后按照各个村民小组来分牛肉，并各自在“叮写”前的树脚支上锅煮肉，在下午5点多钟时，大家就可以吃肉、喝酒了。吃喝完毕，就各自散回家，“寨老”则收拾碗筷等，并要“寨老”此时起不准讲话，回家后立即上床睡觉，第二天天亮才解禁，可以讲话。这一天晚上，不准任何人从他家背后走过。

在分肉时，高寨的这个“叮写”的管理者，可以比别人多分得两斤牛肉，而平时并没有多少特殊之处。

在高寨，三月三这一天，不准说“明话”，不准戴帽子，说是汉人戴的，对“写”不尊重。还不准穿白衣服。还有在“叮写”的附近不准大小便，不准说流话等。不准妇女参加三月三的活动。

这天杀牛之后，就要立即封闭通往寨子的所有道路，不准外人进寨，谁要是闯进来，祭“叮写”的费用则由闯寨者出。在高寨的数十年中基本没有这样的情况出现。

三天内，寨子里的人还不准做活路。

板万（册亨县丫他镇）的“社神”在布依话中叫“叮报”，“叮”是房子的意思，“报”是老祖的意思，讲明话就讲成了社神。

板万村有200多户人家，李家是大姓，人户多，全是布依族，有“叮报”的地方有三处，一处在上板万，一处在下板万，另一处在下板万的下面。以下板万的那一处最为重要。“叮报”处有很多古树并成林。

祭“叮报”是为了护寨，说原来山里老虎多，爱咬人和牲畜，祭了“叮报”，老虎进寨就不乱咬人了。说是不得“叮报”许可，老虎是不乱咬人的。同时，祭了“叮报”，寨子里的人也不爱得病。

在板万村，只在三月三祭“叮报”。

在三月三之前，要由其四个村民组抽出四个人来做主持人，主持人是每年一换。先负责收钱，每一个地方今年收5元钱。板万一年要祭四个地方：一是“叮报”；二是海坝；三是丫口；四是盘龙山。故今年每户一共收了20元钱。

这四个地方用牲分别是：“叮报”用的是猪；海坝用的是水牛；丫口用的是黄牛；盘龙山祭的是两座“尖山”，一个用的是猪，一个用的是狗。

祭“叮报”是为了寨子安宁；祭海坝是为了保护庄稼不着虫灾；祭丫口杀牛和盘龙山杀猪、杀狗是为了求雨。

这几个祭祀都在三月到四月中完成。分别叙述如下：

祭“叮报”。

三月三这一天，板万所有的妇女都要求上山回避，个别的老年妇女除外，但这一天也不能出门露面。门口不准晒东西，三天之内不准做活路。

参加祭“叮报”者是每家的当家男人。

先点香，后杀猪、杀鸡。

杀了猪后，就由陆振光念经祭敬“叮报”，是蹲着念，要念一个小时。对念此经的人有一定的忌讳，即在念经的前三天和后三天不准吃葱蒜，怕老虎闻到气味。指甲也要剪好，不要留长指甲，要不老虎会很凶。念经的这个人一定要夫妇全，如果一方死亡，就得换念经者了。

每家去的人要带上一些种子，以谷种和棉花种最为主要，带三支香、三张纸、一对烛，以及酒、饭等。

鞭炮由主持人统一购买。在没有用鞭炮前是放枪，现今枪被政府收了就用鞭炮了。

念完经，烧纸，众人磕头。

尔后是分肉，按四个组分，并在“叮报”前分四口大锅煮了吃酒。

在“叮报”前的四口锅的分布叫“街”，一般是老年一点的在上街，即靠近“叮报”的地方，年轻一点的在下街，即离“叮报”远一点的地方。还有一种忌讳，即家里有孕妇的只能在下街，你如到上街，人们会说，你的脚趾姆那么大，到下街去。人们就知道他家有孕妇了。

一般吃了煮好的猪肉、鸡肉，要留一点猪肉来分回家，一般一家只能分到不到一斤肉。分回家的肉只能煮来吃，不能炒来吃，怕天干不下雨。

各组分肉的秤是用竹竿、石块现做的，分完就挂在“叮报”上。

三月三这几天，也是不准外人进寨的，别的人也不会随便进来。

祭盘龙山。

祭盘龙山是在三月三祭完“叮报”之后，选马日和鼠日这两天中的一天上山，也是全寨的男人，一家一个当家人。

选定日子后，吃完早饭，全寨子的男人就赶着猪和狗上盘龙山。盘龙山是板万附近的一座高山，也是册亨县境内最高的山。山上有两个尖峰，一个用猪祭，一个用狗

板万村人祭祀“叮报”

祭，都为了求雨。

一般赶山祭的猪都是较小的猪，大的猪一般在山下面杀好背上山。

在山上的祭祀也有专书，也要念经书。程序也与祭“叮报”相同，但对象是不一样的。

板万村祭“叮报”时用土秤分肉

祭丫口。

祭了盘龙山，也要选马日和鼠日来祭丫口，杀黄牛，为求雨，也要念经书，与在盘龙山念的一样。

祭海坝。

祭海坝也是选的马日和鼠日来祭，只不过是全部秧苗栽种完毕后才祭。祭海坝时杀水牛，念的经与在盘龙山上所念的一样。祭海坝是为了防虫。

安顺市黄腊一带的布依族信仰文化主要表现在地戏演出期间的相关祭祀仪式中。

这里布依族地戏的核心部分是“跳神”，亦即演出正戏。正戏演出之前和之后，要举行“开箱”“参庙”“扫开场”“扫收场”“封箱”等仪式。在演出过程中，往往还穿插着“开财门”和“送太子”等民俗活动。

“开箱”。又称“请脸子”，是演出前举行的一种祈神仪式。头年地戏演出结束后，艺人们便把面具用白棉纸包好，装在专用的木箱里封存起来，有的还要特制一个数寸长的裸体木雕小孩镇守箱底。面具封存之后，平时不能随便乱动，因为在艺人们的心目中，每一面面具都代表着一个神。

“开箱”仪式多选择在黄道吉日隆重举行，届时全体演员身着戏装，把装面具的木箱搬到演出的场坝。场坝中设一神案，上面放着烟、酒、水果、糕点之类的供品。

扮演正派主帅的演员在木箱前焚香化纸，其余演员列队站在两边。烧完纸钱，主帅带领众演员对着木箱下跪叩首，念诵以下请神的诗文：

日吉时良，天地开张，
吉日开箱，五世其昌。
……
一开天长地久，
二开地久天长。
三开桃园结义，
四开刘备封王，
五开五虎上将，
六开六畜成行，
七开七星高照，
八开八百寿长，
九开众神下界，
十开谷米满仓。

这样的念诵在各戏班会有繁简的表现。

安顺市黄腊乡一个村的布依族地戏全套面具

念毕，起立，主帅手端酒浆奠祭众神，一面念诵奠酒词。然后将一只雄鸡冠咬破（或宰杀一只雄鸡），以鸡血点木箱的各部位。

在一阵鞭炮声中，主帅开箱取出面具，演员按照各自扮演的角色戴上。戴毕，主帅率领众演员列队到本村各公共场所，如水井、河流、寺庙、山林，驱邪逐疫。每到一处，焚香烧纸，燃放鞭炮。

“参庙”。布依族人的村寨过去多建有庙宇，地戏演出之前，需对庙宇进行参拜，祈求神灵保佑村寨无灾无难，清吉平安。“参庙”在“开箱”之后举行，众演员排列整齐，由小军、小童作为先导，鱼贯来到庙宇。先对庙中神祇祭奠，然后由正派主帅唱“参庙词”。

黄腊乡禄堡村布依族地戏的开箱仪式

“扫开场”。在正戏演出之前进行。锣鼓声中，观众们来到演出场地，这时，两名头戴面具的小童手持扇子、手帕走进场内，把人群分开，边舞边唱“扫开场”的诗文：

扫开场，扫开场，
扫个红日照四方，
扫个大场卖牛马，
扫个小场卖猪羊，
扫个文场卖笔墨，
扫个武场卖刀枪。
牛马卖给庄稼佬，
猪羊卖给屠户行；
笔墨卖给文官写，
刀枪卖给耍二郎。
……

开场完毕后，就是“跳神”——地戏的演出了。这样的演出时间少则三五天，多则半个月。到数天后的地戏演出结束时，又要“扫收场”。

“扫收场”。举行时全体演员身着戏装，按敌我双方站成两个弧形，和尚、土地神的扮演者出场，念唱滑稽逗趣和纳吉逐疫的诗文。

扫场完毕，双方元帅点兵，各兵将在鞭炮声中绕场三周，卸下戏装，将面具摆在神案上，前面一排为正面人物，反面人物放在后排。宰杀雄鸡一只，焚香化纸，神头（戏班之首）带领众演员在神案前下跪、叩首，念“封箱词”。然后用新买的白棉纸将面具一一包好，小心放入箱内，木箱用红纸条封严实，纸条上写“吉年吉月吉日封”。并将服装道具收捡好，以备秋季或来年春节使用。

第三章　贵州当代民族民间信仰文化基本面貌（下）

这一章有仡佬族信仰文化、土家族信仰文化、水族信仰文化、瑶族及其他各族信仰文化、屯堡人土地信仰文化等部分。

第一节　仡佬族信仰文化

贵州仡佬族是贵州最古老的土著民族之一，在安顺市称为“古老族”，在遵义地区称为“古老户”。在农村流传有“蛮夷仡佬，开荒辟草”之语。至今仡佬族的“吃新节”中，在附近其他民族的田里取谷祭祖均不会受阻。其族人死后，上山送葬也不丢“买路钱”。

仡佬族在1978年时，统计中只有不到三万人，后来经过民族识别增加到40多万人，现今仡佬族已经近60万人。仡佬族主要分布在贵州的黔北和黔中，在云南的文山、广西的隆林有少量分布。仡佬族文化由于受到社会发展因素的影响，多个方面的特征已经不是很明显，但它的婚姻文化、语言文化、信仰文化仍在一定程度上保持得相对完整。

贵州仡佬族现今的主要人口在遵义地区，约40多万人，以道真、务川为最，但我们对仡佬族的调查却主要在黔中的普定和六枝，因为在1950年民族登记时的16000的仡佬族人，有万余人在这一地区。并且，这一地区仡佬族的信仰文化表现更具本色。

仡佬族的信仰文化中，其祭祀的对象有三个，一是山，二是树、三是祖先。前二者在每年的农历三月三祭祀，其中也包含了祭祀祖先的内容。后者的祭祖主要在农历七月间的“吃新”祭祖仪式中。

在普定县的新寨村，仡佬族人是有自己的祭司的，仡佬话叫“果株”。新寨的仡佬族祭祀是有经书的，故其做“果株”是要学习的，但他们还没有形成严格的师承关系，“果株”也没有什么出师仪式。

居都没有这样的“果株”，而是有一个叫长房主事的人来主持。仡佬族的信仰文化意象较为古老。

在调查中，我们分别在不同的时期记录了六枝居都和普定新寨，以及广西壮族自治区的隆林等地的数个个案，现述其主要者如后。

在六枝居都村，有好几个姓氏宗属，他们祭山、祭树是各祭各的。每个宗属都有自己的祭祀地方。

之一的是李发胜宗属。

李发胜宗属的李户人家，要举行祭山、祭树活动时，都由李发胜带领全姓宗属的人一起进行。

祭山、祭树的日期是农历三月的第一个虎场天，具体运用要看当年的农历与山区场期排列交合的情况，或者是农历三月的初几，或者是农历的三月十几不定。这种祭祀活动前后要进行三天，第一天要祭一个地方，第二天给死去的祖先挂纸，第三天祭另外一个地方。

第一天祭的是一个叫“小神箐”的地方，或者说是李发胜宗属祭祀的比较小或次要一些的地方。这里同样有一些山石和树，具体的位置就在数棵树中比较大一些的那棵树脚下。此次的祭祀用品是一只白色的公鸡、九个饭团，还有泡木枝以及白酒等。购公鸡的费用是姓氏中的人共同凑的，饭团、泡木枝、白酒由长房主事人准备。

祭祀上山的时间一般是中午，山区的人没有准确的时间概念，在太阳上升到差不多的高度，长房主事人觉得到时候了，就招呼人拿着该拿的东西，带领宗属的人上山。上山一般要求一户人家去一个男人，成年妇女不能去，男孩、女孩都可以去。这次上山祭山、祭树，要求是每户都去一个男人，大多数都会去，也有不去的，不去的也不会受到什么处罚，要求并不是很严格。

到了祭祀的地方，长房主事人先用泡木枝在一棵树下（每年都在这棵树下，此树一般都是青冈树、香樟树、冬青树等树木，是这片树林中比较茂盛和长青常绿的较大的树）搭一个小棚子，形状如山间守青的人字形窝棚，只不过很小。以此象征祖先的住处。搭好棚子，摆上饭团，长房主事人就把那只白公鸡提在手上，用仡佬话念请祖先来享用。说话的大意是：今天时间到了三月，我们大家来献鸡给祖先，请祖先享用吧！还说：我们的祖先来到陆地时，最先是住在树上的，我们现在树下祭祀祖先，望祖先保佑我们，等等。说完后，就杀鸡，把血滴在树下或洒在树干上。杀完鸡，由长房主事人向大树磕

居都仡佬族祭山的神树

三个头。杀死的鸡用开水烫一下，然后把鸡毛拔弄干净，放到早已烧好水的锅里，稍稍煮一下，接着从锅里拿出来，整只鸡就放在树下供起来，鸡旁边放一碗酒、一碗饭。长房主事人这时在一旁用马勺（一种长柄的小木勺）舀饭、舀酒，轻轻倒酒在地，并掐鸡肝，一点一点地丢在地上，他边做动作嘴上边说：请祖先来享用饭、酒、鸡等。这个过程就是祭祀中的最重要的内容——贡献，居都人统称为："信（献）饭"。

居都人杀鸡祭神箐

贡献仪式完毕后，到山上去的人就把鸡回锅再煮熟，就着鸡肉喝点酒后，大家就四散回家了。这样，第一天的祭祀就算完成了。

第二天，李发胜宗属的各家各户分头上山，到自己的已故老人的坟前，放上一碗酒、一碗饭、一碗肉，各家各户的当家男人也是用马勺一勺饭、一勺酒地向自己的祖先"信（献）饭"。有时，有的人家还在坟上挂上"清"，①因为不管是轮到什么样的虎场天，时间上大致也是清明节前后，这方面受汉族习俗的影响。

第三天，才轮到正式的祭山、祭树。这一天李发胜宗属祭祀的地方叫"大神箐"，它在"小神箐"的附近，形式上都差不多，但此处的山石、树木都要大一些、多一些。这天早上，长房主事人要早早地寻找到一种叫"耗子刺"的植物和一些泡木枝，并把它们做成碎木花，另外，还得准备三十根金竹。用来供的粑粑也得由长房主事人操办。粑粑捏成一公一母两条龙的形状，公的装上角，同时还得准备一个鸡蛋、一只童子鸡。

做完这一切，长房主事人就得行祭祀前的看鸡卦的事了。长房主事人拿着一只鸡（这只鸡应该是长房主事人准备的鸡），心里祈念当日行祭之事，以及当年的吉凶祸福诸愿。念祈之后，长房主事人在家里用手把鸡捏死，然后把死鸡从门里丢到门外。外面早已等待的其他同宗人，立即把鸡的腿骨剔出来；看骨上面的眼洞，这眼洞他们称为"筹，以预示当年的吉凶。鸡腿骨上的"筹"如何，有许多讲究，但不管筹如何，似乎并不影响这一天的祭祀安排。

看完鸡卦，门外的人把此鸡煮来吃了，并同时吃了中午饭后，长房主事人就开始一家一户地"转灶"了。转灶由长房主事人领着，一个人端着那对龙粑粑跟着。每家一只凑来祭祀用的鸡（不论公母）用一个笼子装好，由两个小孩抬着跟在身后。

① 贵州山区挂在坟上的一种祭奠物。它是白色的棉纸，用工具打上对称的波浪线，撕开，用红纸系住中腰部，一端系在一根棍子上，棍子插在土坟顶部。

到每户人家时，此家的全部人口都得站在灶前。长房主事人来到灶边，说："时间到了，我们来祭祀祖先。"边说边用手撒一些耗子刺、泡木枝做成的木花，并献上一些水酒，最后带着一行人围着灶转一转。如有的家灶在墙角，转不成圈，也得把所要用祭的东西在灶前过一遍。此家转完，又是下一家，同样也得如此程序来一遍，直到把本宗属的人户全部转完。

转完灶，全宗属的男人就得抬着鸡笼、水酒、祭祀用的其他物品，跟随长房主事人来到那个叫"大神箐"的地方。这时候，所有在寨子里的本宗属的男人都会参加祭祀，一般没有不参祭的男人。到了大神箐，人们先用那三十棵金竹绑扎成一个不小的人字形窝棚，高三米多，宽、长都近一米，并在棚里放一个另外编好的竹炕笆。这个炕笆是仿照他们每家每户灶头顶部吊着烘东西的那种炕笆编的，只不过小一点。放好炕笆，把那一对龙粑粑放在炕笆上，再把转灶用剩的碎木花倒在树脚。这个棚自然是搭在树脚的。做完这一切，长房主事人就开始念请祖先了。所念请的内容与第一天在小神箐处念的一样，也是用仡佬话念的，随即把一只公鸡和一只母鸡杀了，把血滴在龙粑粑上以及树脚、树身上。接着，把这两只鸡烫好，弄干净，并稍稍煮一下，然后就取出来放在炕笆上，再加上酒、饭、鸡肝，长房主事人又用马勺舀饭、舀酒，用手掐鸡肝，把鸡、饭、酒等依次给祖先"信（献）饭"。如前面一样贡献一番，然后大家就把剩下的鸡全部在那里杀死，烫干净，掏出鸡杂来"打平伙"（即大家把鸡杂在那里煮来下酒），而鸡肉则由各家各户带回去自己处理。以鸡杂下酒时，就进入了娱乐的时间，年轻人有兴趣还可以唱歌、吹木叶等。最后，参加祭祀的人就陆续回家，这天的祭祀活动也就结束了。

整个祭祀活动，在请祖、转灶等严肃时刻，说的都是仡佬话。李发胜宗属的祭祀现场不禁止说汉话，但同样禁止成年妇女参加祭祀活动。

另外，听说上面祭的神箐实际是李发胜宗属的大神箐和中神箐。他们一共有三个神箐，分大、中、小。除了上面的两个神箐外，他们村子附近还有一个小神箐。这个小神箐不祭祀，或不正规祭祀，只有当宗属的大人、小孩、老人、妇女，有个什么小病小灾、头疼脑热的，要杀鸡祈愿，求祖先保佑时，就到这个小神箐去。

姓氏宗族之二：李明德宗属。

这个宗属的人家祭山、祭树，也是由长房主事人领头。他们的长房主事人是李明德。

祭山、祭树的日期是农历三月的第一个虎场天，每年大概是三月初几，或者是三月十几。祭箐的地方在坡头丫口处的一片树林里，所祭之树是一棵高高的冬青树。

祭祀用的鸡由每户人家各出一只，而长房主事人则负责准备酒、饭、竹子、鸡蛋、泡木枝，以及盐茶五谷等。

这一天，也就是农历三月的第一个虎场天，这一宗属家的男人一起来到树下。先把四根竹子剖开，一根四匹，一共剖成十六匹，用剖开的竹子做成一个棚棚，再做一个炕笆，放在棚棚里，炕笆上再放上盐茶五谷，并把一只鸡蛋放在上面。然后，把一截泡木枝砍成牛角样，并一剖为二，把这个东西往地上一丢就是打卦了。这卦一般说法是：此泡木枝卦如一正一反，就表示不好、不吉；如果是两正、两反就是好卦、吉卦。打卦的好坏也不影响祭祀活动的进程。

打完卦，长房主事人拿起一只公鸡、一只母鸡，嘴里用仡佬话念请祖先来享用的词语。过去他们念的内容是很多的，但现今念的内容少了，只表明请了祖先就行了。念的时候，要围绕着树逆时针方向转三转，便把鸡杀了，鸡血滴在树脚，并扯些鸡毛粘上血，粘在树上。然后把这两只鸡用开水烫一下，把毛拔干净，稍煮一下，然后就整只鸡供在棚棚里的炕笆上，同时放一碗酒、一碗饭。其余的鸡随即全部杀了，烫好，煮来大家聚餐一顿。吃饭前，得用马勺舀饭、舀酒，用手掐鸡肝向祖先“信（献）饭”，之后，大家才能吃饭喝酒。聚餐用的饭和酒一般是由长房主事人家提供。

吃喝完毕，各户回到家里，还得用山上带回来的鸡肝、饭、酒，在灶边给祖先“信（献）饭”。

在山上祭祀时，不禁止讲汉话，只是成年妇女不到现场。

姓氏宗族之三：沙明学宗属。

沙明学宗属祭山、祭树的时间是农历的三月，所祭的山、树不在居都村周围，而是在不远处的倮那村。在那里，他们要祭的树有两棵，一棵在后山丫口，是冬青树；一棵在村的后坎上，也是冬青树。现今这两棵树早已不见多年，很久以前被人砍倒了，现只剩下树边的两块巨石。他们姓氏的祭祀活动在1966年开始的“文化大革命”中受到冲击，作为牛鬼蛇神、封建迷信被横扫。之后，祭祀活动就停止了，一直到今天都没有恢复，但他们的长房主事人还在，祭祀的方法、规矩也还在。“文化大革命”前的祭祀情况还很清晰。

祭祀过程是这样的：在三月的第一个虎场天，先由家族中的一户人家（不是长房主事人），领头到丫口处的那棵冬青树脚，用一只白公鸡、一升米酒，在树下用仡佬话请“坡头”（坡头就是“外人”认为的“山神”，但这里绝不是山神，就是“坡头”，并有它自己的独特的内涵，这在“吃新节”中表现得最充分），请祖先，请天地来享用祭品，然后就杀鸡，把鸡血淋在树脚。杀死的鸡在附近就地煮熟，再加上米酒，由前去的男人聚而食之，这次祭祀活动就算完毕了。这段祭祀是整个祭祀活动的一部分，由沙姓人家每年轮流负责举行，轮到谁，鸡、酒等费用就由他负责承担了。这一天去的当然也都是男人，但要求不是太严格，不去的也不会受到责备。

到了农历三月的第一个蛇场天，新一轮的或较为正式的祭山、祭树则在村后坎的那棵大树下举行。这次举行的祭祀由沙姓的长房主事人主持。每户人家得出一只鸡，公、母鸡均可，出两斤大米；长房主事人家一定得出一只公鸡。大家凑的米用于打粑粑，同时还得由长房主事人操持着准备滑竹三十六根、大金竹一根，还有一定的饭、酒等。蛇场天到来，三十六根滑竹就做成两个扇子状的东西，一扇有18双，一扇有19双，并在扇柄处用竹子做一个竹篱笆。做好“扇子”后，把它绑在树上，扇尖朝上，扇柄在下；扇尖处是两排口朝天的小竹筒，扇柄处是一个放祭品的竹篱笆。另外，那根大金竹的杆上也被砍18道口，一边九道口，九道口朝下，九道口朝上，砍好后也绑在树上，并扯下长房主事人家的公鸡身上的鸡毛，插在18个刀口上。

做好这一切，祭祀活动就开始了。长房主事人拿着他自己家的那只公鸡，沙姓人家所有能到场的男人都肃穆于现场。长房主事人一边作揖，一边口中用仡佬话请“坡头”、祖先、天地来享用祭品。如此重复请三次之后，就开始杀鸡了。最先杀的是长房主事人的那只公鸡，把鸡血滴在“扇子”的竹筒里。接着，再把幺房家的鸡杀了，鸡血仍滴在竹筒里，随后，各家各户的鸡就可以随意杀了，血也同样滴在竹筒里。

杀完鸡，把鸡洗烫干净后，又得把长房主事人家的那只鸡稍煮一下，然后整只鸡贡在“扇子”下面的竹篱笆上，作为敬献的物品。这时，长房主事人先领头磕头，随后是幺房磕头，再后就是所有的人磕头，年轻人一般都得磕，但老年人身体不便也不强求。

做完这些，一家拿出半只鸡在树下煮熟，所有的人会餐喝酒。吃喝完毕，各自带着剩下的半只鸡回家，让在家的妇女煮了吃。在家里，得在灶边用酒、饭等，向祖先再“信（献）饭”一次。至此，沙姓人家的祭山、祭树活动完毕。

姓氏宗族之四：朱姓人家。

朱姓人家在居都的不多，只有几户，他们的祭山、祭树的日期为农历十月的第一个蛇场天和第一个鼠场天。朱姓有两处山和树，分别在蛇场天和鼠场天来祭祀它们。

他们没有长房主事人的说法，但有类似的主持人。

祭祀用品是红公鸡一只、白公鸡一只、猪头一个、金竹数根，还有粑粑、酒等。

蛇场天的祭祀是这样的，主持人与全朱姓的男人到那棵树下，用一根九竹节的金竹做梁，一边用6根金竹，搭成一个棚棚，用刀把棚两边的金竹都砍上些口子，一边棚的刀口朝上，一边棚的刀口朝下，把公鸡身上的鸡毛插在刀口上。又削五个竹筒，筒口朝天放在棚棚里，在棚里还放上36个小粑粑。做好这一切，主持人就开始念请祖先来享用祭品，并祈愿家族风调雨顺、子孙发达，等等。然后把那只红公鸡杀了（这天规定得杀红公鸡），鸡血淋在5个竹筒和36个粑粑上。这样，蛇场天的祭祀就算完毕了。棚棚放在树下，36个粑粑和杀死的红公鸡带回来，公鸡自己吃掉，粑粑散给众人吃（即尽可能散给更多的人吃）。

到了鼠场天，这样的祭祀活动要在另一处山和树那里重复一次，只是这天用的公鸡是白公鸡，并且还增加了一个猪头，而且祭祀比前一次的要认真、严肃和隆重。相比较而言，前次是初祭，而后一次才是正式的祭祀。这次祭祀的公鸡、猪头也是带回家来吃，粑粑仍然散给人们吃掉。这天的祭祀活动完毕，朱姓人家的祭祀就全部结束。

他们为何要如此祭祀的理由是：老祖先从天上下来时是十月，下来时身是人身，头是蛇头，所以要祭十月的蛇场、鼠场两天。

普定县新寨村的个案最初是由已故的仡佬族老人王国权1985年记录的，在2005年3月，我们又到此地进行调查，在综合了其他材料后，形成此个案。

新寨村现有50多户人家，全部为仡佬族，主要为王姓和付姓。周围有九个仡佬族寨子，新寨村（大哥，50多户）、高羊村（老八，50多户）、属于白岩镇；下者嘎

（老二，10多户）、长冲（老三，25户）、石板寨（老四，60多户）、窝子（老五，50多户）、小寨（老六，50多户）、磕拖（老七，50多户）、梭山（老九，40多户）等七个村属于鸡场苗族仡佬族乡。这九个寨子是祖上的九兄弟分居而成。

普定县新寨片区的仡佬族每年的祭山就是在这九个仡佬族寨子的范围内举行。这九个寨子约有九百来户仡佬族人，人口在4500人左右，是一个典型的相对封闭的比较纯粹的仡佬族社区。每年的农历三月三前后，这里的仡佬族人就要举行一年一度的祭山仪式。这是他们信仰文化的核心表现。

新寨片区的祭山是以每个村为单位来举行的，从总体上来说时间是农历三月三，但实际的祭山时间是三月初的第一个虎场天，故有时是三月三，有时是三月二、三月四不定。

每个寨子举行祭山时有自己的主持人，但这个主持人不是仡佬族祭师，而是类似于“管事人”的人。在举行祭山这天，各寨一定要等待新寨的祭山炮响之后才能开始祭山，因为新寨的仡佬族人是大哥的族人，长房为大。

每年祭山的祭品为：一头猪、一只雄鸡、一只未下蛋的母鸡、一小方块猪肉、一碗米饭、一壶酒，茶叶和花椒共五钱等作供品。这些祭品由主持人操办和准备，但费用是由全村人共同负担。

普定县新寨仡佬族祭山处

祭山由仡佬族的祭师主持，这个祭师仡佬话叫“果珠”，祭山时一般要两个祭师（果珠）。以上祭品由主持人准备，但果珠要自带十四个碗，十四双筷子、一只牛角和一个马勺等作为祭具。

在祭山的前三天，主持人要每天晚上提着灯笼用仡佬语高声呼请祖先三遍，初二或初三中午上山前再请三遍。

正式祭山这天，到祭山场后，果珠用桦叶树枝在山神前搭盖一小凉亭，用巴茅做一把扇，然后将所有供品、祭具等物摆在凉亭前。两个果珠向十个碗里斟酒之后，各持一只鸡，开始祭山。

参加祭山的人排队跪在山神前，果珠唱《祭山歌》。直到猪、鸡杀死交牲后，跪着的人才能起来。

交牲时，果珠呼唤神灵、祖先来享受祭品，然后用刀在鸡、猪头上示杀的样子，主持人接过刀把鸡、猪杀死。果珠将鸡、猪的血染在敬供的山神上，随即唱交牲歌。待主持人把猪、鸡整净，将内脏及煮熟的猪头和鸡交给果珠。果珠将其摆在凉亭里供山神，再唱交牲歌。之后，主持人将猪、鸡内脏煮熟成汤分给参加祭山的人喝，每人一碗。待果珠向大家高喊一声；“戛务当美”（喝汤之意）！大家齐端汤喝。

新寨仡佬族人祭祀的神箐

接着送祖。果珠唱完送祖歌，将所有供品每样撒少许在山神前，随即放炮，祭山仪式结束，参加祭山的人就地共餐后，分散回家。

在祭山时，禁止成年妇女到场，禁说汉话，忌有孕妇和生孩子未满月的人家参加祭山。

在祭山时，果珠所唱念的“祭山歌”分为“三月三”和“祭山神”两个部分。“三月三”又分为两节，前面是讲“兄妹成亲”的古代神话，接下来是讲仡佬人所敬山神的来历。

《三月三》《祭山歌》是普定一带仡佬族在每年农历三月初二或初三祭山时唱的词。歌词分为《三月三》和《祭山神》两部分，由窝子寨仡佬族果珠（即祭师）王云峰流传下来。他家还收藏有用汉文书写的仡佬族《三月三用书》和《供山用书》手抄本。王云峰老人去世后，本寨果珠王启富学会了《三月三》和《祭山神》唱词，并得到了汉文手抄本。

兄妹成亲：

在远古一年里，
倾盆大雨洪水起，
那时有对亲兄妹，
他们名叫伏和兮，
哥哥叫阿伏，
妹妹叫阿兮。
洪水来临时，
兄妹二人无处躲，
钻进葫芦去藏身，
…………
他们赶山献生命，
从此当抱才有山。
敖伟表彰其功绩：
生前他们管地盘，
死后追封为山神。
敖伟追封时，
恰是三月三。
敖伟封了代代传，
从古至今才祭山。

从古至今代代传，
每年三月要祭山，
哥哥是在初二祭，
弟弟是在前一天。
祭了山神得保佑，
寨寨老幼得平安。
生前兄弟管地盘，
死后追封为山神，
人生地盘不用买，
死后不用买路钱。

叙述完山神的来历，还要讲述仡佬人的历史命运，这部分内容是在两本称为《三月三用书》和《供山用书》的书中。这也是普定新寨仡佬人在祭山时要念唱的。

《三月三用书》和《供山用书》是《祭山歌》的历史传说部分，是仡佬族人用汉字书写的手抄本。

之后祭山唱词才开始。这祭山词又分为表示虔诚、祈福、驱邪、除病、送祖等几个部分（唱词略）。

唱毕，祭山结束。

在居都的“杀牛吃新祭祖”的仪式中，其祭祖的内容最为丰富，也最有意味。下面叙述两个个案，它们各有侧重，互为补充。

居都的“杀牛吃新祭祖”第一个个案（李家）是这样的。

“吃新节”的起源是这样的：说是祖先得到了狗尾巴上带来的种子后，开荒除草，开田下种，长出了谷草，但到秋天都不会成熟，只好求告上天。天帝说，要杀牛祭天，杀马祭地，庄稼才会成熟。这就成了农历八月的杀牛“吃新”节日的起源。据说是当年杀牛、杀马贡献的谷子果然成熟丰收了，而没有贡献的就不见其庄稼成熟。

一般是农历八月的第一个虎场天开始“吃新”，也有农历七月“吃新”的。过“吃新节”的头一天是杀牛。这牛一般是居都村的各家各户凑钱买的，杀了后分到各家各户，牛肉是平分的，牛内脏中牛心也是平分的。杀牛时要念请祖先、天地。

捋谷，去远去近，去哪块田捋谷，一般不受限制。中华人民共和国成立前他们还去很远的地方捋谷子，中华人民共和国成立后就不去了。在捋谷时，捋哪家的谷子，田主人都不得有异议，没有异议就只在田边捋一点或捋一转，如有异议，就下到田里去捋个够，还说有异议的人家不懂规矩，会受到人们责备。但是，这种情况一般不会出现，当地的山里人都知道这个风俗，并且还有“让仡佬人捋谷吃新的田，会得到赐福，第二年的庄稼长得好”的说法。在捋谷事象上，讲述人没有讲具体在什么时间捋谷，但目前的捋谷时间大概在“吃新节”的第二天。不过，这种捋谷已不是原有的捋谷内容了，大致变成了一种象征性的举动。

第三天是“吃新节”最重要的一天，“吃新节”的主要内容在这一天的各家各户都要进行。这天清晨，长房主事人（具体应指的是李发胜宗属的长房主事人）要起个大早，上山去寻找九种东西，说他们的祖先最初吃的就是这些东西。这九种东西是；红刺猛果（一种带刺灌木的红色果实，有黄豆大小，仡佬语称为“玛脚不落”）、早稻（山地中生长的稻谷，可能最初为野生，仡佬语称为“割肉”）、羊猫（水稻谷的一种，红壳白米，是仡佬人历史上最早的稻谷品种，仡佬语亦称为“羊猫”）、草籽（山中的草籽很多，仡佬人有食用草籽的历史，可能是可食用的那种草籽）、饭米谷（为一般的稻谷，大概是后来引进的谷种之一，并成为稻谷中的主要品种，仡佬语称为“葛急”，此稻有公母之分，公谷仡佬语称为“保急”，母谷称为“玛米急”）、齐头蒴（一种野菜，仡佬语称为“葛郎厄数木”）、玛约密楼（一种草，可以食用，没有对应的汉语名称）、小米（就是一般小米，仡佬语称为“葛才”）、米投毕勒（指一种虫，即生在一种叫“米投毕勒”小树丛下的一种虫，可以吃，也没有对应的汉语名称）。这些东西按规矩都要长房主事人为他那一宗属和姓氏的人家准备好，但实际上都没能做到，往往是一般的东西，是羊猫、小米、饭米谷等由人户自己准备了而另外的一些确实要来自山上的东西，如草籽、草、虫子、野菜等，就得由长房主事人采集好，分送给宗属的各家各户。这些东西都是吃新节祭品的重要部分，准备得越充分越好。

这一天清晨，各家都要早早地到水井里提新水煮新米饭，但只是象征性地提一点就行了，并不实在地挑新水来煮新米饭。各家淘米煮好上甑蒸好，就不能自己抬下来了，得按规矩等长房主事人来献饭后，由长房主事人抬下来。

这时，各家都得为献饭准备一个木盆，把煮好的、准备好的东西，包括牛肉、牛心以及那 9 种东西中自己家里有的都准备好，等着长房主事人来为这家人操作献饭。即每宗属或姓氏人家的吃新节献饭，都是长房主事人的事情，他得一家接一家地为每一家人操持这一天的献饭。此家献饭过程完毕，这家人可以吃饭，而长房主事人得接着到下一家去，一直到主持完全宗属或姓氏的献饭，他的任务才算完成。故这天献饭一般从长房主事人家开始，即他自己把自家的饭献了，才去别的家。主持别家的献饭时一般没有长幼辈分的顺序，而是按住房的远近挨着来。各宗属、姓氏绝不会请别姓的长房主事人来主持此事，并且一定得自己宗属或姓氏的长房主事人前来抬甑子、主持献饭。如果人家多，长房主事人很长时间不能来，这家人也得一直等着，蒸饭的甑子不能动，火也不能灭，人也不能吃饭。

待长房主事人来到后，这家人得把木盆放在灶边，把上面所说的 9 种东西放在盆里，实际上不是每家都找得齐这些东西，故有几样就行。这些东西放好后，再加上牛肉、牛心，一家人全部站在灶边，长房主事人就用马勺献饭、献牛肉，掐牛心敬祖，边献边念念有词，请祖先来享用，请他们保佑风调雨顺。献完饭，长房主事人把灶上的饭甑子抬下来，一家人就可以吃晚饭了。

全宗属和姓氏的人家都由长房主事人主持献完饭后，大家实际上的“吃新”就开始了，吃完这一顿饭，整个的杀牛吃新节才算完全结束了。

居都的“杀牛吃新祭祖”第二个个案（沙家）是这样的。

农历八月的虎场天杀牛。兔场天、龙场天、蛇场天都可以吃新。

杀牛吃新也是以姓氏为单位进行的，沙高应就是居都和倮那沙家的长房主事人。

一般用于祭祀的牛是由本姓氏的各家各户凑钱买的。如果某一姓氏的人户多，就由该姓氏凑钱买一头牛来单独祭祀；如该姓氏的人户少，单独买不起一头牛，就由村寨里的几个姓氏联合起来凑钱共同买一头牛来祭祀。不管以什么形式买牛，每年都得有人户带头承办这件事情。在祭祀用牛时，买牛者得出一升米（约两公斤）做的水酒请大家喝，然后按规矩他就可以得到牛头和牛脚。

虎场天的杀牛由长房主事人主持。如果是几个姓氏联合杀的牛，那么就推选人户最多的那一姓的长房主事人主持此事。杀牛时，各相关人户的男人一般都要到场。预备好后，长房主事人就用仡佬族语言请祖和“坡头”了。主事人这样说，“古老前人，开荒拍草，今天杀牛给你。”“请阿里布（山坡的名字，仡佬语名字，下同）、阿荣岩、阿读郎、阿读常、阿尤惹、阿读革、阿改沟、赵一尸鸽若、黑先若鸽若，请九个坡头来接牛血喽。我们‘亏不勒阿’（一年一回祭），请坡头保佑我们庄稼好，各坡头前十五里、后十五里、横十五里、竖十五里不能让豹子、野猫进寨来。”以上所说的九个山坡大致分布在村寨的前后左右，几乎包括了村寨附近所有重要的山坡，呼这些山坡为“坡头”，有山坡的头领之意。

祷告完这一切，就可以杀牛了。

杀完牛，就地煮一部分，除妇女外，全族的大人小孩聚餐一顿。然后，剩下的牛肉就按户分了带回各家，牛心也是按户分，一户也不能少。下午时，每家还得泡一升米左右的羊猫米，煮好上甑，再准备牛肉等东西，等长房主事人来主持献饭。长房主事人什么时候主持献完饭，抬下锅里的甑子，这家人才能吃饭。长房主事人要一户一户把宗属、姓氏的人家献饭搞完，才算了事。

这天献饭时，抬下甑子，用一碗牛肉、一碗饭，放在木盆里，木盆也自然放在灶边，一家人也得在灶边肃立。长房主事人开始用仡佬族语言请祖前，得先把“灶老者”请到，请祖的过程中自然也要说一些祈愿性的话。请完说完，用半截燃烧的柴火，在盆边绕三转，叫打个火引，算是请接祖先来享用敬献的一切了。

到兔场天，各家各户就自己献饭了。这天，大家可以去捋谷子，一般在村寨的四周捋，任何人都不会有异议，还希望人们去捋，捋了来年庄稼长得好。

龙场天的吃新就要注重得多。这一天，捋来的新谷已做成了新米饭，上甑蒸好了。这一天的献饭要去找6样野东西，分别为：玛要不郎（一种无刺的灌木果实，红色。名称为仡佬语音，下同）、厄龙巴撬（一种白蒿枝，野菜）、阿墨独白（一种会粘衣裤的草籽）、葛才（小米，疑为野生）、割肉（旱稻，疑为野生）、盐巴石一块（村后有一块大岩石，每到祭祀时，每户人家都要从这块大石上敲下一块来作为贡献的盐巴石用，年年如此）。这天的献饭也要由长房主事人来主持、抬甑子，但寻找6样野东西却是各家各户的事。

献饭时，先把一个木盆放在灶边，盆内放点水，用那块盐巴石在火里烧烫，后放进木盆里，盆里有响声和冒烟气以为“接引”的意思，即接引祖先的到来，然后把牛肉、牛心及野东西等放进木盆，又用半截带烟的木柴在盆上逆时针方向转绕三圈，就开始请祖了。请祖后才请灶老者，然后又请“雷不到”（天地），边请边说些祈愿性的话语，边用马勺舀饭，用手掐牛心敬献给祖先。

做完这一切，一家人就可以吃饭了。

普定县新寨的“吃新”和“扫寨”中也有许多的祭祀内容。

吃新祭祖由两个果珠主持。在房下的果珠称师傅，又喻为谷根和谷蔸；在房上的果珠称徒弟，又喻为谷杆，谷叶和谷穗。祭祖时有师徒合唱和分唱。

扫寨在吃新节后第一年正月或二月举行。扫寨需用雄鸡两只，母鸡一只，鸭一只，各色纸做的十二杆小旗和红白纸伞各一把，连同一碗水饭置于一把筛子内。扫寨时，祭师持长刀一把，巴茅杆一根，由上寨走到下寨每户人家，并不断地念道：“火星灾难扫出去，金银财宝扫进来；妖魔鬼怪扫出去，人丁平安扫进来，凶气邪气扫出去，六畜兴旺扫进来……。”拿鸡鸭、抬筛子、吹泡筒的人跟随祭师后。走完了每户人家，参加扫寨的人随同祭师走出寨子，将巴茅杆、筛子内的纸旗、纸伞烧掉，水饭倒掉。带回鸡鸭杀后整净煮熟，全寨聚餐，扫寨结束。

第二节　土家族信仰文化

土家族自称毕兹卡，系古代巴人的后裔。主要分布在湘、鄂、川、黔四省边界地区。土家族人现今已有 600 多万人。贵州境内的土家族主要分布在黔东地区，在沿河、印江、德江、思南、江口、铜仁数县分布最为密集，并呈环状沿著名的梵净山山麓分布。在贵州的土家族人有 100 多万，但其文化特色却较为鲜明。贵州的土家族文化有许多突出表现，但以傩坛戏的影响最大。土家族的信仰文化与其傩坛戏的关系密切。

在土家族的信仰文化中，也能分为自然崇拜、图腾崇拜、祖先崇拜三类，但以祭洞神、风神等最具有地域特色，以祭白虎、祭土王、梅山等最具其民族文化特色。

在土家族的信仰文化中，其中崇信的对象较多，除了以上的几种崇信对象外，还有雷电神、火神、井神、树神、岩神、“四官大神”，等等。

洞神属较凶恶之神。在武陵山区，山谷间溶洞较多，凡洞中皆有。主要是抢走人的灵魂，若经过洞口，一不小心，便会被洞神抢去灵魂，特别是儿童和妇女，当地称“落洞”。一旦落洞，如不及时治理必死无疑。洞神对土家族人的生活影响较大，文化根源也较深，所祭也为土家族人看重。

风神，是风雨神，是确保风调雨顺，获得五谷丰收的神。白虎是土家族人的图腾神。土王是土家族人的祖先神。梅山神是土家族人的狩猎神。但是，有一点要说明，在土家族人的概念中，神、鬼二字的意义是不分的，鬼就是神，神也就是鬼。

在土家族的信仰文化中，土老师具有极其重要的位置和作用，他是人们与“阴界”联系的桥梁和传递者，在土家族群众中享有很高的威信。土家族人的土老师就是其傩坛师，各个土老师不管年轻年老，都得依坛而立，有师承关系，有习坛经历，有受职仪式，等等。傩坛的性质以“道”为主，土家族人的信仰文化中不尽是“道”家的信仰，但现今主持这些信仰活动的也只是土老师。

在我们的调查中看到，在这数十年间，黔东土家族人的土老师的活动十分活跃。仅在德江著名的土老师就有：

德江土家族傩坛

张毓福，法名张法高，男，出生于1950年，土家族，初小文化。1982年请职得法后为其师弟们掌坛执法。现住德江县稳坪镇铁坑村。

魏官跃，男，1907年9月生，家住稳坪镇魏家寨村。17岁投师学艺，24岁请职，离师后能独立演出，至今已从艺60余年。传承弟子10人，门徒有魏万瑞、魏朝臣、魏朝思、魏荣周、何开国、魏万波等。平生做过大道场100余次，小道场1500余次。1996年因病去世。

土家族傩坛中的“神头”

张金辽，法名张法兴，1929年10月生，家住青龙镇四季岩村；他家三代皆为掌坛师，祖父张祖祯，法名张法高，父亲张羽清，法名张法广。

赵开富，生于1905年10月，家住青龙镇银丝村，父亲和祖父皆为傩戏艺人。他12岁随父学艺，由于勤奋钻研傩艺，不到十载就能独立演出。

潘正儒，法名潘法权，1913年4月生，家住龙泉乡蛟溪村。小学文化程度，16岁开始随父潘天美学艺，19岁独立演出。现已去世。有传法弟子4人。

郎斗银，家住楠杆乡大土村，1905年生，是德江县师娘教中德高望重的老艺人。12岁投师学艺，16岁受法领职，入口传度师为余法兴。1993年10月病逝。

张泽雨，1909年生，家住煎茶镇新场村。从小家境贫穷，未上学读书。20岁时拜龙泉乡傩戏艺人伍文富（法名伍法高）为师，因天资聪慧，学习刻苦，三年后就出师领职。1997年3月病逝。

曾素芬，法名曾法英，女，1914年2月生，家住煎茶镇偏岩村，是德江县唯一的师娘教土老师。曾素芬8岁时随父曾纪悟（法名曾法通）学艺，12岁坐桥受职，正式开始演出傩戏。现已故。

在沿河、思南、印江、江口等地，这样的土老师数不胜数，他们既是坛中的掌坛师，又兼做一系列的民间法事。实际上，在傩坛中，名为“傩坛戏”，但它以傩祭的形式包含了绝大多数的民间信仰活动。

在土家族的信仰文化中，其信仰仪式有多种。

祭洞。人一旦被认为落洞，必须请土老师“打锣鼓”，供奉土家族人认为能临事降妖的傩神公公和傩神娘娘，念咒做法事，举行打卦、看病、请兵、差兵点将、收兵交魂、酿星翻案、送神等仪式。经过这些手段后，需打一顺卦，否则，说明抢魂不成功，洞神还不愿交出灵魂，落洞者仍然神志不清，就必须“出山打洞降童子”。找一个未结过婚的男子经土老师作法后让神灵附体，变为疯疯癫癫力大无穷的“童子”，土老师全副法装，手持法器，带着“童子”和一执事上山打洞来到洞口前，土老师或吹奏或歌舞，仰扬跪拜，与洞神争夺灵魂，经过较长时间的交锋，少则半天，多则几天几夜，直到夺回灵魂为止。如果仍不能夺回灵魂，落洞者就无法挽救而必死无疑。

祭风神。在印江、江口、铜仁等地土家族中此祭盛行。祭风神是为了求得风神的庇护，确保风调雨顺，获得五谷丰收。但具体做法各地有所差别和特点。

江口地区的祭风神较为古老，每年的正月初一举行。夏季望日由3—5名妇女挨家挨户收钱、粮、香纸，置办供品。届时到深山无风的地方敬风神，同时默念三遍，曰：“祈求风雹大神，慈悲万民众生，莫刮大风，莫降冰雹，保佑地方平安，信妇某某跪拜。”

德江傩坛师在傩祭中打卦

（2003年摄于德江县城郊马鞍山村）

印江地区的风神尤以板溪为最。祭风神分大祭和小祭两种，大祭12年举行一次，小祭6年进行一次。供祭活动均在风神堡举行，板溪有3个风神堡，建有风神庙，小祭各堡分别进行，参加者多达3000余人。大祭集中进行，参加者可达万人以上。以农历六月选吉日举行，大祭和小祭的方法基本一致，只是供品和场面不同而已。祭风神的供祭品十分讲究，必须备办“七十二牲”，即72种动物，主要是猪、牛、羊、鸡、鸭、鹅、狗、猫、鱼、虾、黄鳝、泥鳅、蚌等各种动物、鸟类、昆虫，若仍不够数可用鸡补足。水酒五六大坛（每坛250斤）。若是大祭，物资备办更为丰富，须杀三四头或更多的肥猪，必须有一头白牯牛和一个“白人”。白人系指头发、眉毛、汗毛均为白色者。寻找白人极为困难，据说要卜卦，按卦所指引的方向才能找到。约在清代中叶改用茅草人替代。祭风神的整个活动由土老师主持。当土老师做完法事请来雷公、电母、风伯、雨师等神后，由两队人用最快的速度将连根刨起的两根大竹子抬往风神堡，挂上白纸和黄钱，立于神堡前，称“白旗杆”。之后将白牯牛和“白人”带到风神庙正殿，坛上供有雷公、电母、风伯、雨师4个牌位。土老师主坛跳一场法事，由24人组成的跳坛队，在锣鼓师的指挥下双行跳舞，称为“踹神”。踹神毕，将所有肉和糯米合煮，熟后装碗，进行第二次供祭，称“上熟”。七十二牲为各寨头人和承办负责人食用，其他糯米稀饭和猪肉等各支各寨领回分户吃。他们认为，吃少了今后要饿饭，吃得越多越好，因此人们都争着多吃以求得温饱。

土家族人还崇拜雷神、电神、火神、井神、岩神，等等。

在沿河、德江一带地区，普遍有敬祭白虎的习惯，而且白虎还分为“天门白虎”和“五方白虎”两种。天门白虎又称“白虎先君”或“白虎煞神”。五方白虎即以东、南、西、北、中五方各有一虎，合称“五方白虎”。东方为“青帝白虎”，南方为“赤帝白虎”，西方为“白帝白虎”，北方为“黑帝白虎”，中方为“黄帝白虎”。五方白虎是山野遍地跑的虎群。供祭在山野举行。先用糯米做成五只卧虎形状，用6.6尺长青色或白色布平铺在地，五虎放于四方及中央，每只虎前用泥巴捏一大坨，插上树枝表示森林，摆上供物进行供祭。天门白虎即指家中举行供祭的白虎，只有天门白虎才有资格坐家中中堂。但是，供祭不好也会带来灾祸，有所谓“白虎当堂坐，无灾便是祸”的民谚。每年的除夕、端午都要举行“赶”或“送”白虎的仪式，以免白虎作祟伤害人畜。平日凡家中大人小孩生病，也要进行“赶”或“送”白虎的供祭仪式，在大门外举行，用一只大红公鸡，土老师当着白虎的面杀死公鸡进行供祭，以求白虎保佑大人小孩。

土家族对土王的崇拜极为普遍。供祭土王的时间各地各姓氏有不同，田姓的供祭分年祭、月祭和平日祭三种。年祭于冬至后择一吉日举行，月祭为初一、十五日进行。而安姓的供祭则是七月十三日，实际上从七月十一日就开始了。任姓则为二月十五日和八月十五日。各地规模不一，大者数千人、小者数十、数百人。在名称上也有变化，有的称“朝祖”。

供祭必备猪、羊、鸡“三牲”，三牲必须在土王前杀死，加上其他供品供祭三次，第一次是将三牲烺毛后举行，称“供生”或“躺白”，以后举行第二次，第三次，也有称“合同”和“上熟”，即三次供祭由生到熟，最后烧檀香。

土家族傩坛经书

梅山神是土家族人的狩猎之神。每月初一、十五日和节日供祭。梵净山四周的猎户和打猎爱好者家庭堂屋都供有“梅山坛”神位。不在家内设坛者，则在房屋附近的僻静处或离家不远的岩洞里安神牌供祭。此外，每逢出猎前和获得猎物后，也都要在路口或向山处供祭梅山神。

在土家族的信仰文化中，除了以上的信仰仪式外，其傩坛戏中的傩祭，也是其信仰仪式的重要组成部分。

土家族傩坛面具

在德江的傩祭中，仪式过程有开坛、发文敬灶、搭桥、立楼、安营扎寨、造席、差发五猖、铺罗撒网、判牲、膛白、和会交标、上熟、造船清火、大游傩、送神上马、安香火等十几个大的部分。

开坛是在傩堂神案布置完毕后，冲傩还愿的第一场法事，是土老师们向诸位神灵、三元法主、老少家先、列位师祖述说还愿起因，迎请他们进入傩堂，保佑还愿圆满成功的请神、祈神活动。开坛主要分为引言、清圣、发锣、报门、迎山王、请法水、献法（讳）、唱穿衣件、参神，请三元法主、焚香（上香）、解秽、踩九州、观师、迎神下马、下装等。

发文敬灶，是傩坛法师将还愿活动应做的事向诸位神灵奏表申报，祈求诸位神灵的恩赐。此部分法事分为穿衣件、参神、拜功曹、赞香、宣文书、发文、交书文、敬灶、请圣、推遣保管、宣文书、唱赞、下装等十三个步骤。

搭桥是为诸位神灵、阳兵阳将、阴兵阴将架设桥梁，让他们顺利通过河谷沟堑，来到傩坛为东家的了愿活动服务的一场法事。搭桥分两种：一为大搭桥，一为小搭桥。大搭桥法事的步骤有：上坛、启口语、上装、发锣报门、请圣、迎神下马、观师、参神（人）、采木、架桥、扫桥、亮桥、坐桥、讳桥、锁桥、游傩撤桥、卸装歇坛。

立楼是为迎接诸位神灵到来，建造楼馆供神灵及其兵卒居住。此法事分为上装、迎三元法主、立楼、排楼、催楼、报楼、下装等七部分。

安营扎寨是法师为邀请进入傩坛的各路神兵安排驻扎之所，待命出击，围剿邪魔鬼怪的法事。

造席，是神化傩坛用来垫脚的竹席，让其也具有驱邪除怪能力的一场法事。主要分上坛、穿衣件、迎三元、法主、造席等部分。

差发五猖，是派遣地傩五猖神率领阴兵阴将去收魂及制服诸般邪怪的一场法事。

“铺罗撒网”又名“下罗网”，意为铺下天罗地网，将鬼邪妖怪一网打尽，使主人清洁平安，百事顺达。

“判牲”是指了愿时，主人许下用以祭祀酬神的牲畜，这坛法事专门判杀牲口。

“膛白”是献牲后的一场献祭仪式，即把杀过的猪、羊、鸡等，刮净取去内脏之后，整条安置在三清殿前的条凳上祭祀诸神。

和会交标要鸣锣击鼓，执法师素装上坛，在傩坛兑宫位置燃纸钱，向师坛吹角，双手一揖，将角放下。若传度师在堂，即下跪作揖叩头相谢。

上熟也称回熟，是将献祭的猪、羊、鸡内脏及部分肉块烹熟后，犒赏诸神、师父、师兄、家先的隆重献祭仪式。

造船，是造送瘟神之船，以法讳手段将五方瘟神、邪魔、鬼怪押赴船上送解他方。清火，是火崇拜的反映，以打火方式兼念法咒来驱邪逐疫，有时兼表演刹铧。两者意为求获家宅平安，百事顺达。此部分法事分为作证盟、采木造船、祭船、请上船、发船、清火、送船等七个步骤。

清代时对送“瘟船”的描绘

游傩，是在敬神、祈神法事结束后，让傩公傩母辞别主人，装鞍配马，回銮返驾上五岳华山的一坛法事。游傩，分大游傩和小游傩两种。

送神上马是礼送诸神回归原居住地的闭坛法事，分为送神上马、倒龙厅宝架两部分。

安香火是在了愿活动的主要法事结束后，土老师临走前给主人家安顿香火宽慰祖先的法事。

只有在这样的神圣的信仰空间里，世俗性的傩戏才能开始。傩祭在黔东各地土家族傩坛中，有简，有繁，名称也各异，但基本性质是一致的。

另外，傩坛信仰在苗族、侗族、仡佬族、布依族中都广泛存在，但以土家族的傩坛信仰表现最完整，神性意味最浓。

第三节　水族信仰文化

“水族是由‘骆越’的一支发展而来的。根据水族民间歌谣的叙述：他们的祖先原居住在邕江流域一带的‘邕虽山’，后来由于战争的影响，水族先民离开邕江流域，经今河池、南丹一带沿龙江溯流而上，往今黔、桂边境迁移，从此开始从骆越母体中分离出来，逐渐向单一民族发展。”① “在历史的长河中，有的汉族或其他民族，由于通婚关系融合于水族……”② “明代以来……从外省调遣来戍守的士兵……明初实行大规模的移民垦荒政策，……迁来的汉人……，有一部分后代已融入水族，这就是至今民间传说水族从江南迁来的原因”。③

水族主要分布在贵州的三都县和荔波县，现今已有40多万人。水族的文化中尤以“水书文化”最为著名，并且水族的信仰文化与水书密切相关，因为水书多是一些水族的祭祀用书。

在水族的信仰文化中，其崇信的对象有灵有鬼有神，数不胜数，水族人中有“足不足，三百六”的说法，即每天都有鬼灵在活动。水族普遍崇敬、祭祀或畏惧的主要神灵有：

女性神有生育女神，人们称为“娘娘神”，水语称为“妮杭”。这种神实际是一个群体按其司职分为20多个鬼。

牙另、牙低、牙两劳、牙贩、牙贩打困、牙苗劳、牙苗低、牙难、牙难共道、牙湿、金柱低追、金柱低难、鸭柱低追、牙扰、牙拍、牙局、牙十、牙三、牙花散、牙花术、牙花隆、牙花梨等，这些鬼各司其职。如：

水族家中供男性祖的“神龛”

“牙的”或“牙满”，是生母死后变的鬼之一；

“牙丙”或“牙贩”，专司人间拐卖婴女魂魄的生育凶神；

“牙苗”，专门为子女发背带者；

“牙湿”，专门负责擦洗婴儿和保护子女从河的彼岸引渡到河的此岸者；

① 《水族简史》，贵州民族出版社1985年版，第7页。
② 《水族简史》，贵州民族出版社1985年版，第7页。
③ 《水族简史》，贵州民族出版社1985年版，第9页。

“妮杭六十”，负责保护子女平安、长寿者。

男性神灵主要有“恩公”“拱陆铎”、土地神灵等。

另外还有“堕困伞”、米魂、财魂、“公天所”“牙六山”“雅棒”（即保护钱财的神灵）、雷神、“腊鸟”“脚”“脚目丁”“君”“傣别”“脚八”“腊牢”“占”“星”“傣哇”“落瓦丈”等。

水族家中的“桥”

水族人也有自己的鬼师。如三都水族自治县廷牌乡板齐村韦芝炳，就是我们在调查中遇到的鬼师。

韦芝炳（学名），其奶名为：韦双，时年 83 岁，是当地影响较大的水族鬼师，在方圆 20 里范围内，重要的鬼事一般都是他做，只是近年来他因年老不便，故一些小事也就不好请他了。

韦芝炳从小跟父亲学的鬼事。是年年跟着学的，并没有特别的授传和授职仪式。他的鬼事是祖传的，在他祖上那一辈就已经做鬼事了。韦芝炳小时候读了几年私塾，最后在国民党人士办的民族学校“恒丰小学”毕业。其 28 岁时就能自己出师给别人办鬼事了，这个时候大概是 1950 年前后。“文化大革命”时期受到批斗。1980 年后才又重新出来为人做鬼事。韦芝炳能做的鬼事据他说有以下几种：

立房、择日子、安葬、接媳妇、敬菩萨、用鬼等。

在水族的信仰文化中，其祭祀的仪式多与生育和石头有关。

祭“娘娘神”。水族农户，凡是成家立业、另立门户生育第一个子女时，都要举行设立“娘娘神”坛的仪式。据传，举行设坛仪式或逢腊月第一个丑日过“娘娘节”那天，家务事情全由男子操办，且不能得罪妇女，妇女们则以讲述或唱歌的形式赞扬“娘娘神”的功劳品行。

祭“恩公”。“恩公”是开辟地方的男性始祖，人们在古歌传说中说“古恩公，开天辟地……四周开成田”等。在具体信奉过程中，又分为家内神灵，即家庭祖先的神灵；“公蛮干”，个体家庭内的保护神；“公家神灵”，一个宗族的保护神；“公高打干”，一个村庄的保护神，等等。

“牙冒”。水历六月（农历二月）以村庄为单位，用鱼为供品祭祀“牙冒”。祭祀时，要以草结为标志，封锁村庄，不许外人入村。目的是保佑村庄人丁和牲畜的安全。

拜“霞”（即主雨水的人形神石）。以地区性的村庄为单位，逢 12 年或 6 年（子、午年）的水历十月（农历六月），择吉日举行。目的是乞求风调雨顺，五谷丰登，人丁兴旺。祭供物品：两头猪，其中一头母猪，一只训练有素的公鸡，两条彩色纸做的龙，纸做的石神衣服以及米酒、肉食、糯米饭等。祭祀仪式分两次进行。

立岜。即敬岩神，以一村或数村为单位，逢12年举行一次，其目的、供品及仪式均与拜“霞”相同。

拜善。拜善时间在水历十月（农历六月），在九阡地区由“大鲜公”主持，即最先迁徙来该地区的水族先主后裔主持。逢12年或6年举行一次，与拜“霞”相同。

宇量（宇是敬供祭祀，量是受祭的神石）。宇量，以村寨为单位，每隔一年举行一次，水历十月（农历六月）举行，一户去一人参加。目的是乞求风调雨顺，五谷丰收。用一头猪祭祀，祭毕，将猪的下颌骨挂在大枫树上。

拜庙（石头神）。水历五月（农历正月初一至十五），目的是求子、求财及保佑子女健康成长。通过巫师、巫婆或农户自己占卜（即蛋卜、石卜、草卜等方式）许愿，若能如愿以偿，就到巨石或古树那里举行隆重的还愿仪式。其规模小者以鸡、猪头和酒饭及香纸敬祭；规模大者，用一头到几头大肥猪、鸡和酒饭敬祭，竖立标杆，标杆上书写有“有求必应”“信则灵”“长命富贵”“天地日月”“四季平安”，等等。这种还愿仪式，一般都要宴请宾客。凡是求子、求财如愿以偿者，都毫无例外地行此礼俗。

以上是水族历史上的祭祀仪式，现今有许多仍然是这样来进行。

以下是我们在田野作业中记录的水族祭祀仪式。

祭“翁盯”。“翁”是公公的意思，“盯”是石头，意为石头公公。

在水族地区，每个村至少都有一处以上的“石公公”，都相信“石公公”是保佑他们平安吉祥的灵物。故有的水族人就直接认为他们都是“石公公”的崽。

一般有感应时，水人都会去敬菩萨，但最多的还是“还愿供菩萨”。

如某一人在菩萨（主要是当地的一块灵石）面前许愿，说菩萨如能让其遂某某愿，其当在遂愿之时用大猪（或其他，最大者有用牛的）来敬献于菩萨。如愿未遂，事作罢，如愿遂之，先按照许愿人的生辰八字来请先生选定日子还愿。

还愿供菩萨：

供菩萨的祭品一般要以许愿时的所许来准备，如果许愿说的是猪，那么所用就应该是猪，所许的是鸡，所用的就是鸡。这是主祭品，其他的还有茶水、酒、香、纸钱、烛（烛有无皆可）、红布（也叫包头）、鞭炮等，主祭品可变，但茶水、酒、香、纸钱、烛（烛有无皆可）、红布（也叫包头）、鞭炮等是不会变的，只是数量多少而已。在供菩萨中，主祭品所见的多是猪和鸡。不能用狗。

准备好这些东西后，就要到“许愿地”去进行还愿。这个许愿地可以是村里的所有村民的还愿地，也可以是几个村村民或更多村的许愿地。

猪用竹笼子装到许愿地，摆上以上物品后，就可以请师傅念请菩萨。念完以后，就打卦证实菩萨是否来了。见阳卦（翻、翻）、顺卦（一卜、一翻）就认为菩萨来了，如果是阴卦（卜、卜）就证明菩萨没来。如果打卦证明菩萨来了，就可以杀猪了，杀猪时用纸钱蘸上猪血，粘在认为是菩萨的石头上。

在猪杀洗完毕，就把猪头、四只脚、尾巴煮烫成型，供在菩萨面前为祭，还愿的供祭部分就算完毕。之后就是大家一起聚餐。

祭菩萨还有一种不在村外或山上祭的，而是请师傅做“手续”，把菩萨请到家里来祭供的。师傅做“手续”把菩萨请到家里，以方便在家里敬供菩萨。

祭桥。在水族地区，男女婚后一般都会去请先生看自己的命相，如果这人命中要修桥才能有后代的话，就会在一定的时候修建一座“桥”，并年年祭祀。虽说是命相里要修桥，但一般人家都要修这个桥的。

现今水族人祭“翁盯”
（2005年摄于九阡）

修祭“桥”有两个目的，一是求子，二是保佑子女的平安健康成长。

修桥时，如果是因为男的修桥，则可在村子边的任何一个方位上，选一个能流水的沟，就可以修桥了。如果是因为女的修桥，则一定要在女方娘家方向的村边水沟上修桥。修桥一般是用一块石板，搭在水沟上即可，也有用圆木或木板搭的桥。它可以是实际用于行走的桥，也可以是仅是祭祀用的桥，要看情况而言。在水族地区，实际使用和只用于祭祀的桥都有，但仅用于祭祀的桥较为多见。不管是哪一类桥，建桥时都要在桥两边同时放上两根外家送来的板栗树杆为桥边。再用竹子捆上花纸，在桥的两边拱成弧形拱。这样桥建成后，就在桥头供上红蛋，花色糯米饭以及肉，烧香、烧纸、点烛等，并在桥前杀一只母鸭，杀母鸭时念“祭桥词”，杀后把母鸭煮熟成形供熟。供熟时又念一次“祭桥词”。

“祭桥词”是用水话念的，其大意是：

人要长寿，
择得好日子来搭桥。
这是命中要建的桥。
我们要搭好这桥，
把小娃娃引回家。

这是婆家拿来的好树子，
长在深山老林。
没有藤缠，
没有虫爬咬，
人就像这棵好树子。

我们拿红蛋，
接引小娃娃回家。
娃娃回家来，
家里父亲是个好父亲，
母亲是个好母亲，
回家来吧！

2005年一户水族人家新祭的“桥”（三都）

念完“祭桥词”，就用两根红线，接在桥上的花竹拱上，从村外建桥的地方往这户人家里牵，不管有多远，都要牵到家里，红线中间还不能有疙瘩，故有的人家拟定建桥的地方离家里较远时，就会专门纺一个线辊来作为牵红线的线。据说，长的线有牵两三里路的。牵线时，还千万不能让别人把牵的线收走，如收走了是很不吉利的。故建祭新桥，一般都在晚上来举行，这样各种干扰就少。

红线牵到家里，在家里设“娘娘桌”。“娘娘桌”水话叫“西凳”，“西”是桌子，“凳”是里边。直译为“里边的桌子”，意为“供女性的桌子”（在水族人的屋里，有供男性祖的“神龛”，也有供女性祖的“西凳”）。把红蛋等在桥边供的物品依旧供在“西桌”上，为求子和保佑子女安健，故也叫“娘娘桌”。在家里安“娘娘桌”的时候，还在这对夫妻的房门上搭一个竹子捆花纸的彩拱，让家人进出这道门时，都从这彩拱下通过。

一家人建好新桥后，以后每年在初一到十五期间，都要在“娘娘桌”和村外的桥边祭祀这桥，一直到娃娃健康平安长大后才慢慢不祭了。

第四节　瑶族及其他各族信仰文化

贵州瑶族呈小聚居、大杂居的点状分布。其支系多，有盘瑶、青裤瑶、白裤瑶、长衫瑶、红瑶、油迈瑶，等等，各支系之间服饰、习俗、语言差距大。在贵州的瑶族有3万多人。

瑶族的信仰文化处于“崇拜千神百灵”的状况。

瑶族有自己的鬼师。

盘瑶支系崇拜“盘瓠”，并有“许愿”“还愿”的“法事”仪礼。

荔波瑶族有火神崇拜、树神崇拜。

当新居落成，瑶人要举行庄严的祈火典礼：吉日良辰，家族长者身披棕毛蓑衣，头戴斗笠，抱着干燥的毛毛柴，从新居正门进入，用古老时代流传下来的取火石镰取火。生上火之后，长者一面不断的往上加草、加柴，一面佯装成全身发抖冻僵了的模样，猫着腰，蹲在火塘边，一会儿烤胸前，一会儿烤后背，一会儿烤手，一会儿烤脚……

好一阵之后，才用竹子编成的新炕篓，将火塘罩住，从身上脱去蓑衣、竹笠，将外衣脱放在新竹炕篓上烘烤，还不时地来回翻动，边烤"湿衣"边诵"温暖经"。

荔波瑶族对于古树、巨树、风景树、形状奇特的奇树、雷火劈过的怪树都敬若神灵，从不轻易触摸，更不敢砍伐伤害。凡小孩体弱多病者，夜间啼哭不安者，就在老人的牵携背抱下，到大树跟前跪拜，然后更名为"木生""木保""木养""木高"等"吉名"。

在荔波县瑶山乡的懂蒙村，我们向瑶族鬼师何家事采录了一个个案。

何家事（汉名），瑶族鬼师，现年62岁，瑶名：包丐。

懂蒙村有52户瑶族人，此地四面环山，在一个山间凹地里。

包丐是36岁时做的鬼师，是从父亲那里学来的，瑶族有一个"民族习惯"，一个男人要36岁以后才能做鬼师。

在这里，包丐说他们一般祭两样，一是祭家做门神，二是祭寨神，老人去世后也杀牛祭祖。

做家里门神，在懂蒙很重要，我们看到家家都做有门神。但这个"门神"的说法不是瑶语的表达，而是外人这么说，瑶人也认可。

一、做"门神"

做"门神"也叫"扫家"，即通过一定的仪式，扫除家中的邪恶，安顿好家中的"保护鬼"，让瑶人的"坏鬼"进不了屋里，而让"好鬼"能进来保佑一家的平安。

瑶人以为鬼是人死了以后变成的，有好的鬼和坏的鬼，好鬼做好事，坏鬼做坏事。

做"门神"在懂蒙村什么时候都可以做。祭品是一只公鸡，要红色的开了叫的公鸡，花鸡、白鸡不能要，要一只狗，花狗、白狗不能要，黄狗最好，黑狗也可，狗公母不定。要准备香纸、用五倍子树木做的五把小木刀、两把大砍刀、两棵茅草、两棵荆棘（刺枝），等等。

准备就绪，就请瑶人自已家里的鬼师来念请护家做家的各种保护鬼，保护瑶人家的鬼不是一个固定的什么鬼，而是根据这一姓人家对过去已经死去的他们认为好的有力量的"鬼"的印象而定。

这些被请来护家的鬼有很多，懂蒙村的瑶人用一只鸡、一只狗来请过这些"鬼"之后，这些鬼就成为他们称为的"巩闭"（瑶话），在瑶话中说"巩闭"的意思有如汉话的"守房的鬼"。这些鬼是从东方来的，是从宫廷来的，是从北京来的，是比较仗义的鬼。

做家神时，要在家里摆上一张桌子，供上香、纸等。

杀鸡和狗时，要由鬼师念请，其大意为：坏鬼不给进来，好鬼可以进来。这种内容的念词一般要由鬼师用汉话、瑶话、布依话、水话念四遍。念时，边念边撒米，并念一回倒一杯酒于地。

在鬼师念鬼时，一般还有一个撵鬼的内容，即把坏鬼撵到广西去，把好鬼请到家里来。

杀鸡、狗时，要把鸡、狗的血用纸蘸上，贴在门上，以辟邪。

懂蒙村瑶族的门神

在懂蒙村，每户人家的门的两边，都有一个像门栓一样的装置，这是用来在做完门神后插荆棘和茅草，以及两把五倍子树木做的大木刀的。并在门的上方，用一根草绳，吊起五把五倍子树木做的小木刀，并同时吊上四个狗的脚爪。在瑶山，狗是可以看见鬼的动物，所以在懂蒙村，家家门上都肯定挂有狗爪，这是基本的，但有的人家则多挂有一些鸡毛、镜子等，有一家甚至于挂上铁质的“文化大革命”时期的毛主席像章。

这是祭家，是每家每户的保护鬼（应该认为这里的瑶人还没有神的概念）。

在懂蒙村，祭寨神也是重要的，我们在门边的那两个装置中，就发现了一根穿着纸红花的茅草，这是经过祭寨神后，每位参加祭寨神的人家都要带回来插在这儿的。

二、祭寨神

每个瑶寨，在最初立寨于某地时，都会确立一个寨神的位置，瑶话叫“公昂”，瑶话的“公”是祖先；“昂”是“护”，是老祖公保护寨子的地方。

懂蒙村的寨神位在村子边上的一个山脚，这里有几棵大树，树下有岩石，石头旁边又有一石板搭建的石屋子，里面有几块怪石，石上有蘸血的纸钱。

每年的年三十和七月七，都要祭寨神。现今是以村民组为单位来组织祭祀的。费用由大家平摊，祭时，每家出一个人（不论男女）去参加。

懂蒙村老祖公保护寨子的地方，即祭“寨神”处

祭品要用六只鸡（两只公鸡、一只母鸡、三只小鸡），还有香、纸、用五倍子树木做的大刀、大斧、用竹

篾编成环状的捆鬼链、用一根青竹破开，编成喇叭状，放上一个碗，装一些木炭（说是敬给寨神的香，但应该与“火”和“温暖”有关）等。

祭寨时，要安排人把四处有进出的路口，用两棵竹子系一根草绳拦住路口，不准外人进寨，如果误闯进来了，就三天之内不准出寨。

杀鸡敬寨神是瑶家鬼师的事情，用鸡血蘸纸钱粘在石头上，并淋血以祭。杀鸡后，把木刀、“炭香”、捆鬼链等，在一定的位置上放好，所有参加祭寨的人聚餐，并在回家时带回一根草，插在自己家门边。

在瑶山，还有一种撵鬼、驱逐仪式，叫“接道神”。

这种仪式是在人们受到灾害时要做的仪式，即某人在短期内家里碰上落水、滚岩、车祸等灾祸时，就要做这样的仪式了。做这种仪式要一头猪，还有鸡、鸭、鹅等，一般要数千元钱以上，故人们一般不敢做，只有到了万不得已才做这样的驱逐仪式。

做的时候，一般是请外姓的师傅（也是瑶族）来做。一般是早上出去，下午两点左右回来。

做的时候，全寨的青壮年全部去到一个隐蔽的山中，只是男的去，女的不能去。做的时候，全部的人都面向东方，很严肃……一般绝不会让外族人参加。

瑶人认为，做了这样的仪式，惹来灾祸的鬼就会被撵走了，今后就会平安。

包丐说它并不太清楚如何做“接道神”。

在贵州省的白族、畲族、仫佬族、羌族、满族、蒙古族等少数民族，虽然人口和文化影响力不能跟贵州省的其他少数民族相比，但他们也有自己的一些信仰文化表现。

白族

白族的崇信对象中有山、石、树、河、洞等的神灵，有神主，鬼有散发鬼、赤身鬼、无头鬼、无身鬼、五肢鬼、毛鬼，等等。白族中有祭坛信仰，供有自己的坛神。

白族有自己的师傅。

白族的祭祀仪式中有祭树，如威宁彝族回族苗族自治县小海区小海镇的营盘村民组，是白族苏氏世居地。苏家屋后的坡上有一棵古树，是苏氏世代的神树。过去凡有天灾、战争、庆丰收或节日，苏家都进行祭树活动，或乞求赐福或谢神开恩。

毕节、大方、织金等地白族有供“姑妈坛”和庆天王坛的信仰。

“姑妈坛”又称“灶化坛”。在家长居室的墙上，悬挂一块小木板，上置小木箱、小篾箩或小布袋，内装碎银、谷米、盐茶和已故老人的头发、手脚指甲等物。每年除夕杀鸡供奉，称为一年一供；三年期满，择时杀猪庆奉，称三年一庆。供、庆之目的，是为祈求丰年、全家平安。这种信仰，至今沿袭。

白族人认为人死后灵魂活着，人的死是体和魂的分离。一般认为人死后有三个魂：一魂到阴间，一魂守坟，一魂脱胎再生。

祭祀祖先事实上祭的是到阴间去的魂。过去每逢节庆，都从山上取回神主牌，放在神龛上敬供。每用一顿饭，神龛上点着灯，摆着剩菜，老人把所有的家人喊到神龛前下跪，挟一个火炭到神龛前，舀一碗生水泼后，边用筷子夹菜，边念祭辞。最后将全家人的名字向祖先报告，让祖先知道。如果家里有人外出未归过节，则须向祖先说明原因，并求保佑。若祭祀之前有人食过某种菜，不能用来祭祀。逢节日第一顿饭一般吃得很晚，意即怕祖先路远，还未到家，估计祖宗皆到齐后才祭祖用饭。到节庆的最后一顿饭，则吃得很早，认为祖宗要回转，须提前赶路。

白族的神主牌由一块长方形木板做成，上面写着祖人姓名，由长房长子保管，平常藏在山上，惟节庆接回家中敬供。凡经过开丧活动的神主牌，用一木箱装着，视为家宝。

畲族

畲族的信仰文化主要表现在它每年的祭祖节的祭祖中。

祭祖节又叫祭鼓脏。祭祖节分定期和不定期两种，前者叫“大祭”，后者叫“平祭”，大祭每13年举行一次。

所祭之鼓是用樟木的圆木制成，蒙以黄牛皮，内放祖先的名字。平时，藏鼓于鼓洞之中，供祭以牛头、芦笙等物。大祭时日，以“甲子”轮推，多在农历十月或冬月间举行，由各族轮流进行。

大祭要宰杀黄牛、水牛各一头，猪二头，祭祀由点祭师主持，数人协助。祭鼓前夜由“送祖人”在放鼓者的家里念一夜“祭祖词”。

次日，点祭师为鼓披红戴花唱“请鼓词”后，送祖人和“抬鼓人”将鼓送到祭场鼓架悬挂，芦笙师奏芦笙，“击鼓人”击鼓，“顶祖女”由两位姑娘陪伴，随芦笙师绕祖鼓起舞，其余妇女随之跟着起舞。

第三日，杀牛祭祖，祭场设馔祭祖，众人席地而坐，点祭师唱“送祖词”，众人齐声合唱，之后众人齐呼：“客家来了，祖人快跑!”击鼓人和抬鼓人抬鼓急奔，将鼓放回原处，芦笙师吹奏“请虎踩堂”曲，并为鼓更换原祭供的牛头，至此祭鼓节结束。

此节现已逐渐消失。

“平祭”，凡遇家族人畜有疾，或芦笙自鸣、鼓自响，便可择日而祭。到时请祭师、芦笙师及族中老人到主祭家供祭，只备一席酒饭，由祭祀者陪“祖人”共食，之后喊以“客家来了，祖人快跑”，即结束。

仫佬族

仫佬族的信仰文化主要表现在它的做“保家”中。

做“保家”。仫佬族的做“保家”有大、小之分。“大保家”在秋冬腊月间做，一般三五年做一次，主要是祭敬祖先和米王菩萨，期望以后几年五谷丰登、人畜兴旺、平安无祸。做“大保家”要杀一头猪，刮整干净，摆放在堂屋中间，用竹篾挽成12个圈，大的套在猪头，小的套在猪身上，请一个仫佬师拿法刀在手上不停晃动，用仫佬语念诵祷词，另有一个通师用仫佬语答复。念一通，喝一次酒，吃些肉；喝酒、吃肉不用碗筷，用酒瓶直喝和手拈。两天一夜做完后，即请家族和至亲前来喝酒庆贺。做“大保家”多为较富裕的人家才举行。“小保家”几乎每年每户都要做，均在春节后不久进行。主要是祈望当年粮丰畜旺、风调雨顺、无灾无患。做时买点肉、捉几条鱼、磨些豆腐，请仫佬师用稻谷、高粱、苞谷、小米、纸旗、木刀等放在堂屋中间，烧香燃纸，用仫佬语念咒祝祷进行。做“小保家”后才开始动土春耕。“保家”现代已逐渐演变为请道士先生做“谢土”代替。改为“谢土”后间隔数年才做一次，据说做一次可管几年。

羌族

羌族信仰多神，并奉行祖先崇拜。认为一切所在皆有神灵，祖先能保佑子孙昌盛。在诸神中又有主神观念，主神是天神（太阳神）。还有火神、风神、树神、寨神、土地神等。

石阡羌族在四月八祭牛王菩萨，认为这天是牛生日，不役牛，并用精料喂牛。

江口羌族五月二日祭风神，由寨主或族主召集族人商量祭祀事宜，集资买祭品，在水井或古树旁杀猪、宰羊，烧香化纸，举行祭祀后聚餐，以求风调雨顺，保佑庄稼不遭风灾，房子不被风吹倒。

五月五日祭土地神，亦即祭田神土神或田公田婆。届时户主每块田土必走到，焚香化纸，并用刀头（猪肉）酒礼祭祀。

满族

满族信仰祖宗和多神，祭天、祭祖、祭碗架神较普遍。祈求庇佑，兴旺发达。祭祖是祭祖宗板，每家正屋西墙上，都安置一块2尺长，1.5尺宽的木板，作为祖宗之位，也叫祖宗板。祭时，把祖宗木板放在西面摆好的桌子正中，桌子上放满祭品，全家按辈分去。祭天是在祭祖的次日，杀一头全身无杂毛的黑公猪，将肠、膀胱等物放斗中，挂在埋好的杆顶或树上，让乌鸦等鸟食，若3天之内吃尽，便认为大吉。同时将猪肉切碎与小米煮成稀饭款待亲友及邻居。过往行人，吃祭天饭时，必须聚在屋外当天吃完。据说有的还朝东北方向做三叩头，这是对故土的怀念和家先的崇敬。敬“饭架神”是每年过年或专门许定日期举行。祭时要杀“灶化猪”，外人不得同吃“灶化猪”。吃时，始终不准说话，吃完后悄悄离去。

蒙古族

大方县等地的蒙古族三月三要祭白龙。相传天马会下凡吃秧苗从而降灾给人们，为了驱避它，三月三这天要举行仪式，一般杀公鸡，用鸡血沾白纸，插旗于田土中，驱避它。主要目的是为了祈求风调雨顺、五谷丰登、人丁兴旺、六畜平安。

第五节　屯堡人土地信仰文化

在安顺市的平坝、西秀、普定、镇宁四县、区的农村，有一大批带有“屯”“堡”“旗”“营”“关”“哨”“场”等地名的村寨。这些村寨里居住着的民族，具有独特的风俗习惯，语言自成体系，妇女的服饰明显地保存着明朝遗风，俨然是异文化民族的风貌，但他们是地地道道的汉族人，只不过是600年以前的汉族人。在当地，人们把他们称为“屯堡人”，或者称其为“老汉人”。屯堡人的文化是独具特色的，其中尤以它的地戏影响力最大。如今国内外讲的“地戏”，主要就是安顺屯堡人的地戏。

屯堡人的土地庙

屯堡人并非安顺的土著居民，也不是今天被认定的少数民族，而是明代从江南一带迁入安顺的汉族移民后裔。明洪武十四年（公元1381），朱元璋为剿灭元朝的残余势力，安靖边疆，任命颖川侯傅友德为征南将军，率领30万大军远征云贵。傅友德仅用了3个月的时间，就占领了云南和贵州的广大地区。翌年，西堡一带的“蛮夷”进攻普定，傅友德派贵州卫指挥同知顾成父子带兵征剿。战事平息后，顾成父子在普定、安顺、平坝、清镇一带的战略要地设置卫、所、屯、堡，推行屯军屯田制度。史书记载，当时安顺“六十里设一屯堡，三十里置一卫所”。这些屯军屯田的移民及其后代在漫长的岁月中，逐渐形成了一个既区别于周围的少数民族，又不同于后来迁入安顺市的汉族群体——屯堡人。

屯堡人与地戏关系十分密切。地戏一般每年演出两次，一次在春节期间，称为“玩新春”，另一次在七月半谷子扬花的时节，称为“跳米花神”。屯堡人演出地戏，既是为了休息娱乐，也是为了敬神祭祀，驱邪纳吉。

屯堡人的地戏作为一种世代传承的文化，它已经深深地渗透到屯堡人的生活之中，成为屯堡人最引人注目的风俗之一。从某种意义上说，没有屯堡人，就没有地戏，反之，没有地戏，屯堡人就会丧失它最具光彩的特征，而变得黯然失色。

在安顺市屯堡人的地戏里，有着屯堡人信仰文化的重要方面。在屯堡人的村寨里，许多村寨都有村庙，村庙里供着屯堡人的神灵，如“汪公”“五显”“山神”“牛王”“马王”，以及道家、佛家的一些神灵，等等，这肯定也是屯堡人信仰文化的一个重要的组成部分。但是，屯堡人的信仰文化里，还有一种地道的民间的“草根”性质的信仰，这就是它的土地信仰，或者说是土地庙信仰。

屯堡人的其他信仰文化也许有它更为人文化的更值得人们研究的地方，实际上也确有许多人在研究它们。但是，从来不被人们“看见”，也不被人们重视，在人们日常生活中又作用巨大的土地庙信仰，恰好符合我们的民族民间信仰文化的研究主题。故而在这里，我们只出现屯堡人的土地庙信仰文化，并不涉及屯堡人的其他信仰文化。

屯堡人土地庙中石刻的土地神像

土地庙信仰实际上是一种对土地神的信仰。土地神是中国一个由来已久的神，但也是中国神系中最不起眼的小神，可以说它的神性就像地上的泥。对于它的性质和意义，我们后面还要专门论述。

在贵州省，土地庙和土地信仰是全省性的，是多民族性的，在贵州，除了回族地区、彝族地区、水族地区之外，几乎每一个民族民间老一点的村寨，都会建立属于自己村寨的土地庙。但是，在调查中，我们惊异地看到，在贵州省内，还没有任何一个地方，任何一个民族村寨的土地庙，像屯堡人村寨的土地庙那样多，那样密集。其土地信仰的活动也是其他民族、其他地区不能相比的。为此，我们对安顺屯堡人村寨的土地庙及土地信仰进行了近一个月的专门调查。并且在其他时候，还对贵州省内的其他地区的土地庙及土地信仰文化进行了调查。请参见“贵州民族民间土地庙分布示意图”。

在平坝县，我们调查了马场乡的下滥坝村、上滥坝村、大龙村；高峰镇的青鱼塘村；夏云镇的云盘村；城关镇的五里屯村、沙子哨；天龙镇的大坡脚村、木云村、天龙村、山背后村、芦车坝村、刘家寨、后坝村、雷家洞村、石头塘村、上田坝村、下田坝村；白云镇的芒种村。（计19）

西秀区大西桥镇的中所村、山脚寨、鸡场屯；七眼桥镇的两所屯村、郑家屯村、牛洞村、山岚湾村、山岚街村、山岚桥村、曹屯、汤官屯、石龙村、八角硐村、雷屯、小山村、竹林村、章庄、本寨、九溪村、茶坡村、高车村、苏吕村、水桥村、詹家屯、箱底下村、左蒋村、二铺、河边坝村、云山屯村；大西桥镇的三铺、带子街村、王家院；蔡官镇的长山村、秋家院村、青山村；华西镇的土地坡村；宋旗镇的青冈林村、兴隆村；幺铺镇的头铺、杨家桥村、掏关村、凉水村、幺铺村、偏石村、小屯村、菜丘村、云台山。（计47）

普定县白岩乡讲义村、一棵树村、魏旗村、林脚村、官小村。（计5）

镇宁县大山镇的双山村、大山哨村、龙井铺、粑粑铺、岩坡哨、连山村；城关镇的黑石头村、祝英哨；黄果树镇的白水河村、石头寨村。（计10）

木雕的土地神像

在安顺市的四个县区，我们沿着600年前明军进入贵州，并在安顺周边地区散布开来的线路进行调查，这个调查并不是安顺屯堡人村寨的全部，还有许多方面我们没能走到，比如西秀区的小屯方向就是。从以上的情况来看，西秀区的屯堡人村寨最为密集，是屯堡人在600年前屯军的大本营，也是今天的屯堡人土地信仰文化最集中的表现地。

从我们调查的近80个村寨的土地信仰文化来看，有三个方面的表现最为重要，一是土地庙的建设位置，二是土地庙和土地庙中的神像，三是土地庙的祭祀。

土地庙的建设位置

在这些村寨的土地庙中，其建设位置的选择都是有讲究的，一般只会建在进出村子的路边，也就是村口的地方，这是建设这个村子土地庙位置首先要考虑的因素，这与人们赋予土地神灵的第一职责——村寨的守护神相关。看守村子大门的，不可能把你弄到寨中央去。一般来说，这个村子只有一个出口，就建一个土地庙，有两个出口的，就建两个土地庙，有三个出口的，就建三个土地庙。在西秀区的屯堡人村寨中，基本就是以这个原则来建村寨土地庙的，所以屯堡人的土地庙绝大多数都是建在村口的路边的。

在屯堡人的村寨中，修建土地庙的第二个位置的要素是河边、水井边、水塘边、桥边、田边，所以，我们在屯堡人的村寨里，也经常见到修建在河边、水井边、水塘边、桥边、田边的土地庙。这些东西与屯堡人的生活休戚相关，把村寨守护神的“职责”具体化，可能是屯堡人心灵中的潜意识行为了。

在屯堡人的村寨中，有一两个上述的建庙位置要素的土地庙常见，但要集合以上几个要素的土地庙并不多见，但我在西秀区的山岚桥村和曹屯，就见到了这样的土地庙。山岚桥村的土地庙有两座，一座在村边、路边、井边、桥边，在20世纪60年代经过重修。另一座在村边、路边、河边、桥边、田边，是2000年重修过的。曹屯的土地庙有四座。A在路边、水边、桥边。叫寨门土地。B在路边、水井边、桥边、田边。叫水井土地。C在路边，山丫口处，有山神庙的“味道”。D在山脚、路边、田边。有秧苗土地的意思。

由于土地庙所处位置的因素，人们也赋予了它不同的职责，也就有了不同的称呼。在村口的，称为“寨门土地”，在水井边的，称为“水井土地”，在田边的，称为“秧苗土地”，在山脚、山丫口处的，称为“山神土地”。

一般而言，村寨的土地庙是全村人共有的神灵，不管村里有多少个土地庙，祭拜时原则上都要求祭拜。但在有的村寨，村寨的土地庙被人为地划分开来。

比如在西秀区七眼桥镇的章庄有三座土地庙，A 在老寨的田边、路边，是肖家的祭祀之处。叫“肖家土地”；B 在寨子很远的山脚路边，是金家的土地庙，称“小燕坡土地庙”；C 在寨子的一个井边、田边、路边、桥边，是其他人家的祭祀之处，叫“大龙潭土地”。

西秀区旧州镇的苏吕村有两座土地庙，A 在村的田边、寨边、路边、村口，是村里周姓人家祭祀的地方，叫“周家土地”；B 在村的寨门边、路边，是村里彭姓人家祭祀的地方，叫“彭家土地”。

西秀区大西桥镇的三铺村有两座土地庙，A 在山脚丫口、路边，叫上关土地，是村中“上关”人祭拜的地方；B 在山脚丫口、路边，叫下关土地，是村中“下关”人祭拜的地方。在此村中，他们以村子的中部来划分为“上关”和“下关”，并各有一个土地庙。

西秀区蔡官镇的青山村有两座土地庙，A 在路边、桥边、田边。叫下院土地，是下院人祭祀的地方；B 在路边、桥边、田边。叫上院土地，是上院人祭祀的地方。

中所村的土地庙和“钱库”

前两个例子是以村中姓氏来划分的土地庙，后两个例子是以村中地域来划分的土地庙。这表面上只是一种村人多而分祭的行为，但根底下却有姓氏和其他文化的一定因素。其实，这种行为在土地信仰文化中是可以理解的，我们在天柱就见到过“家门土地”，一家人在门口为自己的家建了一个土地庙。在三穗，也有一种小小的建在房子边的土地庙，叫“家宅土地”。

在屯堡人村寨的土地庙边上，一般是不会有什么附属建筑的，但在西秀区大西桥镇的中所村和鸡场屯，以及附近的雷屯，还有旧州镇的水桥村，我们见到了一种叫“钱库”的建筑。这个建筑是一种塔形建筑，当地老人说，这是钱库，也有人说是供菩萨的“庙”，说人们平时在里面烧一些纸钱，在阴间和下辈子就不缺钱用了。在土地庙边建立“钱库”的，只在中所村、鸡场屯一带出现，在其他地方未见。

在土地庙附近有建筑的还有在水井边上的龙王庙。在水井边上建土地庙在屯堡人村寨里是常事，但在有的村寨还同时在土地庙边建立龙王庙，与土地庙并立。

这两种土地庙边上的建筑，实际上不是土地庙的附属建筑，而是另一种信仰因素的叠加。“钱库”信仰因素大概是佛教本地化、世俗化的一种表现，后者应该是中国固有的龙图腾信仰的一种表现。

土地庙的修建，一般为村人集资修建的，但也有个别的由个人还愿而修的土地庙，如西秀区大西桥镇的鸡场屯村的后山就一并有两个庙位，一个是村里人集资修建的，一个是有一个许愿的人自己还愿时修的。

土地庙和土地庙神像

土地庙对于屯堡人是很重要的。地戏是屯堡人文化中最为光彩夺目的东西，许多村寨都以拥有它为荣，但在屯堡人居住的村寨里，不是每个村寨都有地戏，而每个村寨却必须要有土地庙。

在屯堡人的村寨里，几乎是所有的村寨都有土地庙，而且是有一个路口就会有一个土地庙，一般的村寨至少有一个，大的村寨或者说历史悠久的村寨，就会有数个，我们在西秀区的二铺村看到了六个土地庙，是我们看到的土地庙最多的一个村子。

这是安顺屯堡人最大的一个土地庙——三铺村“上关土地庙”

在屯堡人的村寨里，土地庙一般是一种长宽在一米左右，高在不到两米的小房子式的建筑，形制上变化不是很大，在安顺的四个县区里都大致如此。这样的土地庙由上下两个部分组成，下面是一个60—80厘米的基座，这个基座内空，有一个长条形的孔，一般用来烧化纸钱。基座之上是一个小房子，正面设一门，有的土地庙门边还有门柱，并刻有对联，或留出粘贴对联的地方，门内是土地公婆的神像。

这些对联多是一些吉祥之语，如西秀区七眼桥镇两所屯村的秧苗土地，就有对联为：“山青水秀民安乐，秧苗土地保丰收”。横批为：“清吉平安”。

从材料上来看，老的，旧时代留下的土地庙多为石料所做，古朴有致；现代建立的土地庙多为石、砖、水泥等，有不少的地方还在外面贴上瓷砖为装饰。

在屯堡人的村寨里，一般的土地庙就如上所描述，但也有例外的，如西秀区大西桥镇的三铺村的两座土地庙，就修成了一座像一座大房子似的庙宇，与一般道家和佛家的庙观没有多大区别。还有个别的村寨，把“钱库”的样子与土地庙的样子揉在一起，把土地庙修成了一个六角形的样子。

土地庙可能是所有信仰性质建筑中最不起眼的建筑，但在土地庙里土地公土地婆的形象，却让我们在调查中出人意料的惊喜。住在世界上最小的地方，管理最大世界的土地神灵，在屯堡人心里被演绎成如此姿态万千的形象，让我们不知说什么好。

在这些土地公公和土地婆婆的神像中，以石刻、彩绘的为最多，其次是石板刻、彩绘。石刻彩绘是用石头刻的神像，石板刻彩绘是在石板用线刻或者是浅浮雕的形式所刻制的神像。石刻像中，还有描金的神像。在石板像中，还有一种是画像的神像。当然，石像中也有仅石刻之，不彩绘的。

镀金的土地公婆神像

在土地公、婆的神像中，木刻彩绘的神像也不少，也有木板彩绘的，以及木板刻彩绘的。

泥塑的土地公公、土地婆婆形象也是屯堡人的一种选择，这种神像是要彩绘的，也有描金的。

在屯堡人的土地庙里，一般是一个土地公公、一个土地婆婆，也有极少数只有一个土地公公的土地庙。在一个土地公公、一个土地婆婆的基础上，又衍生出另外的角色者，在屯堡人的土地庙里也有。

比如在西秀区七眼桥镇两所屯村的寨门土地庙里，不但有石刻彩绘的土地公公、土地婆婆，还外加了一个金童、一个玉女，一共四个神像。

西秀区七眼桥镇的汤官屯村的一座土地庙里，其土地神像为龙头状，且土地婆婆手里捧的是宝珠。

西秀区幺铺镇的云台山土地庙中，有土地公公、土地婆婆的神像，旁边却还有小瓷像为土地奶奶的神像。

这些土地公公和土地婆婆的形象，全部是村民自己的作品，有慈祥的、有威严的，有笑容可掬的、有怒容满面的，有神性十足的、也有世俗性十足的，有全身像的、也有半身像的，有老态的、也有壮年的……实际上，你在这些屯堡人的土地庙里，看到的净是一幅幅屯堡人的世俗生活的画卷，看到的是一群如同生活在他们中间的性格各异的老公公和老婆婆。

我以为，屯堡人的土地庙神像，是一种不可多得的民间艺术。

土地庙的祭祀

土地庙的文化是固态文化，而土地信仰文化中的活态文化是其一系列的祭拜活动。

在祭拜土地庙中，时间是一个重要的表现。我们在采录中，以西秀区的屯堡村寨为例，记录到这样一些祭拜的时间，这个时间应该是以农历计算的时间。

一月份有：正月初一、正月初六、正月初九、正月十三、正月十五、正月十八、正月廿九

二月份有：二月初二（白龙会）、二月十九

三月份有：三月初三

五月份有：五月初五（端午）、五月十五、五月廿八

六月份有：六月初六（秧苗会）、六月十九、六月廿四（雷神会）

七月份有：七月十五（中原会）、七月廿四、七月三十

八月份有：八月十五

十月份有：十月初一（牛王会）、十月十九

十二月份有：三十晚上

还有一些会口，也是屯堡祭拜土地庙的时间：秧苗会、太阳会、雷神会、牛王会、中原会、白龙会等。

在以上的时间表中，三月、四月、十一月、十二月祭拜土地的时间最少，这与农业生产的时间是相吻合的。

祭拜土地庙的祭品有：刀头（即切成方形的一块猪肉）、猪头、鸡、豆腐、鱼、水果、糖、饭、茶、酒、煎鸡蛋、肉、血豆腐等。

祭拜土地的祭品是屯堡人基于农村生活的一般状况而言的，很朴实，“有大事情时要杀鸡、供猪头”是很生动的写照。

祭拜土地庙的形式有：杀鸡、点烛、烧纸、上香、放鞭炮、叩拜，等等。

祭拜的形式也很简单，人人都能在土地神灵那里，用最简单的方式，得到土地神灵的安抚。

平坝县五里屯人用鸡祭拜土地神灵

祭拜的理由有：“六月六领娃娃在土地庙面前吃饭，是为了保佑娃娃平安。望土地保佑子孙后代。”

“在土地庙烧的纸是给土地的，在钱库里烧的是给自己烧的，即把钱烧在钱库里存上，在阴间就不会缺钱用。”

“有大事情时要杀鸡、供猪头。”

“许愿还愿。”

“出门的人也要来拜的。”

“六月六，秧苗会（保田间秧苗），定田间管理村规。”

“六月六，秧苗会（保田间秧苗，做护工，修路，等等），全寨的人一起供。”

“有事也拜。”

从祭拜理由那里，我们也不难看出，屯堡人在土地神灵那里所求不多，是一种简单生命形式的表达。

这些，全都渗透了“草根信仰”的全部精华。屯堡人应该是一个深悉简单生命哲理的民族群体。

这是一个我们中国人古老信仰存留在黔中大地上活的信仰文化的表现。

第四章 贵州当代民族民间信仰文化的源和流

在前三章中，我们展现了贵州民族民间信仰文化的基本面貌，可谓是林林总总，千姿百态。这个展现意义非凡，即它是我们通过对贵州当代主要的民族民间信仰文化的调查，而呈现出来的四大族群（应该加上汉族人的不同时代的进入者）文化中各自的原始信仰文化的“贵州状态”。这个“贵州状态”，既包含了这些民族民间信仰文化在“历时性”上的诸多因素，也包含了这些民族民间信仰文化在“共时性”上的诸多因素，以及地理环境等诸多方面的影响。

这个“贵州状态”的意义还在于，处于贵州境地上的四大族群（应该加上汉族人的不同时代的进入者）的原生态文化区域都不在贵州，而进入贵州境地后，却有效地相对地保持了他们那个旧有时代的文化。不同时期，不同族群的文化，一进入贵州，就在一定程度上把他们带来的族群文化积淀了下来，并成为一种活形态的“文化化石”，或者说是“文化基因”。这让我们所谓在“中原”或“世界”上已经取得了文化“进步和发展”的人们倍感惊奇。同时，这种文化的自在状态又让他们迷惑不解。实际上这种存在对我们人类不是一种悲哀，而是文化的一种自在的运行状态，只不过这种状态我们在许多“发展”了的地方看不到了。这是一般性质的族群文化的“贵州状态”的意义，信仰文化中“贵州状态”其实是这些族群文化的“贵州状态”的核心，它们在一定程度上决定了一般意义上的族群文化的“贵州状态”的基本色彩。另外，四大族群（应该加上汉族人的不同时代的进入者）在贵州境地上演绎了“族群历史上信仰文化的大戏”，也就能在一定程度上呈现南部及东南部的大半个中国的原始信仰文化状态。四大族群（应该加上汉族人的不同时代的进入者）文化中各自的原始信仰文化的“贵州状态”，这种描述本身就有很大的学术价值和学术创新意义。但是，这应该只是一个起点，我们还得从此进入贵州各民族民间信仰文化的不同领域。

第一节　苗族信仰文化的源和流（上）

贵州苗族的信仰文化极为丰富，也是非常有特色的。像苗族这样几千年一直崇信巫鬼，喜好祀鬼行巫的民族，在世界上绝无仅有。我们过去对苗族的巫鬼文化负面描述和负面看待的多，但深入理解的少。我以为，了解贵州苗族信仰文化的源和流，也就是这种理解的一种努力吧。

一个信仰行为的发生，必须得有一个信仰对象的观念实体存在为前提，即你信的是什么！苗族信仰文化的“源”应该首先从它的鬼的来历说起。

在苗族的信仰文化中，最老的鬼是从一群蛋里生出来的。我们在雷山县得到的关于鬼是如何产生的神话是这样的。

古时，乌纫你公，乌纫金奶，他俩开天辟地已成，乌纫你公就往前方走，经商做生意去了。乌纫金奶坐等三年满，三载圆。

公没返回来，奶提水包米前去找。下游找不到，上游遇不着。找至冲旁，寻到沟边。碰见芦笙竹，闯到了筋竹。奶开腔问道：“你们认识乌纫你公不？他去哪儿经商，走哪里经营呢？”

芦笙竹答话，筋竹来回音：“我们不认识乌纫你公，也不认识你乌纫金奶。不知他去何方经营，也不知他走何地经商。”

就这样，奶深感气愤，来砍芦笙竹，来劈筋竹子。芦笙竹以贾来辩驳，筋竹提理来辩护，奶啃贾不动，吞理不没。奶给竹子内部填铜钱，外部抠铁丝。芦笙竹成节节，筋竹成筒筒。

奶又找到了河坝，寻至沙滩，遇见花蝴蝶，碰上舔水虫，围住水獭和鱼屎。奶提问道：“你知晓我公的身躯，认识我公的尸骨不？”

蝴蝶答话，水虫应声：“我们不闻你公身躯，也不闻你公尸骨。”

奶很气愤，往南捶三鞭，死了三千，往北敲三棒，死了三万。

蝴蝶来讲理，水虫来辩论：“我们闻水獭鱼屎；不闻你公身躯、尸骨。你的脚乱踩我们；手瞎捶我们。”

以贾来摆，以理来论，奶啃贾不动，吞理不没。奶去南方运来丝绸，走北方运来缎子。来补水虫的尾巴，来贴蝴蝶的翅膀。白色的补成白，黑色的补成黑；黄色的补成黄；紫色的补成紫。蝴蝶变成两节尾巴；水虫变成双层翅膀。

蝴蝶和水虫把话说：“你这位奶把我们的翅膀和尾巴都通通补好了，我们来跟你讲，公下到下游乌纫你；上至上游乌纫金，去居心不良，去生意不善。别人宰公身，断公气。落气在乌纫你下游，死亡在乌纫金上方。你回去家中，转去家里。等到正月间，待到二月里，你去河中浪头陪伴，走沙滩河旁会亲。你公远从乌纫你下游走来，遥从乌纫金来到。风从南方吹，你的臀部就朝南方摆；风从北方刮，你的臀部就往北方移。”

就这样，奶就转回屋，退回家。等到正月，待到二月。奶去河中浪头陪伴，走沙滩会亲。奶奶体形变双层，肚腹呈双槛。腰带围不周，衣带系不拢。去河边产，害怕三泼大水。走岸上生，害怕三泼大霜。奶爬到吉杉九桠，上至老松七桠，用巴茅作垫，以夏茄做盍。奶产下十二个宝，十二颗蛋。奶孵了三年满，三载圆。既不育儿，又不发幼。奶无奈，跨一跨，步一步逃出去。

姜央主义妙，藏在蛋壳里说话：“你孵三夜就出生，丢掉三夜都败坏。世上无人类。”

奶答话来说：“我已逃出了窝边，跳出了筐沿。我跨出一步，跃走一脚。手化冷，掌变辣。转孵就不生儿繁子。”

这样，才喊老岩鹰来孵，唤老鹞子来抱。孵了三天满，抱了三夜园。就变成了十二颗黑蛋和花蛋出来。

这段苗族的“神话”说到这里，马上就要打开苗族世界生命和生灵的“大演绎”。而这段苗族的神话，却不是我们所说的一般意义上的神话。

在雷山县的陶尧这个地方，有一个巫师叫唐炳华。他从小没有进过学校，不识汉字，但他有个很灵光的脑袋……。1988 年，雷山县民委苗文办在陶尧举办苗文师资培训，他来学七天，回去后就用学来的苗文写下了关于雷山苗族所有的巫鬼文化的文献。更巧的是，雷山县民委的杨通华先生，发现了这批文献，并把它译成了汉文。这样的文献与我们所说的由外来者调查的文献区别很大。苗族巫师所写的苗族巫文化的文献，又由当地苗族的文化人自己翻译出来，在行文和表述中都脱不开苗族语言的习惯和影响，但正是这种状况下表述的苗族神话，我以为才是真正的苗族自己的神话。以上的神话文字就是从他们的文献中得来的。

“乌纫金奶”这个苗族的女性创世神，通过“去河中浪头陪伴，走沙滩会亲”的方式，与已经死去的苗族男性创世神“乌纫你公”的灵气相会，就使自己“奶奶体形变双层，肚腹呈双槛”，也就是说受孕了。这种神奇的受孕方式，使“乌纫金奶”产下了十二颗蛋。“乌纫金奶”把这十二颗蛋孵了三年，再加上老岩鹰和老鹞子孵的三天，这十二颗蛋“就变成了十二颗黑蛋和花蛋出来”。人，包括苗族的祖先“姜央”，和世上的一切的生命和鬼、怪、灵，等等，都从中出来了。在这十二颗蛋里：

“亮的去成龙，
红的去成雷，
兰的去成姜央，
长形去成蛇，
花斑去成虎，
黄的去成十九女井妖，二十男井魔，
白的去变成三个地神；
黑的去变成十三个女神黑脸，十三个妇神乌面；

乌的去成二十个护山神，二十家护梁仙；
怪的去成横脐单独，十七个同龄魔，十七个同龄妖；
灰的成骆驼、大象；
朱色的成野猪和山羊。”

在这些蛋中，一种蛋变成了人，这就是苗族的始祖姜央。有5种蛋变成了动物。黄蛋、白蛋、黑蛋、乌蛋、怪蛋，加上红蛋，通通变成鬼。

这应该是苗族人自然鬼的起源神话，但这并不是苗族祖先鬼的起源神话，这六个蛋中，并没有祖先鬼的影子。苗族人祖先鬼的起源有另外的神话表述。

乌纫你公怎样变成鬼的？是因为公去偷砍别人的银柱和金柱。别人就来追查公，公害怕就逃回到半路。有位养公，放出一对科力记，来到途中等。刳成一眼岩硐，上面按一块大石板，下面按一根弹棍。等了三天三夜，乌纫你公才来到那个地方。

那对科力记赶忙说道："公，我俩遇到一颗石头生蛋和鱼被粘胶，野雀钻鱼笼。"

公回话说："我六七十岁人，下游我到来上游我打转。未遇石头生蛋，鱼儿粘胶，野雀去钻进鱼笼。你俩小小的科力记，前天才生，前夜刚诞，你俩遇到这些，你们带我去看。"

两个科力记手指着说："在那里面，你老人家各去看。"

就这样，公亲自钻那口岩洞去，拿手去摸看那根弹簧棍。落下那块大石板把公压死了。公的头发去变成巴茅草，眉毛变成夏茹草，头去变成山巅山岭，肠子去变成水，脑水去变石灰，小腿骨去变成山梁和山坡，口气去变成火气和大风，心脏去变成下游大王，肾藏去变成上游大王，一口牙齿去变成三个外面多舌口咀鬼，三个家中多舌口咀鬼，舌头去变成三个吵嘴鬼，三个好斗鬼。

这里说苗族的男性创世神乌纫你公也因为死亡而把自己身体的各个部分，变成了各种各样的鬼。这也就是苗族祖先鬼的源头。

在台江县的苗族神话中，苗族鬼也是从一群蛋里出来的，只不过它不是由苗族造天造地的创世者生下的蛋，而是苗族的六世祖"相告"的女儿"留相"和"榜相"所生下的蛋形成的。在台江，据说苗族的第一世祖先名叫"秋纠"。从秋纠往下数是，友秋—洗友—呆洗—告呆—相告。

到相告时，他没有儿子。一次，他在大枫树的洞中发现了两个女孩，于是就把这两姊妹作自己的女儿，取名为留相、榜相。

这两个苗族的女性祖先，一共生下了十六个蛋。

在这十六个蛋中，变成人的蛋有六个。黄蛋变成了昂（人），透亮蛋变成了拉（人），白蛋变成了白人，朱红蛋变成了红人，黑蛋变成了黑人，蓝蛋变成了蓝人。其中的"昂"和"拉"是苗族的祖先，并且苗族人的世系又从这里往下接续，昂留—所昂—拢昂—拢所—立拢—基立……往下数。在台江县，有人能从昂留起数至42代的。而"拉"被视为另一支的祖先，不在这一支系里。

有五种蛋变成了动物。蓬松蛋变成了水牛，褐色蛋变成了黄牛，花蛋变成了虎，乌红超蓝条花蛋变成了龙，长蛋变成了蛇。

剩下的五个蛋变成了一共13个鬼怪（参见第一章第一节）。

这就是在台江县的苗族神话中表述的苗族原始鬼，苗族的鬼就是从这里开始，逐渐形成今天的苗族人的鬼世界和鬼世界观。在苗族中，鬼有"善鬼"与"恶鬼"之分，也是从这时候开始的。

苗族信仰文化的源头认识，我们还可以在其祭鬼人——鬼师的形成中得到佐证。

在雷山县苗族的神话中说：

远古，有个养细公。他把大大小小的鬼都捉了，拿去通通锁在岩硐里。放在很阴暗的深渊大溶洞里面。村村寨寨，都没有鬼了，也没有闹架了。养细公去住在鹰歌岩脚下边；站在马鞍崖梁上边。养细公到方荣良、控占革去娶亲，接得务仰香做妻子。他们生活没有多长时间，养细公又另外去接务卜虾粘来作为后妻。务卜虾粘也就是务仰香的妈。

这样，方荣良、控占革的亲友，就来找养公讲理说："你这个养公。你劈柴偏了斧子，你开亲错了帮辈。我们要你找出一头水牛两条尾，一匹马两排综，一个锣两面敲，一件青天衣，一双毒蛇眼珠，才提升我们的名誉，树立我们的威望。你找不到一头水牛两条尾，一匹马两排综，一个锣鼓两个面，一件青天衣，一双毒蛇眼珠。你坐地方不稳，你居家乡不宁。"

养细公没有话来应，没有言来横。走到下游找不着，串通上游遇不了。他想到天高地硬，来对务卜虾粘说："我坐地方不稳，居家乡不宁。我要逃去外地，跳到外乡去了。你各坐在家中，守着家里罢了。"

务卜虾粘回答说："现时，我觉得自身，已经形成双身体，双层肚了。到那里，孩儿堕落到地下，婴儿降落到地头。名字如何起，姓名如何兴？"

养公回答道："若是个男孩，叫做鄱养或鄱科；若是个女孩，就叫帮格养或者格科。男儿得好名，女孩获良姓。来继承养细公的家业，来接替务卜虾粘的家产。我下到大河顺水行，我逃到大水顺河走。我拿走柴刀丢下刀壳，抱走公鹅，丢下母鹅。我去找地方生活，我去寻村庄安身。以后，等鄱养大成人，待鄱科大成哥。他来询问到我的姓名，来查实到我的名字。他捉一只花猫，抱来一只猫儿。沿着大河而上，顺着大水上行。来到巴拉河口，走拢清水江汇流处。砍下花猫的头颅，宰下猫儿的脑袋。花猫的头滚到巴拉河，就沿着巴拉河去找。猫头跳到清水江，就顺着清水江去寻。才知道我的姓；才晓得我的名。"

这样，养细公就往外逃走了。

从石头寨下去，穿过岩寨走。下到九陂岩，穿过七片岩。……爬上长洞（雷山城），穿过长格。来到养懒，下拢阳常。养细公沿着河水而上，到了这里，他来雕修石柱来刻铿岩方，立房子住。来开田种地吃修塘挖井喝水。来满十七个春秋，来住十八个冬夏。务卜虾粘，生下鄱养儿；把鄱科抚养大来了。

有一天，鄱养问他妈说：“妈！别人有妈，我也有妈。为啥别人有爹，我却没有爹呢?”

务卜虾粘回答说：“你爹劈柴偏了斧子，开亲错了帮辈。他坐地方不稳，坐家乡不宁。他逃出外地，跳出外方。他下到大河边，沿着大河上去了。他再也不回来了。”

鄱养再问道：“你知道他到哪里去生活，到哪方去喝水?你说我去找我爹；我去探寻我的爸爸。”

务卜虾粘又回答说：“你来抱这只猫，拿着这只猫，你沿着大河上去；顺着大河去找。去到清水江河口，走拢巴拉河口。去砍掉猫的脑袋，去割下猫的头。头跳到清水江河，你沿清水江去找，头跳走巴拉河，你顺巴拉河去找。这才问到他的真名，才问到他的真姓”。

就这样，鄱养按着他妈说的情况去找，下到大河边，就沿河水而上。走清水江和巴拉河口，把猫的头砍下，猫的头自然跳到巴拉河上。鄱养就一直沿着巴拉河找上去。寻找到养懒、羊常这里了。不知不觉恰恰问到养细公。他细细听，符合原来的情况，符合以前的底细。就回话小孩说：“你真也是我的儿鄱养，你假也还是我的儿鄱科的话。我从家出来，我抱来雄鹅丢下母鹅，要来柴刀丢刀壳。你回去把刀拿来合壳，母鹅来合公鹅，一只叫，一只应。这样，才喊你为鄱养，才呼你为鄱科。”

鄱养完全听到了，就急忙顺着大河返了回去，把母鹅和柴刀壳都一起拿上来了。养细公拿刀来插在刀壳完全符合。公鹅也完全符合母鹅。一只呼一只应。这样，养细公就来喊鄱养儿，认鄱科为亲生子。

养公细生又回话来对着鄱养说：“现在，你真的也是我的鄱养了，假的也是我的鄱科了。你再返回去拿我们的门神来，拿我们祖宗的神龛来，又拿我的神龛来，又拿我们家的三个田神，三个塘仙来。这样，我俩生产才得吃；狩猎才获兽。水上好谷物，水中鲤鱼大。我关在石柜里，闭在岩箱间。有口柜，上层关的是鬼；底层关的是瘟疫。上层别去开，底层别去通。你去开中间那一层。才得到三只田神，三个塘仙。才得到大门神，才得到祖宗神龛。”

这样，鄱养仍然打转回家去。钻到阴深的石柜里；窜进暗淡的岩箱，打开要得三只田神，三个塘仙。要得门神，要得神龛了。鄱养又去开上层柜，又通底层箱。三口箱柜都完全被他开通了，这样，那些鬼，那些瘟疫，都跑出外面。人还未转来到，鬼和瘟疫已经跑来到了。鬼与瘟疫都到处散满了村村寨寨。

养公细生已经晓得鄱养违背了他交待的规矩，就恨在心中；气在腰间。手中持着晃利钢刀，跑到干松毕敌，等鄱养转来到劈鄱养成两半，砍鄱养做两节。鄱养快要回到养公细生的跟前时，就大声的呼唤着说：“长心点罢”！

养公细生握紧大刀说：“你不依我的话，我告诉你：上柜不要去开，底箱不要去通。三口箱柜你都开通了。人未转回来到，鬼就早来到了。这时，你转回来到了，我要宰你的身，断你的气!”

鄱养立即双膝跪地，哀求着说："算了，爸爸！我已经做错了。你不要砍死我，留我的命住在人间。待以后，兴鬼必然兴师念，兴理必然兴王断。有鬼有巫师，有理有皇帝。爹，你不要砍我的身，也不要断我的气。"

这样，养公细生就软下了手，轻言细语来说："不错你已经错了。我俩爷崽就尽其力量去把鬼捉拿下来算了。"

这样，鄱养两爷崽就日日夜夜捉鬼，捉拿瘟疫不停。捉到鬼和瘟疫来了，他两爷崽就带到排乐上来那两口塘（现九十九水库），拿鬼和瘟疫去埋。就在塘的底下，挖了一个很深很深的大洞，拿鬼和瘟疫去埋在底下，用青石板严严盖在上面，才放水来淹没平静如一面鼓塘。后来人们具名为"掌商翁略"。

鄱养爷崽，捉拿了千千万万鬼和瘟疫。虽然这样，也捉不完。"鬼藏于寨上，疫飘于天空。村寨有巫师，地方有王人"。由此产生了巫师。

在台江的苗族神话中，生下十六个蛋，从而产生苗族原始的鬼怪群体的两位女性始祖，其父亲相告，就是苗族神话中的第一代鬼师。在这里，我们参照雷山县的鬼师诞生的神话，会有一个惊人的发现，即鬼的出现是必然的，但在鬼师出现前是可以控制的，即能够"捉完"。这在许多的苗族关于鬼的产生的神话传说中都有这样的情节。

有鬼必然是要有鬼师的，鬼师自然是捉鬼的、驱鬼的、解鬼的，但我们从以上的神话中看到，现今鬼的出现直接与鬼师相关。鄱养两爷崽日日夜夜捉的鬼，是鄱养放出来的；相告的后辈捉的鬼是其女儿生出来的。

从这里我们看到，鬼和鬼师实际上是一种伴生的事物，鬼师是与鬼的诞生同时诞生的。

苗族的鬼在苗族人的创世神话中出现，那苗族鬼文化的源头应该与苗族文化的初始文化直接相关。苗族人和非苗族人都公认蚩尤是苗族人的先人，而蚩尤大家都知道他是与我们中国华夏民族的先祖炎帝和黄帝是同一时代的人。而与炎帝和黄帝同一时代的蚩尤，创造了苗族历史上最为辉煌的历史时期。这个辉煌在苗族的一系列的神话传说中有大量的体现，在炎黄子孙的文献中也有反映，比如"蚩尤主五兵"，以及把蚩尤称为"兵主"、把蚩尤描述成"铜头铁额"的"战神"，等等。但是，蚩尤时代最显著的文化到底是什么，却至今没有一定的描述。要较好地理解这一问题，我们来看看苗族人的创世神话。

远古深幽幽，
深幽幽远古。
天粘地紧紧，
地贴天严严。
下游不通风，
上游不现阳。
不成四方地，
不见清水源。

有个银公公，
有个金奶奶。①
砍薅稿烧火，
劈芭茅点灯。
上端顶着天，
下端抵着地。
滑脚在鱼塘，
跌跤进鸡窝。
水牛下边看，
马在上边瞧。
牛笑落了牙，
马笑掉了角。
奶冲气在腹，
奶发火在肚。
你当公不成，
你作父不像。
撑天天不开，
踏地地不陷。
天粘地成块，
地贴在成张。
手指插不进，
耗子钻不通。
劳动不收成，
狩猎不获兽。”
公冲气在腹，
公发火在肚。
下去银水河，
上去金水溪。
从下游运来，
十三船银子。
从上游运来，
十三船金子。
喊杀当来造，
唤杀溜来铸。②

雷山苗族人的独脚寨门

① 银公公、金奶奶，传说开天辟地的先人。
② 杀当、杀溜，善于铸造金银铜铁的技师。

往秋才来安。[1]
造成十二根银柱,
铸成十二根金柱。
撑天才上去,
踏地才张开。
成天大家看,
成地人多踩。
白天无太阳,
晚上没月亮。
铸银在岩缝,
变成了月亮。
铸金在石窝,
变成了太阳。
漫在石窝旁,
溢在石模边。
溅起成云雾。
滚圆成星星,
变成深夜间,
凝结成露珠。
十二个太阳,
十二个月亮,
飞到太上空。
……

世界上每一个民族都会有这样或那样的创世神话，这是他们解释和理解这个世界的第一步，走不出这一步，就像我们在茫茫宇宙中找不到一个时间起点一样。同样，世界上的每一个民族都会有这样或那样的创世神话的方式，都会以他们认为最好的方式来创造他们的创世神话，都会自觉不自觉地在创世神话中“彰显”或“标榜”自己的文化成就。苗族人的先民就是如此来创造自己的创世神话的。他们在创造他们的世界天地时，用的是“十二根银柱，十二根金柱。”并用银创造了十二个月亮，用金创造了十二个太阳。这里面隐含了什么样的文化秘密呢？我们以为是苗族先民在当时的“最高物质成就”在这个神话中的折射。这个“最高物质成就”是什么呢？是“蚩尤主五兵”中就说明了的“金属文化”。“金属文化”是笔者给苗族先民的“最高物质成就”的一个名词。中国古代的史籍有明确的记载，蚩尤的族群在当时是在一定程度上掌握了冶炼金属的技术，并以此打造了“五兵”，掌握了在当时是最为先进的金属兵器。以此，苗族人的先民用银和金铸造了自己的世界和天空，就是顺理成

① 往秋，能安桩立柱的技师。

章的了。与蚩尤争夺中原天空的炎帝和黄帝，对苗族先民的“金属文化”是印象深刻的，并承认了它在文化上的成就。但是，苗族先民在创造物质文化的辉煌时，同时还创造了另一种精神文化的辉煌，这就是苗族的鬼文化。我们今天在理解鬼和相关文化时有许多的莫名，但在当时，能如此人文化的对生命和生命现象的解释，是要有相当的创造力和想象力的。

苗族人的鬼和鬼师文化在苗族人的文化中产生，并以此作为苗族人鲜明的文化特质，一直贯穿了苗族文化几千年。我们在绪论中说道，信仰文化是一个族群文化的核心。那么，是苗族人的文化中诞生了苗族的巫鬼文化呢？还是苗族的巫鬼文化缔造了苗族人的文化呢？我以为都是。

第二节　苗族信仰文化的源和流（下）

苗族巫鬼信仰文化与其文化的发生同源，这个“源”应该与中华的华夏文化发生是不相上下的，并且还对华夏文化产生了广泛的影响。这样来表述的基点是苗族先民创造的巫鬼信仰文化影响了周边其他族群的文化，这个先决条件似乎有些武断，但是，历史上有谁的先民打败过华夏始祖的炎帝和黄帝？有哪个民族像苗族那样至今仍然于巫鬼信仰文化“痴迷不悟”？只有苗族。苗族先民创造的巫鬼信仰文化确实在历史上影响了所谓的华夏文化。

中国的甲骨卜辞和金文，是最有力的实证性的文化例证。

在中国的甲骨卜辞和金文中有不少的“鬼”字，其形有写作“”的，像脸上盖有东西的死人，也有字形作“”的。而甲骨卜辞中却无“神”字。这个鬼字实际上还不是苗族的大鬼和原始鬼群中的形象，而是比苗族的原始鬼群的鬼更晚一些的“死人鬼”。即这个鬼字是根据死人变鬼这个概念来创造的象形文字。这也说明，苗族的先民早在商代以前就创造了自己的巫鬼信仰文化，而其他族群是在晚一些的时期接受了苗族先民的鬼文化，而且只是其“死人变鬼”这一部分的鬼文化。

苗族先民的信仰文化中，是没有“神”这个概念的，神是后来华夏族群的人们从鬼的概念中慢慢发展而来的。故“神”字的出现是后来的事情。申，甲骨文有好几种写法，如“”，其形像雷电的闪耀曲折。古人见电光闪烁于天，认为是神所显示，故以“申”为“神”字。许慎《说文解字》：“申，‘神’也。”另一方面，神字的产生仍然与鬼字密切相关。《说文解字》中的“神”字作“䰠”（䰠），“神也，从鬼，申声。”清人王筠在《说文句读》中认为“䰠”是神的别体字似乎不太准确，应该说“䰠”才是神的本字。

在先秦时期，《墨子·明鬼》下曰：“古之今之为鬼，非他也，有天鬼；亦有山水鬼神者；亦有人死而为鬼者。”

汉代的王充《论衡》中也有《论死》《死伪》《订鬼》三篇专论鬼神，足可看出当时鬼观念的影响深远，而神尚未占有相当的社会地位。

从这个“源”上走来，苗族人的巫鬼信仰文化，虽然在不同的历史时期都有不同的表现和变化，但“信鬼好巫”的本性一直未变。

中国历代的史籍对苗族人这种信仰文化的记载，正好从一个角度“编列”了这种信仰文化的历程。

汉代就有史载楚地之俗“信巫鬼、重淫祀”,①“其俗少学者而信巫鬼”。②

到了晋代,《襄阳记》载有襄阳之俗“信鬼神”。

南朝时,“鄂俗计利尚鬼，病者不药而听于巫”。③

隋朝,《隋书·地理志》下有“大抵荆州率敬鬼，尤重祠祀之事”。

唐代诗人元稹诗《赛神》:“楚俗不事事，巫风事妖神。事妖结妖社，不问亲与疏。年年十月暮，珠稻欲垂新。家家不敛获，赛妖无富贫。杀牛贯官酒，推鼓集顽民。喧阗晨闾隘，凶酗日夜频。”④

宋代,“荆湖民俗，岁时会集或祷祀，多击鼓，令男女踏歌”。⑤

元代有说“楚俗信巫不信医……凡疾，不计久近深浅，药一入口，不效，即屏去。至于巫，反复十数不效，不悔”。⑥信巫犹盛于信药。

这里记载的大多是中国长江中下游地区的“信鬼祀巫”的情况，而在这些时代，苗族人有文化影响力的中心聚居区也就在这一带。

苗族先民在蚩尤失败之后，就走上了一条不断往西迁徙的“历史”道路。这条“线路”可能只是苗族人的一条“心路”，其他人很难说清楚。只就大概而言，应该是从长江的下游—中下游—中游—洞庭湖地区—五陵地区—清水江一带。历史都是现代人的历史，其他的我们都很难说清楚了，但在清代鄂尔泰开“新疆六厅”之前，清水江一带则是中国版图上最后的一块“生苗”之地。

这就是苗族人巫鬼信仰文化的“流”的历史文化背景。

对自身文化，尤其是信仰文化的保持和发展，一般要有几个条件，一是文化族群对自身文化的自信心；二是这一文化的内凝聚力；三是外部环境的“文化压力”。

第一个条件在苗族的先民那里没有问题，苗族先民的物质文化（金属文化）和精神文化在生发开来的时期里，就是当时最为先进的。一个弱小的文化族群在失败后是容易改变自己的民族文化的，而一个曾经先进和强大而最后失败的文化族群，最不容易改变自己的文化，而且还会变本加厉的坚守为一种“守持心理定势”，以建立自己族群的文化自信心。苗族就是这样的民族，他们在历史的进程中，从来都没有失去过自己的民族文化自信心。

---

① 引自《汉书·地理志下》。
② 引自《后汉书·宋均传》。
③ 引自《宋书·刘靖元传》。
④ 引自《元氏长庆集》卷三。
⑤ 引自《岳阳风土记》。
⑥ 引自葛兆光《道教与中国文化》。

第二个条件在苗族中也没有太大的问题。苗族这个民族可能是被自然地理环境和人文环境“分割”得最为“零碎”的一个民族，这从数百苗族支系，数百种苗族服饰就可得到佐证。苗族人要面临的文化环境可能是最为复杂的，但是，在具体的物质利益上可能有许多种苗族人，而在文化上，尤其是在信仰文化上，就只有一种苗族人。苗族人早就学会了在极为复杂的环境中如何守持自己的巫鬼信仰文化了。

第三个条件在苗族中更没有什么问题，从苗族的先民失败以来，这个压力就从来没有“轻松”过，“非我族类，其心必异”的说法，在现今的社会里是过时的东西了，但在很长一段历史中的中国，其形成的“文化心理压力”是可想而知的。一个民族文化的“守持心理定势”状态是直接与外部环境的压力相关的，压力越大，其“守持心理定势”的指数越高。可以说，苗族人的“守持心理定势”指数，长期以来一直是相当高的。

从这里的论述我们可以看到，苗族人的先民在建立了自己的巫鬼信仰文化之后，他们的后人并没有任何试图改变他们的祖先创造出来的东西的行为，而是一种坚定的守持、丰富、发展。也就是说，苗族人的巫鬼信仰文化在他们的后人那里被相对完整地继承了下来，要不，我们今天在清水江一带的苗族里，就不可能看到苗族人那么完整的巫鬼文化系统了。

苗族人巫鬼信仰文化的“流”，我们还可以从以下两个方面来理解它。一是在苗族人现今存在的群鬼中来理解；二是从苗族人的祭祖仪式发展中来理解。

在台江的苗族中，我们上述的鬼群只是其苗族巫鬼信仰文化中的原始鬼群，在后来，他们还不断有“新”的鬼群加入。

在台江县，苗族人认为，除叫“善鬼”而外，“恶鬼”的来历大致有五种：一是人类第八世祖先的同胞兄弟姊妹变成；二是非“善终”者的灵魂变成；三是历史上的一些人或太阳变成；四是祖先用过的一些工具变成；五是来历不明确或根本不清楚者。

这第一种就是我们所说的苗族人的原始鬼群，而第二种之后的鬼，就是苗族人在其巫鬼信仰的发展变化中形成的鬼群了。让我们来看看除第一种鬼之外的四种鬼群是如何而来的。

非“善终”者的魂魄变成鬼是一类。非善终者是指死于刀枪之下和溺死、缢死、跌死，大麻风死、饿死等，这类鬼共九种。在苗族人的信仰观念中，这些人死后的“魂魄”是不能够回到他们祖先居住的地方去的，就只能变成鬼了。

这样的鬼群的出现，决不会早于苗族人蛋变的鬼群，是后来才出现的鬼群。在甲骨卜辞和金文中出现的鬼字，就是以这种鬼的形象来创造的。

台江的苗族人把太阳的影子和有力量、有能力的先祖变成的鬼归为一类。这种鬼有九个。

祖先用过的一些工具变成鬼也是一类。这类鬼共有三种，据说都是古人抬日月上天后遗弃的“勾索”和“擎天树”变成。

以上的这两种鬼群明显是在苗族先民想象基础上的新的想象性的创造，即先民没能解释的鬼群，他的后人接着解释之。因为在日常生活中，苗族先民创造的原始鬼群，并不能解释全部的鬼的文化现象，于是，就创造了新的鬼群来适应之。这样的鬼群，当然在时间上就是比较晚近一些的事情了。这也就是苗族巫鬼信仰文化的"流"。

来历不明确或不清楚的鬼又是一类。这类鬼共有 15 种。

这最后一类的鬼就明显是更为晚近一些的鬼和不重要一些的鬼。在苗族人巫鬼信仰文化中，一种新的生活景况出现的时候，在其巫鬼信仰文化中，就要有相应的"鬼性解释"。这种"鬼性解释"就会适时的产生出一些苗族的鬼来。

雷鬼至今仍是苗族人的"大鬼"，而这个鬼的发展变化历程，也能说明苗族巫鬼信仰文化的流变。这个鬼在雷山苗族的神话中，它是十二个蛋的第二个，是一个红色的蛋，"亮的去成龙，红的去成雷，兰的去成姜央"。这个雷在这里应该是一个雷，如果是几个，就会说明，像"黄的去成十九女井妖，二十男井魔，白的去变成三个地神"一样，但这里只说成雷了。

而在台江苗族人的神话里，就有四种蛋成了具有六个名字的一群鬼了。

这个雷鬼，到现代的黔东、湘西方言区里，又被演绎成一个大的家族。在麻勇斌先生的《苗族巫事·祀雷》一书中，"雷神的谱系"有：

从雷神能够享受的祭祀规格和规模看，这个群体分为三个级别档次。下面分别列出各个级别档次及其雷神的名字：

披霞光的巨灵雷神。
著瑰云的大神雷公。
乘千串金粒做帘的轿子之巨灵雷神。
坐万拄珠玑做帘的玉辇之大神雷公。
（以上雷神最高贵，用白水牛祭时才可以请迎）
府第在星斗中心的巨灵雷神。
宫殿在明月中央的大神雷公。
大神雷公"蒙王"。
巨灵雷神"蒙皇"。
（以上之雷神次高贵，用黑水牛祭时才可请迎）
居住在雷州的雷神们。
栖息在雷县的雷公们。
高坡的"索尼"们。
峻岭的"索果"们。
七位顽强的女雷龙雷鬼。
七位勇烈的男雷神雷魅。
"高锐厚西"轰隆隆巨响的"徕"氏雷神。
黑云团的"卧如宝泽侯爷"雷公。
乌云堆的"侯衙堵标"雷神。

七位司云雾与雨露的雷神。
七位掌闪电与烈火的雷公。
七位擎旗的雷神。
七位举殳的雷公。
七位动辄怒毁森林的雷神。
七位时常恨劈树竹的雷公。
司耕耘的雷神“代扎养畈”。
掌田亩的雷公“代恺养哪”。
（以上的雷神为一般高贵，用猪祭就可以请迎）

上面三个级别的雷神皆居住在天国，他们的府第很是雄伟，城外有三重关卡，入城有三道高门。下面将要列数的雷神，全部居住在高崖洞天，他们养育子女，管理事务，俨然官员。

居住在“代辽”高崖的雷神。
栖息在“明辽”洞天的雷公。
居住在“武溪”高崖的雷神。
栖息在“武尼”洞天的雷公。
居住在“扣溜”高崖的雷神。
栖息在“阿晴”洞天的雷公。
居住在“花垣”高崖的雷神。
栖息在“流淌”洞天的雷公。
居住在“岗嘎”高崖的雷神。
栖息在“扁晴”洞天的雷公。
居住在“夯索”高崖的雷神。
栖息在“夯徕”洞天的雷公。
居住在“扁过”高崖的雷神。
栖息在“记委”洞天的雷公。
居住在“都砂”高崖的雷神。
栖息在“等夯”洞天的雷公。

居住在“大局”高崖的雷神。
栖息在“大周”洞天的雷公。
居住在“铅洞”高崖的雷神。
栖息在“都佬”洞天的雷公。
居住在“平浪”高崖的雷神。
栖息在“蓼皋”洞天的雷公。
居住在“万嫩”高崖的雷神。

栖息在“万山”洞天的雷公。
居住在“高嘎”高崖的雷神。
栖息在“高窟”洞天的雷公。
居住在“扁套”高崖的雷神。
栖息在“扁干”洞天的雷公。
居住在“重多”高崖的雷神。
栖息在“重悄”洞天的雷公。
居住在“武找”高崖的雷神。
栖息在“大勾”洞天的雷公。
居住在“斗怪”高崖的雷神。
栖息在“勺呆”洞天的雷公。
居住在“捞滚”高崖的雷神。
栖息在“腊尔”洞天的雷公。
居住在“盘豹”高崖的雷神。
栖息在“柳娃”洞天的雷公。
居住在“博重”高崖的雷神。
栖息在“马级”洞天的雷公。
居住在“代都”高崖的雷神。
栖息在“巴检”洞天的雷公。
居住在“武朱”高崖的雷神。
栖息在“记党”洞天的雷公。
居住在“界仁”高崖的雷神。
栖息在“巴巴”洞天的雷公。
居住在“抔后”高崖的雷神。
栖息在“娘比”洞天的雷公。

在麻勇斌的书中，实际上是现代的黔东、湘西方言区里，雷鬼从称谓上已经发展为“雷神”“雷公”“雷魅”，从数量上已经发展到种类繁多，无处不“雷”。

从这三个雷鬼的例子来看，雷山的例子是最早的雷鬼，其次是台江的例子，它是后来的雷鬼，最后是黔东的例子，它是现代苗族人的雷鬼，并且它们是一脉相承的。当然，也不能说苗族人现今的雷鬼都发展变化成了黔东形式的雷鬼，比如雷山、台江一带的苗族的巫鬼信仰文化中，就绝没有这样的雷鬼系统。黔东形式的雷鬼系统是苗族巫鬼信仰文化中，在部分的苗族中发展起来的信仰形式，并带有明显的现代色彩，也应该是苗族巫鬼信仰文化的一个发展阶段。

在苗族的巫鬼信仰文化中，其祭鬼仪式的源头应该是与鬼群的产生同步的。于此，我们不可能有确切的文献所佐证，因为苗族本身就是一个不注重文献记录的民族。但我们也能从其祭鬼仪式中的某些表现，来论述苗族巫鬼信仰文化的源流。

在现今的苗族巫鬼信仰文化中，有三种最为重大的祭祀仪式，一是祀雷，二是招龙，三是鼓脏祭。

在苗族人的信仰观念中，是有善鬼与恶鬼之分的，这样，有对恶鬼的祭祀，也有对善鬼的祭祀，对恶鬼的祭祀称为驱除式鬼祭，对善鬼的祭祀称为祈祷式鬼祭。那么，这祀雷也就是苗族人最早的驱除性鬼祭。这个鬼是苗族人最大的最有力量的鬼。这个鬼源于苗族女性始祖的蛋，在雷山苗族的鬼系统里，十二个蛋中红色的那个蛋变成了雷鬼，在台江苗族鬼系统里，十六个蛋有四个变成了一群雷鬼，在黔东、湘西方言区，苗族人雷鬼得到巨大的发展，形成了种类繁多，无处不“雷”的雷鬼大家族。所以在苗族人中，它至今都是最为重要的驱除性鬼祭。

如果说苗族人驱除性的第一鬼祭是雷鬼祭，那么，苗族人的祈祷性的第一鬼祭就是招龙了。在苗族的许多地方，大都认为自己的地内要有龙的存在才能安稳，而一旦龙不在或丧失了，那就在这里“坐”不稳了。所以“招龙”的鬼祭仪式，在许多苗族地区是第一位的。

龙在苗族的信仰观念中也是一种鬼，在雷山苗族的神话中，它是十二个蛋中的第一个，在台江苗族的神话中，它是十六个蛋中的第八个“乌红超蓝条花蛋”，在前面的六个蛋变成了人，第七个蛋变成了虎，龙是仅次于虎的动物鬼。

在苗族人的巫鬼信仰文化中，招龙仪式是所有祈祷性仪式中较大的，仪式过程也是较为复杂的一种仪式。我们一般人总以为苗族的“鼓脏祭”是苗族最盛大的仪式，确实，苗族现今的“鼓脏祭”在时间、人数规模上是最大的，但在仪式的复杂性上却并不尽然。应该说，“鼓脏祭”虽然与招龙一样，是苗族人重要的祈祷性仪式，但“鼓脏祭”实际上是要比招龙晚一些出现的苗族信仰仪式。苗族人的祭祖应该说是比较早的，但以“鼓脏祭”的形式来祭祖则是比较晚的。龙鬼是在枫树妈妈（从枫树里出来的“卖榜、卖留”是苗族人的新生世始祖）所生的十六个蛋中生出来的，而把枫木做成鼓来敲击，以求唤醒鼓中祖灵的“鼓脏祭”，肯定比龙鬼的出现要晚得多。另外，“鼓脏祭”与苗族社会曾经出现过的“鼓社制度”有一定的关系，既是同一鼓而形成一个社，也因一个社而强化了同祖祭祀的仪式，应该两方面的因素都有。

第三节　彝族信仰文化的源和流

彝族信仰文化的源头是很古老的，在彝族的毕摩文化形成之前，彝族先民的信仰是一种“多灵”信仰的状态，其信仰的灵并没有形成一定的中心。在毕摩作为一个阶层出现后，彝族以祖灵信仰为中心的多灵信仰才形成。在彝族中，毕摩文化是一个特殊的文化概念，因为在其毕摩文化形成之后，就一直居于彝族文化的中心，对其后来的彝族文化发展变化发生着主导地位的作用。而彝族的毕摩文化又是一种以信仰文化为主体的文化，信仰文化又居于毕摩文化的中心。

彝族的毕摩文化是什么时候形成的呢？应该是彝族文化历史发展进程中的产物。

对于彝族的毕摩文化产生于什么年代？何耀华先生认为：毕摩历史渊源极为古老。它起源于彝族原始社会末期，父系氏族公社时代，是彝族原始宗教发展到较完备阶段的产物。[①] 在具体的年代推测上，有的彝族学者认为在公元前1000年。据彝文史书记载，彝族最早的祭司（毕摩）系彝族先民部落首领密阿迭（亦写作宓阿叠、宓阿典）。他曾“教人做斋，以供奉祖先”。如是，则记载于史书的毕摩起源已相当久远。不过，这也许并不是后来的“兹（君）、莫（臣）、毕（师）三位一体”时的毕摩文化，而是一种彝族氏族社会中的部落首领与毕摩不分化的毕摩文化。笔者以为，毕摩的信仰文化有一个前信仰文化的阶段，毕摩也有一个前毕摩的阶段，“密阿迭”就是这个前毕摩阶段的毕摩。真正的毕摩文化的形成应该是有一个标志的，这就是毕摩作为一种“独立的力量形式”存在的时候，彝族社会步入阶级社会，并确立了“兹”（君）、“莫”（臣）、“毕”（师）三位一体的政权的时候。这个时候的特征是：“君施令，臣断事，师祭祖”。这个时候大约在“三国”时期之前。

这个真正的毕摩产生之后，即“兴祭奠，造文字，立典章，设律科，文化初开，礼仪初备”，[②] 从而标志着毕摩文化的形成和诞生。

彝族文化的这一变革，必然在汉族人的历史文献中有所反映。

晋人常璩《华阳国志·南中志》说：“夷中有桀黠能言议屈服种人者，谓之耆老，便为主。论议好譬喻物，谓之夷经。今南人言论，虽学者亦半引夷经。”

唐人樊绰《蛮书》：东爨乌蛮“大部落则有大鬼主，百家二百家小部落，亦有小鬼主。一切信使鬼巫，用相制服”。

《宋史·黎州诸蛮传》说：“夷俗尚鬼，谓主祭者曰鬼主。”

在两晋时期，已有相当一批“夷经”可供学者引述。仅从文艺理论和哲学方面来看，目前翻译成汉文的彝文典籍，在这一时期先后成书的主要著述有：布摩举奢哲（者）著的《彝族诗文论》、布独布举著的《纸与写作》、举类布佗著的《诗歌写作谈》及哲学著作《宇宙人文论》，等等。据发掘者和学术界一些学者根据有关资料考证，布摩举奢哲与刘勰约为同时代的人，《宇宙人文论》一书约成书于唐朝中叶至北宋末年之间。[③]

根据这些彝文典籍的出现，左玉堂先生认为：三国至宋代（公元220—1279年），是毕摩文化繁荣、崛起的时代。[④] 同时，左玉堂先生还把明代（公元1368—1644年）定为彝文大发展的时期。“也是毕摩文化最鼎盛的时期。主要标志是大量的彝文金石铭刻和大批的彝文经典的著述。彝文金石铭刻，今存世的有：贵州毕节地区大方县的“成化钟”（铜钟面铸有彝汉两种铭文）、《水西大渡河建石桥记》《千岁衢碑记》和云南禄劝县的《镌字崖》，武定县的《凤诏碑》，等等。”[⑤]

但是，徐铭先生在其《毕摩文化概说》一文中说：“公元十五世纪，在今贵州毕

① 何耀华：《彝族社会中的毕摩》，载《云南社会科学》1988年第2期。
② 李延良：《彝族哲学著作〈宇宙人文论〉初探》，载《中央民族学院学报》1979年第4期。
③ 左玉堂：《毕摩文化论》，见《中国西南彝族毕摩文化》，云南人民出版社1993年版，第3页。
④ 左玉堂：《毕摩文化论》，见《中国西南彝族毕摩文化》，云南人民出版社1993年版，第3页。
⑤ 左玉堂：《毕摩文化论》，见《中国西南彝族毕摩文化》，云南人民出版社1993年版，第3页。

节地区和云南武定地区形成和发展起来的彝族毕摩文化，是彝族社会历史上的一次大变革。它促成了贵州、云南彝族社会向封建社会转化，也促成了这一地区在意识形态领域的巨变……彝族在十四世纪形成之后的第一个一百年中，为确立毕摩文化体系而出现的一切思想文化活动，都紧紧围绕着对彝族祖先的追溯和赞颂，它使彝人逐渐摆脱氏族部落的传统观念，开始在各个领域形成毕摩文化的心理结构，从而标志着毕摩文化的诞生。"①

徐铭先生的观点与左玉堂先生的观点明显不同，徐铭先生认为彝族毕摩文化的形成是在15世纪，而左玉堂先生则认为这只是"毕摩文化最鼎盛的时期"。

左玉堂先生认为，毕摩文化的渊源是很久远的。"究其大端，主要有三个方面。一是来源于原始巫术，二是原始自然崇拜，三是汉族地区道教，儒学文化的传入。这三支文化源流的交汇、融合，逐渐发展成毕摩文化。"②

这前两种毕摩文化的因素是彝族人文化中固有的，也应该是得到应有发展的文化，后者则明显是外来文化。左玉堂先生认为正是这三种文化的"合流"而形成了彝族的毕摩文化，并且其毕摩文化很快在此基础上发展到鼎盛。不过，这种鼎盛时期并不长久，在16世纪就走向了衰落。

在16世纪，可说是贵州、云南彝族地区毕摩文化的繁荣时期。这一时期毕摩文化有两个主要特征。第一，毕摩文化的繁荣区域，主要集中在它的发源地——水西地区和武定地区。虽然四川凉山、云南的南部毕摩文化也已有发展，但主要为水西、武定毕摩集聚影响所致。这一时期著名的彝文典籍和金石文献基本出自水西地区和武定地区，大规模的巫术热潮也屡屡发生在这一地带。第二，这一时期的毕摩文化，是以宣扬"为善荣庆""行善寿长""君长万世其昌""祖烈而昭来世，可以观孝与慈"，杂以"木刻竹简""杀猪作祭，以鸡鸭破土，解除冤愆"为其主要内容的原始宗教活动。③

"16世纪是毕摩文化的鼎盛期，同时也是其衰落的起点。随着佛教、道教、儒学在彝族地区广泛传播，毕摩文化的内容日渐杂芜，与早期毕摩文化相去越来越远。16世纪后期，彝学兴起，出现了大量的农业、伦理、历史、文学、医药、律历等彝文典籍，它逐渐脱离毕摩文化而独立发展。"④

从这里看，16世纪彝族毕摩文化的衰落是一种历史的必然，它似乎有两个动因，一个是毕摩文化的内在动因，即毕摩文化从以信仰文化为主体的毕摩文化向知识和科技性毕摩文化发展了。这个从"以信仰文化为主体文化的毕摩文化"发展而来的"知识和科技性质的毕摩文化"，在很大的程度上来说，它已经不是一般所理解的毕摩文化了。所以说，人们称它为"彝学"，正是这个"彝学"的彝族的文化时代的到来，使传统的毕摩文化衰落了。这是彝族毕摩文化衰落的内在原因，但是，彝族人并

① 徐铭：《毕摩文化论》，见《毕摩文化概说》，云南人民出版社1993年版，第21页。
② 徐铭：《毕摩文化论》，见《毕摩文化概说》，云南人民出版社1993年版，第23页。
③ 马学良：《明代彝文金石文献中所见的彝族宗教信仰》，见《西南民族研究彝族研究专集》，四川民族出版社1987年版，第199页。
④ 徐铭：《毕摩文化论》，见《毕摩文化概说》，云南人民出版社1993年版，第27页。

没有因此而迎来彝族人新的文化时代，这就与彝族毕摩文化衰落的外在原因直接相关了。16 世纪后，相继的明、清两代的“改土归流”的政治，直接“破坏”了彝族人的“兹（君）、莫（臣）、毕（师）三位一体”中的“兹（君）、莫（臣）”。三位一体中去掉了前两位，彝族的社会组织结构“跨”掉了，同时经济基础也不存在了，而经济基础的消失，属于上层建筑的意识形态，也就没有存在的基础了。这时候，对毕摩来说，就只能重新回到民间。这样，曾经鼎盛一时的毕摩文化也就不可避免的衰落了。同时，彝族社会经济基础的消失，也不可避免地使彝族文化内在动因发展起来的“彝学”亦消失了。

重新回到民间的彝族毕摩文化，一些人认为，它已经演化像汉族中“端公”“道士”一样的“先生”，并成为一种民俗。也就是说，毕摩的民族性质的信仰已经不存在了、消失了，这是一种错误的看法。我们在贵州的彝族地区调查的时候，不但可以看到具体的彝族民间信仰活动，而且毕摩、经书、仪式，以及信仰观念等，一应俱全。并且，在盘县等地的彝族文化区域中，彝族的毕摩虽然没有了来自彝族社会组织的“物质支撑”，但对彝族毕摩的崇敬依然如故。另外，我在这些彝族地区的祭祖仪式中，还能看到在仪式场的结构中体现的“兹（君）、莫（臣）、毕（师）三位一体”的图景（参见第二章第一节）。

第四节　侗族信仰文化的源和流

侗族信仰文化是以萨岁信仰和节气神信仰，以及自然信仰组合而成的。自然信仰来源于侗族先民对自然事物和自然力量的感应，这同贵州其他民族民间自然信仰的源头是一致的。我们今天在这里追寻侗族信仰文化的源流，主要的方向是在其“萨岁”和“节气”神。

在对侗族的历史描述中，一般认为侗族成为一个独立的民族是在公元 9 世纪前后。也许侗族的出现比这还要早一些，因为，侗族出现的证据一般是以汉族历史文献的记载为“考”的，这个“考”在时间上肯定是滞后于侗民族的出现的。但话说回来，这个“早”，时间上也不会提前太多。这应该是我们论述侗族信仰文化的源和流的“基点”。

萨岁信仰是侗族信仰文化的主体，但“萨”为何物？在著名的侗族学者石干成的《走进肇兴》一书中，叙述了肇兴侗区“多堂祭萨”的情况。

“多堂祭萨”，意即“安设祖母祭坛”（参见第二章第二节）。在他的描述中，有这样一段奇怪的文字：“肇兴侗区侗民族的‘萨蟒神’是经过蛇—龙—半人半神—全神这样的演变过程之后，最终成为民族的祖母神——萨蟒的。”

“萨蟒是侗族崇拜的原神。根据演变的情况看，侗族的‘萨蟒’是半人半物的神。后来出现了‘萨岁’。‘萨岁’按侗话来直译，应该是‘细婆’的意思，‘岁’

即侗语的‘细’，意译时可理解为‘后’，即‘后祖婆’。”①

他这段话的意思是侗族人最早的萨是蛇，这应该是一种“图腾信仰”了。然后又变成了龙，这也是一种“图腾信仰”。再后是半人半神，这可以理解为“半图腾半观念”的信仰了。最后是全神——萨蟒，这个萨蟒最后被定位为侗民族的“祖母神”。

蛇—龙—半人半神—全神萨蟒，其基础是图腾信仰，最后被观念化的母性祖神，“萨蟒神”，仍然没有能脱去其侗族原始先民信仰的两个要素：一是与生育有关的“母”，二是图腾信仰的表述，因为，哪怕是观念中的“蟒”，也是动物。

其实，这不是“奇怪”的言论，而是石干成先生对侗族人萨的“原型”的一种敏锐的“把握”。从这里而言，侗族信仰文化中的主神——萨，其信仰的原始信仰文化的根，就是以蛇为基础的图腾信仰，并且有一个比较长的发展时期。这个时期一定是在侗民族完全形成之前。在“萨蟒神”，这个侗族的“祖母神”完全形成之时，也还不是今天我们所说的侗族的萨岁信仰。它还有一个过程，一定要通过这个过程，才能完成侗族的全神——萨蟒神向“人格神”——萨岁的转变。只有这个萨岁的出现，侗族人信仰文化中所崇信的神才能有完全的“神格”。

萨岁成为今天侗族信仰中的主神，与侗族的口碑文学《萨岁之歌》直接相关。

萨岁在侗民族的传说中是真有其人。《萨岁之歌》中说萨岁的真名叫婢奔。在很久很久以前，耐河口上的平瑞寨有位孤苦伶仃的侗家姑娘，她的名字叫仰香。仰香刚满八岁，就给伯父放羊养鸭。本瑞寨有位穷苦善良的老人叫贯公。贯公见仰香可怜，就指引她到六甲寨（古时肇洞款属）去寻找自己的舅舅九库。仰香来到六甲寨时，九库已被害逃走。仰香在投亲无的情况下，被当地汉人官家财主李从庆收为家奴。李家有位长工叫堵囊，仰香和堵囊同命相怜，年长日久相互产生了爱慕之情。李从庆见仰香人才出众，品貌双全，遂起歹意，想娶仰香为妾。堵囊得知，救出仰香，逃出虎口。两人逃到螺蛳寨上，被好心人收留。堵囊和仰香在螺蛳寨男耕女织，生活美满，不久就生了一个女儿，取名婢奔。

有一天，仰香、堵囊和众乡亲到九龙挖鱼塘（一说挖地基），挖到一块闪闪发光的神铁。堵囊拿回来请人打了一把大刀，称九龙宝刀。李从庆得知此事，借口说挖鱼塘毁了他家的地脉龙神，于是趁众人不备之际，派家丁打手到螺蛳寨强占鱼塘，打死仰香。李从庆得寸进尺，还想杀死堵囊，夺取宝刀。李从庆的另一侗民帮工石道得知此事，星夜跑来给堵囊报信。堵囊悲愤之至，忍无可忍，决定趁敌不备，邀集螺蛳寨众亲，以攻为守，半夜攻打六甲寨。贯公得知，星夜跑来给堵囊献计策，并将珍藏多年的一把神扇送给婢奔。堵囊父女为报妻仇雪母恨，一举攻下六甲寨，杀死了仇人。

婢奔见石道忠厚诚实，勤劳能干，武艺高强，便同他结为夫妻，后生索佩、索美两个女儿。李从庆的管家王树，骗取信任，并害死石道。婢奔查明真相，杀死王树。李从庆的儿子李点郎在朝廷当官，得知家父被杀、田地被侗人瓜分，遂启奏皇上派几

① 石干成：《走进肇兴》，中国文联出版社2002年版，第40页。

万官兵前来讨伐。李点郎为了夺取宝刀，派人伪装成远方罗汉，到六甲寨上同索佩、索美行歌坐夜，骗取了九龙宝刀。堵囊失去了宝刀，抵敌不住，奋战身死。婢奔寡不敌众，率众乡亲守九层岩上。李点郎手持金印，追到九层岩。婢奔的神扇也失去了神力，与敌人殊死拼搏，最后她和她的两个女儿一起纵身跳下悬崖，牺牲在弄塘凯。

婢奔死后，化作神女，继续率领侗乡民众与敌战斗，终于杀死了李点郎，击败了官兵，迎来了胜利。从此婢奔也就成了侗乡的护佑女神，人们尊称她为“萨岁”。①

对于这个传说中萨岁的事迹，汉族的史籍中没有记载。但在《旧唐书·地理志》载有：“李弘节开夷僚，置古州乐兴郡”的记载。据清人曾廉考证，说“唐之古州即今之古州。”而古州也即是现今的榕江县。其乐兴郡就在今贵州省从江县境内，就是萨岁（婢奔）牺牲的地方。故一些侗学学者考证推断说，萨岁大约产生于隋、唐时代。其《萨岁之歌》很可能以这个历史事实作为依据，经过艺术加工创作而成的。“另有一种说法，认为‘萨岁’就是《隋书》中的冼夫人。由此看来，《萨岁之歌》最初蓝本，很可能产生于隋唐之际。”②

不管这些观点如何，侗族人已经把婢奔演化而来的萨岁，作为自己信仰的主神，这已经不是历史学家能够争论的东西了。这就如石干成先生所说的：“《萨岁之歌》作为侗民族文化的‘垂死化身’的英雄神话母题，一代一代地传承下来，婢奔也成为侗家女性的豪杰形象，并与‘萨蝣’一起，成为侗家人精神崇拜的神。年长月久，一代复一代，甚至成了母性神祇的中心母题。”③

推断中的萨岁产生于隋唐之际，这个推断无意中与侗族的历史暗合。一般历史学家认为，侗族大约是在公元9世纪出现的，这个时间距隋唐之际并不遥远，于是，我这里有一个推断：即在隋唐之际产生的萨岁，并不是一下子就成了侗族先民的主神，而是在进一步的演化中，逐步形成了一个既包含了侗族“垂死化身”的献身英雄，又包含了人的灵魂信仰、母性崇拜，以及自然神灵包容多重信仰体在内的“萨岁”。我们还可以进一步推断，这种多重包容的信仰实体，直接推动了侗民族的形成，或者说直接参与了侗民族文化的建构。

实际上这已经不是什么推断了，而是信仰文化本身的性质所决定的。一个民族形成的前提是诸多文化要素的具备，即要形成一个新的民族，光靠“人的民族”是不行的，还必须得有一个“文化民族”的存在，而“文化民族”的存在核心就是其中的信仰文化。

在肇兴的“多堂祭萨”中，我们除了看见主神萨岁之外，还在萨堂中看到了一个庞大的神的群体。有“四帝”“十二地”“国五郎”“九坤神”“公甫”“萨麻天子”“奶温”“梁位太公”“五燕林官”“蒙稿蒙老”“杨哥门、吴哥将”“蒙陈将公”“军马婆井太由”“麒麟白虎”十五大神灵。这些神灵都各有来历。

“四帝”即东南西北四方土地神。按各方主色又称青帝、赤帝、白帝、黑帝；按

① 《侗族文学史》编写组编：《侗族文学史》，贵州民族出版社1988年版，第83页。
② 石干成：《走进肇兴》，中国文联出版社2002年版，第43页。
③ 石干成：《走进肇兴》，中国文联出版社2002年版，第43页。

二十八宿组成四方四象，又称为青龙、朱雀、白虎、玄武（这实际上是借星座之名分别事类的），如东方青龙座，南方朱雀座，西方白虎座，北方玄武座。

“十二地”是指十二地支各方位神。

“国五郎”实指东南西北中五方土地神。但这里是指与五方土地有关的“二十四炁”，因此有的师公不提“国五郎”而只提“二十四炁”。“炁”与“气”相通。“二十四炁”实际上就是一年中的二十四个节气，由“十二中气”和“十二节气”组成。即雨水、春分、谷雨、小满、夏至、大暑、处暑、秋分、霜降、小雪、冬至、大寒为十二中气；立春、惊蛰、清明、立夏、芒种、小暑、立秋、白露、寒露、立冬、小雪、大雪为十二节气。

“九坤神”也称为“诸位先将”，也称“诸位小将”。

“公甫”神，即祖宗神。

“萨麻天子”在安坛经书上又称“厦麻天子”“达摩娘娘”“圣母娘娘”。师公诵经文时念成“萨麻厅岁”。据说“萨麻天子”或“萨麻厅岁”是最早的女神、原神。

“奶温”神，在安堂经书上又称“萨温”或“厦错”。

“梁位太公”神，又称“两位太公”，有的还以“李境太位”相并称。

“五燕林官”，也称“五彦林官”。

还有“蒙稿蒙老”“杨哥门、吴哥将”“蒙陈将公”“军马婆井太由”“麒麟白虎”等神。

这些神祇的到来，使侗族的祭坛变得丰富多彩，有一点像西藏佛教中的诸神，但它与藏传佛教不同。在藏传佛教中，主神是佛，余下的是“护法神”，包括原来西藏的本土宗教中的主神都成了佛的“护法神”。而在侗族的萨坛中，萨才是主神，其余的是次要的神。

在这些萨坛的神中，只有萨神有半偶像的神像，其他的诸神实际上只有一系列的象征物，并按照要求，分布在一定的方位。

我以为，这些神是在萨岁神基本形成之后，逐步进到神坛中来的。土地神并不是侗族的原始神灵，这是肯定的，但应该说它是较早进入萨坛的神。

十二地支方位神和二十四炁神被当作神祇进入萨坛与侗族的一本《侗书》相关。

“《侗书》或称《侗易》，在侗族社区被称作‘勒更’。因为《侗书》的内容都是象数、易理、神学，所以我称之为《侗易》。把象数、易理、神学有机地结合在一起，包容着天文、地理、气候、哲学、神学、数学、预测，等等，就形成了《侗易》的哲学体系，侗族的哲学母体。”①

不管人们对《侗书》的认识如何，但萨坛中进入的方位神和节气神其来源就于此。此书的成书年代不详，但不会早于侗族作为一个独立民族出现的时期，我以为，此书的形成应该是侗人在“濡染”到汉族文化之后的事情。由此而言，这些个方位神和节气神进入萨坛是比土地神更为晚近的事情。其后才是其他神的进入。

---

① 石干成：《走进肇兴》，中国文联出版社2002年版，第43页。

这个逐渐形成的今天肇兴的萨坛事例，实际就是其神系的源和流的演变历史。

第五节　布依族信仰文化的源和流

布依族的信仰文化是有了一定发展性的信仰文化，它有经书，有相对职业性的诵经者“布摩”，也有一定的教义。

布依族信仰文化的源头与布依族先民的巫文化有直接的关系，在布依族的“摩”出现之前，即现今认为是布依族摩教信仰的创始人“报陆陀”出现之前，布依族先民中还有一个称为“摩陆呷”的人。这个人在布依族的著名学者周国茂先生的《摩教与摩文化》①一书的考查中，是一位布依族先民的女性始祖，是一位能通神的人，是布依族先民中最早的女性布摩。

“姆六甲”（“摩陆呷”）这一产生于母系氏族社会的始祖神，在壮族神话中有着这样的传说：

“天地分开以后，大地一片荒漠。后来长了杂草，草上开花，花里长出一位赤身裸体披头散发的女人，这个女人就是姆六甲。她派裸赢去修天，派屎壳郎去修地，结果天小地大盖不严，她就用手把地一抓，天地才盖严实了。但大地因此起了皱褶，高的地方成了山，低的地方成了海河湖泊。她见大地没有生气，便受风怀孕，撒尿和泥捏成人。但这些人分不出男女，她又上山采来杨桃和辣椒，撒在地上由这些孩子抢。结果，抢到杨桃的是女孩，抢到辣椒的是男孩。也许是为此缘故，姆六甲在壮族信仰中，被当作生育神。但从故事主干来看，她是一个地地道道的女性始祖神。”② 按照壮族民间的说法，姆六甲（“摩陆呷”）是第一代神，是女性；第二代神有管天界的雷王、管下界的龙以及管人间和中界的布洛陀（“报陆陀”）；第三代神是布伯。他接布洛陀（“报陆陀”）的“班”，管人间和中界。

“摩陆呷”这个女神现今在壮族、布依族神话中已经消失，但与现今在壮族、布依族神话中出现的“花婆”“花林仙子”直接相关，变化为今天的生育之神。

“摩陆呷”的“摩”，在音韵学的考证中，是古代布依先民的“巫”字，也就是说，布依族先民最早的信仰活动的实施者是能通神的女性的“摩”（巫），而后才是男性的“布摩”（“报陆陀”）。这个推断是符合历史发展规律的，因为每一个从自然信仰中走来的族群，都一定要经过这样的信仰文化的发展阶段。于此，周国茂先生认为：

“这是父权制代替母权制的必然结果。母系氏族社会妇女具有比男子更高的地位，而在社会生活中扮演重要角色的宗教职业者必然是妇女。但父权制确立后，男子在社会生活中渐居支配地位，因而主要的重大的宗教活动必然转而由男子主持。男权

① 周国茂：《摩教与摩文化》，贵州人民出版社 1995 年版。
② 周国茂：《摩教与摩文化》，贵州人民出版社 1995 年版，第 13 页。

社会也必然产生相应的男性始祖神。这个神（报陆陀）创造了宇宙万物的同时创设了宗教。这样，摩教的创始人就从摩陆呷逐步变成了报陆陀。”①

“报陆陀”是布依族、壮族神话传说中具有神性、富有超常智慧的人物。在壮族中，“报陆陀”被汉译为“布碌陀”“布洛陀”“陆达公公”“包老铎”等，被神化为男始祖神，流传很广。他的功绩是安排天地万物，造太阳月亮星星，射太阳，教捕鱼狩猎，造火，种植，造动物及家畜，并制定万事万物之间的各种秩序。并且是摩教的创始人，是现今一切布摩的祖师。

两性社会地位的变化，带来了布依族信仰文化的变化，“摩”由女性的摩陆呷转变为男性的报陆陀了。这个转变在布依族的信仰文化中应该是一个很重要的事件，它带来了布依族信仰文化的多个变化：一是开始脱离以巫为主的信仰，向更为人文化的信仰转变，二是开始建立自己民族的“彼岸世界”，三是开始规范了民族信仰文化的基本内容，四是开始把以信仰为主的“摩”与以巫术为主的“押”分开来。五是出现了由多神信仰向主神信仰的转变。我们不太清楚布依族人的这个变化经历了多长的时间，其情形如何不得而知，但曲折艰难是肯定的，在罗甸的布依族布摩中有这样一个传说，就折射性地反映了这种曲折艰难。

报陆陀创教时经书很多，他自己精于卜算，料事如神。后来，七仙女下凡与凡人结婚生子后又回天上，其子欲知母亲为何人，于是报陆陀告诉他。七月七日在某处水边等候，有七个女子在那里洗澡，其中某位就是他的母亲。这天，他来到水边，照报陆陀的指点认识了自己的母亲，并跟她上了天。七仙女认为报陆陀泄露了天机，欲惩罚他，嘱其子带一壶酒去“答谢”报陆陀。以聪明善卜算著称的报陆陀恰巧糊涂一时，一下子打开壶。谁知壶内装的不是酒竟然是火。火苗一下子蹿出，烧掉了他不少经书，所以他的后代弟子能看到的经书少了很多。而且因为被烧了不少经书，后代弟子都不及他会卜算了。

报陆陀的摩教时代出现后，确实是布依族信仰文化的一个历史性的划时代的进展，但其历史性的动因至今不太清楚。为此，周国茂先生做了极为大胆的推测性研究，他认为，布摩信仰产生的历史动因是为了适应布依族民族国家的出现而产生的。

他认为：在贵州历史上的牂牁和夜郎这两个地方性国家的主体民族就是布依族。他说：“根据各方面的情况看，笔者认为这两个国家主体民族是布依族先民。理由如下：

一、两个国家在地域上与现今布依族分布地基本上吻合。特别是作为主要地理标志的牂牁江，即今天的北盘江，现仍为布依族腹心地带。布依族是以种植水稻为其主要经济特征的农业民族。这决定了布依族是一个很早就定居的民族。虽然局部小规模的迁徙可能发生，但不会影响大致的分布格局。历史上也未发现布依族因战争而大规模迁徙的情况。

二、两国主体民族的称谓与现在布依族称谓相同和接近。

---

① 周国茂：《摩教与摩文化》，贵州人民出版社1995年版，第14页。

三、两国及其相关郡县的地名是布依语地名。

四、作为稻作农业民族，布依族先民有建立国家的经济、政治条件。”①

如果周国茂先生的观点是正确的，那么，布依族信仰文化中的报陆陀的摩教时代，在年代上应该就是两汉时期的事了。但是这报陆陀的摩教时代在现实的表现中，实际上是停滞的。对此，周国茂先生又有这样的解释：“牂牁在未发展成熟时衰落了，被夜郎取而代之；夜郎未发展成熟时则被发展程度更高的汉王朝灭了。与此相适应，我们看到布依族的人为宗教虽然具备了一神教的雏形，但它却随着布依族国家的消亡而停止了其发展步伐，定格了。”②

这定格了的“摩教”，实际上在以后的日子里就回到民族民间的“自在”状态中。但回到自在状态中的摩教，也并不是摩陆呷信仰了，这时候，摩和巫被明确地区别开来，摩做以信仰为主的“超度仪式”，而巫做通神、占卜、为人驱邪祛病的巫事。

在布依族中称女巫为“押”或“押敬”。“押”与一些民族的萨满或巫师相似。一般在成人后，突然重病一场，病愈后不时出现行为异常、言语怪诞的情况，即认为有神灵附身，可以预卜吉凶，沟通阳世与冥界、人与神鬼、天上与人间的关系，为人驱邪祛病。于是家人即为其设神坛，剪纸人纸马与供品一起置于神坛中。纸马用针钉住脚。如果有人找其算命问卜，即在神坛下烧纸点香，把钉住马脚的针取下。据说不论“押”在什么地方，这时都会赶回家，给求卜者指点迷津。钉纸马脚和取下钉纸马脚的针都有巫术意义：纸马是“押”的使者，取下钉住纸马脚的针，象征着派遣这匹“马”去把“押”接回来。

与“摩”最大的区别，是“押”在神灵附身后，自身便成了神灵。布依族民间请“押”占卜、算命或举行禳解巫术时，直呼“押”为仙。布依族人信仰观念中的“仙”则一般指居处在天上的神灵。

“押”尽管“神通广大”，但“押”在布依族社会中的社会地位远远不及布摩。

摩教是有很多经书的，故其经书也是其信仰文化中的一个重要表现。但是，摩教在布依族信仰文化的历史中可能是较早的，但文字经书的形成就不会太早了。这是因为布依族先民没有创造出自己的民族文字，最初的宗教经典均靠口耳相传。大约在明代，布依族中逐渐出现了习汉语识汉文的布摩，他们利用汉字偏旁部首创造布依字（这在当地称为“土俗字”）来记录经典，使摩经成为文字典籍。

后来，因经典和祭仪繁简的不同，一些地区把摩教分为高派和平派。高派的经典比平派的多，祭仪也稍繁。高派的经典除与平派的经典有相同的部分外，在丧葬仪式上，高派还要诵《孤儿经》《苦恋经》等经文。

① 周国茂：《摩教与摩文化》，贵州人民出版社1995年版，第28-33页。
② 周国茂：《摩教与摩文化》，贵州人民出版社1995年版，第35页。

第六节　仡佬族信仰文化的源和流

仡佬族是贵州最古老的土著民族之一，也同时是信仰文化的原始意象最为古老的民族。说仡佬族信仰文化的源和流，在今天不是一件易事，因为在很早的时间里，这个民族的先民在东、西、南、北四个方向的迁徙民族的压力下，其文化的诸要素和文化整合的努力，一次又一次地被打碎，生存空间一次又一次地被挤占……这种历史大概从夜郎王兴被汉朝人灭掉之后就开始了，其时，作为今天仡佬族人的信仰文化的核心实体就建立起来了。也可以说，仡佬族人作为贵州本土濮、僚人的后裔，它们继承了贵州本土濮、僚人的信仰文化。也许，历史的无情岁月会“淘洗”去一个族群文化的许多处于文化外围的有形和无形文化，但处于核心地位的信仰文化，一定会坚持到这个的最后一刻。我以为，仡佬族信仰文化中的内核，就是贵州本土濮、僚人的信仰文化的核心部分。仡佬族人的信仰文化的源头就在这里。这个时间当在汉朝以前。

为什么说今天仡佬族的信仰文化源头在其先民濮、僚人那里呢？我们得先看濮、僚人的“根生之地”的地理环境。我以为，这种“根生之地”的地理环境，对自然性质很重的民族信仰文化的影响力是巨大的、直接的。历史上的百濮，一直都是一个在山地里狩猎、采集、耕作的族群，山在他们的文化影像中，绝对是第一位的，山里的山洞，山里的石，山里的树，山里的野兽，山里的果实……这一切对于他们的生存太为重要了。山里的山洞是他们的庇护之所，山里的石是他们的“火”与“盐”，山里的树是他们在野外躲避野兽的地方，山里的野兽是他们的食物和衣服，山里的果实是他们妇女采集劳动的对象，也是他们最可靠的食物来源。

实际上我们今天是无法想象他们的山地文化是如何演绎的，但我今天在仡佬族人那里实实在在看到了这种深深的信仰文化印迹。

在居都的仡佬人那里，我们看到了这样的祭祀对象。

“请阿里布（山坡的名字，仡佬语名字，下同）、阿荣岩、阿读郎、阿读常、阿尤惹、阿读革、阿改沟、赵一尸鸽若、黑先若鸽若，请九个坡头来接牛血喽。我们‘亏不勒阿’（一年一回祭），请坡头保佑我们庄稼好，各坡头前十五里、后十五里、横十五里、竖十五里不能让豹子、野猫进寨来。”

在这里山就是“坡头”，或在普定新寨那里，“坡头”就成了“山神”。

在祭山时讲万人的缘起之后，就是山神的来历。

当抱原来无人烟，
开荒辟草是告佬，①
告佬出了九兄弟，

① 告佬：仡佬语音译，普定一带仡佬族的自称。

本是仙体凡人生。
要知他们是何名，
从大到小各有名：
老大叫阿把，
老二叫阿诺，
阿谷是老三，
阿尼是老四，
老五叫阿业，
老六叫阿仡，
阿卜是老七，
阿达是老八，
阿尤最小叫老九。

他们本领很超群，
能赶山来也会飞。
一天敖伟（天神）传下令，
“人间事情要人管
地盘才能得平安，
兄弟九人要重用，
都要封为地盘官。”
地盘兄弟九人管，
世代相传在人间。
一天敖伟又传令：
“要把海洋来填平
九人先往东南去，
然后再往西北行，
大小山坡都赶走，
汪洋大海都填平。
各领一根神鞭去，
加封山官各一回。
地盘由他九人管，
从古相传到如今。
九人领了敖伟令，
急急忙忙远方行。
先往东南去，
再往西北行，
每人用绳缚个坡，

手扬神鞭坡上骑。
前面山坡无数座，
好像牛羊一大群，
有的山坡像狮子，
有的山坡像虎形，
奇形怪状样样有，
越看越觉很稀奇。'
有位老翁胆子大，
想把山坡来留住。
老翁主意已下定，
便向九人把话提：
“眼看天色快黑了，
今晚歇脚住一夜，
明早赶山再起程。”
九人难却老人意，
勉强留下歇一夜。
兄弟九人都已睡，
老翁赶紧造假鞭。
三更之前鞭造好，
三更鸡鸣去换鞭，
神鞭已被假鞭换，
烧了真鞭留假鞭。
天明九人把床起，
迅速跑去拿神鞭，
各人骑上各的山，
吆喝扬鞭使劲赶，
扬鞭挥打无数次，
山坡巍然不向前。
此时方知受了骗，
手中持的是假鞭，
神鞭早被假鞭换，
哪能赶动这些山。
兄弟九人气昏了，
心里难过口难言，
若是山坡赶不走，
性命一定难保全，
敖伟之令违抗了，

追究下来还了得!
思来想去无是处,
一气之下把酒端,
各人痛饮一碗酒,
以酒壮胆再骑山,
凭着酒兴奋力赶,
不幸累死在高山。
敖伟得知这桩事,
下到凡间查根源。
由来已经查清楚,
九人死得真壮烈。
敖伟不追他们罪,
还令留下这些山。
他们赶山献生命,
从此当抱才有山。
敖伟表彰其功绩:
生前他们管地盘,
死后追封为山神。
敖伟追封时,
恰是三月三。
敖伟封了代代传,
从古至今才祭山。
从古至今代代传,
每年三月要祭山,
哥哥是在初二祭,
弟弟是在前一天。
祭了山神得保佑,
寨寨老幼得平安。
生前兄弟管地盘,
死后追封为山神,
人生地盘不用买,
死后不用买路钱。

就这样,濮僚人创造的对“山”的原始文化意象,在仡佬族人后裔那里,成了其信仰的主神。

这样的山神是仡佬族人的坡头、山神、主神、祖先神、英雄神、殉难神……我想,就从这一连串信仰文化实体的演进,我们大概可以理解仡佬族人的信仰文化的源流关系了。

这上面的祭词，大约是清代仡佬族文化人用汉字记录整理乃至编写的结果，以其中的“神”字的应用就可见一斑。它在实际的应用中，并没有如我们汉族人认定的那么些神性，而是如居都的“坡头”概念居多。

在后来的仡佬族的信仰历史文化中，守持和传承应该是第一位的，况且仡佬族人在历史上还从来没有得到过发展自己文化的机会。只是在分散和封闭的环境中，仡佬族人建立了各自不同的祭祀和信仰的方式，如居都的祭祀和新寨的祭祀。

第七节　土家族信仰文化的源和流

土家族人的信仰文化是一种历时性比较长的信仰文化，复杂多样，又具有鲜明的特点。在其信仰文化的源流问题上，应该分类叙述。

土家族人信仰大致可分为四类，一类是图腾性质的“白虎信仰”，二类是有祖先崇拜性质的土主信仰，三类是自然崇拜性质的洞神和风神信仰，四类是傩坛信仰。

这四类信仰是有其自身大致的历史发展线的，总体上而言，可以表明土家族信仰文化的一个演绎过程。

第一类的图腾性质的“白虎信仰”，应该是土家族人的最早的信仰文化表现。贵州土家族族源与古代巴人有渊源关系。今贵州土家族主要分布地为古巴国之南境。《华阳国志》记载巴国疆域时指出：“其地东至鱼复，西至僰道，北接汉中，南极黔、涪。”①据考证，鱼复即今重庆市奉节，僰道即今重庆市宜宾，汉中即今陕西汉中，涪即涪陵水，乌江下游重庆市部分，黔即贵州黔东北部分地区。这里指的黔涪就是巴子国被占以前的“巴黔中”地，其区域包括今重庆市的酉（阳）、秀（山）、黔（江）、彭（水）、石（柱）数县和贵州的沿河、德江、务川、印江、思南等县。

在古代巴人时期，作为今天土家族人先民的巴人，就有了明确的“白虎信仰”。

在《后汉书·南蛮西南夷列传》中有这样的记载，曰：“巴郡南郡蛮，本有五姓：巴氏、樊氏、晖（音审）氏、相氏、郑氏。皆出于武落钟离山，其山有赤、黑二穴。巴氏之子生于赤穴，四姓之子皆生于黑穴。未有君长，俱事鬼，乃共掷剑于石穴，约能中者，奉以为君。巴氏子务相乃独中之，众皆叹。又令各乘土船，约能浮者，当以为君。余姓悉沉，惟务相浮。因共立之，是为廪君。乃乘土船，从夷水至盐阳。盐水有神女，谓廪君曰：‘此地广大，鱼盐所出，愿留共居。’廪君不许。盐神暮辄来取宿，旦即化为虫，与诸虫群飞，掩蔽日光，天地晦冥。积十余日，廪君伺其便，因射杀之，天乃开明。廪君于是君乎夷城，四姓皆臣之。廪君死，魂魄世为白虎。巴氏以虎饮人血，遂以人祠焉。”②

“廪君死，魂魄世为白虎。巴氏以虎饮人血，遂以人祠焉。”这就是今天土家族

---

① 刘琳：《华阳国志校注》，巴蜀书社1984年版，第25页。
② 范晔：《后汉书》（第1版）卷86，中华书局1965年版。

人的“白虎信仰”的源头。其时应该在殷商时期。关于古代巴人的活动，史书亦有记载。

《华阳国志·巴志》载：“周武王伐纣，实得巴蜀之师，著乎《尚书》。巴师勇锐，歌舞以凌殷人，前徒倒戈，故世称之曰：‘武王伐纣，前歌后舞’也。武王既克殷，以其家姬封于巴，爵之以子……古者远国最大，爵不过子，故吴楚及巴皆曰子。”①

从这个记载来看，土家族先民的“白虎信仰”当形成于公元前10世纪前后。

土家族先民的“白虎信仰”，是一个图腾信仰与祖先信仰的混合体，但在后来的演化中，似乎其图腾信仰与祖先信仰发生了分化，廪君魂魄的形化为了图腾性质的“白虎信仰”，廪君魂魄的魂化成了祖先崇拜性质的土主信仰。故而，今天土家族的土主信仰在发生的时间上肯定比“白虎信仰”要晚得多。而且，土家族的祖先崇拜性质的土主信仰，在其后的演化中，又向氏族祖先崇拜和宗族祖先崇拜发展，以致形成今天的土家族人的以土主为名，氏族祖先为实，家族祭祀为形的祖先崇拜情形。

现今，在土家族的信仰文化中，“白虎信仰”的观念和仪式应该还是存在的，但其形式都不是太明显了。在现实中，祖先信仰反而比“白虎信仰”要流行的多。

土家族的“土主信仰（祖先信仰）”与土家族的“白虎信仰”有密切关系，但又有明确的区别。最早的土家族先民的魂魄是白虎，或者说是土家族先民的民族图腾。这个民族标志是非常具有灵性和雄健力量的，但它为何没能成为土家族人的信仰文化中的主神呢，而是在后来的信仰演绎中，走向了更加注重祖先崇拜和信仰了呢？这一定与巴人的发展历史相关。我们在有关的历史典籍中看到了这样的记载。

《汉书·西南夷两粤朝鲜传》载，楚威王时使将军庄蹻将兵循江上，“略通巴黔中以西”，② 颜师古注称：“黔中即今黔州是其地，本巴人也。”此“巴黔中”，即指黔中。因原属巴国所辖，后被楚所略占，故称“巴黔中”。颜师古为唐人，黔州系唐朝所置，据《元和郡县志》记载，黔州辖有务川、思王、思邛三县，③ 其地域包括今思南、德江、务川、印江、沿河等地。“本巴人也”系指这片地域的居民本为“巴人”。

尔后的《十道志》也云：“楚子灭巴（指楚占领当时巴的国都——枳），巴子兄弟五人流入黔中。

我以为，正是历史上的“变故”，才使土家族人的先民的信仰文化，在后来的历史中慢慢发生了变化。“白虎信仰”淡了，而“保种求存”土主信仰（祖先信仰）上升到其信仰文化的第一位。

土家族人的先民的信仰文化，在“巴子兄弟五人流入黔中”之后，有一样东西被黔中梵净山中的自然力量“强化”了。这就是“皆出于武落钟离山，其山有赤、黑二穴。”这个的原始文化意象在土家族先民中是非常重要的。这个“穴”的意象在

① 刘琳：《华阳国志校注》，巴蜀书社1984年版，第21页。
② 范晔：《后汉书》（第1版）卷86，中华书局1965年版。
③ 《元和郡县志》卷31

梵净山区的众多洞穴中，被想象成了土家族人的洞神，并形成了洞神信仰和一系列的洞神崇拜仪式。从这个时间顺序来讲，土家族人的洞神信仰虽然与土家族先民的原始意象关联，但它是生发在武陵山区的梵净山，其时间上比土家族的“白虎信仰”和“土主信仰”发生的时间要晚。也可以说，土家族人的洞神信仰，是一种受地域环境影响而来的信仰。

在土家族人的信仰文化中，风神信仰就是土家族人在当地的自然感应中生发出来的信仰了。在山区，怪力之风常常被看作是某种灵力所为。土家族人对这种山区的怪力之风加予信仰，并以一定的仪式来敬奉它，在当地的自然环境中是再自然不过的事情了。

土家族人的这种风神信仰，其时间就要更为晚近了。

土家族人信仰文化中的傩坛信仰的傩，遗风可能非常久远，“驱傩”是人类巫文化时期的重要表现，至少也是中国巫文化时期的重要表现。但是，其形成傩坛的信仰形式，就不是那么久远了。因为“坛”作为“道”的一种民间表现形式，其形成的时间不会超过魏晋时期，而要在民间把“傩”与“坛”结合起来，并形成一种信仰形式，就是更晚时期的事情了。进一步而言，这种“傩坛”的信仰形式在土家族中形成特有的土家傩坛，又是后来的事情了。

总的来看，土家族人的信仰文化的历史渊源是很深的，早的可以上溯到殷商以前，如“白虎信仰”，晚近的也在明以前，如傩坛信仰。我们说土家族是一个古老的民族，于此就可以找到坚实的例证。

第八节　水族、瑶族、屯堡人信仰文化的源和流

水族

水族是一个从江河的下游迁徙到多山多石的上游山区而逐步形成的民族，在汉族的历史文献中，至宋至道元年（公元995年）才见于《宋史·南蛮传》中。

“至道元年牂牁王龙汉侥遣史龙光进率西南牂牁诸蛮来贡方物，太宗召见……令作本国歌舞，一人吹瓢笙，声如数蚋。须臾，数十辈联袂宛转，以顿地为节。虎尾加于首，为上饰。询其曲，则名曰水曲。上封汉侥为归化王。”并“以曲名以名其族”。

水族在汉族文献典籍中正式获其族名，虽然不能说明其族群文化中的信仰文化就是那个时候产生的，但也能作为一个参照系，说明这个时候水族的族群文化特征明显，并得到外界的认可。这样，说水族的文化和信仰文化在公元9世纪时就已经基本形成，是站得住脚的。

水族的信仰文化中糅杂了很多其他民族的信仰文化成分，但其中的生育信仰和石

崇拜信仰却是其信仰文化的基本色彩。

从崇石、崇生育这两点来看，水族的信仰文化的发生与其现居的地理环境不无关联。其地山多异石，其民族生育多不盛，千余年间民族总人口也不过数十万。故在其信仰文化的反映中，这两者就成了主题。而水族处于这样的环境，其时也就是宋朝前后，也就是说，现今水族人所处的环境，也是造成水族信仰文化的一个重要因素。从这个角度去看水族信仰文化的源和流，与《宋史·南蛮传》中所记的时间也基本相同。

对于水族在几百年间的时间里，是如何展开它的信仰文化的，我们今天所知不多，只看到了给予我们印象十分深刻的生育崇拜和石崇拜。

瑶族

在贵州的瑶族，多为各支瑶族在贵州的"散居"状态，也就是说，这些瑶族的"族群大本营"多不在贵州，或者说贵州瑶族多居于其族群的"边缘"，比如贵州省荔波县瑶山乡的白裤瑶，它的"族群大本营"就在广西壮族自治区的南丹县的里湖。在那里，他们的服饰、音乐、民居、习俗，等等，一应俱全，在一般的迎宾中，他们一下子可以拿出30多面的古老铜鼓来演奏，可这在瑶山乡是不可想象的。就是这样的"边缘"，决定了这些瑶族在文化构建上并不是完备的，会有许多方面的缺失。这在信仰文化上也是如此。

瑶族人墓柱上的鹰

瑶族与苗族是同源的，我们在调查中可以直接感受到这种联系的存在。比如瑶族也信鬼，也祀巫，但在程度和完备性上就差得太远了。

在瑶族的鬼信仰中，我们可以认定这些信仰的要素来自瑶族与苗族同源而未分化的时期，时间上是很古老的。

像瑶族的中柱信仰也是较早的一种信仰，因为我在苗族中也看到了这种信仰的表现。

瑶族的崇火信仰应该是在瑶族进入"游耕"之后的事情，因为这个时期的火，对于瑶族人来说，是非常重要的。

瑶族的"做门神""祭寨神"应该是在相对定居之后的事情，这在时间上要晚得多。

屯堡人

在屯堡人的土地信仰文化中，其渊源是很清楚的。土地就是中国古代神话中管理一个小地面的神。即古代的"社神"。

这个土地神的来源是《礼记·祭法》："共工氏之霸九州也，其子曰后土，能平九州，故祀以为社。”

在中国古代，祭祀土地神的日子是《礼记·月令》：“命民社。”引申为祀社神的节日。如：春社；秋社。

祭土地神要用牲。《公养传·庄公二十五年》：“鼓用牲于社。”何修注：“社者，土地之主也。”

在中国古代，土地神是在村社的建立的基础上产生的。《管子·乘马》：“方六里，名之曰社。”《左传·昭公二十五年》：“请致千社。”杜预注：“二十五家为社。”这样的每个社就要有一个土地神来管辖。

在中国古代，一个人立了功劳，就要给予土地以为奖赏。《孝经纬》：“社者，土地之神。土地阔不可尽祭，故封土为社，以报功也。”

一个人，或一群人得到土地，就要建立土地庙。《白虎通·社稷》：“封土立社，示有土也。”

在中国古代，土地神和土地神庙是神圣不可侵犯的。《晏子春秋·问上之九》有一个寓言，就从侧面反映了土地神和土地神庙的不可侵犯。这个故事是：“夫社，束木而涂之，鼠因往托焉。熏之则恐烧其木，灌之则恐败其涂。此鼠所以不可得杀者，以社故也。夫国亦有社鼠，人主左右是也。”

古时，两次祭祀土神的日子一般是在春、秋两季，在立春、立秋后的第五个戊日。《统天万年历》曰：“立春后五戊为春社，立秋后五戊为秋社。”

中国土地庙的神是一个阴性的神。《礼记·郊特牲》：“社祭土而主阴气。”

在中国古代，帝王、诸侯要祭祀的最为重要的神有两个：一是土神，二是谷神。《白虎通·社稷》：“王者所以有社稷何？为天下求福报功。人非土不立，非谷不食。土地广博，不可遍敬也，五谷众多，不可一一祭也。故封土立社示有土尊；稷，五谷之长，故立稷而祭之也。”

以至于把祭祀这两个神的仪式作为一个国家的象征，即有这个祭祀的存在，你的国家就是存在的，不能祭祀这两个神，这个国家就不存在了。所以，在《礼记·曲礼下》中有“国君死社稷”之说。能让国家继续祭祀这两个神的行为，就是一种保卫祖国的行为。所以，《檀弓下》有：“能执干戈以卫社稷。”

在中国古代，土地神是这个以农耕文明为主要特色国家的主神。但它为何在如今演变成了一个路边不起眼的小神了呢？我们在论述贵州民族民间信仰文化的基本性质时还要论述。

贵州黔中屯堡人的土地信仰肯定与中国古代的土地神信仰是一脉相承的，像《孝经纬》的“……故封土为社，以报功也。”《白虎通·社稷》的“封土立社，示有土也。”等，在屯堡人土地信仰中都有直接的表现。

贵州黔中屯堡人的土地信仰的建立是在明代无疑。600年间就像固有的老汉人的习俗一样，变化不大。

其他各族的信仰文化的表现多是一种流逝性的信仰，我们已经很难看清它的源和流了。

第五章 贵州民族民间信仰文化形态研究（上）

在前面四个章节的展示中，已经显露出贵州省这块土地上的民族民间信仰文化的多样性和丰富性，在这里，我们几乎可以找到中国南方在历史上所呈现过的绝大部分的民族民间信仰文化形式。

这是一块多种“神”、多种“灵”、多种“鬼”、多种“怪”都和平共处的地方。是众神之域！

这“众神之域”也许并不是“万物有灵论”能完全概而括之的地方，也不是某种理论能“框”之的地方。我们在此课题的调查和研究中，面对的贵州民族民间信仰文化是当代的、活态的、具有生命形式的信仰文化，它们至今仍然运行在民族和民间之中。我们表述和研究贵州当代民族民间信仰文化的性质，这种当代的、活态的、具有生命形式的贵州民族民间信仰文化，就是我们的基础，也是我们理论研究建树的起点。

第一节 贵州民族民间信仰文化中的巫鬼信仰

在贵州的民族民间信仰文化中，有巫鬼信仰文化事象的民族不少。可以说，鬼这一文化事象可能是所有走过巫文化阶段的民族和族群所共有的，我们在贵州民族民间信仰文化调查中就看到和感受到，鬼是人们信仰生活中的一大话题。但像苗族这样“严肃”地把鬼作为一种主要信仰对象来把握的民族，则少之又少。在苗族的信仰文化中，特别是其祈祷性仪式的那一部分信仰文化中，非巫鬼性的信仰也是丰富的，但其巫鬼信仰，才真正是苗族人的特色信仰，是其他民族不可替代的信仰文化。

在本书第四章的第二节中，我们引用了两个苗族的“鬼是如何产生的”神话，从以上的两个苗族神话中，我们似乎可以得出这样的认识：

1. 苗族的鬼是苗族人的创世主创造出来的。
2. 苗族的鬼是与苗族人的人类始祖一起诞生的。

3. 苗族的鬼与苗族人的人类始祖是同胞。

4. 苗族的鬼也同人一样，是受自然精气之孕而来到这个世界上的。

5. 苗族的鬼也能与人类一样在世界上建构自己的世界，而不是人的影像。

6. 苗族的鬼从一开始就有好鬼和坏鬼之分。

7. 苗族的鬼与苗族人的关系是从苗族人创世之时就建立的，而不是因为什么因素后加的。

8. 苗族的鬼的基本群体和基本性质在他们出现时就既定了。

说苗族的鬼是苗族人的创世主创造出来的，这很好理解。在雷山苗族的神话中，鬼是苗族的创世祖乌纫你公（男性）和乌纫金奶（女性）共同制造出来的。他们在创造好天地之后，男性创世祖乌纫你公外出，并死在外面，女性创世祖乌纫金奶四处寻找乌纫你公，最后在大河的水中与乌纫你公的精气相会，生出了十二个蛋，其中的黄蛋变成了19个女井妖，20个男井魔，白蛋变成了3个地神，黑蛋变成了13个黑脸的女神，13个乌面的女神，乌蛋变成了20个护山神，20个护家的仙，怪蛋变成了横脐单独的17个同龄魔，17个同龄妖。

这里的"妖""魔""仙""神"实际上就是苗族人的鬼，他们在翻译为汉语时，只是一种语言的修饰，而没有汉语的字面语意。

总计一共有142个鬼，再加上红色的雷鬼，有143个鬼。

在苗族的另一个神话中，即台江苗族的神话中，苗族的创造生命形式的神话又有了变化，是两个从枫树中生出来的始祖女神生出了16个蛋，这16个蛋中，有五个蛋变成了一共13个鬼（参见第一章第一节）。

这个神话与前一个神话不完全相同，但有两点是不变的，一是女性始祖，二是蛋生。不过令人奇怪的是，后一个神话中的女性始祖，是苗族先民的第八代祖先，而不是创造苗族人天地的创世祖。但这个八世女性祖先，又用蛋生的形式为苗族人创造和组合了一个新的世界。雷山的神话中创造的苗族的祖先是"姜央"，台江的神话中创造的苗族的祖先是"昂"和"拉"，并由"昂"承继了苗族的世系：昂留—所昂—拢昂—拢所—立拢—基立……这就像苗族人的"新生世"。不管其性质如何，都在创造苗族人祖先的同时，创造了一大群鬼，并在后来的苗族文化中，一直相伴。

"苗族的鬼是与苗族人的人类始祖一起诞生的。"和"苗族的鬼与苗族人的人类始祖是同胞。"这可能是一个问题的两个面，鬼是与苗族人的祖先一起诞生的，自然是苗族人祖先的同胞，只不过是一种另类的同胞。这可能是苗族巫鬼信仰文化的原生点，即苗族人理解的鬼与我们，特别是以"汉文化"武装起来的我们，理解是不一样的，是有着根本差别的。

我们汉族人，乃至其他一些人，所理解的鬼，多是一种人的负面性质的鬼。比如，我在我的计算机上录入一个"鬼"字的时候，会在"鬼"字之后，出现这样一串的"鬼性词汇"："鬼把戏""鬼鬼祟祟""鬼混""鬼迷心窍""鬼使神差""鬼蜮伎俩"，等等，在民间口头上的这种"鬼性词汇"更多："鬼名堂""鬼话连篇""鬼头鬼脑""鬼气""鬼怪""见鬼"……这一连串的词汇，没有一个是正面性的词汇。

这不是一个单纯的语言词汇的问题，它反映了以汉文化为主的中国主流文化对鬼的理解，其实，如果苗族人来编辑这一词汇，这个词汇就不一定完全是“负”面的了。

在我们一般对鬼的理解中，总认为鬼是活着的人的“阴面”，或者说“对立面”，是人死了以后的鬼变成的，并且这种鬼总是因为这样或那样的原因，找上有关的人，妨碍人的正常生活。这样性质的鬼在苗族里有，但在苗族里的鬼是多种多样的，更多的鬼是与苗族人一起有着共同来源的鬼。这样的苗族鬼性质不是负面的，而是同等意义的不同生命形式。尽管苗族的鬼在许多方面都与苗族人的正常生活作对，比如生病、家里老出灾祸、牲畜死亡、平常老有怪事出现，等等，但苗族人从没有把他们作为如汉族人认为的鬼来对待。在苗族中，看清是什么鬼作怪，并决定“用鬼”时，就要举行驱除性的鬼祭仪式。

以台江苗族的祭“商钢衣办”为例。

“商钢衣办”的意思是“用猪祭的石脚鬼”，据说，共有七个，都是女性，也是“仰金霰”变成，住“钢衣拢立，粉宰拢姗”。它作弄人生病的情况是头痛，发烧。经过请巫师望“鬼”确定是它作弄之后，就准备祭物祭它。祭物是：

小母猪1只（其实只要得1只小猪，不要说破就可以）；酒约1斤；饭（1碗多的米煮成）；“粉董”1个（用一个长约6厘米的竹筒，一端蒙着纸或布就成。“粉董”就是“筒的上头”的意思）；师米1碗；卦1副（法器）。

祭“商钢衣办”是在黄昏前由两个“堕白”① 在门外摆师米及卦于地上，鬼师蹲着念咒，请鬼来检验祭物。鬼由“钢衣拢立，粉宰拢姗”经过“钢方细朋”来的。鬼到交下的路线是从“钢衣宰先，粉羊宰秀”经“钢方细朋”来，这里请鬼来的咒语是：

你们坐在金岩，
住在银洞；
坐在岩洞里，
坐在岩粱上。
我撒米去喊你们，
撒米去叫你们。
你们从金洞走出来，
从银洞走出来。

鬼师念咒请鬼检验祭物完毕后，就把全部祭物搬到祭鬼场去。在祭鬼场仍由“堕白”陈设师米、卦及“粉董”在地上。“粉董”是横放着的。陈设后鬼师仍蹲着念咒把祭物交代给鬼。

熟肉的陈设是：先在地上铺草或树叶、把整猪摆上，头朝前，鬼师面对猪尾。以生大肠从颈后分从两例向尾巴挽一圈，煮熟的猪血不打破，留成整块放在猪头上。猪

① 在鬼祭中做事务的人。

后是煮熟的内脏和饭的行列。猪心放在中间，肾放在心的两侧，肺的大半分为4块配给没有分得心和肾的那4份，肺的小半及血、肠、肚、肉各平均分成7份，并各摆饭团一团。这饭是用一碗米在家煮好带来的。肉饭行列之后是酒杯行列，酒杯行列之后是卦，鬼师面对着卦。

盛一碗汤粥摆一边（地点没有一定）陈设如图：

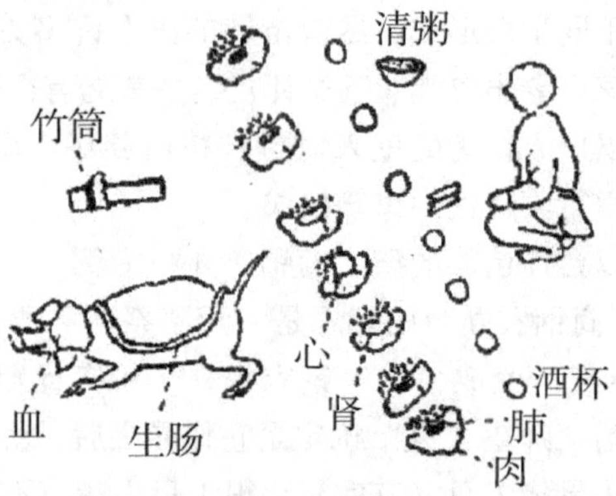

陈设妥当了，鬼师蹲着念咒，向鬼提出要求。念咒到请鬼吃时，“堕白”即逐杯倒一点酒和逐份掐一点肉饭放在“粉董”上，表示鬼已吃。“堕白”接着端有猪心的那份的酒杯给鬼师，两个“堕白”自取有肾的那两份的酒杯，并端其余的四个酒杯给其余的四人。大家同时喝酒之后，“堕白”又掐有猪心的那份的一点肝（因为肝容易掐）给鬼师，两个“堕白”自用有肾的那两份的一点肝，再掐其余四份的一点肝给其余的四人（谁得那份的酒即要同份的肝），大家同时吃了后，又从鬼师起各喝一口汤。鬼师念咒送鬼走后，就把“粉董”放在石缝内。这时再把猪肉切开煮熟分为七份，七人各吃一份（包括原“八崩”的那份食物）。互不赠送，互不侵犯。一定要吃完，不能带回家。

…………

这是苗族鬼祭最为一般性的例子，也就是说，几乎所有的苗族的鬼祭都是以这种方式来进行的。

这个仪式的过程可以简单地描述如后，即一旦经过“望鬼”，说是“用猪祭的石脚鬼”的原因，就会因“用猪祭的石脚鬼”而举行鬼祭了。鬼祭基本程序是，准备好祭品，鬼师在这家的门外请鬼。鬼来了就进祭场行祭。行祭时有两个重要的表现，一是重复讲请这些鬼来的要求，并同时不断地献肉、内脏、酒、饭、汤给鬼吃，并且鬼师和陪祭的人也一起吃肉、内脏、酒、饭、汤等，鬼吃一次，鬼师和陪祭者就吃一次。吃完肉、内脏、酒、饭、汤等，把鬼按照请来的路线再送回去，仪式就结束了。苗族人在举行鬼祭时，鬼是几个，鬼师和陪祭的人加起来，就要有几个，要与对方对等。对来陪祭的人，是有一定要求的，“参加祭的人连鬼师也共13个，都要成年的男子，除了家中的人外，不够数请家族的人参加。其中有2人担任“堕白”照料者。”①这些鬼也都是有明确的住所的。

分析这个过程，哪有半点“驱除”的性质，就像我们平时得罪了谁之后，把他请到家里来吃喝一顿，赔礼道歉一样。一点没有我们想象中的对鬼恐吓和严厉的驱

① 见《台江苗族宗教迷信调查》，第28页。

逐，更没有在仪式中出现汉族人的“瘟船送鬼”、在野外烧鬼的“镇压”情节。这样看来，我们在第一章给苗族的这种性质的苗族鬼祭以“驱除性鬼祭仪式”的定性是不大对头的，原因就在于我们是以一种习惯性的“负面”形象来给苗族的鬼下定义。

从这里来看，苗族几乎从来就没有把鬼的生存，看成是一种与人的生存对立的生存，而是一种可以交流的生存，是一种给苗族人的生活带来“负面”影响的生命形式。道理可能很简单，鬼是与我们的祖先一起来到这个世界上的，我们从来没有想到过要“驱逐”它们，况且，我们驱逐了它，它又上哪里去呢?！而且苗族的鬼也同人一样，是受自然精气之孕而来到这个世界上的。这个来自苗族天地创造者的精气，不但创造了苗族的祖先姜央，也创造了苗族天地中一系列的鬼。于此我们说，苗族人的鬼是苗族人的“兄弟”，一点也不为过。或者说它们有它们的生存空间和生存理由，也是一个自在的群体，既然如此，这些鬼首先得有如常的住所。在苗族人所有的鬼中，都是有住处的，而且这个住处好像是苗族人的鬼师们安排的一样。在现实中，苗族人要认定出现了什么鬼时，有三个特点：一是鬼是一群，而不会是一个，就像人类的最初的种群一样；二是这些鬼要明确地说它让人害的是什么样的病灾；三是住在什么地方，而且每个鬼师都会在请鬼的时候，想象性地描述它们的住处，夸赞它们住的地方如何好。鬼师们像描述一个个群落一样描述它们。这就是我在前面所说的“苗族的鬼也能与人类一样在世界上建构自己的世界，而不是人的影像。”

这样的鬼根本就不是我们汉族人为代表的主流文化所定义的鬼。在汉族人的信仰文化中，鬼是一种生命的负面形象，而苗族人的鬼就不全是生命的负面形象。汉族人的信仰文化中的鬼是从哪里来的呢？我们以为还得接着我们在第四章中关于苗族先民的“金属文化”说起。我在此处的相关文字中，说在炎、黄与蚩尤在古代“争锋”的时代里，苗族先民当时的物质文化的最高成就——金属文化，给炎帝和黄帝族群的印象很深，而对其精神文化的最高成就——巫鬼信仰文化，就不甚了了。而在这以上的论述中，我以为如此说来是不完全的。于此我以为苗族先民的“金属文化”和“巫鬼信仰文化”都真正是炎帝和黄帝族群的“鬼”。在最初的族群战争中，苗族的先民们给他们的打击，既有金属兵器的物质打击，也有巫鬼文化的精神打击。最起码可以说，是苗族人创造发明的鬼信仰文化，直接冲击了炎帝和黄帝族群的文化。这种来自敌对势力的文化，肯定就被“妖魔化”了。这种汉族人的鬼，与苗族人的鬼自然相去甚远了。更为可悲的是，我们几千年来一直这样“妖魔化”的理解苗族人的鬼，理解苗族人的巫鬼信仰。

苗族人的巫鬼信仰文化，是其文化中自在的组成部分。

在这样的苗族人巫鬼信仰文化中的鬼，自然要有善鬼和恶鬼之分，可能我更倾向说“好鬼和坏鬼”之分。

苗族人的好鬼，在最为原始的鬼群中，有龙是好鬼，在后来的鬼群中，有自己祖先的一个魂化成的鬼是好鬼，还有一些有力量的民族的英雄人物、祖先人物是好鬼，像山神这样的鬼也是好鬼之列，还有苗族人称为鬼仆人的土地神等，也是好鬼。基本上在苗族进行祈祷性仪式的鬼的对象，多数都是好鬼。

苗族人对好鬼进行鬼祭，对坏鬼也进行鬼祭，而且对坏鬼的祭祀要比对好鬼的祭祀要多得多。对好鬼的鬼祭是一种常祭，即一年，或几年中规定一个什么时间来祭，而对坏鬼的鬼祭是一种时祭，即什么时候需要就什么时候祭。

在苗族人的鬼祭中，对坏鬼的鬼祭数量大大超过对好鬼的鬼祭，比如我们在台江苗族的鬼祭中看到，其对好鬼的鬼祭有不多的几个，且多为常祭，一年或几年中什么时节把“手续”做完就行了，而鬼祭则近百，就是经常举办的对坏鬼的鬼祭，也有数十。也就是说，这些坏鬼是经常得到苗族人的“邀请”的，时常能够得到供祭的。这在情理上似乎不公平，护佑者的祭享少于肇事者的祭享，这在灵者中自古如是，苗族人亦然。不过，苗族人似乎并不在意此事，这是表面上很难理解的。实则不然，就如我在前面的论述中说过，苗族的敬祭鬼更像一次“请鬼的家宴”“陪鬼吃顿饭的过程”，不是一场凶险的战斗。在我们汉族人中，祭鬼是一场与鬼欺、哄、瞒、骗、镇压、驱逐的战争，而在苗族这里，是一次请住在近邻的亲鬼吃一次饭的事情。有时候，苗族人会说这个鬼“大”，要认真对待，我们可能会理解为“此鬼恶，或凶险”，而苗族人却不是这样理解，而是指这个鬼的脾气不好，架子大，要小心一点的意思。汉族人的鬼是“妖魔鬼”，苗族人的鬼是“亲邻鬼”，性质是不一样的。要不，按我们汉族人理解的“妖魔鬼”的性质鬼在苗疆走来走去，确实是一件令人恐怖的事情。

论说到此，我以为，理解了苗族人鬼的性质，就能很好地理解苗族人了。一个以善待鬼的方式来解释生命现象的民族，最起码是一个极为善良的民族，这也是民族信仰的一种天赋的自由。

在贵州民族民间信仰文化中，有巫鬼信仰的民族不仅有苗族，其他民族也有巫鬼信仰。

在彝族中，也有关于鬼的信仰表现，但认真一分析，就可以看出，这种民族信仰中表现的鬼，是如汉族人所认定的那种“负面”性质的鬼，不是苗族人所认知的那种鬼。所以，彝族人中有一系列的巫术仪式，就是针对鬼来的。

在布依族中，也有巫鬼信仰存在。布依族中有大量的鬼，这些鬼也如苗族的鬼一样，导致布依族人的伤病和灾难。

丁于——此鬼作祟使人呕吐。

火烧鬼——此鬼作祟使人发高烧。

向喳——此鬼作祟使人拉肚子和红痢、白痢、发烧。

向虾——此鬼作祟使人乍冷乍热，脚杆痛。

羊任——此鬼作祟使人动不动就发脾气，看什么都不顺眼。

倒头鬼——此鬼作祟会使人遭虎、蛇咬伤，受刀枪伤或难产。

火星魂——此鬼作祟会使人头痛、五官痛。

讨饭鬼——此鬼作祟会使小孩生病。

代扇——此鬼作祟会使人头痛、口干。

共季——此鬼作祟使老人头昏、眼花、脚软、手脚抖。

香滚——此鬼作祟使人生大疮大包，脚被斧砍。

该乃——此鬼作祟使人感到疲乏，手脚发软无力，不思饮食。

麻让麻弄——此鬼作祟使老人关节痛，动弹不得。

定纳谈丁朗——此鬼作祟使老人眼睛花、脖子软。

关木朗逃——此鬼作祟使老人久病，且一天比一天严重。

邦额——此鬼作祟使人得水臌病，脚肿、睑肿、眼黄、肚子胀。

独利——此鬼作祟使人肚痛。

倒头沙鬼——此鬼作祟使人头昏目眩。

土地鬼——此鬼作祟使人脚痛或嘴歪。

岜山鬼——此鬼作祟使一家人轮流生病。

泻迷比道——此鬼作祟使妇女生死胎。

向塘——此鬼作祟使妇女怀第二胎即死第一个小孩；怀第三胎，即死第二个小孩。

化便化仙——此鬼作祟使妇女所生孩子在当天或几天后死去。

独巴任——据说此鬼常在路上相骂，作祟于人，会使人生病。

独几——常以动物形态出现，有人说其形身长如羊，有粗短尾，腿短，掌似鸭，嘴似鸭；也有人说其形如巨鹅，在暗处会发光；也有人说其身如蟒，长如巨藤。怪异古树，石礅、幽深山谷，溪谷均可能被认为有“独几”。凡被认为有“独几”之处，忌大小便、吐痰、开玩笑等。

独养——又叫“独奢”“独拉”等。被认为是妇女与其他男人发生婚前、婚外性关系后变成的一种鬼。这种鬼附在该妇女身上，常离开其肉身到处作祟于人、畜，使受害者晕厥、神志不清、胡言，口吐白沫等，严重者常发生休克甚至死亡。独养作祟时，一般请布摩以巫术驱逐之。

独香——专在悬崖峭壁和水边作祟的鬼魅，与汉族“替死鬼”相似。人受其作祟，将发生溺水或坠崖等灾祸。

在布依族人确定是某种鬼作祟时，就要请布摩举行仪式献祭牺牲禳解。从表面上来看，这与苗族的巫鬼信仰是没有多少差别的，但是，从苗族的“用鬼”和布依族的“献祭牺牲禳解”的对比上就显出其差别来。布依族的“献祭牺牲禳解”是一种地道的驱逐性质的仪式，是用一定的牺牲献给鬼，换来鬼的“走开”，仪式是有一定规范化的，牺牲也是有等级的有规定的，“禳解”与请鬼吃饭是大不相同的。不过，这也是贵州民族民间信仰文化中的一种巫鬼信仰表现。

在侗族的信仰文化中，也有一些巫鬼信仰的表现，但这不是侗族信仰的主流，并且它明显受苗族鬼信仰文化的影响。在侗族中，这样的巫鬼信仰多在“解身上”一类的小的个体性信仰活动中出现。

在贵州的巫鬼信仰中，水族的巫鬼信仰似乎表现得要复杂多样一些。

水族人的鬼是一系列的魂造成的，所以他们的鬼魂二词是连读的，鬼就是魂，魂就是鬼。

这些鬼和魂有：落魂、跌倒、落水、落豹、落虎、落坟、落五海、米魂、财魂、

"公天所""牙六山"，等等。还有属于神性的灵，如"雅棒"（即保护钱财的神灵）、雷神，还有属于恶神、凶神的"腊鸟""脚""脚目丁""君""傣别""脚八""腊牢""占""星""傣哇""落瓦丈"等类。实际上，水族的鬼是包含了一系列的恶灵在内的。水族的驱鬼与拒鬼方法有多种。在人们与各种大大小小的鬼魂一旦遭遇时，则请巫师先将它引出来，再用法术（祭祀）驱除或拒它。其方法主要有：

1. "砍盗脚"：巫师用法术，用强盗的"脚印"追踪，使其归案；
2. "解"受恶鬼之害时，则用"解"的法术解除；
3. "挡"：即"阻挡、抗拒"之意，其法术多种多样。

这三种水族的"用鬼"，都是通过"法术"来用的鬼，显然与苗族的"用鬼"是不一样的，并且与布依族人的"用鬼"也是不同的。不过，这也是贵州信仰文化中巫鬼信仰的一种表现形式。

在瑶族中也有巫鬼信仰，也有好鬼和坏鬼的区别，与苗族是一种同源文化的表现，但瑶族的鬼比之苗族的鬼要单纯和质朴得多。现今的瑶族人认为：好人死了就是好鬼，坏人死了就是坏鬼，而且其鬼系统是极为开放的，不必完全由鬼师来认定鬼，而且每个瑶族人都可以认定新的鬼。

应该说，在贵州民族民间的巫鬼信仰中，拥有自然性质信仰的民族，都会有自己一定的巫鬼信仰，只是其表现形式不同。但是，这样的巫鬼信仰多数是受到汉族式的巫鬼信仰影响所致的巫鬼信仰，除了瑶族的巫鬼信仰与苗族是同一性质的巫鬼信仰以外，其余的均与苗族的巫鬼信仰不同。

第二节　贵州民族民间信仰文化中的祖灵信仰

祖灵信仰是贵州民族民间最为重要，也流布最为广泛的信仰文化，其亦可称为祖先灵魂信仰。在贵州的祖灵信仰中，以彝族的祖灵信仰发展得最为完备和纯粹，最具有形式感。彝族也广泛的信仰其他信仰事象，但如果彝族没有了祖灵信仰，那它的信仰主体也就不存在了。故而，也可以说，彝族的信仰是以其祖灵崇拜为主体的多灵信仰。

说到彝族信仰，左玉堂先生在其《中国西南彝族毕摩文化》一文中，总结了彝族的"毕摩文化"的特点有：一是崇祖敬宗，二是巫术与宗教意识、巫术仪式与祭祀仪式杂糅为一体，三是融会儒学、道教、佛教文化。

确实，在彝族的信仰中，崇祖敬宗是第一位的。彝族首先将祖先神视为最可靠最亲近的保护神。彝族崇奉山神、牧神、猎神、天神等众多的保护神，而将祖先神视为最可靠、最亲近的保护神。由于崇祖敬宗是第一位的，彝族还崇奉祖师神，并视祖师神为最大的保护神。每当举行巫术仪式或祭祀仪式，都要迎请祖师神降临至尊神座，作为保护神。巫术、祭祀仪式毕，要念诵《回师经》文，将祖师神送回神界去。

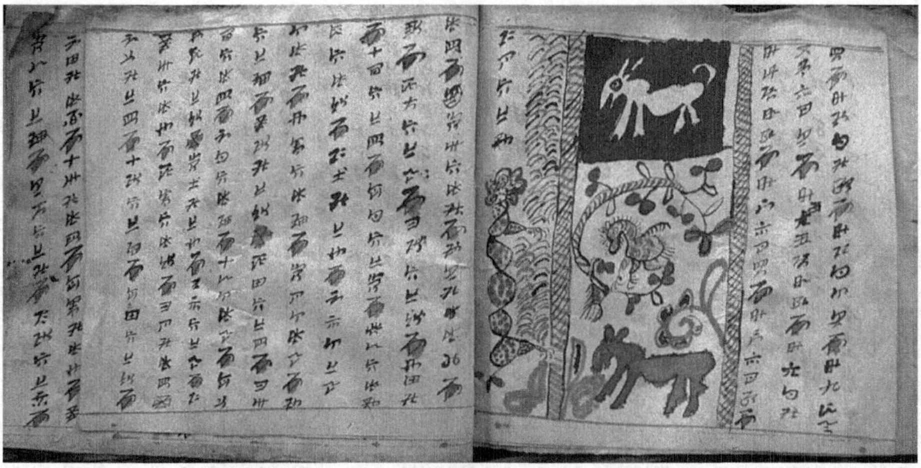

彝族经书

祖先神在崇奉的众神中地位是最尊贵的。在中国各地的彝族，虽都崇奉有众多的神灵，但家堂中只供“祖灵”（灵牌），不供任何神位。“祖灵”安置于堂屋左上方或正堂屋墙上的至尊位置，为家人最神圣、最崇拜的对象，严禁外人触摸。有的在人户附近的隐蔽之处，专门修建安置祖灵的灵房。置放家支、家族“祖灵”的“祖宗岩洞”，视为神圣不可侵犯之地，严禁外人进入。如遇火灾，宁可舍弃粮食、财物，而必须抢救出“祖灵”；如迁徙，可舍弃它物，而“祖灵”必须由户主率先带走。

彝族的祖先神在崇奉的众神中受享祭最多。从供奉多神的彝族祭祀情况来看，在通常情况下，其他诸神享祭是有限定的，而祖灵则可以一年四季都有享祭，除逢年过节如彝年、春节、二月八节、清明节、火把节、七月十四、尝新节享祭之外，家中每当煮酒、吃肉、杀年猪、亲友团聚饮安、娶亲嫁女、播种收获，甚至出猎猎获野物都要先献敬祖，之后家人才食用。

祭祖仪式在众多的祭祀仪式中最为隆重。彝族宗教祭祀仪式繁多，最隆重的是祭祖仪式。诸如祭龙、祭天，祭山神，虽都是公祭，但祭期短，多为一天，祭祀仪式也较简单。而祭祀祖先仪式名目繁多，祭期长，祭祀仪式尤为复杂、隆重，居于彝族信仰活动的核心。所以，彝族特别注重丧葬仪式和祭祖仪式。其中又以祭祖典礼最盛大、最隆重。有的地区一年举行一次，有的三年举行一次，称“小祭”，三十年举行一次，称为“中祭”，六十年举行一次，称为“大祭”。大祭时，全家支或家族公祭，祭期 5—15 天，杀牛、宰猪，举行隆重的祭奠仪式，并举行盛大的歌舞会，意为“与祖先同乐”，为彝族所有祭祀活动中最盛大、最隆重的祭祀活动。

另外，彝族的祭祖经典是彝族毕摩宗教经典中最多最重要的部分。

在彝族的祭祀祖灵的仪式中，不管是葬礼，还是祭祖典礼，都会在最后产生一个东西，即“祖灵筒”（参见第二章第一节）。

这种祖先灵魂的具体形式，是贵州民族民间信仰文化中最具形式感的。在信仰中，让自己信仰的对象具有形式感，对任何的信仰发展历史来说，都是一个历史的进步。

对祖灵筒的安放，我在贵州就看到了三种形式。

一是盘县淤泥乡的彝族是把祖灵筒放在类似家族祠堂正堂的瓦沟下，少则直接插在瓦沟的缝里，多则专门做一个竹篱笆，把祖灵筒按辈分成排地固定在上面，然后放在瓦沟下。淤泥乡彝族把这样的房子也叫祠堂。

二是六枝中寨乡的砂锅寨村彝族的祖灵筒是放置在一个草片上，也是按照辈分排列祖先的灵筒于上，然后把草片放置在房屋正堂的瓦沟下。

三是六枝中寨乡的火坑村彝族的祖灵筒是放置在屋后或屋附近的灵房里，也是把祖灵筒插在瓦沟里。这样的放置方法也出现在大方县的百纳村。

在彝族的祖先灵魂的观念中，他们认为亡人的灵魂有三个，即祖灵魂、坟墓魂、阴世魂。人死后，一魂由毕摩“指路”送到祖先的发祥地（亦说送到“不冷不热，不饥不渴，不黑不暗”的阴间仙界），同老祖宗一起，重新安家立业，劳动生息，一魂驻守自己的坟墓，一魂则作为“祖灵”供奉家堂中，随时接受子孙的祭祀，庇护子孙繁荣昌盛。而祖灵筒中的灵魂，就是在家的那一个灵魂了。

彝族祖灵信仰是贵州民族民间最有人文精神的信仰了。

除彝族的祖灵信仰之外，属于祖先信仰范畴的还有苗族的祖先崇拜。

在苗族的祖灵信仰中，能纳入这个范畴的有许多内容，我们在第一章的第四节中记录了好几个关于苗族祭祖的概况，证明在苗族中祖先灵魂信仰是普遍存在的，他们亦是苗族人的重要的护佑者。但在苗族的祖灵信仰中，似乎有两种表现，一种是所有苗族人的祖灵，一种是个人的苗族人的祖灵，我给它们定位一个学术术语，叫“族祖灵”和“家祖灵”。

属于祭“族祖灵”的仪式以苗族的“鼓藏节”为最大。这个祭祀并不是一个纯粹的祭祖仪式，其中包含了太多的其他方面的内容，它有点像彝族的60年一祭的“大祭”。苗族的“鼓藏节”要13年一祭，而且祭祀仪式的过程是在三年中完成的。

在苗族的“鼓藏节”中，每年都是以鼓的祭祀仪式为中心来开始其仪式过程的。比如在雷山县郎德镇乌流村的“鼓藏节”是这样来举行的。

第一年，起（醒）鼓。

这年是亥年（在黔东南方言区，苗族人是以村寨为单位来举行“鼓藏节”的，而且各村举行“鼓藏节”的时间是错开的）。于年初或上年底，通过“议榔”或寨老会议，确定是否办本届鼓藏节。确定举办后，家家户户都要做好准备工作。

“鼓藏节”在农历十月上中旬举行。

寅日：上午，一家杀一头或房族叔伯兄弟几家合杀一头猪，各家办成几个好菜在自家祭祀列祖列宗。

卯日：上午，煮糯米饭打糍粑，煮肉、鱼、烧香化纸酌酒祭拜祖先。

辰日：凌晨3—4点钟，家中男人最先起床煮糯米饭、杀鸡、煮鱼、煮甜酒，并舀在盘子或碗里，其他的家人起来。一起把煮好的饭菜摆到香火（祖宗灵位）前，男主人一边烧香、烧纸，掐些糯米饭、肉、鱼、肝，酌点白酒于地，一边念祭祖词祭祀祖先。祭毕，把几盘（或碗）肉、鱼、鸡等佳肴摆在堂屋中间，不用桌子，直接摆在地板上，在堂屋门外放鞭炮贺新年，然后全家人围在一起吃第一餐鼓藏饭，吃完饭天才亮。大约到八九点钟，又把煮熟的肉、鱼、鸡等最佳菜肴重新摆好一桌菜和酒，请房族叔伯及兄弟们来喝新年酒，苗语叫“吞仰”，汉意译为“踩年”，房族兄弟，一家挨一家串门吃、喝。

与此同时，由鼓藏头和祭师们组织另一批人“引木鼓”入场。

民国初期以前，这一伙人带着糯米饭、肉、鱼和香、纸到干南友自然村对面珍藏木鼓的“干炸略”（藏木鼓的岩洞）祭祀木鼓，然后由十多个男壮年抬回寨中。行走中，大家弯腰曲背，异口同声反复地念：“哎啃，十三年轮到一回，男女老少难等到。今日轮到好节气，要请妹留榜（即蝴蝶妈妈）入场，和大家一起过节。风调雨顺，多打粮，子子孙孙代代传。”念一句走一步，步伐和声调要整齐，念错了一句，走错了一步，要返回藏鼓岩洞原处重来。走这么不到500米的路，要花5—6个钟头才把木鼓引到鼓场。

民国中期以后，木鼓改为珍藏在鼓藏头或某一家的谷仓顶梁上，现已珍藏在小学校的砖房里。鼓藏头祭师等一行人带着煮好的肉、鱼和糯米饭、酒等来到谷仓脚，从仓顶梁上把木鼓解下来，祭师向“妹留榜”祭祀后，大家把鼓引到寨中的鼓场。下午起，人们穿着节日的盛装，围着木鼓一圈又一圈，随着鼓声和芦笙曲调欢乐地跳起笙鼓舞。这样持续7天到亥日的下午四五点钟。

不久，村里派人挑一箩箩糯米饭和提一壶壶白酒来到鼓场上，并分给在场者每人一团饭，敬每人一口酒，大家在一片欢笑声中散场。待到天黑时，由鼓藏头、祭师组织一行人把木鼓又珍藏起来。第一年的“醒鼓”仪式到此结束。

第二年，接（转）鼓。

这年为子年（鼠年），农历十月上中旬。仍为寅日开始。这年也不请客人来过节。辰日下午开始跳芦笙木鼓舞，持续5—7天。仪式基本与第一年相同。

第三年，送（藏）鼓。

仪式基本同，但送鼓的过程相反。

从以上的仪式过程中不难看出，这个“鼓藏节”的原始意象的中心是一支代表祖先灵魂的鼓，或者说是附有苗族“族祖灵”的鼓。祭祀它是为了定期的“唤醒”其中的“族祖灵”，让“族祖灵”不断地来护佑苗族人。从这个意义上讲，它比彝族的祖灵信仰更具有族群意识。

以上的苗族“鼓藏节”是黔东南方言区清水江苗族的例子，我们在黔东南方言区都柳江苗族中还能看到有相当差别的例子。

从江县加鸠苗族的吃鼓脏祭祖仪式要许多年才举行一次，有三年的，有五年的，有七年的。吃鼓脏前先要定鼓脏，从谁家定了鼓脏，那么谁家就是这次鼓藏节的“鼓脏头”。这是一种由个人为由头的群体性祭祀，即由“家祖灵”到“族祖灵”的祭祀。这与雷山的“鼓藏节”不同，前者是纯粹的“族祖灵”祭。后者是“家祖灵”与“族祖灵”综合的祭祀。

这样的鼓脏祭是以共有“牛堂”，即以公共斗牛场的一个或几个村寨为一个单位来进行的。

加鸠的吃牯脏具体分为“吃水牯牛牯脏”“吃黄牯牛牯脏”“吃猪牯脏”等不同类型。

吃牯脏是最隆重、最盛大、最壮观的祭祖活动，杀牲较多。加鸠、党卡两村一次吃牯脏，共杀牛七八十头，还有猪羊等其他畜禽无数。杀牲最多的一家，单是牛就杀了四头。

加鸠的吃鼓脏的祭祖意象与雷山的大不相同，是一个明显的“家祖灵”的意象。加鸠苗族吃水牯牛牯脏的来历，源于这样一个传说。

传说在远古时期，古州（即榕江城关）是苗族聚居的地方，有一户人家出了两个很有名望的人物，一个如龙女一般漂亮能干的苗族姑娘“蓉”；另一个是与蓉同父异母的后生“湾”。一年秋天，湾乘船沿山清水秀的都柳江顺流而下，走村串寨，行歌吹笙。途中翻船，不幸丧命。由于当时正逢歌舞时节，亲朋很少到湾家吊丧，家里只杀了一头肥猪，草草处理了湾的丧事。湾到阴间，感到自己是一方名人，本应得到轰轰烈烈的送葬而得不到，他不甘心；又因为没有得到大牲畜陪葬，他过不了“鬼门关”。湾想通知家里为他补办一次隆重的葬礼，所以在葬他的第三天，即满三朝后，湾变成一只小鸟，来到家里的走廊上叫了几天，家里人不解其意，也不知道小鸟是湾变成的。湾想，只有让家里人生病，病后一定会找鬼师请鬼，那时托话给鬼师，鬼师再把话转给家里的人。不久，湾的后娘病倒了，且久病不愈。用尽一切办法，请过若干鬼师，都不见好转。最后请了一位名望很高的鬼师——“够王”作法用鬼。湾告诉够王，要湾家为他补办一次隆重的葬礼，杀一头最大的水牯牛作祭品祭祀湾。举行葬礼时，必须要有湾生前特别喜爱的歌舞。够王答应了湾的要求，同时向湾提出，目前一时还备不齐那些东西，先用一颗黑火炭为凭，以后一定按提出的条件办，湾答应了。够王将这些话对湾家的人讲后，用一颗火炭暂时顶替。湾后妈的病果然神奇般地好转了。三年后，湾家的水牯牛喂得体壮腰圆，湾家就按湾提出的条件，杀了这头牛，热热闹闹地为湾举行了一次祭祀仪式。此后，湾后妈的病彻底好了，而且再也没有生过病。就这样，苗家后代才知道有一种“牯脏病”，而且只能通过杀水牯牛祭祀祖宗，才能脱病消灾。从此以后，苗家吃牯脏的习俗就一代又一代地沿袭下来了。时至今日，这里老人去世，并不举行隆重的葬礼，只杀一头猪，草草安葬了事。要等到吃牯脏时，才为死者举行隆重的祭祀仪式。

这是一个“家祖灵”的祭祖故事，但它于今在加鸠的苗族中，已经演绎成了“族祖灵”的族群意象了。

加鸠的“鼓藏节”仪式是十分繁杂的，具体的仪式环节请参见第一章的第四节。

以上是苗族对“族祖灵”的祭祀，而苗族的“家祖灵”的祭祀就是另外的样子。比如在第一章的第四节中表述的高坡苗族的“敲牛祭祖”，松桃苗族的打“棒棒猪”祭祖就是。这两个例子都在不同地域里和不同的时代环境里“濡染”上了不同的色彩，有自己的特定的信仰文化意义。

论述苗族最为原形的“家祖灵”祭祖，应该从苗族人对亡人灵魂的认识开始。在苗族人的灵魂观念中，也认为人有三个灵魂。这三个灵魂，一个回家守家并随护其子女，一个守坟，一个被送回到祖先发祥地去经过考核后转生。

在台江的苗族中，人死被埋葬后，就要认真地来“处理”这三个魂魄。

对“回家的魂”的“处理”。

在把尸体葬毕之后，即由参加埋葬者当中的一人拾一颗石头往坟上一掷，表示这样才震动死者的家（即坟），死者的魂才知道有人叫他。掷石后即叫死者回家吃酒吃肉去，埋葬的人就回丧家来，到家时设一根凳子在火炕边，表示给死者的魂魄坐，并斟一杯酒表示给死者的魂魄喝。一会儿就对死者的魂魄讲：“在家中你喜欢坐哪里就坐哪里，家里的人吃什么你也吃什么”，然后就把坐凳及酒杯撤去。这被叫来家的魂魄就是守家的魂魄，就是“拱浓”（祖先）。

对“守坟的魂”的处理。

守坟的魂在坟上是不能回家的，一回家来家里要死人。所以人们对坟要加以保护，并且要定时供祭。在葬后的三年内要为新坟做招龙仪式和一种叫“戛吓”的用鬼仪式。做招龙仪式有安魂的意思，因为在活人村寨里，也为村寨做招龙仪式，目的是安抚村寨地下的龙。台江的苗族人都认为自己的村寨因为有地龙，自己才平稳。而亡人的坟也需要这样的安抚，其守坟的魂才平稳。做“戛吓”的目的是为了保护坟不垮，也是安抚守坟的魂的。

送回祖先发祥地去的魂魄。

这个魂魄是在人死后抬去埋葬之前，请鬼师“交给”（意为教路，汉人称为开路）。如果是在台江交下死亡的祖先，送其回祖先发祥地去的路线是：

交下——囊哄（田坝名）——皆缴（村名）——妇里羊（台江属，原村名，现无人家）——殴两羊（村名，在剑河）——养交、白堕（即白道，属剑河）——凶央（大平山）——九商，兄汪（即杨英，杨苕）——娘友、娘路（属丹寨县）——拱丢办（榕江之六百塘）——皆养果（山名、在镕江）——方西（榕江）——伞里（小榕江）——掌衣蒙——皆养动躲——皆养动所——皆养动散——仰翁娘堕囊——欧有孔。

据说“欧有孔”是送死人魂魄去的最终目的地，鬼师念咒送达之后，就把死者父母名字告诉死者，使他能根据名字去找到自己的父母。

什么是“欧有孔”，我们在以后的论述中会论及。

以上所说的都是为“善终”者的魂魄所做的“处理”，对非“善终”的人，丧家要请鬼师为他们做一种叫“白弄”的用鬼仪式，以为“洗”。

总的而言，苗族人对祖灵的信仰，比彝族的祖灵信仰要复杂得多，但它决不会有彝族的祖灵信仰那么纯粹。

在土家族中，也有祖灵信仰的表现，也就是其“土主”的信仰。土家族原生态的土主信仰是一种较为抽象的“族祖灵”信仰，即“四川的土家族祭川主，我们（指贵州）祭土主。”

这种较为抽象的“族祖灵”信仰，在一段时间里还演绎成了偶像性质的祖灵信仰，在《思南府志》及各县志中，我们可以看到沿河、印江、德江、思南、江口等地建有不少土主庙和川主庙的记载。但在明清以后，这种祖先灵魂信仰，就渐渐演变为祭祀各自家族的始祖了。

仡佬族在其杀牛吃新仪式中表现的祭祖，也是贵州民族民间信仰文化中一个比较特殊，而且原始意象极为丰富的祖灵信仰。在第三章的第一节中有仡佬族两个杀牛祭祖吃新的个案，在这两个个案中，都有杀牛祭祖的情节，但在杀牛请祖来享祭时，其祖灵并不是第一位的，而杀牛的主要享祭者是天和地，其所谓“杀马祭天，杀牛祭地”，祖灵在这里只是陪客。但是，在后来的祭祀中，仡佬族人的祖灵就上升到了主要享祭者的地位上来了。这才是在吃新节中真正要祭祀祖先灵魂的内容。

在仡佬族吃新节的第三天，是全天性质的分户祭祖，祭祖的祭品强调了八种植物和一种虫（参见第三章第一节）。

这些祭品被非凡地强调，但真正的祭祖过程却比较简单。

另外，居都的仡佬族人在所有的祭祀和庆典性质的活动中，都没有忘记对祖先的侍奉。他们在每一次的活动中，都极力地小心地唯祖先是好。在祭山、祭树中搭竹棚，尽力再现祖先过去的生活情景；使用马勺、木盆、泡木枝等，是尽力地恢复当时用具；选用牙猪肉、野山药、野生植物等想象的远古时代祖先们所食用的食物；形式上还注意了鸡肝、牛心的表达；还同时注意到祖先远古各支系的因素，不要厚此薄彼；另外还顾及祖先可能没有穿衣服的细节，祭祀时把灯吹灭……可以说极尽其能事。这表现了什么呢？纪念和缅怀?！还有对“开荒拍草、古老前人”形象的叙述?！

在仡佬族人这样的祭祖中，首先让我们窥视到仡佬族人的原始先民是怎样在原始的植物采集中走过来的影子，也可以说这里有许多他们先民在原始植物采集时期的文化信息。在祭祖灵中这样的物质文化发展阶段的影子，这在其他的祭祖灵的仪式中是看不到的。从中我们不难看出，这样的仡佬族先民与贵州这块土地，有何等深厚的联系及情结。

在贵州的祖灵信仰中，我们没法来评判它们的发展阶段性，它们只能是在各自的文化背景下，表现各自的特色。

应该说，在贵州的民族民间中，对祖先灵魂的信仰是较为普遍的，但要在自身的信仰文化中占主导地位和具有显著特色，却是不多见的。

第三节　贵州民族民间信仰文化中的山神信仰

山神信仰是山地民族一个特定的信仰文化表现，在贵州，有明确的较为完备的祭拜山神的民族有苗族、彝族、布依族、仡佬族等民族，但把祭山神作为自己民族祭祀的主祭者，只有仡佬族。

在居都的祭祀中，这里的仡佬族人有一系列的祭祀，如杀牛吃新、过小年等，但其主祭是祭山。我们在第三章中列举了居都各姓氏的祭山，虽然其各有不同的表现，但“山”这一主题在其中都是同一的。不过，在居都的祭山中，仡佬族人把祭山的意象具象化在“树”上，并在平时有一系列的禁忌来强调这种“树”的神性。比如在居都的祭祀树就是不准人乱动的，不但不能砍伐，连树下的枯枝也不能动。居都的祭山中的主题是山，但在居都仡佬人的其他祭祀中也有祭“山”的内容，如在其杀牛吃新中请的“坡头”，也是山的一种表现形式。

汉族山神庙里的山神像

在居都的祭山中，我们似乎没有见到“山神”的字眼，确实，在居都的祭山中，山就是山，并无神的观念，其山的神性还没有其树的神性多。但居都人年复一年的祭祀它，只不过就是祭山而已。

在本人的拙著《居都——一个仡佬族文化社区的叙述》中我是这样来理解居都的祭山的。

“在祭山、祭树、杀牛吃新和过小年这三个时间上是连续的完全属于民族的活动中，几乎都表现了同一的色彩，即最远古历史的自然状态。居都人的信仰，也就建立在这样的基础上。他们在祭山、祭树中把牺牲的血洒在‘树’的具象上，在杀牛吃新中把牛的血奉献给坡头，在过小年时把牙猪的力量进行某种传导；好像每一个事象都很具体，都有信仰的最形象、最生动的对象；好像他们在崇拜山、箐林、树、坡头，等等。但是，实际上这都是表面化的东西。在现实生活中这一类东西并没有明显的地位和影响。当然，一些树为具象时，就形成了某些禁忌，受到保护。比如不得砍伐，甚至不能动它的枯枝，它周围的草木，但这都不具备偶像或准偶像或半偶像的性质。还有，这些树之所以受到保护，还不是因为它本身，而是因为它代表了什么，象征于什么。如果它这种象征、代表的功能一消失，它很快就会被别的同类代替，自己又得回到普通的树的地位。由此可见，这种自然形态的祭祀，它崇拜的是一种力量。生殖力量或生命力，是人类在自己的人文历史上的第一个探索，是人类的第一个哲学命题的思考。这，几乎又是一个永恒的主题。在人类思维深入到很远的边缘的今天，我们似乎仍在探索这一命题，并有许多方面一直停留在那里，不能前进。可以说居都人的信仰是一种自然形态的生命力崇拜，它本质上不崇拜什么具象的东西，而崇拜的是一种生命的力量，故而它表现的阶段性状很初始，事象很古老，也因此于今天有很高的研究价值。”①

这就是居都祭山表现的山神信仰的基本性质。

在普定新寨，我们看到的仡佬族人的祭山其意象就明确得多了。

在新寨的祭山中，明明白白就是祭山神。在其祭山神中，有仡佬族人的祭师“果珠”，有规定好的仪式，有经书，而且是一系列的经书。在每次祭祀时，开天辟地的来历，山神的来历都要在祭词中说得清清楚楚。

这样的山神有九个，是仡佬族的九个先祖变的，他们是仡佬族人的坡头、山神、主神、祖先神、英雄神、殉难神……

《祭山神》的经书分为虔诚、祈福、驱邪、除病、送祖等几个部分。

山神在汉族中被描述为“三头六臂”

《祭山神》的经书是这样开头的。

三月二到了，
三月三来了，
我们齐来敬山神！
敖伟天神，
列位山神，
地盘业主，
请来喝酒喽！
……

表示了虔诚之后，就向诸位山神、敖伟天神、地盘业主祈福，并“安排”他们为仡佬族人驱邪、除病，最后又送他们回去。这些都是如常祭祀仪式的过程，但这里有一个意象令我们惊奇，即九位山神就是仡佬先人的九个支系的始祖。

老大叫阿把，
老二叫阿诺，
阿谷是老三，
阿尼是老四，
老五叫阿业，
老六叫阿仡，
阿卜是老七，
阿达是老八，
阿尤最小叫老九。

他们本是仡佬族先民的“九支”，本应该是祖先神的范畴，可是，他们据说被

① 吴秋林：《居都——一个仡佬族文化社区的叙述》，贵州人民出版社 1997 年版，第 83 页。

“敖伟”天神封为“地盘官”，然后命令他们去赶山，最后累死变成了山神。

他们赶山献生命，
从此当抱才有山。
敖伟表彰其功绩：
生前他们管地盘，
死后追封为山神。
敖伟追封时，
恰是三月三。
敖伟封了代代传，
从古至今才祭山。

这样的山神祭祀内涵是极为丰富的，实际上仡佬族人是以祭山神的基础形式，来综合性的表达对天神、祖神、英雄神、殉难神的礼敬。问题是仡佬族人为什么要选择这样的方式来构建他们民族的主祭呢？我以为仍然是仡佬先民对山的原始意象的浓烈程度是贵州的其他民族绝不可比拟的。从四面八方来到贵州这块土地上的民族，不管世居多久，是绝不能获得如仡佬族先民那样的关于“山”的原始意象的。这种原始意象在信仰文化上的染色，是不由人们的意志为转移的。

原始意象在信仰文化上的染色力量，还有一个例子可以佐证。在普定新寨，山神是九兄弟，称为“告佬九兄弟”。而新寨的仡佬文化族群区的村寨也正好是九个寨子组成的，其本源也是由于九兄弟分寨的结果。

其对应关系如下：

老大叫阿把——新寨；
老二叫阿诺——窝子；
阿谷是老三——石板；
阿尼是老四——柯拖；
老五叫阿业——小寨；
老六叫阿仡——下者嘎；
阿卜是老七——长冲；
阿达是老八——高羊；
阿尤最小叫老九——梭山。

这样的祭山信仰文化，是任何一个民族的山神祭祀都不可比拟的。

山神信仰在苗族中是有所表现的，比如在雷山的苗族中。其祭山神是一种个人的行为。祭山神的目的是为了添福添寿。

在雷山的祭山神中，祭品要一头猪。选择好吉日后，就叫两个助手来做准备。一人挑新鲜水酿甜酒，一人来烧香化纸。过后两天，甜酒酿醒了，便去叫房族兄弟一个带一升米，在米升口上要放一根麻线。

两个助手把猪整好后，猪头不拿来参加肉煮（意思是：留猪头，才见到头旋正，尾长大）。祭桌上要摆十四个酒杯，十四组香，十四坨糯米饭，大块肉和小块肉。摆放完毕，就请鬼师来操办。鬼师坐在凳子上，两手抱着膝盖，然后念祭词。

蒸饭依呀！
放好依呀！
烧香依呀！
插好依呀！
斟酒依呀！
斟好依呀！
…………
巫师最后念道：
你们四位山神，
四个地祇。
先来接受礼物，
来喝第一杯酒。
捏给你们吃，
斟给你们喝。
吃要吃饱，
喝得喝醉。
吃饱饱算发，
喝醉醉算富。
好话不多说，
真言这里终。

到这里，祭山神就算完毕了。

在苗族的观念中，山神苗语意为山川神，是为善神。从祭词上考察，它主管山川河水，居住在天上，也居住在地上，是一群神。在天上居住的为主神，下来地上时以凯里市境的香炉山为路径。祭山神的词，也在招龙谢土、扫寨、祭坟、祭寨、祭房等巫事活动中广泛应用。

这种苗族的祭山神，应该是苗族巫鬼信仰的一种“延伸”。苗族是一个以“河”为原始意象的民族，在其信仰文化中对“山”的印象就不能与仡佬族这样的民族相比。

在贵州西部的苗族中，我们也能看到另外的苗族祭山。

在六枝特区梭嘎乡的拢嘎村，其地苗族人习惯称其为梭嘎苗人。梭嘎苗人虽然是苗族，但它的祭礼却与其他苗族差异很大。他们不杀牛祭祖，也没有一般的祭祖，只有祭山（也叫祭箐），并称这是他们最为重要的祭祀。

这里的祭山的时间为每年的阴历三月的第一个龙场天。

每年由几家，在陇嘎村具体由七户人家操办，即由他们几家挨户收份子钱，然后去买七只鸡（他们原来是用猪祭山的），自然还有一定量的烧酒。

在祭山前要先进行扫寨。一般是上午扫完寨下午就开始真正的祭山了。陇嘎村每年要祭三处箐，具体地点都在某一棵大树下，最先祭的是寨子下面的大树。每处要用两个鸡。有一定的仪式，但仪式并不复杂。

三个地方祭完，水也加满了，就把三处的六只鸡拿来，全部砍碎，每家分一份，带回去吃。

留下的七只鸡头，就派人分送到轮到下年操办此事的人家，下一年就有操心此事的人家了。

在这样的祭山中，巫的意识比对神的敬仰更多，但也是祭山神的一种表现。

关于祭祀山神，我们在盘县彝族的祭祀中也能看到。

在盘县的彝族中，祭山和扫寨一般是合在一起来进行的。

在盘县的彝族地区，祭山和扫寨年年都要举行。祭山和扫寨是以寨子为单位来举行的，费用由寨子的人户分户承担，比如，今年是5户人家承担，明年是由另外的5户人家承担。时间一般是每年的农历三月间举行。

祭山的头一天是扫寨。

毕摩在桌子边念敬酒经，向天地、历代英雄敬酒，请他们不要来抢祭山神时给山神的祭品。这样，毕摩和村里人给他配备的两个助手，就可以进入这家人家的屋里进行扫除了。

扫寨这一天是不准任何人到地里和山上做活路的，要等扫寨结束才能出来做活路。

到第二天，毕摩和两个助手一起上山祭山神、土地，一般每个村都有自己祭山神的地方，往往是林木比较茂盛的地方。到了祭山林，用一只红公鸡、一瓶酒，点上九炷香、烧一些纸，点一支蜡烛，把公鸡杀了，念《献牲经》，祈求山神保佑寨子一切平安顺利。

……

在布依族中，也有祭祀山神的信仰活动，比如贞丰一带有的村寨于每年农历的三月十五日由布摩率寨老和全体男性村民祭祀山王爷，祈求山神保佑全村风调雨顺、六畜兴旺。有时候，布依族人狩猎不顺利时，也会去供祭山神。另外，有的村寨修有山神庙或山王庙，每年于固定的日子全村寨集体祭祀。

在以上的祭山仪式中，雷山苗族的祭山神仪式只选择“吉日”，不是“三月三”，而其他所有的祭山神仪式都在“三月三”或三月中的某一天。这应该是随新春而来自然的原始生命感应，只有在这个时间对山神的祭祀，才符合山神的神性。

第四节　贵州民族民间信仰文化中侗族的“萨坛”与节气神

在贵州民族民间信仰中，明显的以一个主灵信仰为主，并在其外围组织起一个神灵群体的民族信仰的，只有彝族和侗族。但把所有的神灵都具体地统一在一个神性的坛中，只有侗族。把农业生产中的节气视为一种神灵，纳入萨坛的神灵系统，也只有侗族。

侗族的萨坛我们在前面的章节中已经展示。

在侗族信仰文化的源流等相关章节中，我们初步涉及了“萨”的形成。萨本身在侗族话语中就是“鱼”，它包含了侗族人远古生殖和生命力的原始意象，这应该是侗族萨的“底色”，萨在侗族中最直接的“引申”就是“祖婆”，这是其母性崇拜的又一层色彩。萨还有萨蟒、萨蟒神的阶段，在这样的阶段中，蛇或者龙的图腾崇拜又表现了自己的文化内涵。最后是侗族主神定格在萨岁身上，这是一个具有人格精神的神。一般侗族人都会说这个类似它们民族英雄的传说故事，解释他们信仰萨岁中的人格精神，但是这个传说中的英雄人物，与他们所信仰的萨岁神相去甚远，是侗族人在女英雄婢奔的人格精神基础上“制造”了现今侗族的主神“萨岁”。

这个演绎是一个幸福而苦难的过程。在侗族的萨岁信仰中，“安坛”（侗族人称为“安宫砌坛”）的仪式，就显现了这个过程。

“安坛”是侗族建立萨岁坛的三大仪式之一，在安坛之前有“准备礼仪”，之后有“祭祀”。

“准备礼仪”有扑锣、鸡骨卜法、多堂人选、背萨、神物像制五大礼仪。扑锣、鸡骨卜法、多堂人选等环节都是表现萨的神性的环节。

背萨的这个环节就是到传说中的萨岁牺牲的地方，用隆重的礼仪取回一点土来安放在萨坛中的过程。这个过程就是把萨岁坛赋予神性的关键之处（参见第三章第二节）。

这个时候的“萨”是什么呢？是一点具有象征性的泥土。是一种赋予了自然力量和人格精神的泥土。侗族人相信这泥土中有它们要信仰和依赖的精神。萨岁死在那里，她的血和魂魄也就渗透进了一个叫“弄塘凯”的地方。侗族人就以一种自然色彩极浓的方式把民族英雄转化为了萨岁，转化为了侗族人可以依赖的一种力量。萨岁就带着这样的灵性，走进了萨坛。但是，仅仅只有民族英雄灵魂的萨岁对于侗族人的信仰精神的构建是不够的，侗族人还要给它赋予神性，并使萨岁成为侗族人的神灵。

要实现这个目的，其途径就是给这个萨岁神“制造”一个半偶像状态的事物。

“其偶像象征物是一块小腿般粗的阴沉木，雕刻成一位妇女的偶像，并安装上银质的心和胆；将红、黄、绿三色各 1 尺 5 寸长的绸缎分别做成三套衣裙，穿在偶像身上；再给偶像佩戴银质帽子、耳环和项链，把三色丝线各三只并同衣裙一道捆扎好。以此象征萨的尸骸，到时埋入中宫。”①

这个象征萨的尸骸的东西，只有在“制造”它的时候，可以被这一萨坛的信仰者“看见”，之后就被埋在了中宫。再之后就不会被人们看见了。它既是偶像，又是尸骸，这非常符合侗族人的带有灵异色彩的神性认知。

这时候，有了那带有萨岁神性力量的泥土为凭，又有了居于中宫的既是偶像，又是尸骸的萨岁，侗族人的主神出现了，但这个居于中宫的萨岁神怎样来体现其主神的位置和意义呢？

首先，侗族人从方位上来显现萨岁的主神地位和意义。这就是萨坛中的“四帝”“十二地”“二十四炁”。

“四帝”即东南西北四方土地神。按各方主色又称青帝、赤帝、白帝、黑帝；按二十八宿组成四方四象，又称为青龙、朱雀、白虎、玄武（这实际上是借星座之名分门别类的），如东方青龙座，南方朱雀座，西方白虎座，北方玄武座。四帝的象征物有两种不同做法：一是将铁锻打成拇指粗、10 厘米长的四根铁钉，钉身上粗下细成圆锥体。人们认为铁钉的底部形状与主寨男女青年的切身利益有直接的利害关系，即底尖，只对男青年有利，就会出好罗汉；底平则只对女青年有利，就会出好姑娘，为了平衡男女之间的利益，师公往往将两根打成尖底，两根打成平底。另一种做法是将四块木枋作为象征物，长 40 厘米、宽 10 厘米，厚 2 厘米。到时由师公安插在坛边测定的十二地支中的卯、午、酉、子四个方位上，以壮威仪。用铁钉作象征物的，砌坛时均被土石掩埋。木枋象征物则露出一截，明显可见。

“十二地”是指十二地支各方位神。其象征也有两种做法：多数师公用十二根均有三个结、同高、同样粗的水竹做成，口端均削成马蹄形，并破开一缝，夹上代表“公甫”（祖公）的纸串。一部分师公则把“九层菜草”分别用红、绿、黄三色绸布各包四包，作为象征物。到时都得师公按子、丑、寅、卯、辰、巳、午、未、申、酉、戌、亥十二地支方位插放。

“国五郎”实指东南西北中五方土地神。但这里是指与五方土地有关的“二十四炁”，因此有的师公不提“国五郎”而只提“二十四炁”，“炁”与“气”相通。“二十四炁”实际上就是一年中的二十四个节气，由“十二中气”和“十二节气”组成。

“二十四炁”神的象征物分为两组，做法各有不同：一组是阴沉木或梓檀木分别削成十二根长 10 厘米、粗拇指大的八棱锥形柱状；另一组是用同样木质分别削成十二根长 15 厘米、粗有刀把大的八棱形柱状。到时按中气神和节气神又各两组间错插放排位坛边。四组的象征物分别代表“十二地主、十二地甫”和“十二地将、十二地兵”。②

这样做下来的萨坛，就是一个黄道平面图，而萨岁就是中心，就是侗族人的“太阳”。这个主神信仰意象是何等的“辉煌”。而且，在“铺排”这一切的时候，一

① 石干成：《走进肇兴》，中国文联出版社 2002 年版，第 47 页。
② 石干成：《走进肇兴》，中国文联出版社 2002 年版，第 48 页。

连串的侗族人最为熟悉的象征表达，又把这种“辉煌”融入了侗族人所熟悉的可以把握的日常生活情景中来。

在这样平面的由方位神创造的中心神面前，实际上侗族人还意犹未尽，在“制造”了方位神之后，他们接着在萨坛中“布置”了一系列的比萨岁次一级别的神，以从另一个方面来“拱卫”萨岁神，进一步显现萨岁神的中心主神的意味。

这些神有“九坤神”“公甫”“婆麻天子”“奶温”“梁位太公”“五燕林官”“蒙稿蒙老”“杨哥门、吴哥将”“蒙陈将公”“军马婆井太由”“麒麟白虎”，等等。每个神在侗族人的信仰文化中都有其特定的解释和意义，但其中的“婆麻天子”，及其象征物最引人注目。

“婆麻天子”在安坛经书上又称“厦麻天子”“达摩娘娘”“圣母娘娘”。师公诵经文时念成“萨麻厅岁”。其象征物是三根“竹算”，即用带结串的三节水竹筒，长10厘米，拇指粗，口削成马蹄形状；内装象征萨所用的衣物和器物，共由十一种药物组成。即“松叶菜”，象征萨的梳子；“金银花”，象征萨的衣服；“拥”（岩菌），象征萨的胸兜；“鸡冠花”，象征萨的围腰；“黑狼蕨草”，象征萨的脚套；“蒲公英”，象征萨的伞；还有生姜、火草、箭杆枫茶，共称“九层菜草”；另外还有酒药曲和三钱朱砂。师公将这些东西剪碎，放在簸箕里拌和，装入三支竹筒内，再用裁好的纸片封口，以示“婆麻天子”之神祇。有的师公还用红、黄、绿三色绸布分别将三支竹筒包上，以示对此神的敬重。到时师公还将用同样大小的空竹筒与三根竹算①相配，一起倒插于“午”位处。插时只能将其握在手心往下插，五指均不得触地，否则认为会对己不利。据说“萨麻天子”或“萨麻厅岁”是最早的女神、原神。②

这是典型的侗族母性崇拜的遗存，在萨岁神居于中心神位之前，一定是这个“最早的女神、原神”居于今天萨岁所居的位置。

在具体安排萨岁和筑坛的时候，还有许多过程和象征性仪式，在一切的用品上都有一定的“讲究”和“说法”，都尽力地在各个细节上“制造”萨坛的神圣性。

在多神多灵的信仰状况下，建立以某神为主的“主神信仰”体系，绝对是一种信仰文化的历史进步。侗族在信仰文化历史上的这种“作为”是很成功的。信仰就是一种文化族群的内凝聚力，分散性信仰的内凝聚力就肯定不如“主神信仰”所表现的内凝聚力那么强，这是信仰文化的一般规律。

第五节　贵州民族民间信仰文化中布依族的人文神与水族的石头信仰

人文神的信仰也可称为“人神信仰”，即以人物为信仰对象的信仰。这种信仰不

① 竹算——用竹条作杆缠扎纸符的象征物件。
② 石干成：《走进肇兴》，中国文联出版社2002年版，第49页。

是祖先灵魂的信仰，而是以多种来源的人物为崇拜神的信仰。在贵州民族民间信仰文化中，这样性质的信仰表现不少，尤以布依族的人文神信仰表现最为突出。

在布依族的信仰文化中，人神、物神、自然神、鬼它都有，并且在日常的信仰活动中，都有自己一定的地位。虽然其物神、自然神、鬼的信仰不少，但在重要性上，其人文神却是布依族神鬼系统中最为重要的，并以此显现出布依族信仰文化的基本特色。

在布依族的人文神系统中，重要的能在今天列数的有：报陆陀、摩陆呷、母神、二十四圣母，十二神母，祧祭36神、莫一（德者、金竹师）、万端王、盘果王、王韶、王代、安王、祖王、祖先神、主神、岑彭、马武、迪俊（德金）、迪云、雅各冬、雅各迪，等等。

在这些人文神中，一般认为摩陆呷和报陆陀分别为布依族的母系氏族和父系氏族时代神话中的创世神。也是布依族布摩的创始人。尤其是报陆陀被认为是布依族先人中“遍知一切的男人”。“报陆陀”的布依语语意就是如此。这样的人就不会只是一个有名的先人了，而是具有神性的人了。一个人不可能“遍知一切”，而能“遍知一切”的人就自然是神了。所以，报陆陀就成了布依族人的大神，创世神，他也就是布依族人神性信仰的起源了。这个起点就决定了布依族人信仰文化的基本性质。

这样，在布依族中，所有的布摩举行信仰仪式，一般都要把报陆陀和摩陆呷抬出来。

在布依族举行“殡亡”“赎头”、扫寨、送鬼等大型仪式前，均要有一个“安师”仪式。这个仪式就是专门请报陆陀、摩陆呷前来坐镇，保佑布摩和主人家的。祷词曰：

请你报陆陀、摩陆呷，
并陆高、陆元、陆丁、陆林、
陆逢、陆贵（这几位是报陆陀的助手）。
林中树木是他造，
宇宙万物是他造，
山川河流是他造。
请他来坐上席当尊者，
请他来保护布摩，
请他来抬举主人家，
保老人长寿。

报陆陀之后，布依族人并没有把报陆陀“创造”为一个全能的至高无上的神祇，而是把在某种程度上集中起来的神性，又在后来的人文神的创造中分散开来。这才有了后面的一连串的人文神。

生育是人类最重要的生产之一，布依族的母神也就成了布依族人最为重要的人文神之一。

“母神主要管生育和保佑幼儿。但各地对母神的认识不尽一致。贞丰一带认为母神是保佑幼儿的。孩子降生后，就必须在床头边上祭请布摩诵经供奉，以后每逢节日或孩子生病，也必须请布摩来举行仪式。祈求母神保佑孩子，让孩子早日康复。镇宁一带认为母神有十二个，是一群神，叫十二神母。人们认为伴随孩子的降生，有十二神母送其魂而至，并在其左右监护，直至孩子长到十二岁才离开。常提到的有床中神母、山坳神母、河岸神母、田野神母等。"①

这样的人文神与其说是神，不如说是布依族儿童的神性"保姆"。不过，这也正是布依族人文神的特点之一。因为布依族所有的人文神，都是从布依族人中，或虚拟的人中而来的，也就不可避免地带有布依族人的特有的人性。

布依族就大致以这种方式，把各个不同时代的有力量的人物，有影响力的人物，开创一定历史局面的人物，有灵异色彩的人物，"化"到自己神性体系中的一员，并"安排"他们一定的职守，从神的角度来为布依人的信仰服务。

比如在荔波的布依族中，有一种叫"做祧"的求子傩祭。这种仪式一般要进行七天七夜，里面有36位神祇，其中绝大多数（24位）是人文神，对于这些人文神，其来历及特性，分工如何都是清清楚楚的。

1. 万岁天尊圣母，女性，面目慈祥，专管分配生育指标。

2. 花林仙官，女性，面目清秀若仙女，专管送"花"（即子女）给主人。

3. 托生花王庙父，男性，神态和善，负责保佑护养子女长大成人。

4. 本殿三元师祖，男性，三元即唐、郭、周三兄弟，同母异父，系送"花"媒人，同时保护坛师及弟子。

5. 太子六宫，男性，手持宝剑，口念佛经，保护金坛。

6. 九娘，女性，面目慈善，协助送花婆送"花"。

7. 五位功曹，男性，五人骑着五匹神马，据说专门负责联络各类鬼神。

8. 李应社王，男性，面目开朗，神态大方，系坛上神人之间礼仪、物品交接证明人。

9. 欧官，男性，申请做"祧"须经他应允。

10. 她地许，女性，面目慈善，专管理坛上杂事。

11. 蒙官，男性，浓眉大眼，满嘴胡须，宣布坛上法规，监督、检查、维护秩序。

12. 勒良，女性，头上挂金雀，面目和蔼可亲，生育之神。

13. 写傩，男性，面目端庄，手持毛笔，为主人家写《请愿书》，为坛师写《证明书》等。

14. 莫一，男性，满脸通红，身披龟甲，手执标杆，擒拿野鬼。

15. 莫二，男性，满脸通红，身披龟甲，协助莫一擒拿野鬼。

16. 五通，男性，三只眼，脸形怪异，似神非神，似鬼非鬼。手持长矛，惩治凶鬼。

---

① 周国茂：《摩教与摩文化》，贵州人民出版社1995年版，第56页。

17. 龙公，男性，满脸皱纹，上山打猎。

18. 三界公爷，男性，面目庄严，驱除病疫鬼怪，保佑亲朋安宁。

19. 上公七郎，男性，渡神，手持船桨，为坛上诸神、坛师、弟弟等划船摆渡。

20. 冯敖老爷，男性，面目慈善，掌管坛上经书。

21. 刮坛，男性，面黄肌瘦，腰弯背弓，撤坛后拾取祭坛遗留的食物。

22. 覃九老爷，男性，面带笑容，在坛上讲故事以娱诸神。

23. 梁吴，男性，面目庄严，暗地保佑主人夫妇身体健康，家事顺遂。

24. 鲁班，男性，面目慈善，手持斧锯，身穿筒裙，修理坛内条凳。羞于见女人，出门以布伞遮面。

这里的人文神排列，就像是神英会，这些神都在自己的“工作岗位”上“尽职尽责”。

这个人文神是所有布依族布摩最为看重的神系，它决定着布依族信仰的基本精神。

周国茂先生在《摩教与摩文化》中总结“摩教的特点”时认为：

“布依族摩教由于还处于一神教的雏形阶段，是一种准人为宗教。”“摩教具有世俗性。”“摩教还有开放性的特点。”等等，无一不与其人文神的信仰特征关联。

三都善洞的“猫石”是当地的神石之一

其实，在开放性的布依族信仰中，杂糅了许多不同性质的信仰因素，但布依族人都能把它们“统属”在布依族人的基本信仰中，仰仗的就是人文神的神系。

贵州水族的人口相对较少，其所占的地域也较小，但其民族的文化影响力比之人口和地域，却并不算小。其信仰文化特色就非常显著。水族的信仰文化，也许没有彝族信仰文化那样的主灵系统，也没有苗族信仰文化的丰富多彩，但它的生育神鬼和对石头的情有独钟的崇拜，却是非常有特色的。对生育神鬼和对石头的崇拜，是水族信仰文化的基本表现。

水族的生育神也是水族的生育鬼。在这一群神鬼中，有好神，也有坏鬼，好神是保护婴儿的，坏鬼是祸害婴儿的。在一个生育的主题中，水族人衍生出这样一群鬼神，足见水族人对生育的重视。这也折射出水族人在历史上的生育之难。

我们在水族地区调查中，看到的水族信仰文化表现最多最频繁的就是他们对石的崇拜。在我们看到的或者说历史上记载过的最多的最盛大的祭祀仪式，也是对石的崇拜，或者说与石相关的崇拜。

现今我们能记录下来的水族的数种祭祀，如拜“霞”（即主雨水的人形神石）、立邑，即敬岩神、拜善、宇量（宇是敬供祭祀，量是受祭的神石）、拜庙（石头神）等，祭拜的都是石头。只不过拜“霞”是以地区性的村庄为单位，逢12年或6年（子、午年）的水历十月（农历六月），择吉日举行。立邑是以一村或数村为单位，逢12年举行一次。拜善只在九阡地区由“大鲜公”主持举行，逢12年或6年举行一次，宇量是以村寨为单位，每隔一年举行一次。拜庙是水历五月（农历正月初一至十五）个人举行。

在水族中，我们还能见到其他的祈愿性的祭祀，但其主要的祈愿性仪式的崇拜对象都是石头。以上的数种对石头的祭祀，其性质基本相似，只是时间、规模大小不同。在水族地区，不但被祭拜的神石随处可见，而且在每一个村寨，都会有一处以上的神石，以作为村寨的保护神。村民会时常祭之，这种情况至今如此。

为什么水族在信仰中会有如此浓厚的石头的原始意象呢？我以为与性有关，更有可能与男性的“尘根”有关，但究竟如何，一时不得而知。

第六章　贵州民族民间信仰文化形态研究（下）

在第五章中主要是对贵州当代不同民族特定信仰文化的研究，而这一章一方面是前一章的延续，另一方面是对贵州当代民族民间信仰文化中一些特定文化事象的研究。它包括彼岸观念、事灵者、占卜、仪式精神等。

第一节　贵州民族民间信仰文化中的土地神灵信仰

木雕彩绘的土地神像

我们在第三章的第五节中，曾把安顺市的屯堡人的土地信仰文化界定为“这是一个我们中国人的古老信仰存留在黔中大地上的活的信仰文化的标本。”这个界定一点虚言也没有，在中国古代，农业文明兴起之后，称为“社”的土地神，就与“稷”一起，成为一个国家的根本神祇，一个国家的基本象征。《礼记·曲礼下》中有：“国君死社稷。”意思就是说，一个国家没有自己的“社”和“稷”，这个国家的领袖也就不存在了。有“社”就是有土地，土地上长有庄稼，这就有“稷”了。有了这两样，一个种群的基本的生存空间要素就具备了。可以说，这个信仰应该是我们中国，以农耕为主的族群中最主要的“神”。但似乎我们在中国封建社会的历史中，实际上看不到这样的“辉煌”，反而是“社”这样的“大神”，“沦落”到村口小庙的“草根信仰”的状态中，而“稷”也“沦落”为普通的“谷魂祭”。

大神，小庙，“草根信仰”，这是土地信仰的基本性状。

为什么？没法一下子就回答，不过在以下的一则民间传说中，可能会折射出一些东西来。

这个民间传说的大意是这样的。说土地神做了一件天大的大事，功劳很大，天神答应让世间的人们修庙祭祀它。

土地神问天神：“修多大的庙呢？”

天神说：“一箭之地吧！”

土地神一想，哈，这下你天神可惨啦，你天神的庙也不会有我的庙大了。说着，就拿来一把弓，搭上一支箭，这边比一比，那边比一比。边比边想，这一箭射出去，这庙会有多大?！越想越高兴，越想越得意，禁不住自己笑起来，手一松，箭也就掉在地上了。

天神这时走过来，一量，三尺见方，这就是你的庙了。

这个土地庙的传说，其出现的情形就跟我们在这里追寻土地庙的“大神小庙”的情形一样，只不过这是村民的“民间式”的解释。

实际上，“社”这个土地神的庙在中国古代是有过大庙的，比如中国古代国家的“社庙”就是一个国家的土地神庙。这样的土地神庙是不会小的。《晏子春秋·问上之九》就描述了这样的大庙：“夫社，束木而涂之，鼠因往托焉。熏之则恐烧其木，灌之则恐败其涂。此鼠所以不可得杀者，以社故也。夫国亦有社鼠，人主左右是也。”这样的社庙肯定不小，要不，老鼠是住不了的。

并且在一个国家的土地神庙的“带领”下，各地方也有作为一个地方的标志性建筑的尺寸不同的土地庙，并且根据地方大小而尺寸有所不同。就如《白虎通·社稷》所言：“封土立社，示有土也。”但这样的最小尺寸的庙是多少呢？《左传·昭公二十五年》有言：“请致千社。”杜预注：“二十五家为社。”25 家，正好是一个村寨，也就是说，25 家以上者，才能立社为村寨。这“二十五家为社”的土地庙，就应该是今天我们看到的土地庙。那么，比这些村社大的土地庙到哪儿去了呢？我以为它们在后来的历史中演化为“宗庙”了。土地是不变的，可土地的姓氏是不断变化的，故而在上层，祭祀土地就不如祭祀祖宗那么明确。但是，在中国，拥有土地的人是在不断变化的，但耕种土地的人是不变的，也就是说，上层社会的大土地庙可以变为宗庙，而村寨的小土地庙为什么要变呢？

这就是现今的小土地庙产生的缘由。也就是说，大尺寸的社神庙不见了，而“二十五家为社”的土地庙却流传了下来，成为今天的土地神信仰。

现今，随着社会的发展，土地神性的概念已经在许多“先进发达”的地区消逝了，小小的土地神庙也渐渐在许多“现代村庄”里消逝了。可以说，今天，我们在原本是土地神性诞生之地的中原，土地神信仰已经多为不知所云了。但是，在贵州民族民间，由于土地神信仰曾在不同的历史时期进入贵州这块土地，并演化成不同形式的土地信仰，却仍然表现得丰富且多姿多彩。

实际上，我们在第三章论述的屯堡人的土地信仰，只是这种表现的最现代的最完整的一种。在贵州，土地神信仰是一个泛民族的信仰文化表现，许多民族都有这样的东西。

我们在布依族信仰文化中论述的“叮写”（参见第三章）仪式，就是这样的东西。“叮写”的布依话的意思是“老祖住的房子”，这个“老祖住的房子”就如我们看到的土地庙一样大同小异，但建筑和在祭祀中表现的内容都很不相同，更多的是祈求老祖保佑的内容。但是，这里面就有土地信仰的要素，有土地神的影子，故而，布依族人在用汉语表述他们这一祭祀时，就直接用汉语称为“祭社”。这恐怕不能用语言的转音巧合来解释。

在黔中的布依族地区，一般在寨中某棵古树下要建一小石房，石房内以一块似人形的石头立地代表其偶像。其表现形式与汉族社神相似。这样的东西布依族人称为“鲍更嫡”。“鲍”或“报”是布依族对男性的泛称，也是对男性祖先的尊称。实际上，布依族人就认为这是他们的寨神和土地神。只不过这加进了祖宗神灵等信仰内容，与一般汉族人的土地信仰内容是不一样的。

“在镇宁一带，鲍更嫡的功能主要有这样一些：（1）代表神界对本寨进行监护。据说，新媳妇必须从其面前经过去拜堂，才证明已加入本寨寨籍，往后才能得到神通超过鲍更嫡转赐的恩典；死者灵柩必须从其前面抬出寨，才能让鲍更嫡注销寨籍，其灵魂才能回到“拜”“仙”界，和祖先灵魂居住在一起；虎豹豺狼如没得到鲍更嫡应允，不敢擅自入寨……”①

这样的土地神灵信仰，已经有了太多的东西，并具有了浓郁的布依族信仰文化的色彩。但这也应该是贵州民族民间土地信仰文化的一种表现。

在侗族中，也有土地信仰的事象。比如在萨坛的构建中，“四帝”作为最为重要的方位神，在萨坛中最先“安置”。而这个“四帝”即东南西北四方土地神，按各方主色又称青帝、赤帝、白帝、黑帝。这样，土地神也作为侗族人萨坛神系的一个重要的神灵，被侗族人崇信为自己的神了。这里有侗族人的土地信仰的认识方式，当然也包含了侗族文化的色彩。

在实际的调查中，我们在南部侗族地区的一些侗族村寨看得到如常的土地庙，但旁边会有侗族人祭拜的凳子。

在北部侗族地区，其土地庙就是如汉族人土地庙一样的表现了。

在苗族中，土地信仰也有表现，但苗族人把它纳入了他们的巫鬼信仰的体系。

在台江的苗族中，土地庙的样式与汉族人的土地庙区别不大，只是不如汉族人的土地庙那么规范。土地庙苗语称为“宰商大”（意为地鬼房）。苗族人信仰的“土地菩萨”苗语称为“商大”，就是“地鬼”的意思。

修建“宰商大”除了为求子而架桥所修的以外，在很多寨边都修有“宰商大”，修“宰商大”的目的是希望保佑寨子清洁，人丁繁衍和发财的。有的“宰商大”是全寨共修一座，有的是一个寨子里的一个姓修一座，也有独家修一座的。

---

① 周国茂：《摩教与摩文化》，贵州人民出版社 1995 年版，第 67 页。

在新设“宰商大”的时候，把“宰商大”修好了，就去找两个长形的石头立在“宰商大”里，这就是菩萨。苗语叫“告菩萨”，就是“菩萨公”的意思，新设时用的祭物是：小猪1只（或买一个猪头连猪尾，四蹄和全部内脏每样有一点也可以）；大雄鸡一只；酒数两；饭二碗；香纸（冥钱）适量；鞭炮适量（没有也可以）。

新设土地菩萨时的祭祀及以后各种节气的祭祀，都不用鬼师打交道。新设土地菩萨在杀鸡时要以鸡血滴淋作为菩萨的那两块石头，并扯下数片鸡毛蘸鸡血后贴在上面，表示土地菩萨已经吃了（它是生热都吃）。杀猪是在土地祠的门栏上举行，不淋血在作为土地菩萨的那石头上，也不扯毛贴上。鸡和猪经过去毛、剖开、洗净后放在一起煮，不能切成小块。煮熟了仍以整个鸡、猪供祭。斟两杯（或碗）酒，但只用一双筷子，烧香纸后，有鞭炮的就放鞭炮，并向土地菩萨作揖（苗语也称作揖），说出要求保佑寨子清吉平安，人们发财的祈祷语后即告结束。

每年过苗年，过春节，二月初二的敬桥都要祭“土地菩萨”。祭祀时用鱼、猪肉、鸡中的任何一样都可以，另用两杯酒、一碗饭和香飘。筷子只用一双。届期供酒肉、烧香纸即完事，仪式简单。

苗族人祭祀“商大”，也有为什么要与其打交道的起源故事。

据说从前洪水泛滥，人们都死绝了，只剩“古昂”兄妹二人，二人的婚姻都找不到对象，经“古昂”的请求，兄妹二人就结为夫妇了。结婚以后生了一个没有手足耳目口鼻的小孩，像南瓜一样。“古昂”怒而砍为若干小块，弃在坡上，随后都变成很多人了，只是不会说话。“古昂”即请教于“商大”，经“商大”的敲法使这些小孩都会说话了。“古昂”就为它修了房子——“宰商大”，这是人与“商大”打交道的起源。

如今，我们在许多苗族地区，仍然可以看到这样的苗族土地庙，并且祭祀不断。在苗族的祭祀中，用鸭祭祀是常事，但在我们的调查中，绝没有用鸭来祭祀土地神的。另外，在台江苗族中，一系列的鬼祭中都有“商大”这个角色，即举行男性鬼的鬼祭中，都要敬祭“商大”，或让“商大”一起接受祭祀，理由是“商大”是所有男性鬼的仆人。

这完全不是一个汉族的神性土地，而是一个苗族的土地鬼了。

从以上可见，苗族的土地鬼是从汉族人的土地神演变过来的，其历史渊源应该很深，应该是苗族的先民用巫鬼文化影响汉族先民文化的同时发生的。汉族的先民把巫鬼文化看作是“负面文化”，而苗族的先民，也把“商大”作为他们鬼的仆人。这也是一种对等的文化交流。

在经过以上的论述之后，我们看到，中国传统的原生形态的土地信仰文化在屯堡人那里，多形态的富于民族文化色彩的土地信仰文化表现在各个民族中，并都呈一种活形态的文化在那里存活着。

第二节　贵州民族民间信仰文化中的“彼岸”

人类思考死亡的最高形式是“彼岸”。在所有的信仰形式中，都多多少少有一定的关于“彼岸”的表现。

对我们所说的“彼岸”的思考，在贵州民族民间信仰文化中，也是其一个重要的组成部分。从信仰形式而言，过去、现在、未来是基本的三段式结构，虽然在贵州民族民间信仰文化中没有这种严格的形式感，但它的一些基本形式是存在的。也就是说，贵州民族民间信仰文化中的各民族信仰文化的发展阶段不同，但许多的民族信仰文化还是“思考”了这个“彼岸”的。不过，这个“彼岸”可不是远处的“彼岸”，更不是天堂的“彼岸”，而是就在隔壁的“彼岸”。

在这种性质的“彼岸”中，苗族的“彼岸”最有特色。

在台江的苗族中，其鬼世界里有一个地方叫“欧有孔”。

“欧有孔”这地方有一座大房子，房子修在半山，门前屋后都很陡，只有一条独路上去。门外有两个人持棍守门。走到门外时就听到屋里击鼓吹笙很热闹。到那里去的人很多，个个都牵牛拉猪。门外有两个大水缸，去那里的人到门外时都以左手插入缸里，水淹迄手腕，缩手后一抖，使附在手上的水仍抖入缸中。所牵的猪牛也伸嘴入缸中，然后一起进那大房子去。

人死了他的魂魄到“欧有孔”的那座大房去要经过“考”了才去“投生”。考得人就投生（即转生）为人，考得牛马即转生为牛马；就是考得什么即转生为什么。至于如何考法就不得而知了。一般认为人死后他的魂魄不是马上转生，在“欧有孔”逗留起码有十来年的时间。因为苗族有一种仪式性法术叫“化戛孬”，在十来年内，通过它可以去“欧有孔”看望父母。经过“化戛孬”后，巫师即以话语或歌指引他们到“欧有孔”去。

他们到达时不是到什么寨子或哪个房子去，而是到芦笙塘找他们的父亲或母亲。据说人死了他们的魂魄到“欧有孔”以后，不吃饭了，也不干活，天天都跳芦笙、看芦笙，所以“化戛孬”的人到达“欧有孔”时，要直接到芦笙塘才能找到，但还得巫师的指点才能找到，当找到自己的父亲或母亲时，父亲或母亲一定要问“化戛孬”者为什么到“欧有孔”？当即告诉以来意，并说跳一会芦笙就回去。

活人跳芦笙是沿着圆圈往右边走动。但死人的魂魄跳芦笙时是往左边走动。“化戛孬”者在“欧有孔”，随死人的魂魄跳芦笙时也是往左边跳。“化戛孬”者不一定都是死过父母的。所以到“欧有孔”后，死去父亲或母亲的就找父母谈话，不是死了父母的，就找已死的朋友谈心。

“欧有孔”那个地方男的、女的、老的、年轻的都很多，“化戛孬”者遇见了也可“游方”（即摇马郎），有的竟至因“游方”而忘返，这就要“落魄”了。

上面所叙述的都是属于“善终”者人们认为他的魂魄的归宿。至于非“善终”者，如死于刀枪者或缢死、溺死者，人们对他的魂魄的归宿，又有不同的看法了。

据说非善终者的尸首，要经过焚化后再请巫师为他“开路”送到“欧有孔”去。如不经烧化而“开路”，遇见“善终”者的魂魄就不许可去了。即使去得了，到“欧有孔”时守门者也不许他进去。经过火烧把肉烧化了，即受伤的地方不见了，余骨就干净了，死者的魂魄也成为好看的，这就可以“开路”送他们到“欧有孔”去。非“善终”者如不焚尸，不把他的魂魄送到“欧有孔”去，就要成为鬼了。

这就是苗族人的“彼岸”，就像是苗族人的另外一个大寨子，不同只是“不吃饭了，也不干活，天天都跳芦笙、看芦笙”。

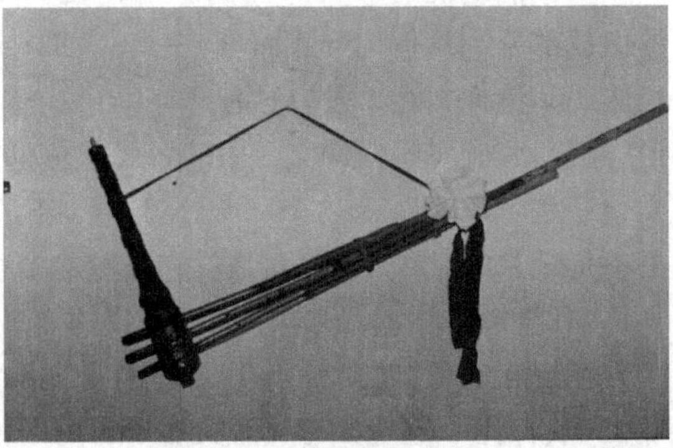

贵州西部苗族的祭祀芦笙

一般的人们对“彼岸”的理解标准是“仙境”，但这在苗族中不是，而是一个大寨子式的“欧有孔”。这不是苗族人想象力的问题，而是其文化心态的表现。“不吃饭了，也不干活，天天都跳芦笙、看芦笙”就是苗族人天堂般的生活。而且，这个“彼岸”离苗族人的日常生活并不远，还可以通过“化戛孬”去看望死去的父母、亲友。有什么比这种“彼岸”更具有人性的呢?!

这种“欧有孔”式的“彼岸”世界，对苗族人的民族性格的育成，影响是极大的。

在布依族的信仰文化中，也有对“彼岸”世界的文化建构。

布依族中，有一部被布依族人称为最大的经书叫《殡亡经》，以此所作的“殡亡”仪式，也是布依族人认为最大的仪式。这种“殡亡”仪式就是把死者的亡灵超度到幽冥世界中的极乐境界“拜”和“仙”的仪式。

这个幽冥世界的极乐境界“拜”和“仙”中，有“王代”“王绍”“安王”等众多神灵，还有祖先神和许多“拜”“仙”。亡灵在“拜”“仙”界可以娶仙女为妻，可以当管理者，也要耕田种地。但在那里可以长生不老，而且成天和“拜”“仙”相处，荣耀无比，其乐无穷。

这也是正常死亡者去的地方，而非正常死亡者的鬼魂被认为堕入了“游魂世界”，要举行“人交”（意为“赎头”或“招魂”）仪式，将其灵魂赎（招）回“生魂世界”，再做“殡亡”仪式，这样才能被超度到“拜”“仙”界。

这个“拜”“仙”界的生活与阳世生活不同，比如可以永生，但其生产生活方式却都与阳世一般无二，要耕田；纺织、婚嫁、走亲访友等。实际上从生存的形式上差异不大。

布依族人的这个“彼岸”是非常强调“教化”的。在亡灵去往“拜”和“仙”

时，会在阳世与冥世的交界处，遇见一座“桥龙”（直译为“铜桥”）。在生时善良、德行高尚者其亡灵踏上桥时越走越宽，而做过偷窃等恶行的人踏上去时则越走越窄，最后桥面窄如刀口，不能过去，只能在此岸做野鬼。这个意象在苗族人的“彼岸”里是没有的。

布依族人没有对“拜”“仙”界样子的直接描述，但我们在布依族人的一个叫《十二层天十二层海》的古歌中，可以看到这“拜”“仙”界的影子。

布依族的古歌《十二层天十二层海》，幻想天上有十二层，海下有十二层。在《十二层天十二层海》中，诗人自己邀请身边的朋友（歌手）一道，像雄鹰展翅，一层层往上飞（一说像爬楼梯，一层层往上爬）。第一层天是大雾，迷茫一片；第二层天是白云，朵朵白云是天上的棉花；第三层天，鹅鸭成群；第四层天，彩虹造雨；第五层天，天帝的宫廷，歌手们不敢入内；第六层天，仙女居住的银河；第七层天，七仙女织锦；第八层天，天上水塘；第九层天，神鸟乌鸦息树上；第十层天，雷公住所（雷公司雨）；第十一层天，月宫，天狗吃月；十二层天，太阳天，歌手们到此炎热难当。

歌手们下来，又畅游海底。第一层海，海虾居住地；第二层海，石蚌居住地；第三层海，鲤鱼居住地；第四层海，海螺居住地，房屋美观；第五层海，海里龙宫，龙王龙女在唱歌；第六层海，海宫龙王在断案；第七层海，犀牛居住地；第八层海，水鸭居住地；第九层海，龙王造井灌田园；第十层海，龙女绣花织锦；第十一层海，龙王赶集（赶场）；第十二层海，石柱撑大海，海底大无边。

在这样的幻想世界的描述中，既有文化心态的问题，也有想象力的问题，但这里无疑是布依族人“拜”“仙”界的“底色”所在。

在彝族人的信仰文化中，其死人的亡灵也要送到一个亦可以称为“彼岸”的地方。

人死后，一魂由毕摩“指路”送到祖先的发祥之地（亦说送到“不冷不热，不饥不渴，不黑不暗”的阴间仙界），“随祖归宗”，同老祖宗一起，重新安家立业，劳动生息。

这里实际有两个不同解释的“彼岸”，一是“不冷不热，不饥不渴，不黑不暗”的阴间仙界，二是同老祖宗一起，重新安家立业，劳动生息。

这三个民族的“彼岸”就在隔壁。

苗族的“彼岸”与此岸的区别在于“不吃饭了，也不干活，天天都跳芦笙、看芦笙”；布依族的“彼岸”与此岸的区别在于可以永生，其余变化不大；彝族的“彼岸”与此岸的区别是“不冷不热，不饥不渴，不黑不暗”，其状态也应该是一种永生的状态。布依族、彝族的“彼岸”追求永生，但要如此岸一样劳动生活。苗族的“彼岸”不追求永生，只要摆脱生计的劳烦，能跳芦笙就行了。三个民族的信仰活动中，都有“通灵”者，彝族有“苏尼”。苗族有“巫师”“弥拉”，布依族有“布牙”。这些人都能在此岸沟通“彼岸”，让生者去看望死者，或者说去死者处了解死者对生者的愿望，等等。也就是说，生灵和死灵在一定程度上是可以交往的。这种交往苗族最痴迷，以致可以在“欧有孔”里“游方”和“摇马郎”。

有人可能认为，这是人类信仰文化中“彼岸世界”的低级形式，也许如此，但当一个民族选择了自己信仰的时候，也就选择了自己的彼岸方式，是不能用等级来判定它的。

第三节　贵州民族民间信仰文化中的事灵者

事灵者可以界定为灵魂或鬼神“工作”的人。他们是每个民族信仰文化能动的中心环节，没有他们的创造和运行，一个民族的信仰文化是不可能展开的。我们在本书前三章里都有一定的文字介绍他们，但那只是事灵者的主体，而每个民族的事灵者却是一个有机的整体。

另外，各民族信仰文化中事灵者的存在，还在其信仰文化的结构中有其独自的意义。

在彝族中，毕摩是最为重要的事灵者，他是彝族主要的信仰仪式的主持者，地位是非常崇高的，在彝族拥有自己的地方性民族国家的时期，他是彝族民族国家政权的重要组成部分。在彝族的民族国家消亡，毕摩回到民间之后，这种敬重在精神上仍然存在。我所说的“存在”是两方面的，一是彝族毕摩本身的精神气质尤在。在我们的调查中，彝族毕摩拥有彝族的精神和知识的自我感觉仍在，彝族毕摩仍能自认为是彝族中精神层次最高的人。这种自信对于一个民族的信仰精神十分重要，一个民族祭师的信仰精神在，这个民族的信仰精神就在。在彝族地区，一个毕摩也是这一地区的精神生活和日常生活的典范者，所以，彝族的毕摩家庭就应该是这一地区的最为典范的家庭。毕摩一生最为痛苦的事情是因为什么事情被人用绳子捆绑，如果一旦发生这种事情，不管此事对错，这个毕摩就此不会再做毕摩了。我们在盘县彝族地区就得知因为“文化大革命”被批斗后，不再做毕摩的事例。

另外一个是彝族地区民众对毕摩的敬重。现今的彝族地区已经不会对毕摩实行什么特权了，但对毕摩的尊敬是一点不减的。

彝族社会的毕摩是重要的，但与毕摩一同存在的另外两个角色，也是其重要的事灵者。

一个是“苏尼”，一个是尔枯。

苏尼不识彝文，不懂彝经，不参与安灵、送灵、指路、作帛、做斋、祭祖等丧葬仪礼，也不参与祈祷、祭祀等活动，以施行跳神、捉鬼等巫术为主职，有的也兼占卜，招魂（人魂）巫术及抓酒火、喷油火等巫术。

苏尼不用师承，多是得了重病，胡言乱语，乱蹦乱跳，被认为苏尼神附体，久病痊愈而成苏尼。苏尼有男有女，女的称为“么尼”。

苏尼的法器只有一个羊皮鼓（系有数个小铜铃，内装木枝节或竹节，敲打摇动时作响）和一把司刀（有柄的一个铁环，环上串有小铁圈，持摇时作响）。彝人一般认为，苏尼只能“通鬼”，不能“通神”，故视其为“与鬼打交道”者，不受尊重，社会地位低微。因此，彝族社会中的苏尼（包括么尼），多系劳动者阶层中最贫苦者。

苏尼实际上就是一个通灵者，不过彝族人把所通之灵划为了“神”“鬼”两种，苏尼只通鬼，不通神，毕摩能通神，但不屑于通鬼。

彝族的苏尼应该是彝族信仰文化中事灵者的重要补充。但是，从现实来看，彝族的苏尼与毕摩虽然有互补的一面，但不在一个相通的系统中（如苗族的望鬼与用鬼），不能实现系统内的互补。

在盘县的彝族丧葬中，我们还看到一个叫作“尔枯”的人。这个人也应该是一个事灵者。这个人在现今的彝族葬礼中，只是一个毕摩的下手，也是一个陪祭者，他在葬礼中要按照毕摩的指示，协助毕摩举行相关仪式。这个“尔枯”现今是用钱请来的外姓人，与亡人家没有亲属关系。

但是，这个叫“尔枯”的人在旧时代，实际上是一个奴隶或卖灵者，主人家花钱买断了他的灵魂，用他来陪祭，“背负”一切魂灵可能对主家的伤害。彝族人认为，这样的人在办完葬礼之后，会慢慢死去。

苗族的主要事灵者称为鬼师（鬼师的情况请参见第一章）。鬼师是苗族鬼祭仪式的主要主持者。苗族鬼师是一个长者的职业，它不像彝族的毕摩和布依族的布摩，以及土家族的土老师、水族的鬼师那样，要有严格的师承关系，是经过严格的学习得来的。苗族人只要到了40岁以上，又愿意做鬼师的就能够做鬼师。其所有的仪式过程和念鬼的“经”，多是在一种“集体无意识”的状况中学来的。一般的人们很不理解，为什么苗族人在没有师承的情况下也能出来做鬼师呢？有两点，一是苗族的鬼祭仪式相对简单，这在“集体无意识”的状况中就能习得。二是苗族鬼师用鬼最为重要的是请鬼和送鬼，而苗族的所有的鬼都是有住处的，遵循一定的线路把鬼请来，吃喝完毕又把他们送回去就可以了。这种请鬼的线路，就是人们常说的“请鬼经”或请鬼的咒语。苗族人又往往把这种路线与本民族、本寨子、本姓氏的迁徙路线结合在一起，念的是请鬼经，实际上是回顾此地苗族人的迁徙历史。弄清这些，在任何一个不笨的、又关心苗族的历史文化的苗族人那里，都是能够办得到的。

在苗族中，鬼师有大有小，大的鬼师就是对大族群的迁徙历史比较清楚的苗人，小的鬼师就是对苗族小的支系的迁徙历史比较熟悉的苗族人。如果对整个地区的苗族族群的迁徙历史比较清楚的苗族人就是大师了。因为苗族人的鬼，都是住在相关的迁徙路线上的。

能够熟悉这些迁徙线路，念请鬼群的“经”也就自然有了，这个苗族人就可以用鬼了。

再有，你如果清楚你的姓氏、支系或者族系的父子连名世系，你就可以祭祖用鬼了。

苗族人在“生产”自己的鬼师方面是极富智慧的，以长者为前提，以关心自己民族的历史文化为前提，以对苗族的信仰文化有贡献精神为前提，这样的鬼师文化，是苗族人的巫鬼信仰永世不灭的法宝。

苗族鬼师的历史在苗族的神话中是非常久远的，如台江的苗族就说他们苗族最早的鬼师是苗族的第六代祖相告。在台江鬼师用鬼时，都要念“相先娄，把告养”的词，这“相先娄，把告养”，指的就是第六代祖相告。

当然，苗族的鬼师在黔东、湘西方言区有一定变化。在这里的鬼师有传承关系，要经过一定的学习，但不要忘了，这里的鬼师文化中已经有了来自傩坛的影响，是傩坛带来了这种师承要素的。

苗族巫师也是一种事灵者。苗族巫师就如彝族的苏尼，是通灵者，其成为巫师的情形也与此差不多。苗族巫师的社会地位不可能高于鬼师，但他不会有彝族苏尼的低贱身份，它在苗族社会中不会受到歧视。我们从高坡苗族与巫师相类似的“媒拉”的产生中，就可得知这种不受歧视的情形。

高坡苗族的媒拉没有直接的师承关系。媒拉一般是青年女子们自己去寻来的或求来的。

求媒拉在正月或稻子吐穗的时候，如在正月间求来的媒拉称“正月媒拉”，如在稻子吐穗时求来的媒拉称“吐穗媒拉”。求媒拉时几个女友约好，并约上几个帮忙的兄弟及男朋友，在某个晚上完全黑了时出去，出去不能告诉任何人，包括自己的父母。

几个女友带着一个约30厘米直径的竹箩，内装一套齐全的苗家妇女的首饰（注意一件也不能少），帮忙护驾的男友们带上芦笙及一些护身的刀棍。这一行人就在神不知鬼不觉的情况下，悄然来到一个叫皇帝坡的地方，这个地方地势高阔，视线很好，有不少灵异的传说。高坡真有这样的地方，但在另外的地方，人们也不定全上这里，可是一定得是一个高阔之地。到了这样的地方，大家都安静下来，不乱说话，不开玩笑，也不许随意大小便，非常认真。先选好一高阔之地，点上香，有时也不必点，由一个人打开竹箩箩口，对着说：“跛的、缺的……都不要来，好的、健壮的、有名望，有能力的都来做我们的师傅，并按顺序，招所有的灵魂进到竹箩里去。在招灵魂时，得吹几首声音清脆的芦笙调。求灵魂来作为大家的师傅时，每个女孩子都得做一定的动作（如果以后谁求到了媒拉就会不断重复这时做的动作）。

做完这一切，大家又悄悄回来，并悄悄到某一家，围坐一起，不准点灯，不准说话、开玩笑，也不准有新的人加进来。坐定后，用竹箩在每个人的背上敲三回，如果谁得到了媒拉的师承，即阴边的师傅把某种能力传给了她，那她就会浑身发抖，并不自主地做出她在皇帝坡上所做过的动作，以及不停地哭、唱、跳、笑等，当然，实际上的反应不是每一个人都一致，也不是每一个人都一定要完全的哭、唱、跳、笑，而是有所侧重。

谁有这些反应，那人们会说她中了媒拉，有了去阴边通鬼的能力。中了媒拉，还得吟一些媒拉虽不知是什么意义，但一定得念的话语，有的中媒拉者，一中了媒拉就会念，有的则不行。这时，就得请老媒拉来带她念一下，一般也是一带就会念了。

这种每天晚上上山求媒拉的一伙女子都要举行的神秘仪式，一般要重复一个月，一个月内一个媒拉也不中，也就作罢，如果连中了几个媒拉也没有什么忌讳的，故每次求媒拉中不中，中多少个没有一定的。

不管结果如何，一个月后，原来上山求媒拉的那一伙人带着香、酒、饭、米等，把媒拉的各位师傅送到三岔路口，为他们指个回阴边的路，把他们送回原来的地方。念的大致内容是先请名胜、古迹、土地等，然后一个个寨子的有名人物（寨子的名称此时是别的专有称呼）……边念边撒米，认为以米为带头者，可以把媒拉送回去。

谁在这种情况下中了媒拉，人们就普遍认为她具备了某种通阴、通鬼的能力，可以在做媒拉时应主人家的请求，到阴边去查吉凶、祸福，看看命运中出了什么差错，阴边是谁在搞鬼，如查出来了，除了几种“鬼事”可以由媒拉做外，多数就得请鬼师来做了。

媒拉在高坡苗族中既不代表职业，也不是一种身份，只不过是某人具备了一种能力而已，并且这种能力只是在有人请她用鬼时才出现，平时就与正常人一样。

从这里可以看出，高坡苗族的通灵者“媒拉”，是高坡苗族年轻女子“喜爱”的一种能力，是求来的，是有意义的一种行为。这样的“媒拉”自然是不会受到歧视的。这在其他地方的苗族中大致也如此，不管这种“通灵”能力是如何得来的，苗族人给予它一个什么样的名称，它都不会受到歧视。

通师是在苗族的巫师进行巫事活动时出现的，苗族巫师通鬼时，通常需要一个巫师助手，这就是通师。通师一方面要帮助巫师做一些杂事，最主要的是帮助他“传达”巫师在鬼那里得知的情况。他也是一种性质的事灵者。

苗族的巫师与苗族的鬼师关系，不像彝族的毕摩与苏尼的关系那样不在一个系统，它们甚至是紧密结合在一起的。苗族的鬼师望鬼，苗族的巫师也望鬼，苗族的鬼师望了鬼以后自己就用鬼，苗族的巫师望了鬼之后，就请鬼师用鬼。

苗族信仰文化中的事灵者还有占卜者（或择日者）、通神巫医等。

另外，在台江县实际的用鬼中，还有一些临时出现的角色也能是事灵者。比如在用鬼时陪鬼吃喝的人，在用鬼中的叫“堕白”的人。

在祭“戈养你”（一种雷鬼）时，这种鬼有12个，加上属于鬼的仆人的“商大（就是土地鬼）”，一共13个鬼，这样，参加祭祀的人连鬼师也要13个人，都要成年的男子，除了家中的人外，不够数请家族的人参加。其中有2人担任“堕白”。这“堕白”就是在鬼祭中具体做事的人。这样的人也是苗族信仰文化中的事灵者。

侗族的事灵者大致有寨老、掌萨人、建坛师（也称祭师、安坛师）等。

寨老是一个世俗性的职位，但他在建萨坛和祭萨岁时，他也可以是一个事灵者。

掌萨人是一个在世间守护萨岁神的事灵者，这是一个世袭性质的职位，大概是与萨岁神有特定关系的后人。

在侗族的萨岁祭祀和建萨坛的过程中，其建坛师并不是纯粹的来源于侗族文化的祭师，而是一个傩坛影响十分明显的有师承关系的师傅。

在肇兴的一次安坛仪式中，建坛师的“画符遮身念词”是：

化我身，化我影，化我本身上天云，人来见我天上走，鬼神见我海中存。上隔天，下隔岭，吾奉太上老君。

“起工动土念词”是：

祖师收，本师收，收起众姓人等，三魂七魄，七魄三魂，收在不老长生大殿。祖师收，本师收，收起弟子、用工人等，三魂七魄，七魄三魂，收在长生不老大殿。祖师收，本师收，收起弟子，大男小女，三魂七魄，七魄三魂。祖师收，本师收，收起猪羊牛马六畜，五谷钱财大吉大利，吾奉太上老君。

天依地依，日依时依，依人民，依丑牛，是男是女同体身，男人依七尺，女人依八迫，婆麻天子依斗殿，人命千军依上闷（上天），吾奉太上老君。东方收起，西方收起，南方收起，北方收起，大地中央收起，收起圣母、人民之命魂魄，吾奉太上老君。

我们把这一“画符遮身念词”与土家族傩坛的“藏身词”进行比较，就可看出他们之间的联系。

在土家族傩坛的傩事“开红山”中，土老师要在其中做一个“藏魂”的仪式，并唱“藏魂词”。

藏身藏身真藏身，三清殿内去藏身。
三清殿内不是弟子藏身处，烧香换水现吾身。
藏身藏身真藏身，君王面前娘怀脚下藏三魂。
去的之时三魂七魄交与你，转来娘怀脚下要三魂。
藏身藏身真藏身，师祖脚下藏三魂。
去的之时三魂七魄交与师祖掌，转来之时师祖脚下取三魂。
藏身藏身真藏身，铁牛肚内藏真身。
三魂七魄变真身，人身化着铁将军。
口渴就喝铁牛奶，肚饿便吃铁牛浆。
铁棒打牛牛不走，放火烧山牛不行。
去的之时阴卦一首藏七魄，回来之时阳卦一首放三魂。

对比之下，侗族的建坛师与土家族的傩坛师，“师性”上是很相似的。

可以说侗族建坛师所用的纯粹就是傩坛上的东西。或许不能这样理解，应该是把傩坛的东西借用到此而侗族化了。比如建坛师藏魂之后，还要把众人的魂“收”起来，保护起来。

布依族的事灵者主要是布摩。布摩的性质与彝族的毕摩相似。只不过布摩主祭的不是祖灵，而是为亡灵超度，把亡灵送到“拜”“仙”之界。还有要敬祀一连串的人文神。

布依族的布摩一般是布依族村寨中的寨老，往往集寨老和布摩于一身，所以无形中布摩的地位在布依族中是很高的。

布依族信仰文化中也有一个叫布押的事灵者，也称“押敬”“女巫”。这个事灵者也是一个通灵者，一般是女性。布押的形成与其他民族的通灵者形成相似，但也稍有区别。不过，一旦认定成巫之后，家人即为其设神坛，剪纸人纸马与供品一起置于神坛中。纸马用针钉住脚。如果有人找其算命问卜，即在神坛下烧纸点香，把钉住马脚的针取下。据说不论“押”在什么地方，这时都会赶回家，给求卜者指点迷津。

可见，这样的布依族女巫其巫术意味特别浓厚。

在布依族的事灵者中，看守和管理“叮写”的人，也应该是一个事灵者。我们在册亨县的高寨村，就见到其“叮写”的看守和管理者，在祭祀中的地位与侗族的掌萨人相似。

在仡佬族中，其事灵者的表现较为简单，在居都是“长房主事人”，在新寨是仡佬族祭师“果珠”。长房主事人只是一种姓氏意义的表现，并没有任何神性的赋予，而且其在仡佬族的祭祀中更多的只是起到一个组织者的作用。所以，长房主事人只能是一个临时的事灵者。

果株就有了更多的神性的意味了，他已经是一个专门的祭师，有经书，并能把领受到的神性传达给仡佬族人了。

相比之下，土家族人的事灵者可能是最专业最具有神性的了。

在土家族地区，一切的信仰活动都是在土老师的主持下进行的，基本没有另外的事灵者。

对土家族人的土老师，其事灵者的意义我们大致可以从以下的情形中有所了解。

土老师授徒，一般为父传子。无论父传子或传授外人，均需由学艺人征得师傅（父）同意，然后写“投师牒”拜师学艺。

“投师牒”内容为尊师重教、包教包学、亮心传授、诚心学艺等条款。学艺期一般为三年。一旦功艺成熟，能独立举行法事了，就要举行隆重的“授职”（即传法）仪式；授职传法分为“茅山传法”和“坐桥传法”两种。一般前一年就要选择传法的佳期吉日，并做好购买猪、羊、鸡三牲和生活花费的准备。届时由授法师邀请同坛或其他坛的正牌土老师来共同举行授职仪式、先在三清坛前立下合同文书，由威望高法力大的同辈师友问卦，确定谁为掌坛师，负责主持授职仪式。掌坛师要对除授法师之外的其他土老师进行临时性的职务分工，即某人为引见师、接法师、传度师、证明师、保举师、誊录师、锣鼓师、封牌师等，以便在仪式中各掌其事。接法人的师傅，一般说来是理所当然的掌坛师，万一不是，则任总督师之职。传法之前，接法人要订保状，并进行宣誓。

学法弟子经过师傅授职传法后，便成了有职有法的正牌土老师，从此可以自行设坛，单独进行各种法事，并可收纳徒弟。

这样的傩坛法的传授，在中国所有的傩坛中都是大同小异的，但它也是贵州民族民间信仰文化中的一种事灵者的表现。

第四节 贵州民族民间信仰文化中的占卜

在贵州民族民间信仰文化中，各民族信仰文化大都存在比较浓厚的巫术意味，或者说在这些信仰中还存在着一定的原始巫术、巫仪，使贵州民族民间信仰文化带有浓厚的原始巫术色彩。在这些原始巫术中，虽然有许多都是地道的“迷信”，但也有一些表现与其信仰相关联。

这些所谓的原始巫术大致有占卜、禳解、诅咒、驱鬼、明誓、神判等多种。在这里我们只论及其中的占卜。

占卜是凭借法力祈求神灵预知未来吉凶祸福的一种原始巫术。在自然性状比较浓厚的民族民间信仰文化中，占卜的现象是普遍存在的，也是民族民间信仰文化的一个重要组成部分。在贵州民族民间信仰文化中，占卜不但是其信仰文化的重要组成部分，而且还在其祭祀仪式的发生前起重要的“引导作用”。

彝族虽然信仰祖灵，但它在占卜上的表现异常突出，“彝族人每举动一事，必须问神占卜。凡遇战争、械斗、狩猎、播种、疾病、丧葬、择日、合婚、建屋、远行、贸易，以及出现各种异兆，都必须请毕摩占卜，以决吉凶，判断祸福。”①

彝族的占卜主要是通过毕摩来施行的，其方法和种类繁多，主要有鸡股骨卜、鸡舌骨卜、鸡脑壳骨卜、羊膀骨卜、羊角卜、猪膀骨卜、猪胆卜、猪脾脏卜、木刻卜、草节卜、竹筷卜、松木卜，等等。其中松木卜、鸡股骨、羊膀骨卜、木刻卜最为普遍常用。

松木卜就是在占卜时，临时取约一寸长的一截松枝，一剖两半（有的在剖面上用炭涂上数道斜纹），经诵咒作法后，一边将两半松枝合拢，持于手中，一边表述占卜目的，并祈祷。祈祷毕，将松木卜掷于地下。松木卜分阴卦、阳卦、阴阳卦三种。一般连卜三次，视卦象判断吉凶祸福。

鸡股骨卜时，用一只雄鸡，用清水或酒洗净鸡嘴和鸡爪，毕摩双手抱鸡诵咒祈祷，表述所卜之意。之后，杀鸡煮熟，剔取鸡的两根股骨，依其自然，左右、上下对称拼拢，用一竹筷或竹条，支撑股骨较粗的一端，并用细麻线束紧固定。之后，观察股骨上呈现出的小窍孔（血脉神经之孔），视其窍孔多寡，用数根松毛或细竹签，插入小窍孔中，观其松毛或竹签的数目、倾斜方向以及窍孔的深浅，查对《鸡骨卦经》，以卦象的规定而定吉凶祸福，做出决断。

羊膀骨卜时，取羊膀骨，边用火草烧燎，边诵经。待膀骨显出细裂纹后，再根据裂纹的长短、横直、左右、上下方向，判断卦之吉凶。

木刻卜时，取一根长约 3 尺的树条（多为蒿杆和马桑树枝），一手持树枝头（树

① 左玉堂：《中国西南彝族毕摩文化》，见《毕摩文化论》，云南人民出版社 1993 年版，第 5 页。

枝的另一头着地)，一手拿刀，边诵经边用刀在树枝上刻锯（刻间二三寸)。念经的同时报出人名及事由，或出行的方向。经文诵毕，刻锯即停止。这时，任意将其中一个木刻削去，用手按住此刻印，再数此刻印上下两段刻纹的单双数，以卜吉凶。

彝族的这些占卜，多是就时就事而卜，有明确的目的性。故而彝族的占卜多是为占卜本身的功用服务的，与其民族的基本信仰关联不是很大。

这是贵州民族民间信仰文化中一种占卜形式的表现，即这占卜只在巫仪精神上与我们所说的信仰文化相关联。

苗族的占卜很多，与苗族信仰文化直接相关的占卜是“望鬼”。

苗族的望鬼占卜有鬼师、巫师、灵姑三种（请参见本书第一章第三节)。

鬼师望鬼占卜的方法有二：一是“褒攘”，一为敲蛋。

“褒攘”的褒是口念手掐的意思，攘意为青草，但实际是指芭茅（芦苇)。实际上就是“草卜”。“敲蛋”是在病情较重的情况下用的方法。先把一个鸡蛋或鸭蛋洗净，在蛋壳上先画三成点“人”，最后看蛋上出现的痕迹和位置来判断是什么鬼。

巫师望鬼。苗语称为“化戛孬”。也就是到死人亡灵所在地去查看是什么鬼，并通过碗里的米表现出来。

在苗族中，望鬼占卜还有米卜、草鞋卜。

米卜是在一只大簸箕上，放上一只盛米的碗，在米内放入病者的旧衣服布筋，插上烧香，念巫词呼唤鬼神的名字，念毕，然后用力将米碗旋转，看布筋所在方位和纹路式样确定鬼。

草鞋卜是用男人穿的左脚草鞋，以一细绳吊挂在手指上，巫师穆然静坐，念着巫词并呼鬼名，倘草鞋能摆动，则可知是什么鬼作祟了。

这些占卜的目的，都是要通过占卜来知道是什么鬼在起作用。然后就请鬼师来用鬼。

以上主要是苗族黔东南方言区的望鬼占卜，在苗族的其他方言区，也有专门为望鬼的占卜。

除了为鬼师用鬼服务的望鬼占卜之外，苗族也还有一些如常的占卜。比如梳子卜、蛋卜、狗卜、饭卜、鸡卜、竹筒卜、树卜，等等。

梳子卜是用于预卜妇女疾病，作法与草鞋卜同。

蛋卜是巫师为孩子预测疾病时，用病孩家的蛋来占卜。

狗卜是久旱不雨，便抬狗卜雨。

饭卜是老人久病不思茶饭，突然暴食，为凶兆，是回光返照之象，将不久于世。过年过节或婚嫁等重大节日，饭煮不熟，为不吉，须请巫师及时致祭，化凶为吉。

鸡卜是杀鸡观眼，多用于预卜婚姻及办事是否吉利，把鸡杀死后，净毛剖腹煮于锅内，熟后取出观眼，若鸡眼双睁或双闭的为吉；一只闭，一只睁的为不吉。

竹筒卜则多用于预测雨水，除夕之夜，卜者用一节竹筒盛装十二颗黄豆，注入水。正月十五日，依次将筒内黄豆取出观察。若哪颗豆粒发胀，就认为那个月份雨水好，若第几颗豆干燥，则认为那个月必定干旱。

在选择村寨居址，举行起义等重大活动，都须进行树卜。在新选居地栽上一棵枫树，逾年树活则可建寨，树死则为不吉之地，得另选新居。做大事亦然，在险要地段或议榔地倒栽杉树一棵，树活则按期举事，树死则事不可举。

苗族的占卜就比彝族的占卜要丰富得多，它既有直接与信仰仪式的举行直接相关的占卜。也有直接为日常生活功用服务的占卜。不过，占鬼的卜要在苗族中占大多数，是其占卜的主要构成。与彝族占卜相比，苗族的占卜更为融入日常生活，不一定要使用某种“法力”，在日常生活中通过一些日常生活的征候，就能够实现其“占卜”了。比如其树卜、鸡卜、饭卜、竹筒等就是，这样一来，苗族的占卜就应该分为两种：一种是借助“法力”的占卜，一种是看征候的占卜，前者性质的占卜在以上列举的占卜中有：草卜、敲蛋卜、蛋卜、米卜、梳子卜、草鞋卜，等等，大都与望鬼有关，后者有狗卜、饭卜、鸡卜、竹筒卜、树卜，等等，多为日常生活功用的占卜。“法力”的占卜，一般要有“法力”的人来举行，看征候的占卜一般的人就能够举行。

苗族的占卜，亦是贵州民族民间信仰文化中占卜的一种表现类型。

在侗族的最为重大的祭祀安萨坛中，使用了鸡骨卜。

有神来临的时候其香灰不坠

在要建立萨坛时，“安坛师公到后，做的第一件事就是进行鸡骨卜，侗语叫‘多介’。具体时间由师公按照：‘占推动酒时多登忌打鸡’‘占推斩吞鸡时凶’‘占推忌时打鸡不用’‘占推光星等时打鸡忌’‘占推星光星等打鸡不用’等决法测定。‘多介’的当天清早，由寨老在鼓楼火塘内点火烧一个喜鹊窝，各家各户再到这里来引火种。然后，寨老和他老人一道，在鼓楼或‘萨堂’前观看师公作鸡骨卜。不管是安设新堂，还是修整旧堂，师公都要绕香化纸，请师并念诵‘鸡骨卜咒’。由童子（7 岁至 12 岁）或鼓楼传士到寨上任意捉一只未开叫的公鸡。师公将鸡头夹于鸡翅膀下，边念边在香火上转三圈，便生拔鸡的两条腿上的皮肉翻露出骨，用削成的竹针寻鸡腿上的骨眼插上；视竹针排列组合的形状得出卦图，据卦图断吉凶。师公卜测结果吉兆与否，要得到主寨老人的认可，所以卜测必须十分认真。这样，师公在进行鸡骨卜测时，为了得到吉卜，需要用很多的小鸡。有的一次就用了 10 余只小鸡，甚至有将全寨的小鸡用完还达不到要求的，就须到外寨购买，直至得吉卜为止。后由寨老召集各户家长于鼓楼，由师公宣布经寨老们认可后的卜测结果及今后要注意的事项。宣布结束时，主寨将一头三四十斤重的黑毛猪用水闷死，将肉分送全寨各户，以示牢记卜卦辞和扑灭火殃。"①

据石干成的考察，流传在肇兴侗区的鸡骨卜经书有三种：一是《母氏真鸡法》（又名《萨岁真鸡法》），二是《占推三百鸡卦鸡名》，三是《鸡骨卦图》（又称《鸡骨卦图全象》）。这三种经书全为汉字记音，分"卦名""卦图"和"卦辞"三部分。第一种鸡雏卦经书有206卦，第二种有300卦，第三种有698卦。

这是一种把占卜文化事象直接融入祭祀仪式过程的例子，占卜的巫术意味就这样直接传递给了信仰的祭仪，使侗族的祭萨充满了神性的同时，也充满了巫意。

占卜这一事象实际上在贵州民间日常生活中是常见的，在民族民间一系列的信仰活动中也是常见的。在进行祭仪、巫仪时，都时常有一种叫卦卜的仪式过程出现。比如在土家族的傩坛戏中，其开坛傩祭的"请神、请师"中，当请完诸方神圣之后，就有这样的卦卜来证明诸方神圣的到来。

小师又来启告本堂本部，三部教主老爷，打首阳卦，阳兵到堂、阳兵到殿；打首阴卦，阴兵到堂、阴兵到殿；打首胜卦，神兵到堂、神兵到殿（卜阳阴胜三卦，若有隔卦应重卜。如重卜三卦而未卜上者，应默师、观师再卜，直至卜获）。三卦圆满，千兵到堂，万兵到殿……

像土家族这样的在仪式过程中的占卜，在有傩意味的信仰活动中最为常见，而在其他性质的信仰活动中并不多见。比如，黔东、湘西方言区的苗族鬼师的祭祀仪式中就有卦卜，而在黔东南方言区里这样的情况就较为少见。

第五节 贵州民族民间信仰文化中的祭仪精神

这里所指的祭仪就是贵州民族民间信仰文化中的祭祀仪式，每个民族的祭祀仪式可能有多种，故而，这里论述的祭仪应该是一个民族的主祭仪式。

就民族的主祭仪式来讲，彝族有"祭祖灵"仪式；苗族群体性主祭仪式有"鼓脏祭""招龙"，个体性主祭仪式应该是雷神祭；布依族的主祭仪式有殡亡仪式；侗族的主祭仪式有祭萨；水族的主祭仪式有敬霞；土家族的主祭仪式有傩祭仪式；仡佬族的主祭仪式有祭山神，等等。

在这些祭祀仪式中，各民族都有自己的对所祭神灵的理解，我们在前面的各章节中，也论及了其中的一些方面。仪式在许多的场合中都可以出现，它是一种有意义的过程，能够传达一定的仪式精神。信仰文化中表现的仪式精神，就更为重要了，它有时候就是信仰的一种表达方式。

祭祀仪式的表达与一个民族的文化精神直接相关，所以，在某种程度上而言，信仰中的仪式精神就直接是其文化精神的反映。

① 石干成：《走进肇兴》，中国文联出版社2002年版，第45页。

彝族的主祭仪式是祭祖灵。这种祖灵祭祀一定是要毕摩来举行的。现今我们能看到的祭祖灵多为以家族为单位的祭祀。其祭祀的仪式过程我们前面多有论述。在彝族祭祖灵中，我以为其仪式精神是在其组建的祭祖场中来体现的。在盘县淤泥乡的祭祖案例中，我们看到了这样的图景（请参见前面的“祭祖场”图）。

这是彝族为举行祭祖灵仪式而要搭建的祭祖场，当初我并不十分明白这祭祖场的意义，后来我在阅读了有关彝族的历史文化的典籍之后，才恍然大悟。这不是毕摩的随意的想象，而是彝族社会鼎盛时期的社会图景。在彝族建立有自己民族国家的时期，曾经建立了“兹”（君）、“莫”（臣）、“毕”（师）三位一体的政权。这“君长房”“臣长房”“师长房”“寨房”的结构，就来源于彝族这个时期。只不过这种曾在彝族社会里实实在在存在过的东西，如今在这里只变成了一种符号，一种象征了。

为什么彝族要在自己认为最重要的祭祖灵仪式中展开这样的场域？动机是什么？从表面的灵魂的行进而言，亡灵要从寨房的三道门经过，经过这三道门时要打“除蘸”，目的是去掉尘世的污秽，使灵魂得到洁净。然后一道一道的进到灵魂的最高层面之处——君长房的灵床上。这原本是一种社会结构形式，在这里却变成了一种灵魂的结构形式。从这里我们似乎看到了彝族崇拜祖先灵魂的最为深刻的因素，这种崇拜祖先灵魂的意义，已经不是简单的种姓和血缘的意义了。

我想，彝族的祖灵信仰一定不是在彝族社会建立“兹”（君）、“莫”（臣）、“毕”（师）三位一体的政权之后才出现的，但是为什么在这种政权出现后，就改变了彝族祭祖灵仪式的仪式方式和仪式精神呢？这里不难看出，其中有一个以种姓和血缘为主的祭祖灵意义，向以“兹”（君）、“莫”（臣）、“毕”（师）三位一体为主的祭祖灵意义的转变。这个转变从根本上改变了彝族人的灵魂表现形式。

人类的信仰是动态的，有力量的，它有改变自身灵魂形式的能力，彝族的祭祖灵仪式中的仪式精神，就说明了这一点。而且这种改变有一个基本的趋向，即把族群文化中最为辉煌的一面转化为信仰的形式，或者说灵魂的形式。

彝族这样的信仰仪式是有生命张力的仪式，而且在仪式的进行中很具有传导性，彝族的毕摩会把这种在仪式结构中得来的自信和精神，有力地传导给彝族人。

苗族的群体性的主祭仪式是“鼓脏祭”，在仪式形式的表现上并没有太多的神性，更多的是民俗性。在“鼓脏祭”中，虽然有不少的由鬼师主持的鬼祭仪式，但更多的空间是给民俗性的聚会留的。就算是真正的鬼祭仪式，有时候也做得像一场世俗性的“游戏”。

比如雷山苗族的“鼓脏祭”，村人在祭祀了藏在岩洞中的木鼓之后，由 10 多个男壮年人抬回寨中。行走中，大家弯腰曲背，异口同声反复地念：“哎唷，13 年轮到一回，男女老少难等到。今日轮到好节气，要请妹留榜（即蝴蝶妈妈）入场，和大家一起过节。风调雨顺，多打粮，子子孙孙代代传。”念一句走一步，步伐和声调要整齐，念错了一句，走错了一步，要返回藏鼓岩洞原处重来。往往要“有意”的走很久才能把木鼓引到鼓场。

这不是仪式的组织问题，而是仪式精神的问题。这种仪式在这里实际上是一种集体性质的“抬鼓舞蹈”。

在个体性质的鬼祭仪式中，可能更能体现苗族鬼祭仪式的精神。

苗族的个体性仪式多表现在其用鬼上。以台江苗族祭“戈养你”为例。祭“戈养你”就是祭“上游的雷”。据说“戈养你”是男性，共12个。

举行这种祭祀的祭物是：公黄牛1条（尽可能买小的，只要口头不说是小牛即可。黄色、黑色均可，花、白的不要）；鱼1尾；酒约1斤；饭（由被请参加祭鬼的人及鬼师各出米1碗共约10来斤煮为饭）；师米1碗（约12两，鬼师念咒时用），“兴所”12个（用白纸剪成相连的3节，每节长约15厘米宽约1厘米。分别夹在每个“箍”上）；“箍”12个（用大如小指长约45厘米的小竹。上端劈破为6瓣长约5厘米，再用一片篾把这劈破部分编成漏斗状，以“兴所”挂在上面）；“商大”2个（用白纸剪成的纸人分别悬在高约150厘米留有枝叶的小竹上；“夯丢”12个（用长约30厘米，大如小指的小竹为之，一端插以一小片杉木皮代梭标）；“箍打学书”1个（形状同“箍”一样，但长约为65厘米，插香用）；银子12两（用2只手钏代替）；新黑布条12补（以新黑布2条代替，“补”是衡量做裙子布长的可用单位，每“补”一般长约60厘米）；人用的“夯丢”即梭标1把，上悬新腰带1根；人用的锄头1把；卦1副（用长约12厘米宽约2厘米的圆木一节劈破为2爿即成，这是法器）。

祭物备齐了就请鬼师开祭，不选择日子，但要在昼间。鬼及“商大”共13个，参加祭祀的人连鬼师也共13个，都要成年的男子，除了家中的人外，不够数请家族的人参加。其中有2人担任“堕白”照料者。

不论祭何种鬼，一般是先在门外开始祭仪，请鬼来检查祭物；再将祭物送到祭鬼场交代给鬼；向鬼提出要求并请鬼吃肉饭等后，就把它送走。但也有少部分祭鬼仪式不经过这三个步骤的。又，鬼有几个，祭时也要同样的人数参加。

祭“戈养你”先由两个“堕白”在门外摆上一张桌子，在靠近家屋的一边放米一碗及卦，向外的一边放酒杯（没有杯时就用碗）三个，并倒上酒（酒只倒一点做样子，使鬼认为已有了酒，鬼师念的咒语在门外是不请它喝酒的）。“箍打学书”插在桌的侧面的地上，并烧香一炷。靠近家屋的地上放一把锄头，锄柄向家，并放一根悬有新腰带的梭标，牛和其他祭物不陈设，随便放在门外什么地方都可以。陈设完毕后，鬼师就开始念咒语了。陈设如图：

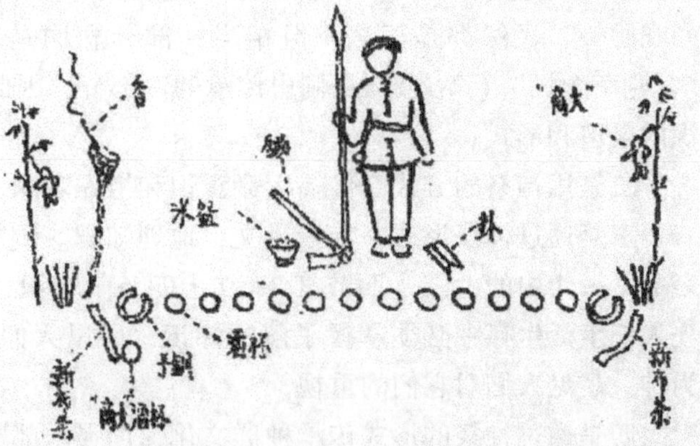

在这个仪式中，从祭品来看，并不张扬，虽然是个体性质的鬼祭，却也有群体

聚会的因素，比如饭就是所有的与祭人自己出米来煮的，在人间像“打平伙”，在鬼那里像请鬼来吃饭喝酒。这时候的鬼师就像一个请鬼的来赴宴的人，在念词的言语中，还不时会透出关怀，说哪里不好走，要小心，等等。

这种仪式不选择固定的时间，但只要求在晚上，鬼祭的场地没有特定的安排，在自己家外的平地即可。摆好祭品，鬼师开始念请鬼。其间没有任何渲染，比如法器的形态和响声，某种具有神性的声音，等等，都没有，也更没有任何证明鬼师具有了神性的仪式。也就是说，鬼师与鬼的交往，是不需要具有神性的。苗族的鬼没有神性，那么，苗族的鬼师也不需要神性。

这样的鬼祭仪式的精神最显著的就是平等。我在苗族地区调查时看到，鬼师念鬼时，多是蹲在地上的。这个鬼师的鬼祭姿态，也表现了苗族仪式的内蕴的温和精神。在这样的仪式中，更强调的不是一定要达到某种目的，而是一种人鬼之间的交流。在夜间举行，也是一种方便鬼出行的心思，以及创造一种更为和谐的交流境域。

其实，苗族人人性中的基本性格，就沉浸在这种仪式的精神之中。反过来说，这种仪式精神是没有扩张性张力的，也更没有凌人的姿态。我信仰我的鬼，但从来没有想到要别人来信仰我的信仰，这也是苗族鬼祭仪式的精神表现。

布依族最大的祭祀仪式是“殡亡”，这“殡亡”实际上就是给亡灵进行“超度”的一场葬礼。

举行这个仪式，要有专门的场地，要由布摩举行与土地神购买这块土地的仪式，有专门的经书，有复杂的仪式过程，要在其中展示诸如血缘、亲族、教化、生殖巫意等众多的意义。

这样的仪式人文色彩很浓厚，表现了布依人对亡灵未来世界的太多的关注。不过，这样的仪式精神也显得过于庞杂。

侗族的主祭仪式是祭萨。侗族人在建立自己的萨坛信仰的时候，用一种巨大的包容精神，创建了庞大的萨神系统，但同时也用巨大的包容精神，创建了自己的祭萨仪式。侗族人为什么要这样做，石干成先生对肇兴侗区祭萨总结了以下几条。

一是用神祭的形式，传承真实的历史内容。祭萨的形式具有浓重的巫术色彩，尤其神物的偶像制作，如“萨神偶像”是阴沉木雕刻成的女性形象，再安装上银质的心和胆等。显然都是巫法，但相当一部分念词是历史的真实。……洋洋数万言的“多堂萨念词”（祭文），是侗史传承的一部分，因此祭萨活动，就是侗族传承历史知识的渠道和形式。

二是用神祭的方式，传播生命意识和祖先观念，教育后嗣热爱生命，铭记祖先。

三是通过神祭形式，传授天文、地理知识。侗族神祭中的“二十四炁”，实际代表的是一年中的“二十四节气”。二十四节气知识，对稻作农耕民族十分重要，它是先人们生活生存中必须掌握了解的知识，所以人们把它们列入群体的“神系”供之为神，足见人们对它们的重视。

四是通过神祭的形式传承种群文化，加强内部凝聚力。

这实际上是侗族祭萨的功能表述，但在其中也可看到侗族祭萨的仪式精神。通过包容性的纳入，以自己的侗族文化为根基，把民族信仰文化进行组合，以达到彰显民族精神，就是侗族祭萨仪式精神的基本要点。我们在参见第二章第二节的黎平县地扪村祭萨平面图后，可能会有更深的理解。

水族没有特别明显的主祭仪式，其大型的祭祀活动是拜“霞”和立岜，这两个祭祀都要12年举行一次。从这两个祭祀的目的和仪式过程来看，这是一种巫术意味极重的祭仪。说水族的仪式精神就是一种巫术精神也不为过。在这样的仪式中，渴望的是巫意的实现，而不是信仰的心理安抚。

土家族的主祭仪式是傩祭仪式。在这样的祭祀中，有明确的目的，有明确的神系，有明确的神域、神境，有完备的经书，有神性十足的绝技，有详尽的教仪……其中只有少量的巫意。其仪式精神已经大大脱离了充满巫意的自然信仰，是一种准专业性质的祭祀，主要是为了信仰中的精神安抚了。

仡佬族的主祭仪式是祭山神。从仪式上看来，有浓厚的山地民族的自然信仰精神的表现，并同时具有了一种发展的可能性。

总体而言，民族信仰中的仪式精神，一方面与民族本身的精神、文化和族群性格有关，另一方面，又在一定程度上“构建”了民族的精神文化和基本性格。

第七章 贵州民族民间信仰文化的结构力

信仰的话题我们在绪论中进行了较为广泛的探讨，过程中可能会有一些启示，比如说信仰是一种文化，是存在于人们生活中有广泛影响力的一种文化。但我们更为关心的是这种文化的实体性，关心这种文化的意义和力量。我们在用文化来解释世界的时候，我们更需要用我们的文化来解释文化自身。这在信仰文化中更为重要，因为这个文化已经非常接近我们文化的“最初的状态”。有相当程度的“原点”性质。我以为，每一种文化都是在一个文化的“原点”上建立自己的文化的，而最初凝聚成的就是信仰文化的诸构成，然后再为自己的文化建立生长的“节点”，从而构建起自身的文化大厦的。我们着迷的就是其中的结构力，以及由此而来的文化色彩，还有我们将来对文化结构性生发的参与和修正的能力和可能性。

第一节 贵州民族民间信仰文化的“原点”

文化的“原点”是我在信仰文化论述中的“学术虚拟”，与我们的先祖要解释这个世界时的情景非常类似。在茫茫宇宙中，在意识已经变成人的一种“本能”的时候，人就要以自己的方式来解释世界和人类自身。不管贵州民族民间的信仰文化是在一个什么样的情景中生发的，它都离不开“自己的方式来解释世界和人类自身”这个动因。这也许就是信仰文化生发的“原点”，但是，我们要解释这个“原点”却相当困难。实际上我们现今根本不可能描述这个“原点”的起始状态，但是，描述这个“原点”的起始又是所有文化人类学家，尤其是宗教人类学家的“梦”。可奇怪的是，他们所叙述的一切，都是想解释一个宗教的起源问题，而不是人类信仰所展开的那个“原点”。因为信仰的展开我们才有了人类文化的多样性。

对此，《圣经》中的巴别塔神话有一个臆想性的解释。

这个神话说人的力量是无限的，他们试图建立一座通往天堂的塔，而且以惊人的速度把塔往天上延伸。神也感到恐惧，于是，就变乱人的语言，使上面的人听不懂下面的人的话语，下面的人也不知道上面的人要说什么，这样，巴别塔就半途而废了。

这个神话有以下的要点：一是人在建立巴别塔时是一，而在不建巴别塔之后人就不是一，而是多了。二是人由一变为多的原因是语言。三是在建立巴别塔时人肯定是能说话的，而且说的是一致的话。在这三个要点中，是不是隐藏着人类文化的玄机？是不是人类就从这里开始走向文化的多样性。人类在出现文化多样性之前，有过文化的一致性阶段吗？我想未必！我想这是一神论神教的神话游戏。要建立文化的多样性，仅仅语言的要素是不够的，与其说是语言变乱了建立巴别塔的人。还不如说是信仰文化变乱了建立巴别塔的人，这时候的人会说，建立通天的巴别塔并不重要，重要的是建立一个什么样式的巴别塔最为重要，这才是变乱建立巴别塔人的最有效的东西。

我不知道这是一种文化的进步呢？还是一种文化的倒退？不过，这一切都是以这之前是有一个整一的文化为前提的。但世界的事实不是这样，人在拥有意识的前提下建立文化的时候，应该是“空”，这是人要在这里确定他要是什么人的时候的那种“空”。如果要形象地解释它，它就是一个画家在白纸上下笔的那一点。这一点之前其上什么也没有，一直到“虚”为止。

在分析这种文化心理动能时，人们有很多种学说，弗洛伊德的“精神分析学说”最为著名，它在其中强调了“无意识”在心理动能上的重要性，但是，弗伊依德的“精神分析学说”所说的只是一种有意识下的无意识的心理动能。这样的心理动能实际上不能推动“空”的文化运动。在弗洛伊德的“精神分析学说”之后，瑞士的心理学家发展了弗洛伊德的“精神分析学说”。他们认为，心理动能的最初始的能量不是来源于“下意识”和“无意识”，而是“虚空能动”。并认为，这个“虚空能动”的心理能量是无穷的，它一旦发动，便是创造的伊始。

贵州民族民间信仰文化的内核是不是这种虚空？也许我不能够回答，但肯定是“无中生有”的。不过，它们也绝不是“向壁虚构”而来的。实际上，贵州民族民间信仰文化的“无中生有”我们是不能够描述的，但这一过程一定是贵州民族的先民们在自身文化建设中，最富于创造性的时刻。

人在之所以成为人时，有一个关键的时刻，这就是人的自意识的发现，也就是说，人的自意识在人的“空”中被实实在在的创造了出来。

“自意识是什么时候出现，并以什么事物为标志的呢？是工具的制造！人类的形成中所有的努力虽然很有成效，但都没能出现自我的认识因素，只有工具的制造，才引发了人自身的自我意识。这时候人类才发现，世界还有如此奇妙的事情，人可以通过一定的努力，还可以把自已的意愿、自已的力量表现在一个物的对象上。这时候，人类已经再也不像一般动物或生物那样靠本能去行动，而是在工具制造开始的诸多类似的行为中，表现一定的‘自意识’，渐渐地，在工具制造中出现了人的选择、标准和自觉适应所改造对象的规律，如石头的硬度、形态、重量，等等。”①

在这里，可以把自意识作为人之所以为人的标志，而同样，我们也可以把信仰文

① 吴秋林：《艺术学概论》，云南美术出版社1998年版，第21页。

化作为之所以为一个族群的标志来看待。产生自意识的人类的第一件工具的意义，也可类比为族群信仰创造的第一个“原点”。这就是各民族信仰文化的内核。

我们在这里追寻民族信仰文化的创造性内核，但我们在贵州民族民间信仰文化的表现中是很少看到这种东西的，只强烈地感觉到“原点”辐射力的力量。比如侗族的萨的原始母性，在“原点”中出现后，侗族的信仰就不可能离开它了。

其实，在民族的信仰文化中，本身也有类似问题的思考。

在布依族中有“报陆陀”，说他是布摩的创始人，是遍知一切的男人。

苗族中有苗族的第六代祖“相告”。

彝族中有“教人做斋，以供奉祖先”的部落首领密阿迭。

这些都是各民族的后人为了追寻这个创造性“原点”的具象性的表达。他们知道这个“原点”在民族先民很久远的时期，而这些人只是这一民族智慧的大智慧者，不是民族智慧的本身。

我们论说贵州民族民间信仰文化的核心虚空，实际上是表明“空”的创造性。这也就是贵州民族民间信仰文化结构力的肇始。

第二节　贵州民族民间信仰文化的节点意义

各民族在“空”中表现了一个民族的强大的心理动能，为自己的族群创造了之所以成为一个族群的信仰文化，这在人的文化历史上是一个了不起的进步。但是，所有的这一切都是为了建立能生长民族文化的节点而进行的努力，一个民族的信仰文化如果不能建立起这个民族文化赖以生存的节点，那么，这个民族在“空”中表现的民族的强大的心理动能是没有意义的。这样，信仰文化的建立也是徒劳的，没有用的，其本身也很难说是一种文化。

在这里，信仰文化的“原点”要有一个转化，即由“原点”具象化为“圆”。这个“圆”也可以是我们把信仰比喻为的一个“圆”，那这个圆的发展性就要看圆中节点的滋生，如果滋生的节点丰富，那这民族的文化就一定是一个丰富多彩的文化，一个色彩绚烂的文化。

这是民族信仰文化结构力量表现的起点。一个民族的精神文化的方方面面，就是从这里开始的。

在我们调查的贵州民族民间的各族信仰文化中，有一系列的事例来论述上述的“圆”的节点。这些“圆”的节点，在信仰文化的结构力量的表现中，可以表现为以下几类：

一是直接构建民族文化的构成，即把信仰文化中的建构直接转化为民族的一种世俗的普遍存在的文化。二是为世俗文化搭建一个发展的平台，让民族的一般性文化自己生长。三是为一般性文化的发展只提供观念意义上的因素，促进文化的自我生发。

四是由信仰文化自身发展需要的理由而建立起来的节点，也能生长出相应的文化。

直接构建民族文化的构成，把信仰文化中的建构直接转化为民族的一种世俗的普遍存在的文化的例子很多。细分下来，又有祭祀戏剧、祭祀乐舞、神话，等等。

祭祀戏剧这个词很能说明问题，祭祀是一个信仰文化表现的过程，是一个敬奉神或灵的仪式，本身就具有戏剧的因素，因而，在世界各民族的信仰文化中，把信仰文化中的仪式过程直接转化为世俗的戏剧，是经常发生的事情。在贵州民族民间，例子非常之多。在傩堂中的傩祭表演，有许多就直接被人看成是傩戏，或者说具有戏剧性质的傩祭。比如德江土家族的傩坛戏中傩祭的一段“差发五猖”。

差发五猖，是派遣地傩五猖神率领阴兵阴将去收魂及制服诸般邪怪的一场法事。由甲乙执法师上坛，身穿战褂，腰拴战裙，头包红帕武丑装饰。净手焚香化纸于师坛位前，同跪三揖三叩参拜师祖。手执牛角站于中宫，面向三清殿吹奏，向三清殿号请天宫、地面、各宫界内的神灵、仙道、先祖降临傩坛，差发五营兵将。拍令牌，口念：

“上有三清大道，下有满堂圣真。神灵各排次，小臣弟子差兵发马法事到来。”

法师二人左手拿牌带，右手拿师刀站于坤宫，将牌带抱于腹部作一揖。甲舞牌带四步转入离宫。乙舞着牌带跳转直插甲的背后，左脚向前一步，进入中宫，两人成太极图式。乙再入坎宫与甲子排。此谓走“太极旋转罡”。齐向功曹作揖。乙舞牌带出左脚，四步走向震宫位。甲亦舞向巽宫，与乙平排。二人面向祖师坛作一揖。然后两人同进坤宫，面向三清殿再作揖。齐上乾宫放下牌带、师刀，互动手势跳唱。各自拍手，用脚尖垫走八卦方位。两人保持正面相对。拍手后，各自叉腰舞唱，亦可走丁字步，跳牛擦背和犀牛望月，还可跳大团圆。在每一唱段中，两人对面抱拳于胸，互举一揖，以表歉意。各向左转大半圈到坤宫，同向三清殿作揖，二人齐入乾宫拍令牌齐唱二段。余则类推。甲乙分唱。

甲：小臣弟子三十六岁上　　乙：上昆仑，
甲：拜法原是李　　乙：李老君。
甲：老君本是太　　乙：太罗星，
甲：传经演教到　　乙：到如今。
甲：今夜行走猛虎山　　乙：山前过，
甲：今夜猛虎把　　乙：把洞门。
甲：弟郎祝告张三李　　乙：李四娘，
甲：借你钥匙开　　乙：开笼箱。
甲：打开笼箱无　　乙：无别事，
甲：笼箱里面取　　乙：取衣裳。
甲：一取金冠头　　乙：头上戴，
甲：二取朝鞋脚　　乙：脚下登。
甲：三取蟒袍来　　乙：来披挂，
甲：七行罡步出　　乙：出傩堂。

甲：弟郎上身下身齐　　　　乙：齐穿起，
甲：还不登坛拜法等　　　　乙：等几时。
甲：手执师刀鸣　　　　　　乙：鸣号角，
甲：吹仙角禳星辰传上玉　　乙：玉皇门。

吹角，唱三堂角号。人分别旋到坎、离二宫时，对面举一揖，双手抱拳向各人右肩一举表示谢意。各自左转入坤宫，平排向三清殿作揖。齐至坛台前拍三下令牌，游五步罡和九步罡跳唱。

这个过程是一个神祭的过程，是直接为傩神服务的，但是，其中的戏剧性和表演性，就可以直接构成世俗戏剧的主要表现。

这样的例子在布依族的丧祭中也有表现。在册亨县的板万村，为亡灵进行绕棺的丧祭仪式，实际上就是一个仪式性戏剧。他们把这个表演称为“哑面”。其角色有：

绕棺引导者。其不戴面具，一般是布依族的摩公担任。

一男子，为兄，戴面具，从山上神仙洞中来的人。

一女子，为妹，戴面具，从山上神仙洞中来的人。

“阿鲁”，戴面具。从山上神仙洞中来的人。“阿鲁”是布依话的称呼，意思是“流浪行乞的人”。

表演者的衣着：绕棺引导者为常人衣着或摩公衣着；其三人为上穿兽皮，一般为羊皮；下围树叶裙，一般为芭蕉叶。

其面具为笋壳制作。制作情况如下：用一大的笋壳，上部眼睛处挖两条缝，鼻子处挖两个小孔出气，然后用火碳棍画出眼镜、鼻子、嘴巴等，并在脸上画一些线条。面具分男女，男性面具的鼻子变形为一个长长的粗大的男性生殖器的样子，并在男根龟头尿道口处，用红色点染之。女性的面具的鼻子如常。表演是在晚上约 12 点的时候开始的。

其表演的是由绕棺引导者用钹在前为引导，紧接为兄、妹、阿鲁成单行队列绕棺而行。

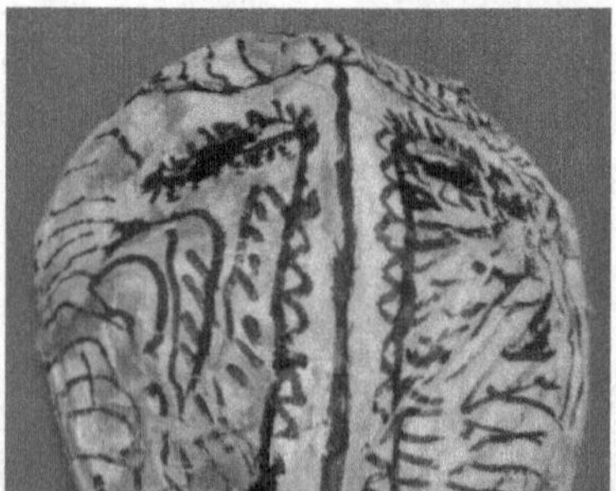

“哑面”面具

绕棺引导者不停地搓钹发出响声，心中默念给死者的经文，绕着棺木走，其余三人跟其后，边走边做表演，一般绕棺正转三圈后，又反转三圈，反转三圈又正转三圈。“哑面”的表演也就分成三个部分在三次绕棺中表演。

在第一次绕棺中的表演内容有：绕棺中，阿鲁伸手去拉扯妹妹，手拉在一起被哥哥发现，就用树枝击打阿鲁，阿鲁与妹妹的手松开，做躲避状。当哥哥一转身，又即把妹妹的手拉起，着亲热状，哥哥发现又打……这时第一次转棺的议程已完。

第二次调转方向绕棺即开始，在第二次转动中的表演内容有：上半部分阿鲁把妹妹面前的芭蕉叶撕开，对面抱着妹妹做性交状，哥哥看见就打，阿鲁逃，打开后，哥哥一转身，阿鲁与妹妹复又抱在一起做性交状。随后妹妹即扮为大肚子状。

第三次调转方向绕棺即开始，在第三次绕棺中的表演内容有：妹妹背上已经背了一个娃娃，阿鲁仍在其后做护卫状，哥哥还是见了就打，娃娃哭，阿鲁卷树叶、舀泉水、喂小孩、妹妹做配合状、小孩喝了水不哭了。绕棺完，表演也就结束了，前后时间约15分钟，最长时不会超过20分钟。

演出结束，面具等物会送到村外烧掉。

全部的表演过程只有动作，没有一句台词，为哑剧。

这个祭祀性的仪式表演，戏剧性之强，与一般的小戏无二，但它是绝对的表现信仰文化的仪式。在20世纪80年代，当地的文化部门就把它作为一个布依族小戏上报给上级有关部门。

把祭祀中的音乐和舞蹈直接转化为民族的一般性的世俗的审美文化，在贵州民族民间的事例也很多。

在布依族中，有一次我们在黔南的一个叫冲芒的小村子里，看到一个只在丧祭中表演的“打竹竿”男性群舞，其情形十分热烈，从山上砍来的几十根青竹竿，一场舞蹈下来，全部打碎成条。它本来是这场丧祭的一部分，形式上却就是一个完整的粗犷豪放的充满阳刚之气的民间舞蹈。把它“拿来”时，它就是从信仰文化的节点中直接生长出来的世俗性的民族舞蹈文化。

苗族的舞蹈有许多就是从祭祀中得来的。在贵州黔西北威宁县的苗族中，有一种在苗族的重大祭祀活动中表演的祭祀性芦笙乐舞，称之为“大迁徙”。其形式是男女老少数十人，在芦笙的引导下，随笙边舞边唱，用大写意的手法，模拟再现两千多年前，原本生活在荆楚地区的苗族先民，被迫离开故土，历经磨难，迁入西南，定居黔地的一段艰辛的历史，在芦笙呜呜，叙歌漫漫的悲壮气氛中，展现了这样的一些场景：

垒营作战。南迁前，苗族先民垒营御敌，保卫家园。

探路南迁。战争失利，突围向南，穿越崇山峻岭，以摆脱敌人的围追堵截。

艰苦历程。以芦笙为号，引导南迁队伍与追敌迂回周旋。搭人桥，强渡急流，勇往直前。

英勇不屈。被俘的壮士们，虽受酷刑，遍地翻滚如蚯蚓滚沙，但英勇不屈。

向往自由。盼望有一天能像鹞鹰那样自由飞翔，像鱼鹰那样悠然倒立于江河之上。

定居西南。杀牛祭祖，缅怀英烈；向太阳月亮祈祷部族昌盛。

这样的大型祭祀乐舞实际上就是民族的史诗性的乐舞，作为民族史诗的歌舞剧表演，一点也不缺少什么。

神话是一种叙述关于神的话语，也可称作“神语”，就像日本称故事为“物语”一样。

神话在很长一段时间里，并不是我们今天理解的话语，而是为解释神性而服务的语言。也就是说，它是一个民族信仰文化的一个组成部分，是为了解释信仰的起源和存在以及意义而出现的。这一神话的出现，在纯粹为神服务时是神的话语（但它似乎从来没有纯粹的为神服务过），在为人服务时，它又是世俗生活的一种话语。神话应该是人类文学的重要起源，这神话转化为文学，也应该是一种直接把信仰文化中的建构转化为民族的一种世俗艺术的重要方式。

信仰文化中的神话，被直接转化为人文的文学，在世界上所有的信仰文化中都是这样走来的，基督教的神话之于欧洲的文学，就直接是欧洲文学的“父亲”。欧洲的现代国家是因为基督教的传播而建立而兴起的，欧洲的现代文学也是因为基督教的神话而建立而兴起的。在欧洲早期的文学作品中，不受基督教神话影响的文学是不存在的。这其中，就有许多的文学就是从基督教神话中直接转化过来的文学。

这在贵州民族民间信仰文化中，其神话的身份一开始就是双重的，许多神话，一方面是信仰文化中的神性经典，一方面又是文学的经典。比如像苗族的“开天辟地”“蝴蝶妈妈”等，既是苗族信仰文化的经典，因为它讲了世界的起源，讲了人和鬼的诞生。也是民族的创世史诗，因为它讲了民族的起源。

民族的信仰文化为世俗文化搭建了一个发展的平台，让民族的一般性文化自己生长。这也是信仰文化节点的一种表现。

这样的例子在贵州的民族民间文化中亦很多。苗族的芦笙文化的形成就是一个例子。在苗族的芦笙音乐中，有大量的直接从苗族的信仰文化中转化过来的作品，但同时也有大量的民间世俗性作品。苗族的芦笙是一种神器，但在这一基础上，又生发出另外相关的芦笙文化，比如芦笙的形制。现今的芦笙是六个管的，为什么是六个管的，在黔东南苗族地区，流传着一则关于六管芦笙形制问题的传说：古时的芦笙，笙管有多有少并不统一，是苗族首领统一了当时居住在长江中下游一带的六个较大的部落（支系）后，下令把芦笙统一定为六支管，标志六大族群的联合；又说，在芦笙上增挂着的两个竹管共鸣筒，是表示在以后的岁月里，又有新的族群的加入。由此可见，芦笙的六管制式，不仅是为了演奏的需要，还具有某种历史的纪事含义，所以，其形制在漫长的历史沿革中，变化甚微。

另一则流传在贵阳苗族地区的民间传说，则向我们揭示了弯管型的六管芦为何要弯曲笙管的来由：苗族先民在向西南大迁徙的途中，采用“悬羊击鼓”的策略阻击追敌，取得了胜利。到贵州山区定居后，为了纪念“羊”在民族迁徙史上所建立的功勋，所以族人议定把笙管弯曲成羊角状。尽管制作弯管芦笙的工艺很难，不易掌握，但为了不可遗忘的纪事目的，这种弯管型的六管芦笙仍代代相承袭流传至今。

这样的例子在民族的建筑文化上也能找到，比如侗族的鼓楼、风雨桥建筑艺术和宗祠祠堂的民族建筑艺术。

在侗族的南侗地区，几乎每一个寨子都会有一座或几座鼓楼。这种鼓楼的民族特色和建筑艺术风格，人们都给予了高度的评价。

鼓楼是南部侗乡的主要标志之一，一般建在寨中心或寨门附近，鼓楼为纯木结构，底部呈方形或六角形，上部为飞阁重檐，屋顶有庑殿式和攒尖顶两种。从外形来看，鼓楼又可分为楼阁型和宝塔型两种。著名的鼓楼在贵州有：从江县的增冲鼓楼、信地鼓楼和黎平县的纪堂鼓楼等。

风雨桥也是南部侗乡的主要标志之一，它又称花桥，一般为杉木组合托架简梁式木桥，桥台上为长廊，长廊中绘有彩画，有对联、匾额和题词等，桥墩上建亭阁，整座桥亭阁、长廊联为一体。侗乡的风雨桥不仅可使人过桥、休息、避风雨，还可使人欣赏到侗家艺术。贵州省的地坪风雨桥最负盛名。

在侗族的北部地区，其民族性的建筑艺术则是以宗祠的形式来表现的。这种宗祠实际上就是以家族为单位修建的“家庙”性质的建筑，一般为大堂式的天井建筑，旁有耳，中堂供奉有祖先神位。其最具有艺术性的是其门楼，在门楼上，重重叠叠地有多层高浮雕塑像，以及大量的彩绘相间，且每组彩绘和浮雕都是一个独立的教化故事，表现的主题就是“忠、义、礼、智、信”，等等。这些北部侗族的民族建筑艺术，多在天柱县境内的清水江两岸。最著名的宗祠有：远口的“吴氏宗祠”；三门塘的“刘氏宗祠”、王氏“太原祠”；白市的“杨氏先祠”；新舟的“舒氏宗祠”“宋氏先祠”“吴氏先祠”，等等。

不管是鼓楼，还是宗祠，它们都是以宗族姓氏为单位建立起来的，首先它是一个宗族纪念和敬拜祖先的地方，其次才是作为聚众商议事关全寨大事的场合，以及人们平时休息娱乐的地方。也就是说，这些建筑最根本的是信仰性质的建筑，是在信仰的观念支配下建立起来的。应该说，鼓楼和宗祠根本上是族群和宗族信仰的标志，然后才集合起来，成为侗乡的标志的。

在这些建筑艺术中，美术艺术也被其激发起来，鼓楼和宗祠上的浮雕和绘画，就有类似于藏画中的“唐卡”。

这样的例子，我们在屯堡人的土地庙中的土地公婆的造像上也能看到，其信仰文化中为屯堡人的民间美术生发出来的节点。屯堡人的土地公婆的造像是异彩纷呈，别有一番天地的。

这就是在信仰文化滋生的节点上较为自由地生长起来的民族文化。它是信仰文化结构力的重要表现，信仰文化之后民族的发展性较强的文化多由这一类而来。

为一般性文化的发展只提供观念意义上的因素，促进文化的自我生发，这是信仰文化中我们很难进行描述的生发，但也是信仰文化结构力表现的重要方面。在这种方式中，信仰文化的生发节点只是隐性的，或者说信仰文化只是背景性的，主要是从观念上，思想上，意识上，方式上为文化的生发提供支撑。

由信仰文化自身发展需要的理由而建立起来的节点，也能生长出相应的文化。这种节点的方式是一种信仰文化对其他文化的“应用”。我们的信仰文化在前三种方式中是“输出”的状态，而后一种方式则是一种“纳入”，即我们把信仰文化之外的文化事物拿到信仰文化中来。土家族的傩堂中的傩戏部分就是这种方式的例子。

傩坛本是一个神的坛，但傩戏多是一般意义上人的戏剧，但为了了却神愿，就要把人间的戏剧演给神来欣赏。为了防止神或鬼灵认出是活人的演出者，就戴上面具。

这样的例子在苗族的信仰文化中也不少。苗族的“鼓藏节”在一系列的鼓祭之后，就是许多天的歌舞和芦笙。这里既有信仰文化为世俗性文化生发而筑就的平台，也有为娱乐和表现神而对世俗文化的应用。

这种拿来为神服务的艺术，在布依族中也有表现，比如在布依族葬礼中的情歌对唱。

第三节 贵州民族民间信仰文化的情感色彩形式

信仰文化在发展一个民族的文化时是非常重要的，有什么样的信仰文化就会带来什么样的文化结构性质，表现出不同性质和状态的民族文化。这方面的重要性是不言而喻的，但是，信仰文化还要在情感方式上继续影响文化，具体的表现就是“信仰为文化染色”。也就是说，一个民族的信仰文化不但决定其文化的性质，还要决定其文化的色彩。

色彩是什么？自然中的色就是颜色，一般分七色。而文化色彩从字面上讲就是文化的颜色。那么，文化的颜色是什么呢？这个文化的颜色我们就不能从字面上来理解它，只说它是文化的颜色。文化的颜色从根本上来说只是一种文化心理上的色彩，而不是一种自然的色彩，说文化的色彩只是一种文化心理表述上的一种比喻。

我以为，文化色彩是人们在情感方式上对文化的一种理解。也就是说，文化色彩是由情感方式来决定的，有什么样的情感方式赋予这个文化，那么，这个文化就会有什么样的色彩。那么，这个情感方式是从哪里来的呢，我以为是从信仰文化中来的。是信仰文化中的情感方式，决定了这个文化的基本的情感色彩。

我们这里说文化色彩，实际上是民族文化的色彩，因为我们论述的对象是贵州民族民间的信仰文化对各自民族文化的染色。

我们在论述信仰文化的情感方式决定民族文化的色彩的时候，我们可能不可避免地要对贵州主要民族的文化色彩进行一定的评述。

我们在本书中论述了苗族、布依族、侗族、水族、彝族等民族，现在我试探性地表述我对这五个民族文化色彩的理解。

苗族的文化色彩应该是亮蓝色的。

苗族文化给人的感受是一种流畅的冷色调，它不热烈，也不因为色彩的偏冷而晦暗，它艰难而自信的运行，有自己独到的对世界的理解。有时候，也有热烈的色彩冲突发生，但最终只会表现为晶亮的蓝光，有一份坚忍不拔的信念。

布依族的文化色彩应该是青灰色的。

布依族文化的色彩中有浓厚的青底色和太多的颜色附加，所以它的民族文化的调子有一点灰。理解布依族文化的色彩可能在山区的黄昏最好，冲突的色彩在夕光中瞬息万变，但都离不开山脊那一抹青灰色的基调。

侗族的文化色彩应该是米黄色的。

侗族文化的色彩既平和而又有个性，它可以调和多种色彩，但不会失去其中间色彩的基本性格。在文化色彩上，侗族人是一个平衡色彩的大师。

水族的文化色彩应该是黛色的。

水族的文化色彩黑中见紫，简单而丰富，对自然有一份专注的神情。

彝族的文化色彩应该是红色的。

彝族的文化色彩热烈而奔放，非常富于想象力。天蓝色和白色是他们永恒不变的背景，而红霞运行就像在编织彝族人的文化之梦。

以上的这些民族文化色彩的描述，它的底色就是其各民族的信仰文化色彩，我们在各民族的信仰文化中，也能有这样的情感色彩感受。一样，有什么样的信仰色彩，也就会有什么样的色彩文化心理，也就影响一个民族文化色彩的形成。

这种对各民族的文化色彩描述就像是对各个民族文化诗性的演讲，人们不必要同意和不同意我的这种对贵州的这几个民族的文化色彩认知。也许你们对各民族文化的色彩认知比我的更为精彩。

我们在前面的论述中说到，民族文化的色彩是由民族的情感表现方式赋予的。而民族的情感方式又是由信仰文化中的情感方式决定的。我以为，这种信仰文化中的情感方式又是由对世界的认识方式来决定的。

在苗族中，一系列的与他们的祖先同种同源的鬼的存在最大限度地影响了他们的生活，他们就选择了与鬼极为平和地相处的生存方式，所以他们情感方式下的民族文化色彩是亮蓝色的。因为鬼在苗族中尽管不是负面的、阴的，但色调也绝不会是热烈的。

在布依族中，他们信仰从报陆陀到花林仙官等一系列能想得到和看得到的神和鬼，并不关心谁是民族最大的神，但对死后要去的“拜”“仙”界，却情有独钟。在信仰中想要表现的东西太多的时候，这幅信仰图画的底色也就是青灰色的了。

在侗族中，他们的信仰是从一种坚定不移的包容中最后造就了以萨岁神为主神的庞大神系，它在变中有不变，在不变中又有一系列的变化和创造。这样的信仰文化的情感方式必然造就温和而坚定的民族性格，以及必然造就平和而又有个性的文化色彩。

在水族中，他们的信仰高度的集中在对石头的崇拜上，集中在对生育神鬼的关注上。所以，这民族的性格必然由简单而丰富，其民族文化的色彩也就是黛色了。

在彝族中，他们的信仰具体而明确，祖先的灵魂具有明确的形式，对信仰中的精神十分坚定而自信。这样的民族性格必然是质朴和充满活力的。这样的民族文化色彩也必然是热烈而奔放的红色。

这样直接把文化的最内核的东西与文化的最为表象化的东西直接联系起来，也是我对民族信仰文化的情感方式的一种理解。

第四节 贵州民族民间信仰文化的文化基因论

我们在一系列的关于贵州民族民间信仰文化之于贵州民族文化结构力的论述中，都在努力地接近一个目标，能在文化的建构中使文化的发展朝向更为人性化、更为良好的状态发展，就像我们人类在自然科学中试图打开一切生命基因密码一样，打开人类的文化基因密码。这才是我们论述贵州民族民间信仰文化的文化结构力的真正意义所在。

“基因”一词很明显是一个源于遗传学的术语，是生物体遗传上的一个基本单位的名称，它保持着生命延续复制的密码，可以在相应的组合排列下，形成新的生命。这个词语在加上“文化”的前冠词之后，两个不同学科中词语的内涵就发生嫁接，词语上叫“文化基因”，含义上也就指文化上的一个基本单位，也就认为文化中有一种类似于生物体基因性质的东西存在。

从文化人类学的诸多现象来看，人类文化的内部存在着某种有力的运动机能。这一运动机能是什么呢？以什么样的概念作为理解表述它的起点？我想起了“基因”一词。我以为以此构成“文化基因”一词，对解决这一问题有极重要的意义。

文化基因论的提出是我们对人类文化认识的发展。

毋庸讳言，文化人类学的第一句话是“更好地理解人类的文明史”，第二句话是“更好地理解我们现在的文明现实”，第三句话自然是“更好地创造我们未来的文明史”。现实文明或现实文化状况是一个视点，我们也就是从这里看过去和未来文化的，但在某种意义上来说，它又是一个死角。它可以审视过去，又可推测和构想未来，可很少看到自己，因为人不可能回到过去，也不能进到未来，故而我们对现实文化的观照很困难，重点往往在两头。我们在现实文化状况中审视过去文化历史的时候，构想未来的更合理的文化史是其必然和终极的目的。也就是说，我们对文化人类学的研究，是以未来为目的的，能充分地理解过去，也就能准确地构想未来。更进一步，在把过去文化因素无限分割之后，是否能按人们的意志，组合更利于人类天性的良性发展的更高级更先进的文化构造。最少这是一种尝试！我们现在已经认识基因因素对人的许多本质性的影响，正在从科学上力图实现组合强大的“超人”这一幻想。而文化人类学为什么不能建立起这一幻想呢？文化的诸现象早已表明，这种“文化码”是存在的，不要说破译，就是从起码上来认识它的“方程式”，也是具有非凡意义的。

文化基因论的提出并不困难，但确定它的外延和内涵却是一件非常困难的事情。从概念的基点上讲，文化基因一词就是把文化中的某些构造等同于遗传学上的基因概念，认为文化人类学中有一个最基本的单位叫文化基因，并具有在其内部运动中对文化的根本性的影响。

文化基因的性质如何？它首先不可能是人类文化起源时的产物，也不会是历史中很近时期的产物。前者人类文化还没有成形，无传承的基础，后者于传承基础早成之时，形态已定，时空就那么个交叉点，就如人的外形早定，新的人形构造已失去时机，不可能产生新的传承基础。人类原始文化的基因当形成于人类文化的基础大致形成之时，并由众多古代人类文化的多种文化因素构成。

原始文化基因的概念是很宽泛的，某个概念可以是一个文化基因构造。如“天”这一概念（它的形成初始于什么时候我们很难弄清楚，文字上最早对“天”概念的记载并不说明什么问题，因为文字只不过是记录了这个来自远古的概念），它大致来源于人类的最初印象，因为天无所不在，肯定是先民最早关心的问题，天是什么？可能是人类的先民最先碰到的一个难题。可以说，人们为它思索了几万年，故而它表面上仅仅是一个单音节的字词，但实际上的文化容量，却大大超出了一般字词能包容的东西。可以说这个从人类初始印象而来的概念，一直像幽灵一样，世代相继，并没有什么力量能把它从现存的文化中剔除，或者给予它重新界定。当然，某些原始时代的概念在现代的文化运行中已经不会发生新的界定，但这种新的界定应该说是存在的，只不过这种界定是在原有的概念圈内，对其内涵的增减变换而已，其基本的核心中的文化内涵未变。这是例子一。

再如某些习俗也能是一个文化基因构造。在远古，人类在精神文化领域里创造了许多观念，当这些观念中的某些观念给人的印象非常深刻，对人的物质生存和精神生存发生过重要作用，并长期影响人们的生活，那这些观念就有可能被人们有意无意地具象化，构成某种习俗，成为一个文化基因构造。

属于以上无形文化中的基因构造还能有许多个方面，观念、习俗、常规，还有来自远古的禁忌，等等，全都能像基因一样排列于现存的文化中。

无形文化中的基因构造是文化基因构成的一个非常重要的部分，但有形文化中的基因构造也很重要。在今天的社会中，我们人类社会的形形色色的社会组织形式、政治形式、政党社团的组织形式，都无一不渗透着远古有形文化的影响。

再如人类社会的组织形式、制度。我们不太清楚第一个喊出统一大家精力的号节者是什么时候出现的，但在人类最初的社会组织结构形成之后，人类后来的纷繁复杂的社会组织形式就再也掩盖不住古代“号节者”的歌声。

文化基因正是分布在以上的有形文化和无形文化中，它们在某种意义上说很微小，可每个基因的个体又都是一个单位，并表现了原始文化的基础性质，即每个基因都能在文化的运动中或淹没，或过渡，或形成焦点，爆发出强大的文化能量。

文化基因自然不是一种实体，也不纯粹是一种精神概念的表述，而是一种对文化现象的界定。不是所有的文化因素都能成为文化基因，但文化基因又必须在文化因素上构造。这表明文化基因是游荡在人类文化基础结构中最活跃的成分。

实际上文化基因还有一个排列问题，我们如果把形成今天文化的基础叫作“染色体”的话，那这些所谓的文化基因也就是排列其上的构件。至于如何排列，又在什么样的机制下组合，以及如何构造新的文化，在构造新的文化中文化基因的地位和作用（包括形式上和内涵上的）等方面的情形，则又是一个艰巨的课题。

文化基因论对文化人类学的重要意义是在文化人类学上提出文化组合的可能性。

在世界的历史中，人们在不同的地理环境和时间角落里发展了许多不同类型的文化，他们有一定的相似性，又同时有更多的差异，它们既相互冲突，又相互吸引。我们把它们作为一个人类文化的整体来认识，并且深入到内部的运行机制中来认识的时候，就不难发现，人类文化从根本上的同一性。各种不同的文化中有自己的文化基因构造，总和起来又是整个人类文化的基因构造，这些基因构造就如人种一样，各种不同的体态和肤色的组合都是可能的，故文化的组合也是可能的。

我们知道，文化基因论的提出依据是人类文化基础的形成，也就是说，文化基因论从根本上就肯定了原始文化的现实意义。过去的文化人类学家把人类的文化作为一种历史来看待，而文化基因论又赋予它生命运动的形态，使它过去、现在和未来的形态更生动和更有活力。因而文化的运动就不是一个纯粹的否定，而是否定中对过去的继续，这犹如人的生命，现在的生命自然是对过去生命的否定，但同时又是生命的继续。人类的文化从本质上说也是这样的，一个时代新的文化或文明的诞生，肯定是对过去文化的否定，但同时又是对过去文化的继续。

从这些意义说，原始文化的现实意义是总体上的。今天的人类文化建设，离不开古代人们创造的原始文化。按一般的常规，某一针对自然社会的概念和观念，一旦为古人所创造，并经实践证明是正确的，那它就填补了人类文化的这一空白，并让后人失去了在这一观念上进行创造的机会。也就是说，这一文化观念形成后，后人也就只有使用的权利。我们的原始文化也就包含了大量的这样的文化因素，并且永居于人类文化的基座上，对后来的现实都有持久的现实意义。现今的任何一种文化类型都大量使用了过去形成的某些观念和概念，就是最鲜明的例证。

我们今天面对的贵州民族民间信仰文化，就在许多方面具有如此现实的文化意义。

文化基因论所表现的原始文化的现实意义，还表现在文化运动的新组合的可能性上。我们把文化的整体称为一个运动整体，那它必然出现一些文化的瓦解和一些文化的组合，这已经是过去人类文化史的普遍现象。在这种组合中，新的文化构造和原始的文化构造本质上并没有什么区别，因为它们都可能成为或作为新的组合的一个部件，成为新文化的一分子。也就是说，新文化组合是把过去和现在的文化基因作为组合排列的同一材料，没有什么原始和现代之分。这样，原始文化的现实意义无疑是巨大的，由此我们得出这样一种结论，在文化阶段和形态都比较陈旧的文化中，都有其他形态比较新鲜的文化所值得吸收和利用的东西，这在我们贵州的少数民族的文化中就是如此。因而，一系列歧视文化形态陈旧的观念和做法都是不妥的，是与现存的人类文化现实相悖的。

第八章　贵州民族民间信仰文化与贵州民族民间文化

以上许多事例证明贵州民族民间信仰文化的广泛存在，而且这种广泛存在决定和影响着贵州民族民间文化的基本性质和状况。贵州民族民间信仰文化亦决定着贵州民族民间的生存状态和意义。贵州民族民间的文化是在贵州民族民间信仰文化的既定性中产生的。

第一节　贵州民族民间信仰文化的三个层面

可能没有任何一样文化像人类的信仰文化那样无处不在。这是我对贵州民族民间信仰文化进行调查研究后得到的切身感受。在大自然中，作为物质性质的东西有两样是无处不在的，那就是阳光和空气。而精神性的东西能够无处不在的也就是信仰文化。但是，这样的东西是我们最容易忽略的东西，同时也是最为重要的东西。

从文化的层面上来讲，可以有三个层面：一是物质形态的层面，二是结构性的层面，三是观念的层面。属于精神性质的信仰文化也能够以这样的三个层面来理解。物质形态层面的事物，也就是信仰文化中表现出来的庙宇、神像、神或者灵的象征物，还有牺牲品，等等，这是一种表层性质的东西。结构性层面的东西是一系列的仪式、规范、方位排列、时间跨度、行进过程、咒语，等等，这是属于中间层面的东西。观念层面是内隐的，不能以可见的形式出现在人们的眼前，但它绝对存在于前两个层面之中，是你可以从前两个层面中理解和感受的东西。

我们理解贵州民族民间信仰文化的存在，也是要从这三个层面来理解的。1992年，何星亮先生在生活、读书、新知三联书店出版了一本名为《中国自然神与自然崇拜》的书，何星亮先生在书中多处反复强调我们上面所讲的第一个层面的东西在50年以前就已经消失了，这是不对的。

一、信仰文化的物质形态层面

在进行屯堡人的土地庙图像人类学志的采录中，凡是屯堡人居住的村寨，都有土地庙，并有完整的土地神像，祭祀也如常的进行。在这些村寨里，一般都会有一个土地庙，有的有数个，最多的一个村寨有六个。村寨的土地庙多在村口，也有在山脚的，在田地中间的，在水井边上的，在山丫口的。在水井边上的多与龙王为伴，在山丫口的多与山神为伴，在田地中的被称为秧苗土地，等等。

有的村寨中，还有村庙性质的庙宇，有供汪公的、有供五显的，也有供观音菩萨的，也有供牛王马王的，也有供山神的。

在安顺市西秀区的黄腊乡，我有机会打开了这里布依族人的地戏面具箱子，把神性的面具“请”到阳光下来。打开这些箱子时都要杀鸡祭祀。我看到这些张扬而怪异的神性面具时，就不难理解这些世俗中的神性生存了。

在黔东南的苗族地区，在村边的一些怪异的石头上，你可以看到用牺牲的血粘上去的纸钱、鸡毛和淋满牺牲之血的石头，有的还有香脚。在苗族村寨里外的任何一个小沟、小桥上，你不时会看到牺牲之血淋在这些桥上，并有几片粘满牺牲之血的纸钱。在苗族人每家的门楣上，还挂有镜子，以及捆扎好的小柴捆、草捆、纸人，等等。你进到苗族人家，在其房屋中的柱底，你会看到主人家用一些河中的鹅卵石在这里砌筑了一个小小的半圆形状的祭中柱的地方，上面有一个小的竹兜，放置了祭后留下的物品。在我们称为堂屋的一边靠山的木板壁上，又会有一些小纸人和带血的鸡毛。

在凯里市的南花村，这里的苗族人为了开发旅游，在原来祭山神的地方建起了一个小小的祭台，上面还刻了两条像蜈蚣一样的龙。

在台江反排村，那个一敲响就会唤醒苗族的始祖蝴蝶妈妈的大木鼓，安静地躺在鼓脏头家楼上一间专门的小木屋里，鼓的脚下会有数碗苗家的米酒。在反排的村外，有一条溪水流进了一个幽暗的沟谷，沟上有一小木桥，桥边有一些怪石，这桥边就是以前数十里范围内的苗人做“神判”的地方。

在台江县的方身，我们也看到苗族村寨的土地庙。苗族人是一个多用鸭做牺牲的民族，但每年献给土地庙的，绝不会是鸭子，一概是公鸡。且每年都会在过年的那几天来祭祀，所以，那几天的土地庙前，人来人往，很是热闹。

在高坡的苗族村寨旁，你会看到人形的石头耸立，上面贴上了带血的纸钱。村人说这是村里的灵石，不能动。有的村寨的大树脚，会有一根棍子插在那儿，上面会穿有一个公鸭的头，这是苗族做“口嘴鬼”的标志。

在黔西北的苗族中，你还能看到他们祭山的地方依然如故，预测天旱与否的白色水坛仍在。为老人丧祭而击的皮鼓仍然挂在刚刚举行过葬礼的人家的屋檐脚。

在荔波县瑶山乡的懂蒙村，寨神就在村口的一棵大树下，这里有几块怪石，祭祀之后的遗物既放在石头上，也捆绑在树上。在懂蒙村里，每户人家的门上都有些附件，是专门用来放置从全村的祭寨神中得来的树枝和做家神中留下的狗爪子。这些东西据说能够挡住坏鬼的进入。

在贵州省盘县的彝族地区，我们看到了供奉祖灵筒的宗祠。这种宗祠是山间背阴处建的一所如家居大小的房子，灵筒就放置在瓦沟下。当地的彝族人还能指认出当年彝族人柳姓人家放置祖灵筒的山洞。在毕节地区大方县的百纳村，六枝特区的火坑村，放置祖灵筒的小房子就在每户人家的屋子后面。六枝四方井的砂锅寨，彝族的祖灵筒是放置在一个草片上的。

南花村的祭祀神树处

高坡披林村口的人形灵石

在黔西南和黔南的布依族地区，其寨中和寨子边的社神房，是每个村寨都要有的。这种小房子不大，有一米到一米五高，长宽不过一米，里面是一块或两块石头。《淮南子·齐俗训》云："殷人之礼，其社用石。"《周礼·春官·小宗伯》亦有云："社之主，盖用石为之。"其所指应该是此物。

在仡佬族地区，山神的供祭之处仍然静默于林木茂密的山中。

在黔南的水族地区，一处接一处的祭石，在路边，在村边，在密林深处……随处可见。这种祭石，各有形状，大小不一，但全都神性十足，石边都有当地水族人称为"贯洞"的木杆林立，有的地方的"贯洞"还被染成红色，上挂稻谷穗。酒杯、酒瓶、碗、筷、猪笼、鸡笼、香、纸、红布、信愿布挂应有尽有。在每个水族村寨，都会有一处到几处的石头被认为是村人的"岩爹"，周围的村人都是它孩子。在荔波县，有的石洞里耸立的钟乳石被认为是石神，挂满了红色的布条，敬奉它可以带来满意的生育和顺利实现自己心意的祥愿。

在土家族地区，你打开土老师的行囊，就会看到一个神性十足的世界。

在侗族南部地区的黎平县地扪村，肇兴村、纪堂寨……村里的萨坛依然如故。在地扪村的萨坛边，我们还看到塘边的男性性质的"塘公祠"。

在侗族北部地区的天柱县境内的清水江畔，家族祭祀的宗祠林立，其牌楼上的故事浮雕的色彩依旧在阳光下散发出夺目的光辉。三门塘、远口、白市、新舟等地的祠堂最为精彩。

这些都是我们所说的贵州民族民间信仰文化的第一个层面上的东西。它们作为贵州民族民间信仰文化的物质性事物，可以说是布满了贵州民族民间信仰文化的空间。

从这里来讲贵州民族民间信仰文化的无处不在，问题是不大的。

二、信仰文化的结构性层面

在其第二个层面上，我以为有两个事物最为重要，一是仪式，二是举行仪式的人。

在盘县、六枝、大方的彝族中，毕摩仍然有不少的数量，仍然在彝区中举行各种各样的仪式。我在盘县淤泥乡调查时，短时间内就遇上了好几场葬礼。

在屯堡人的村寨里，多数人都能说出祭拜土地神的日子和祭品要求，以及祭拜的过程。在调查中，我们还看到了这样的过程。

在苗族地区，我们看到了无数次苗族鬼师用鬼的仪式过程。在台江反排的一次“鼓藏节”中，一个鬼师拿着一把茅草，举着一把师刀为即将被献祭的牛念词。在这次“鼓脏祭”中，反排人一次就杀掉了近40头“鼓脏牛”。

在雷山的陶尧村，我们刚到，就遇见村里的姓唐的鬼师在为一家人扫家。这家人的家里有一只别人家里的小猪跑了进来，为此，小猪的主人出了一只小狗，这家人拿出一只鸡，一起为这家人家扫家。先在家门口摆上敬鬼的酒饭，然后到一个山弯里有水的地方，把小狗和鸡杀了祭鬼。最后把小狗、鸡和一些米在山弯里煮成一锅稀饭。吃毕，仪式就完毕了。

有一次，在属于黔东、湘西方言区的松桃县，我们在一个苗族小村子里待了整整一夜，这家人在“打棒棒猪”祭祖。他们禁止汉族人参加他们的祭祖仪式，我与我的苗族朋友谎称我是湖南的苗族。

保护瑶族粮仓的“符”

在荔波县的觉巩村，我们与这位布依族的傩坛师一进入一个布依族的小村子，三天以后才从那里出来。他在这个村里举行了一坛属于“武教”的法事。

在黔南的水族地区，我去调查的时候，正好是水族人祭石的时间，我们每天都能在石头神处遇见一家又一家的水族人在石头处祭拜石头神。在九阡，我们在一个据说是很有灵性的石头旁，见到数十人的祭祀队伍。每到一处，与祭的村民都会热情地邀请你入席，这样，吃的人越多，给他们带来的“福”就会越多。我们一天吃到晚，最后看到有红布条的石头就有些害怕。

……

这些属于结构性层面的信仰文化事象，还在贵州民族民间信仰文化中大量存在，有的还有所发展。在水族地区人们就说，前几年还没有这么多的人祭石头，现在反而多起来了，因为计划生育，娃娃“金贵”。

三、信仰文化的观念层面

在信仰文化中，有这两个层面上的表现，其信仰文化观念性的层面表现是不言而喻的。在彝族地区信仰中的祖灵观念；在苗族地区信仰中的巫鬼观念；在屯堡人地区的土地神灵观念；在南部侗族地区的萨岁主神观念；北部侗族地区的祖先崇拜观念；水族地区的石头崇拜观念，以及生育神鬼观念；土家族的傩坛神的观念；仡佬族的山神崇拜观念；布依族的“拜”“仙”观念，等等。

观念是通过物质形式和行为表现出来的，有什么样的物质形式和行为，就有什么样的观念。也就是说，观念不是“说”出来的，而是“表现”出来的。我们以上所说的贵州民族民间信仰文化的观念，实际上是从以上的两个层面中“表现”出来的。当然，如此简略的观念概说，是不足以表现贵州民族民间信仰文化在观念上的复杂性。也就是说，每个民族的信仰文化观念，都有一个完整独立的系统，都有很深的思想观念上的背景。

如果我们把信仰文化比喻为一个文化体的阳光，那我们身处其中时，一般不会去注意它“信仰阳光”的来源和究竟，而只是感受它的色彩。而且你会看到，不同的信仰文化，就有不同的“信仰阳光”的色彩。

贵州是一个多民族、多种文化聚集、冲撞、融合的地方，这种“信仰阳光”的色彩的差异性很大。因而，它给我们心灵的影响也是不一样的。“信仰阳光”的“照射”还是有选择性的，“非我族类”的人是很难得到“照射”的。贵州各民族都拥有各自的“信仰阳光”，你能感觉到它的存在，可以理解他们的信仰，却无法“享受”他们的信仰。

在这样斑斓的“信仰阳光”中，贵州这块土地实际上是一个“众灵之域”，也是众灵都和睦相处的地方。

贵州民族民间信仰文化实际上是从这三个层面影响了贵州民族民间文化，即有什么样的信仰形式，也就有什么样的文化形式。

第二节　贵州民族信仰文化决定民族民间文化存在的三个方面

在贵州民族民间信仰文化成为贵州民族民间文化的基色的时候，人们生存的所有方面和许多细节，都自然受到这种信仰文化的影响。

我在前面已经多次论及贵州民族源流的多样性和复杂性，说贵州民族有许多的历史渊源关系，但是就像我们说“任何历史都是现代史”一样，任何民族都是现代民族，不管你的历史渊源如何，你面临的生存都是现代的生存，所以，任何民族的称谓首先是现代意义上的民族称谓。我们面对的是现代意义上的民族，同样，我们面对的也是现代意义上的民族信仰文化。

在这个意义上而言，贵州的民族民间信仰文化，都表现了各自信仰文化的意义，我们可以在贵州民族民间信仰文化中找到许多相似之处，但更多的是其不同的信仰文化色彩。

奇特的瑶族人墓碑

从贵州的民族文化大的板块来说，它有黔西北的彝族文化板块，黔西南、黔南、黔中的布依族文化板块，黔东与湖北、重庆市相连的土家族文化板块，黔北、黔中的仡佬族文化板块，黔南的水族文化板块，黔东南与湖南相连的侗族文化板块，有独特文化现象的黔中屯堡人文化板块，苗族的黔东南文化板块，苗族的黔东、湘西文化板块……在这些大的文化板块中，它们都显现了与周边文化不同的性质和状态。也就是说，不同的文化板块区的文化与另外的文化是决然不同的。我们在区分他们的时候，一般的都会从他们的语言、服饰、歌舞、艺术、习俗等方面来区分他们。这种区分当然是最有效最直接的区分，一群服饰不同的姑娘走来，你不用任何解释，都会知道她们属于不同的民族或者同一民族的不同支系。在自然的同向行进中，你不用有意识地对她们进行分类，她们自己就会自然而然地走在一起，自然而然地把自己与别族的人区分开来，尤其是在谁都不认识的状态下，这种自动发生的文化认同就会出现。语言中发生的这种状况就更为如此了，因为认同的进一步就是交流，交流的最一般的工具就是语言。如果再进入歌舞、艺术和习俗的层面，那么，这样的区分就进入了一个更高的层次。这个层次的基点在于理解，如果你有能力理解它，你就能区别你面前的民族。

再进一步说，如果我们在找不到这个民族以上的诸个方面的情况下，我们能区别不同的民族吗？有，还有它的婚礼和葬礼。这婚礼和葬礼，有一半是民俗的，有一半是信仰的。再如果它的婚礼和葬礼也消逝了呢？我以为还有它的祭祀，也就是它的信仰。如果它的信仰消逝或改变，那这个民族就失去了自己作为一个族群的最后可能。

这个话也可以反过来说，一个民族的文化是由信仰文化而生发开来的，它们在建构了自己的内容和形式之后，才与信仰文化分别开来，但在精神上还保持着灵魂式的联系。

说信仰决定生存，应该从这样几个方面来理解：一是信仰文化解释了这个族群的天和地的起源，也解释了生命和万物的起源，以及这个族群人类的起源；二是建立了解释世界的方式；三是用自己的方式描述了人的未来。

一、解释天地的起源，建立文化的原点

每一个族群，不管这个族群的文化发展到一个什么样的高度，它都会有一个对世界是怎么来的解释，哪怕是世界上认为是最神圣的基督教也是如此。他们说上帝在7天的时间里创造了世界，“上帝说，要有光，就有了光……”这就是上帝创造天地的开始。从科学文化主宰世界的今天来看，它可笑吗？同样，我们贵州民族民间信仰文化中，同样也有这样的文字，他们也以这样性质的文字来说明世界的起源问题。

苗族有：

远古深幽幽，
深幽幽远古。
天粘地紧紧，
地贴天严严。
下游不通风，
上游不现阳。
不成四方地，
不见清水源。
……
造成十二根银柱，
铸成十二根金柱。
撑天才上去，
踏地才张开。
……

基督教的上帝解释了世界的样子，它的子民的生存也就是上帝解释世界的样子，苗族巫鬼信仰的巫辞中，对世界的解释的样子，也就是今天苗族人生活的样子。别的内在的联系不说，就是现今苗族社会中无比地崇尚银饰，从表面的性状上就可以看出它们与金银十二柱所创造天地的联系。

在仡佬族的祭祀词中有对仡佬族人起源的解释。

风吹已换头朝人，
二朝又被火烧毁，
眼看三朝也难保，
要被洪水来淹没。
……

仡佬族的这段“古歌”与众不同，一般的洪水神话是没有说在洪水之前还有什么人类灾难的，但仡佬族人说，在人类的洪水灾难之前，人类还有两次灾难，一是风的灾难，二是火的灾难，然后才是洪水的灾难，才有《兄妹成亲》的洪水故事。

远古一年里，
倾盆大雨洪水起，
那时有对亲兄妹，
……
葫芦浮荡水面上，
飘呀，飘呀，飘。
不知飘往哪方去？
飘到当抱①洪水退，
三月初三现陆地。
……
才把肉块来散完，
转身四处人烟起。
从此世上有人类，
人多无姓难辨认，
随着物名来取姓，
世上才有百姓人。

洪水故事是一个全人类的故事，也是人类建立自己信仰文化的基础，这在贵州民族民间信仰文化中，也不会例外。每一个民族都是从这些故事中来表明自己是什么人，然后才知道自己应该怎样生存。

二、在建立的文化原点上寻求解释世界的方式

一般而言，在信仰文化中建立了自己的文化原点之后，也就要在此原点上生发出自身文化的解释世界的方式。比如说盘古开天地的神话。这个神话是中国的母题性质的神话，在许多民族中都有流传。即每个民族在文化的初始点把天地“打开”，并由此而来建立自己的文化天空。这个本性在哪儿也不会变，但“打开”天空的方式就不一样了。

汉族人的天空是盘古王用无边身躯的神力把原来混沌的天地撑开了，而苗族人是用十二棵金柱和十二棵银柱把天撑开的，一个是身体的神力，一个是金柱、银柱，撑开天地的目的是同一的，但所用的方法不同，这不是精神内涵的不同，而是方式的不同。本来方式往往是自然的蕴涵在对目的的追寻中的，但不同的角度往往会带来解释世界方式的不同。这就给我们不同文化体的文化生发带来后来一系列的文化差异。也就是说，建立解释世界的文化原点决定一个文化体的精神内涵，但形成一种解释世界的方式却能决定一个文化体的基本表现形式。

这样一来，一个文化体的建立，既要受解释世界的文化原点的根本影响，也要受解释世界的方式的影响。

---

① 当抱：仡佬语音译，当，意为西，抱，意为南。当抱，即西南地方。

我们在贵州民族民间信仰文化中广泛地看到了这种意义的表现。

三、解释和描述未来

信仰文化在描述了自己的世界和人类的来源之后，一般还要描述自己的人最后要到哪里去？在贵州民族民间信仰文化中，彝族人、苗族人等都给自己描述了人最后去的地方，最普遍的说法是到世界的另一边与祖宗汇合。有的还描述了那个地方的样子，如苗族的“欧有孔”，布依族的“拜”“仙”界等。世界是怎么来的，其人就怎么在里面生存，人类是怎么产生的，其人也就是怎么生存的，其人死了以后是什么样子，人也就是怎么生存的。

这是一种文化的终极关怀，是一个文化体中必备的文化结构。这种结构的初始点就在信仰文化中的彼岸描述中。

在贵州民族民间信仰文化的彼岸描述中，以苗族的彼岸描述最为精彩。

信仰文化决定你的生存文化内涵，也决定你的生存的样式，这在贵州民族民间信仰文化中表现得很充分，也十分的质朴。不同的信仰文化肯定带来不同的文化，也有自己不同的表现。我们在苗族地区感到他们的“信仰阳光”是一种颜色，在仡佬族地区感到他们的“信仰阳光”是另一种颜色，在彝族地区感到他们的“信仰阳光”又是另一种颜色。同时你还能发现，他们的服饰，他们的歌舞，他们的习俗，他们的婚礼和葬礼也是不一样的。这些不一样的根就在我们所说的信仰文化之上。如果我有一个预设定，把以上的服饰、歌舞、习俗、婚礼、葬礼、祭祀全部混放在一起，只能取一样东西带走时，肯定是祭祀。彝族人在这方面就有明确的表现，在族群迁徙时，其“祖灵筒”一定是要随头人先行带走的。

在贵州的许多民族中，服饰他可以借用别族的，比如现今的仡佬族人，已经基本没有人穿着自己的民族服装了。歌舞也能接受别族的，习俗也可以借用一些别族的，婚礼也可以简化一些，但在葬礼和祭祀上，不管什么民族都是不敢“马虎”的。在各民族的葬礼中，有一个根深蒂固的习俗，就是入土所穿的“老衣”一定要本民族的样式。这是为什么？因为关乎信仰文化的东西是根，“伤叶伤枝莫伤根”，伤到了根性文化，这个民族文化的再生的机会就没有了。

在人类信仰文化的历史上，有一个事例可能最能说明这一问题的重要性。玛雅文化是世界上知名度很高的一种文化，现今的玛雅人仍有数百万人在世，但玛雅文化却已经明确的被定为已经消逝了的“伟大文化”。其实，就在几百年前，西班牙人进入玛雅文化地区的时候，玛雅文化还鲜活地存在着，但在西班牙人一次性杀掉他们600多祭司，烧掉了其所有的经书之后，这个“伟大文化”才真正消逝了。现今的“伟大文化”的后裔都说着英语，穿着西服……这种文化的毁灭就是从信仰文化这个根性文化下手的。这也反过来说，信仰文化决定了人们的生存。贵州民族民间信仰文化对各民族文化存在的影响亦同理。

第三节 贵州民族民间信仰文化对贵州民族民间文化的既定性意义

既定是指一种事物的先决表述，即一种事物的存在是被某一种既定的，这种事物的存在决定了另一种事物的存在和存在性质。

在前面的一系列论述中，我们看到了贵州民族民间信仰文化对贵州民族民间文化的存在意义，是贵州民族民间信仰文化决定了贵州民族民间文化的存在内涵和基本形式。在这种“决定”中，贵州民族民间信仰文化还有一个重要的方面需要进一步深入地论述，即贵州民族民间信仰文化对于贵州民族民间文化的存在的既定性质。

那么，什么是信仰文化的既定性呢？一种文化的诞生或生发出什么新的文化事象，有一个根本的东西就会在其中起作用，并决定这种文化的状况和性质，而且这种东西只是一种不可“形貌”的观念性的东西。信仰文化就生发出这种东西，使文化的后续一切，都朝一个既定的方向前进，而且让后来的人们无法改变。这就是信仰文化的既定性。

在贵州民族民间的信仰文化中，对其民族文化的影响是既定了的，对其民族的生存影响也是既定了的。而且这个既定并不是特定的事件，特定的时刻，特定的因素造就的，而是一种长时期的“濡化”，在不知不觉中就完成了信仰文化的既定性质的建构。

我们以侗族人的萨坛信仰为例。

这个萨原来在侗族中是鱼的意思，也是祖母的意思，这时候的萨只是原始母性崇拜的一种象征。但是，在唐宋时期，由于一次民族战争之故，萨从原来原始母性意象又加进了民族英雄和民族精神殉难者的形象。从侗族的传说来看，这是一个真实存在的民族女英雄，但我却以为，在侗族中，为民族精神殉难的一定是一个女性，绝不会是一个男性，因为祖母萨的母性是既定的，原始生殖力量的意象也是既定了的。所以，侗族的殉难英雄是一个女性英雄。从弄塘凯取代表萨岁的土，表面上是代表萨岁的魂魄，实际上是一种原始繁殖力的象征，或者说是一种母性力量的“灌注”形式，要不，在这一过程中有必要同时去取江河的水吗？只有从萨岁山取来土，在萨岁山附近的江河取来水，一起放在萨坛中，这个萨坛才具有这一“灌注”形式所赋予的力量。为了加强这种母性力量的显现，在现在的萨岁之前，还安置了一个叫“婆麻天子”的神，而这个神就是侗族的最大的女神，是侗族的原神。从这个神那里，我们似乎可以看到这种信仰文化既定性的最为形象的表现。母性的、生殖的、大地自然力量的，这是侗族信仰的根，也是侗族文化的根。这才是既定的本，但它的色彩也必定是“婆麻天子”的既定色彩。

我们再来看看彝族信仰文化的既定色彩。在贵州民族民间的信仰文化中，几乎所有的民族都崇拜祖先，但没有一个民族把祖先作为自己的民族主神的，而彝族为什么把祖灵作为他们的主神来信仰？为什么不把山神、某个大鬼、某个观念中的神灵作为自己的主神？

彝族在族源上是南下的氐羌族群，这个族群在历史上是一个游牧民族。作为游牧民族，在进行大规模的迁徙之后，在新的环境里进行的原始意象的整合中，最能够留下来的原始意象是什么？是种属！而且，大规模的迁徙中取得胜利的彝族先民，又有无数为奴的它种属民族融进了彝族，这在信仰文化中怎么办？出路也在种属。这在彝族社会中的黑彝、白彝之分，就是这种文化的明证。于是，彝族人把祖灵奉为主神，并把祖灵赋予一定的形式，也就是于此既定的。

话也可以这样来说，有流动性的彝族不可能在山中始终“守”一座山神，先民的文化构建中也没有像苗族人祖先创造的鬼天空，以便来置放民族的神灵。他们只有把自己的祖先奉为神灵，只有把祖先的神灵放在竹筒里，以便放在马鞍子上的某个口袋里。

其实，彝族的先民最初也没有想到，护佑彝族人的祖灵会在一个竹筒子里，会在一个竹筒子里展示一个民族信仰文化的天空。

彝族现今已经完全是一个定居了的农耕民族，将来也可能走进现代社会，成为一个新的现代民族，但我以为把祖灵放置在竹筒里，以便在迁徙时放置在马鞍子上的“想象性情结”是永远的了。

同样，仡佬族作为一个地道的本土的山地民族，融入他们血液的东西没有比山更能够说明他们的族群性质了。仡佬民族的最初九个分支，其性质就如彝族的“六祖”，但彝族的后人把“六祖”的灵魂“装”进了竹筒供祀，而仡佬族的后人却把他们变成九个山神祭祀。

水族人把生育神的种种幻象，变化为自然中的一块块石头，对性的力量和意味表现了少有的关注。也都是各自民族的先人们在有意无意之间为自己的民族既定了的。

还有，苗族在自己的人类诞生之时，就把“鬼”也一同诞生了。这个鬼就是它信仰文化的既定性，即要以鬼的形式来解释一切影响苗族人生存状态的现象。

我们现今已经没有可能在一个“空”的时间和空间里来“濡化”或培育一个可以称为“新”的文化，我们的每一寸空间和每一小段的时间里，都布满了我们人类的文化碎片。我们现今的每一个文化努力都绕不过这些文化的影响，这一切都是文化的既定性造成的，而信仰文化的既定性，则是这一切既定性的根源。

就像我们人不能够选择我们的父母一样，我们人也不能够选择我们的文化。文化是什么样子，那我们人就是什么样子。在以前，我们对人有很多定义，但有一个定义最为著名，这就是“动物+文化”，父母给我们动物的身体，族群给我们文化的身体，这二者合二为一的时候，就是我们人了。

这在我们认为经济发展状况落后的族群中，这种文化身体赋予的仪式性更为强烈，给人影响更大。我们贵州的各个民族，大多数属于这种族群，众多的仪式和强烈的仪式性经常地出现在他们的生活中。比如苗族，他们在医院看病之后，一样要把鬼师请到家里来。

第四节 贵州民族民间信仰文化对各民族民间世俗文化的影响

就生活本身而言是世俗性的，但是，我们常常在世俗的生活中去寻求灵性，让普通的世俗生活具有神性的光彩。也就是说，我们可以在世俗生活中来反观神性的信仰文化的影响。

世俗生活也就是人们在世间的日常生活，我们人在成为人之后，我们生活的每一个节点都已经不可能只是一种纯粹物性的生活了，都要把它视为一种文化的表现。最为动物性的大小便也是一种厕所文化，并且是衡量一个国家是否现代化的一种标志；一种口味上的小菜，也弄成了“榨菜文化”，一时弄得我们无法理解文化的真正含义。在我们的世俗生活中，这还不是最为极致的东西，实际上我们人的每时每刻都想把我们的世俗生活弄得具有灵性和神性一些，把我们视为简单的生活弄得更为复杂和灵光四射一些。我们在这里要讲的世俗生活的灵性，指的就是这样的东西。

在贵州民族民间，希望把世俗生活更富于灵性的最直接的表现就是节日。在贵州各民族中，每年的各种节日有数百种。在节日中，主要是把东西积聚起来，造成物质和精神都比平日里多的景象，以丰富平常性的生活。其中的精神性的积聚有几种方式，一是把神性祭祀的仪式就安排在节日来举行，二是为日常的节日安置祭仪性的开头，三是把节日的一般性项目仪式化。不管哪一种方法，都能造成日常生活中所没有的神性和灵性。

第一种方式如苗族的“吃鼓脏”，它既是祭祀，又是节日，祭祀之后就是节日的歌舞。歌舞既娱乐人，又娱乐神。这样的世俗性生活就肯定充满了灵性和神性。甚至于歌舞中还有巫术性质的内容表现。这样的节日还有苗族的过苗年；彝族的火把节，仡佬族的吃新节，水族的过端、吃卯，等等。

第二种方式如屯堡人的六月六的秧苗会，以及其他时间的雷神会，等等。这样的节日，世俗性的东西是主要的，但它要出现一定的祭仪性的开头，之后才是世俗生活的内容。

第三种方式是节日中不一定有明确的表现神性和灵性的仪式，但它在节日中要把一般的过程仪式化，以希望其在仪式性的进程中，在形式上也赋予一定的灵性。这像许多的典礼性的节日仪式就是，它是要在形式上“获得”一种精神。

从以上看来，这三种方法，都是神性或灵性的直接应用，都是来源于一个民族信仰文化的东西。也就是说，一个民族在节日这种世俗生活中所赋予的灵性，大都是由其信仰文化带来的。其节日中的世俗生活的灵性、神性式样，都是其信仰文化的性质来决定的。有什么样的信仰文化，就有什么样的节日的世俗生活。

民族民间的节日是一个民族定期出现的事物，而民族中的习俗，则是每时每刻都会出现的事物。习俗也是一种经常性的世俗生活表现，这种表现的本性就是为了表现神性的禁忌，表现灵魂的性质而出现的。通俗点来讲，习俗是一个民族或文化区域中人们所表现的风俗习惯。风俗习惯一般而言是遵循文化所带来的样式为基本原则的，情感性是第一位的。而这个情感性的主要来源就是其文化中的信仰文化，信仰文化中的情感倾向就决定了习俗的情感倾向和习俗的性质。

每个民族因为不同的信仰文化而给自己民族带来不同的禁忌，禁忌融会在生活中，就会变化为一种习俗。这样，每个民族的习俗表现都是不一样的，并让外文化、外信仰的人难于理解。所以说，习俗绝不会表现为一般性的“真理”。我们在一个民族的外面看一个民族的习俗，都是难以理解的。有时候，我以为，一个民族的习俗，就是为了维护其民族的信仰而服务的。

就在雷山苗族中，我看到过苗族人的扫家仪式。其中有一个情节是杀死一只7.8斤重的小狗，并把狗与鸡、米煮成稀饭后，我的一群苗族朋友就津津有味地吃起来。我这时想起苗族人有吃小狗的习俗，其根源就在这里。他们把这种小狗称为“乳狗”。实际上从饮食习俗上讲，我是难以接受这种习俗的，但苗族人一定会赞不绝口地说“乳狗”好吃，而同时他们认为大狗不好吃，这也许是我不能赞同的。不过，在鬼祭中用了小狗为祭，与鬼同享了小狗的美味，鬼都知道这是好东西，你作为苗族人，难道还能认为不好吃吗？

在黔东、湘西方言区里，其祭祖是“打棒棒猪”，即祭祖的牺牲品是一只20来斤重的小猪，在用祭中要用木棒把猪打死。对于打几棒是有严格规定的，祭什么样的祖先打几棒，最少的要打三棒，最高的也只能打九棒，在规定的棒数打不死的，就用紧紧压住小猪的胸，直接压碎小猪的心脏而死。

这样的猪肉煮熟了以后，也是不让汉族人或外人享用的，我在那里没被当成外人，但我不敢吃，只是礼貌性地吃几块了事。这也是苗族人的美味。我一时无法理解为什么这里的苗族人要用小猪来祭祖，但我据此知道了中国的南方为什么有吃“乳猪”的饮食习俗。

可以说，贵州民族民间的习俗是无处不在，但每一种习俗的产生大都与某一种信仰的禁忌有关。是信仰文化直接“造就”了习俗。

不一样的信仰就造就了不一样的习俗，不一样的习俗就是一种不一样的生活。这样，我们的不同文化是靠不同的日常生活来体现的，不同的日常生活又靠不同的习俗来体现，而不同的习俗是由不同的信仰文化造成的。

在人们的世俗生活中，服饰可能是最为外现的形式。在这样的事物中表现世俗中的神性，也是常见的。在苗族的服饰中，从上到下可以说全部是苗族人神性的象征。头上的牛角，是苗族人牛崇拜的直接显现；头上的鸟花，也是苗族人卵生信仰的原始意象的表达。蝴蝶是苗族人信仰文化中的妈妈，我们几乎可以在苗族妇女的服饰上找到上千种关于蝴蝶妈妈的图案。另外，苗族妇女服饰上的图案除了蝴蝶之外，还有鸟的图案，鱼的图案。鸟的图案和鱼的图案我们也能在苗族妇女的服饰上找到上千种。我有机会得到一本苗族民间的图案集，其上的数百种鸟的图案、蝴蝶的图案，没有一样是重复的。这三种图案是苗族服饰的基本图案，但这三种图案都直接与苗族的信仰文化相关联。

音乐歌舞也是苗族人最为绚丽多彩的文化。其中以苗族的芦笙音乐，在世俗性中表现神性是最为突出的。

在苗族中，芦笙具有崇高的社会地位。从有关芦笙的民间传说、谚语及其传统习俗中可以看出，其身份非常特殊：在人们的观念中，它不是一般意义上的乐器，而是一件神化了的乐器，不仅具有某种神圣的象征意义，而且是一件能与鬼神相沟通的法器。

在苗族中，芦笙是“母亲”的化身，芦笙的音调是“母亲”的声音。“母亲”一词的含义，在这里是指族群的头人、领袖。这一观念可能形成于母系社会。这样，芦笙就成为了某种具有图腾象征意义的神器。

在苗族中有“芦笙不响，五谷不长”之谚。每年春耕春播前的“花坡节”“四月八”等，就是为了吹响芦笙，使五谷生长得茂盛。

在苗族中，芦笙可以诉说苦情与指引归路。在传统的丧仪习俗中，芦笙有两重身份。其一，是代表生者向故去的老人叙说衷肠，俗称诉苦情；其二，是代表先祖公指引亡者魂归故土。比如，在黔西县苗族地区的一种为停柩待葬的老人补办丧仪中（俗称“打冷嘎”），芦笙代表亡者的子女，面对新垒的坟茔，向亡灵吹奏一种诉苦情的芦笙曲，意为：前几年，家清贫，无力办丧葬先人；今日里才补办，乞求体谅儿孙心。如此不断地反复吹奏，直至坟上现出一个蜘蛛，才被认为故去的老人已经谅解儿孙们的苦衷。黔东南雷山地区的苗族丧仪，在起灵下葬后，芦笙则以巫师的身份，吹奏一种指引亡灵回归故土的乐曲：“欢欢喜喜地回老家去啊，老家在东方。那是始祖居住的极乐地，与祖先们千秋相伴”。

芦笙也许从诞生之日起，就不是一件我们今天认为的娱人的乐器，而根本的是一件神器。所以说，苗族的歌舞从根本上来说，娱乐人和娱乐神从来都是并重的，这样事物的神性是不言而喻的。

说到对苗族人歌舞中神性的理解，还能讲到我在雷山县的苗族歌舞会的一次经历。有一次，我们在雷山的县城观看了一次苗族人自己举办的苗族歌舞表演赛，我以为最好看的那个舞蹈应该得第一名，但最后是祭祀意味最浓，但舞蹈形式上最呆板的舞蹈得到第一名。我之后一直在思考这个问题，苗族人为什么不按照一般的审美来理解它的舞蹈，它有它自己的理解，这个理解就是神性的审美。

第九章 贵州民族信仰与贵州民族民间信仰文化

这一章实际上是从民族的角度来论述贵州民族民间的信仰文化。

贵州民族民间信仰文化中有一般意义上的民间信仰文化的表现，但贵州民族民间信仰文化则主要依托于民族，特别是民族的传统信仰文化来表现的，所以，在这个角度上来讲，贵州民族民间信仰文化表现，某种意义就是贵州民族信仰文化的表现。

第一节 贵州民族民间信仰文化中的民族信仰

民族信仰有两个关键词，一是民族，二是信仰。

民族从理论上讲，最通行的是“人们在历史上形成的一个有共同语言、共同地域、共同的经济生活以及表现于共同文化上的共同心理素质的稳定的共同体。”①这个理论有相当的准确性和科学性，许多年来人们几乎把它作为民族划分的基本准则。在这个民族划分的理论中，强调的是四个方面的共同，拥有这四个共同体者，才能被视为一个民族，但是，中国的民族的实际情况可能要比此复杂得多。

信仰就是信奉和敬仰，把二者结合起来，民族信仰就是一个民族的信奉和敬仰。信奉和敬仰既是一种文化心理表现，又是一种文化行为，并以此形成固定的模式化的观念。信仰对于个人来说，是一种个体的信仰文化表现，对于群体，就是一种群体的信仰文化表现。

我们论述的民族信仰文化，是特指的贵州民族中的信仰文化。

贵州的民族表现，从理论上来说，与我们上述的民族理论中的民族是基本吻合的，但是，贵州民族也有自己特定的表现。在贵州历史上不同时期都有汉族的进入，有五大族群在这里冲撞、交汇、融合，族源文化表现相当复杂，再加上旧时代的大汉族主义的民族政策，以及一次又一次的民族起义，使这种族源文化就更为复杂。在大

① 《斯大林全集》第二卷，人民出版社 1953 年版，第 294 页。

的分布上，我中有你，你中有我，在小的文化表现上，共有文化与特定文化并存。在民族分布上我们还可以看得清一个大致的边缘，但许多民族文化都属于一种次生文化的性质。次生是一个林学上的学术词汇，意思是老的原始森林已经被砍伐或自然消失之后，在其上生长起来的同一种属的新生林，这样的新生林就是次生林。在这里借用这个词汇，能形象地描述我们民族的文化生存状态和性质。民族的次生文化状态，既有原生态的文化遗存，也有文化新因素的进入。

在贵州，至今被认定为世居民族的有 18 个民族，除了苗族、布依族、侗族、水族、彝族、仡佬族、土家族之外，其他各民族的主体大都不在贵州，民族信仰文化事象的表现并不全面。故而，我们所说的民族信仰主要就是针对以上民族而言的。

从贵州总的民族信仰来看，一般的分类是按照崇拜对象来进行的。大致可以分为对自然事物的崇拜，对祖先的崇拜，对历史上的英雄人物和历史人物的崇拜，对图腾的崇拜，对人造物的崇拜，对自然力量的崇拜，对农事节气的崇拜，等等。

在以上的这些崇拜对象中，明确的图腾崇拜不多，只有土家族的白虎崇拜有图腾崇拜的意味。

对农事节气的崇拜只有在侗族的肇兴的萨坛里有所表现，而其他地方很少见。

对自然事物的崇拜在各个民族中都有表现，而且表现形式上都有许多的相似性，显现了共同地域特色对民族信仰文化的影响。

对祖先崇拜在各民族中也都是一个信仰的主要话题，几乎每个民族都会以一定的方式崇拜自己的祖先。

对英雄和历史人物的崇拜也在一些民族信仰中出现。

对人造物的崇拜也在各民族信仰中都有表现，多出现在与人们生活密切相关的人造物上，如水井、土地庙、桥等。这方面在各民族信仰中也有很多的相似性。

在贵州的民族中，其基本的信仰是一种泛灵信仰，或者说是一种“多灵信仰”。它表面上有泰勒所说的“万物有灵”的信仰特征，但实际上并不如是。贵州民族的信仰有多种多样的表现，包含了民族民间信仰中可能出现的形式。但是，贵州民族的信仰在各民族中都有自己的特定表现，即贵州的每个民族，一般的信仰文化表现它有，但它都会选择一个特定的信仰，来作为他民族信仰的主体。

这方面我们在第五章中有一定的论述，但都没有涉及民族信仰的话题。

苗族的信仰是贵州民族信仰中表现最为丰富多彩的，我们在其他民族信仰中涉及的信仰表现，它几乎都有，但苗族的最根本的信仰是什么？我想它有三条信仰线：

一是对祖先的信仰，表现在以“鼓藏节”为主的祖先崇拜之中，以黔东南方言区的十三年一次的群体性质的“鼓藏节”为主，以黔东、湘西方言区的个体性的祭祖（打棒棒猪），贵阳市高坡苗族的半群体性的“敲牛祭祖”，从江县加鸠的准群体性的“鼓藏节”为辅。这种性质的祖先崇拜是有一定的苗族自然社会组织结构话题的，不管是以宗族、支系、牛堂、村寨、个人为单位，它都有苗族的最初始的制度文化的遗迹。所以，有时候这样的祭祀又叫“鼓社祭”，而鼓社在苗族的古代社会中，当是一个最小单位的社会组织，有时候往往又是军事组织。“鼓藏节”，不管经过了多少年代的演绎，它至今仍然是苗族人祭祖的主要形式。以鼓社为祭在最早应该是苗族人的普遍的祖祭形式，但在后来的一些地区的苗族文化的变迁，就发生了苗族人不同的祭祖形式。

苗族人的祭祖是其信仰中最为血性的一种祭祀，它在祭祀中通过对祖先灵魂的唤醒，以激励苗族人的生存和奋斗不息的信心。

苗族的女学者张寒梅在《论苗族“杀牛祭祖”的“凝血”机制》(《南风》1994年第6期)的文章中，对苗族的“杀牛祭祖”的文化功能有一个总结：她说苗族的“杀牛祭祖”是苗族人的一种自我教育的方式。

她认为：在“杀牛祭祖”中首先表现为直接性的缅怀历史，追述先辈业绩，制定并重申民族的古规古理。她认为：苗族在一个叫“捧碗”仪式表演中，象征着巩固民族团结。举行仪式时，碗里盛满了酒。保管鼓主首先用右手心捧起碗底，高高托起。第二、三、四、五鼓主依次将右手心垫在下面，支住保管鼓主的手背。第一鼓主手心向上放在最下一层，支住大家的手，形成壮观的图景。旁边站满了观众，人人肃立，一片静寂，祭师高声唱赞歌：

“这碗是鼓堂，
鼓主象栋梁，
众人象板壁，
齐心盖鼓房，
才成六扇屋，
五间稳当当，
祖宗坐舒服，
儿孙仕快长，
有吃有穿数万年。
千次祭鼓乐无疆。
这碗是氏族，
鼓主是族长。
大家像石头，
齐来支撑碗。
野火烧遍山，
洪水浪滔天。
这碗都不翻，
这海都不浪。”

她还认为：“杀牛祭祖”以其肃穆的气氛，隆重的排场，惨烈的场景以及铺张的祭品，使参与的人们对其祖先的崇敬演化为对古老而伟大的民族崇敬，以使其对民族绝对忠诚。

张寒梅的总结很有她的道理，但苗族人的极为血腥的祭祖仪式，就是要在一次又一次的祭祖中“凝血”，让民族信仰文化之血长流于每个苗族人的心中，这才是苗族人杀牛祭祖的真正目的。

苗族人的第二条信仰线应该在现实生存空间的理解中，这就是苗族人的招龙信仰。苗族人，特别是黔东南方言区的苗族，都相信地中有龙，因为有龙苗族人才在这里住得稳。故适时招龙，也是苗族信仰中很重要的仪式。他们不但为活人的住地招龙，也为死人的坟地招龙。

苗族人的第三条信仰线是对鬼的信仰。在苗族的日常生活中，每一个空间里都住满了他们认为存在的鬼，生活的每一个时间段里都在与鬼打交道。在苗族的信仰祭祀中，前两项信仰中的祭祀最为重要，但第三条信仰线中的祭祀最多、最频繁。“鬼祭”是苗族人个人信仰中最为重要的表现。而苗族中的鬼祭，也基本是个人信仰的行为。

苗族人的这三条信仰线在现实中是交织在一起的。这三条线就是苗民族的信仰主体。各个地方的苗族人，他们可能有自己不同的祭祀，但这三条信仰线上的信仰，他们是绝对少不了的。

各地的布依族人也有许多不同表现的信仰，但是，对他们历史人物和知名人物的信仰应该是他们的共同信仰。对“报陆陀”的信仰是这种信仰的主体，但并没有形成专门的对“报陆陀”的祭祀，所以，布依族人的信仰就是人文神的信仰（参见第五章）。

侗族的民族信仰就是以萨岁为主神的信仰。这个信仰是贵州民族信仰中最有特色的信仰。在贵州民族民间的信仰中，只有侗族在一定程度上形成了以主神为主的神灵系统。在侗族人中，只有祭萨岁才能最完美的展示侗族人的基本性格，最全面地舒展侗族人的心灵，最彻底的表现侗族的民族精神。还有，在侗族的祭萨岁的信仰中，呈现的极为独特的方位神和节气神，也是对贵州信仰文化的重要贡献。

水族的民族信仰就是对石头的敬仰。在贵州，还没有哪个民族像水族这样痴迷于对石头的信仰。石是水族人的根，也是他们的“岩爹”。这样让石头横置于自己民族的整个的精神世界中，意味是深刻的。

彝族人给自己祖先的灵魂赋予了一个竹筒，也就造就了一种民族的灵魂形式，流泻在彝民族的血液中，就再也不会更改了。彝民族也祭其他的神灵，但祖灵绝对是彝族最大的神，最大的灵，最不能舍弃的精神。

仡佬族的民族信仰是山。这是他们的先民留给他们最后的一点礼物了。这个民族也信仰祖先，也给祖先奉献牛心，但在九个山神中，祖先和山神就是一体的信仰实体了。九个山神就是仡佬族人九支祖先的化身。

还有，在居都仡佬族的杀牛吃新祭祖中表现的先民采集文化的原始意象，对贵州民族信仰文化也是很珍贵的一份礼物。

土家族土老师在建立土家人的傩坛之后，就把土家族的一切信仰全部归到傩神的旗帜下，变化为傩的信仰形式了。傩神信仰不一定是所有土家族人的信仰，但至少是黔东土家族的民族信仰。

第二节　贵州民族信仰文化对华夏信仰文化的贡献

信仰文化在文化中本身就是一种处于核心地位的文化，是一种在文化的“外围”文化“受损”或自然消失的情况下，仍然能够自主运行的文化。但是，就信仰文化本身而言，也仍然是有结构和层次的，也不是所有的信仰文化都能够永恒。在我们所说的民族信仰文化中，更是如此。贵州的民族民间信仰文化是一个局部的地区性质的民族信仰文化，我们在这里探讨其信仰文化中什么能够永恒是针对人类的信仰而言的。至少也是针对中国的信仰文化而言的。

在上一节的论述中，我们涉及了贵州各民族信仰的主要表现，而这一节，我们要论述的是这些信仰中有什么能够永恒。

对一个民族来说，他们的信仰文化中所有的信仰对于他们来说，都是值得永恒的，但面对更为广泛的信仰文化背景，就不一样了。

我们讲信仰的永恒，实际上是指民族信仰的实践对于人类信仰文化的贡献和创造性，即一个民族的信仰文化给世界人类的信仰文化带来了什么。

我们论述贵州民族信仰文化中有什么能够永恒，也要从信仰的基础说开来。

在信仰文化的实践中，要建立信仰的第一步，就是要创造信仰的对象。民族信仰中可以永恒的东西就是从这里开始的。

从信仰的对象而言，苗族的鬼是苗族信仰中最可以永恒的东西。我在第五章的第一节里论述了苗族鬼的基本性质，苗族的鬼与我们现行理解的鬼是不一样的，并且也探讨了这个演变的原因。在这些探讨中我们可以看到这样一个巨大的历史事实，即苗族的先民创造了中华民族的鬼信仰文化，给我们中华民族带来了一个包含极为广泛的鬼的世界，并且给华夏文化带来极其深刻的影响。我在第五章的第一节中论述到当时苗族的先民有两样东西深刻地影响了华夏的文化，一是以“蚩尤主五兵”为特征的“金属文化”，一是鬼信仰文化。前者是物质性质的文化，后者是精神性质的文化，它们的出现，给整个华夏文化带了极大的不可估量的冲击。不管当时的鬼信仰为华夏的其他诸族群如何理解，但在文化的创造性上来说，都是不可比拟的。尽管后来的华夏其他诸族“妖魔化”了苗族先民的鬼信仰文化，把鬼信仰形象只限定为死者灵魂的变异，并作为一种负面形象来处理它，但也足见苗族先民鬼信仰文化的创造力。

苗族先民创造的鬼信仰文化，对中华文化是一个巨大的文化贡献，可以说，它是中国最早解释生命和生命现象的文化创造之一，这是一种解释世界和生命现象的方式，它对华夏文化的影响是巨大的。我们假设华夏的历史是以蚩尤为最后的胜利者，那么，苗族先民创造的鬼信仰文化就会成为我们今天解释世界和生命现象的主流方式，苗族先民创造的鬼信仰文化就不会只是今天的纯粹负面形象的样子了。

历史是不可以逆转的，但正确认识苗族先民创造的鬼信仰文化的精神价值，是非常有必要的。另外，苗族先民创造的鬼信仰文化有其自身的特定表现，并不是我们今天普遍意义上的鬼信仰文化。今天普遍意义上的鬼信仰文化的认识是错误的，应该还给苗族先民给我们创造的鬼信仰文化一个真面目。

苗族的鬼信仰对苗族来说是可以永恒的东西，但这个永恒应该上升到中华民族的文化遗产的高度来认识，它是我们中华民族信仰文化的精神财富之一。

在信仰对象上，侗族的节气神和方位神是可以永恒的东西。在中国民族民间的信仰中，极少有把节气和方位作为神祇来看待，尤其是节气神，这在中国民族民间信仰文化中绝对是一个创造。在侗族中，它也许并不是最重要的神祇，但它作为神祇是在侗族萨坛神系中得到的，也就是说，是侗族的信仰文化创造了这个神。从侗民族的角度而言，萨岁神才是最为神圣和永恒的，而二十四炁神则是在中国民族民间信仰中一个了不起的创造。

在信仰的对象上，彝族的祖灵筒的灵魂形式，也是很能引人注目的东西，以这种方式来崇拜祖先的灵魂，在中国民族民间也是可以永恒的事物。

这些信仰的创造是可以永恒的，在信仰中创造的思想也是可以永恒的。

在贵州民族民间的信仰文化中，不同时期，不同阶段的民族民间信仰文化中，都有许多信念和思想的结晶，这些信念和思想的结晶中，绝大部分是我们今天精神思想上的宝贵财富。

灵魂观念就是在今天的科学文化中，也是不能够批评的东西，因为它是观念，是思想，是信仰。在贵州民族民间信仰文化中，灵魂的观念也许不是他们的一种创造，但在其信仰文化中，肯定极大地丰富了它。这些丰富发展了的灵魂的观念，在今天的信仰文化思想中，无疑是可以永恒的。尤其是在灵魂严重缺失的今天，就更显示其价值。

在苗族的信仰文化中，苗族人以特有的方式，创造了十二根银柱，十二根金柱的天地，创造了人与鬼可以自由平和来往和沟通的思想，就是在信仰文化中最可永恒的思想。

天地的思想认识中，苗族人认识的天地思想与众不同，它不是“混沌”，而是成型后的“粘合”，即世界是有样子的，但这个样子有错误，是黏合在一起的。而同时的“混沌”型的天地思想则是混为一团的，这样，其思想的起点都是不一样的。“粘合”型的天地思想中，造就天地是用 24 根柱子，“混沌”型的天地思想中，造就天地则用的是“运动”，使轻薄上升为天，重浊者下降为地。前者造就的天地是人文天地，是表现人的能力和力量的天地，后者造就的是顺应自然运动的天地。这两种不同的天地创造，仅就其思想观念而言，是很难说谁是谁非、谁优谁劣的，它们同样具备了人类思想的非凡创造性。这种从信仰中而来的思想，就是其最可以永恒的东西。

与鬼的自由平和来往和沟通的思想，也是苗族人在信仰思想上的一个贡献。在苗族的思想中，鬼与他们的祖先是同源的，有着共同的祖先，同时，苗族人的祖先与其他一些动物也是共祖的。这种人、鬼、动物共祖的思想，作为科学的认识可能是荒谬的，但作为一种思想，作为一种信仰思想却是破天荒的。有这样的生命解释，就直接影响苗族人的人鬼交流的思想。苗族人是不怕鬼的，也是不恨鬼的，他们与鬼相处，只是一种与另外的与之有联系的生命形式相处，所以鬼不是苗族人的另一面。在这样的苗族信仰思想中，不必有阴和阳的观念，而是平等的生命形式。这样的苗族人的思想性质绝对是温和的，自在的，也不会有“扩张”自己文化的心理动能。

苗族人的这一信仰思想，不管后来如何应用它，它之于中华民族的思想都是一个大的贡献。

其实，贵州所有的民族信仰文化中都有类似的信仰文化思想，它们的存在，首先构成民族精神思想的重要核心，支撑一个民族思想的大厦，这本身就是中华民族思想宝库中的重要组成部分。对于民族来说，它们都是永恒的东西，因为一个民族的生存和生存方式就决定于此。但是，苗族人在信仰文化中创造的思想，在影响力上是最大的。

一个民族在信仰中创造的思想可以永恒，其表现的形式也可以永恒。

具体而言，在贵州民族民间的信仰形式中，其最有形式意义的有彝族的祖灵筒信仰形式，有侗族的主神信仰形式，有布依族的教化信仰形式，有苗族的平和自然的信仰形式，有水族的凝聚式的信仰形式，有土家族的傩坛信仰形式，等等。

彝族的祖灵筒不但在灵魂上出现一个可见的灵魂形式，还在仪轨上产生明确的影响。是它注定了彝族人的基本信仰方式。可以说，从彝族的祖灵筒一出现，彝族人以什么样的形式来祭祀祖灵，就是已经注定了的。在中国的民族民间中，祭祀祖先是一个普遍现象，但像彝族的祖灵筒信仰那样具有形式感，独有彝族一家。这样的民族信仰形式是可以永恒的。

以一个神为主，建立起庞大神系的在民间信仰中有，但在民族信仰中不多，这也表明侗族人在信仰形式上的创造性。更为奇妙的是，侗族人的这个神系是建立在类似“黄道”的一个平面上，各神在四周不同的方位上，围绕着太阳似的萨岁。这个组合形式肯定借鉴了农历上的一般性知识，但它把这些东西糅合在信仰体系中，给予了它形式上的意义，这也是创造。

布依族的信仰形式中充满了“教化”的功能。布依族信仰中，人死了能上到“拜”“仙”界是最大的福分，但布依人采用了一个形式，就让这一过程具有了“教化”的功能。到“拜”“仙”界的路是可变的，可以变如刀口，可以变为坦途，好人善人路就越走越宽，坏人就越走越狭，最后如刀锋。这是非常富于想象力的。

苗族的信仰形式是自然的，苗族就是在“鼓藏节”中，其形式也是平和自然的，并没有可以称为激烈的信仰形式。

在民族的信仰中，其衍生出来的精神文化也能永恒。比如侗族的民族建筑艺术，鼓楼、花桥、宗祠，以及屯堡人土地公婆造像，等等。

民族信仰中可以永恒的东西还有许许多多，它一旦成为民族文化建立的基础，就必然在这个民族文化中永恒，它一旦在更大的范围内造成影响，决定了更大范围内的文化生存，它就会在更大范围内永恒。永恒首先是民族的，然后才是国家的、地区的，最后也可能是全人类的。

第三节 民族信仰文化与理解世界的方式

以自己的方式理解世界，这是一个非常诱人的话题。也是一个人类群体要思考的问题，因为只有一个人的“以自己的方式来理解世界”是没有力量的，一定要以群体的方式，最好是族群“以自己的方式来理解世界”才是有力量的。因为只有这样的“以自己的方式来理解世界”，才能在世界中发出自己的声音。这种“以自己的方式来理解世界”，才是族群的真正的生活，有族人意义的生活。

什么是以自己的方式理解世界？

在这个世界上，如果真的有那么个上帝，那么我们每个人都没有必要思考什么“以自己的方式来理解世界”。有一个西方的伟大哲人就说过：“人类一思考，上帝就发笑。”，他表面上是嘲笑人类“以自己的方式来理解世界”的信念，实际上他是在表明，他在思考上帝。确实，作为人，特别是作为上帝的人，是没有必要“以自己的方式来理解世界”的，上帝那里就是世界。但是，作为独立的人，作为依赖于族群寻求独立的人，你就必须思考“以自己的方式来理解世界”的问题。

“以自己的方式来理解世界”就是在世界上寻求一种属于自己的方式来理解世界。这种方式在于个人，是人的个性问题，在于族群，是民族性格的问题。

在以前，人们说：人是群居动物，这话不对，人不是群居动物，能够群居的人只说了人的一半，只有这一半的不完全是人，因为一般的动物也能够轻易地成为群居动物。应该说人是文化群落的动物，不管是伟大的人还是卑贱的人，都只能是文化群落中的动物。个体的人不能独立地建立所谓的文化，文化一定是群体性的。而文化要成为族群的人可以依存的文化，就一定要完成“以自己的方式来理解世界”的过程，否则，你这个族群文化是不可能存在的。

在贵州民族民间信仰文化中，各个民族在建立其信仰文化上的一切努力，都是为了这个目的而运行的。我们不能说每一个民族的信仰文化的“以自己的方式来理解世界”的作为就会有什么惊心动魄的东西，但这种创造的努力本身就是人类精神的一种表现。

在布依族中，有一首古歌叫《十二层天十二层海》。古歌写的是布依族的民间歌手带领人们游历十二层天十二层海的经过。有人把它与但丁的文人史诗《神曲》进行比较，说它“反映古代东方中国和西方意大利的相似而又各异的天体观念和艺术构想。”①

我们试把二者的“天”的描述进行对比。但丁的“天”是：

---

① 潘定智：《民族文化学》，贵州民族出版社1995年版，第240页。

第一重天是月球天，居住一些正直的君子。

第二重天是水星天，善行者居住。

第三重天是金星天，博爱仁慈者居住。

第四重天是太阳天，神学家哲学家居住。

第五重天是火星天，宗教殉道者和十字军东征战士居住。

……

九重天外是天府，上帝住之。

布依族人的“天”是：

第一层天是大雾，迷茫一片。

第二层天是白云，朵朵白云是天上的棉花。

第三层天，鹅鸭成群。

第四层天，彩虹造雨。

……

十二层天，太阳天，歌手们到此炎热难当。

但丁的“天”全部是关于灵魂级别的想象，而布依族人的“天”全部是具体的象征形象。但丁中的“上天”是灵的飞升，布依族人的“上天”是展开翅膀飞上去的，有的版本则说是爬楼梯一样爬上去的。虽然“《十二层天十二层海》和《神曲》幻想的天体结构相似，反映了古代人类文化的共性，也即人类的共同本性，幻想的天上地下的生活各异，是各民族历史发展不同所致，即民族性、时代性的表现。”① 潘定智先生是如此来解释的，也有他的道理，但我想表述的是，“爬楼梯”上天和“灵的飞升”上天，在想象的级别上是不一样的。这在文学的创造上可以带来批评，但在“以自己的方式来理解世界”上，却是一点也不能够批评的。每个族群，每种文化都会有“以自己的方式来理解世界”的样子。

为什么要“以自己的方式理解世界”？这个问题在我们理解贵州的民族信仰文化中，是非常重要的。我们前面说过，“以自己的方式来理解世界”就是在世界上寻求一种属于自己的方式来理解世界，但是为什么一定要“寻求一种属于自己的方式来理解世界”呢？

我们在解说“以自己的方式来理解世界”时，你常常会遇到这样的话语：“我理解世界的方式最好”，或者说“我们理解世界的方式最好”。是的，是这样的！你这时一定会以为对方会以“你理解世界的方式”来理解世界，但你错了。他们一定会接着说：但是“我们理解世界的方式比你们的更好”！或者说“你们理解世界的方式很好，但我们还是以为，我们理解世界的方式对于我们更合适些”。这是让一些世界文化大鳄最为头痛的事情，他们一直以为他们“理解世界的方式最好”。这就是文化战争的根源。

① 潘定智：《民族文化学》，贵州民族出版社 1995 年版，第 242 页。

这是人类文化的迷雾，它使许多了不起的文化、文化人看不到自身文化的悲哀之处。比如就如前面所说的但丁，他把宗教殉道者和十字军东征战士放在第五重天火星天，灵魂纯洁的级别为五，就是这种文化悲哀的最为典型的例子。十字军东征是一场残忍的宗教战争，从文化上说来，就是为了表明“我们理解世界的方式比你们的好”。这算什么理由，如此的十字军东征战士的灵魂是纯洁的吗？我看未必，但这是在欧洲人建立的“天”中，也有他们自己的道理。

好在今天的文化世界已经今非昔比了，文化的认同和利用已经是主流了。但是，“以自己的方式来理解世界”仍然是争夺“话语权”的主要方式。而且，每个族群都有建立自己“话语权”的权利。在世界中，不管你拥有什么形式的“话语权”，都会给你的族群带来文化上的和经济上的、政治上的利益。我们贵州民族信仰文化的存在和影响力，也在一定的程度上是为了这样的“话语权”而存在的。

在今天，“以自己的方式来理解世界”，也是建立民族文化认同感的基础方式。

我们人是族群的人，同一族群的人可以天南地北的分开，但一遇在一起，就会有一种文化的认同感。这种认同感是靠什么建立起来的，就是“以自己的方式来理解世界”而建立起来的。世界就是一个世界，但对世界的理解不同，也就会形成世界上不同的文化群体。“以自己的方式来理解世界”就是不同文化群体的主要标志。在贵州民族的信仰文化中，最为努力建立的就是“以自己的方式来理解世界”，这些民族的认同感，就是从这里生发开来的。

在世界上，人类历史中估计存在过1万种以上的文化种类，因为有证据表明，人类的语言约有7000种左右。这些文化种类是怎么来的，它对人类的文化有什么意义？

这个问题是人类的文化多样性的问题。现今人们公认，人类文化的多样性，是人类文化健康发展的必备条件。而文化多样性的源头，就在于“以自己的方式来理解世界”。有多少种“以自己的方式来理解世界”，就有多少种文化诞生的可能性。

第四节　贵州民族信仰文化中的巫术遗存

巫术文化是人类最早的一种具有普遍影响力的文化，它曾经在数万年间影响人们的思想和生活的方方面面，并且至今仍在我们的思想意识和日常生活中有意识、无意识的发生作用。

在贵州民族信仰文化中，巫术文化现象普遍存在。可以说几乎每个民族在自己的信仰中都包含了巫术，或者说是充满巫术意味的仪式情节。实际上，巫术也可以说是贵州民族信仰文化的一个组成部分。

我们在以下的事例中可以看到各民族的巫术和巫意。

在苗族中的巫术较多。比如在旧时代，台江的苗族中有一种做“阴桥”的巫术。

阴桥是汉语的直译，苗语叫“九兜八”，意为“把山接拢山的桥”。架设这种桥的目的是为了想发财，出能人。架设时，自己请一个鬼师悄悄在晚上去办，因为这种桥要伤害村子的人。或失火，或鸡不叫犬不吠，所以不能公开架设。用拆木3棵、5棵或7棵把桥架好，但不镶拼。在山坳上的路中挖一个深约2尺多（规定是5卡，卡是拇指和中指平伸后指尖的距离）的坑，先以三个蛋放在坑里，再以桥木放在蛋上，树脚的那端向着回家的方向。桥木放好后即把泥盖住，使路恢复原状，烧香纸后即回家，不举行什么祭仪。

这种桥架设以后不杀猪，只在每年二月初二日制备一点鱼、酒、饭和香纸去“拖九”。“拖九”是在埋桥的地面上摆设鱼、酒、饭并烧香纸就完事。

这是苗族的一个完整单独存在的巫术仪式，它自然显示了苗族信仰中的巫术存在。但苗族信仰中许多正规的祭祀仪式，也有不少巫术意味存在。比如在台江20世纪50年代的时候，其“鼓社祭”中还有这样的情节，在其“打竹仗和抹花脸”的狂欢活动之后，要举行一个叫“撵山”的仪式。仪式中，由两人分别背一男一女生殖器模型，背女模型者饰山羊前面跑，背男模型者饰猎狗后面追，一边追一边作射箭状，表现“繁衍”之类内容的呼应。

这就是一个充满巫意传导的仪式过程。

在布依族中，有一种仪式叫“赎谷魂钱魂”。在这个仪式中，也充满了巫术精神。

这种仪式有些地区于请龙仪式后举行，有的则于丧葬仪式后或农历七月择日举行。赎谷魂钱魂仪式基于这样的观念：有一种鬼魅暗中偷食粮食（魂），偷用钱财（魂）使人们粮食不经吃，钱不经花，所以需要举行祭仪将粮魂钱魂赎回。在具体做法上，各地不尽相同。镇宁一带的做法是：先把请龙时的摆设搬来，放于神龛下的小桌上，增加各种五谷杂粮的小包，“布摩”仍拿着主人的一件上衣，吟诵“赎买经”。仪式中，由布摩代表主人唤请“陀嫡”（往返于神界和布摩、巫婆之间传达信息的使者）带着金银到天市去选购五谷牲畜，并请求天神赐予最好的粮魂牛马，来年丰收后向天神交租税。

侗族的祭萨岁是很神圣的，但在祭完萨岁之后，要举行全寨性的祭萨游寨活动。这个游寨活动不是一个巫术仪式，主要是其他内容，也有巫术含义的表达。

这天早饭后，全寨男女老少身着盛装，集合众人，依次喝一口茶，再举行游寨活动。

先是三人吹芦笙、二人吹长号，走在队伍前面。接着是右手撑着挂有纸扇和扎有三根青草的半开半闭的纸伞、左手提一葫芦茶水的“登萨”（管萨的人），随后是手执白毛巾捆着纸伞、拿纸扇的八男八女，以及身穿长袍马褂的寨老、锣鼓手、扮演大将和士兵者，最后是群众队伍。大将扮演者，身披红毡，腰挂大刀，手打红旗在前。士兵的装扮各色各样，有的穿盔甲，有的戴斗笠、背蓑衣，均腰挂大刀，肩扛鸟枪，个个威武雄壮。队伍离开萨堂时，要鸣放三响铁炮。每到一条寨巷，士兵扮演者都要轮换对天鸣枪。游到鼓楼时，由歌师领唱三首耶萨歌，众人哆耶踩堂。队伍快到寨脚，让大将士兵扮演者冲杀出寨，一起鸣枪，同时放铁炮，以示驱逐一切邪恶。到此，全部祭萨多堂活动结束。

水族的“敬霞”中，其巫术意味更为浓厚。

在举行“敬霞”仪式的第二天，各村（股）的男性群众带着物品，抬着母猪，敲锣打鼓，由身着古装的寨老、“水书”先生率领前往目的地。在祭祀仪式中，请乞丐用松针不停地刺戳母猪的生殖器，让母猪嗥叫。青年们用竹片戽泥水洒淋戏母猪，或用竹筒水枪向禾苗戽水，或用泥巴互相打仗，或以不文明的语言互相骂架等。祭祀开始，由“水书”先生主持，念咒，令公鸡啼叫，呼风唤雨等举动，人们用酒淋“霞”（即人形石神），直到将“霞”淋倒为止。

这是水族“敬霞”仪式的一部分，其实也是很重要的一部分，可以说这不是一般仪式中的巫术表现意味，而本身的巫术表现就是其“敬霞”仪式的组成部分。

这下面要表述的巫术是彝族的一种可以称为黑巫术的东西，这些东西在旧时代的凉山彝族中比较多，但在贵州彝族中是极少的，但作为一种观念，对彝族的影响应该是广泛的。在彝族中，其毕摩能以其法力咒鬼、咒人。

诅咒巫术分咒鬼和咒人两种。这里只述咒鬼。

咒鬼多诅咒凶死鬼和恶鬼。彝人相信，各种鬼怪也像人一样，具有喜、怒两重性格，或造福于人，或降祸于人。所以人们认为，家运不顺、疾病、死亡等种种不幸，是恶鬼作祟所致，因此，请毕摩咒鬼。

其巫术仪式主要是插立咒鬼木阵图。木阵图多布于主人住房附近的坡地上，通常选用柳枝、桃枝、栗树枝，有带叶的、带枝杈的，也有不带叶、不带枝杈的，有不去皮象征黑杆的，有去皮象征白杆的，也有半去皮象征花秆的。木阵图一般插成方块状，由数个方块状组成。也有更为复杂的多种形状的木阵图。同时，各个毕摩和所咒之鬼不同，插立的木阵图也不尽相同。木阵图插立就绪后，毕摩念诵《咒鬼经》咒鬼，将所祟之鬼驱进白、花、黑杆木阵图（据说，经这三道木阵图，恶鬼的魔力已大为削弱）。然后继续诵咒经，将鬼驱入一个四方块木阵图内，以示将鬼围困于木阵中。《咒鬼经》诵完后，咒鬼巫术仪式也就算结束。

从现今的一般的文化观念来看，不管是向好的巫，向恶的巫，都是不可信的，都是不可能在现实中实现的。不管是“模拟巫术”还是“感染巫术”，其巫术的时代都已经过去了，它已经不可能具有人们原来相信过的那种力量了。尽管我们在许多有关巫的现象面前还不能够做出全面的解释，但巫文化已经不能够解释我们的生活了。

在不可信中仍然坚持着信，这就是迷信了。巫术文化中的迷信自然是应该抛弃的东西，但是，我们所面对的民族信仰文化中，常常是信仰与巫术交织在一起的。作为信仰来讲，它是一个理解世界的情感方式问题，不能用科学的对错来评判它。但作为一种作用于事物功用的巫术，绝对是应该遵循物质世界认识的真理的。在实际的信仰文化表现中，有时候什么是巫术，什么是信仰是可以分得清楚的，但有时候，什么是巫术，什么是信仰实际上是分不清楚的。而且巫术在失去实际功能的时候，就转化为一种情感功能，转化为一种特殊的信仰，这更增加了信仰与巫术的边界模糊。

巫术文化自然是过去的文化了，但它在今天，也不是一无是处的文化。它作用于世界的功能在今天科学文化的时代里显得很可笑，但它创造的支配世界的精神，仍然是我们今天科学文化时代的精神财富。

科学文化时代的主要特征，就是要以一种科学的手段来正确地支配世界，造福于人类社会。

巫术文化时代的主要特征，就是要以一种虚幻的自以为是的手段来支配世界，造福于人类社会。

在巫术文化来说，精神和目的都没有错，只是手段错了，方法错了。所以，我们今天认识民族信仰中的巫术精神，就得从这几个方面来认识。

一是巫术文化为今天的世界准备了支配世界的精神。在巫术中，不管是向好的巫术，或者说是向恶的巫术，它都有一个趋向，即以什么方式来促成某一件预想中的事件发生，并有利于施行巫术的人。在这里，它表现了人的意志和不断进取的精神。可以说，这种反复出现了数万年的巫术仪式，实际上不断强化了人的支配世界的精神和欲望。我们不能说今天的科学支配世界的精神完全是由人类的巫术精神造就的，但也能说巫术文化为今天的世界准备了支配世界的精神。在贵州民族民间的信仰文化中，我们还能看到这种强烈的欲望和精神。我们不能说民族信仰中的巫意是可以实证的东西，把它们的精神转化为一种民族的信仰精神，对民族文化的建设应该是大有裨益的。

二是巫术文化为今天的人们支配自然力做了文化心理上的准备。文化都是循序渐进发展的，今天的科技发展是十分强劲的。从表象上来看，今天的科学技术与巫文化在文化上没有什么联系，但实际上，科学文化中支配自然力的文化心理是从巫文化中建立起来的。如果我们在文化中没有这样的文化基础，科学文化是没有办法与我们今天的民族信仰文化对接的。我们在调查中，就深深感到，这些信仰中带有浓厚巫文化色彩的民族，并不会拒绝科学文化的基本精神。在信仰他们神灵的同时，也接受科学文化的观念。

三是巫术文化为今天正确的认识世界做了方法上的部分准备。在今天科学文化中，人们认识物质世界，完全有自己的科学的方法论了，但是，它们在认识物质世界的一些基础性的方法中，仍能透射出巫文化在方法论上的影响。我们于此说巫术文化为今天正确的认识世界做了方法上的部分准备，就是以此而言的。巫术是注定要死亡的东西，但把巫术文化中的某些良好的方面，转化为信仰中的某种精神力量和情感形式，这是一件对人类精神文化建设有益的事情，一件有利于民族地区现代化发展的事情。在贵州民族信仰文化中，这应该是一个重要的问题。

第十章 贵州民族民间信仰文化在现代社会中的运行

一个民族的信仰文化，在确立了信仰对象，建立了信仰仪式仪轨，以及强化信仰空间神圣性的种种禁忌之后，就是信仰文化的运行了。如果信仰对象明确，信仰仪式仪轨规范，强化信仰空间神圣性的种种禁忌有效，那就要看其信仰的运行机制是否良好，可操作性如何了。如果这些仍然没有问题，那一个民族的信仰文化就可以在族群中正常运转了。我们这一章论述的，就是贵州民族民间信仰文化在现代化社会中的运行。

说到这里，有一个词汇的意义得有所界定，这就是“现代化社会”。我们国家在20世纪70年代的时候，才提出了实现“四个现代化”的口号和目标，40年过去，我们的国家实现了现代化了吗？没有。至少我们国家还没有明确的表明，我们国家在总体上实现了现代化。就算是大致上实现了现代化，那处于边缘地区的贵州，也未必能实现所谓的现代化，更不用说处于更为边缘的民族地区了。而我们所研究的民族民间信仰文化，多处于这些地区。但是，国家在走向现代化，国家的部分地区已经有了现代化社会的基本形态，现代化的影响力深入到我们国家的每一个角落，对人们文化的方方面面产生了越来越大的影响，这也是不争的事实。也就是说，我们所说的“民族信仰文化在现代化社会中的运行”，更为重要的更为实际的是“民族信仰文化在现代化中的运行”。

第一节 贵州民族民间信仰文化运行的现状

在我们的田野调查作业中，我们常常会听到这样的话语，说某某祭祀在多少年以前是如何，现今是如何，意思是现今的仪式不如以前的仪式。为什么不如，族人们说不出来，也不知道如何说。我们也是慢慢地才理解他们所说的是不如为什么。归而言之，不如者有四：一是仪式的规模不如以前，二是仪式的规范和完整不如以前，三是举行仪式的心态不如以前，四是仪式的祭品不如以前。如果要数，还有很多。

彝族的群体性祭祀仪式较多，诸如祭龙、祭天，祭山神等等，但最隆重的是祭祖仪式。彝族的祭祀祖先仪式名目繁多，祭期长，祭祀仪式尤为复杂、隆重，居于彝族宗教活动的核心。在旧时代，彝族人的祭祖典礼有多种，有小祭、中祭和大祭。一年举行一次，或三年举行一次的称“小祭”，30 年举行一次的称为“中祭”，60 年举行一次的称为“大祭”。大祭时，全家支或家族公祭，祭期 5—15 天，杀牛、宰猪，举行隆重的祭奠仪式，并举行盛大的歌舞会，意为“与祖先同乐”，为彝族所有祭祀活动中最盛大、最隆重的祭祀活动。

在贵州的彝族地区，在宗族和家族的祭祖是存在的，尤其是葬礼变化不大的彝族地区，其祭祖的仪式是经常举行的。相比之下，原来彝族中心地带的大方县，其彝族的葬礼在发生明显变化，因而其祭祖的意识就不是太强。在盘县的彝族地区，其葬礼叫“转厂”，我们在调查中参与了两场葬礼，看到其基本的仪式过程仍然相对完整。这样，其祭祖的仪式过程在盘县的彝族中仍然活跃，但这只是家庭性质的祭祖，这样的祭祖最多只有上面所说的小祭，像上面所说的中祭和大祭就极少了。不过，彝族祭祖的大祭，并不是消失，而是随着社会的变化而“沉入”彝族的文化中了。举行所说的 60 年的大祭，其支撑这样大型祭祀的社会组织结构是人们所说的“家支”，但“家支”在贵州彝族社会中已经是过去时代的产物了。随着彝族“家支”这一组织结构的消失，30 年、60 年一祭的中祭和大祭自然也不能够出现了。

彝族的祭祖仪式在总的趋势上应该是这样的，家支祭—宗族祭—家祭。在旧时代，这三种祭祀都是存在的，而且在各自相应的时间里举行，但现今，广泛存在，并时常举行的只是家祭了。宗族祭可能会在一定的时机里出现，但机会很少，“家支”祭在一般的情况下是不会复苏了。

在现实的调查中，我们感觉到，毕节、大方这些原来贵州彝族核心地带的祖灵祭祀意识，比盘县一带的彝族的祖灵祭祀意识要弱得多。在盘县的彝族，历史上是由两个方向迁徙而来的，一是毕节，二是云南，毕节迁徙来的彝族多在坪地、普古一带，云南迁徙来的彝族多在淤泥、松河一带。这两个方向来的彝族，其丧葬仪式和祭祖仪式都在一定程度上保存着。我在大方百纳村看到一个毕摩自己家的祖灵房，其情形很衰落，不能与盘县、六枝一带的祖灵房相比。在毕节、大方的彝族中，有不少的彝族家庭已经没有祖灵筒了。因为我在大方问过一些彝族人家，他们说他们的葬礼是请汉族先生来做的，这样的彝族家庭自然就不会有祖灵筒了，没有祖灵筒，也就不会有祭祖仪式了。

当然，就像盘县这样的仪式保存和运行得较好的彝族地区，在祭祖及其他一些信仰仪式上，总的趋势仍然是一种衰退的状况，许多东西在一步一步的消失。

在苗族中，最大、最重要的群体性祭祀是他的“鼓藏节”。即使是这种历时很长，今天看起来仍然很热闹的“鼓藏节”，在仪式的规范和完整上的飘落也是很明显的。

我们以台江反排的“鼓藏节”为例。

20 世纪的 80 年代，作为苗族的唐春芳老人对台江的“鼓藏节”有一个记录。记录中，其仪式有27项。

1. 迎接和祭祀地龙地神。2. 背诵民族（氏族）史。3. 选择组织祭祀活动的九位鼓主。4. 买祭牛。5. 迎接子孙鼓和唤醒祖宗鼓。6. 斗牛、审牛、号牛。7. 制作祖宗鼓（换新鼓）。8. 杀牛祭鼓、献牛。9. 各家带祖宗拜访鼓主家祖宗。10. 游邑，赞牛角，赞牛肋。11. 举行“迎接鸟窝”活动。12. 投火烘窝，讨鸟窝饭。13. 舂米打粑粑。14. 搓绳索捆鼓堂。15. 迎接女婿。16. 超度亡魂入鼓。17. 祭鱼和祭松鼠。18. 上凳。19. 背水养鱼。20. 打竹仗和抹花脸。21. 撵山。22. 迎接亡魂回家。23. 藏鼓。24. 捧碗。25. 亲戚贺喜，敬鼓。26. 过“白枯脏”。27. “埋岩”。

前几年，我在台江的反排又看了一次“鼓脏祭”。这次苗族的群体性仪式的规模是相当可观的，牛就杀了近40头。但对比唐春芳老人对台江的“鼓藏节”仪式的记录，有许多仪式我们在反排的“鼓藏节”中就看不到了。

苗族的招龙是苗族人较为古老的一种群体性祭祀仪式。这里有一个20世纪50年代记录的招龙仪式的过程，也有一个20世纪80年代记录的招龙仪式的过程，对比之下，就可看出其“飘落”和流变了。

20世纪50年代记录的招龙仪式叫祭“董翁”。①

“董”意为齐，“翁”意为龙，“董翁”就是“招齐龙来保佑地方”的意思，当地汉语通称为“招龙”。据说“董翁”共12个，男性女性都有。每个村子都有许多龙保佑，人们才清洁兴旺。龙若走了，大家就感到软气乏力。

祭“董翁”用的物品如下：

大肥猪一只、饭、酒全村平均负担。“董翁”两个（就是木龙。用长约135厘米，直径约18厘米的杉木两棵剥去皮后做成，以树脚为头，树梢为尾。头有口，口中放以杉木做成的“龙宝”一枚。“龙宝”是圆形，直径约5厘米。龙身用木炭画鳞）；凳两根（用一节长约135厘米；直径约16厘米的生杉木劈破为两片，每片的两端各凿一个孔，孔中穿一根贯通上下的凳脚而成为两脚凳。凳脚的下端栽进泥中才不倒；凳脚高约60厘米。凳脚往上穿的那端，高也是60厘米。这是预备作祭“董翁”时全村妇女拿棉花条挂上用的）；“商大”数百人（就是用纸剪的“纸人”。每个纸人用一根竹签夹住，以便插在地下）。

另祭“戛吓”的物品如下：老白公鸡一只、“打醒戛吓”一棵、酒约半斤、师米一碗。

其过程是：

一是喊龙。喊龙是在举行“董翁”那天鸡鸣时（早上二、三时左右）预先确定的人就出村向所有通向本村的道路上去喊龙，每条路都由两个人负责：一人带纸剪的“商大”和一点米，一人拿芦笙，走到本村与外村交界的地方（如山坳或小溪等自然界线）去喊龙。一般是距本村十来里路。

二是祭“戛吓”。祭“戛吓”时，鬼师坐在带去的小凳子上面，对着新栽的，并

① 参见《台江苗族宗教迷信调查》，第71-80页。

摆有酒的那个两脚凳念咒，请“戛吓”莅临。“戛吓”是3个，都是男性，住在“戛掌卡麻”。

鬼师念咒请“戛吓”到达并把祭物交代后，即由“堕白”杀鸡，用火烧掉鸡毛，刮整、洗净，再剖开取出全部内脏。然后煮这个整鸡，不能切成块。内脏不能和在一起煮，人们认为内脏是脏的东西，不能用来祭“戛吓”。

熟肉的陈设是，鸡头摆在中间，两边各摆一只翅膀和一只脚，摆成三堆，肉切好平均配搭在这三堆上面。鬼师仍坐着念咒；向“戛吓”提出要求后，就请“戛吓”吃。这时“堕白”即倒一点酒，掐一点肉于凳上，表示“戛吓”已吃。鬼师及两个“堕白”举行“八崩”，表示陪“戛吓”。然后鬼师再唸咒送“戛吓”走。

三是祭“翁”。祭“翁”是在猪肉煮熟后举行。在举行祭“戛吓”的同时。两个“堕白”就把猪杀了，用火把毛焚掉，洗整完毕后，将肉砍为十二块，连肝、肺、心肾等煮在一起，作为祭祀之用。肠子、肚腹另煮在一起，因为这是脏的东西，不能作祭祀之用。

熟肉的陈设也由“堕白”负责，即不用桌子，也不用碗装；而是把原先砍煮的那十二块肉摆在两个木龙的身上，再把猪心和中间那块肉摆在一起，以两个猪肾摆在猪心两边的那两块肉上，以猪肺的大半切为九块摆在未摆猪心猪肾的那九块肉上。肾的小牛及肝各平均分为十二股配塔在十二块肉上面。并且每块肉的上面都各摆有一个饭团，木龙的面前摆十二杯（碗）酒，如图：

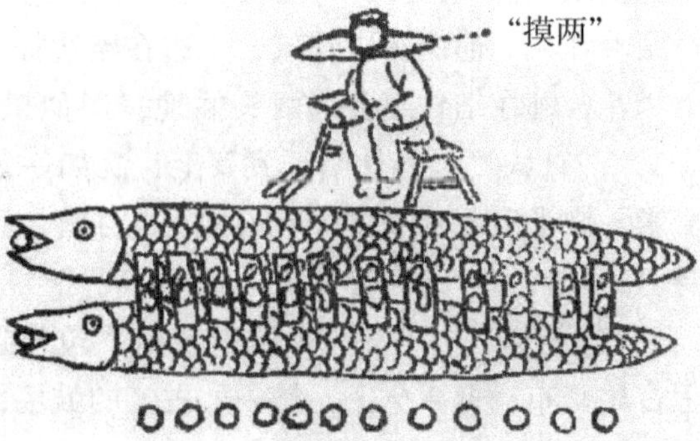

陈设妥当了，鬼师戴着“摸两”（用篾编的帽子，形状和礼帽相似），穿上长衫坐在小凳上念咒请龙回来，并要按照巫师的指示，从它现在的所在地把它请回来。同时又把本村周围数十里内所知道的水塘、水潴都念到，每念到一处，都说“有龙没有，有龙即随我们喝酒吃肉去”！并且要把本村附近的大山，同家族和附近地带的已死的有名望的人物普遍请到。鬼师念咒是用“鸟大”的声调。咒语略。

“董翁”时，各家可请自己的亲戚参加。亲戚带的礼物一般是二至三斤酒，一只大鸡或大鸭。被请的亲戚没有儿子的，还可带一、二元光洋来。在鬼师念咒时，就拿钱交给龙，希望龙给他们一个儿子，并说：你“爱番爱沙”（意近“发财发富”），“我拿银子来送你”（指龙）。但鬼师是不能接受这钱的，因为受了人们的钱，确不知到哪里去找儿子给他。同时又怕本村的男孩的魂魄会跟着客人走，本村小孩就会死亡，人口就会减少，所以不愿接受这银子。

当鬼师正在念咒语时，本村妇女各带二、三根棉花条（以弹好的棉花捻成条，粗如手指，长约30厘米）系在新栽的那两根凳子往上的脚上，请求保佑子孙繁衍，同时各送鬼师一根棉条。

举行祭“董翁”时，总有两家准备“接帽子”和“接凳子”。几乎没有以为接了“帽子”或接了“凳子”，就可生儿子。

20世纪80年代记录的招龙过程是:①

台江九摆招龙十三年一度，招龙节始于猴年，末于狗年，连续三载，每年3月份举行。第一年举行活动三天，第二年举行活动五天，第三年举行活动七天。招龙地点设在九摆上寨最高的山头——“包养乜”。上山招龙，一般都在凌晨三点左右出发。大人小孩抬铜鼓，扛芦笙，挑鸡、鱼、蛋、酒和糯米饭，还拉一只青头公鸭，扛青竹两棵，小孩每人一把小纸人、小纸花条和三角旗，浩浩荡荡涌上“包养乜”。到山顶后，先把青竹栽好，在竹子脚插上纸花、三角旗，“摆上酒、鱼、蛋、糯米饭，插香焚纸，而后祭师虔诚地鞠躬作揖，口念祭词，向四野呼唤龙神。击鼓吹笙是唤醒龙神，青头公鸭能跋山涉水。传说过去渡江过河的时候，曾救过苗族的祖先，和龙有缘分。因此，无论什么地方招龙都要一只鸭子到山上把龙驮回来。

在山顶举行仪式约40分钟便开始下山，来到半山腰一块草坪上，那里有土地庙一座，大家停下来在那里祭菩萨，供奉鱼、蛋、酒、饭，杀公鸡一只，就地煮熟，将饭酒鱼蛋分给在座的大人小孩吃。据说公鸡起早，唤醒人间，献给土地可得到保佑平安，保驾龙神下山。祭毕，众人继续下山，这时候，牵青头公鸭的人走最前面，他一边拉鸭子走，一边呼喊:“龙公龙太跟我们下去啰!”“贵子贵孙跟我们下去啰。”“才华宝贵跟我们下去啰!”“金银财宝跟我们下去啰!”跟在后面的小孩举着三角旗，齐声跟着呼喊，他们一边呼喊，一边在路边插上小纸人，小纸花条（一种用白纸剪成卜米花，缠在细竹篾上，两头插地，形似拱桥，被称花桥，象征子孙发达，保佑平安)，一直从“包养乜”插到寨上，犹如一条纸龙。祭师在队伍里一边念祭词，一边撒米，撒米表示祖先撒给子孙们的财富，因此，人人都希望有更多的米撒到自己身上。

“包养乜”山下，有一匹山名叫“包养弄”，又叫“丢略”（吊铜鼓的意思)，山上古树密布，野草丛生，是一处古老的鼓场，招龙队伍下来后，就到这里踩鼓。踩鼓之前，先栽上一根青竹，由祭师进行一番祭祀活动，然后才敲击铜鼓，吹奏芦笙，围着青竹欢快地跳舞踩鼓。当洪亮的铜鼓声传到寨子，妇女们立即忙碌着准备前来接龙。各家主妇身着盛装一人一瓶酒，一个碗，到寨上路口排成长队，恭敬地等候着招龙队伍的到来。招龙队伍在“丢略”踩鼓数圈后继续下山，到离寨上几百米处即放鞭炮，向寨上的人报信，接龙的妇女们心情激动地把酒斟在碗里，等待招龙的人。除了不能喝酒的小孩子们外，凡是参加上山招龙的人必须一家一家喝过去，而盼望接龙的妇女，无论如何也不能让一个不喝自己酒的人走过。过了酒关，又集中到了“甘绒包喝”(又叫龙台坡)。

“甘绒包喝”是一座长满古树的山坡，居于寨头，招来的龙神就栖居在这里。大

① 参见《九摆招龙节》，《南风》1994年第6期。

树脚立有土地庙一座，旁边建有木凳二根，一高一低，一端刻龙头，一端刻龙尾，称龙凳，龙神将坐在上面，高的坐龙公，低的坐龙太。在凳旁边栽青竹一棵，枝叶繁茂，像一把伞，象征荫庇子孙的保护伞。

上山招龙的同时，一部分人在“甘绒包喝”挖坑搭灶，宰杀肥猪一头，煮成半熟，切成条块，把猪头摆在龙凳中间，两头按序摆满12份猪肉、鸭蛋、鱼、糯米饭和12杯酒。祭师回来后，立即上龙凳念祭词，12位鼓脏头和助手们围在一旁，他们穿着长袍，头扎一束麻丝，虔诚地倾听着祭师念祭词，不时掐些酒肉饭蛋丢在地上，敬送给龙神，陪同龙神共享。然后，分发给每家几个纸人，一串猪肉、一把米带回家，小纸人贴在祖宗牌位上。给纸人多少个，各年不一样，招龙节第一年举行活动三天，分给每户纸人三个；第二年举行五天，分给纸人五个，第三年举行七天，分给纸人七个。小纸人表示小土地，分给各家各户，表示家家户户得到保佑。

“甘绒包喝”的仪式举行完毕，便到鼓楼敬地鼓。

节日最后一天的深夜要送鼓。送鼓（地鼓）时，先在鼓楼里举行祭祀仪式，供奉祭品，然后鼓脏头及助手们整整齐齐围着地鼓，敲响铜鼓再跳一圈，表示送别祖先。这时把地鼓的木板、木棒、竹篾、鼓棒等捆成一把，由大人小孩数十人一路送下河边的藏鼓洞里，并一路栽刺，以保护祖宗，不让人去盗窃和破坏。招龙节至此结束，铜鼓从此不能再敲，芦笙不能再吹，只有等到下一轮再进行。

在这两个不同时代记录的招龙仪式中，都是同一地域中发生的仪式，变化却不小。

在喊龙上，A招龙要向四面八方喊龙，B招龙则只在高山上喊龙。

在仪式过程中，A招龙有祭“戛吓”，B招龙没有；A招龙有木龙，B招龙只有龙凳；A招龙有亲戚送钱求子，妇女穿棉花求子的情节，B没有；A招龙有接帽子、接凳子的事象，B招龙没有。

在祭词上，A招龙的祭词是十分完整的，B招龙的祭词就一般化。

在文化心态上，A招龙巫术意味浓厚，求福心理淡，B招龙巫术意味淡，求福求保佑心理浓厚。

在这些比较中，我们不排除个例中有由于地点和村落的不同而造成的差异，但一个地区的同一名目的祭祀应该差异不大。通过这些比较，我们可以看出，20多年间，在台江的苗族的招龙发生了一系列的变化。这就是飘落，当然这其中也有正常的“转化”。

以上的B例是20世纪80年代的记录，现今，这样的招龙仪式还时有举行，但举行的村寨和机会比以前少多了。应该说，主要是苗族人文化心态上的变化较大，尤其是苗族人的年轻一代，他们大多的经历都是成年后就外出打工，对自己民族的信仰文化比较淡薄。

在侗族的祭萨岁仪式中，一般而言，建立萨岁坛的时候祭祀最隆重，但平时的祭萨就比较简单一些。在南侗地区，现今的祭萨岁仍然是侗族每年都要举行的主祭，但意识上比以前要淡薄得多了。在北侗地区的宗祠祠堂的敬祖，虽然仍有六月六“晒谱”的集会，但仪式全无。我们在天柱的三门塘刘氏宗祠看到的只是聚餐、放鞭炮、念念族谱而已。在北侗一些地区，以前有过的“接圣婆”的仪式，现今基本未见。

水族群体性的祭祀有拜“霞”、立巴、拜善、宇量四种。拜“霞”是为了求雨，以地区性的村庄为单位，逢12年或6年，择吉日举行。立巴也是求雨，以一村或数村为单位，逢12年举行一次。拜善是为求雨，是九阡地区由“大鲜公”主持，即最先迁徙来该地区的水族先主后裔主持的求雨仪式，也是12年或6年举行一次。宇量是以村寨为单位，每隔一年举行一次的乞求风调雨顺，五谷丰收的仪式。

这四种群体性仪式中，前三种在水族地区基本消失，最后一种只在很少的时间和机会中出现。这四种群体性祭祀的飘落，有意识和观念进步的因素，也有水族地区的自然村社的组织已经早就不存在的因素。

在仡佬族的群体性仪式中，普定的新寨还能够适时举行，但在居都就相对淡薄一些。

就以上的论述而言，我们前面所说的“四个不如”，在其上都有表现。

在贵州民族信仰文化中，总体上而言是有许多东西在不断地飘落，并且主要表现在祭祀中的群体性祭祀上和巫术意味浓厚的仪式上。群体性祭祀仪式的衰落与村社的自然组织涣散有直接关系，巫术意味浓厚的仪式上的衰落与人们对迷信的批评有关。在贵州民族民间的信仰文化中，遭到批评最多的部分就是具有浓厚巫术意味的仪式。比如在台江的前后“鼓藏节”中，前面的“鼓藏节”有“撵山”的仪式，后面的就没有“撵山”仪式。

“撵山”仪式是在“鼓藏节”中由两人分别背一男一女生殖器模型，背女模型者饰山羊前面跑，背男模型者饰猎狗后面追，一边追一边作射箭状，与表现“繁衍”之类的内容的相呼应。这样的过程就叫“撵山”。

这个仪式的文化人类学的信息非常丰富，但一些人就认为“不雅”，有的还认为有辱苗族，所以，这个仪式在以后的“鼓藏节”中就没有出现了。

在这种民族信仰文化的“飘落”中，从民族而言，彝族和仡佬族的信仰文化飘落最多，苗族和水族的信仰文化飘落最少。从仪式上来讲，群体性仪式飘落最多，个体性仪式还有所加强。从信仰意识上来讲，除个别的民族个体性信仰意识有所强化之外，总体上的信仰意识是趋向淡薄的。从信仰文化的构成上讲，纯粹属于民族信仰性质部分的飘落得少，属于遗存性质的巫术仪式和巫术意识，以及迷信的部分飘落得多。

实际上，民族信仰文化的所谓飘落和变化，在文化的发展中来说，未必是一种悲哀。在这种飘落中，也能够纯化民族的信仰，使民族的信仰走上一条健康的发展道路。

第二节　贵州民族民间信仰文化运行的发展

在贵州民族民间信仰文化中，其信仰文化的发展绝对是一种“无可奈何”的景象，许多有着丰富的民族学、文化人类学的内容的祭祀仪式，已经绝迹，一些祭祀仪式在现存的巫师、鬼师、毕摩、土老师的回忆中变得支离破碎、残缺不全，还有的仪式在任意的“恢复”中，弄得面目全非，甚至于有的仪式在所谓民族文化的旅游开发中被弄得极为混乱。

逝者逝之，逝者无逝之。在贵州民族民间信仰文化中，有的“逝者”是在文化的运动中应该成为“逝者”，这样的“逝者”是符合文化运动规律的；但有的“逝者”是绝对不应该消逝的“逝者”。在过去，“逝者逝之”的不少，“逝者无逝之”的更多，这种不该逝之的东西，一旦消失了，就不会再生了。所幸的是在看到总“无可奈何”的景象时，还看到一种“无可奈何花不落”的景象。我们在对贵州民族民间信仰文化进行调查之前，真怕看到一片民族信仰文化废墟的样子。我们深知，一个族群在没有自己的信仰文化的时候会是个什么样子。几百万玛雅人还在，但被称为人类辉煌的玛雅文化却消逝了，这是一种可以与“灭绝人性”的任何罪行相比的罪行。但在进入民族民间的信仰文化中时，我们遗憾中还有几分欣慰。

在贵州的民族民间信仰文化的发展历史中，从1949年到1957年，是一个比较开明的时期，各民族的平等在这一时期的民族信仰文化中得到较好的落实。这时候，多数的群体性的信仰祭祀都还在，有的祭祀还得到一定的恢复。比如中华人民共和国成立不久的1950年的“四月八”，人民政府允许贵阳附近的苗族到“铜像台”来过“四月八”。这个群体性仪式规模很大，因为这是被禁多年后的第一次开禁。其祭祀祖先亡灵的气氛非常沉重，千余支白蜡烛一层层的插在铜像台周围，外面是三层一米多高的大金香，然后是40多支芦笙队伍围绕着铜像台跳芦笙，香烛纸烟缭绕，一层层的芦笙队伍……所吹奏的苗族祭祀乐极具感染力，从仪式中透出的怨恨、悲伤和不屈的精神压得人透不过气来。而当时的解放军在外围派有兵力专门保护这次黔中苗族人的“四月八”活动。

这是一个参加解放贵州的一个老战士给我讲述的情景，他至今记忆犹新。他说他在以后再也没有看到过这样隆重的苗族祭祖仪式了。

这个仪式实际上就是民族信仰得到理解和公正对待的例子。也是20世纪50年代民族政策良好的实例。

以后的近20年里，就是人所共知的思想禁锢的时代了。这个时代对中国文化的摧残很大，其中也包含了对民族信仰文化的摧残。我们在采访一些老鬼师和老毕摩时，这种阴影还在。在这个时期，对文化的摧残可以用一个词来表述：“荡尽”。不管是“荡尽”一切牛鬼蛇神，还是“荡尽”“封、资、修”，或是“荡尽”“四旧”，反正这是一场制造文化废墟的运动。这在一切有形的文化面前，是“荡尽”得很彻底的，但在民族民间的信仰中，它并没有多少有形的信仰文化表现，能毁的只是几个土地庙、几块神石，几棵神树。民族民间的信仰多在心中。

20世纪80年代，改革开放以后，贵州的民族民间信仰文化迅速恢复，仪式和信仰文化的有形表现等，都得到迅速恢复，但是，物是人非，有的信仰文化的事物我们是永远也看不到了。不过，欣慰的是，这个时期发生了两个方面的变化，一是群体性仪式在向个体性仪式转化，二是可能存在的群体性仪式也在进行自身的调整，以适应新的文化环境。

群体性仪式在向个体性仪式转化的例子在水族和彝族中最为明显。

彝族的群体性祭祀以其祭祖为最大最隆重，在20世纪80年代以后，可以举行自己的祭祖活动了，但举行大规模祭祖的另一个条件——村社的自然组织不见了，所以，在20世纪80年代时的彝族地区，并没有恢复这种大规模的“中祭”和“大祭”，但是，以家庭为单位的祭祀是全面恢复了的。实际上，在盘县等地，20世纪80年代以前的时间里，这种小规模的以家庭为主的祭祖可能从来没有停止过。故这种恢复实际上只是从地下走到了地面而已。

这种改变可能会使彝族人的祭祖发生一些变化，比如这一祭祀的族群认同作用减弱，宗族的认同作用加强，族群组合的实际功能消逝，只留下了一种族群的识别标志功能。

在水族中，这种从群体祭祀向个体祭祀的转化情况也非常明显。在以前介绍水族的祭祀仪式中，几乎没有对水族个人的祭祀，但现今，群体的祭祀基本不见，但个人的祭祀却随处可见。在个人的祭祀中，祭祀的对象是不变的，都是各种各样名目的石头。祭祀的目的最多的是求子和保佑娃娃健康成长，另外，还有还信愿的祭祀。求子和保佑娃娃健康成长的祈愿祭祀多表现在“做桥”上，祈祷发福有财，百事顺利，风调雨顺的主要表现在祭石上。

从这些表现看来，水族人已经把在群体性仪式中要表达和倾诉的东西大部分转化到个人性质的信仰活动中了。

我们在水族地区调查时，水族的鬼师们告诉我，说这些年来人们“信”这个的多起来，现在娃娃“金贵”，在外面做事机会多，但很不容易。也就是说，水族地区的民族信仰，经过转化后，实际上处于一种兴盛的状况中。

在现今的民族信仰文化状态中，群体性仪式在许多民族中也还是存在的，比如苗族的群体性祭祀“鼓藏节”“招龙”等；侗族的祭萨岁；布依族的祭社神、扫寨；仡佬族的祭山神等。

这些群体性仪式还在举行，但在新的文化环境中，这些群体性仪式自身也进行了一些调整，以适应新的文化环境。比如我们在反排看到的“鼓藏节”，比之以前的“鼓藏节”，其中的仪式少了许多。这里面有其他因素失落的仪式，也有仪式本身为了适应而去掉和改变一些仪式的情况。

这些变化的动因很多，有族群自身的要求，即族群的人们认为这样的仪式过程已经没有意义了，应该改变或者去掉它。这是民族信仰文化的正常发展中出现的。也有对外交流的需要，这也促使仪式的改变。还有所谓民族文化旅游开放的动因，这也能在不影响祭祀基本表现意义的情况下发生改变。

在苗族的群体性祭祀仪式中，这一类的变化最多，比如像“鼓藏节”，以前的“鼓脏祭”是苗族人自己的事，但现今不一样了，它的举行往往会引来不少的外族旁观者，而苗族人的观念中，是非常高兴外来者参与的。但外来者看什么？主要看的是苗族的服饰和歌舞，故而在这些年的“鼓藏节”中，服饰和歌舞往往被苗族人自己在仪式中加强了。我祭我的祖，你看你的歌舞和服饰，各得其所。

在民族群体性的祭祀仪式中，可能布依族的群体性仪式是变化最小的。

布依族的群体性的祭祀为祭社神（祭社神的情况参见本书第二章）、扫寨。关于扫寨，在周国茂先生1994年出版的《摩教与摩文化》一书中是这样记述的。

“这是一种扫除火星和邪恶的宗教祭祀礼仪，在布依族地区普遍盛行。各地仪式举行时间、内容大同小异。在黔西南贞丰一带，一年要举行三次，时间分别是三月初、七月十五前、腊月三十日前。祭品过去用狗，现在用猪头。”

仪式程序：先用竹扎成龙船。仪式开始，布摩头戴法帽（用纸做成，上绘凤凰、牛头马面。帽顶边沿为锯齿形），在神树脚下“改邦”（祈福驱邪），祭毕，由两个青年抬着“龙船”，一人端着装刀头肉的碗，其他人敲锣、鼓、钹等，逐一到各家进行“清扫”。每户预先在大门口摆上一张长凳，凳上摆一碗饭、一碗水、一炷香、一颗炭。布摩等一行人来到每家门口，亦将刀头肉摆放在凳上。布摩诵经咒，一边掷卦板。掷卦时需掷出阴卦方为吉利。若掷出阴卦则罢，若三次掷不出阴卦，说明此地不吉利，布摩必须到屋内“打粉火”。所谓“打粉火”，是指仪式时布摩一手执火把，一手抓晒干碾碎的柏树叶在火把上撒，使火焰一下子猛蹿起来，据说这样可吓走邪鬼。为防止由此引起的火灾，布摩需先诵“架海水咒”。打粉火时，还用苞谷或懒豆撒遍屋中每个角落。然后又掷卦板，再不出现阴卦，还得继续撒，直到出现阴卦为止。结束后，布摩将那碗水和炭倒扣在地上，把香插在“龙船”上，又到另一家继续做。全寨每户都扫完后回到神树脚，将狗肉（或猪肉）倒回锅里“回熟”，即开始聚餐。龙船要在神树下烧掉，并在寨边各路口将反扭的茅草绳横牵于一两丈高的地方，表示将被扫除寨门的邪鬼隔在寨外，不使其进寨作祟。

在调查中，我们核正过这样的记述，基本仪式现今亦是如此，变化并不大。社神的祭祀也是如此，册亨县的布摩说，祭社神和扫寨在许多布依族寨子里依然是这样来祭的，有的寨子只祭社神不扫寨，有的只扫寨不祭社神，但其仪式的变化不大。相比较而言，布依族的这两种群体性祭祀，变化是最少的，有的地方还有所强化。

在对仪式的理论分析中，民族民间信仰文化中的群体性仪式，随着时代的发展，往往会呈现以下的一种发展线，即心理宣泄、心理寄托、心理抚慰—文化标志—文化形式。这是一条从内心走向外在形式的发展线，也是一条从独有的特色文化走向具有大家都可以理解的审美文化的发展线。我们的贵州民族民间信仰文化中的某些群体性仪式，也有向这种方向发展的可能性。

另外，贵州民族民间信仰中的有形表达并不是很多，仅以土地庙、山神庙这样的东西多一些，但这些东西在20世纪80年代以前基本毁弃。在20世纪80年代以后又才恢复起来，尤其是屯堡人所在的村寨里，基本全部恢复，有的修建得比以前的还要好。并且其祭祀仪式也全部恢复。但是，受屯堡人的影响而信仰土地的他民族村寨所毁弃的土地庙，恢复的就少。

总体而言，从过去走来的贵州民族民间信仰文化飘落了，转化后的信仰，似乎更注重信仰的情感意义和民族情结意义，巫术意味和遗存还有一些，巫术性的迷信是更少了，并且在信仰表现中，也没有走到与科学对立的面上去。

第三节　贵州民族民间信仰文化与科学

有一次，我在采访一个苗族的鬼师时，突然插进了一个话题："你能为别人解很多鬼，让别人解除病痛，但如果你病了的时候，你吃不吃药呢？"

这个鬼师想都不想地就回答："吃！"

他看着我笑，又补充说："神、药两解！"

我过后一直没忘记他的话。他的话实际上包含了一个科学文化时代信仰文化与科学发展之间，精神文化与物质文化之间的重大话题。

人们也知道，科学文化把人类对于世界的认识推进到了一个史无前例的阶段，但是，作为精神文化性质的信仰文化并没有完全退出人类文化史的发展。它还在历史文化中存在着，尤其是处在现代社会边缘的民族地区的少数民族的信仰文化，更有自身的一番天地。

在民族地区进行民族信仰文化调查时，我们深深感到，几乎所有的处于这种民族信仰或那种民族信仰中的民众，基本上不会说因为他们的信仰而去拒绝科学的事物和科学的方法。像在农业生产上的良种良法，科学种田，日常生活中的吃药看病，等等，没有谁会拒绝接受的，实际上在现实中也没有这样的事情发生。我在调查中非常注意各民族的信仰执行者的鬼师、布摩、毕摩、果珠、土老师等人对于现代科学文化的态度，基本上没有强烈的排斥情绪。我问过近10个鬼师类的人物，你们在生病的时候上不上医院，吃不吃药？没有一个说不去的，不吃药的。

从表面上看来，民族的信仰文化与今天的主流文化科学文化是对立的，但实际上并不是这样的。

"从人类文化的演进和比较着眼，科学文化的基本特征有两点。第一，科学实际上是一种认识性文化，它的确推进了人类对世界及其自身的了解，但它并不能胜任人类的情感需要，情感的主体文化不是对客体的认识文化所能取代的。在文化观上的唯认识主义是片面的、错误的。……第二，科学实际上是解放人的动物性的文化，是创造物质财富的手段。科学能满足人的物质要求，从而给人类带来感官的快乐，但远远不能满足人的精神生活要求。"[1] 从韩民青先生的这段话来看，科学文化的性质与信仰文化的性质是不一样的，而且他们的作用和功能也是不一样的。

在现代社会中，"科学与宗教的二元对立已变得不鲜明，二者界限变得模糊。"[2]这个现实在贵州民族民间信仰文化中已经表现得十分鲜明，没有会因为信仰祖灵而去拒绝科学的物质实惠。

文中所说的宗教与我们所说的民族信仰有许多区别，但在信仰的精神性质上是一致的。

科学在对于物质世界的认识上，它有绝对的优势，但是在精神上却是缺失的。

"只是随着科学文化的发展，社会中的问题及人的情感精神需要依然得不到满足之后，人们才发现了宗教的情感因素与情感功能是超科学的，是科学所不能取代的。宗教本质上是崇尚精神及其产物的文化，具有抑制人的动物性的历史功能，这是科学文化所忽略了的。……我们已经看到，人们在相信科学的同时又信奉宗教，绝不是在认识上倒退，绝不是为了运用宗教去解决认识世界、创造物质财富，而是为了情感的精神的需要。"[3]

在贵州的民族地区，有着各种民族信仰的民众，似乎更看重其信仰在他们精神和情感生活中的重要性。因为这种信仰与一般的宗教信仰不一样，它们还附着了太沉重的民族情结在其中。这种信仰在于他们不仅是自身的精神需求，而是民族精神的延续和发展。

我们说"神、药两解"，是科学与民族的信仰文化在今天得而有兼的问题，它们二者不对立。但是，民族的信仰还在人际关系和人生价值上有自己的天地。

"宗教的存在不是在一成不变中保持的，它将在那些科学文化所不及的领域及科学文化所带来副作用的领域中尽力发挥自己。简单一点讲，宗教将紧紧围绕人与人的关系而展开自己的活动，紧紧围绕个人的自我价值而不断向纵深拓展。人与人的关系，是人类内部的事务，不是依靠简单的技术改造手段所能解决的。人与人的关系，是人生生活的最根本背景，人类越发展，人们越是生活于人与人的关系之中，而人与自然的关系则日益远离人们的日常生活。怎样处理人与人的关系呢？这是一个古老而又常新的问题。人与人的关系，似乎也是科学技术既不能及也一直忽视的领域。这是因为，人与人的关系是一个涉及人生价值、人生追求的永恒课题，具有极强的伦理性和情感性，这不是依靠客观描述所能解决的，而是依赖于人们的本性的自发追求，依赖于人对善与美的不懈努力。"[4]

如韩民青所说的"不懈努力"，在贵州的民族民间信仰文化中是经常上演的，他们在这种"伦理性和情感性"的人际关系中，往往处理得非常到位。

① 韩民青：《文化的历程》第一卷，广西人民出版社 1990 年版，第 440 页。
② 韩民青：《文化的历程》第一卷，广西人民出版社 1990 年版，第 441 页。
③ 韩民青：《文化的历程》第一卷，广西人民出版社 1990 年版，第 442 页。
④ 韩民青：《文化的历程》第一卷，广西人民出版社 1990 年版，第 443 页。

第十一章　贵州民族民间信仰文化与民族地区现代化

贵州民族民间信仰文化作为一种精神性质的文化，它亦是民族地区中的上层建筑，属于意识形态范畴的事物，我们论述贵州民族民间信仰文化对民族地区现代化发展的影响，等等，也应该从意识形态影响经济基础的角度而言。按照马克思主义的哲学观点，意识形态是建立在一定经济基础之上的意识形态，是经济基础决定上层建筑的意识形态，意识形态对经济基础又有极大的反作用力，从而影响经济基础。当然民族地区的民族信仰文化和民族地区的现代化发展，在实际中的表现是极为复杂多样的。

第一节　贵州民族民间信仰文化对民族地区现代化的影响

说贵州民族民间信仰文化对民族地区现代化发展的影响，应该明确地认识到其影响的性质。我以为这种影响基本上是心理文化上的影响。理由有：一是贵州民族民间信仰文化都只是一种自在性质的民间精神文化表现，并没有形成一定的组织性结构，有一定的社会组织结构力来影响现代化的发展。也就是说，它们不会有一种如教会性质的组织影响力来影响现代化的发展。二是本身就是处于边缘文化的民族民间信仰文化，直接与民族地区的现代化发展的关联并不是很多。三是民族民间信仰文化的经济基础是自然经济性质浓厚的农耕经济，与现代化发展的经济性质关联较少。所以，民族民间信仰文化对民族地区的现代化发展的影响主要是一种精神性的、意识性的、潜在的、深层的影响。

当然，不管是什么性质的影响，民族民间信仰文化对民族地区现代化发展的影响是客观存在的。这种影响有两个方面：一是正面的影响，二是负面的影响。

在现今，从文化心理而言，贵州民族民间信仰文化对民族地区的现代化发展是比较认同的，基本没有大的因为信仰文化而引发的事件，形成了对民族地区现代化发展的负面影响。当然，在贵州民族地区刚刚开始现代化建设的20世纪60年代，这种事件是时有发生的。今天水城钢铁集团公司的中心地带里，有一个叫青杠林的地方，在20世纪60年代，水城钢铁厂要破土动工时，就招致大批的村民阻拦，因为这里是他们的神箐。最后，经过当地政府的劝说，并让他们举行了一次神祭之后，才破土动工的。

这样的事件在贵州的其他民族地区也有发生，但在20世纪80年代以后，就再也没有发生了。

在民族地区的现代化发展中，具体表现的有农电的建设，交通线的建设，以及现代工厂的建设，广播电视的建设，等等。这些建设给民族地区的各族人民带来的物质性实利，各民族的民众都是有切身感受的。实际上，贵州各民族的信仰文化从心理态势上，支持现代化在民族地区发展的占主流。另一方面，外来的进行现代化建设的队伍也是比较理解当地的民族民间信仰文化的，我在贵州调查民族民间信仰文化时遇到两个事例，就很说明问题。

一是在黔南都匀市的一个民族村寨里，村民们告诉我，他们村边要修建高速公路，正好要砍掉他们村的一棵大神树，他们不愿意，把情况反映到施工单位，施工单位很认真地对待这件事，最后把路的走向稍稍动了一下，避开了这棵神树，如今，那棵神树就在高速公路边，像一个很大的标志，村民们为此很高兴。

另一件事是安顺地区的一些地方现代化建设项目中，对于损毁的民间信仰性质的建筑一般都是给予修复的。

还有，国家和一些单位对民族地区有一些诸如桥梁、学校、水井的捐资性质的建设，民间会自发的在旁边修建信仰性质的建筑，以表感激和纪念。我在安顺市就看到这样的水井，在黔东南就看到了这样的桥梁。

这些行为，都会在一定范围内发生良好的影响，进而从信仰文化心理的角度上促进民族地区现代化的发展。

民族信仰文化对民族地区现代化发展的负面的影响，虽然主要是心理层面的，但影响也是多方面的。首先在民族信仰文化会有一些东西不利于民族地区的民众对科学技术的接受。在一些科学技术的东西进来的时候，受其信仰文化的影响，其接受的主动性差，一般要等到“眼见为实”了才会接受。

还有，由于信仰文化的影响，使一些促进民族地区现代化发展的政策的良好执行受到影响。于此上我有一个亲身感受的事例。

一次，我在一个苗族人家住下，我要在这里住一段时间，对这里的苗族文化进行调查。这家的男主人有40多岁，曾经是一个乡里的党委书记，可他退休在家了。才40多岁，就退休在家？我一直不明白这其中的奥秘，问他，他也笑而不答。他家也是我的采访对象，如常的采访进行了好几天了。有一天，我和他在一步一步地核对他家的“父子连名表”时，我对这位40多岁就退休的干部才有点“觉悟”。

下面，我把他家的“父子连名表”转录其下，转录时略去名字。

王能往上说的最早的祖公、祖奶叫“补收”和“波收”。

补收与波收生下4个儿子1个姑娘，分别叫哥收、二收、三收、四收、妹收。

哥收家老名叫“补嘎、波嘎”，生一个儿子，小名叫哥嘎。哥嘎家的老名叫“补周、波周”，生一个儿子，小名叫着周。着周家的老名叫“补云、波云”，生一个儿子，小名叫尔云。尔云家的老名叫“布初、波初”，生一个儿子，小名叫哥初；生一个女儿，小名叫妹初。妹初时年8岁，是哥收这一支年龄最小者。

这一支人现住在梭嘎乡的团结村，称为“收A支”。

这一支排辈分是收　嘎　周　云　初。

二收家老名叫“补发、波发”，生大儿子和小儿子两人，小名不知。大儿子家的老名叫“补家、波家”；小儿子家的老名叫“补多、波多”，其年轻时被抓兵，一去不归，故名谱中断。

大儿子补家、波家家生三子，小名分别叫秋家、增家、幺家。

秋家老名叫“补公、波公”，生4子，小名分别叫饭公、湾处公、二公、菊公。

饭公的老名叫“补楼、波楼”，生一女，小名叫妹楼。时年21岁；生女小名叫菊楼。时年18岁；生子小名叫云楼。

湾处公年轻时被抓兵，下落不明，无后，也无老名。

二公家老名叫“补德、波德”，生一子，小名叫哥德，时年14岁。

菊公家的老名叫“补兰、波兰”，生子小名叫哥兰。时年12岁；生子小名叫二兰。时年为8岁；生女小名为妹兰，时年5岁。

2. 增家的老名叫“补胜、波胜”，生6子，分别叫马胜、二胜、四胜、法胜、引胜、今胜。

马胜家老名叫“补走、波走”，生子小名叫哥走：哥走家的老名叫“补拾、波拾”，生女小名叫城拾，时年6岁；生女小名伏拾，时年4岁。

二胜家的老名叫“补愁、波愁”，生子小名叫东愁：东愁家的老名叫“布荷、波荷”，生子小名莲荷，时年7岁；生女小名叫妹荷，时年5岁。

四胜家的老名叫“补松、波松”，生子小名叫轻松，时年20岁：生子小名叫二松，时年18岁；生子小名叫三松；生女小名叫妹松，时年10岁。

法胜家的老名叫“补列、波列”，生女小名叫妹列；时年18岁；生子小名叫青接，时年11岁。

引胜家的老名叫“补平、波平”，生女小名叫妹平；生子小名叫哥平，时年12岁。

今胜家的老名叫“补支、波支”，生子小名叫柏支，时年7岁；生子小名叫二支，时年5岁。

3. 幺家的老名叫“补培、波培”，生子四人，小名分别叫：乔培、包培、□培、□培。

……

在这里的苗族中，苗族人一生有三个名字，一是小名，这是一生下来父母给的名字，成长起来，要上学了，就起一个到学校读书的学名。这是他们的第二个名字，叫学名。最后一个名字叫“老名”。这是在结婚成家并且生育男孩子时得到的名字。这家人在生育了男孩之后，会举行一个专门的仪式，按照苗族的“父子联名”从父亲那里延续一个名字下来。

实际上到这里我还不是太明白这位苗族干部退休的究竟，在研究了他们的丧葬仪式之后，我才明白了。这老名是苗族人死后去见老祖先时用的名字，如果没有这个老名，他们的鬼师是无法给你指路到老祖先那里去的。而有老名的前提是生个儿子，生了儿子你才有资格举行那个给小孩子取小名，给自己取老名的仪式。所以，这里的苗族人一生中最不看重的是学名，那是为了应付户籍管理和学校上学用的，而最看重的是老名，它才是属于这里苗族人自己的名字。也是能够见老祖先的名字。

我面对的这个苗族干部，他自己是有儿子的，他提前那么些时间退休，是为了避免因为他的儿子超生自己还在岗位上受到处罚。这个决定在一般的汉族人的理解中，似乎代价太大了，但这里的苗族人却不是这样看的，老名，没有什么比这更为重要的了。

这就是因为民族的信仰文化负面地间接地影响民族地区现代化发展的实例之一。

应该承认，不管是正面的影响还是负面的影响，它对民族地区现代化发展的影响有它微弱的一面，也有它深远的一面。一方面由于它的影响来源于心理文化的层面，对民族地区现代化发展的影响是渗润式的，另一方面，也由于其影响的方式是渗润式的，那这种影响也是长远的深刻的。

贵州民族民间信仰文化对民族地区的现代化发展的影响，正面的负面的都有，但都是间接的文化心理上的影响。同时，民族民间信仰文化还有其文化自在性的一面。就民族民间的信仰文化而言，更多的是精神层面的自在表现，与外部世界的关联并不多。我把这种状态称为自在的信仰。

这种自在的信仰在民族地区的精神文化建设中是极富建设性的。每个民族之所以能称为一个民族，都有自己一整套的民族文化表现，也同样有一整套的信仰文化的表现。这些信仰文化不管其表现如何，它们都没有文化上的扩张性，对自己民族的信仰有自我的信心，但也不会因为自己的信仰文化而去压制、打击、排斥别的信仰文化，只是自在的运行自己的信仰文化。

贵州的民族民间信仰文化，它从来都不是一种我们所说的民间宗教，不管是历史悠久的民族信仰，还是历史相对而言较晚的民族信仰，它都不是以一种宗教的形式来运行的信仰。在一般的字面上，宗教和信仰是连在一起来读的，但这种读法在贵州民族民间信仰文化中是不存在的。

按照文化进化论的理论，文化的发展和表现是可以划分阶段性的。在贵州民族民间信仰文化中，彝族的信仰文化和布依族的信仰文化，最具有贵州民族信仰文化的发展形态，也就是说最有可能成为一种民族的宗教，因此有人把这二者称为“前宗教”。但是，这么多年下来，它们还是在民间运行的信仰文化，而不是一个宗教。民族的信仰只运行为一种文化，而不是一种有严格要求的宗教，有外在的因素，比如外部的文化势力对民族文化的防范。其例子有许多，比如侗族的萨岁山处的挖河。

“这是一座地形独特的山，堂凯河原由北向南围绕萨岁山环流，构成一段马蹄形的河道。传说（明）万历年间（1583）黎靖协参将邓子龙征讨肇洞，镇压当地侗民起义时，为斩断此地龙脉，瓦解侗民精神信仰，派人将纪蒙山南余脉挖断，使堂凯河改变河道，使此山变成了无水环绕之山。那年，当我与几名村干到此考察时，见到山脚下仍留有原古河道之痕迹，说明事情是真实可信的。”①

这种外部的限制对于贵州民族民间信仰文化的表现形式是有其影响的，有时候，在外力的作用下，使民族的信仰从外部走向内化，也是完全可能的。但我以为，贵州民族的信仰文化更多的是因为内在的因素而呈现出今天的样子的。别的不说，多神和多灵的信仰状况本身，就不可能使贵州民族的信仰文化走向民间宗教。因为民族信仰的本身，除了信仰之外，更多的是族群文化的情结，并没有把民族的信仰越出民族之外，成为跨民族的信仰的内在要求。

这样的民族信仰文化就是一种自在的族群信仰。

民族民间信仰文化能够在一定程度上影响民族地区的现代化发展，但其更重要的意义在于它的人类文化多样性表现。在人类的文化中，每一种文化的存在对于人类来说，都是有意义的。这种观点我在第八章的第四节的“文化的基因”中有所论述。我这里想说的是，不管民族地区的现代化发展趋势如何，绝大部分的山地和自然农业的状况是不会有多大改变的。民族信仰文化的生存基础基本上不会大变，更不要说民族民间的信仰文化还有在现代化发展中的自新和自我调节的能力。

第二节　贵州民族民间信仰文化的文化资源性质

中国现代化的发展正在逐步地对民族地区发生越来越大的影响，在不久的将来，肯定会与民族民间信仰文化发生更为深刻和广泛的联系。在这种历史背景下，正确的认识民族民间的信仰文化，是我们探索民族民间信仰文化与民族地区现代化发展政策和策略的前提。或者说政策和策略就呈现在这种对民族民间信仰文化的正确的认识中。

在贵州的民族地区，一般而言，经济都是比较落后的，发展贵州民族地区的经济自然是主题。要实现这一主题的基本途径就是资源开发，把贵州民族地区的资源优势转变为经济优势。在这种资源开发中有矿产资源的开发，有农业资源的开发，有水利资源的开发，有气候资源的开发，有旅游资源的开发，还有民族文化资源的开发，等

① 石干成：《走进肇兴》，中国文联出版社2002年版，第46页。

等。好像这民族文化资源的开发包括了民族民间信仰文化，实则不是。现今的民族文化资源的开发实际上是民族歌舞、服饰的开发，与民族的其他文化相去甚远。

民族民间的信仰文化也是一种文化资源，而且是极为重要的文化资源。这种认识在我们相关的政策和策略的运用中是相当重要的。

理解民族民间信仰文化也是一种文化资源，我们应该从以下几个方面来认识：

一是民族民间信仰文化是民族民间一切精神文化的背景和支柱；

二是民族文化的基本构成是建立在民族信仰文化基础之上的；

三是民族信仰文化能够为一切的民族文化的展示搭建平台；

四是民族民间信仰文化本身就具有很大的文化资源开发价值。

说民族民间信仰文化是民族民间一切精神文化的背景和支柱，这不难理解。正如我们前面所说，信仰文化是一切精神性质文化的核心构造。既然是核心构造，那么它自然决定核心构造之外的文化的基本性质和状态。这在民族民间的文化结构中，其信仰文化的核心构造对民族民间文化的影响力更大、更直接，因为民族民间的文化结构并不复杂，有时候，核心文化的构造直接成为或直接影响其外围文化的表现。比如说苗族的服饰和歌舞，他们的服饰在一定程度上就是其信仰文化的图案化表现，或者说由苗族的信仰文化直接结构了苗族的服饰文化。还有苗族的歌舞构成，实际上就是由苗族的祭祀音乐和祭祀舞蹈构成的。也就是说，我们不理解民族民间信仰文化，也就不知道我们要在民族的歌舞文化中开发些什么。我们民族文化的资源开发的基本点是在民族的信仰文化之中的。

在民族文化开发中，有这样一种情况，你民族以为很美、很好的东西，拿出来别人不一定喜欢。这里有一个现代审美和传统审美的理论问题，即现代的审美是纯粹的审美娱悦型的审美，而民族民间的审美是一种要求具有深刻文化背景和理解的文化审美，而这种文化审美的深刻背景，也就是我们所说的民族民间信仰文化。如果不理解这一点，民族文化的资源开发是搞不好的。

说民族文化的基本构成是建立在民族信仰文化基础之上的，这也不难理解。有什么样的信仰文化就有什么样的民族文化。每个民族建立自己族群文化的初始，都是从建立自己的信仰文化开始的，即基本解决了用什么样的方式来解释和看待世界的问题之后，才会在这样的基础上逐步形成自己的族群文化。从这里而言，你的民族信仰文化越是深厚，那你的民族文化也就越显深厚，反之亦然。实际上，民族文化资源开发的基本的“牌”，就在对民族信仰文化的理解之中。

说民族信仰文化能够为一切的民族文化的展示搭建平台，这个话一点不假。民族信仰文化不但是民族文化的背景和基础，同时还是展示民族文化的基本平台。在一定的时候，搭建一定的平台，展示民族的文化，这是民族文化资源开发的一种模式，许多人很喜欢这样做。但是，平台是一个现代的词，在哪儿都能够应用，一般的平台也是可以展示事物的，如果我们在民族文化的资源开发中搭建的是一个一般的平台，那这个所谓的展示民族文化的平台，肯定什么也展示不了。搞民族文化的资源开发也是需要民族文化的平台来支撑的。要构成民族文化展示的平台，非民族的信仰文化不可。在现今，民族的歌舞、服饰也是可以作为一种民族文化的标志的，但这只是表面化的标志，民族的最为深刻的标志就是信仰文化，没有这个，任何的民族文化演示，都是徒有其形，没有精神光彩的。可以说，真正的民族文化的展示平台，就是民族信仰文化所构建的平台。

说民族民间信仰文化本身就具有很大的文化资源开发价值，这是从贵州各民族实际的信仰文化发展状况而言的。在贵州民族民间信仰文化中，多数的信仰文化实体本身就包含了大量的歌舞文化。这些歌舞文化实际上就是这个民族的最优秀的歌舞文化部分。

比如，在苗族的信仰文化中，有一种祭祀仪式乐舞，俗称“打鼓芦笙”。民间称其为“芦笙诉苦情，木鼓作回答”，意为芦笙吹奏是生者对亡灵的诉说，敲击木鼓是祖灵对诉说的回应。这样的打鼓芦笙乐舞，大致由致哀哭诉、指路祭献、诀别送丧三个部分组成，按丧仪的程序，笙鼓逐一演奏悲伤哀怨的《招魂曲》《致哀曲》《祭酒曲》，情深意切的《指路曲》《交牲曲》《祭牛胸曲》《祭牛肝曲》《祭饭食曲》《祭亲友饭食曲》，激动亢奋的《放魂曲》《诀别曲》《送丧曲》，等等。

贵州中部的布依族中也有这样的乐舞。如流传于贵阳市白云区蓬莱村的布依族祈愿仪式乐，它是以迎神驱疫、祈愿人寿年丰为目的的大型民间祭祀活动。活动在每年春节期间举行，由每户出一至数名男丁组成歌队、舞队、旗队和响器班做祈愿乐舞表演，表演者均戴面具。这个祈愿仪式乐，分开箱仪式和表演仪式两个部分。表演仪式是仪式乐的主体，其程序由寓意迁徙开发历史的“出关”，描绘天神下界的“点兵”，祈愿吉祥、招财进宝的“开财门”和逐疫送神的“扫寨”等四个部分构成。

在民族民间，许多时候是无祭无乐，无祀无舞的，这种交融在一起的民族文化正是其富于民族文化特色的重要方式。

所以，把贵州民族民间信仰文化也作为一种文化资源来认识，对贵州民族文化资源的开发是非常重要的。

第三节　贵州民族民间信仰文化的心灵力量

即便我们不把民族民间的信仰文化做一种致用的理解，就如前所说的它也是一种民族文化资源，民族民间的信仰文化，也是我们每个人应该深刻理解的事物。尤其是在物欲横流的今天，我们更应该深刻地理解民族民间信仰文化的心灵力量的性质。在我们的社会中，不管什么样的人，都太需要这种心灵文化的滋润了。

我在这里所说的是“认识民族民间信仰文化的心灵力量”，可能会有很多的人不同意，他们会说出许多民族民间信仰文化的“落后”和对社会生活的负面影响来。比如陆群先生在其大作《民间思想的村落——苗族巫文化的宗教透视》一书中就总结了苗族信仰的三大负面影响：

一是现实行为的偏离。苗族信仰由于一直处于最原始的多神教阶段，崇巫之风浓烈，与现实生活十分贴近，各类信仰与巫术的发生往往为一十分具体的愿望驱动，服务于十分具体的现实目的。故这样的信仰，极易干扰具体的社会生活，从而不可避免地导致大量的以信仰的方式来解决现实问题的做法，其结果可想而知，使人的现实行为发生一定程度的偏离，于事无补。

二是思考能力的限制。苗族信仰由于与现实生活十分贴近，不但使人的现实行为发生一定程度的偏离，而且在思维判断上，往往易导致以神的意志取代人的意志，以神的判断取代人的判断，在一定程度上限制了人的思考能力。

三是人性人伦的扭曲。苗族信仰的某些方面，在一定程度上扭曲了人性人伦。①

陆群先生的这三个“负面”，第一个“负面”是建立在这样事实的基础上的。“在许多情况下，苗族遇事不善求助于现实切实的行为而转向求鬼问神，消耗巨大，增加了百姓负担却又无济于事。诚如前章所言，苗族的鬼神像人一样，需人之所需，想人之所想，所以往往得向鬼神敬献大量的物质财富，交牲献祭，以求得鬼神的保佑。而这样做的结果是使苗族人民承担一定的物质消耗，尤其是较大型的祭祀请愿或禳解活动，必令全宗族人来参加，大家同吃同喝，开销十分巨大，往往使苗族人民不堪负担。”②

第二个“负面”是建立在“禁忌”过度的宗族观念，和“神判”之上的。

第三个“负面”是建立在“苗蛊”、重丧、黑巫术等之上的。

陆群先生的这三个“负面”，都是很切中湖南湘西苗族信仰文化的要害的，但是这些景象在贵州民族民间信仰文化中，多数是“过去进行时”。在过去的贵州民族民间信仰文化中，这些现象是时有发生的，但这样的时代毕竟过去了。在陆群先生所论述的这三个“负面”中，第一个“负面”在贵州的民族民间信仰文化中，还有少量的遗存；第二个“负面”可能是贵州民族民间信仰文化中比较深层次的影响，以神的判断代替人的判断，在从前的贵州民族民间信仰文化中，可能是比较普遍的，但现今这种情形在贵州民族民间信仰文化中是有限定性的，即在精神性质的判断用得最多，在物质利益的判断上用得较少。或者说许多的这类性质的判断只是一种心理上的安慰性质，并不在实质上十分在意。第三个“负面”在现今的贵州民族民间信仰中是基本未见的。我们在调查中，也涉及这些问题，但就是巫师本身也都是以黑巫术为耻的。

在贵州的民族民间信仰文化中，我以为现今是以良好的信仰文化为主流表现的。所以我们应该对民族信仰文化的心灵滋养有一个认识。我在民族地区行走调查时，有一些比较深刻的感受：一是贵州民族地区良好的社会环境；二是善良纯朴的基本性格表现；三是社会伦理规范良好；四是独特浓郁的民风民情。实际上这一切都是建立在良好的信仰文化之上的。

我在贵州民间进行田野作业时感到，越是民族地区越安全。在山里的农村，一般

① 陆群：《民间思想的村落——苗族巫文化的宗教透视》，贵州民族出版社2000年版，第292-302页。
② 陆群：《民间思想的村落——苗族巫文化的宗教透视》，贵州民族出版社2000年版，第293页。

不会有人对你的人身安全构成威胁。在山里相遇，不是每一个人都会把你当客人来看待，但你一走进他家里，角色就变了，目光也变了。我有一次在花江大峡谷的下瓜瀑布村里投宿，我不认识这村里的任何一个人，我只随意地走进了一户普通的人家。这家布依族人就把我作为他的客人，男主人一直陪我活动了两天，最后护送我到出村子的山口。这种社会环境不是现代法规建立起来的，而是信仰文化在人心中渗润的结果。

贵州各民族的族人中，真正在民族文化中成长起来的各族的族人，极少有顽劣不化的人。在他们中间，既有一般普通的人，也有许多优秀分子，但不管哪一种人，其基本性格多为善良纯朴的。这种民族性格的基本面，就是民族信仰文化的力量所致。他们是弱势的、边缘的，但更是善良的。

我是一个地道的汉族人，在没有接触到贵州民族民间文化时，也听说过许多民族负面的“传说”，尤其是对“性”的“传说”。但我在调查了许多个民族的文化之后，得出的结论正好与“传说”相反。贵州的民族中，都有与之相适应的民族信仰文化，并在此基础上建立了良好的伦理规范。于此，我这里有两个例子很能说明问题。

一是高坡的苗族关于少年心性的情景。

罗廷开，今年40岁，已是两个孩子的父亲，在避雨的偏岩下，他对我讲了他少年玩女友的几个“蒙太奇”。

（1）这个寨子的三少年出了寨子，向一个草坡走去，要去割牛草，身上却带着6把镰刀。这时，对面寨子会出来三个少女，也向草坡走来。少年说：“巴郎（就是牛）”叫得很，帮割点你家坡上的草。三少女会摸出父亲的香烟递给少年，转身割自家坡上的草去了。割完牛草，三少女、三少年就海阔天空，谈一些芝麻粒似的大理想。

（2）我交往过四个女友。我从不亲自送她们东西，她们在我家玩完回家时，我就会告诉她们：“路上小心点，看路边有什么东西没有？”女友回家的路上，也许会惊喜地发现有四双白边布鞋，或其他礼品在路边。

（3）有一次我告诉我的女友，你们从某条路上来，脚步放轻点。结果，女友们一跳下地坎，坎下就是一桌摆好的酒席，少年这时会站在一边笑。然后就是一场青春的欢宴。

（4）有一次女友也如法炮制，说让他们回家路上小心别让东西碰着脑壳，结果是几个大粑粑挂在树上，拿回去吃了几天。

欲心较重的我们不禁问：你吻过、摸过你的女友吗？

最多只拉拉手，摸摸肩，其他别想，要想真好，就得请父母说才行。

我无言。

这是我在拙著《美神的眼睛》里描述的。这份心灵的滋润是非良好的伦理道德规范所莫及的。

再有一个是六枝梭嘎苗人族的关于性爱的话题。在六枝梭嘎苗人族中，每年在正月初四到十四的10天里，有一个叫“坐坡”的节日。这是梭嘎苗人族关于男女交往及性方面的一个盛大节日。主要内容有两个：一是男女之间的自由交往；二是自发的或有组织的歌舞会演。当然，根据不同的年景和实际情况，会有其他的内容加入，比如表演蜡染刺绣技艺、捻线、织布功夫，以及显示各自的蜡染成品、刺绣成品，还有男女青春风采的综合展示，等等。

这10天中，梭嘎苗人族的男女青年是可以自由交往的，最惹人注目的是关于性的交往，实际情况是男女青年在这10天里，不管是婚否，都可以自由的相交、相爱，直至性交，并不会受到任何责备和约束。

这是一个苗族古老婚姻制度的遗存，不管在现今社会中人们会怎样来看待这一遗存，我在采录中他们的一个自然领袖对我说过的一句话，给我很深的印象。我说这样如实写你们的风俗行不行？他说："怕什么？你们城里人一年365天都可以这样，我们才10天。"确实，梭嘎苗人族在这10天之后，就是如常的极为规范的伦理生活，绝少有人会逾越这个伦理规范的。问题是，我们生活中的非婚性关系是人的正常行为，那也就没有必要给苗族及其他民族涂上那么多不必要的色彩了。

相比较而言，贵州各民族信仰文化支撑下的伦理规范，是极为良好和符合人性的。

独特浓郁的民风民情，也是民族信仰文化带给我们的重要礼物。如果我们每一个人都在一种对世界的解释中生活，那肯定是最无聊的一种生活，正是贵州各民族在自己的信仰文化中创造了对世界的不同的解释，才有了各民族的不同的生活色彩，才形成了贵州各民族的独特浓郁的民风民情。

还有，良好的信仰文化也是建立和谐社会的动力。在贵州各民族的信仰文化中，也许并没有培育出多么巨大的进取精神，但在建立与之相应的和谐社会安定上，是起到了根本性作用的。

我们在前面的关于反排的"鼓藏节"的论述中可以看到这样一则仪式，叫"埋岩"，即在"鼓脏祭"结束之后进行的关于"村规民约"的约定。这种在神圣仪式举行的过程中，或仪式结束之后制定的"村规民约"，人们称为民族习惯法。这样得来的习惯法一是具有神性，二是符合当地的风俗习惯和实际情况，所以在村社中很有影响力。这样的"村规民约"在贵州各民族的信仰文化中都有表现，是创造村社和谐社会的主要规约。这种直接来源于神性的"村规民约"，已经与过去时代的陈规陋习大不相同，一般这样的神性的"村规民约"的制定民间有两个原则：一是不违反国家的现行的法律法规制度等；二是不倡导陈规陋习。

实际上，我们贵州民族地区有许多地方的社会和谐与民族和谐是靠这种带有神性的规约来实现的。

我们认识民间信仰的美好，还有最为根本的一条是认真地看待民间信仰，把它们也看成一种"信仰"，或者是信仰文化。长期以来，我们可以把道教、天主教、佛教、伊斯兰教看成正统的信仰，但对民族信仰文化却不是这样来看的。要么把它们视为一种迷信，即一种不正常的信仰，要么就不认为它们是一种信仰，而是一种民俗文化，只尊重而已，不给予它应有的文化地位。其实，民族信仰是一种有宗无教的信仰文化，其结构上与现代概念中的宗教完全不同，但它在信仰的力量和信仰文化的特性上一点不差于现代概念中的宗教。

贵州民族民间信仰文化的心灵力量，对贵州各民族民间的良好的民族精神和和谐社会的建立是有极大贡献的。这一点是我们在贵州民族地区的现代化建设和相关的政策和决策中，一定要特别注意的。

第四节　政策·策略·误区

我们在对贵州的民族民间信仰文化有一个正确认识之后，政策和策略也就在其中了。我以为，在这一方面有两点最为重要，一是民族地区发展政策的制定，一定要注意民族地区民族文化（包括信仰文化在内）的特点，要善于利用民族文化中的优秀品质来为民族地区现代化发展服务。即避开不利于发展的民族文化因素，如一些来源于民族信仰性质的习俗，要尊重它们的客观存在。但同时要利用好民族信仰文化中的积极因素，以推进民族地区的现代化发展。但是民族地区的现代化发展在思路上不能只是现代工业发展这一条路，以为民族地区的工业化发展就是民族地区的现代化发展，这种观点是错误的，也是不切实际的。民族地区的现代化发展也应该包含民族地区的特色发展。这种特色发展有两种，一是民族特色经济的发展，二是特色文化的发展。

我以为，贵州民族地区的特色发展应该以后一种发展为主。这一种特色发展又可以分为两种，一种是自然风光的旅游发展，二是民族文化的旅游发展。

在大的政策和策略上我们可能受制的方面很多，也受到全国一盘棋的影响，也就是说，我们在这一方面可以操作的东西少。所以，贵州民族地区现代化发展的主要思考点应该在后一种发展上。

在我们贵州说民族特色文化的发展，其根本的目的是在把民族文化保护好的前提下，形成一种有持续发展能力的旅游产品。这样才能从根本上促进民族地区的现代化发展。

我们贵州很早就希望把贵州的旅游做深、做大、做强，但事与愿违。在贵州，自然风光是独具一格的，民族风情也是独具一格的，而且这两者存在的区域也基本上是重合的。但是，贵州的旅游就是做不深，做不大，做不强，其根子在一个“深”字上。深不下去，也就大不起来，强不起来。其中根本的原因就是对贵州民族文化认识的肤浅。这种肤浅的根子又在对贵州各民族信仰文化认识的肤浅之上。

我把这种肤浅的现象列举为“贵州民族文化旅游开发的九大误区”。如何应对民族地区的民族文化的理解、开发和利用，以及相关的政策和策略自然也就在其中了。

在理论上来讲，旅游是一种精神性的消费过程，它有两个基本的要素：一是自然地理的要素；二是依存于一定自然地理状况中的文化要素。

第一种旅游就是我们所说的自然风光，看山、看水、看树、看海、看树上的动物、看水里的鱼；看一条河怎么从腰部断开来的样子（瀑布），看地球的裂缝（大峡谷）有多大……凡是地球有“过错”的地方人们都喜欢去看。

第二种旅游就是我们所说的文化旅游，也就是看别人与我们不一样的生活样子。

如果一个地方有这两样东西，就是我们所说的风情旅游。这应该是第三种旅游。

我们贵州省搞旅游开发是比较早的，开发自然风光早一些，民族文化旅游的开发要晚一些。对自然风光开发成效显著一些，对民族文化旅游的开发却不怎么样，有“开发一处破坏一处”的民谚。民族文化旅游开发像打开玻璃柜里的东西，打开了就变味。人们把这样的开发称为“破坏性开发”。

这种“破坏性开发”源于贵州省民族文化旅游开发的误区。

第一个误区是对贵州省民族文化总的家底不清楚，每个搞所谓贵州省民族文化旅游开发的专家都有自己的一套，但都是不甚了了，最多是知其然而已。我们都知道贵州省的民族文化旅游资源极为丰富，但丰富在哪里，为什么丰富，并不十分清楚，所以开发起贵州省民族文化旅游来，一直是“摸着石头过河”，但是，民族文化旅游资源是不可再生的资源，你去把它“摸翻”了就没有了。

我们每一个关心民族文化和旅游与民族文化关系的人都清楚，开发丰富多彩的贵州民族文化旅游资源，对贵州省的未来旅游产业的发展至关重要，也有政府性的所谓民族文化旅游发展规划，但我们做过一次全省性的民族文化旅游资源普查吗？这种普查还不应该是公务员式的，而应该是专家学者式的。同样，我们建立了贵州省民族文化旅游资源目录吗？确定了哪些民族文化旅游资源属于可开发的民族文化旅游资源目录，哪些属于不可开发的民族文化旅游资源目录吗？进而，我们成立了贵州省的民族文化旅游开发专家队伍吗？我想这些都没有，或做得很不够。

第二个误区是对贵州省民族文化旅游资源中，什么是可以开发的民族文化资源，什么是不可以开发的民族文化资源，什么是要讲究方式方法才能开发的民族文化资源，什么是应该严格禁止开发的民族文化资源，很多人不懂。一般人不懂不要紧，但掌握着贵州省民族文化旅游开发大权的领导人不懂是不行的，进而掌握着贵州省民族文化旅游开发专家权的人不懂也是不行的。

这里有一个例子，就是六枝特区的梭嘎苗人村寨的民族文化旅游开发。

在1990年前后，六盘水市有一个在当地挂职的干部，对当地的梭嘎苗人的风情大感兴趣，不断地对外宣传梭嘎的苗族人，从而引起了外国学术界的注意，也引来了不少的外国学者。一有“老外”来，当地的有关部门就“重视”了，就对此地进行了民族文化旅游性质的开发，在此地先后投入了数百万元，并促使国家与挪威王国联合，建立了我省著名的“梭嘎苗族文化生态保护区”。这是我们贵州省最早的关于民族文化生态保护的保护区。

于是，1990年后，当地投资30多万元，修了一条进村公路和一个接待站。1994年，旅游部门就拿钱杀牛，广邀各界，要开展民族文化旅游了。事情是政府行为，来的人倒是不少，但都是白吃白喝，希望来掏钱的老外倒来了两个，但都是来搞研究的穷学者，不是旅游者。从这以后，这里有各种名目的投入，有挪威王国的，也有当地民委方面的，还有文化保护部门的……一下子就是几百万元，这样的投入，使位于接待站旁边的这个寨子的生存条件倒是大大进步了许多。但政府和旅游部门希望出现的旅游却怎么也没有出现，每年只有零零星星的好奇者光临。

20多年过去了，这里的苗人心里实际上很厌烦来这村里东游西逛的人，因为20年的旅游开发，并没有给这里的苗人带来直接的大的经济改变。最初来的学者们，会给当地的苗人买一点衣服、服饰等，来多了就不买了。当地苗人的歌舞表演也能收一点钱，但那要团队来，而这样的团队来得不多，给的钱也更少，许多时候还是为政府接待免费表演的……

可以说，这是一个搞民族文化旅游最失败的例子。

从1994年进入这一地区搞研究起，我就一直关注它的民族文化和所谓旅游市场的开拓，20年过去了，“梭嘎苗族文化生态保护区”的名声很大，许多人都知道，但要把它作为旅游的选项却很困难。原因是什么？原因就是这里的民族文化并不是可以作为旅游开发的那种民族文化，而是只能作为“保护和研究”的那种民族文化。

还有一个例子是台江的反排。在反排，其民族文化有很多极为精彩的东西，所以它那儿的旅游是不错的，经常有人光顾。但反过来说，并不是它所有的东西都是很旅游化的东西。有一年，时逢他们13年一次的鼓藏节，一下子杀了近40头水牛，整个反排完全陷入血淋淋的大屠杀中，这让一个香港旅游团的女孩子看了直哭……这可能是一个巧合，但让人思考，有的民族文化的东西是不适合旅游开发的，也没有进行什么旅游开发的必要。

第三个误区是贵州省民族文化旅游开发的所谓市场运作。市场运作在出售某种纯商品或纯商品化的东西时，是很有效的，或者说市场运作在出售某些本来就市场化了的文化商品时，也是有效的、正常的，但在以所谓市场运作来“运作”传统的民族文化的时候，这就有大问题了。什么“市场运作”，这是商人的智慧，说得天好，但一句话，就是想办法把你卖了，而且是搞“市场运作”的人数钱。在这种商人的智慧中，它是不管你什么民族，什么文化，什么保护，只要你政府给它特许权，只要可能，你身上的每一根纱它都是要卖的。

这样的例子在湖南的凤凰。它在商业上是成功的，但“边城”的文化已经远逝不再。我从20世纪的80年代就到过凤凰，现今再去凤凰时，那份美好不再。也就是说，市场运作带来的凤凰文化旅游的衰退是不可避免的，因为市场运作已经在所谓的开发中破坏了它要开发的东西。

像湖南这样的例子贵州省也不少。

从这个意义上来讲，在民族文化旅游开发中，要坚决反对绝对的商品化，要坚持民族文化旅游开发的有限性质，不能搞全面的所谓市场运作。在民族文化的旅游开发上，要转变的观念是“转过来”，不是“转出去”，民族文化的旅游开发不只是把它“运作”来卖了，而是往回“运作”，并发扬光大，这样才是民族文化的旅游开发。

民族文化的旅游开发上的“转变观念”应该是一种反向的思维。

第四个误区是为了旅游开发，而对贵州省民族文化进行所谓的包装。在对商品的包装上，有一定的设计，并有成形的东西作用于商品，使商品有一个可观的外在形象。可对贵州省民族文化的所谓包装，就只是一些人在给它面对的民族文化事象乱取名字，并胡乱作所谓商品性的解释，高级一点的则是像模像样地把这种包装称为所谓的“创意”。

我到过许多据说是进行民族文化旅游的地方，这些地方都多多少少进行了一些上面所说的“包装”。这种包装多表现在对当地民族民间文化的宣介和解释的小画片、小画册上。这些“包装”不乏认真严肃之作，但更多是“花花绿绿、胡说八道”的东西，还有的根本上就是错的东西，根本上就是迎合社会上黄色庸俗心理的东西。这也许是商业上的“智慧”表现，但这里你卖的是民族文化的商品，而不是一般的通常意义上的商品。实际上这个话也是有毛病的，民族文化是不是商品？能不能把它作为商品来出卖？这还是一个要讨论和认真思考的问题。我以为民族文化绝不能作为纯粹的商品来出售的，至少不能赤裸裸地把它作为一般意义上的商品来对待。搞民族文化的旅游开发是可以搞的，也是应该搞的，但它是一种体验，一种理解，这种体验和理解是可以收费的，但不能理解为把民族文化作为商品卖给了旅游者。

还有，为了纯粹的商品包装，把某些民族文化如此错误地流传出去，是贻害无穷的。

还有，这种“包装”还经常出现在导游的“嘴”上。民族文化的旅游开发中的旅游消费，很多时候是靠导游的解说来完成的，某种意义上说，导游的解说过程就是把民族文化的东西“包装”了交给旅游消费者。有的时候，导游的包装与上述的宣介和解释的小画片、小画册，如出一辙，小画片、小画册上是“花花绿绿、胡说八道”的东西，导游说的则是一派胡言乱语。

问题更为严重的是，几乎没有一个相关的“长者”认真对待这一问题，认为这只不过是解说而已，有个大概就可。

第五个误区是伪民俗。在民族文化的旅游开发中，主要的部分是展开当地的民族文化风情，故而利用得最多的民族文化就是民俗，所以说民俗在某种程度说是民族文化的旅游开发中的中心。什么是伪民俗？伪民俗就是假的民俗。在贵州省的民族文化的旅游开发中，由于无知和商业利益驱使，这种在民族文化的旅游开发中的伪民俗随处可见。

据分析，伪民俗的出现有种种表现。

一种就是基层的文化人员从根源上制造的伪民俗。你到某一地了解当地民俗情况，为此地的民族文化的旅游开发做准备，不负责的自以为是的基层文化馆（站）的人员会按照他对当地民族文化风俗习惯的理解，给你编一套你喜欢的东西。这样的伪民俗，一般都是有模有样，真真假假，不过一开发出来，连当地人都说不清楚这是什么，是一些莫名其妙的东西。

这种伪民俗危害性最大，它从根本上诋毁了当地的真正的美好的民族民俗。

一种是为了迎合旅游者的口味，在原有的民俗的基础上“瞎编”而来的伪民俗。

有一次我们在从江一位文化馆长家里吃饭。席间他大谈他在深圳的表演感受，说他在表演侗族婚礼中如何改造性地加进了什么什么东西后，大获“成功”，很抢眼球。我说这不是侗族婚俗表演，而是伪民俗的侗族婚俗了。他反白了我一眼说，好看，人家愿意看。

这种伪民俗在民族文化性质的旅游中，最为多见。有的时候，这种表演就是商业性的，是娱乐性的，是一种“编排”中的民族文化，有它存在的理由，但是，这种伪民俗在长久一点的时间里，是会败坏真正的民俗口味的，极不利于真正的民族文化的旅游开发。

在云南省我们就看到了这样的恶果。西双版纳的泼水节几近一种外地人的游戏，想过真正泼水节的人一定不会到西双版纳了，逼得西双版纳州每年都组织参加泼水节的人员。

又一种伪民俗是所谓的开发者为了降低成本，自己想当然的编造。这种伪民俗当地人一眼就明，但却把外地人坑苦了。他们花了钱，本想“买”一点关于民族文化的“体验”，得到的并不是货真价实的东西。这是一种商业欺骗，可是工商部门还没法管理。

再一种伪民俗是为迎合某些旅游者猎奇的心理和低级趣味，有意夸大民俗文化中某些部分，如性、暴力、血腥、奇婚异俗，等等。在正常的民俗表现中，这些习俗是再正常不过的东西，但一夸大其词，其味道就变了，夸大得很厉害的时候，其民俗的性质也就变了。

这些，就是这种伪民俗的最直接的后果。这对健康的民族文化的旅游开发也是极为不利的。

还有一种是所谓民族文化娱乐业的商人制造的伪民俗，如我们贵阳市周边的“版纳风情园”“鼎罐城”等就是。

这里面有的是真的，有的是假的，有的是编的，但只要能赚钱，商人们都会到民族村寨去“采摘”而来，并放在园子里出售。

这样的伪民俗多是民族文化旅游开发中的“僵尸”，有形无魂。但这样的民族文化旅游开发中伪民俗更能害人。有一次，一个韩国的汉学家朋友到中国来，说起韩国的电视台做了一个贵州苗族文化的节目，说多么有意思，但这片子却是在龙洞堡附近的“鼎罐城”拍摄的。

伪民俗还能有种种，有时候为了开发，各级各地都在有意无意地制造伪民俗，以符合开发的要求，但是，一个民族文化的表现适应于旅游开发的能力和可能性是多大，并不是单靠制造伪民俗能够解决的问题。

第六个误区是掠夺性的开发。在贵州，有的民族文化是很有民族民俗旅游上的极大的开发价值，也进行了相应的开发，有很成功的，也有不太成功的。但它们都遭遇了一个相同的东西，就是“民族文化的掠夺”。一个地方“热”了，旅游团队来了，吃了、喝了、住了、看了、玩了，最后走了。一个旅游过程完成，村民们以自己的民族文化作为这场“生意”的资本投了进去，与旅游组织者“合伙”做这场“生意”。

这个民族文化可以说是这场“生意”的基本本钱，但往往村民们最后拿不到利润的 10%。

在民族文化的旅游开发中，各民族的群众不知道自己的民族文化是一种具有经济价值的自在资源，但我们的政府是应该知道的。让民族文化的旅游开发走向一种掠夺性的开发，必然是一条死路。我们的政府更不应该把民族文化资源看成像矿产资源一样性质的东西，这可是民族的文化的自在资源，所有权不能说是国家的，或者说国家一定拥有开发权，等等。也就是说，政府不能随意赋予某人有开发此地民族文化旅游的权力，也更不能让什么人随意地来掠夺它。

第七个误区是扶贫性的开发。贵州的民族文化的旅游开发是一件严肃的、需要认真思考对待的事情，但有时候，贵州省的民族文化的旅游开发是打着“扶贫”的旗帜来进行的，这也是一个误区，是好心造出来的误区。看这地方穷途末路，没什么指望，就搞一下民族文化的旅游开发。这种指导思想下民族文化的旅游开发，投资的基础是同情，而不是正常情况下的理性认识，不管此地的民族文化是否能够进行相应的旅游开发，也不管开发的外部环境是否成熟，先开发了再说。结果是“自己热闹”一阵完事，既浪费了金钱，也影响了旅游开发的形象。

第八个误区是干涉性的开发。在贵州省的民族文化的旅游开发中，过多地干涉当地的民族文化的正常运行，或者说过多地干涉旅游地民众的生存和发展权利。前一种情况是在开发当地民族文化的过程中，有意地把当地的民族文化导向更为符合旅游展开的方向。在适当的有益的导向的时候，这种导向是良性的，符合民族文化的基本规律，但这种导向一过头，就是一种干涉了。这必然带来当地民族文化的扭曲，这种扭曲是有害的，有时候会因为这种扭曲而毁掉一个民族文化旅游点，因为这也能伤害到民族文化的存在基础。

后一种情况在贵州的很多地方都有出现。比如不准在民族文化旅游村中盖水泥房子，不准把村中的小路用水泥抹平，不准在什么时候穿什么衣服等。这里有一个潜在的指导思想，如果定为民族文化旅游区，这里民众的生存状态就应该保持原状。显然，这是一种不公平的做法，不能因为旅游者要看我们的“落后”的样子，我们就失去了发展的权利了。中央电视台的《时空连线》栏目就在六枝的梭嘎讨论过这个问题，结论是：民族旅游村寨的建立，应该尊重人们的生存发展权利。

第九个误区是理不顺开发与保护的关系。我们贵州省的许多民族文化旅游点一开发就变味，其原因就是在开发中理不顺开发与保护的关系。面对一个民族文化事象，弄不清楚它的文化性质，也弄不清楚它其中能开发什么，不能开发什么，自然也就建立不了正常的开发与保护的关系。这是一。

理不顺开发与保护的关系原因还有受商业利益的驱使，只想开发，不想保护。

另外，有了保护的意识，也有了一定的保护措施，但有这种保护还不如不保护好，一保护就更糟糕。实际上这种带有极大商业味儿的保护，也多是居心叵测的。

保护和开发肯定是一对矛盾，但在民族文化的旅游开发中，保护应该是最为重要的，往往不能为了开发去保护，而应该是把开发寓于保护之中。

这九个误区就是我们发展民族文化旅游的直接障碍，其根源就在我们对民族文化的理解有问题，而问题的根子又在我们对民族的信仰文化没有一个深刻和正确的认识之上。我们肤浅地看待贵州的民族民间信仰文化，也就只能有意无意地“制造”民族地区现代化发展的“障碍”。但话反过来讲，“消除”这些“误区”，也就是我们要表述的最好“对策”，也就是对民族信仰文化理解的最好的运用。这样，利用民族地区的信仰文化，促进民族地区现代化的发展也就在其中了。

主要参考书目

1. ［英］弗雷泽：《金枝》（上、下），徐育新等译，中国民间文艺出版社 1987 年版。

2. ［美］本尼迪克特：《文化模式》，王炜著译，三联书店 1988 年版。

3. ［美］弗朗兹·博厄斯：《原始艺术》，金辉译，上海文艺出版社 1989 年版。

4. 叶舒宪编：《神话——原型批评》，陕西师范大学出版社 1987 年版。

5. 史宗主编：《20 世纪西方宗教人类学文选》（上、下），金译、宋立道、徐大建等译，生活·读书·新知三联书店 1995 年版。

6. 凌纯声、芮逸夫：《湘西苗族调查报告》，上海书局 1947 年版。

7. 《苗族简史》编写组：《苗族简史》，贵州民族出版社 1985 年版。

8. 方素梅：《中国少数民族禁忌大观》，广西民族出版社 1996 年版。

9. 杨庭硕、罗康隆、潘盛之：《民族文化与生境》，贵州人民出版社 1992 年版。

10. 覃光广、李民胜等编：《中国少数民族宗教概览》，中央民族学院出版社 1988 年版。

11. 何星亮：《中国自然神与自然崇拜》，上海三联书店出版社 1992 年版。

12. 王景林：《鬼神的魔力》，生活·读书·新知三联书店 1992 年版。

13. 弗洛伊德：《图腾与禁忌》，杨唐译，中国民间文艺出版社 1986 年版。

14. 石朝江：《中国苗学》，贵州人民出版社 1998 年版。

15. 贵州省地方志编纂委员会编：《贵州省志·民族志》（上、下）贵州民族出版社 2002 年版。

16. 过竹等编：《洞天部落》，陕西旅游出版社 2001 年版。

17. 《中国各民族宗教与神话大词典》编写组：《中国各民族宗教与神话大词典》，学苑出版社 1990 年版。

18. 左堂玉、陶学良编：《毕摩文化论》，云南人民出版社 1993 年版。

19. 韩民青：《文化的历程》（一、二、三卷），广西人民出版社 1990 年版。

20. 安顺地区民族事务委员会编：《仡佬族古歌》，贵州民族出版社 1991 年版。

21. 潘定智：《民族文化学》，贵州民族出版社 1990 年版。

22. 张祥平：《人的文化指令》，上海人民出版社 1987 年版。

23. 巴狄熊·勇斌·作:《苗族巫事·祀雷》,远方出版社 2002 年版。

24. 陆群:《民间思想的村落——苗族巫文化的宗教透视》,贵州民族出版社 2000 年版。

25. 余达忠:《侗族生育文化》,民族出版社 2004 年版。

26. 周国茂:《摩教与摩文化》,贵州人民出版社 1995 年版。

27. 巴莫阿依:《彝族祖灵信仰研究》,四川民族出版社 1994 年版。

28. 安顺地区民族事务委员会编:《古谢经》,贵州民族出版社 1992 年版。

29. 黄海:《瑶山研究》,贵州人民出版社 1997 年版。

30. 靳之林:《生命之树》,广西师范大学出版社,2002 年版。

31. 章海荣:《西南石崇拜》,云南教育出版社 1995 年版。

32. 李华林主编:《德江傩堂戏》,贵州民族出版社 1993 年版。

33. 石干成:《走进肇兴》,中国文联出版社 2002 年版。

34. 思南县民族事务委员会编:《思南傩堂戏》,贵州民族出版社 1993 年版。

35. 吴秋林:《居都》,贵州人民出版社 1997 年版。

36. 吴秋林:《美神的眼睛》,贵州人民出版社 2001 年版。

37. 吴秋林:《梭嘎苗人文化研究》,中国文联出版社 2002 年版。

38. 覃光广:《文化学辞典》,中央民族学院出版社 1988 年版。

39. 何积全主编:《苗族文化研究》,贵州人民出版社 1999 年版。

40. “全国人民代表大会民族事务委员会调查组”编:《台江苗族宗教迷信调查》1958 年印。

41. 贵州省社会科学院历史研究所编:《夜郎考》,贵州人民出版社 1981 年版。

42. 顾朴光等主编:《中国傩戏调查报告》,贵州人民出版社 1992 年版。

43. 伍光岳:《百越源流史》,江西教育出版社 1989 年版。

44.《侗族简史》编写组:《侗族简史》,贵州民族出版社 1985 年版。

45. 杨国仁、吴定国整理:《侗族祖先哪里来》(叙事长诗),贵州人民出版社 1981 年版。

46.《布依族简史》编写组:《布依族简史》,贵州人民出版社 1985 年版。

47.《水族简史》编写组:《水族简史》,贵州民族出版社 1985 年版。

48. 何耀华:《西南民族研究-彝族专集》,云南人民出版社 1987 年版。

49.《侗族文学史》编写组编:《侗族文学史》,贵州民族出版社 1988 年版。

50. 刘琳:《华阳国志校注》,成都巴蜀书社 1984 年版。

后 记

写书就要写后记，这好像是学人的“毛病”。但这个“毛病”不时常地犯一犯不舒服。

这本书是国家社科基金委员会资助的课题，题目是《贵州当代民族民间信仰文化调查与研究》。一年多以来，我就是在这众神的疆域里度过的，这是一次生命与灵魂的洗礼。不管人们是以什么样的眼光和观点来看我对贵州各民族信仰文化的理解，我都肯定比以往任何时候更知道生命的可贵和生命形式的多样性，比以往任何时候都更加尊重所有人的生命和信仰。

在2004年的5月，我接到我的课题申报得到批准之时，我的母亲刚刚过世。悲乎？喜乎？我的母亲是最不应该那么早就去世的人。我的母亲是世界上唯一只给予我，而从来不向我索取的人！我收到课题批文时，第一个念头就是把课题尽我的最大力量做好，不给母亲丢脸。

如果可以，我以此书献给我的母亲，永志！

我以最诚挚的谢意感谢国家社科基金委员会和专家们给我的这次机会。感谢贵州民族学院的领导和众位师长，尤其感谢恩师顾朴光先生。

感谢在调查中给予我大力支持的各地州市县民委的同志，以及在调查中帮助过我的乡亲们，尤其感谢黎平县的石干成先生在侗族祭萨资料上给予我的支持。

感谢我一年多来在田野作业中所遇到的各民族的诸位鬼师、土老师、师傅、坛师、布摩、毕摩、果珠、祭师、巫师。我借他们的灵光向所有关爱过我的人祝福。

最后，我把我在盘县写的一篇小散文附录于后记，再次表示我对众位师傅们的谢意。

甘毕摩

甘毕摩今年81岁了。我在村干部的带领下来到他家时，他正与自己的老伴坐在火塘边的小床上。他的身后是一扇开了一半的木板窗户，时值贵州特有的“小阳春”，天气特好，阳光从开着的半边窗户射进来，亮亮的光柱把火塘都显得很暗。

我在甘毕摩的正对面坐下以后，就发觉甘毕摩的眼睛直视着我，像远远的暗夜中闪烁的火焰，陌生而又熟悉，有一种力量在流动……

甘毕摩并不是这一地区彝族中最著名的毕摩，也不是“嫡传”的毕摩，但他是这地区最老的毕摩了。我到盘县的淤泥彝族乡，是为了调查彝族的祖灵信仰而来的，想象中有许多的艰难，但在与甘毕摩的无言对视中，我想我的这次调查收获的已经不仅仅是“资料”，还有甘毕摩那双充溢着精神力量的眼睛。

甘毕摩是一个精瘦的老人，在我给他和老伴照相时，两老都穿上了彝民族的老年盛装。甘毕摩认真地坐在大门外的一张条凳上，眼睛平视着他看了数十年的大山，我轻轻地按下快门，留下了彝民族这双洞穿岁月和灵魂的眼睛。

我长期在民族地区“走动”，在我的镜头前有两种人最让我感动，一是各民族的青春少女，一是各民族的康健老人，前者感动的是美丽和清纯，而后者感动的是达观和安适；前者是花的摇曳，后者是根的崇敬。

在以后的几天里，我一到这个叫麻郎垤的小村子，甘毕摩都陪着我，不但把毕摩所做的一切的仪式仪轨的程序全部详尽的解释给我听，还把他所有的经书让我观阅和拍照。在这以前，我知道彝族的毕摩曾经是彝族历史上的精神贵族，他们掌握着彝族人全部的精神生活和一切的灵魂事宜。现今有了很大的变化，但在甘毕摩这里我仍然看到这种尊贵，看到这种方式的灵魂力量，也看到这种灵魂力量的善意。在彝族的祖灵信仰中，这个祖先是解脱和无罪的，是英雄的，是保佑子孙的；在毕摩的所有仪式仪轨中，绝大多数的仪式都是为了解脱一生中所有的“生存罪孽”，比如行路中践伤的蚁命，在农事犁地中所伤的虫命。

81岁的甘毕摩身体很好，在陪我到几公里之外的山间去看柳家的“祖祠”和“祖灵洞”时，他一直健步自如，并不要我们任何人的搀扶，那份自信就像山上的那棵老树，摇摇弋弋，随风起落。

笔者

2006年1月4日